8 — ΚΥΚΕΩΝ — 8

Διεύθυνση σειράς

Τάκης Θεοδωρόπουλος

Τζόζεφ Αλεξάντερ Μακγκιλιβραίη

Μινώταυρος

ΤΖΟΖΕΦ ΑΛΕΞΑΝΤΕΡ ΜΑΚΓΚΙΛΙΒΡΑΙΗ

Μινώταυρος

Ο σερ Άρθουρ Έβανς και η Αρχαιολογία του Μινωικού Μύθου

ΜΕΤΑΦΡΑΣΗ
ΑΛΕΞΑΝΔΡΟΣ ΚΟΣΜΑΤΟΠΟΥΛΟΣ

ΕΠΙΣΤΗΜΟΝΙΚΗ ΘΕΩΡΗΣΗ ΜΕΤΑΦΡΑΣΗΣ - ΕΠΙΜΕΛΕΙΑ
ΓΕΩΡΓΙΑ ΓΚΙΝΗ

ΩΚΕΑΝΙΔΑ
ΑΘΗΝΑ * 2002

Τίτλος πρωτοτύπου:
Joseph Alexander MacGillivray, *Minotaur*

Εκδόσεις Ωκεανίδα ΑΕ
Σολωμού 25, 106 82 Αθήνα, τηλ. 210.38.27.341
Πλάτωνος 17, 546 31 Θεσσαλονίκη, τηλ. 2310.231.800
e-mail: *oceanida@internet.gr*

ISBN 960-410-273-7

ΠΕΡΙΕΧΟΜΕΝΑ

ΠΕΡΙΕΧΟΜΕΝΑ

ΠΡΟΛΟΓΟΣ ΓΙΑ ΤΗΝ ΕΛΛΗΝΙΚΗ ΕΚΔΟΣΗ

ΠΟΛΛΑ ΕΧΟΥΝ ΓΡΑΦΕΙ ΓΙΑ ΤΟΝ ΣΕΡ ΑΡΘΟΥΡ ΕΒΑΝΣ ΚΑΙ ΤΟΥΣ Μινωίτες του από τότε που ολοκληρώθηκε το πρώτο χειρόγραφο του βιβλίου τούτου το 1999. Πολλά από αυτά μάλιστα σε απάντηση αυτού που οργισμένοι συνάδελφοι του ακαδημαϊκού χώρου θεώρησαν λανθασμένα ως διαπόμπευση από μέρους μου ενός από τους ιδρυτές της αιγαιακής αρχαιολογίας. Είμαι ευγνώμων προς τους αναγνώστες που υπέδειξαν τα λάθη της πρώτης εκείνης έκδοσης, τα οποία έχω εδώ διορθώσει. Έχω επίσης ενημερώσει τη βιβλιογραφία, ώστε το βιβλίο αυτό να εξακολουθεί να αποτελεί μια χρήσιμη εισαγωγή στην ιστορία της μινωικής αρχαιολογίας, τόσο για τον απλό αναγνώστη, όσο και για τον ερευνητή.

Οι ανακαλύψεις στην Κρήτη και στο Αιγαίο συνεχίζονται, όμως η ατμόσφαιρα έχει αλλάξει από τότε που πρωτοκυκλοφόρησε ο *Μινώταυρος*. Ο Jan Driessen και η Ilse Schoep οργάνωσαν το 2001 συνέδριο με τίτλο «Η Κρήτη των εκατό ανακτόρων;», όπου συζητήθηκε η ριζική αναθεώρηση της λειτουργίας των μινωικών ανακτόρων, τα οποία αντιμετωπίστηκαν πλέον ως τελετουργικοί χώροι και όχι ως κέντρα πολιτικής ή και θρησκευτικής εξουσίας, όπως ο Έβανς και οι συνεχιστές του είχαν φανταστεί. Ο Γιάννης Χαμηλάκης επιμελήθηκε συλλογή μελετών με τίτλο *Επιστροφή στον Λαβύρινθο*, η οποία εκδόθηκε το 2002 και εξετάζει με κριτική διάθεση την πορεία όσων εργάστηκαν για τη μινωική αρχαιολογία. Αλλά και η ανακοίνωση συνεδρίου που πρόκειται να οργανώσει η Γαλλική Αρχαιολογική Σχολή Αθηνών τον Νοέμβριο του 2002 αρχίζει με τη δήλωση: «Όλοι γνωρίζουμε ότι ο Άρθουρ Έβανς εφηύρε τους Μινωίτες».

Αν όμως πράγματι γνωρίζαμε όλοι στη δεκαετία του '90 ότι ο Άρθουρ Έβανς εφηύρε τους Μινωίτες, τότε η συγγραφή του βιβλίου αυτού θα ήταν περιττή και δεν θα προκαλούσε την παθιασμένη αντίδραση της ακαδημαϊκής κοινότητας. Το βιβλίο αυτό το έγραψα με σκοπό αφενός να αποκαθάρω την αιγαιακή αρχαιολογία από τη δεσποτεία των Μινωιτών του Έβανς και αφετέρου να αποβάλω τις δικές μου προκαταλήψεις σχετικά με τους αρχαίους Κρήτες, ώστε να συνεχίσω να αποκαλύπτω και να αξιολογώ τον υλικό πολιτισμό τους μέσα στο ευρύτερο δυνατό ερμηνευτικό πλαίσιο. Πιστεύω ότι το βιβλίο αυτό θα αποτελέσει κάθαρση και σκαλοπάτι στον δρόμο για την κατανόηση του γίγνεσθαι στην Κρήτη και στο Αιγαίο της Εποχής του Χαλκού, αλλά και της δικής μας ερμηνείας αυτού του γίγνεσθαι.

Η συνεργασία με τον Τάκη Θεοδωρόπουλο και την ομάδα της «Ωκεανίδας» μού ήταν εξαιρετικά ευχάριστη. Ευχαριστώ τη Γεωργία Γκίνη, που επιμελήθηκε το ελληνικό κείμενο, και τη Μαρία Ξανθοπούλου, που διόρθωσε παρανοήσεις του βικτωριανού λόγου του Έβανς, αλλά και των δικών μου συχνά περίπλοκων προτάσεων, στη δύσκολη μετάφραση που ανέλαβε ο Αλέξανδρος Κοσματόπουλος. Και βέβαια τον Βασίλη Κιμούλη, που βοήθησε στην προώθηση των ιδεών μου στο ελληνικό κοινό.

Τ. Α. Μ.

ΕΙΣΑΓΩΓΗ

ΟΠΩΣ ΚΑΙ ΟΙ ΠΕΡΙΣΣΟΤΕΡΟΙ ΕΠΙΣΚΕΠΤΕΣ ΤΗΣ ΚΝΩΣΟΥ ΠΟΥ θέλουν να δουν τα απομεινάρια του παλαιότερου πολιτισμού της Ευρώπης, αντίκρισα για πρώτη φορά τον ελληνικό αρχαιολογικό χώρο σε φωτογραφία. Είδα, σε διαφάνεια στον τοίχο μιας αυτοσχέδιας αίθουσας διδασκαλίας, όταν φοιτούσα στο κολέγιο, στο Μόντρεαλ, τον άγριο καφετή ταύρο να ξεπροβάλλει ανάμεσα σε σκοτεινές κολόνες στον λίθινο προμαχώνα ο οποίος δεσπόζει πάνω από το πέρασμα της Βόρειας Πύλης. «Αυτά είναι τα τεκμήρια», μας πληροφόρησε ο νεαρός λέκτορας, «που ο σερ Άρθουρ Έβανς ανακάλυψε στην Κνωσό. Αποδεικνύουν τα γεγονότα πίσω από τον μύθο του Μινώταυρου και του Λαβύρινθου που έκτισε ο Δαίδαλος για τον βασιλιά Μίνωα στην Κρήτη». Περίμενε από μας να το θυμόμαστε μέχρι να περάσουμε το διαγώνισμα στο τέλος της εβδομάδας, εγώ όμως δεν το ξέχασα ποτέ.

Πέρασαν έξι χρόνια πανεπιστημιακών και μεταπτυχιακών σπουδών αρχαιολογίας προτού βρεθώ στο Ανάκτορο του Μίνωα στην Κνωσό για να μοιραστώ, όπως ένα εκατομμύριο τουρίστες κάθε χρόνο, την επιφοίτηση που αισθάνεσαι όταν αντικρίζεις για πρώτη φορά τις βαμμένες μαύρες κολόνες που λεπταίνουν προς τα κάτω και τα δοκάρια με την αδρή επιφάνεια στις μεγάλες αίθουσες και στους σκοτεινούς διαδρόμους. Όταν όμως άπλωσα το χέρι, δεν ένιωσα τη ζεστασιά του φυσικού ξύλου, αλλά την ανατριχιαστική παγωνιά του τσιμέντου ή, ακριβέστερα, του οπλισμένου σκυροδέματος, κάποτε περασμένου με λούστρο γυαλιστερό, αλλά τώρα ραγισμένου και ξεφλουδισμένου ή τελείως χαμένου, που αφήνει μονάχα έναν αμυδρό υπαινιγμό ξεθωριασμένου μεγαλείου. Όμως τίνος το μεγαλείο και ποιας εποχής;

Την απότομη αυτή επαφή με την ψυχρή και σκληρή πραγματικότητα ακολούθησε αμηχανία και απογοήτευση, ανάμικτες με ένα αίσθημα προδοσίας και ντροπής. Κοίταξα τους τοίχους γύρω μου και κατάλαβα ότι δεν μπορούσα να ξεχωρίσω τους σύγχρονους από τους αρχαίους. Κι αν ήμουν εγώ μπερδεμένος, τι μπορεί να συμβαίνει με όλους εκείνους τους επισκέπτες που δεν έχουν σπουδάσει αρχαιολογία όπως εγώ; Αν ο Έβανς είχε, κυριολεκτικά, κατασκευάσει μεγάλο μέρος του Ανακτόρου, πόσα ακόμη να είχε επινοήσει;

Έγινα Επιμελητής Κνωσού για τη Βρετανική Αρχαιολογική Σχολή Αθηνών το 1980, τρία χρόνια μετά την πρώτη μου επίσκεψη στην Κρήτη, και άρχισα να επανεξετάζω λεπτομερώς το έργο του Έβανς, ξεκινώντας από την ανασκαφή του παλαιότερου Ανακτόρου, που βρίσκεται κάτω από το τεράστιο συγκρότημα διοικητικών και αποθηκευτικών χώρων γύρω από την Κεντρική Αυλή, τόσο οικείου σήμερα στους τουρίστες. Η έρευνά μου επικεντρώθηκε σε απτά αντικείμενα, όπως η κεραμική και η τοιχοποιία, αλλά, μελετώντας τις σημειώσεις και τις δημοσιεύσεις του ανασκαφέα, γνώρισα τον άνθρωπο που είχε κάνει τόσο πολλά για να αποκαλύψει και να αναστήσει την Κνωσό. Καθώς ολοκλήρωνα τη συγγραφή αναφοράς σχετικής με το παλαιότερο Ανάκτορο της Κνωσού, άρχισα να διαβάζω την προσωπική αλληλογραφία και τα έγγραφα του Έβανς και εισήλθα σε έναν λαβύρινθο κοινωνικών, πολιτικών, θρησκευτικών και καλλιτεχνικών ρευμάτων, που εκτείνονταν χρονικά πολύ πριν από τη γέννησή του και κορυφώθηκαν με τις δικές του εκθαμβωτικές ανακαλύψεις στο κατώφλι του εικοστού αιώνα.

❖

Οι μύθοι που οι αρχαίοι Έλληνες «πίστευαν κατά λέξη και κρατούσαν ζωντανούς με ευλάβεια», συμπεριλαμβανομένων των «συναρπαστικών γεγονότων που συνδέονταν με το όνομα του Μίνωα», έγραφε ο ιστορικός και μέλος του βρετανικού Κοινοβουλίου George Grote το 1846, στο καθολικά αποδεκτό δωδεκάτομο έργο του *History of Greece*, αποτελούσαν «στα μάτια της σύγχρονης έρευνας ουσιαστικά έναν θρύλο και τίποτα περισσότερο». Πέντε χρόνια αργότερα, γεννήθηκε ο Άρθουρ Έβανς, που έμελλε να τον διαψεύσει.

«Τώρα ξέρουμε ότι οι παλιές παραδόσεις ήταν αληθινές», διακήρυσσε ο Έβανς σχεδόν έναν αιώνα αργότερα, ενώ στεκόταν κάτω από τη χάλκινη προτομή του, η οποία τοποθετήθηκε για να θυμίζει το επίτευγμά του, στη δυτική αυλή του Ανακτόρου του βασιλιά Μίνωα, που είχε ο ίδιος ανακαλύψει στη θέση του Λαβύρινθου. Αυτόν έκτισε ο Δαίδαλος στην Κνωσό για να κατοικήσει ο Μινώταυρος, το τερατώδες γέννημα του ζευγαρώματος της βασίλισσας Πασιφάης και του μεταμορφωμένου σε ταύρο Δία. «Είναι αλήθεια ότι αυτό που βλέπουμε στη θέση του παλαιού Ανακτόρου είναι μόνο τα ερείπια των ερειπίων», παραδέχτηκε, «αλλά το σύνολο διαπνέεται ακόμη από το πνεύμα της τάξης και της οργάνωσης του Μίνωα και από την ελεύθερη και φυσική τέχνη του μεγάλου αρχιτέκτονα Δαίδαλου». Ο Έβανς εγκαινίασε τον εικοστό αιώνα με την αποκάλυψη ότι η Κνωσός είχε πραγματικά υπάρξει: τη βρήκε τον Μάρτιο του 1900 στην Κρήτη, θαμμένη κάτω από τον χαμηλό λόφο όπου την τοποθετούσε η ελληνική παράδοση. Με ανασκαφές που διήρκεσαν, με διακοπές, τριάντα χρόνια, προσέφερε ένα νέο κεφάλαιο στην αρχαία ιστορία της ανθρωπότητας, αυτό που ο ίδιος ονόμασε *Μινωική Εποχή*.

Ο Άρθουρ Έβανς ήταν «άνθρωπος των αντιφάσεων ... ματαιόδοξος και παράξενα σεμνός ... αξιοπρεπής και αξιαγάπητα γελοίος ... πληθωρικός, ωστόσο πολύ πειθαρχημένος και σε μερικά πράγματα μάλλον αυστηρός ... πάντοτε πιστός στους φίλους του», τον εγκωμιάζει η, κατά σαράντα χρόνια νεότερη, ετεροθαλής αδελφή του Τζόαν Έβανς, συγγραφέας της βιογραφίας του με τίτλο *Time and Chance*. «Ζούσε όπως αρμόζει σε μια ιδιοφυΐα», συνεχίζει το εγκώμιό της, «και ιδιοφυής είναι ο άνθρωπος του οποίου το μυαλό εργάζεται με τόσο ασυνήθιστο τρόπο, ώστε η μοναδική αξία της ζωής του πρέπει να είναι η πίστη του σε αυτήν τη ζωτική εργασία». Η ιδιοφυΐα του Έβανς συνίστατο στο να παρατηρεί ό,τι του φαινόταν ασυνήθιστο σε έναν τόπο ή σε ένα αντικείμενο και να αφήνει την αχαλίνωτη φαντασία του να το ανυψώνει από το καθημερινό στο αιώνιο. Ο παιδιάστικος ενθουσιασμός και η πεισματική επιμονή του στην αποκάλυψη της αλήθειας συνταίριαζαν απόλυτα με τη θεληματική ανεξαρτησία του και τον ωθούσαν στον πόθο του να δώσει υπόσταση στους λαϊκούς, πρώιμους μύθους της Ελλάδας.

Από πού προερχόταν αυτός ο πόθος και γιατί ήταν τόσο σημαντικός για τον Έβανς και την κοινωνία της εποχής του; Γεννημένος το 1851 στο Herefordshire, πρωτότοκος γιος του Τζων Έβανς, ενός επιτυχημένου Βρετανού χαρτοβιομήχανου, ο Άρθουρ Τζων Έβανς ήταν «πλουσιόπαιδο» και, συνεπώς, μπορούσε να κάνει σχεδόν ό,τι ήθελε, αλλά η πηγή του πλούτου από την οποία εξαρτιόταν η ελευθερία του ήταν ταυτόχρονα και η αιτία της λαχτάρας του για κάτι ουτοπικό.

Ο Έβανς μεγάλωσε σε ένα μουντό και μολυσμένο τοπίο της βιομηχανικής Αγγλίας, όπου η ανθρώπινη γεωμετρία είχε αντικαταστήσει και δαμάσει την τυχαία αρμονία της φύσης για να ικανοποιήσει την αλαζονική ανάγκη της κοινωνίας να ελέγξει τους πόρους της στο όνομα της προόδου. Ένιωθε πως οι κοινότητες που τον περιέβαλλαν ήταν δέσμιες της εθνικής απληστίας, μιας απατηλής βιασύνης να δημιουργήσουν πλεόνασμα και ενός μηχανιστικού, υλιστικού κόσμου. Οι άνθρωποι που ζούσαν εκεί είχαν ξεχάσει πώς είναι να ζεις με τη φύση. Το ρολόι είχε αντικαταστήσει τον ήλιο και το ημερολόγιο τη σελήνη. Το νερό έβγαινε από σωλήνες και το φως από σύρματα. Ο Έβανς απέφευγε τις «σύγχρονες ανέσεις», χρησιμοποιούσε με φειδώ το ηλεκτρικό φως και το τηλέφωνο, με εξαίρεση το αυτοκίνητο και το αεροπλάνο, που τον διευκόλυναν να κερδίσει χρόνο· αυτή η εμμονή τον κυνηγούσε.

Ο Έβανς αρνήθηκε να ενταχτεί στον κόσμο του πατέρα του, στην επικράτεια των εμπόρων και των βιομηχάνων. Δραπέτευε όποτε μπορούσε από τις κοινωνικές και οικογενειακές του υποχρεώσεις στον δικό του κόσμο, έναν κόσμο περιπέτειας και ανακαλύψεων. Παρά τη μυωπία του, την πλήρη αδυναμία του να βλέπει στο σκοτάδι τη νύχτα και τον φόβο του νερού –«αυτού του αβέβαιου στοιχείου» που μετέτρεπε το πέρασμα της Μάγχης σε τεράστια ταλαιπωρία γι' αυτόν–, του άρεσε να εξερευνά νέους τόπους και να γνωρίζει ξένους ανθρώπους. Όμως, όσο πιο μακριά ταξίδευε από τη γενέθλια γη, τόσο πιο δύσκολο του ήταν να προσαρμοστεί ξανά όταν επέστρεφε.

Τελικά, ο Έβανς δημιούργησε έναν δικό του κόσμο, που «ταίριαζε απόλυτα στο γούστο του», όπως αναγνωρίζει η Τζόαν Έβανς, «σε μια όμορφη χώρα της Μεσογείου, με αρχοντιά και ανθρωπιά: λίκνο μιας τέχνης με λαμπερά χρώματα και ασυνήθιστη μορφή, που αντλούσε την έμπνευσή της από τα λουλούδια, τα πουλιά και τα πλάσματα που εκείνος αγαπούσε ... έναν κόσμο τον οποίο χρησιμοποιούσε για να απομονώνεται από ένα παρόν στο οποίο ο ίδιος δεν είχε βρει θέση». Ήταν το τέλειο αντίδοτο στη βιομηχανοποιημένη Ευρώπη και την Αμερική, οι οποίες, ένιωθε, είχαν παγιδευτεί στην απαισιοδοξία και την αγωνία για το μέλλον, που κυριαρχούσαν και εκφράζονταν στα έργα του Henry James, του Joseph Conrad, του H. G. Wells και στο *Decadence* του Arthur Balfour, αρχηγού του Βρετανικού Συντηρητικού Κόμματος και πρωθυπουργού από το 1902 έως το 1905.

Ο Έβανς έπρεπε να πάει στην Κρήτη για να γιατρέψει τις πληγές του. Ο θάνατος της μητέρας του, όταν ήταν έξι χρονών, άφησε ένα κενό στη ζωή του που ποτέ δεν καλύφτηκε, ούτε καν από τη γυναίκα του, η οποία επίσης πέθανε πρόωρα αφήνοντάς τον συντετριμμένο. Δεν έκαναν παιδί. Η μινωική Κρήτη δεν ήταν ο Κήπος της Εδέμ, όπου η γυναίκα ήταν ένοχη ως πηγή κάθε κακού, αλλά ένα μέρος όπου τα δύο φύλα ήταν ίσα. Οι άνδρες διηύθυναν τις υποθέσεις του κράτους, αλλά οι γυναίκες κυβερνούσαν τις καρδιές και τις πεποιθήσεις μιας κοινωνίας που βρισκόταν σε ειρήνη με τον εαυτό της και τους γείτονές της. Οι Μινωίτες του Έβανς λάτρευαν τη Μεγάλη Μητέρα όλης της κτίσης και όταν ήρθε η καταστροφή, ήταν από τα χέρια μιας ανδροκρατούμενης κοινωνίας, των Αχαιών του Ομήρου, τους οποίους εξουσίαζε ο εκδικητικός τους προστάτης, ο Δίας.

Οι Μινωίτες του Έβανς δείχνουν πώς μια αρχαιολογική ανακάλυψη συντελείται πρώτα στο μυαλό του στοχαστή, γεννημένη από την ανάγκη του να αποδείξει κάτι ζωτικής σημασίας για τον ίδιο. Τα τεκμήρια που θα βρει στο χώμα είναι το τελευταίο στάδιο μιας διαδικασίας η οποία τον οδηγεί στην εκπλήρωση της επιθυμίας του. Σπάνια συνειδητοποιούμε την εφευρετικότητα και τη δημιουργική ικανότητα των αρχαιολόγων. Μόνο εκ των υστέρων μπορούμε να εικάσουμε από τα αφηρημένα αίτια που προκαλούν τις ανακαλύψεις του αρχαιολόγου, οι οποίες διαφορετικά φαίνονται αναπάντεχες και τυχαίες.

Η Τζόαν Έβανς θεωρεί ότι ο αδελφός της οδηγήθηκε στη λαμπρή ανακάλυψη του μινωικού πολιτισμού επειδή βρέθηκε στον σωστό τόπο την κατάλληλη στιγμή. «Είχε ξεκινήσει ψάχνοντας μια γραφή, αλλά ο Χρόνος και η Συγκυρία τον οδήγησαν να ανακαλύψει έναν νέο πολιτισμό», μας αφηγείται με τρόπο μυθιστορηματικό. Έχω εντελώς διαφορετική άποψη για το πώς ο Έβανς ανακάλυψε την Κνωσό ή για τον τρόπο με τον οποίο λειτουργούν οι αρχαιολογικές ανασκαφές. Υποστηρίζω πως η κάθε λεπτομέρεια της έρευνας πρέπει να αντιμετωπίζεται ως αναπόσπαστο κομμάτι μιας ευρύτερης εικόνας· διαφορετικά θα περιορίζαμε τη μελέτη μας σε επιλεγμένο υλικό που εξυπηρετεί την ιδέα ή όποιο σχέδιο έχουμε σχηματίσει εκ των προτέρων για την έρευνα. Όταν, εντούτοις, αφήνουμε περιθώρια στην τύχη, επιβάλλουμε έναν άλλου είδους περιορισμό, επειδή αναγνωρίζουμε ότι ατυχήματα συμβαίνουν και ότι μερικά πράγματα είναι ανεξήγητα, κι έτσι τραβάμε μια γραμμή ανάμεσα σε αυτό που αποφασίζουμε ότι αξίζει να εξετάσουμε και σε εκείνο που υπερβαίνει τα ενδιαφέροντα ή την αντίληψή μας. Τα ατυχήματα φαίνονται τυχαία μόνο μέχρι να τα εξηγήσουμε, οπότε παύουν να θεωρούνται τυχαία. Συνεπώς, αυτό που ονομάζουμε απρόβλεπτη συνάντηση ή τυχαίο εύρημα δεν υφίσταται. Αν πράγματι ίσχυε κάτι τέτοιο, θα έπρεπε να εγκαταλείψουμε κάθε ελπίδα ότι θα μπορούσαμε ποτέ να εξηγήσουμε οτιδήποτε. Όταν η Τζόαν Έβανς απέδιδε τις ανακαλύψεις του ετεροθαλούς αδελφού της στην τύχη, στην ουσία απάλλασσε τον εαυτό της από την υποχρέωση να διερευνήσει την πιο σημαντική πλευρά της μελέτης της: τον παρεμβατισμό του Έβανς στη σύλληψη και την ανακάλυψη του μινωικού πολιτισμού.

Οι περισσότεροι αρχαιολόγοι επαναπαύονται στην αμερόληπτη παρατήρηση χρησιμοποιώντας επιστημονικές τεχνικές, κάτι που, όπως πιστεύουν, τους προστατεύει επαρκώς από την ενεργητική εμπλοκή στις ανακαλύψεις τους. Γι' αυτούς η αρχαιολογία αποτελεί τη διαδικασία μεταφοράς του παρελθόντος στο παρόν. Είναι οι αγγελιαφόροι και το εύρημα είναι το μήνυμα. Αυτός, όμως, ο διαχωρισμός είναι μια ψευδαίσθηση. Ο Έβανς δεν ήταν απλώς το παιδί για τα θελήματα, δεν ήταν μόνο φορέας του μηνύματος, αλλά και πηγή του. Οι αρχαιολόγοι είναι ταυτόχρονα οι γεννήτορες και οι μαίες στον τοκετό αυτόν που αποκαλούμε ανασκαφή. Για να γίνει κατανοητή αυτή η διαδικασία, θα ήθελα να εξετάσω τη σχέση ανάμεσα στον Έβανς, στον οποίο η κοινωνία είχε αναθέσει την έρευνα για συγκεκριμένες και απτές αλήθειες, και στις υλικές μαρτυρίες που βρήκε στην Κρήτη.

Ο πυρήνας αυτού που αποκαλώ σχετική αρχαιολογία είναι σύνθετος: η μελέτη της γένεσης του συσχετισμού ανάμεσα σε ένα εύρημα και στον δημιουργό του ή στον ευρετή του είναι αρκετά περίπλοκη. Θεωρώ όλες τις αρχαιολογικές ανακαλύψεις δημιουργικές πράξεις στη γένεσή τους, όπως πίστευε ο Μικελάντζελο Μπουοναρότι για τη γλυπτική του: γι' αυτόν, οι μορφές που ήταν παγιδευμένες στα λατομεία μαρμάρου της Carrara (εικόνες που αποτελούσαν καλυμμένες ή καταπιεσμένες πλευρές της δικής του προσωπικότητας) απελευθερώνονταν όταν τις δημιουργούσε. Υποψιάζομαι πως οι μεγάλοι αρχαιολόγοι, όπως ο Ερρίκος Σλήμαν στη θέση όπου θεωρούσε ότι βρισκόταν η Τροία, κάνουν κάτι παρόμοιο όταν κοιτάζουν κάτω από τον μανδύα της γης γυρεύοντας ενδείξεις για την ιστορία που επιθυμούν.

Σημαντικό μέρος αυτής της δημιουργικής διαδικασίας απορρίπτεται ως αρχαιολογική διαίσθηση, αλλά τι σημαίνει αυτό; Διαισθάνομαι σημαίνει ότι λαμβάνω γνώση μέσω άμεσης αντίληψης χωρίς να παρεμβάλλεται η λογική, αλλά αυτό προϋποθέτει πως η γνώση είναι απόλυτη στην αλήθεια της. Αν ισχυριστούμε ότι ο Έβανς διαισθανόταν πως κάπου υπάρχει η Κνωσός, σημαίνει ότι αποδεχόμαστε πως αυτό που βρήκε ήταν μια απόλυτη αλήθεια. Πιστεύω πως ό,τι βρήκε ήταν μια σχετική αλήθεια, σχετική πρωτίστως προς τον ίδιο και κατόπιν προς εκείνους που την επιθυμούσαν διακαώς και είχαν επιφορτίσει αυτόν και τους συντρόφους του να την αποκαλύψουν. Ήταν αλήθεια μόνο όσο τα στοιχεία που προέβαλλε ήταν αναγκαία για να υποστηρίξουν την επιθυμητή ιστορία.

Οι αρχαιολόγοι δημιουργούν μια εκδοχή της Ιστορίας, που με τη σειρά της οδηγεί την αρχαιολογία σε μια κυκλική κίνηση η οποία, ιδεωδώς, είναι διαρκώς μεταβαλλόμενη επειδή η κάθε νέα ανακάλυψη προκαλεί την επανεκτίμηση της Ιστορίας. Νέες ανακαλύψεις αλλάζουν την κατεύθυνση της αρχαιολογίας, η οποία με τη σειρά της παράγει νέα αντικείμενα και ιστορίες, που οδηγούν τους αρχαιολόγους σε νέες κατευθύνσεις, ώστε ποτέ να μην ξαναπερνούν από το ίδιο σημείο. Σε αυτήν τη δυναμική δεν υπάρχει κανένα σταθερό σημείο, και ως εκ τούτου καμιά απόλυτη ιστορική αλήθεια. Απεναντίας, προκύπτει μια διαδοχή από σχετικές αλήθειες, με σχετικές ιστορίες που ικανοποιούν για λίγο μια σειρά απαιτήσεων οι οποίες μεταβάλλονται. Όταν ο Έβανς διαμόρφωσε τη δική του αντίληψη για το τι ήταν ο μινωικός πολιτισμός στην Κρήτη, διέκοψε αυτήν την ακολουθία επιμένοντας σε μιαν απόλυτη και αμετάβλητη ιστορία. Εξαιτίας του υψηλού γοήτρου του, η ιστορία αυτή έγινε ευρέως αποδεκτή, αλλά ακόμη και μετά τον θάνατό του, το 1941, εμπόδισε τη διαδικασία της γνώσης. Και δεν περιορίστηκε στην αρχαιότητα: ο Έβανς ήταν επίσης ένας δυναμικός και θεληματικός σχεδιαστής σύγχρονων κρατών, όπως έδειξε η ανάμιξή του στη δημιουργία της Τσεχοσλοβακίας και της Γιουγκοσλαβίας στη διάρκεια του Πρώτου Παγκοσμίου Πολέμου.

Με τη μεγάλη ανακάλυψή του του πολιτισμού της Εποχής του Χαλκού στην Κρήτη, του μινωικού πολιτισμού, ο Έβανς κέρδισε μια θέση στην Ιστορία. Όμως τι έγινε με τους ίδιους τους Μινωίτες; Αποτέλεσαν τόσο σημαντικό στοιχείο σε τόσο πολλές αντιπαραθέσεις για την αρχαία και σύγχρονη πολιτική, κοινωνική και πνευματική ζωή, ώστε φαίνεται ότι πάψαμε να βλέπουμε ποιοι ήταν αυτοί οι πρώιμοι κάτοικοι της Κρήτης. Χαρακτηρίζονται ακόμη ως προ-Έλληνες, μια ετικέτα που δεν λέει τίποτε γι' αυτούς, αφήνοντάς τους σε μια μετέωρη κατάσταση, περιμένοντας να γίνουν κάτι αναγνωρίσιμο σε μας όπως οι «Έλληνες». Παρουσιάζονται ως το τελευταίο προπύργιο της μητριαρχίας και ως λάτρεις της Μητέρας Θεάς, πιστοί στη φύση ως μια στοργική μητέρα η οποία γονιμοποιείται από έναν ουράνιο πατέρα (η αρχική θεωρία του Έβανς, που πρόσφατα αναθεωρήθηκε). Η άποψη αυτή υποστηρίζει ότι οι Μινωίτες επέζησαν μέχρι την «πρωτο-ιστορική» εποχή, οπότε και κατακτήθηκαν από αιμοδιψή «ινδο-γερμανικά» φύλα, προγόνους μιας ευρωπαϊκής πατριαρχικής κοινωνίας, που έθεσαν τέλος στον πολιτισμό τους. Η νεότερη θεωρία τούς περιθωριοποιεί ακόμη περισσότερο, στέλνοντάς τους να κατοικήσουν σε ένα ακόμη πιο φανταστικό βασίλειο από αυτό του Μίνωα: στη χαμένη Ατλαντίδα του Πλάτωνα. Ορισμένοι υποστηρίζουν ότι η Ατλαντίδα ήταν η Κρήτη, η οποία στον κολοφώνα της δύναμής της βυθίστηκε από ένα παλιρροϊκό κύμα που προκλήθηκε από την τελευταία και πιο καταστροφική έκρηξη του ηφαιστείου της Θήρας, τον δέκατο έκτο αιώνα π.Χ., και εξαφάνισε τον μινωικό πολιτισμό.

Έναν αιώνα μετά τις ανακαλύψεις του Έβανς στην Κνωσό, ήρθε η ώρα να επανεξετάσουμε τις συνθήκες κάτω από τις οποίες αναγεννήθηκε η πρώιμη αυτή κοινωνία της Κρήτης – αν μη τι άλλο, για να διαλευκάνουμε τις καταβολές του όρου «μινωικός» με τη σημερινή του σημασία. Για να επιτευχθεί κάτι τέτοιο, πρέπει να ξεκινήσουμε από τον ίδιο τον Έβανς, την κληρονομικότητα και τις εμπειρίες που τον καθόρισαν, και από τη δική του έρευνα να εξηγήσουμε πλευρές του εαυτού του, όπως τον εκρηκτικό του χαρακτήρα –που η μητέρα του αποκαλούσε «ηφαιστειώδη φύση»– και τις συχνές και παιχνιδιάρικες αναφορές του σε φωλιές άγριων ζώων. Ο Έβανς ταυτίστηκε με τον μυθικό Μινώταυρο –μια αλληγορία για την κτηνώδη φύση του ανθρώπου–, αλλά ποιο ήταν το συγκεκριμένο κτήνος που πάσχισε τόσο πολύ να κρατήσει στη φωλιά του, αποκρύπτοντάς το από τη δημόσια θέα; Υποπτεύομαι ότι ήταν η καταπιεσμένη «κτηνωδία» της ομοφυλοφιλίας του, που του έδινε μέρος της δημιουργικής της δύναμης, μέχρι που έχασε τον έλεγχό της στα τελευταία του χρόνια. Όμως ο Έβανς δεν ζούσε στο κενό, και γι' αυτό πρέπει να αναπλάσουμε και το κοινωνικό, πολιτικό και πνευματικό κλίμα στο οποίο αναπτύχτηκε και το οποίο τον έσπρωξε να ανασκάψει την Κνωσό.

❖

Η μελέτη αυτή στη σχετική αρχαιολογία απομακρύνεται ριζικά από την κοινή θεώρηση για το πώς λειτουργούν η αρχαιολογία και οι αρχαιολόγοι, απαιτώντας από εμάς να αλλάξουμε εντελώς αντιλήψεις. Κατά τη γνώμη μου, οι αρχαιολόγοι πρέπει να πάψουν να πιστεύουν πως η δουλειά τους είναι να ξεκαθαρίσουν αντικειμενικά ένα συνονθύλευμα στοιχείων προκειμένου να υποστηρίξουν μια ιστορική αλήθεια, και να αποδεχτούν την –πραγματικά δημιουργική– ερμηνευτική τους εργασία. Πρέπει να συνειδητοποιήσουν τον ενεργό τους ρόλο στα στάδια της διαμόρφωσης και της αποκατάστασης της αρχαιολογικής διαδικασίας. Στον εικοστό πρώτο αιώνα, οφείλουν να θέτουν περισσότερο διεισδυτικές ερωτήσεις από τους προκατόχους τους του εικοστού, τόσο για τις ανακαλύψεις τους όσο και για αυτούς τους ίδιους. Αυτό είναι μέρος μόνο μιας ευρύτερης θεώρησης του μεγάλου ερωτήματος: πώς συνδεόμαστε με το παρελθόν από το μόνο γνωστό σταθερό σημείο στον χρόνο, το παρόν.

ΚΕΦΑΛΑΙΟ ΠΡΩΤΟ

Μαθητευόμενος αρχαιολόγος
1851-1883

Σε αναζήτηση απολιθωμάτων

Ο ΑΡΘΟΥΡ ΕΒΑΝΣ ΠΗΔΗΞΕ ΓΙΑ ΠΡΩΤΗ ΦΟΡΑ ΣΤΑ ΣΚΑΜματα της Κνωσού στις 19 Μαρτίου του 1894, έξι χρόνια προτού αρχίσει τις ανασκαφές. «Όταν ανακάλυψα τη θέση», αναπολούσε μετά πολύ καιρό, «υπήρχε ένας μικρός παλιός τοίχος σε μια άκρη κι αυτό ήταν όλο. Εξερεύνησα πολύ προσεκτικά την επιφάνεια και μάζεψα μικρά κομμάτια ζωγραφισμένου κονιάματος και όστρακα, που ήταν αρκετά για να με πείσουν ότι βρισκόμουν μπροστά σε κάτι θαυμαστό. Είδα σε χέρια ντόπιων μερικά κομμάτια από πήλινες πινακίδες με σημάδια γραφής σε μιαν άγνωστη γλώσσα». Η αφήγηση του Έβανς για την ανακάλυψη του Ανακτόρου του Μίνωα στην Κνωσό, η οποία του εξασφάλισε επάξια την εξέχουσα θέση του στην ιστορία της αρχαιολογίας, ταιριάζει απόλυτα με την εξήγηση της ετεροθαλούς αδελφής και βιογράφου του, Τζόαν Έβανς, ότι έτυχε να βρεθεί «στον σωστό τόπο την κατάλληλη στιγμή». Ωστόσο, η αλήθεια για το πώς οι αρχαιολόγοι πραγματοποιούν τις ανακαλύψεις τους, πόρρω απέχει από την τρέχουσα αντίληψη για απροσδόκητες συναντήσεις και τυχαία ευρήματα. Πρέπει να σταθούμε και να εξετάσουμε τις προσωπικότητες και τα γεγονότα που οδηγούν σε αυτές τις ανακαλύψεις.

Κανείς δεν μπορεί να αρνηθεί τη συμβολή του Έβανς στην ανακάλυψη των Μινωιτών και την αξία του έργου του στην Κρήτη γενικότερα. Η ανακάλυψη μιας αρχαίας κοινωνίας και η διαμόρφωση ομόφωνης άποψης στην επιστημονική κοινότητα σχετικά με το νόημά της είναι αποτέλεσμα συλλογικής προσπάθειας ανθρώπων από παρεμφερή πεδία έρευνας με ανάλογες εμπειρίες. Παρ' όλα αυτά, τις περισσότερες φορές την τιμή απολαμβάνει εκείνος που παίρνει την πρωτοβουλία και αναλαμβάνει την ευθύνη. Για την Κνωσό και τους Μινωίτες το πρόσωπο αυτό ήταν ο Άρθουρ Έβανς. Αυτή η μελέτη για τις καταβολές και τα βιώματά του θα δείξει, ελπίζω, πώς οι Μινωίτες πρωτοεμφανίστηκαν ως ιδέα στον Έβανς πολύ πριν να βρει τα αρχαία τεκμήρια στην Κρήτη και ότι χρησιμοποίησε εκείνες τις απτές αποδείξεις για να γράψει ένα νέο κεφάλαιο στην ανθρώπινη ιστορία, δημιουργώντας ταυτόχρονα ένα αθάνατο μνημείο, έναν από τους πλέον δημοφιλείς αρχαιολογικούς χώρους στον κόσμο.

Ο Άρθουρ Μπενόνι Έβανς, γιος βοηθού εφημέριου και παππούς του Άρθουρ Έβανς, γεννήθηκε το 1781 στο Ashbury, στο νοτιοδυτικό Oxfordshire. Στα τέλη του δέκατου όγδοου αιώνα, η Μεγάλη Βρετανία βρισκόταν ακόμη υπό τον έλεγχο μιας κληρονομικής αριστοκρατίας που αναφερόταν σε μια «ελέω Θεού» μοναρχία. Ήδη όμως είχαν αρχίσει να γίνονται αισθητές αλλαγές στην Αγγλία και την ηπειρωτική Ευρώπη, καθώς οι επιστημονικές ανακαλύψεις και οι εφαρμογές τους διαδέχονταν η μια την άλλη, σε συνδυασμό με ένα ανανεωμένο ενδιαφέρον για τα ανθρώπινα δικαιώματα. Οι βάσεις αυτού του Διαφωτισμού, όπως είναι γνωστή η φιλοσοφική κίνηση εκείνης της εποχής, οδηγούν ευθέως στην ιταλική Αναγέννηση, και από εκεί στην αρχαία Ελλάδα και τη Ρώμη. Η «επιστημονική επανάσταση», στην οποία στηρίχτηκε ο Διαφωτισμός, ήταν μια αργή και επώδυνη διαδικασία που άρχισε το 1543 με τον Κοπέρνικο, ο οποίος, στηριζόμενος στα Μαθηματικά, τόλμησε να τοποθετήσει τον ήλιο στο κέντρο του σύμπαντος. Παρά την ανηλεή επίθεση της Ρωμαιοκαθολικής Εκκλησίας, ο Κοπέρνικος και οι διάδοχοί του διαμόρφωσαν σταδιακά μια νέα αντίληψη για τον φυσικό κόσμο, μετά από αιώνες ακλόνητης πεποίθησης στη θεϊκή προέλευση του σύμπαντος, όπως ορίζεται στη Βίβλο. Τα νέα στοιχεία, απτά και επαληθεύσιμα από πολλές μαρτυρίες, ονομάστηκαν επιστημονικά, από τη λατινική λέξη *scientia*, που σημαίνει γνώση.

Ο Γάλλος φιλόσοφος του δέκατου έβδομου αιώνα Ρενέ Καρτέσιος οδήγησε τη νέα επιστημονική μέθοδο στα όριά της, εκφράζοντας αιτιοκρατικές και υλιστικές θεωρίες για να υποστηρίξει την άποψή του ότι το σύμπαν δεν ήταν τίποτε παραπάνω από μια μεγάλη μηχανή. Στο καρτεσιανό μοντέλο του απόλυτου και προβλέψιμου μηχανισμού που κατοικείται από αυτόματα, δεν υπήρχε καμιά διακριτή ένδειξη για την ύπαρξη του θεϊκού. Όμως ο κλήρος επέμενε στην υπεροχή των διδαχών της Βίβλου, μολονότι δεν μπορούσαν να παράσχουν τις απτές αποδείξεις που απαιτούσαν οι άνθρωποι της επιστήμης, οι οποίοι και αναδεικνύονταν με γοργούς ρυθμούς σε θεματοφύλακες της αλήθειας για λογαριασμό της κοινωνίας. Το *Mathematical Principles of Natural Philosophy* του Ισαάκ Νεύτωνα προσέφερε το 1687 ένα αποδεκτό μίγμα θεϊκών και υλιστικών δογμάτων: ο Νεύτων συμφωνούσε ότι οι φυσικοί νόμοι του σύμπαντος ήταν πράγματι μηχανιστικοί, αλλά πίστευε πως έτσι αποκάλυπτε τη σοφία και τη δύναμή του ο «Μεγάλος Μηχανικός – ο ίδιος ο Θεός». Είναι φανερό ότι αυτή η θεωρία δεν μπορούσε να αμφισβητηθεί ανοιχτά, ιδιαίτερα στη Βρετανία όπου κυριαρχούσε το δόγμα του χριστιανικού Ευαγγελισμού, με την αυστηρή προσκόλληση στο Ευαγγέλιο, την «Καλή Αγγελία» της Καινής Διαθήκης. Η βάση των αρχών του Νεύτωνα ήταν «ο απόλυτος, αληθινός και μαθηματικός χρόνος» που μπορούσε να παρατηρηθεί και να καταγραφεί από το εκκρεμές, το οποίο παρήχθη ως όργανο μέτρησης του χρόνου το 1657 και οδήγησε στην εξάπλωση των ρολογιών, που, ως σύμβολα προόδου, στήθηκαν στους δημόσιους χώρους σε όλο το Ηνωμένο Βασίλειο. Αλλά ποια ήταν η θέση του ανθρώπου σε αυτήν τη μεγάλη μηχανή; Όπως ήταν αναμενόμενο, διατυπώθηκαν διάφορες θεωρίες για την ανθρώπινη μηχανή. Η πρώτη προήλθε από τον Γάλλο γιατρό Julien de La Mettrie, ο οποίος, το 1748, στο έργο του *L'Homme Machine* –πρόδρομη εργασία του σύγχρονου υλισμού– εισήγαγε την απαθή και ψυχρή συμπεριφορά ως θεμέλιο της σύγχρονης ιατρικής έρευνας, εφαρμόζοντας σε ανθρώπους την αντίληψη του Καρτέσιου ότι τα ζώα είναι άλογα αυτόματα.

Η επιστημονική επανάσταση εναντίον της θρησκευτικής αυθεντίας ξέσπασε ταυτόχρονα με μια επανάσταση εναντίον της κοσμικής εξουσίας. Ο ισχυρισμός του Ζαν Ζακ Ρουσό στο *Du Contrat Social* του 1762 ότι «ο άνθρωπος γεννιέται ελεύθερος, αλλά παντού είναι αλυσοδεμένος», συνέβαλε στη θεμελίωση μιας ρομαντικής αντίληψης για τον κοινό άνθρωπο. Οι κοινοί άνθρωποι άρχισαν να αμφισβητούν την υπάρχουσα κοινωνική ιεραρχία και να αποκτούν πολιτική συνείδηση. Η πίστη ότι το ιδανικό κράτος αποτελείται από πολίτες που εμπιστεύονται τη διακυβέρνηση σε ένα εκλεγμένο σώμα αντιπροσώπων, οδήγησε στο δόγμα της λαϊκής κυριαρχίας, που βρήκε την έκφρασή του στη Διακήρυξη της Ανεξαρτησίας των αμερικανικών αποικιών το 1776. Η πιο ζωντανή έκφραση της λαϊκής θέλησης εναντίον της άρχουσας τάξης εκδηλώθηκε στις 14 Ιουλίου του 1789, όταν ο λαός του Παρισιού κατέλαβε τη φυλακή της Βαστίλης. Η Γαλλική Επανάσταση ήταν ο καταλύτης μιας σειράς ιστορικών αλλαγών σε ολόκληρη την Ευρώπη και σηματοδότησε την έναρξη της σύγχρονης εποχής. Τα δικαιώματα του ατόμου και το δικαίωμα των λαών στην αυτοδιάθεση αναδείχτηκαν σε ζητήματα τα οποία καθόρισαν την πολιτική μέχρι σήμερα, ξεκινώντας με το Γαλλικό Σύνταγμα του 1791, που διακήρυξε ότι «η κυριαρχία είναι αδιαίρετη, απαραβίαστη και μη μεταβιβάσιμη· ανήκει στο Έθνος· κανένα Σώμα δεν μπορεί να αποδώσει κυριαρχία στον εαυτό του, ούτε μπορεί άτομο να τη σφετεριστεί».

Οκτώ χρόνια αργότερα, ο Ναπολέων Βοναπάρτης ηγήθηκε κοινοβουλευτικού πραξικοπήματος με βασικό του στόχο το Σύνταγμα. Ο Ναπολέων κατοχύρωσε την εξουσία του με επιτυχείς στρατιωτικές εκστρατείες στην Ιταλία, την Αυστρία και την Ολλανδία, απωθώντας τους Βρετανούς από την ηπειρωτική Ευρώπη, γεγονός που τους οδήγησε να του κηρύξουν τον πόλεμο το 1793.

❖

Η θύελλα του πολέμου εναντίον του Ναπολέοντα δεν άφησε αδιάφορο τον Άρθουρ Μπενόνι Έβανς, παρότι πέρασε τα νεανικά του χρόνια σε μια απομακρυσμένη εκτός χρόνου περιοχή του Oxfordshire, βυθισμένη στις αρχαίες προλήψεις: στο νοτιοανατολικό άκρο της κοιλάδας του White Horse, κάτω από το πελώριο άλογο που είναι σκαλισμένο στον ασβεστόλιθο της λοφοπλαγιάς και έδωσε στην κοιλάδα το όνομά της. Το γιγάντιο σχέδιο –που πιστεύεται πως δημιουργήθηκε λίγο πριν από την κατάκτηση της Βρετανίας από τους Ρωμαίους το 54 π.Χ., από μια τοπική κελτική φυλή, τους Belgae της Εποχής του Σιδήρου– είναι και σήμερα εξίσου αινιγματικό, όσο και την εποχή που ο Άρθουρ Μπενόνι Έβανς ήταν παιδί. Το ίδιο μυστηριώδης είναι και η θέση του αλόγου, κατά μήκος της αρχαίας οδού Ridge η οποία ξεκινά από το Beacon Hill, στα βόρεια του Λονδίνου, και διανύει εκατόν σαράντα χιλιόμετρα μέχρι τους αινιγματικούς όρθιους λίθους που ορθώνονται σε κύκλο στη θέση Avebury του Wiltshire.

Τον Έβανς μεγάλωσε ο συνονόματός του, αιδεσιμότατος Άρθουρ Μπενόνι Έβανς, ένας εργένης θείος του που ζούσε στο Gloucester, στον οποίο τον έστειλαν να μείνει μετά τον θάνατο της μητέρας του, το 1788. Η χειροτονία του νεαρού Έβανς, το 1805, στον καθεδρικό ναό του Gloucester αμέσως μετά την ολοκλήρωση των σπουδών του στο St. John's College στην Οξφόρδη, ήρθε ως φυσικό επακόλουθο. Αλλά η μοίρα του βοηθού εφημέριου δεν τον ικανοποίησε, κυρίως λόγω των γλίσχρων οικονομικών απολαβών. Έτσι, χρησιμοποιώντας τις διασυνδέσεις του πατέρα του, διορίστηκε καθηγητής Κλασικών Σπουδών και Ιστορίας στο νεοϊδρυθέν Βασιλικό Στρατιωτικό Κολέγιο στο Great Marlow. Πίσω από τον πομπώδη αυτόν τίτλο πέρναγε τις μέρες του ζαλίζοντας με κανόνες λατινικής γραμματικής γιους αξιωματικών, οι οποίοι δεν έβρισκαν σε τι θα τους χρησίμευαν τα λατινικά στη στρατιωτική καριέρα που σκόπευαν να ακολουθήσουν.

Απογοητευμένος από τη στρατιωτική ζωή και αναμφίβολα και από την κατάστασή του, ο Έβανς, λίγο πριν συμπληρώσει τα τριάντα, προσπάθησε να ανακουφίσει τα δυσάρεστα αισθήματά του γράφοντας δύο σατιρικά έργα. Το πρώτο, *The Cutter, in Five Lectures upon the Art and Practice of Cutting Friends, Acquaintances, and Relations*, που εκδόθηκε το 1808 στην οδό Old Bond, φανέρωνε τη δυστυχία και την ανωριμότητά του, μολονότι θα μπορούσε να αρέσει σε ανθρώπους που βρίσκονταν σε παρόμοια κατάπτωση. Για παράδειγμα, ο Έβανς συμβούλευε μια μαραμένη καλλονή:

> Να μη συνδέεσαι με [γυναίκες] μεγαλύτερες των είκοσι τεσσάρων· γίνε παιχνιδιάρα· να μιλάς για φουστάνια, για χορούς, για οικοτροφεία και για ζευγάρια που κλέφτηκαν· δώσε στα σχόλιά σου μια γεύση νεανικότητας και απειρίας. Με αυτήν τη συμπεριφορά θα γίνεις τόσο ανώτερη από τις γυναίκες της ηλικίας σου, που θα είναι απαραίτητο να αποφεύγεις τις κακόβουλες προσβολές τους, «κόβοντάς» τους τον αέρα το γρηγορότερο. Αν κάποια απρόβλεπτη καταστροφή σε οδηγήσει στη συντροφιά τους, να επιτίθεσαι πλαγίως με συχνές περιφρονητικές ματιές. Να αγνοείς και αυτές, όπως και τις μεγαλύτερές σου. Και όταν οι άλλοι σε ρωτούν ποιες είναι, να απαντάς αυθαίρετα ότι είναι οι γεροντοκόρες θείες της γηραιάς κυρίας του σπιτιού.

Ακόμη πιο σκληρό και εξίσου αποκαλυπτικό:

> Αν ντρέπεσαι να αναγνωρίσεις έναν φτωχό ... και εξαρτώμενο από σένα φίλο σε κάποιο πάρτι, χορό ή δεξίωση,

κάνε τον πέρα όλο το βράδυ. Και, καλώντας τον το επόμενο πρωί, πες του πόσο ανυπομονούσες να τον συστήσεις σε μια πολύ χρήσιμη γνωριμία σου, αλλά δεν μπορούσες να «πιάσεις» το βλέμμα του, και ότι ήσουν διαρκώς απασχολημένη με μια πολύ ευχάριστη συντροφιά.[1]

Το δεύτερο έργο, ένα σατιρικό μυθιστόρημα με τίτλο *Fungusiana, or the opinions and Table Talk of the Late Barnaby Fungus Esq*,* εκδόθηκε έναν χρόνο αργότερα. Όπως και το πρώτο, παρουσίαζε την κακή πλευρά της ιδιοσυγκρασίας του Έβανς. Κανένα δεν είχε την απήχηση που θα απελευθέρωνε τον συγγραφέα από τον μόχθο της διδασκαλίας, είναι όμως σχεδόν βέβαιο ότι κάποια στιγμή τα βιβλία αυτά θα τα διάβασε ο εγγονός και συνονόματός του Άρθουρ Τζων Έβανς, όταν ένιωθε αποκαρδιωμένος και ευάλωτος. Θα μπορούσαν κάλλιστα να τον είχαν διδάξει να αντιδρά με παρόμοιο τρόπο όποτε αισθανόταν πως η ζωή τον αδικούσε.

Στα 1812, το Βασιλικό Στρατιωτικό Κολέγιο μεταφέρθηκε από το Great Marlow στο Sandhurst, κοντά στο Aldershot, στο Berkshire. Ο Έβανς φαίνεται ότι είχε προσαρμοστεί στη νέα κατάσταση, και, με την προοπτική εξέλιξης στη διδασκαλία παρά τις μέτριες αποδοχές, φλέρταρε και παντρεύτηκε την Anne Dickinson τον Ιούνιο του 1819. Έναν χρόνο αργότερα, γεννήθηκε το πρώτο τους παιδί, μια κόρη που ονομάστηκε Anne, όπως η μητέρα της. Το 1822 ακολούθησε ο πρώτος τους γιος, που πήρε το όνομα Άρθουρ, από τον πατέρα του και τον αγαπημένο του θείο. Ωστόσο, εκείνη την εποχή ζητήθηκε

* Fungus: μανιτάρι, μύκητας. (Σ.τ.Ε.)

από τον Έβανς να παραιτηθεί από το Sandhurst. Η ήττα του Ναπολέοντα το 1815 και η έλευση της ειρήνης είχαν οδηγήσει σε μείωση των ενόπλων δυνάμεων, και ο επί δεκαεπτά χρόνια καθηγητής των Λατινικών αντικαταστάθηκε από έναν νέο βετεράνο πολέμου. Αυτό που ίσως φάνηκε αφόρητο εκείνη τη στιγμή στον Έβανς –να ζήσει μια γυναίκα και δύο παιδιά χωρίς σύνταξη– θα αποδειχτεί εκ των υστέρων ευτύχημα. Οι συνθήκες έβγαλαν τους Έβανς από τη μετριότητα. Η Anne ζήτησε βοήθεια από μερικούς οικογενειακούς φίλους για να εξασφαλίσει στον άνδρα της μια θέση βοηθού εφημέριου στο Burnham, κοντά στο Slough, και παρότι ο μισθός ήταν πενιχρός, κατάφερε να πάρει και δάνειο για να αγοράσει ένα μεγάλο σπίτι με κτήμα στον κύριο δρόμο ανάμεσα στο Burnham και στο Farnham Royal, όπου μαζί με τον άνδρα της έστησαν μια σχολή προετοιμασίας των υποψηφίων για τις στρατιωτικές σχολές.

Ο συνδυασμός του μισθού και του εισοδήματος από τη σχολή έδωσε για πρώτη φορά στον Άρθουρ Μπενόνι Έβανς την αίσθηση οικονομικής ασφάλειας, και άρχισε να απολαμβάνει τον ρόλο του ως κτηματία. Είχε περισσότερο χρόνο για να κάνει πράγματα που τον ευχαριστούσαν και ασχολήθηκε με πάθος με τη ζωγραφική. Περνούσε πολλές ώρες στον κήπο του κάνοντας σπουδές δέντρων με λεπτή μαύρη κιμωλία πάνω σε αδρό άσπρο χαρτί ή σχεδιάζοντας με σέπια. Το *Cutter* έσβησε στο σκοτεινό παρελθόν και τα ημερολόγια που κρατούσε η Anne στα δυστυχισμένα χρόνια της κοπιαστικής δουλειάς, μέχρι το 1822, καταστράφηκαν με επιμέλεια, μην τυχόν και εμφανιστούν στο μέλλον και τους θυμίσουν την εποχή που ήθελαν να ξεχάσουν.[2]

Ζούσαν τώρα στα περίχωρα του Λονδίνου και όσο η περιουσία της οικογένειας μεγάλωνε, τόσο συχνότερες γίνονταν και οι επισκέψεις του Άρθουρ στην πόλη. Έγινε τακτικός πελάτης των βιβλιοπωλών της οδού Holborn, οι οποίοι τον κρατούσαν ενήμερο για τις τελευταίες εξελίξεις στη γνώση και έθεταν υπόψη του την επανάσταση στους τομείς της φυσικής ιστορίας και της γεωλογίας, και ιδιαίτερα τις ιδέες του Γάλλου φυσιοδίφη Georges Cuvier, διάσημου για το έργο του *Recherches sur les ossements fossiles des quadrupèdes*, που δημοσιεύθηκε το 1812. Ο Cuvier είχε παρατηρήσει απολιθωμένα οστά σε πολύ βαθιές τομές στα λατομεία γύψου της Μονμάρτρης στο Παρίσι. Κατέληξε στο συμπέρασμα ότι τα οστά αυτά χρονολογούνταν πριν από τον βιβλικό κατακλυσμό, καθώς μπορούσε να αποδείξει ότι προέρχονταν από στρώματα κατώτερα εκείνων που είχαν αποτυπώματα από θαλάσσια είδη. Οι ισχυρισμοί του Cuvier ήταν η απαρχή της μελέτης της παλαιοντολογίας των σπονδυλωτών και στήριξαν επί μακρόν τα επιχειρήματα των γεωλόγων στην αντιδικία με τον κλήρο για την ηλικία της γης.

Λιγότερο από δύο αιώνες νωρίτερα, το 1642, ο δρ. John Lightfoot, καθηγητής στο St. Catherine's College και αντιπρύτανης του Πανεπιστημίου του Καίμπριτζ, είχε διακηρύξει με αυτοπεποίθηση: «Ο Άνθρωπος δημιουργήθηκε από την Αγία Τριάδα γύρω στην τρίτη ώρα της ημέρας ή στην ένατη ώρα του ρολογιού, το πρωί της 23ης Οκτωβρίου του 4004 π.Χ.».[3] Το κείμενο που έδινε κύρος στα λεγόμενα του Lightfoot ήταν το ιουδαϊκό-χριστιανικό έπος της Δημιουργίας, στην αρχή της Βίβλου, καθώς η Γένεση ήταν το βασικό πλαίσιο προσδιορισμού της ηλικίας του κόσμου για τους μελετητές. Ωστόσο, τον δέκατο ένατο αιώνα, οι χρονολογίες που υπολογίστηκαν με βάση τη Γένεση εξετάζονταν ήδη εξονυχιστικά από μια γενιά στοχαστών που δεν φορούσαν ράσο και δεν θεωρούσαν εαυτούς δεσμευμένους από τις Γραφές, αλλά ήταν προσηλωμένοι σε μια νέα μορφή μαρτυρίας: την επιστημονική.

Ο Έβανς άρχισε τις δικές του έρευνες το 1823, όταν επισκέφτηκε ένα τοπικό λατομείο ασβεστόλιθου, σαν κι αυτά της Μονμάρτρης, κοντά στο Box Hill, ανατολικά του Dorking στο Surrey. Ήταν η χρονιά που γεννήθηκε ο δεύτερος γιος του, ο Τζων. Ο Έβανς έψαχνε εκεί συχνά για αποτυπώματα ειδών που είχαν εξαφανιστεί, ή απολιθώματα, όπως τα ονόμαζαν οι γεωλόγοι (από το λατινικό fossilis, που σημαίνει «αυτά που αποκαλύφτηκαν με το σκάψιμο»).

Μεταξύ 1830 και 1833, εμφανίστηκε στο Λονδίνο το βιβλίο σταθμός του Charles Lyell, *Principles of Geology, being an attempt to explain the former changes of the Earth's surface by reference to causes now in action.* Ο Lyell χρησιμοποίησε τις επιστημονικές παρατηρήσεις Βρετανών και Ευρωπαίων ερευνητών και κατέληξε σε καινοφανή συμπεράσματα για την ιστορία της γης. Έκανε μια συνειδητή και αποφασιστική προσπάθεια να απομακρύνει την Ιστορία από τις βιβλικές αναφορές – «να απελευθερώσουμε την επιστήμη από τον Μωυσή», όπως έλεγε. Το έργο του βοήθησε να μεγαλώσει το ήδη βαθύ χάσμα ανάμεσα σε εκείνους που ήταν προσκολλημένοι στις Γραφές και στους θιασώτες μιας νέας, απροκατάληπτης αλήθειας.

Ο Lyell υποστήριζε την ευρέως διαδεδομένη ανάμεσα στους γεωλόγους άποψη, ότι η ιστορία του πλανήτη συνίστατο σε έναν μακρό αδιατάρακτο χρόνο διαμόρφωσης και ομοιόμορφης ανάπτυξης. Αυτή η θεωρία του «ομοιομορφισμού» έγινε σύντομα αποδεκτή και διαδόθηκε σαν θρησκευτικό δόγμα, ανοίγοντας τον δρόμο για την αποδοχή της «θεωρίας της εξέλιξης» που ακολούθησε. Μέσα από τον «ομοιομορφισμό» ο Lyell απαντούσε στον δάσκαλό του, τον Αγγλικανό πάστορα William Buckland, τον πρώτο καθηγητή Ορυκτολογίας στην Οξφόρδη, ο οποίος υπερασπιζόταν τον «καταστροφισμό» ως τον καλύτερο τρόπο για να εξηγηθεί η εμφάνιση και η εξαφάνιση των ειδών. Ο Buckland πίστευε ότι η γεωλογική ιστορία ήταν μια διαδοχή από περιόδους που οριοθετούνταν με φυσικές καταστροφές που αφάνιζαν κάθε ζωή. Όπως ο Cuvier, ο Buckland διάλεξε ως πρότυπο τη βιβλική ιστορία του κατακλυσμού και θεωρούσε ως δεδομένο ότι ο Θεός δημιουργούσε νέα ζωή μετά κάθε τέτοιο καταστροφικό γεωλογικό συμβάν. Τα είδη, τα απολιθώματα των οποίων ανακαλύπτονταν σε γεωλογικά στρώματα κάτω από τα επίπεδα του κατακλυσμού, χαρακτηρίζονταν ως «προκατακλυσμιαία». Ο Lyell συνέβαλε πολύ στην τελική ανασκευή του «καταστροφισμού». Παρ' όλα αυτά, ο τελευταίος εξακολούθησε να ασκεί γοητεία τόσο στους μελετητές όσο και στους απλούς ανθρώπους και να αναβιώνει περιοδικά για την εξήγηση της «κατάρρευσης των πολιτισμών». Αυτό οφείλεται στην απλότητα της θεωρίας του, που ήταν ελκυστική ιδιαίτερα για όσους φοβούνταν τις ανώτερες δυνάμεις.

Η νέα πίστη στην επιστήμη μορφοποιήθηκε από ανθρώπους που απέρριπταν τις δογματικές πεποιθήσεις όσων πίστευαν στη θεία δημιουργία και προσπάθησαν να εξηγήσουν τον κόσμο με βάση επαληθεύσιμες παρατηρήσεις. Η επιστημονική μέθοδος απαιτούσε κάθε θεωρία να προτείνεται με τρόπο ξεκάθαρο, με σαφή γλώσσα και να είναι σε θέση να επαναλάβει όλα τα στάδια ενός πειράματος που είχε σχεδιαστεί για να τη δοκιμάσει. Η αποδοχή των νέων ιδεών και οι έντονες συζητήσεις που προκάλεσαν οδήγησαν στην ίδρυση της Βρετανικής Ένωσης για την Προαγωγή της Επιστήμης, το 1832. Η Βρετανική Ένωση, αξιοποιώντας τις τελευταίες εξελίξεις στη μηχανική, χρησιμοποίησε τον σιδηρόδρομο για να προωθήσει μια πραγματική βρετανική ένωση, ορίζοντας τον τόπο συνάντησής της σε διαφορετική πόλη κάθε χρόνο, με πρώτο το York.

❖

Τελικά, η ιδιωτική σχολή του ξέπεσε και ο Έβανς έστρεψε την προσοχή του σε υψηλότερα επίπεδα εκπαίδευσης, με πιο αξιόπιστες πηγές εισοδήματος. Αρχικά σκέφτηκε να αναλάβει τη διεύθυνση της Σχολής Rugby, μετά εκείνη της Ακαδημίας του Εδιμβούργου, αλλά στην πραγματικότητα δεν είχε τα προσόντα για καμιά από τις δύο. Τελικά, εξασφάλισε τη θέση του διευθυντή σε ένα νέο γυμνάσιο στο Market Bosworth, στο Leicestershire, και το φθινόπωρο του 1829 μετακόμισε εκεί οικογενειακώς. Το 1832, ο Έβανς και οι γιοι του ασχολούνταν συστηματικά με την αναζήτηση απολιθωμάτων, όπως ονόμαζαν το ψάξιμο για αρχαία αντικείμενα στα τοπικά λατομεία αμμοχάλικου και στους κοντινούς ασβεστολιθικούς βράχους στο Cloud Hill. Σιγά σιγά επέκτειναν τις έρευνές τους στα λατομεία σχιστόλιθου του Wenlock στο Dudley, δυτικά του Birmingham, και μετά έως το Peak District, όπου θαύμασαν τους γεωλογικούς σχηματισμούς. Οι οικογενειακές εξορμήσεις στα λατομεία ασβεστόλιθου και στους εκτεθειμένους γεωλογικούς σχηματισμούς φαίνεται πως είχαν μικρή επίδραση στον μεγαλύτερο γιο, τον Άρθουρ. Σύμφωνα με την οικογενειακή παράδοση, τον έστειλαν στην Οξφόρδη, από όπου αποφοίτησε με το ζόρι, και μετά επέστρεψε στο σπίτι για να χειροτονηθεί. Αντίθετα, η επίδρασή τους στον Τζων τον σημάδεψε για όλη του τη ζωή και καθόρισε τον τρόπο που περνούσε τον ελεύθερο χρόνο του.

Τον Έβανς τον έθελγε ένα ακόμη χόμπι. Το 1832 απέκτησε μια προθήκη για να τοποθετήσει τη συλλογή νομισμάτων του. Στην αρχή τα παλιά του νομίσματα ήταν δώρα φίλων και η συλλογή μεγάλωνε με ανάλογους ρυθμούς με τη συλλογή των απολιθωμάτων του. Αλλά το 1834 βρισκόταν ήδη σε επαφή με εμπόρους στο Λονδίνο, από τους οποίους αγόραζε κομμάτια για να εμπλουτίσει τη συλλογή του. Επικέντρωσε το ενδιαφέρον του σε αρχαία ελληνικά και ρωμαϊκά νομίσματα από πολύτιμα μέταλλα. Χάρισε τα προηγούμενα αποκτήματά του μαζί με εισαγωγικά κείμενα και χρήματα για την αγορά καινούργιας προθήκης στον γιο του Τζων, που είχε το ίδιο ενδιαφέρον με εκείνον και σταδιακά ειδικεύτηκε στα βρετανικά νομίσματα. Τον Τζων Έβανς, που η προσγειωμένη μητέρα του θεωρούσε «υπερβολικά ευαίσθητο και εργατικό για να γίνει δάσκαλος ή ιερέας», τον έστειλαν τον Απρίλιο του 1840, σε ηλικία δεκαέξι ετών, στη χαρτοβιομηχανία του θείου και νονού του John Dickinson, στο Nash Mills του Hertfordshire.[4] Για αρκετά χρόνια αντιμετώπιζαν την πρόσληψή του ως οικογενειακή εύνοια και δεν αναγνώριζαν τις προσπάθειές του. Ο Τζων ωστόσο εργαζόταν σκληρά στη χαρτοβιομηχανία, έχοντας περιορισμένη κοινωνική ζωή. Σιγά σιγά όμως άρχισε να προσέχει την κόρη του θείου του, τη Harriet, που ήταν πέντε μήνες μεγαλύτερή του. Η πρώτη φορά που τον πρόσεξε κι εκείνη, ήταν όταν τον είδε «να περπατά πάνω κάτω σκυφτός σε ένα οργωμένο χωράφι, σχεδόν διπλωμένος στα δυο, ψάχνοντας στο έδαφος για απολιθώματα».[5] Δεν ήταν ο τύπος του ιδανικού άνδρα, αλλά φαίνεται πως τελικά άρχισε να ανταποκρίνεται στον θαυμασμό του. Ο πατέρας της, όπως κάθε φιλόδοξος πατέρας εκείνης της εποχής, θα προτιμούσε να την παντρέψει με κάποιον πλούσιο, αλλά τελικά ενέδωσε στις επιθυμίες της κόρης του. Μετά από μήνες βαθιάς λαχτάρας που αποτυπώθηκε σε κρυφή αλληλογραφία, ο Τζων και η Harriet παντρεύτηκαν στις 12 Σεπτεμβρίου του 1850 και έφυγαν στο Παρίσι για τον μήνα του μέλιτος. Το πρώτο τους παιδί, ένα αγόρι, γεννήθηκε λίγο μετά τη συμπλήρωση εννέα μηνών.

Το ταξίδι στο Παρίσι έγινε σε καινούργιες σιδηροδρομικές γραμμές πάνω από τον ποταμό Somme και ο Τζων παρατήρησε και στις δύο πλευρές τις πρόσφατες τομές και τα γεωλογικά στρώματα που αποκαλύπτονταν. Επιστρέφοντας, έπρεπε να περιμένουν την ανταπόκριση στην Amiens και ο Τζων έτρεξε να δει τον γοτθικό καθεδρικό ναό και τα φημισμένα γλυπτά του. Γύρισε στην Amiens εννέα χρόνια αργότερα, χωρίς τη Harriet, αλλά με μια νέα αποστολή.

Ένας τέλειος κόσμος

Ο Άρθουρ Τζων Έβανς γεννήθηκε στις 8 Ιουλίου του 1851, σε μια εποχή που αυτοαποκλήθηκε Χρυσή. Δύο μήνες νωρίτερα, η βασίλισσα Βικτωρία είχε κηρύξει την έναρξη της Μεγάλης Έκθεσης στο Crystal Palace του Λονδίνου, σε μια πόλη που θεωρείτο από τους Άγγλους όχι μόνο το κέντρο του πολιτισμένου κόσμου, αλλά, όπως ανέφεραν οι *Times* στις 2 Μαΐου, ένας επίγειος παράδεισος:

> Χθες συνέβη κάτι το ανεπανάληπτο ... Σε ένα κτήριο που άνετα θα χώραγε διπλάσιους, είκοσι πέντε χιλιάδες άτομα, τόσοι περίπου ήταν, παρατάχθηκαν γύρω από τον θρόνο της Βασίλισσάς μας. Ολόγυρά τους, ανάμεσά τους και πάνω από τα κεφάλια τους ήταν εκτεθειμένο οτιδήποτε χρήσιμο και όμορφο στη φύση και την τέχνη. Πάνω τους υψωνόταν μια απαστράπτουσα αψίδα πολύ πιο επιβλητική και πλατιά από τους θόλους και των πιο μεγαλόπρεπων καθεδρικών μας ναών. Και οι δύο πλευρές φάνταζαν ατέλειωτες ... Για κάποιους το θέαμα αυτό ήταν ένα πανηγυρικό αφιέρωμα στην τελετουργική τέχνη και στα έργα της. Σε άλλους θύμιζε έντονα τη μέρα που όλες οι εποχές και τα φαινόμενα θα συγκεντρωθούν γύρω από τον θρόνο του Δημιουργού τους ... Όλα συνέβαλαν σε ένα αποτέλεσμα τόσο μεγαλειώδες κι όμως τόσο φυσικό, που δύσκολα φαινόταν πως βρέθηκαν εκεί βάσει σχεδίου ή πως αποτελούσαν ανθρώπινο έργο.

Η υλική ευμάρεια που είχε κερδίσει η Αγγλία από μια εντυπωσιακή βιομηχανική παραγωγή και από τις αναπτυσσόμενες παγκόσμιες αγορές στις οποίες κυριαρχούσε, έδωσε στους ανθρώπους της βικτωριανής εποχής μια πρωτοφανή αυτοπεποίθηση. Η περίοδος από τη μάχη του Βατερλό, το 1815, μέχρι τον Πρώτο Παγκόσμιο Πόλεμο, το 1914, ονομάστηκε Αιώνας της Ειρήνης. Ήταν τότε που η Βρετανία επικεντρώθηκε στην προσπάθειά της να αναδειχτεί σε παγκόσμια υπερδύναμη. Αυτό το γόητρο, όμως, δημιούργησε την ανάγκη στους Βρετανούς να συνειδητοποιήσουν τους λόγους της επιτυχίας τους, αν μη τι άλλο για να τη διατηρήσουν. Ο λόρδος Macaulay στο *History of England*, που εξέδωσε το 1848, προσπάθησε να εξηγήσει ποια χαρακτηριστικά είχαν συμβάλει ώστε να γίνει η Αγγλία το πιο πλούσιο έθνος στον κόσμο. Άρχιζε ως εξής: «Η ιστορία της χώρας μας κατά τη διάρκεια των τελευταίων εκατόν εξήντα ετών είναι κατ' εξοχήν ιστορία της υλικής, ηθικής και διανοητικής προόδου», μια ξεκάθαρη τοποθέτηση των τριών βασικών αρχών της βικτωριανής κοινωνίας.

Η υλική πρόοδος μπορούσε να σχετιστεί με τη βιομηχανία και τη δεοντολογία της εργασίας. Η ηθική αντικατόπτριζε την αυστηρή προσκόλληση των περισσότερων Άγγλων σε έναν χριστιανικό Ευαγγελισμό, τον οποίο υποστήριζαν η Αγγλικανική Εκκλησία και οι Αντικομφορμιστικές Εκκλησίες με την προσήλωσή τους στην υψηλή αυθεντία της Βίβλου. Και η διανοητική πρόοδος ήταν φανερή σε ολόκληρο το ευρύ φάσμα τόσο των θετικών όσο και των ανθρωπιστικών επιστημών. Η αυστηρή προσκόλληση στις τρεις αυτές αρχές θα οδηγούσε σε αυτό που ο βασιλικός σύζυγος το 1851 περιέγραψε ως «τον μεγάλο σκοπό στον οποίο τείνει ολόκληρη η Ιστορία: τη συνειδητοποίηση της ενότητας του ανθρώπινου γένους».[6] Αυτό που θα ενοποιούσε την ανθρωπότητα, λοιπόν, θα ήταν η οικουμενική υιοθέτηση των προτύπων που έκαναν την Αγγλία μεγάλη: αυτή ήταν η καθοδηγητική αρχή του βρετανικού ιμπεριαλισμού.

Μια όψη του χαρακτήρα του Άρθουρ Έβανς, η οποία

επανεμφανιζόταν διαρκώς στη ζωή του, ήταν φανερή από την αρχή. Λίγο μετά τη βάπτισή του, η μητέρα του έγραφε στη νύφη της Emma: «Το Μωρό μου έχει πάρει πολλά από τους Dickinson. Πράγματι, το δικαιούται διπλά και φοβάμαι ότι κληρονομεί επίσης από το Πιπέρι αυτό που ο Πατέρας σου ονομάζει "Ηφαιστειώδη Φύση", αλλά ... ελπίζω ότι θα είναι λογικός· άλλωστε πολλά γίνονται με την εκπαίδευση».[7] Όμως κανενός είδους εκπαίδευση δεν μπορούσε να χαλιναγωγήσει την «ηφαιστειώδη φύση» που ξεσπούσε σε κρίσιμες στιγμές στη ζωή του Άρθουρ και σκίαζε τις κατά τα άλλα λαμπρές αναμνήσεις που είχαν οι φίλοι του και οι άνθρωποι που τον αγαπούσαν.

Τον Σεπτέμβριο του 1851 η νεαρή οικογένεια μετακόμισε σε ένα καινούργιο σπίτι, το οποίο είχαν κτίσει με τα χαρακτηριστικά κόκκινα τούβλα στις παρυφές του χωριού Nash Mills. Παρότι ήταν κατασκευασμένο με τα ίδια υλικά όπως και τα γειτονικά σπίτια, ονομάστηκε Το Κόκκινο Σπίτι γιατί έλαμπε μέσα στο βιομηχανικό τοπίο με τα μαυρισμένα εργοστάσια και τα καπνισμένα σπίτια κοντά στο Abbot's Langley, βόρεια του Watford, δίπλα στα γκρίζα νερά του καναλιού Grand Union. Σύντομα προικίστηκε και με το εσωτερικό φως και τη ζεστασιά της οικογένειας. Το γραφείο του Τζων φαίνεται πως ήταν ένα από τα πρώτα δωμάτια που τακτοποιήθηκαν, όπως έγραψε η Harriet στον αδελφό της. «Η βιβλιοθήκη του Τζακ είναι πολύ άνετη. Είναι ένα συμπαθητικό δωματιάκι. Το ένα παράθυρο βλέπει προς το Nash Mills (τώρα το σπίτι μας είναι το πρώτο στη σειρά) και το άλλο προς το Εργοστάσιο. Ολόκληρο το μήκος του δωματίου καλύπτεται με ράφια βαρυφορτωμένα με βιβλία».[8] Επίσης εκεί βρίσκονταν οι πολυάριθμες πια προθήκες με τα πολύτιμα νομίσματα. Ο Τζων είχε ιδιαίτερη αδυναμία στα νομίσματα της Σικελίας, ίσως γιατί ήξερε ότι και ο πατέρας του ένιωθε το ίδιο.

Το 1848 ο Τζων παρουσίασε στην Αρχαιολογική Εταιρεία μια εργασία του για τη νομισματική στη Βρετανία πριν από τη ρωμαϊκή κατάκτηση. Η θετική υποδοχή σηματοδότησε το ξεκίνημα μιας πνευματικής σταδιοδρομίας έξω από τα σπουδαστήρια, που του είχαν στερήσει όσο ήταν νέος.[9] Τότε δοκίμασε τις ικανότητές του στην αρχαιολογική ανασκαφή μιας γειτονικής ρωμαϊκής έπαυλης. Με τα σημερινά δεδομένα ήταν λίγο πολύ ένα τεκμηριωμένο κυνήγι θησαυρού. Αποτύπωσε την κεραμική και το ψηφιδωτό δάπεδο που αποκάλυψε, και παρουσίασε διάλεξη με τα συμπεράσματά του σε μια συνάντηση αρχαιοφίλων που έγινε τον Απρίλιο του 1852 στο γειτονικό Saint Albans. Χάρη στις προσπάθειές του κατάφερε να εκλεγεί στην κλειστή Εταιρεία των Αρχαιοφίλων τον Δεκέμβριο. Η Εταιρεία, η οποία είχε ιδρυθεί γύρω στα 1585 για τη θεμελίωση της βρετανικής ιστορίας, ήταν ένας όμιλος υψηλού κύρους από ανθρώπους με την ίδια νοοτροπία, που ο Τζων Έβανς ήλπιζε να εντυπωσιάσει. Αλλά το κύριο ενδιαφέρον του ήταν η μελέτη της γεωλογίας, κι αυτό ως κάτι παραπάνω από πνευματική άσκηση.

Ο Τζων Έβανς ανακάλυψε πως οι επιστημονικές του παρατηρήσεις μπορούσαν να ωφελήσουν την οικογενειακή επιχείρηση στις διαμάχες που είχαν με τους υπεύθυνους της πλωτής διώρυγας στην περιοχή. Οι διαχειριστές του καναλιού Grand Union, μιας κύριας συγκοινωνιακής τεχνητής αρτηρίας ανάμεσα στο Λονδίνο και στις βιομηχανικές πόλεις του Βορρά, με τις γεωτρήσεις και τις παροχετεύσεις τους είχαν μειώσει τη ροή του νερού που ήταν απαραίτητη για τη λειτουργία των εργοστασίων. Ο Τζων ανέλαβε να ερευνήσει τις γεωλογικές αιτίες για τις αλλαγές στη στάθμη του νερού. Μόλις έγιναν γνωστές οι έρευνές του σχετικά με το έδαφος και τα πετρώματα, καθώς και η ικανότητά του να παρουσιάζει τα συμπεράσματά του αποσπώντας ευνοϊκές αποφάσεις στα δικαστήρια, άρχισαν να τον ζητούν και άλλες επιχειρήσεις με ανάλογα προβλήματα. Σε ένα από τα πολλά ταξίδια του για να καταθέσει ως εμπειρογνώμονας, συνταξίδεψε με κάποιον Joseph Prestwich, που είχε κληθεί για να εκπροσωπήσει στο δικαστήριο τους αντιδίκους. Μέχρι να τελειώσει το ταξίδι, οι δύο άνδρες κατάλαβαν πόσα κοινά είχαν. Ο Prestwich ήταν ένας εύπορος έμπορος κρασιών στο Λονδίνο και είχε κι εκείνος ως χόμπι τη γεωλογία. Δεν γνωρίζουμε ποια ήταν η έκβαση της υπόθεσης, αλλά από τη συνάντηση στο τραίνο ξεκίνησε μια πολύχρονη φιλία.

Ο γάμος του Τζων με μια Dickinson του εξασφάλισε μικρό μερίδιο στη χαρτοβιομηχανία, όχι τόσο ως υλική αμοιβή στην αρχή, όσο ως μια ευκαιρία να παίξει έναν πιο ενεργό ρόλο στη διοίκηση του εργοστασίου, που σύντομα απέδωσε, καθώς η βιομηχανία χάρτου άνθισε χάρη στη δραστηριότητα των Βρετανικών Ταχυδρομείων. Η αυξανόμενη ευμάρεια του Τζων και της Harriet έφερε και τα μέσα για να μεγαλώσουν την οικογένειά τους, αποκτώντας ένα παιδί σχεδόν κάθε χρόνο. Γεννήθηκαν δύο γιοι, ο Λιούις και ο Φίλιπ Νόρμαν, το 1853 και 1854, και μία κόρη, η Άλις, το 1856. Αλλά οι χαρές που συνόδευαν το θαύμα της νέας ζωής στιγματίστηκαν από αρρώστιες. Τυφοειδής πυρετός, οστρακιά και πλευρίτιδα, συχνά για μήνες κάθε φορά, εξασθένισαν σοβαρά τον οργανισμό της Harriet.

Το 1856 οι Έβανς μετακόμισαν στο μεγάλο σπίτι όπου είχε μεγαλώσει η Harriet στο Nash Mills. Εδώ τα παιδιά μπορούσαν να παίξουν στον κήπο, ενώ η Harriet έραβε και διάβαζε. Η βιβλιοθήκη του Τζων βρισκόταν τώρα εκεί που κάποτε ήταν το γραφείο του John Dickinson, με θέα στον κεντρικό δρόμο προς το εργοστάσιο. Ήταν ένα πελώριο δωμάτιο με κομψές βιβλιοθήκες και δύο μεγάλα χρηματοκιβώτια για τη συλλογή των νομισμάτων του.

Πάντως ο νεαρός Άρθουρ δεν είχε την ανάπτυξη των παιδιών της ηλικίας του. Το 1857, η γιαγιά του έγραψε σε ένα σημείωμα προς τη Harriet την αίσθησή της για την πνευματική του πρόοδο σε σχέση με εκείνη του πατέρα του στην ίδια ηλικία: «Λυπάμαι που ακούω ότι το πουλαράκι σου είναι λίγο κούτσουρο ... Τώρα που έφτασε τα έξι, ελπίζω να προσπαθήσει περισσότερο».[10]

Μια δεύτερη κόρη προστέθηκε στην οικογένεια στις 19 Δεκεμβρίου του 1857, αλλά η νοσοκόμα έπασχε από μεταδοτική ασθένεια και η Harriet, τριάντα πέντε χρονών πια, αρρώστησε ξανά. Τον Άρθουρ τον έστειλαν στο σπίτι του παππού Dickinson, στο Abbot's Hill, λίγο πιο πάνω. Πολλά χρόνια αργότερα, η ετεροθαλής αδελφή του Τζόαν, καταγράφοντας αναμφίβολα μια από τις πιο προσωπικές εξομολογήσεις του Άρθουρ προς αυτήν, αναπολούσε:

> Κρυφάκουσε τις νοσοκόμες και κατάλαβε ότι [η μητέρα του] ήταν πολύ άρρωστη. Αν πέθαινε, είπαν, κάποιος θα ερχόταν από το Nash House να ρίξει χαλίκια στο παράθυρο του δωματίου των παιδιών. Προσπαθούσε να μένει

ξύπνιος και να ακούει κάθε νύχτα. Και το βράδυ της Πρωτοχρονιάς άκουσε τον ήχο που έτρεμε. Αργότερα, τον πήγαν να δει τη μητέρα του, κάτασπρη και παγωμένη. Ήξερε ότι δεν θα την έβλεπε ποτέ ξανά και παρατηρούσε για ώρα τα χαρακτηριστικά της, τόσο οικεία και τόσο αλλοιωμένα. Ήταν αποφασισμένος, αν δεν την έβλεπε ποτέ πια, να τη θυμάται σε όλη του τη ζωή.

Με τον χαμό της ο κόσμος γκρεμίστηκε. Όταν τα παιδιά γύρισαν σπίτι από το Abbot's Hill, ο Τζων Έβανς έγραψε στο ημερολόγιο της γυναίκας του ότι δεν φαίνονταν να αισθάνονται την απώλειά της. Περισσότερα από εβδομήντα χρόνια αργότερα, ο Άρθουρ Έβανς έγραψε ένα αγανακτισμένο ΟΧΙ στο περιθώριο της σελίδας. Ο Άρθουρ ήταν μόλις έξι ... Είχε μάθει πολύ μικρός πόσο πικρό πόνο μπορεί να φέρει η αγάπη. Και από τότε τα μύχια της καρδιάς του τα κυβερνούσε ο φόβος. Ποτέ δεν ήταν ψυχρός ... αλλά παρέμενε απόμακρος ... προτιμώντας απρόσωπες σχέσεις ... Εκείνοι που τον αγαπούσαν αντιλαμβάνονταν πάντοτε κάτι αινιγματικό και κρυμμένο.[11]

Έναν χρόνο αργότερα, ο Τζων Έβανς, σε ένα γράμμα προς την ξαδέλφη του Fanny Phelps, που επρόκειτο να γίνει η μητριά του Άρθουρ, σχολίαζε ότι ο γιος του ήταν

ένα πολύ παράξενο παιδί, και μολονότι κι εγώ είμαι ένας Έβανς, δεν μπορώ να τον καταλάβω. Σκέψου τον να θάβει μια πορσελάνινη κούκλα (με τα πόδια της σπασμένα) με μια πεταλούδα και μερικά άλλα πράγματα στον κήπο, και να βάζει από πάνω τους την επιγραφή: «Ο ΒΑΣΙΛΙΑΣ ΕΔΟΥΑΡΔΟΣ Ο ΕΚΤΟΣ και η πεταλούδα μαζί με ρούχα και πράγματα». Δεν ξέρω αν γνωρίζει για την ανάσταση. Αυτό που ξέρω είναι ότι το στοιχείο της Ψυχής είναι πολύ ιδιαίτερο και ότι η τοποθέτηση των ρούχων, ώστε να είναι έτοιμα για τον νεκρό όταν ξαναζωντανέψει, μοιάζει με ενόραση.[12]

Αυτό το περίεργο επεισόδιο και το θαμμένο κουκούλι του χρόνου με το όνομα ενός βασιλιά που είχε κυβερνήσει τριακόσια χρόνια νωρίτερα μαζί με μια πεταλούδα, παγκόσμιο σύμβολο της αναγέννησης, είναι ακόμα πιο εντυπωσιακό για μας που γνωρίζουμε ότι το παιδί αυτό αφιέρωσε το μεγαλύτερο μέρος της ζωής του για να αποκαλύψει ουσιαστικά κουκούλια του χρόνου από πολύ παλαιότερους πολιτισμούς. Ήδη συνέδεε τα θαμμένα αντικείμενα με τη θαμμένη Ιστορία και έπαιρνε μέρος στη διαδικασία θάβοντάς τα ο ίδιος.

Ο Άρθουρ βρήκε καταφύγιο σε έναν κόσμο μελέτης και φαντασίας. Όταν έμαθαν ότι απέκτησαν εγγόνια,[13] ο Άρθουρ Μπενόνι και η Anne Έβανς συγκέντρωσαν, όπως καμάρωνε η Anne, «σε δύο εξαιρετικά απολαυστικούς μεγάλους τόμους από χρωματιστό κάμποτ μια τεράστια ποικιλία από περίπου 1.500 μικρές γκραβούρες και σχέδια κάθε είδους». Ο παππούς Έβανς είχε μεταδώσει το ενδιαφέρον του για τα βιβλία, τα νομίσματα και τα απολιθώματα στον γιο του, και τώρα μετέδιδε κάτι άλλο στην επόμενη γενιά. Κάτι που αυτός και το περιβάλλον του μπορούσαν να ονειρεύονται ή να βιώνουν μόνο μέσα από την πεζογραφία, την ποίηση και τις προσωπογραφίες τυχοδιωκτών που επέζησαν από τις δυσκολίες των εξερευνήσεών τους σε ξένες χώρες, κι όταν γύριζαν στην πατρίδα, μετέφεραν τις πιο αγαπημένες τους στιγμές σε ένα ακροατήριο που κρεμόταν από τα χείλη τους. Σε πολλές επισκέψεις του στο Λονδίνο, ο Άρθουρ Μπενόνι Έβανς περιεργαζόταν μέσα από το άνοιγμα ενός διοράματος μικροσκοπικά μοντέλα ρομαντικών τόπων φωτισμένα με κρεμαστά φωτάκια που αιωρούνταν απαλά και έδιναν την εντύπωση ενός δραματικού ουρανού, ή ατένιζε μια κινούμενη εικόνα σε έναν κύλινδρο στο Πανόραμα και ένιωθε ότι μεταφερόταν στις Ελβετικές Άλπεις, σε έναν δρόμο της Πομπηίας ή στα βουνά της Νέας Ζηλανδίας.[14] (Δεν πρόλαβε για λίγα μόλις χρόνια να πραγματοποιήσει την επιθυμία του. Το 1855 ο Thomas Cook διαπίστωσε την ανάγκη ανθρώπων σαν κι αυτόν και οργάνωσε το πρώτο ταξίδι στην Ευρώπη και την Ανατολή για απαιτητικούς ταξιδιώτες.) Μέσα από αυτές τις εικόνες με ρομαντικούς και εξωτικούς τόπους, όπως η Αθήνα, η Νινευή και το Κάιρο, μετέδιδε έναν δαυλό που δεν είχε ποτέ πραγματικά κρατήσει: το φως που βλέπει ο κατά φαντασίαν περιπλανώμενος. Ο νεαρός Άρθουρ είχε επηρεαστεί βαθύτατα από τα ταξιδιωτικά όνειρα του παππού του, τους πόθους μιας στερημένης γενιάς που του έδωσαν το όραμα για να κτίσει το μέλλον του. Το θεώρησε καθήκον του να γίνει ένας από τους ταξιδευτές που τόσο θαύμαζε ο παππούς του, και συνειδητοποίησε αυτή τη φιλοδοξία μέσα από τις κατευθυντήριες γραμμές που του έθεσε ο επαναστάτης ονειροπόλος.

Όσα βιβλία δεν είχε δώσει ο Άρθουρ Μπενόνι Έβανς στον γιο του Τζων όσο ζούσε, του τα κληροδότησε με τον θάνατό του το 1854. Κάποτε έγραψε: «Έχω μερικές χιλιάδες ... που μάζεψα εγώ και ο θείος μου, καθώς και μια περίεργη και χρήσιμη μαθηματική βιβλιοθήκη του παππού σου ... Επίσης έχω περισσότερες από εκατό γραμματικές όλων των γλωσσών».[15] Το μικρό γραφείο έφτασε να στεγάσει μια τεράστια συλλογή από κάθε είδους γνώση και το Nash Mills έγινε ένας παράδεισος για τον νεαρό αναγνώστη. Ο Άρθουρ επωφελήθηκε από τον έντυπο κόσμο που τον περιέβαλλε. Ιδιαίτερα το βιβλίο του Robert Walsh, *Narrative of a Journey from Constantinople to England*, του 1828, γεμάτο ολοζώντανες περιγραφές εθνών που αν και εντάσσονταν στα γεωγραφικά όρια της Ευρώπης, τα έθιμα και η συμπεριφορά τους βρίσκονταν πέρα από την αντίληψη της βικτωριανής Αγγλίας, ήταν τόσο εντυπωσιακό, που όταν ήρθε η σειρά του Άρθουρ να ταξιδέψει, πήρε την ίδια κατεύθυνση.

Τη χρονιά που ο Thomas Cook οδήγησε για πρώτη φορά ενήλικες ταξιδιώτες στην ηπειρωτική Ευρώπη, ο Charles Kingsley εξέδωσε την πρώτη από μια σειρά ιστοριών που μετέφεραν γενιές παιδιών της Βρετανίας σε ακόμη πιο μακρινά και φανταστικά ταξίδια. Όταν δεν συνέτασσε κηρύγματα ως εφημέριος του Eversley στο Hampshire, ο Kingsley έγραφε μυθιστορήματα με στόχο να αφυπνίσει την κοινωνική συνείδηση της βρετανικής ανώτερης τάξης. Ήταν ιδρυτικό μέλος του Χριστιανικού Σοσιαλιστικού Κινήματος, που είχε σκοπό να διορθώσει τις ανισότητες που προπαγάνδιζε η Βιομηχανική Επανάσταση μέσω της άσκησης της χριστιανικής ηθικής. Έγραψε για τα παιδιά του μια μοντέρνα εκδοχή των ελληνικών μύθων με τίτλο *Heroes*. Τα κατορθώματα του Περσέα, του Ιάσονα με τους Αργοναύτες, και του Θησέα, όπως τα περιέγραφε ο εφημέριος, είχαν τόσο μεγάλη απήχηση, που το βιβλίο έκανε αρκετές ανατυπώσεις και ο Kingsley, εξαιτίας της δημοτικότητάς του, έγινε εφημέριος του Westminster και των Ανακτόρων. Ο δεσμός του με τους Έβανς ξεκίνησε όταν έγινε αποδεκτός στη Γεωλογική Εταιρεία, μέλος της οποίας ήταν και ο Τζων. Εκεί ο Charles Kingsley και ο Τζων Έβανς γνώρισαν και θαύμασαν τον Κάρολο Δαρβίνο και τις επαναστατικές ιδέες του.

Ο Άρθουρ Έβανς ήταν ανάμεσα στους χιλιάδες εφήβους που πρωτογνώρισαν τους ελληνικούς μύθους μέσα από το *Heroes* του Kingsley. Η ηρωική περιπέτεια που τον μάγεψε περισσότερο βρισκόταν στο τελευταίο κεφάλαιο. Εκεί, ο Kingsley αφηγείτο τα κατορθώματα του Θησέα, ο οποίος ζήτησε να συμμετάσχει στην ομάδα των επτά νέων και επτά κοριτσιών που έστειλε ο πατέρας του, ο βασιλιάς της Αθήνας Αιγέας, στην Κρήτη ως ετήσιο φόρο υποτέλειας. Εκεί, εξιστορούσε ο Kingsley, ο βασιλιάς Μίνωας για να εκδικηθεί τον θάνατο του γιου του από χέρια άγνωστων κακοποιών στην Αττική, «τους έριχνε σε έναν λαβύρινθο, που ο Δαίδαλος είχε λαξεύσει στον βράχο. Από αυτόν τον λαβύρινθο δεν μπορούσε να αποδράσει κανείς. Χανόταν στους ελικοειδείς διαδρόμους μέχρι που συναντούσε τον Μινώταυρο, το τέρας που τρεφόταν με ανθρώπινες σάρκες». Αν και ο Kingsley άφηνε σκοτεινή την καταγωγή του Μινώταυρου, έγραφε με λεπτομέρειες για τα επιτεύγματα, τα ανδραγαθήματα και την κατάληξη του αρχιτέκτονα Δαίδαλου. Περιέγραφε πώς ο Δαίδαλος έφτιαξε για τον Μίνωα, εκτός από τον Λαβύρινθο, «αγάλματα που κινούνταν και μιλούσαν, το ιερό της Βριτομάρτιδος και την αίθουσα χορού της Αριάδνης, που τη λάξευσε από ωραία άσπρη πέτρα».

Αλλά ο πανούργος εφευρέτης συγκρούστηκε με τον μονάρχη και αναγκάστηκε να το σκάσει από το νησί. Καθώς ο Μίνωας ήλεγχε στεριά και θάλασσα, ο εφευρέτης έφτιαξε πελώρια φτερά για τον εαυτό του και τον γιο του Ίκαρο που τα στερέωσε με κερί. Έτσι, πέταξαν προς την ελευθερία από την κορυφή ενός βουνού. Αλλά το αγόρι πλησίασε πολύ κοντά στον ήλιο, το κερί έλιωσε και σκοτώθηκε, πέφτοντας στο πέλαγος που φέρει το όνομά του. Ο πατέρας συνέχισε την πτήση του προς τη Σικελία, όπου μπήκε στην υπηρεσία του βασιλιά Κώκαλου και όπου ο Μίνωας τον εντόπισε στο τέλος της ζωής του.

Ο Kingsley γοήτευσε τους έφηβους της εποχής με την ιστορία του ήρωα Θησέα που κέρδισε την καρδιά της κόρης του Μίνωα Αριάδνης. Η Αριάδνη συμφώνησε να τον βοηθήσει στην αποστολή του: «Θα σου δώσω ένα σπαθί, και ίσως μ' αυτό θανατώσεις το τέρας. Κι ένα κουβάρι νήμα· ίσως μ' αυτό βρεις πάλι τον δρόμο να βγεις έξω». Μ' αυτά τα όπλα, ο Θησέας οδηγείται νύχτα στον Λαβύρινθο και αναγκάζεται να μπει

> στον θλιβερό κυκεώνα, μέσα από ελικοειδή μονοπάτια ανάμεσα στα βράχια, κάτω από σπηλιές, αψίδες και στοές και πάνω από σωρούς πεσμένες πέτρες. Έστριβε αριστερά και δεξιά, ανέβαινε και κατέβαινε, μέχρι που άρχισε να ζαλίζεται. Όμως συνεχώς κρατούσε το κουβάρι με το νήμα, που μπαίνοντας το είχε δέσει σε μια πέτρα, και καθώς προχωρούσε, το άφηνε να ξετυλίγεται. Και το νήμα βάστηξε μέχρι που συνάντησε τον Μινώταυρο, σ' ένα στενό άνοιγμα ανάμεσα σε μαύρους βράχους.
>
> Κοντοστάθηκε, γιατί ποτέ δεν είχε δει ένα τόσο παράξενο θηρίο. Το σώμα του ήταν ανθρώπινο, αλλά είχε κεφάλι ταύρου και δόντια λιονταριού, που μ' αυτά ξέσκιζε τη λεία του. Και μόλις ο Μινώταυρος είδε τον Θησέα, έβγαλε έναν βρυχηθμό και βάζοντας το κεφάλι κάτω όρμησε καταπάνω του.

Ο ευκίνητος Αθηναίος πήδηξε στο πλάι και άρχισε να μαχαιρώνει το τέρας όπως ένας ταυρομάχος χτυπάει τον ταύρο, και μετά καταδίωξε το πληγωμένο θηρίο «από σπηλιά σε σπηλιά, κάτω από σκοτεινά πέτρινα περάσματα, μέσα από ανώμαλες ρωγμές και κοίτες χειμάρρων, ανάμεσα στα ανήλιαγα ριζά της Ίδης. Μέχρι την άκρη του αιώνιου χιονιού έφτασαν ο κυνηγός και το θήραμα, ενώ οι λόφοι αντηχούσαν από τα μουγκρητά του τέρατος».

Ο Έβανς δεν ξέχασε ποτέ τις εικόνες, την τοπογραφία, την περιπέτεια και τη φρίκη της ιστορίας του Kingsley για τον Θησέα και τα κατορθώματά του στην Κρήτη. Πριν ακόμα αντικρίσει τις πλαγιές του όρους Ίδη με τα ίδια του τα μάτια, ο Έβανς έψαχνε τον Μινώταυρο και τη φωλιά του στα Βαλκάνια. Και μόλις πάτησε το πόδι του στις ακτές του νησιού του Μίνωα, συνέδεσε την αποφασιστικότητα του Αθηναίου ήρωα με τη δική του αναζήτηση για τον Λαβύρινθο και τους κατοίκους του.

Τα νομίσματα, τα απολιθώματα, τα δαχτυλίδια, οι πόρπες και τα βιβλία στο Nash House ήταν ένας τρόπος διαφυγής για τον νεαρό Άρθουρ από τον κόσμο της ανείπωτης δυστυχίας που ακολούθησε τον θάνατο της μητέρας του. Οι ώρες που πέρασε μονάχος διαβάζοντας ήταν μια περίοδος επώασης αυτού που αναδύθηκε όταν άφησε το προσωπικό του καταφύγιο της αυτο-διδαχής, και ενώθηκε με την κοινωνική τάξη και τη γενιά του στο σχολείο.

Προϊστορικοί χρόνοι

Στα τέλη του δέκατου όγδοου αιώνα, Δανοί ιστορικοί πρότειναν να αντιμετωπιστεί η πρώιμη ιστορία της ανθρωπότητας κατά στάδια, τα οποία να αντανακλούν τις καινοτομίες στην κατασκευή των όπλων και, όπως είχε κάνει ο Ησίοδος για τους πρώτους Έλληνες, πρότειναν μια διαδοχή εποχών, από τον Λίθο στον Χαλκό και κατόπιν στον Σίδηρο. Αυτό το τριμερές σύστημα σχηματοποιήθηκε στο έργο του Christian J. Thomsen, *Guide to Northern Antiquities*, έναν συστηματικό κατάλογο του Εθνικού Μουσείου της Κοπεγχάγης, που εκδόθηκε στα αγγλικά το 1848. Το έργο έγινε πρότυπο για τους αρχαιόφιλους σε ολόκληρο τον κόσμο και χρησιμοποιείται μέχρι σήμερα.

Καθώς η αρχαιοφιλία του δέκατου όγδοου αιώνα έδωσε τη θέση της στη συστηματική έρευνα και καθώς αφοσιωμένοι επαγγελματίες αρχαιολόγοι επιζητούσαν την αναγνώριση ανάμεσα στις αναδυόμενες επιστήμες, τέθηκαν κάποιοι προσδιορισμοί για τον καθορισμό του αντικειμένου τους και, επομένως, για τη δικαίωση στα μάτια των συναδέλφων τους στον κόσμο των γραμμάτων. Ένας από τους πιο συγκροτημένους, εύγλωττους και αποτελεσματικούς ορισμούς διατυπώθηκε από τον Charles T. Newton. Γεννημένος το 1816, με σπουδές στο Shrewsbury και στο Christ Church College, στην Οξφόρδη, ο Newton μπήκε στο τμήμα Αρχαιοτήτων του Βρετανικού Μουσείου το 1840 και ήρθε σε άμεση επαφή με πολύ μεγάλη ποικιλία αντικειμένων από ολόκληρο τον κόσμο. Η προσωπική του εμπειρία συνέβαλε πολύ στη διαμόρφωση του ορισμού που παρουσίασε στη συνάντηση του Αρχαιολογικού Ινστιτούτου στις 18 Ιουνίου του 1850 στην Οξφόρδη:

> Η καταγραφή του Ανθρώπινου Παρελθόντος κάθε άλλο παρά εξαντλείται στα τυπωμένα βιβλία. Η ιστορία του Ανθρώπου έχει λαξευτεί στους βράχους της Αιγύπτου,

αποτυπώθηκε στους πλίνθους της Ασσυρίας, φυλάχτηκε ευλαβικά στα μάρμαρα του Παρθενώνα, υψώνεται μπροστά μας ως μεγαλειώδης Παρουσία στις αλλεπάλληλες αψίδες του Κολοσσαίου ... Ενσωματώνεται σε όλα τα κειμήλια των θρησκειών, των φυλών, των οικογενειών, σε όσα η στοργή και η ευγνωμοσύνη, προσωπική ή εθνική, η περηφάνια μιας χώρας και η περηφάνια μιας γενιάς διαφύλαξαν για μας. Βρίσκεται στα χείλη των χωρικών, στα τραγούδια και στις παραδόσεις τους, ανανεώνεται στα πρωτόγονα έθιμά τους με την αναγέννηση των εποχών. Την εντοπίζουμε στην ομιλία, στα ήθη, στις συμβάσεις των σύγχρονων εθνών. Οι αναφορές της σαν μανδύας καλύπτουν τα πάντα. Την ξεθάβουμε από τους τύμβους και τις Νεκροπόλεις και από τα σπαράγματα που βρίσκουμε ανασυνθέτουμε στα αρχαιολογικά μουσεία κάτι που μοιάζει με εικόνα του παρελθόντος: ατενίζουμε αυτή την εικόνα με πιο σωστές αναλογίες, με πιο σαφή περιγράμματα, όπως φτάνει σ' εμάς μέσα από ατελεύτητες αντανακλάσεις στον σπασμένο καθρέφτη της τέχνης.[16]

Ο Newton υποστήριζε ότι ο ρόλος της αρχαιολογίας ήταν «να συγκεντρώσει, να ταξινομήσει και να ερμηνεύσει όλες τις μαρτυρίες της ιστορίας του ανθρώπου που δεν έχουν ακόμη ενσωματωθεί στην Έντυπη Φιλολογία» και τις ξεχώριζε σε τρία είδη: *προφορικές*: «ομιλούμενη γλώσσα, ήθη, έθιμα»· *γραπτές*: «έγγραφα και χειρόγραφα», και *μνημειακές*: «κατάλοιπα αρχιτεκτονικής, ζωγραφικής, γλυπτικής και των υποδεέστερων διακοσμητικών και χρηστικών τεχνών». Κάποιος που θα αναλάβει μια τέτοια προσπάθεια

πρέπει να συνδυάζει την αισθητική παιδεία του Καλλιτέχνη και την εξασκημένη κρίση του Ιστορικού, χωρίς

> να υπολείπεται του Φιλολόγου. Η επίπονη και χρονοβόρα εργασία με την οποία θα συγκεντρώσει το υλικό του δεν πρέπει να αμβλύνει την κριτική οξύνοια που απαιτείται για την ταξινόμηση και την ερμηνεία του. Μήτε η συνηθισμένη επιφυλακτικότητα, που πάντοτε συνοδεύει τη λεπτομερή έρευνα και προηγείται της κατοχύρωσης της αρχαιολογικής μαρτυρίας, πρέπει να τον κάνει υπερβολικά σκεπτικιστή.

Για να κάνει καλά τη δουλειά του ο αρχαιολόγος, «πρέπει να ταξιδέψει, να ανασκάψει, να συλλέξει, να ταξινομήσει, να σχεδιάσει, να αποκρυπτογραφήσει, να μεταγράψει, πριν να εντάξει το όλο θέμα στο μυαλό του».

Η ξεκάθαρη άποψη του Newton εξέφραζε την επιστήμη της αρχαιολογίας έτσι όπως αναπτυσσόταν εκείνη την εποχή. Ο ορισμός του ταίριαζε πολύ στη γενιά του Τζων Έβανς και των συναδέλφων του, που ασχολούνταν με την ταξινόμηση διαφόρων στοιχείων που είχαν στη διάθεσή τους από τις σπουδαίες εποχές του Λίθου, του Χαλκού και του Σιδήρου. Ο πατέρας τού Τζων Έβανς είχε ενθαρρύνει την κατεύθυνση που έπαιρνε, και η σημαντική συνεισφορά του στην περίφημη σύνθεση του Newton εντοπιζόταν σε δύο πεδία. Το πρώτο ήταν οι μελέτες του για νομίσματα και μετάλλια: ανάμεσα στο 1851 και το 1872 έγραψε σαράντα επτά εργασίες, για ένα διάστημα επιμελείτο τα *Numismatic Chronicle* και χρημάτισε πρόεδρος της Νομισματικής Εταιρείας. Η συνεισφορά του, όμως, στο δεύτερο πεδίο του εξασφάλισε την υψηλή θέση του στον κόσμο των γραμμάτων: η εξειδίκευσή του στα λαξευμένα λίθινα εργαλεία, τα οποία πρώτη φορά είχε βρει στο Box Hill με τον πατέρα του, έγινε ευρέως γνωστή και η συνεισφορά του στη χρονολόγησή τους του εξασφάλισε μια θέση στην ιστορία της αρχαιολογίας.

Η νέα ιστορία της γης, όπως τη διατύπωναν οι σύγχρονοι γεωλόγοι, είχε σαφείς επιπτώσεις στην ιστορία του ανθρώπου. Ο Jacques Boucher de Crève-coeur de Perthes, ευκατάστατος διευθυντής τελωνείου στην Abbeville, κοντά στις εκβολές του ποταμού Somme στη Βόρεια Γαλλία, είχε γοητευτεί από το ασβεστολιθικό οροπέδιο της Πικαρδίας και συγκέντρωνε απολιθώματα από τις όχθες του ποταμού. Ενώ ο Άρθουρ Μπενόνι Έβανς μάθαινε τον γιο του να μαζεύει απολιθώματα στην Αγγλία, ο Boucher de Perthes άρχισε να ακολουθεί τις τομές που άνοιγαν οι μηχανικοί του σιδηροδρόμου για να τοποθετήσουν μια γραμμή κοντά στην Abbeville. Παρατήρησε τα φρεσκοκομμένα ασβεστολιθικά στρώματα τριάντα τρία μέτρα πάνω από την επιφάνεια της θάλασσας και άρχισε να ταξινομεί σε τύπους τα είδη που περιείχαν. Από στρώματα κάτω από εκείνα που υπέθετε πως έδειχναν τον Μεγάλο Κατακλυσμό της Βίβλου και ανακατωμένα με απολιθώματα ειδών όπως μαμούθ, διαφόρων ελεφάντων, του πρώιμου βίσονα και του ρινόκερου –είδη εξαφανισμένα από καιρό– βρήκε δείγματα πυριτόλιθου που, όπως κατάλαβε, είχαν λαξευτεί από ανθρώπους ως πρωτόγονα εργαλεία. Ανάμεσα στο 1830 και το 1838 εξέθεσε πολλούς από αυτούς τους επεξεργασμένους πυριτόλιθους στην Abbeville. Επίσης, δημοσίευσε περιγραφές των αντικειμένων και των συνευρημάτων τους και σχέδια με ακριβείς μετρήσεις σε ένα πεντάτομο έργο με τίτλο *De la Création: essai sur l'origine et la progression des êtres*, που εκδόθηκε από το 1838 ως το 1841. Οι ιδέες του αντιμετωπίστηκαν με σκεπτικισμό που έφτανε τα όρια της χλεύης, στην Ακαδημία των Επιστημών και την Ακαδημία των Γραμμάτων και των Καλών Τεχνών στο Παρίσι. Αλλά η πνευματική του υπόσταση δεν εξαρτιόταν από τη γνώμη των ακαδημαϊκών, και επέμεινε στις πεποιθήσεις του. Έδωσε μια δημόσια διάλεξη στην Ακαδημία των Επιστημών το 1846 και εξέδωσε μόνος του το 1847 μια νέα μελέτη, το *Antiquités celtiques et antédiluviens*.

Στην Αγγλία, ερασιτέχνες έκαναν αντίστοιχες προσπάθειες και δέχτηκαν παρόμοιες προσβολές από τους ειδικούς. Το 1797, κάποιος John Frere έστειλε ένα σημείωμα στην Εταιρεία των Αρχαιοφίλων για μερικούς επεξεργασμένους πυριτόλιθους από λατομεία αμμοχάλικου κοντά στο Hoxne, στο Suffolk. Ο Frere βρήκε τα εργαλεία μαζί με μια πελώρια σιαγόνα «κάποιου άγνωστου ζώου» μέσα σε ένα ίζημα κάτω από στρώμα άμμου και θαλάσσιων οστρέων, το οποίο, όπως πίστευε, κάποτε πρέπει να ήταν βυθός της θάλασσας ή ακρογιαλιά. Παρατήρησε ότι «η κατάσταση στην οποία βρέθηκαν αυτά τα όπλα μας βάζει στον πειρασμό να τα τοποθετήσουμε σε μιαν απώτατη περίοδο, πιο πέρα ακόμη κι από τον παρόντα κόσμο».[17] Το σημείωμα του Frere δημοσιεύθηκε το 1800, αλλά δεν έτυχε της δέουσας προσοχής, μέχρι που ξαναζωντάνεψε ως μέρος ενός διογκούμενου συνόλου στοιχείων που συγκέντρωσε ο Τζων Έβανς το 1859.

Ο Έβανς, μέλος της Γεωλογικής Εταιρείας από το 1857, παρακολουθούσε τις διάφορες θεωρίες που προέρχονταν από όλη τη χώρα, σχετικά με χειροποίητα αντικείμενα που συνυπήρχαν σε ιζήματα με οστά από εξαφανισμένα ζώα και έτσι πράγματι ανήκαν πέρα από «τον παρόντα κόσμο». Μια άλλη τέτοια άποψη είχε διατυπωθεί από έναν Ρωμαιοκαθολικό ιερέα που λεγόταν πατήρ

MacEnery, ο οποίος ανέσκαψε το σπήλαιο του Kent, κοντά στο Torquay, από το 1824 ως το 1829, και παρατήρησε υπολείμματα εξαφανισμένων ζώων μαζί με ανθρώπινα εργαλεία κάτω από στρώμα σταλαγμίτη ή ανθρακικού ασβεστίου, που είχε δημιουργηθεί από νερό που έσταζε πολύ αργά από την οροφή του σπηλαίου. Παρουσίασε τα στοιχεία του στον William Buckland, ο οποίος δήλωσε ότι τα λίθινα εργαλεία ήταν των αρχαίων Βρετανών της ρωμαϊκής περιόδου και είχαν τοποθετηθεί μέσα στο στρώμα του σταλαγμίτη πρόσφατα και έτσι η συσχέτισή τους με τα εξαφανισμένα ζώα ήταν συμπτωματική.[18] Ζώντας έξω από τους ανάλογους κύκλους, ο MacEnery δεν κατάφερε να προωθήσει τις απόψεις του, ούτε δημοσίευσε τα συμπεράσματά του. Πέθανε το 1841, απογοητευμένος από τον κόσμο των γραμμάτων και πιστός σε ό,τι είχε δει με τα ίδια του τα μάτια. Μόλις το 1858, η Γεωλογική Εταιρεία συμφώνησε τελικά να χρηματοδοτήσει και να εποπτεύσει ανασκαφές στο σπήλαιο του Brixham που είχε πρόσφατα ανακαλυφτεί κοντά στο σπήλαιο του Kent, υπό τη διεύθυνση του William Pengelly, αναγνωρισμένου γεωλόγου που είχε ειδικευτεί στη γενέτειρά του, το Devonshire. Η εμπλοκή αναγνωρισμένων επιστημόνων, ανάμεσα στους οποίους ήταν και ο Charles Lyell, προσέδωσε κύρος στην προσπάθεια, ώστε τα συμπεράσματα ήταν δύσκολο να αγνοηθούν. Ο Pengelly βρήκε και κατέγραψε, με τρόπο αποδεκτό από τους επιστήμονες, όσα ανθρώπινα εργαλεία βρίσκονταν ανάμικτα με οστά από εξαφανισμένα ζώα κάτω από «ένα λεπτό στρώμα σταλαγμίτη, πάχους τριών έως οκτώ ιντσών,* το οποίο πε-

* Περίπου 10-25 εκ. (Σ.τ.Ε.)

ριλάμβανε υπολείμματα από λιοντάρι, ύαινα, αρκούδα, μαμούθ, ρινόκερο και τάρανδο», ακριβώς ό,τι είχε παρατηρήσει και ο MacEnery.

Ο ενθουσιασμός του Τζων Έβανς με αυτές τις ανακαλύψεις και τις συνέπειές τους για την ανθρώπινη ιστορία εκφράστηκε σε ένα γράμμα στη Fanny Phelps στα τέλη Μαρτίου του 1859. «Σκέψου ότι βρίσκουν στην Abbeville τσεκούρια από πυριτόλιθο και αιχμές από βέλη», έγραψε έκπληκτος,

> μαζί με οστά από Ελέφαντες και Ρινόκερους σε μια πρόσχωση 40 πόδια* κάτω από την επιφάνεια. Σ' αυτό το σπήλαιο με οστά στο Devonshire, που τώρα ανασκάπτεται από τη Γεωλογική Εταιρεία, λένε ότι βρήκαν αιχμές βελών από πυριτόλιθο ανάμεσα στα οστά και το ίδιο αναφέρθηκε σε ένα σπήλαιο στη Σικελία. Δεν μπορώ να το πιστέψω. Οι αρχαίοι μου Βρετανοί θα φαίνονται εντελώς σύγχρονοι, αν υπήρχαν άνθρωποι στην Αγγλία τις μέρες που Ελέφαντες, Ρινόκεροι, Ιπποπόταμοι και Τίγρεις κατοικούσαν στη χώρα.[19]

Ο Joseph Prestwich, παρακινημένος από τα αποτελέσματα του Torquay, προσπάθησε να οργανώσει μια επίσκεψη της Γεωλογικής Εταιρείας στην Abbeville προκειμένου να εξετάσουν όσα ισχυριζόταν ότι είχε κάνει ο Boucher de Perthes. Μόνο ο στενός φίλος του, ο Τζων Έβανς, κινητοποιήθηκε για το θέμα. Την 1η Μαΐου του 1859, ο Prestwich και ο Έβανς συναντήθηκαν στην Abbeville και την άλλη μέρα ο Boucher de Perthes τους οδήγησε σε κάποια κοντινά λατομεία αμμοχάλικου, όπου εί-

* Περίπου 13,5 μ. (Σ.τ.Ε.)

χε κάνει τις περισσότερες ανακαλύψεις του. Δεν βρήκαν τίποτα αξιοσημείωτο και πήγαν στο σπίτι του Boucher de Perthes να δουν τη συλλογή του. Εξαιρετικά εντυπωσιασμένος, ο Έβανς το περιέγραψε σαν «ένα πλήρες Μουσείο από πάνω μέχρι κάτω, γεμάτο πίνακες ζωγραφικής, παλιά σκαλιστά αντικείμενα, κεραμικά κλπ. Έχει μια θαυμάσια συλλογή με πελέκεις από πυριτόλιθο και εργαλεία που βρέθηκαν ανάμεσα στα στρώματα του αμμοχάλικου και προφανώς αποτέθηκαν τον ίδιο χρόνο με αυτά: στην πραγματικότητα είναι τα υπολείμματα μιας φυλής ανθρώπων που έζησε την εποχή που συνέβη ο κατακλυσμός ή όποια τέλος πάντων ήταν η αιτία αυτών των αποθέσεων».[20] Πήγαν στην Amiens, όπου τους έδειξαν έναν πέλεκυ στο σημείο που είχε βρεθεί σε κάποιο λατομείο αμμοχάλικου, κάλεσαν έναν φωτογράφο να το φωτογραφίσει, «ώστε να επιβεβαιωθεί η μαρτυρία τους», και άκουσαν και για άλλα τέτοια παραδείγματα από εργάτες στο λατομείο.

Ο Prestwich και ο Έβανς γύρισαν στην Αγγλία και διέθεσαν όσο χρόνο μπορούσαν να εξοικονομήσουν από τα καθήκοντά τους, για να ετοιμάσουν μια αναφορά που θα υποβαλλόταν σε εξονυχιστικό έλεγχο από τους γεωλόγους συναδέλφους τους. Είναι σημαντικό να θυμόμαστε ότι αυτοί οι καινοτόμοι ήταν έξω από τα αυστηρά πανεπιστημιακά όρια. Επρόκειτο για έναν κατασκευαστή χαρτιού και έναν έμπορο κρασιών, που ετοιμάζονταν να παρουσιάσουν στοιχεία που τους είχε προμηθεύσει ένας τελωνειακός, προκειμένου να αποδείξουν στην ιντελιγκέντσια ότι πράγματι είχαν δει όσα ισχυρίζονταν και ότι τα συμπεράσματά τους ήταν σωστά, ότι δηλαδή ανθρώπινα όντα έζησαν πάνω σε αυτή τη γη για πολύ περισσότερο χρόνο από όσο δέχονταν οι κληρικοί. Το βάρος της ευθύνης ήταν τεράστιο, και ο Έβανς ασφαλώς το ένιωθε, αν και το μόνο που πρόλαβε να κάνει ήταν ένα προσχέδιο του δικού του τμήματος της αναφοράς μια μέρα πριν από τη συνάντηση στη Βασιλική Εταιρεία του Λονδίνου στις 26 Μαΐου. Έγραψε στη Fanny ότι είχε στείλει τις δικές του περιγραφές των πυριτόλιθων στον Prestwich, για να τις εντάξει σε μια διάλεξη, αλλά εκείνος πρόλαβε μόνο να πει «ένα αδιάφορο απόσπασμα με φωνή που μόλις ακουγόταν», και είχε επίσης, «επιδέξια», καταφέρει να ξεχάσει το γράμμα του Τζων. Κι έτσι, έγραφε ο Έβανς, «δεν μου έμενε παρά να σηκωθώ και να δώσω μια αυτοσχέδια διάλεξη για τα εργαλεία από πυριτόλιθο και νομίζω τα πήγα πολύ καλά».

Η σημασία της περίστασης και η αιτία της αγωνίας του Έβανς μπορούν να εκτιμηθούν στην επόμενη φράση του: «Εκεί βρίσκονταν πολλές διάνοιες της γεωλογίας, ο σερ C. Lyell, ο Murchison, ο Huxley, ο Morris, ο δρ. Perry, ο Faraday, ο Wheatstone, ο Babbage κ.ο.κ., κι έτσι είχα ένα πολύ διακεκριμένο ακροατήριο».[21] Φαίνεται πως η διάλεξή του έκανε μεγάλη εντύπωση, καθώς την επόμενη φορά που πήγε στη συνάντηση της Βρετανικής Εταιρείας, το 1861, τον αποκαλούσαν Έβανς ο Πυριτόλιθος. Στις αρχές του 1862, τον εξέλεξαν μέλος της Βασιλικής Εταιρείας του Λονδίνου για την Προώθηση της Φυσιογνωσίας. Η Βασιλική Εταιρεία είχε ιδρυθεί το 1660 και ήταν το παλαιότερο επιστημονικό φόρουμ στη Βρετανία. Στα διακεκριμένα μέλη της περιλαμβάνονταν ο αρχιτέκτονας Christopher Wren, ο αστρονόμος Edmund Halley και ο σερ Ισαάκ Νεύτων. Με την εκλογή του, το 1865, στο Athenaeum, μια κλειστή λέσχη στο Λονδίνο που είχε πάρει το όνομά της από την αρχαιοελληνική σχολή που βρισκόταν στο ιερό της Αθηνάς, ο κατασκευαστής χαρτιού Τζων Έβανς έγινε ο Τζων Έβανς ο αρχαιολόγος.

Ο Έβανς και ο Prestwich ήταν τώρα αξιόπιστα μέλη της πνευματικής κοινότητας, οι απόψεις τους είχαν βαρύτητα και τα λόγια τους ήταν επαναστατικά. Η αρχαιότητα του ανθρώπινου είδους, η οποία είχε καταδειχτεί με επιστημονικές διαδικασίες, έγινε αποδεκτή από την επιστημονική κοινότητα. Ο John Frere και ο πατήρ MacEnery δεν ζούσαν για να δουν τις παρατηρήσεις τους να επαληθεύονται. Όπως συμβαίνει συχνά, οι θεματοφύλακες της καθεστηκυίας γνώσης σε κάθε γενιά, οι «σοφοί» που έχουν τη δύναμη πνευματικής αρνησικυρίας, ήταν απρόθυμοι για γρήγορες αλλαγές. Η στάση του κατεστημένου απέναντι σε ριζοσπαστικές νέες θεωρίες καθορίζεται με βάση αρχές και συμφέροντα, αλλά επίσης κατευθύνει την πορεία της έρευνας στο μέλλον. Το αποτέλεσμα είναι ότι νέα στοιχεία και νέες θεωρίες πολύ συχνά γεννιούνται εκτός του πανεπιστημιακού κατεστημένου και πρέπει να περάσει τουλάχιστον μία γενιά διανοουμένων, περίπου είκοσι πέντε χρόνια, πριν βρουν αρκετούς υποστηρικτές για να εξουδετερωθεί το αρνητικό κλίμα και να επανεκτιμηθεί η αξία τους.

Ο Boucher de Perthes άντεξε τη δοκιμασία του χρόνου και απόλαυσε τον θρίαμβό του εναντίον όσων τον δυσφημούσαν στη γαλλική Ακαδημία. Στο έργο του *De l'homme antédiluvien et ses œuvres*, που εκδόθηκε το 1860, υπενθύμισε στους αναγνώστες πως πριν από ένα τέταρτο του αιώνα, όταν είχε προτείνει τη θεωρία του για τη σύγχρονη ύπαρξη ανθρώπου και «γιγάντιων θηλαστικών», είχαν ζητήσει περισσότερες αποδείξεις. Τώρα Βρετανοί και

Γάλλοι γεωλόγοι είχαν ελέγξει και επιβεβαιώσει τη θεωρία. Κατά περίεργο τρόπο, ο Boucher de Perthes έβλεπε ακόμη απαραίτητο «τον δάκτυλο του Θεού» προκειμένου να εξηγήσει «τις αναταραχές της φύσης» που διαφαίνονταν στα υπερκείμενα γεωλογικά στρώματα. Παρόμοια, ο Έβανς και ο Prestwich υποστήριζαν το μοντέλο της καταστροφής: η εργασία που ανέγνωσαν στη Βασιλική Εταιρεία κατέληγε ότι η «περίοδος συνύπαρξης του Ανθρώπου και των θηλαστικών που εξαφανίστηκαν ... έφτασε ξαφνικά στο τέλος της όταν καλύφτηκε προσωρινά η επιφάνεια της γης με νερό»,[22] μια ξεκάθαρη δήλωση υπέρ του Μεγάλου Κατακλυσμού, παρά την αυξανόμενη αποδοχή του «ομοιομορφισμού» από τους επιστήμονες συναδέλφους τους.

Η ιδέα μιας «προ-ιστορικής» περιόδου εισήχθη το 1833 από τον Γάλλο φαρμακοποιό Paul Tournal, ο οποίος την όρισε ως την περίοδο από την εμφάνιση του ανθρώπου στη γη μέχρι την αρχή των «πιο αρχαίων παραδόσεων» της ιστορικής περιόδου, που γι' αυτόν ήταν η κατασκευή των Θηβών από τους Αιγύπτιους κατά τη Δέκατη Ένατη Δυναστεία, γύρω στο 1200 π.Χ.[23] Ο Daniel Wilson στο βιβλίο του *Archaeology and Prehistoric Annals of Scotland*, που εκδόθηκε τη χρονιά που γεννήθηκε ο Άρθουρ Έβανς, έφερε την ιδέα της προϊστορίας στο βρετανικό αναγνωστικό κοινό, που τη δέχτηκε ως το διάστημα πριν από την ύπαρξη γραπτών μαρτυριών για ανθρώπους και γεγονότα. Η περαιτέρω εξειδίκευση σε Παλαιολιθική και Νεολιθική, Παλαιά και Νέα Εποχή του Λίθου στην προϊστορία, έγινε από τον τραπεζίτη John Lubbock το 1865 στο βιβλίο του *Prehistoric Times*.

Η ιδέα της προϊστορικής περιόδου προϋπέθετε ότι η

ανθρώπινη ανάπτυξη ήταν ομοιόμορφη και προβλέψιμη και ότι σταδιακά όλες οι κοινωνίες θα «έφταναν» σε τέτοιο στάδιο ανάπτυξης, ώστε να κρατούν γραπτές μαρτυρίες. Η έννοια μιας τέτοιας κοινωνικής εξέλιξης σε συνδυασμό με την άποψη του «ομοιομορφισμού» της γεωλογικής ιστορίας της γης βοήθησαν να γίνει αποδεκτή από τους φυσιοδίφες η θεωρία της φυσικής επιλογής του Κάρολου Δαρβίνου, που διατυπώθηκε στο βιβλίο του *On the Origin of Species* το 1859. Η επιτυχία του Δαρβίνου συνέβαλε στην εδραίωση της γραμμικής τροχιάς στην ανθρώπινη εξέλιξη, με έναν αριθμό ενδιάμεσων προβλέψιμων σταδίων, από τον άγριο πίθηκο ως τον σύγχρονο *Homo sapiens.*

Το καλοκαίρι του 1859 έφερε νέους θριάμβους στον τριανταεξάχρονο Τζων Έβανς. Στις 23 Ιουλίου, παντρεύτηκε τη Fanny Phelps. Εκείνη ήταν τριάντα δύο ετών, «μάλλον μικροκαμωμένη και λίγο παχουλή», όπως ανέφερε η Τζόαν Έβανς, «χαριτωμένη, με μακριές μπουκλίτσες και όμορφα χεράκια. Καλλιεργημένη, γλωσσομαθής» και λαμπρή πιανίστα.[24] Φαίνεται ότι ο Άρθουρ συμπάθησε τη μητριά του, που δεν είχε δικά της παιδιά, παρότι για χάρη της εγκατέλειψε το παιδικό του δωμάτιο, όταν εκείνη ανέλαβε το νοικοκυριό στο Nash House.

Η πένα-οχιά

Τον Σεπτέμβριο του 1860, μετά τις διακοπές που πέρασε με τον πατέρα του σκάβοντας για αρχαία κεραμική στους βράχους του Danwich στο Suffolk, ο Άρθουρ Έβανς άρχισε τη σχολική του εκπαίδευση. Αν και ήταν εννιά χρονών, ήταν μικρόσωμος για την ηλικία του και το ύψος του δεν ξεπερνούσε το 1,30 μ. Πήγε στο Callipers, ένα προπαρασκευαστικό σχολείο κοντά στο Chipperfield, που το διηύθυνε ο C. A. Johns, ένας αφοσιωμένος φυσιοδίφης και βοτανολόγος, ο οποίος ενθάρρυνε την αγάπη του Άρθουρ για τη φύση και τον δίδαξε να παρατηρεί και να ταξινομεί είδη φυτών και ζώων με τον ίδιο τρόπο που ο πατέρας του του είχε δείξει πώς να οργανώνει τα ανθρώπινα δημιουργήματα. Ο Άρθουρ έμαθε να εξετάζει το τοπίο με τη ματιά του φυσιοδίφη και γοητεύτηκε από την τέχνη της δημιουργίας.

Το 1865 πήγε στο σχολείο του Harrow. Το σχολείο είχε ιδρυθεί σχεδόν τρεις αιώνες νωρίτερα, αρχικά για να μορφώνονται τα φτωχά παιδιά της περιοχής. Με τον καιρό επέτρεψε και σε «ξένους» από άλλες ενορίες να το παρακολουθήσουν. Στην εποχή του Άρθουρ Έβανς είχε γίνει ένα από τα πιο επιφανή ανεξάρτητα σχολεία της Μεγάλης Βρετανίας, στους απόφοιτους του οποίου συγκαταλέγονταν προσωπικότητες όπως ο Robert Peel, πρωθυπουργός κατά το 1834-1835 και 1841-1846 και ιδρυτής του Βρετανικού Συντηρητικού Κόμματος, και ο Λόρδος Βύρων, ο ρομαντικός ποιητής-πολεμιστής που πολέμησε στον ελληνικό αγώνα της ανεξαρτησίας.

Ο Άρθουρ ήταν ένας νεαρός με διεισδυτικά γαλανά μάτια, με το αριστερό πιο βαθιά στην κόγχη από το δεξί, και πυκνά μαύρα μαλλιά. Όπως έμαθε αργότερα η ετεροθαλής αδελφή του από τους συμμαθητές του, τον θυμούνταν ως «μικρόσωμο και μάλλον ασήμαντο. Η μυωπία του, για την οποία αρνιόταν να φορέσει γυαλιά, τον έκανε να κρατά το κεφάλι του σαν να περιεργάζεται κάτι.

Επιπλέον, υπέφερε σε εξαιρετικό βαθμό από νυχτερινή τύφλωση, έτσι ώστε κατά τα χειμερινά τρίμηνα στο Harrow χρειαζόταν κάποιο φίλο να τον οδηγεί από και προς το απογευματινό μάθημα».[25] Ο υπεύθυνος του οικοτροφείου, ο αιδεσιμότατος F. Rendall, φαίνεται πως τον θεωρούσε «όχι και πολύ έξυπνο» και διαμαρτυρόταν «για τη βρωμιά και την ακαταστασία του».[26] Ο Άρθουρ άρχισε να χρησιμοποιεί μπαστούνι, περισσότερο για να αισθάνεται πού πηγαίνει, χτυπώντας το δεξιά και αριστερά στον δρόμο που ήθελε να πάρει, παρά για να στηρίζεται. Κάποια στιγμή υιοθέτησε ένα λεπτό αλλά γερό ραβδί που το ονόμασε Prodger* και έγινε σήμα κατατεθέν του, όπως συμβαίνει για μερικούς άνδρες με τα πούρα και τις πίπες τους. Ο Prodger του έδειχνε συνεχώς τον δρόμο, συνδέθηκε με πολλές από τις περιπέτειές του και παρέμεινε μαζί του περισσότερο από οποιοδήποτε άλλο αγαπημένο του αντικείμενο.

Το ενδιαφέρον για τον φυσικό κόσμο, που είχε ενσταλάξει στον Έβανς ο Johns στο Callipers, ενθαρρύνθηκε και αναπτύχτηκε ακόμη περισσότερο στο Harrow, όταν το 1865 ιδρύθηκε εκεί η παλαιότερη εταιρεία φυσικής ιστορίας σε δημόσιο σχολείο.** Σε αυτήν έδωσαν διαλέ-

---

* Prodger: Λογοπαίγνιο του Άρθουρ Έβανς με το ρήμα «prod», που δηλώνει την πράξη χτυπήματος με την άκρη ραβδοειδούς αντικειμένου, χρησιμοποιώντας το σαν ξίφος ή δόρυ, λ.χ. «prod with an umbrella». (Σ.τ.Ε.)

** Public school: η έννοια του δημόσιου σχολείου στη Βρετανία διαφέρει από αυτήν στην Ελλάδα. Στα public schools καταβάλλονται δίδακτρα· η διαφορά τους από τα private schools συνίσταται στην αποδοχή μαθητών από όλες τις κοινωνικές τάξεις και όχι αποκλειστικά από την αριστοκρατία. (Σ.τ.Ε.)

ξεις σημαντικές προσωπικότητες, όπως ο επιφανής κριτικός της τέχνης John Ruskin και ο Ουαλός φυσιοδίφης Alfred Russell Wallace, ο θεμελιωτής της ζωογεωγραφίας, από τον οποίο πήρε το όνομά της η εξελικτική διαφορά ανάμεσα στην πανίδα της Ασίας και της Αυστραλίας. Ο Άρθουρ έγινε δραστήριο μέλος της εταιρείας, πραγματοποίησε ομιλίες για τους «Βαλτότοπους» και «Την Παλαιότητα του Ανθρώπου» και παρουσίασε ορυκτά, απολιθώματα, αρχαιότητες και νομίσματα από τη συλλογή του πατέρα του. Για να επιδείξει την εκτίμησή του σε κάποιο είδος και αναμφίβολα για να εντυπωσιάσει τους συμμαθητές του, εκπαίδευσε ένα φίδι των αγρών να περνά μέσα από το μανίκι του και να βγαίνει από το κολάρο του κατά τη διάρκεια των ομιλιών. Τα φίδια, τόσο τα ζωντανά όσο και ως σύμβολα, εξακολούθησαν να τον γοητεύουν σε όλη του τη ζωή.

Κατά τη διάρκεια των πρώτων χειμερινών διακοπών του, τον Ιανουάριο του 1866, ξεκίνησε με τον πατέρα του για την Ευρώπη. Ο Άρθουρ έζησε για πρώτη φορά τον τρόμο του μεσιανού περάσματος, όπως αποκαλούσαν οι Βρετανοί ταξιδιώτες τα άγρια ρεύματα στη μέση της δίωρης διάβασης από το Folkestone στη Βουλόνη. Ποτέ δεν αισθάνθηκε άνετα στη θάλασσα, την οποία ονόμασε έκτοτε «αβέβαιο στοιχείο». Ταξίδεψαν για δέκα μέρες στη Βόρεια Γαλλία, πηγαίνοντας από λατομείο σε λατομείο, ψάχνοντας για προϊστορικά εργαλεία, με ενδιάμεσες επαγγελματικές συναντήσεις του πατέρα του. Έναν χρόνο αργότερα, στα δεκαέξι του, ο Άρθουρ θεωρήθηκε αρκετά ώριμος για να ακούσει τον πατέρα του να διαβάζει μια εργασία στην Εταιρεία των Αρχαιοφίλων σχετικά με τους πυριτόλιθους που είχε συλλέξει στην Ιρλανδία.

Μόλις τον τελευταίο χρόνο στο σχολείο ο Άρθουρ Έβανς αναδύθηκε από την αφάνεια και έγινε μια αξιοσημείωτη φυσιογνωμία με έντονη ατομικότητα. Ο συμμαθητής του Gerald Rendall θυμόταν πως εξαιτίας της κακής του όρασης, «το μόνο αθλητικό κατόρθωμα που συμπλήρωσε σε κάποιο ερωτηματολόγιο ήταν το "άλμα σε συμπεράσματα"», αλλά ήταν «δραστήρια φύση, με αφοπλιστική απλότητα που σε υποχρέωνε, ενστικτωδώς ανυπότακτος σε κάθε συμβατικότητα» και επεδείκνυε «διασκεδαστική περιφρόνηση για τις συνέπειες».[27] Μολονότι αυτά τα γνωρίσματα είναι συνυφασμένα με τη νεότητα, παρέμειναν τα πιο διακριτά χαρακτηριστικά του σε όλη του τη ζωή και τον οδήγησαν σε πολλές δύσκολες και επικίνδυνες καταστάσεις, από τις οποίες γλίτωσε πάλι χάρη σε αυτά.

Τη σχολική χρονιά 1869-1870, ο Άρθουρ συμφώνησε με έναν φίλο, τον S. H. Hood, να αναζωογονήσουν το *Harrovian*, την επιθεώρηση του Harrow, όπου συνεισέφερε την άποψή του ως ιστορικού της φύσης περί των «Ζώων του Harrow». Ο κατάλογός του περιλάμβανε τον *Aper domesticus*, ή πληκτικό, τον *Canis ignavus*, το τεμπελόσκυλο, και τον *Rana parasiticus*, τον κόλακα ή συκοφάντη. Μια πιο σκοτεινή πλευρά, που θύμιζε τις δυστυχισμένες στιγμές του παππού του, εμφανίστηκε τον χειμώνα του 1869, όταν ο Άρθουρ έγραψε το δισέλιδο *Pen-Viper, a comic and satirical magazine*, το οποίο περιείχε τις ακόλουθες συμβουλές στον επίδοξο Χαροβιανό: «Το πρώτο σπουδαίο πράγμα που πρέπει να κάνεις είναι να είσαι όσο μπορείς πιο θορυβώδης ... Μετά, δεν πρέπει να είσαι τόσο μυγιάγγιχτος που να μη λες μερικά ψέματα στους καθηγητές ... να μιλάς όσο το δυνατόν περισσότερο στην αργκό ... που θα μαθαίνεις διαβάζοντας όσο πιο πολλά φτηνιάρικα μυθιστορήματα μπορείς ... Φυσικά δεν χρειάζεται να σου πω ότι το να δουλεύεις έστω και ελάχιστα στο σχολείο ... θα αποβεί πολύ εις βάρος σου». Έμοιαζε πάρα πολύ με τον *Cutter*, και αντανακλούσε μια δυστυχισμένη περίοδο στη ζωή του Έβανς.

Στο Harrow, όπως και στα περισσότερα σχολεία που ήταν επιφορτισμένα με την εκπαίδευση των αστών, οι μαθητές εξαναγκάζονταν να υιοθετήσουν τη βρετανική ιδεοληψία για την κλασική αρχαιότητα, που υποδαύλιζε ευρέως μια ομάδα στο Λονδίνο, με το όνομα Εταιρεία των Dilettanti.* Από το 1734 που ιδρύθηκαν, οι Dilettanti υποστήριξαν αρχαιολογικές έρευνες στην Ιταλία, την Ελλάδα και την Εγγύς Ανατολή. Με τις εκδόσεις τους πυροδότησαν το λαϊκό ενδιαφέρον για ένα θέμα που διαφορετικά θα περιοριζόταν στους πλούσιους αριστοκράτες, για τους οποίους το μεγάλο ταξίδι ήταν απαραίτητο συστατικό της εκπαίδευσής τους. Η περιοχή που αποτελούσε την αρχαία Ελλάδα, γνωστή από τα έργα των αρχαίων συγγραφέων, ήταν από το 1453 τμήμα της Οθωμανικής Αυτοκρατορίας, που είχε ιδρυθεί τον δέκατο τέταρτο αιώνα από τον Οσμάν Α΄. Οι Ευρωπαίοι, ρομαντικοί και στην πλειονότητά τους Χριστιανοί, είχαν εξιδανικεύσει την Ελλάδα ως τη γενέτειρα της τέχνης τους και της δημοκρατίας και έβρισκαν την κατάσταση αυτή ανυπόφορη.

---

* Εταιρεία Ερασιτεχνών (Dilettanti Society): Αγγλική εταιρεία αρχαιολογικών ερευνών. Ιδρύθηκε το 1734 στο Λονδίνο από ομάδα ευγενών νέων διανοουμένων και οργάνωσε κατά καιρούς πολλές αρχαιολογικές αποστολές και ανασκαφές, ιδίως στην Ελλάδα και τη Μικρά Ασία. (Σ.τ.Ε.)

Η στάση των Δυτικοευρωπαίων έναντι των Οθωμανών θύμιζε σε πολλά σημεία εκείνη των Σταυροφόρων του δωδέκατου και δέκατου τρίτου αιώνα, που στάλθηκαν από τον πάπα να υπερασπιστούν τη χριστιανοσύνη από τους «απίστους», τους «αιρετικούς» και τους «σχισματικούς» στην Ανατολή. Ενώ η αρχική ιδέα ήταν να βοηθήσουν τους Έλληνες Χριστιανούς εναντίον των Σελτζούκων Τούρκων στη Μικρά Ασία και να κρατήσουν ανοιχτούς τους δρόμους των προσκυνητών προς τον Άγιο Τάφο στην Ιερουσαλήμ, οι οκτώ Σταυροφορίες κατέληξαν ένα συνονθύλευμα ιδανικών και πολιτικής, διακηρύσσοντας όμως πάντοτε ότι σκοπός τους ήταν να ανακτήσουν από το Ισλάμ τους τόπους που θεωρούνταν ιεροί για τους Χριστιανούς.

Όταν τα Επτάνησα έγιναν βρετανικό προτεκτοράτο, το 1815, αποτέλεσαν βάση για τους φιλέλληνες πλούσιους αριστοκράτες που αφιέρωσαν την ενεργητικότητα, τις περιουσίες και σε ακραίες περιπτώσεις –όπως του Λόρδου Βύρωνα– τη ζωή τους στο ελληνικό κίνημα για ανεξαρτησία. Το κίνημα πυροδότησε τον πόλεμο με την Οθωμανική Τουρκία το 1821 και οδήγησε στην ίδρυση του νέου ελληνικού κράτους στη Συνδιάσκεψη του Λονδίνου το 1832. Η πιο ξεκάθαρη ίσως δήλωση της ταύτισης των Βρετανών με τα ιδανικά του φιλελληνισμού ήταν αυτή του Percy Shelley στον πρόλογο του μεγάλου ποιητικού του έργου *Ελλάς*: «Είμαστε όλοι Έλληνες ... Αλλά για την Ελλάδα, μπορεί να είμαστε ακόμη άγριοι και ειδωλολάτρες».[28]

Η εξύμνηση της κλασικής ελληνικής τέχνης και οποιουδήποτε στοιχείου σε σχέση με την Αθήνα του πέμπτου αιώνα π.Χ. βρήκε την απόλυτη έκφρασή της στη σύγχρονη εποχή με τη δημοσίευση, το 1764, του έργου του

Johann Winckelmann, *Geschichte der Kunst des Altertums*, στο οποίο ο Παρθενώνας και τα γλυπτά του εξυψώθηκαν ως τα αιώνια πρότυπα ομορφιάς. Οι αρχαίοι Έλληνες συγγραφείς και φιλόσοφοι ορίστηκαν ως κύρια πηγή γνώσης και τα έργα τους θεωρήθηκαν η βάση κάθε μάθησης. Η «ενστικτώδης επαναστατικότητα» του Έβανς «κατά των συμβατικοτήτων», μαζί με την ανοιχτόμυαλη αντίληψη για την αρχαιότητα που είχε, όπως και ο πατέρας του, τον έφεραν σε σύγκρουση με την κοντόφθαλμη θεώρηση του Harrow. Πήρε μέρος στις αντιδικίες εκφράζοντας τη σταθερή θέση «ότι το παρόν σύστημα της κλασικής εκπαίδευσης οδηγείται στην υπερβολή». Ήξερε, όμως, ότι για να συνεχίσει να ανήκει στην κοινωνική ελίτ και να φοιτά στο πανεπιστήμιο με το οποίο η οικογένειά του ήταν συνδεδεμένη εδώ και γενιές, έπρεπε να αποκτήσει επάρκεια στα αρχαία ελληνικά, μολονότι αρνήθηκε να συμβιβαστεί πλήρως και δεν έμαθε το περίπλοκο και δύσκολο σύστημα τονισμού που κατηύθυνε την αναπνοή και την προφορά. Τελικά, ο Άρθουρ τα πήγε σχετικά καλά στα περισσότερα μαθήματα. Περιέργως, διέπρεψε μόνο στην έκθεση στα αρχαία ελληνικά, αν και διαμαρτυρήθηκε κατά της «τυραννίας των τόνων», υποβάλλοντας χωρίς τόνους τους στίχους του, που παρ' όλα αυτά βραβεύθηκαν.

Όταν ο Έβανς έφυγε από το Harrow, ο Rendall, ο επιβλέπων του οικοτροφείου, έγραψε γι' αυτόν στον διευθυντή του Brasenose College, στην Οξφόρδη: «Θα διαπιστώσεις ότι είναι αγόρι με δυνατό, πρωτότυπο μυαλό, αν κάποιες ερωτήσεις στις εισαγωγικές σου εξετάσεις είναι πέρα από την πεπατημένη».[29] Ο Έβανς απέρριψε εντελώς την πρόταση του πατέρα του να μπει ως συνεταίρος στην οικογενειακή επιχείρηση, προτιμώντας να συνεχίσει τη ρέμπελη ζωή της μάθησης, που αισθανόταν ότι του ταίριαζε.

Ο Έβανς διατήρησε στην Οξφόρδη την αντιδραστική του στάση απέναντι στους «Έλληνες», όταν έδωσε εισαγωγικές εξετάσεις στο Brasenose, το 1870. Δυσαρεστημένος με τους καθηγητές του και με το πρόγραμμα σπουδών, πέρασε τον Δεκέμβριο του 1871, χωρίς διάκριση, τις «Μικρές» εξετάσεις, που ήταν ουσιαστικά μια προετοιμασία για τις πολύ πιο απαιτητικές και εξειδικευμένες «Μεγάλες», ένα εντατικό πρόγραμμα σπουδών σε έναν συγκεκριμένο επιστημονικό κλάδο. Η προφανής κατεύθυνση των σπουδών του θα ήταν εκείνη στην οποία τόσο το Πανεπιστήμιο όσο και ο πατέρας του απέδιδαν μεγάλη σημασία και όπου είχε εμπειρία και εξειδίκευση: η αρχαιότητα του ανθρώπινου είδους και οι κλασικές σπουδές. Αντ' αυτού, ακολούθησε μιαν απρόσμενη κατεύθυνση και επέλεξε το τμήμα σύγχρονης ιστορίας, που είχε πρόσφατα ιδρυθεί. Ο υπεύθυνος καθηγητής του τμήματος, William Stubbs, έγραφε τότε το *Constitutional History of England*. Ο Έβανς ελάχιστα ενδιαφερόταν για τον Stubbs και τους στενούς ορίζοντές του. Ένας άλλος υφηγητής της Οξφόρδης έγραφε ένα διαφορετικό είδος Ιστορίας που ονομαζόταν γλωσσολογία, την οποία ο Έβανς βρήκε πολύ πιο ελκυστική και, τελικά, πιο εντυπωσιακή.

Ο Μαστιγωτής των Πασάδων

Ο Γερμανός φιλόλογος Max Müller, ο οποίος είχε αρχίσει να μελετά την Αβέστα, το ιερό κείμενο του ζωροαστρισμού που ήταν γραμμένο στα αρχαία περσικά, είχε μετακομίσει το 1849 στην Οξφόρδη, όπου έγινε καθηγητής της συγκριτικής φιλολογίας το 1868. Λίγο μετά την άφιξη του Müller στην Αγγλία, η Βρετανική Εταιρεία Ανατολικών Ινδιών του ανέθεσε να μεταφράσει τη «Ριγ Βέδα» –τους αρχαιότερους ιερούς ύμνους των Χίντου– από τα σανσκριτικά, την κλασική γλώσσα της Ινδίας και του ινδουϊσμού. Η απόδοση του Müller στα αγγλικά παρουσίασε για πρώτη φορά στους Βρετανούς και τους Ευρωπαίους μελετητές την ιστορία των Αρίων που μετανάστευσαν κατά την αρχαιότητα από τα βορειοανατολικά στην Ινδία (η κυριολεκτική σημασία της σανσκριτικής λέξης «άρια» είναι «ευγενής»). Ο Müller ενδιαφερόταν για τη διάδοση της γλώσσας και των ιδεών, αλλά πολύ γρήγορα άρχισε η αναζήτηση της εθνικής ταυτότητας των Αρίων και η αναγωγή στον μύθο των Χίντου έγινε ιστορική πραγματικότητα.

Νωρίτερα, δύο Γερμανοί, οι αδελφοί Γκριμ, συνένωσαν την ιστορική γλωσσολογία με τη λαογραφία, καθώς, στην αναζήτησή τους για μεσαιωνικά νομικά χειρόγραφα, συγκέντρωσαν την πρώτη συστηματική συλλογή λαϊκών παραμυθιών, πασίγνωστα σήμερα ως *Παραμύθια των αδελφών Γκριμ*. Η διαχωριστική γραμμή ανάμεσα στο παραμύθι και στην Ιστορία εξαφανίστηκε όταν ο Γιάκομπ Γκριμ, ο οποίος παρατήρησε την κανονικότητα της αλλαγής του ήχου στα φωνήεντα και τα σύμφωνα στις διάφορες γλώσσες που μελετούσε, κατέδειξε την αρχή, ότι στις γλώσσες με κοινή καταγωγή υπάρχει κανονικότητα στην αντιστοιχία των συμφώνων. Η αρχή αυτή αποτέλεσε τη βάση για τον νόμο της γλωσσολογίας που διατύπωσε, ότι «όλα τα έθνη της Ευρώπης μετανάστευσαν στα αρχαία χρόνια από την Ασία». Η απλοϊκή εξήγηση που έδωσε ο Γκριμ ήταν η «ακατανίκητη παρόρμησή τους» να βαδίσουν από την Ανατολή στη Δύση.[30]

Ο Max Müller απέδωσε με λυρισμό την «παρόρμηση» του Γκριμ στο *History of Ancient Sanskrit Literature*, που εξέδωσε το 1859, υποστηρίζοντας ότι «το κύριο ρεύμα των αρίων εθνών πάντοτε έρεε προς τα βορειοδυτικά. Κανένας ιστορικός δεν μπορεί να μας πει τι είδους παρόρμηση έκανε εκείνους τους νομάδες που αναζητούσαν την περιπέτεια να διασχίσουν την Ασία με κατεύθυνση προς τα νησιά και τις ακτές της Ευρώπης», παραδέχτηκε, «αλλά ό,τι και να ήταν, η παρόρμηση ήταν τόσο ακατανίκητη, όσο τα μάγια που στις μέρες μας στέλνουν τις κελτικές φυλές στα λιβάδια ή στις περιοχές του χρυσού στην άλλη πλευρά του Ατλαντικού». Το μύθευμα του Müller, ουσιαστικά ένα θεμελιώδες έπος για την ευρωπαϊκή κοινωνία, εξιδανίκευε αυτούς τους πρώιμους τυχοδιώκτες ως άνδρες με ισχυρή ατομικότητα και μεγάλη αυτοπεποίθηση – με άλλα λόγια ήταν τέλειοι πρόγονοι για τους ηγέτες των σύγχρονων κοινωνικών κινημάτων της Ευρώπης.

Η γενέτειρα των Ινδο-Αρίων ταυτίστηκε με τον Καύκασο, τις στέπες δυτικά της Κασπίας θάλασσας, ένα παραδοσιακό σύνορο ανάμεσα στην Ασία και την Ευρώπη. Το παραμύθι των Αρίων σύντομα αποτέλεσε το κλειδί για την επιβολή της ιδέας περί ανωτερότητας της λευκής ή καυκάσιας φυλής. Η λευκή φυλή θεωρήθηκε ο πρόγονος αυτών που μετανάστευσαν πολλά χρόνια πριν από τον Καύκασο, και που η ακμή της ήταν ορατή στη σύγχρονη γερμανική φυλή. Ο Γάλλος διπλωμάτης και κοινωνικός στοχαστής Joseph Arthur de Gobineau υπερασπίστηκε τη δοξασία της γερμανικής υπεροχής στο τετράτομο έργο του *Essai sur l'inegalité des races humaines*, που εκδόθηκε από το 1853 έως το 1855, και στο οποίο διακήρυσσε ότι η μοίρα μιας κοινωνίας ήταν καθορισμένη από τη φυλετική της σύνθεση. Η θέση του ότι οι Γερμανοί Άριοι θα διατηρούσαν την κοινωνική υπεροχή μόνο αν παρέμεναν φυλετικά καθαροί και δεν νόθευαν τη γενετική τους κληρονομιά αναμιγνυόμενοι με κατώτερους μαύρους και κίτρινους κλάδους, έγινε η βάση για το πολιτικό κίνημα του τέλους του δέκατου ένατου αιώνα που ονομάστηκε γκομπινισμός. Ο Γερμανός φιλόσοφος Φρειδερίκος Νίτσε τη χρησιμοποίησε για να δημιουργήσει το ιδεώδες του *Übermensch*, ή Υπερανθρώπου. Αλλά, ήδη το 1869, ο μεγάλος Γερμανός συνθέτης Ρίχαρντ Βάγκνερ άρχισε να πλέκει στα έργα του στοιχεία για τη μυθική ανωτερότητα του έθνους του, από τις τευτονικές ιστορίες που είχαν συλλέξει οι αδελφοί Γκριμ. Όπως, λίγο πολύ, είχε κάνει ο Kingsley για τους Έλληνες, ο Βάγκνερ δραματοποίησε τα βασικά στοιχεία των γερμανικών και παλιών νορβηγικών μύθων, όπως της ιερής φλαμουριάς, του Yggdrasil, στο κέντρο του σύμπαντος, και της προσωποποίησης των φυσικών δυνάμεων, όπως οι Βαλκυρίες και οι Παρθένες του Ρήνου, που έφτιαξαν από θεϊκό φως ένα υπερφυσικό εργαλείο απόλυτης επιφοίτησης, το χρυσό Δαχτυλίδι των Νιμπελούνγκεν. Οι ιστορίες αυτές ήταν ο κεντρικός πυρήνας της λυρικής τετραλογίας του «Το Δαχτυλίδι των Νιμπελούνγκεν», το δράμα των οποίων κορυφώνεται με τον πρόωρο θάνατο του πολεμιστή Ζίγκφριντ, που συμβολίζει τη δύναμη και το ξεχωριστό θάρρος του ατόμου. Οι όπερες έφεραν σε επαφή το κοινό με τους θρύλους, την ώρα που οι Αγγλοσάξονες έψαχναν, επίσης, να βρουν το νήμα της εξαιρετικής τους εξέλιξης στις φυλετικές τους ρίζες. Ο Έβανς έφτασε στην Οξφόρδη τη στιγμή που οι Άριοι περνούσαν από τον μύθο στην Ιστορία και ήταν, όπως όλοι, υπερήφανος να διακηρύσσει τη σχέση του μαζί τους.

Η πρώτη ευκαιρία του Άρθουρ να ταξιδέψει ήρθε στο τέλος του τρίτου τριμήνου, τον Ιούνιο του 1871, όταν ξεκίνησε με τον αδελφό του Λιούις να περάσουν τις καλοκαιρινές διακοπές τους στην Ευρώπη. Έχοντας σκοπό να εντυπωσιάζει στο πέρασμά του, ο Έβανς έφυγε από τη Βρετανία φορώντας έναν σκούρο μανδύα με κατακόκκινη φόδρα, αλλά μετά τη συμβουλή ενός Γάλλου τελωνειακού πως υπήρχε κίνδυνος να τον περάσουν κατά λάθος για κατάσκοπο και «να τον σκοτώσουν σαν σκυλί», έκρυψε απρόθυμα τον μανδύα στη βαλίτσα του. Αυτό έγινε έναν μόλις μήνα μετά τη λήξη του σύντομου αλλά αιματηρού γαλλο-πρωσικού πολέμου, που είχε μεν κηρύξει ο αυτοκράτωρ Ναπολέων Γ΄ τον Ιούλιο του 1870, ωστόσο προκλήθηκε στην πραγματικότητα από τον Πρώσο καγκελάριο Όττο φον Βίσμαρκ, για να τοποθετήσει τον Πρώσο πρίγκιπα Λεοπόλδο στον ισπανικό θρόνο. Η ήττα της Γαλλίας σηματοδότησε το τέλος της γαλλικής ηγεμονίας στην Ευρώπη και είχε ως αποτέλεσμα τη δημιουργία της ενωμένης Γερμανίας.

«Στην Amiens βρεθήκαμε αμέσως ανάμεσα στους Πρώσους», έγραψε ο Έβανς στο σπίτι του, «τόσο θαυμάσιοι στρατιώτες και τέτοιος εξαιρετικός συντονισμός». Έβλεπε πια από κοντά τους Αρίους του Gobineau και ήταν εντυπωσιασμένος. Πίστευε πως ο θρίαμβος της Πρωσίας επί της Γαλλίας οφειλόταν κυρίως στον καλά εκπαιδευμένο, επαγγελματικό στρατό της, με τον κώδικα τιμής που αποτελούσε πρότυπο για τους Βρετανούς μαθητές.

Ο Άρθουρ πήγε τον αδελφό του στα τοπικά λατομεία αμμοχάλικου, όπου με ανακούφιση διαπίστωσε ότι «οι Πρώσοι δεν έχουν επιδοθεί ακόμη στη συλλογή πυριτόλιθων». Ενοχλήθηκε, όμως, επειδή «τριγυρίζουν αγοράζοντας κάθε νόμισμα που βρίσκουν και τους βλέπει κανείς παντού να κυνηγούν πεταλούδες και έντομα». Οι σημειώσεις του για τις κινήσεις των στρατιωτών γύρω από την Amiens, στην πρώτη επιστολή στους δικούς του από το Παρίσι, είναι τα πρώιμα σημάδια μιας φαινομενικά αθώας και παιδιάστικης διασκέδασης που επανειλημμένα τον έβαλε σε μπελάδες με τις Αρχές. Στις Βερσαλίες, οι αδελφοί Έβανς παρακολούθησαν μια συνεδρίαση της Εθνοσυνέλευσης υπό την προεδρία του Λουδοβίκου-Αδόλφου Θιέρσου, ενός πανούργου πολιτικού που είχε αλλάξει στρατόπεδο στο ξεκίνημα του πολέμου και έτσι μετά τη μετάβαση στην πρωσική διοίκηση έγινε ο πρώτος πρόεδρος της Τρίτης Γαλλικής Δημοκρατίας. Έναν μήνα νωρίτερα, ο Θιέρσος είχε οδηγήσει τους Γερμανούς στρατιώτες εναντίον μιας εργατικής εξέγερσης στο Παρίσι, τερματίζοντας ουσιαστικά τις φιλοδοξίες του Γαλλικού Σοσιαλιστικού Κινήματος. Ο Έβανς θεωρούσε τον Θιέρσο δόλιο καιροσκόπο και, όπως θυμόταν η ετεροθαλής αδελφή του, διατήρησε ως αποτέλεσμα αυτής της επίσκεψης «σε όλη του τη ζωή μια δυσπιστία απέναντι στις πολιτικές ικανότητες των Γάλλων».[31]

Τα νεαρά αδέλφια ξεκίνησαν από το ταραγμένο αλλά πειθαρχημένο Παρίσι για τις πολύ ασταθείς περιοχές της Σλοβενίας και της Κροατίας, υπό την κυριαρχία τότε των Τούρκων, η φθίνουσα εξουσία των οποίων είχε ως αποτέλεσμα την εξαθλίωση της αγροτικής κοινωνίας και την αποκοπή της από τον υπόλοιπο κόσμο. Τα Βαλκάνια ήταν terra incognita για τους Βρετανούς. Ο Έβανς δεν ήταν προετοιμασμένος για το τι θα συναντούσε όταν μπήκε στην Κοστάινιτσα, μια μικρή πόλη νοτιοανατολικά του Ζάγκρεμπ. Εδώ, η αινιγματική Ανατολή συναντούσε την οικεία Δύση: οι Τούρκοι φορούσαν σκούρα φαρδιά παντελόνια με κόκκινα ζωνάρια τυλιγμένα γύρω από τη μέση τους, μπλε γιλέκα με πλούσια γαλάζια και χρυσά κεντήματα και λαμπερά κόκκινα φέσια. Ο Άρθουρ επέστρεψε στην Οξφόρδη με μια πλήρη φορεσιά, μολονότι μάλλον δεν θα βρήκε ποτέ την κατάλληλη ευκαιρία για να τη φορέσει. Ήταν, όμως, αυτή που του θύμιζε διαρκώς –τους γκρίζους μήνες του χειμώνα στην Οξφόρδη– τον λαμπερό νέο κόσμο που είχε ανακαλύψει στα Βαλκάνια.

Η πρώτη εμπεριστατωμένη δημοσίευση του Έβανς, «On a hoard of coins found at Oxford», εμφανίστηκε στο *Numismatic Chronicle* εκείνου του χρόνου. Το να δει ένας μελετητής το όνομά του τυπωμένο για πρώτη φορά αποτελεί ορόσημο στη ζωή του. Ο Έβανς ανήκε πλέον σε μια κλειστή ομάδα καταξιωμένων ειδικών. Το ότι το κατάφερε στα είκοσί του χρόνια, ενώ ήταν ακόμη φοιτητής, αποδείκνυε την πρώιμη αυτοπεποίθησή του σχετικά με το αντικείμενο και την ικανότητά του να μεταδίδει με ενάργεια τις σκέψεις του. Αποδείκνυε, επίσης, ότι μπορούσε να καταφέρει πολλά με τις διασυνδέσεις του πατέρα του. Ήταν η πρώτη από τις πολλές εργασίες που έδειξε την ικανότητα του Άρθουρ να παρατηρεί και να περιγράφει αντικείμενα στην παραμικρή τους λεπτομέρεια. Και η Νομισματική τον δίδαξε έναν τρόπο σκέψης που χρησιμοποίησε και σε άλλους τομείς. Όπως και ο πατέρας του, άρχισε να ενδιαφέρεται για αντικείμενα που κυρίως είχε στην κατοχή του. Έγραφε αναφορές για διάφορες κατηγορίες αντικειμένων που τύχαινε να έχει ένα ή περισσότερα δείγματά τους. Ασχέτως πόσο αντικειμενική και επιστημονική ήταν η αντιμετώπιση, η χρηματική αξία του αντικειμένου, η ακαδημαϊκή του αξία και η προσωπική περηφάνια του συλλέκτη επηρέαζαν αναπότρεπτα τις διαπιστώσεις του. Μια επιπλέον σύγχυση προέκυπτε από την ισχυρή αίσθηση ιδιοκτησίας του Έβανς πάνω στην αναγνώριση και την ερμηνεία του υλικού.

Οι επόμενες καλοκαιρινές διακοπές, το 1872, του έδωσαν άλλη μια ευκαιρία να ταξιδέψει στο εξωτερικό. Αυτήν τη φορά, ο Άρθουρ πήρε μαζί του τον αδελφό του Φίλιπ Νόρμαν, ο οποίος ήταν ακόμη στο Harrow. Τα γράμματα στους δικούς του αποτέλεσαν τη βάση για τα πρώτα δημοσιογραφικά του κείμενα. Δημοσιεύθηκαν με τον τίτλο «Over the Marches of Civilized Europe» στο *Frazer's Magazine* τον επόμενο Μάιο. Στο άρθρο αυτό μας αποκαλύπτεται με εξαιρετικές λεπτομέρειες ο λαμπερός κόσμος των Καρπαθίων, η χλωρίδα, η πανίδα και οι άνθρωποι, όπως τα παρατήρησαν σχολαστικά τα έκπληκτα μάτια των δύο παιδιών που απολάμβαναν την κάθε περιπέτεια, από το να κοιμούνται καταγής μέχρι το να τραβούν τα περίστροφά τους όταν περνούσαν σύνορα μέσα από δάση, για να μη συναντήσουν στρατιώτες που θα τους ζητούσαν χαρτιά που δεν είχαν. Έμοιαζε με το *Narrative of a Journey* του Walsh με γεύση από το *Boy's Own Annual*, διανθισμένα με αταίριαστες συγκρίσεις, που μόνο ένας αρχαιοδίφης μπορούσε να κάνει. Για παράδειγμα, του έκανε εντύπωση πώς οι Βλάχοι της Ρουμανίας ετοίμαζαν το φαγητό τους σε σκεύη το σχήμα των οποίων του θύμιζε αυτά που βρίσκονταν σε τύμβους ή νεκροταφεία της Εποχής του Χαλκού. Παρατήρησε επίσης ότι οι ορεσίβιοι φορούσαν «γύρω από τη μέση τους μια φαρδιά πέτσινη ζώνη με ένθετη σπειροειδή διακόσμηση, που περιέργως θύμιζε μια από τις χάλκινες ζώνες που είχαν ανακαλυφτεί στο προϊστορικό νεκροταφείο του Hallstadt [sic]»,[32] το νεκροταφείο της πρώιμης Εποχής του Σιδήρου στη Βόρεια Αυστρία που ήταν σε χρήση από το 1100 περίπου έως το 450 π.Χ. Ο Έβανς είχε μεγαλύτερη εξοικείωση από το αναμενόμενο με την πρώιμη ενδυμασία και τα όπλα της περιοχής, επειδή ο πατέρας του είχε κάνει ανασκαφή στο Hallstatt το 1866 και είχε φέρει στο σπίτι θαυμάσια δείγματα από τσεκούρια, μαχαίρια, αιχμές από ακόντια και άλλα αντικείμενα εγχάρακτα με τις τυπικές σπείρες της πρώιμης ευρωπαϊκής τέχνης.

Ο Έβανς αφοσιώθηκε στις μελέτες του καθόλη τη διάρκεια του 1874, αλλά στις εξετάσεις κατέρρευσε και δεν κατάφερε να απαντήσει σε καμιά ερώτηση στην Ιστορία μετά τον δωδέκατο αιώνα, γεγονός που δίχασε τους εξεταστές του. Όπως και στο Harrow, απέτυχε να διακριθεί, καταφέρνοντας μόλις και μετά βίας να πάρει πτυχίο, που ο W. Stubbs και οι δύο εξεταστές της Ιστορίας G.W. Kitchen και J.R. Green υπέγραψαν απρόθυμα, χάρη στην πίεση που τους άσκησε ένας καθηγητής Σύγχρονης Ιστορίας, ο Edward Freeman, ο οποίος διέκρινε κάποιες δυνατότητες στον νεαρό Άρθουρ, καθώς και χάρη στο γεγονός ότι η επιτροπή είχε επίγνωση της υψηλής θέσης του πατέρα του στον κόσμο των γραμμάτων.[33]

Όταν αποφοίτησε, γράφει η ετεροθαλής αδελφή του,[34] «ο Άρθουρ στα είκοσι τέσσερά του ήταν ένας τρομερά επηρμένος νέος, ο οποίος ήξερε, καλύτερα από τον καθένα, πόσο μεγάλα ήταν τα ιδιαίτερα χαρίσματά του. Και άρχισε να τα χρησιμοποιεί όσο καλύτερα μπορούσε, κάνοντας τον κόσμο να τα εκτιμήσει». Είχε συναίσθηση της σύγκρισης που γινόταν εκείνον τον καιρό ανάμεσα σ' αυτόν και τον πατέρα του. Ο Green, ο εξεταστής του, αναφερόταν στον Άρθουρ ως «ο Μικρός Έβανς, γιος του Μεγάλου Τζων Έβανς».[35] Σε μεγάλο βαθμό ήταν προστατευόμενος του πατέρα του, καθώς εκείνος τον είχε εκπαιδεύσει από νεαρή ηλικία να μαζεύει και να ταξινομεί αντικείμενα όλων των ειδών και να αποφαίνεται για την ιστορική τους αξία. Αλλά η αναπόφευκτη σύγκριση άφηνε λίγα περιθώρια στον Άρθουρ για να εκφράσει την ατομικότητά του. Αντίθετα με τον πατέρα του, ο οποίος είχε εργαστεί σκληρά για να κερδίσει την εμπιστοσύνη και τον σεβασμό σε δύο κόσμους, της βιομηχανίας και των γραμμάτων, ο Άρθουρ δεν ένιωσε ποτέ την πίεση να κάνει κάτι τέτοιο. Γι' αυτόν, η σταθερότητα του άνετου σπιτιού και του υπάκουου προσωπικού, ο ράφτης της Οξφόρδης που ικανοποιούσε τις ενδυματολογικές του ανάγκες, ο παπουτσής που επιδιόρθωνε τις φθορές που προκαλούσε ο ταξιδιώτης στις φίνες χειροποίητες μπότες του και το εγγυημένο επίδομα των 250 λιρών τον χρόνο ήταν πράγματα δεδομένα. Όπως πολλά πλουσιόπαιδα που επαναστάτησαν ενάντια στους συντηρητικούς γονείς τους και στην ευκολία με την οποία απέκτησαν τα υλικά αγαθά, τον Άρθουρ γοήτευσαν οι ιδεαλιστικές, ανθρωπιστικές απόψεις του William Gladstone. Ο «Μεγάλος Γέρος του Φιλελευθερισμού», ο Gladstone, πρωθυπουργός από το 1868 έως το 1874, ήταν επικεφαλής μιας από τις ισχυρότερες κυβερνήσεις της βικτωριανής εποχής. Αλλά η συμπάθειά του προς τις χαμηλότερες τάξεις, όπως φάνηκε με τη στάση του απέναντι στους καταπιεστές γαιοκτήμονες στην Ιρλανδία, τα φιλανθρωπικά έργα του για τις πόρνες του Λονδίνου, και, κυρίως, το ενδιαφέρον του για την απόγνωση των κατωτέρων τάξεων στην Οθωμανική Ευρώπη, ήταν που συγκίνησαν τον ιδεαλιστή Έβανς.

Έτσι, το 1875 βρήκε τον Έβανς να νιώθει ξένος μέσα στο ακαδημαϊκό περιβάλλον και να γυρεύει μια κατεύθυνση στη ζωή. Ο δρ. Henry Montagu Butler, ο διευθυντής του Harrow, πάντα πρόθυμος να προωθήσει τα παιδιά του, πρότεινε στον Έβανς να σκεφτεί να κάνει κάποια πραγματική ιστορική έρευνα: «Είσαι ένας από τους λίγους απόφοιτους του Harrow των τελευταίων δεκαπέντε ετών που μπορεί να το κάνει αυτό επάξια», τον συμβούλευσε.[36] Η μελέτη της σύγχρονης ιστορίας ήταν νεωτερισμός στη Βρετανία, αλλά αποτελούσε αξιοσέβαστο τμήμα του προγράμματος των γερμανικών πανεπιστημίων για περισσότερο από έναν αιώνα, κι έτσι ο Έβανς αποφάσισε να πάει για μια καλοκαιρινή περίοδο στο Göttingen υπό την εποπτεία του καθηγητή Pauli, συμφοιτητή του Green και θαυμαστή του William Stubbs.

Ταξιδεύοντας για το Göttingen, ο Έβανς σταμάτησε στο Trier, όπου χάρηκε όταν είδε αρχαιοκάπηλους να λεηλατούν ευτυχείς το ρωμαϊκό νεκροταφείο έξω από την πόλη. Ήταν η εποχή που τα αρχαία κειμήλια ήταν προσιτά σε όποιον είχε τη διάθεση και τους πόρους να σκάψει γι' αυτά, και ο Έβανς, όπως πολλοί της γενιάς του, είχε κακομάθει από τη δυνατότητα ελεύθερης πρόσβασης. Την επόμενη μέρα, προσέλαβε τους δικούς του εργάτες και πήρε κι εκείνος μέρος στο πλιάτσικο. «Όταν βρίσκαμε κάτι, το έβγαζα από την άμμο με ένα μαχαίρι, πράγμα που ήταν πολύ συναρπαστικό», έγραφε στους δικούς του.[37] Τα ευρήματα ήταν πολλά αλλά ασήμαντα: λύχνοι, κεραμική, μια σκουριασμένη πόρπη και μερικά νομίσματα.[38] Το προσωπικό του σύστημα αξιολόγησης, βασισμένο στην οικονομική αξία, του επέτρεψε να αντιμετωπίζει ως κοινότοπα αντικείμενα που οι σύγχρονοι αρχαιολόγοι είναι υποχρεωμένοι να καταγράφουν και να δημοσιεύουν με λεπτομέρειες. Τα ευρήματα από το Trier τα αντιμετώπισε σαν προσωπικά του μπιχλιμπίδια. Τα πακετάρισε σε ένα μεγάλο ξύλινο κιβώτιο και τα έστειλε στον πατέρα του.

Η καλοκαιρινή περίοδος στο Göttingen πέρασε περισσότερο με την ανακάλυψη του παρόντος παρά με την αναζήτηση του παρελθόντος. Τα γράμματά του αποκαλύπτουν το σοκ που υπέστη από τις συνθήκες ζωής των χωρικών στα γύρω χωριά. Διαπίστωσε ότι «οι χτυπημένοι από τον πυρετό χωρικοί» ζούσαν μέσα σε «απερίγραπτη βρωμιά σε απόσταση λίγων μιλίων από ένα πανεπιστήμιο με δεκαεπτά καθηγητές ιατρικής». Ο φυσιοδίφης Έβανς ενοχλήθηκε ιδιαίτερα από την κατάσταση της υπαίθρου: «Οπουδήποτε υπάρχουν μικρές ιδιοκτησίες, τόσο εδώ όσο και στη Γαλλία, τα δέντρα και οι μισές απολαύσεις της ζωής καταστρέφονται». Το ιδανικό σύστημα για τον Έβανς ήταν αυτό των γαιοκτημόνων στη Βρετανία: κληρονομικοί κύριοι της γης, τους οποίους η κεντρική εξουσία είχε επιφορτίσει να επιβλέπουν τη γεωργική παραγωγή σε μεγάλες εκτάσεις. Αυτό που βρήκε στη Γερμανία ήταν η χειρότερη έκφανση μιας κοινωνίας χωρίς μεγάλη ιδιοκτησία.[39]

Στο Göttingen ολοκλήρωσε την προετοιμασία για μια πιο συστηματική επιστροφή στις περιοχές πέρα από το Ζάγκρεμπ. Αυτή τη φορά είχε διαβατήριο και σχέδιο. Ικανοποιημένος από την απήχηση που είχε το πρώτο του οδοιπορικό, αποφάσισε στο επόμενο ταξίδι του να γράψει ένα πιο εμπεριστατωμένο κείμενο με σύγχρονη εικονογράφηση. Για τον σκοπό αυτό, αγόρασε μια φωτογραφική μηχανή, που όμως χάλασε γρήγορα και δεν τη χρησιμοποίησε. Διακόσμησε το μικρό σημειωματάριό του με τον βοσνιακό θυρεό και έβαλε ως πρόλογο μερικές χρήσιμες βοσνιακές λέξεις και παρατηρήσεις για την κυβέρνηση, τη θρησκεία, τις εθνότητες, το νόμισμα και ένα σύντομο κείμενο για τους διακεκριμένους ηγέτες και τα γεγονότα της ταραχώδους ιστορίας της περιοχής.

Μεταξύ δεύτερου και πρώτου αιώνα π.Χ., οι Ρωμαίοι υπέταξαν τις ιλλυρικές φυλές που κατοικούσαν στη σημερινή Βοσνία-Ερζεγοβίνη και τις ενσωμάτωσαν στην επαρχία που ονόμασαν Δαλματία. Τον πέμπτο αιώνα μ.Χ., οι Γότθοι εξεδίωξαν τους Ρωμαίους, αλλά με τη σειρά τους εκδιώχτηκαν στις αρχές του έκτου αιώνα από τον αυτοκράτορα Ιουστινιανό για λογαριασμό της επεκτεινόμενης Βυζαντινής Αυτοκρατορίας. Η τελευταία μεγάλη πληθυσμιακή αλλαγή έγινε με τις σλαβικές μεταναστεύσεις του έκτου και έβδομου αιώνα, όταν οι Κροάτες εγκαταστάθηκαν στη Δυτική, Κεντρική και Βόρεια Βοσνία και οι Σέρβοι κατέλαβαν την περιοχή της σημερινής Ερζεγοβίνης. Η Βορειοδυτική Βοσνία κατακτήθηκε από τους Φράγκους του Καρλομάγνου στις αρχές του ένατου αιώνα, αλλά επιστράφηκε στο Βυζάντιο τον δέκατο. Η βυζαντινή κυριαρχία τερματίστηκε το 1180 και η Βοσνία έμεινε ανεξάρτητη για σχεδόν τρεις αιώνες, μέχρι το 1463. Τότε, η Κωνσταντινούπολη την κατέλαβε και πάλι, αυτήν τη φορά κάτω από τη νέα εξουσία των Οθωμανών Τούρκων, οι οποίοι μόλις μια δεκαετία νωρίτερα είχαν κατακτήσει τη μεγάλη πόλη στον Βόσπορο. Κατά τη διάρκεια του επόμενου αιώνα, ένα σημαντικό μέρος του ντόπιου χριστιανικού πληθυσμού προσηλυτίστηκε στο Ισλάμ, καθώς έγιναν φανερά τα οικονομικά και κοινωνικά προνόμια των Μουσουλμάνων.

Η οθωμανική εξουσία στα Βαλκάνια από τη μια σήμαινε διαφώτιση: τα ευημερούντα αστικά κέντρα, όπως το Σαράγιεβο και το Μόσταρ, έγιναν κέντρα των γραμμάτων με μεγάλα σχολεία, βιβλιοθήκες και τζαμιά για τους Μουσουλμάνους κατοίκους, οι οποίοι δώριζαν περίτεχνες κρήνες και καλαίσθητες γέφυρες, πολλές από τις οποίες διατηρήθηκαν μέχρι το 1992-1993, όταν καταστράφηκαν σκόπιμα από την κροατο-βοσνιακή πολιτοφυλακή. Από την άλλη, σήμαινε δυστυχία για τον αγροτικό πληθυσμό, ιδιαίτερα τους Χριστιανούς, εξαιτίας της ολοένα βαρύτερης φορολογίας. Η μεγάλη φτώχεια από τη φορολογία, σε συνδυασμό με μια καταστροφική σοδειά το 1875, πυροδότησαν την εξέγερση που συνάντησε ο Έβανς στη Βοσνία-Ερζεγοβίνη. Η ετεροθαλής αδελφή του παρομοίασε αργότερα την άφιξή του με αυτήν του προάγγελου της καταιγίδας, του φτερωτού αγγελιαφόρου που εφορμά πάνω από τα ταραγμένα νερά, αλλά αυτή η σύγκριση απλώς συγκαλύπτει το γεγονός ότι ο Άρθουρ γνώριζε για την επικείμενη αναταραχή και είχε σχεδιάσει τις κινήσεις του αναλόγως.[40] Για τον εκκολαπτόμενο δημοσιογράφο, αυτή ήταν πράγματι η περίπτωση για να πάει στον σωστό τόπο την κατάλληλη στιγμή.

Στα τέλη Ιουλίου, τον μήνα που ξέσπασε η επανάσταση εναντίον των Τούρκων, ο Άρθουρ συνάντησε στο Ζάγκρεμπ τον αδελφό του Λιούις. Ξεκίνησαν να διαπλεύσουν τον ποταμό Σάβα, το σύνορο ανάμεσα στους Χριστιανούς Κροάτες της δυτικής όχθης –που βρίσκονταν υπό τον έλεγχο της Βιένης μετά την αποκατάσταση, το

1867, της δυναστείας των Αψβούργων στον θρόνο της Αυστρο-Ουγγαρίας– και στους Μουσουλμάνους Σέρβους της ανατολικής. Η αρχή μιας σειράς από δυσάρεστες συναντήσεις με αξιωματούχους διαφόρων εθνοτήτων –ο παράτολμος νεαρός Άγγλος φαίνεται πως τις τραβούσε σαν μαγνήτης– έγινε στην πρώτη στάση τους στην πόλη Μπρουντ. Παρά την κραυγαλέα βρετανική φορεσιά του –μονόπετο σακάκι με διπλές πιέτες και ενσωματωμένη ζώνη, γνωστό ως σακάκι Norfolk, σπορ αμφίεση κατάλληλη για έναν τζέντλεμαν της εποχής, συνοδευόμενο από μια κάσκα που φορούσαν οι αποικιακοί στρατιώτες στην Ινδία–, η αυστριακή Αστυνομία, προφανώς άσχετη από σύγχρονη μόδα, συνέλαβε τον Έβανς και τον αδελφό του ως κατάσκοπους της Ρωσίας, η οποία ήταν έτοιμη να βοηθήσει τη Σερβία και το Μαυροβούνιο στον αγώνα τους εναντίον της Τουρκίας. Κρατήθηκαν, μέχρις ότου ο δήμαρχος εξασφάλισε με προσωπική του παρέμβαση την απελευθέρωσή τους.

Την επόμενη μέρα πέρασαν στην τουρκική Βοσνία με διαβατήριο υπογεγραμμένο από τον Ντερβίς Πασά (οι υψηλόβαθμοι στρατιωτικοί και οι κρατικοί αξιωματούχοι στην Οθωμανική Αυτοκρατορία προσέθεταν τον τιμητικό τίτλο του πασά στο όνομά τους), τον γενικό διοικητή, ο οποίος μόλις είχε κηρύξει στρατιωτικό νόμο σε ολόκληρη τη χώρα. Καθώς οι δύο νεαροί πήγαιναν με το πάσο τους προς νότο, η ένταση στην περιοχή αυξήθηκε. Μέχρι να φτάσουν στο Σαράγιεβο, εμπρηστές είχαν επιτεθεί στη χριστιανική συνοικία και οι Βρετανοί τουρίστες είχαν βρει καταφύγιο στο προξενείο της Αυτού Μεγαλειότητος. Ο Άρθουρ, αδιαφορώντας για τους περιορισμούς που προϋπέθετε η ασφάλεια, βρέθηκε σύντομα στην παλιά συνοικία ψάχνοντας για σπάνια αντικείμενα. Αντ' αυτών, βρέθηκε πάλι αντιμέτωπος με τις αυστριακές Αρχές. Τη φορά αυτή κατάλαβαν σωστά την εθνικότητά του, αλλά τον κατηγόρησαν ως πληρωμένο ταραξία, σταλμένο από την Αγγλία για να φουντώσει τη δυσαρέσκεια των Χριστιανών. Επενέβη ο Βρετανός πρόξενος και τα αδέλφια μεταφέρθηκαν νότια, στο Μόσταρ, ονομαστό για την πέτρινη γέφυρά του (*most*: πέτρινο γεφύρι στα σερβο-κροατικά) που ενώνει τις δύο όχθες του ποταμού Νερέτβα, ένα αριστούργημα της οθωμανικής μηχανικής, που κτίστηκε τον δέκατο έκτο αιώνα και καταστράφηκε το 1993. Ο πρόξενος κανόνισε να συνταξιδέψουν με ένα καραβάνι εξήντα ιππέων, οι οποίοι τους συνόδευσαν με ασφάλεια μέσα από την Ερζεγοβίνη στο Μέτκοβιτς, κοντά στα δαλματικά σύνορα.

Η Δαλματία, όνομα που πιθανόν προέρχεται από την αρχαία ιλλυρική φυλή των Δαλματών, είναι η στενή λωρίδα της Αδριατικής ακτής δυτικά της Ερζεγοβίνης και το σύμπλεγμα των παρακείμενων νησιών. Οι Ιλλυριοί πρωτοεμφανίστηκαν σε γραπτές πηγές τον τέταρτο αιώνα π.Χ., όταν Έλληνες άρχισαν να αποικίζουν τα νησιά και συγκρούστηκαν μαζί τους. Εκείνοι ζήτησαν τη βοήθεια των Ρωμαίων συμμάχων τους, κι έτσι ξεκίνησαν οι μακροχρόνιοι ρωμαιο-ιλλυρικοί πόλεμοι, που τελείωσαν το 155 π.Χ., με την πτώση της πρωτεύουσας που βρισκόταν στο Δελμίνιο, και η επαρχία προσαρτήθηκε με το όνομα Δαλματία. Μεταξύ της ρωμαϊκής κατάκτησης και της εγκαθίδρυσης της βενετικής κυριαρχίας το 1420, οι στρατηγικής σημασίας παράκτιες πόλεις πέρασαν από τα χέρια Ελλήνων, Μαγυάρων, Τατάρων, Κροατών και Σέρβων πριγκίπων, Βενετών, Σικελών και Νορμανδών σταυροφόρων. Τρεισήμισι αιώνες βενετικής ευημερίας και κουλτούρας, γνωστής ως «Κροατική Αναγέννηση», τελείωσαν το 1797, όταν η Βενετία δόθηκε στην Αυστρία, κάτω από τον έλεγχο της οποίας η Δαλματία παρέμεινε μέχρι τον Πρώτο Παγκόσμιο Πόλεμο, εκτός από μία δεκαετία ναπολεόντειας διοίκησης, μετά το 1805.

Οι αδελφοί Έβανς μπήκαν στην αρχαία ιλλυρική γη με ένα «πλατύ πλεούμενο σαν σκαθάρι», που νοίκιασαν στο Μέτκοβιτς για να τους οδηγήσει μέσω του ποταμού Νερέτβα στην ακτή της Αδριατικής. Το ταξίδι πήρε μυθικές διαστάσεις, όπως κατέγραψε ο Έβανς: «Αμέσως μετά το φρούριο Όπους ακούγονται κάπου κάπου μυστηριώδη μουγκρητά και μυκηθμοί σαν από τα βάθη του βουνού. Όσοι τα έχουν ακούσει λένε πως είναι μουκανητά ταύρου». Αντί της λογικής εξήγησης του εγκλωβισμένου αέρα σε υπόγεια σπήλαια, ο Έβανς προτίμησε την άποψη του Charles Kingsley για τη δημιουργία των τεράτων: «Ένα πέπλο μυστηρίου κρέμεται πάνω από το όλο θέμα ... τίποτα δεν είναι βέβαιο εκτός από έναν κακό οιωνό. Και παρότι φοβάμαι να δημοσιοποιήσω κακά σημάδια, δεν μπορώ να μην ψιθυρίσω μια υποψία, ότι αυτό το ανόσιο μουκανητό έρχεται από κάποιον κρυμμένο Μινώταυρο, κλεισμένο στο λαβυρινθώδες άντρο του».[41] Είτε σοβαρά είτε αστεία, ο Έβανς αποκάλυψε τη γοητεία που ασκούσε πάνω του το τέρας με το κεφάλι του ταύρου, πολύ πριν δει το όρος Ίδη στην Κρήτη ή την Κνωσό του Μίνωα. Η μυθική μεταφορά για το καταπιεσμένο κτήνος μέσα στον άνθρωπο, που εκδηλώθηκε και από τη δική του «ηφαιστειώδη φύση», τον κατέτρυχε σε όλη του τη ζωή.

Μόλις πάτησαν στην ακτή, ο Έβανς και ο αδελφός του

στράφηκαν προς νότο, διασχίζοντας μια εξοχή που ξετρέλανε τον φυσιοδίφη Έβανς, με αμπέλια, ελαιώνες, επιβλητικά κυπαρίσσια και εξοχικές επαύλεις «με ευωδιαστούς κήπους όπου οι τριανταφυλλιές και οι λουίζες μπλέκονταν με κιτριές και μυρτιές μιας πιο τροπικής χλωρίδας». Η Ραγκούζα, το σημερινό Ντουμπρόβνικ, με τα θαυμάσια πέτρινα σπίτια της, τις βενετσιάνικες εκκλησιές και το μεγάλο Palazzo Rettorale, μάγεψε τον Έβανς όσο κανένα άλλο μέρος πριν:

> Επιτέλους εδώ, αφού εξερευνήσαμε με κόπους μερικά θολά ρέματα και ρυάκια του μεσαιωνικού πολιτισμού της Βοσνίας, βρισκόμαστε στην πηγή του ιλλυρικού πολιτισμού. Αυτή είναι ... η «Αθήνα της Ιλλυρίας» ... ο γλυκός διερμηνέας ανάμεσα στη σοφία των αρχαίων και στο ακατέργαστο σλαβικό μυαλό που μεταφύτευσε στο δαλματικό χώμα τα άνθη της ελληνικής και της ιταλικής ιδιοφυΐας ... η «Παλμύρα ανάμεσα σε μεγάλες αυτοκρατορίες» ... η πόλη Καταφύγιο που δέχτηκε ... τα κυνηγημένα υπολείμματα του χριστιανικού ιππικού, το οποίο, όταν η Βοσνία τσαλαπατήθηκε από τις οπλές των Απίστων, προτίμησε την εξορία από το να αρνηθεί τη θρησκεία του.

Οι ρητορείες του Έβανς και η ποιητική απόδοση της εξιδανικευμένης προσέγγισης της νορμανδικής ιστορίας της πόλης θα επαναληφθούν σε πολλά από τα μεταγενέστερα γραπτά του, ιδιαίτερα όταν παρότρυνε τους αναγνώστες του να τον ακολουθήσουν στις σταυροφορίες του εναντίον «των Απίστων».

Ο Έβανς επέστρεψε στον λιγότερο δραματικό περίγυρο της Οξφόρδης τον Σεπτέμβριο του 1875. Προσπάθησε ακόμη μια φορά να κερδίσει μια θέση σε κάποιο από τα κολέγια, έδωσε εξετάσεις για βοηθός καθηγητή στο Magdalen και το All Souls, αλλά δεν θεωρήθηκε και πάλι «σωστός» στοχαστής και, σε κάθε περίπτωση, κρίθηκε ακατάλληλος για τον κατεστημένο ακαδημαϊκό κόσμο. Πέρασε τον χειμώνα ξαναζώντας τα ταξίδια του και αναπλάθοντας τις εντυπώσεις του σε χειρόγραφο: *Through Bosnia and the Herzegovina on Foot, during the Insurrection, August and September 1875, with an Historical Review of Bosnia and a Glimpse at the Croats, Slavonians and the Ancient Republic of Ragusa.* Η γνωριμία της οικογένειας Dickinson με τον εκδότη William Longman στο Λονδίνο προσέφερε την ευκαιρία, ο Τζων Έβανς έδωσε τις 100 λίρες για τα έξοδα της έκδοσης, και το πρώτο βιβλίο του Άρθουρ εμφανίστηκε τον Ιούνιο του επόμενου χρόνου.

Στο βιβλίο αυτό ο Έβανς αναπαρέστησε τη Δημοκρατία της Ραγκούζα ως ένα από τα μεγάλα πρώιμα κέντρα πολιτισμού και εμπορίου. Το μυστικό της ευημερίας της βρισκόταν στη «νηφάλια ιδιοφυΐα τόσο των ευγενών όσο και του λαού της». Και, όπως στην πατρίδα του, «οι τάξεις που ασκούσαν την εξουσία την έβλεπαν όχι απλώς ως κληρονομικό δικαίωμα, αλλά ως ιερή παρακαταθήκη» – καμιά αναφορά σε «άκληρο» όχλο. Όπως αναμενόταν, και προς αγαλλίαση των Βρετανών αναγνωστών του, περιέγραψε μια ναυτική αυτοκρατορία εμπόρων που απλώθηκε μέχρι τον Ινδικό Ωκεανό και πρόσφερε στους πολίτες της τέτοια αφθονία γνώσεων, που φαίνεται πως είχαν διαδοθεί και στην ενδοχώρα: «Η μεγαλύτερη δόξα της Ραγκούζα δεν βρίσκεται ούτε στον πλούτο ούτε στην πριγκιπική φιλοξενία της, αλλά στον εκπολιτιστικό της ρόλο για το πιο βάρβαρο μέλος της ευρωπαϊκής αρίας οικογένειας».

Όπως όλες οι μεγάλες εποχές φτάνουν σε ένα τέλος, ο Έβανς διάλεξε τον μεγάλο σεισμό του 1667 για την τελική έκλειψη:

> Ήταν οκτώμισι η ώρα το πρωί της 6ης Απριλίου ... Οι περισσότεροι κάτοικοι της Ραγκούζα βρίσκονταν στα σπίτια τους ή στις εκκλησίες για την πρωινή προσευχή, όταν, χωρίς καμιά προειδοποίηση, ένας τρομερός σεισμός συντάραξε την πόλη ενταφιάζοντας το ένα πέμπτο του πληθυσμού ... Μαρμάρινα ανάκτορα –συσσωρευμένα στολίδια αιώνων ευημερίας–, πολύτιμες βιβλιοθήκες, αρχεία, αναντικατάστατα χειρόγραφα ... όλα χάθηκαν. Τέσσερις φορές η θάλασσα άφησε στεγνό το λιμάνι κι άλλες τόσες επέστρεψε τόσο φουσκωμένη, που απείλησε να καταβροχθίσει τη γη. Άλλα πλοία τα ρούφηξε η δίνη της αβύσσου κι άλλα εκσφενδονίσθηκαν στα βράχια, κομματιασμένα το ένα πάνω στο άλλο. Τα πηγάδια στέρεψαν ... Ο ουρανός σκοτείνιασε από ένα πυκνό σύννεφο άμμου. Τον σεισμό διαδέχτηκε φωτιά και μια δυνατή ανεμοθύελλα άπλωσε τις φλόγες σε κάθε σημείο των ερειπίων. Τέλος, για να συμπληρωθεί η καταστροφή, κατέβηκαν από τα βουνά οι άγριοι Μορλούκοι και λεηλάτησαν ό,τι είχε απομείνει. Η Ραγκούζα ποτέ δεν ανένηψε από αυτό το χτύπημα.

Το κατακλυσμιαίο τέλος της πρώτης Χρυσής Εποχής που ανακάλυψε ο Έβανς μοιάζει εξαιρετικά με εκείνο που διατύπωσε πολλά χρόνια αργότερα για την Κρήτη, την επόμενη φορά που υποστήριζε την ύπαρξη ενός πολιτισμού, ο οποίος επίσης είχε καταποντιστεί σε χρόνο πριν από την ιστορική μνήμη «της Δύσης».

Προς το τέλος του βιβλίου, φανερώνονται με ξεχωριστή διαύγεια η μεγαλοστομία και ο έκδηλος ρατσισμός του Έβανς ενάντια στους κατοίκους της ηπειρωτικής Βοσνίας, με τη σύνοψη των εχθρικών του αισθημάτων: «Οι Βόσνιοι δεν είναι, βέβαια, εκ φύσεως τζέντλεμεν! ... δεν έχουν την απαιτούμενη διακριτικότητα, ώστε να αντιλαμβάνονται πότε η αυθάδεια ή η φορτική περιέργειά τους ενοχλεί ... ποτέ δεν δείχνουν ευγνωμοσύνη ... Σε αυτές τις ιλλυρικές περιοχές συχνά μου απευθύνονταν ως brat, δηλαδή αδελφό ... κι εγώ ... συμβαίνει να μην εκτιμώ αυτό το πνεύμα ισοτιμίας. Δεν έχω καμιά διάθεση κάθε βάρβαρος που συναντώ να μου λέει ότι είναι άνθρωπος και αδελφός». Είναι αναμενόμενο από κάποιον της κοινωνικής τάξης και της ανατροφής του Έβανς να αντιμετωπίζει την ισότητα ως δικαίωμα εκ γενετής και όχι ως κάτι κερδισμένο, αλλά τίποτα δεν μας προετοιμάζει για τη σκανδαλώδη ακρότητα που εκφράζει στην τελική του αποτίμηση: «Πιστεύω στην ύπαρξη κατώτερων φυλών και θα ήθελα να τις δω να εξολοθρεύονται».[42] Άλλο είναι να δέχεσαι τις αρχές του γκομπινισμού και εντελώς διαφορετικό να εξομολογείσαι ότι πιστεύεις στην ανάγκη γενοκτονίας. Αυτό εκθέτει την πιο σκοτεινή πλευρά της ελιτίστικης αλαζονείας του Έβανς. Οι προσωπικές του επαφές έξω από την περιορισμένη ακτίνα των ανθρώπων του κοινωνικού του περίγυρου ήταν μηδαμινές. Παρότι μπορούσε να βλέπει με συμπάθεια τις εθνικιστικές προσδοκίες άλλων, ακόμη και αυτών των κατώτερων «Βοσνίων», του ήταν αδιανόητο να επιτρέψει να αναπτυχτούν στενές φιλίες μαζί τους.

Η αξία του βιβλίου του Έβανς έγκειται στις πολυάριθμες λεπτομερείς παρατηρήσεις του, από τις χαρές του φυσικού τοπίου και των άγριων κατοίκων του, ανάμεσα στους οποίους ο Έβανς αισθανόταν πραγματικά σαν στο σπίτι του, μέχρι τη σαφή περιγραφή των εθίμων και των ενδυμασιών των κατοίκων της περιοχής. Ο κριτικός τής *Manchester Guardian* πίστευε ότι ήταν «μια εξαιρετικά επίκαιρη συμβολή στη γνώση της γεωγραφίας, των εθίμων και της ιστορίας μιας χώρας που ξαφνικά αναδύθηκε από το πιο βαθύ σκοτάδι στο πλήρες φως της ευρωπαϊκής παρατήρησης». Προς μεγάλη τύχη του Έβανς, η έκδοση του βιβλίου, τον Ιούνιο του 1876, συνέπεσε με την κήρυξη πολέμου από τη Σερβία και το Μαυροβούνιο εναντίον της Τουρκίας. Τα αντίποινα του σουλτάνου εναντίον αμάχων πληθυσμών, που είχαν πλέον εξεγερθεί ανοιχτά σε ολόκληρα τα Βαλκάνια, έγιναν το κύριο θέμα της δυσφορίας της βρετανικής κοινής γνώμης εναντίον της κυβέρνησης των Συντηρητικών, που αρνιόταν να εμπλακεί στη σύγκρουση, από φόβο μη διαταράξει το status quo. Η οργή του Gladstone κατά της προφανούς αδιαφορίας της κυβέρνησης ξέσπασε με έναν παθιασμένο λόγο για το Ανατολικό Ζήτημα, όπου παρέπεμπε στις αναφορές του Έβανς για την κατάσταση στη Βοσνία. Ο τόνος της ομιλίας του έδωσε στον Gladstone, ο οποίος επανήλθε στην ενεργό δράση και με σαρωτική νίκη ξαναπήρε την εξουσία το 1880, τον τίτλο «Το μαστίγιο της Τουρκίας» και τον αθάνατο θαυμασμό του νεαρού ανταποκριτή, που και ο ίδιος τώρα ήταν ένα είδος μαστιγίου.

Ξαφνικά άρχισαν να αντιμετωπίζουν τον Έβανς ως ειδικό στα βαλκανικά ζητήματα, μολονότι ήταν ακόμη ανεπάγγελτος και χωρίς κατεύθυνση. Σε μια χειρονομία αγάπης προς τον παλιό του φίλο Τζων Έβανς, ο Joseph Prestwich, καθηγητής της Γεωλογίας στην Οξφόρδη, επικοινώνησε με τον ανιψιό του C. P. Scott, ο οποίος είχε γίνει πρόσφατα εκδότης της *Manchester Guardian*, της φιλελεύθερης εφημερίδας που υποστήριξε ανοιχτά τον Gladstone ενάντια στο οθωμανικό καθεστώς της Τουρκίας. Ο Scott έκανε τον Άρθουρ Έβανς ειδικό ανταποκριτή του στα Βαλκάνια, μια άμισθη θέση που του παρείχε μόνο ένα μικρό ποσό για να καλύπτει το κόστος των τηλεγραφημάτων, αλλά παρ' όλα αυτά θέση επίσημη. Για να προετοιμαστεί καλύτερα, ο Έβανς πήγε στο Λονδίνο να συναντήσει τον W. J. Stillman, τον ανταποκριτή των *Times* στα Βαλκάνια. Αμερικανός διπλωμάτης, συγγραφέας και πρωτοπόρος φωτογράφος, ο Stillman ήταν βετεράνος των εθνικών συγκρούσεων: δέκα χρόνια νωρίτερα, ως Αμερικανός απεσταλμένος στην Κρήτη, είχε γίνει μάρτυρας και είχε εκθέσει με ζωντάνια την κρητική εξέγερση εναντίον της τουρκικής κυριαρχίας και την αιματηρή καταστολή της το 1866, μια εμπειρία που τον επηρέασε βαθιά και γέννησε τη δυσπιστία του κατά των Οθωμανών.[43] Ο πεπειραμένος παρατηρητής διαβεβαίωσε τον νεαρό ανταποκριτή ότι θα γινόταν πόλεμος, καθώς η Ρωσία και η Γερμανία είχαν σκοπό να δημιουργήσουν μια νοτιοσλαβική συνομοσπονδία, ενώ η Μεγάλη Βρετανία ήθελε να επιβραδύνει τη ρωσική επέκταση κι έτσι προσπαθούσε να διατηρήσει το status quo, υποστηρίζοντας την Τουρκία.

Με τον πόλεμο να πλανάται στον αέρα, ο Έβανς ξεκίνησε στις 20 Ιανουαρίου του 1877 για την Τεργέστη, που βρισκόταν τότε κάτω από την αυστριακή εξουσία. Πρόσχημά του ήταν η δημοσιογραφία, αλλά η αποστολή του ήταν μίγμα συγγραφής περιπετειών, αρχαιοδιφικής έρευνας και ανθρωπιστικής προσφοράς. Στο ταξίδι του 1875 είχε συναντήσει κάποια δεσποινίδα Irby, η οποία διηύθυνε ένα χριστιανικό σχολείο στο Σαράγιεβο. Ο Άρθουρ είχε διατηρήσει επαφή μαζί της και έγινε γραμματέας στο ταμείο αρωγής προσφύγων που είχε στήσει στη Βρετανία, έτσι ώστε, όταν έφτασε στη Βοσνία με εφόδια και χρήματα, είχε τις κατάλληλες επαφές για να συλλέγει τις πληροφορίες που χρειαζόταν για τις ανταποκρίσεις του και κατάφερε να πάρει συνεντεύξεις από επαναστάτες.

Δεν ήταν ποτέ στη φύση του να μένει αμερόληπτος. Ευρισκόμενος ακόμη κάτω από την επιρροή του Gladstone, ο Έβανς έβλεπε με συμπάθεια τον εθνικό σκοπό των Σλάβων για δημοκρατικές πατρίδες και δεν μπόρεσε ποτέ να ταυτιστεί με τους Μουσουλμάνους. Μολαταύτα, βλέποντας τόσο μίσος και μισαλλοδοξία και στις δύο πλευρές, πίστεψε πως ο μόνος τρόπος για να αποκατασταθεί η ειρήνη στην περιοχή θα ήταν να την επιβάλει με τη βία ο αυστριακός στρατός. Αυτήν τη σκέψη μετέφερε και στους αναγνώστες του, μαζί με αναφορές για σφαγές αμάχων από τους Τούρκους, που ο Βρετανός πρόξενος συνέχισε να αρνείται ή να υποβαθμίζει.

Ο ιστορικός Edward Freeman, ο οποίος είχε ενδιαφερθεί για τον Έβανς στην Οξφόρδη, ήταν ηγετική φυσιογνωμία στο ταμείο αρωγής της δεσποινίδας Irby. Ο Freeman, γεννημένος το 1823, ήταν ορφανός από παιδί, αλλά είχε οικογενειακή περιουσία αρκετή ώστε να μην ανησυχεί για τον επιούσιο. Είχε γαλουχηθεί με τα αυστηρά ιδανικά της Υψηλής Εκκλησίας* και τη βικτωριανή αποδο-

---

* Ένας από τους τρεις κλάδους στους οποίους διακρίνεται η Αγγλικανική Εκκλησία. Η Υψηλή Εκκλησία παραμένει ρωμαιοκαθολική στη μορφή αλλά προτεσταντική στην ουσία. Οι άλλοι δύο κλάδοι είναι η Χαμηλή και η Ευρεία Εκκλησία. (Σ.τ.Ε.)

χή της καθολικής της ανωτερότητας, η οποία βασιζόταν σε μεγάλο βαθμό στον ιστορικό της δεσμό με τη «γερμανική φυλή». Είχε παντρευτεί τη θυγατέρα του καθηγητή του, Eleanor Gutch, η οποία πέθανε πρόωρα αφήνοντάς τον με δύο κόρες, τη Margaret και την Helen. Ήταν κυρίως γνωστός για την εξάτομη *History of the Norman Conquest*, ο πρώτος τόμος της οποίας εκδόθηκε το 1867 και ο τελευταίος θα κυκλοφορούσε το 1879, μολονότι την είχε ολοκληρώσει στο μεγαλύτερο μέρος της από τότε.[44] Ο Freeman ήταν πολύ δραστήριο μέλος μιας κίνησης ιστορικών και πολιτικών που πίστευαν στο δικαίωμα των εθνοτήτων στην αυτοδιάθεση. Το κατηγορητήριό του εναντίον «του Τούρκου» είχε εκτεθεί ξεκάθαρα στο πρόσφατο βιβλίο του *The Ottoman Power in Europe*. Σε αυτό χρησιμοποιούσε την Ιστορία για να στηρίξει τα ιδανικά που είχε επιλέξει σε παλαιότερα παραδείγματα, και αποδείχτηκε αφοσιωμένος ιεραπόστολος στην έρευνα για αποδείξεις που θα περιέγραφαν και θα εξεθείαζαν το υψηλό επίπεδο παιδείας και πολιτικής ενότητας των Αρίων του Gobineau. Ο Freeman και ο Έβανς ξεκίνησαν να αλληλογραφούν όταν ο δεύτερος ήταν στα Βαλκάνια, το 1877, και σταδιακά ο Freeman κατέληξε να εξασκεί ισχυρή επιρροή στον νεαρό, που άρχισε να θεωρεί ως πρότυπο αυτόν τον ιδιόρρυθμο τζέντλεμαν και έντιμο μελετητή.

Ο Freeman έφτασε στη Ραγκούζα στις 18 Ιουνίου, μαζί με τις κόρες του, για να επιθεωρήσει το έργο της ανθρωπιστικής βοήθειας. Είτε πιστεύει κανείς στον κεραυνοβόλο έρωτα είτε όχι, το βέβαιο είναι ότι ως το τέλος του μήνα ο Άρθουρ και η Margaret είχαν ανταλλάξει όρκους αγάπης. Ήταν πολύ πρακτική γυναίκα, τρία χρόνια μεγαλύτερή του, ήξερε αρχαίες και σύγχρονες γλώσσες και είχε ευρεία γνώση της Ιστορίας, έχοντας εργαστεί ως γραμματέας του πατέρα της για πολλά χρόνια.

Η Margaret συμμεριζόταν τις ακραίες απόψεις του πατέρα της για την υπεροχή της φυλής τους, μολονότι δεν τις εξωτερίκευε τόσο ελεύθερα όπως εκείνος. Σε ένα γράμμα στον φυσιοδίφη φίλο του W. B. Dawkins, λίγο μετά την επίσκεψή του στη Ραγκούζα, ο Freeman επαινούσε τον νεαρό συνάδελφό του: «Συναντούσαμε συχνά τον Άρθουρ Έβανς στη Δαλματία. Στέλνει θαυμάσια κείμενα στη *Manchester Guardian*». Και στο ίδιο γράμμα συνεχίζει: «Έκανα μερικές παρατηρήσεις φυσικής ιστορίας στην Ελλάδα ... Μπορείς να βρεις χελώνες στα χωράφια και νεροχελώνες στα ρυάκια, που αργότερα, λένε, βρωμάνε σαν Εβραίοι».[45] Αυτού του είδους οι παρατηρήσεις φαίνεται να γλιστρούν εύκολα από την πένα κάποιου που αισθάνεται τόσο ενάρετος, ώστε να μην αναγνωρίζει ότι τα λόγια του είναι προσβλητικά. Τέσσερα χρόνια αργότερα, σε μια διάλεξη στις Ηνωμένες Πολιτείες, εξέφρασε δημόσια την ευχή κάθε Ιρλανδός, η κατάρα της βικτωριανής ελίτ, να δολοφονήσει έναν νέγρο, που κατ' αυτόν έπαιζε τον ίδιο αρνητικό ρόλο για το αμερικανικό ακροατήριό του, και στη συνέχεια να κρεμαστεί για την πράξη του, για το ακόμη μεγαλύτερο καλό της γερμανικής φυλής.[46] Όταν το εξαγριωμένο κοινό τού ζήτησε να εξηγήσει την παρατήρησή του, απάντησε: «Όλοι οι Τεύτονες είναι πολύ κοντά μας, κανένας Ευρωπαίος Άριος δεν είναι πολύ μακριά μας».[47] Πριν ξεκινήσει για τη Ραγκούζα, είχε γράψει στον Έβανς σχετικά με το *Through Bosnia and the Herzegovina*: «Διαβάζω το βιβλίο σου πιο προσεκτικά από πριν. Πώς προσέχεις το κάθε τι: λες πράγματα για βιολιά και αγγεία που ποτέ δεν είχα σκεφτεί, για μύτες και μάτια που πάντα ήθελα να παρατηρώ, αλλά δεν ξέρω πώς».[48] Φαίνεται πως οι δυο τους είχαν συμφωνήσει για τις «κατώτερες φυλές» που τους ενοχλούσαν, και τώρα η Margaret θα έπαιζε τον ρόλο της γέφυρας ανάμεσά τους.

Ο Έβανς επέστρεψε στην Αγγλία το φθινόπωρο και άρχισε να μεσολαβεί μεταξύ των συντηρητικών πολιτικών για λογαριασμό των Σλάβων του. Η Margaret Freeman επέστρεψε από τη Σικελία, όπου είχε βοηθήσει τον πατέρα της στην έρευνά του για τη νορμανδική ιστορία του νησιού. Σύντομα αρραβωνιάστηκαν επίσημα και περνούσαν πολύ χρόνο μαζί. Ο Freeman επιδοκίμασε ένθερμα την ένωση, όπως φαίνεται από τον τρόπο που μετέφερε την είδηση σε μια επιστολή στα τέλη Μαρτίου προς τον John Meredith Read, τον Αμερικανό πρέσβη στην Αθήνα: «Η μεγαλύτερη κόρη μου ... πρόκειται να παντρευτεί τον Άρθουρ Έβανς, τον οποίο αναμφίβολα έχεις ακουστά ως Μαστιγωτή των Πασάδων».[49] Έτσι, ο αντι-ισλαμισμός του Άρθουρ ταξίδεψε πριν από αυτόν στο Αιγαίο.

Ήταν μια μεθυστική εποχή για το νεαρό ζευγάρι, που λαχταρούσε να ζήσει μια ζωή μαζί. Έκαναν συχνά εκδρομές, μεταξύ των οποίων και ένα ταξίδι στο Λονδίνο τον Μάρτιο, για να δουν τα εντυπωσιακά ευρήματα του Γερμανού αρχαιολόγου Ερρίκου Σλήμαν από έναν λοφίσκο στην Τουρκία, που υποστήριζε ότι ήταν η Τροία του Πριάμου, τα οποία εξέθεσε στο Burlington House. Δεν γνωρίζουμε τι συναισθήματα προκάλεσαν στους δύο ερωτευμένους η λάμψη και ο ρομαντισμός του άθλου της Τροίας. Προς τα τέλη Μαρτίου, ο Άρθουρ έφυγε πάλι για τη Ραγκούζα, από όπου συνέχισε να στέλνει ανταποκρίσεις για την εξέλιξη της σύγκρουσης. Γύρισε στην Αγγλία στις 19 Σεπτεμβρίου του 1878, παντρεύτηκαν με τη Margaret, και στα τέλη Οκτωβρίου το ζευγάρι πήρε πάλι τον δρόμο για τα Βαλκάνια. Εγκαταστάθηκαν στη Ραγκούζα σε ένα συμπαθητικό σπίτι που λεγόταν Casa San Lazzaro και είχε θέα στη θάλασσα. Ο Έβανς συνέχισε τα ταξίδια του στην ενδοχώρα, ενώ η Margaret έμενε στην ακτή προσπαθώντας να αντιμετωπίσει την οικιακή άγρια ζωή –ψύλλους, μύγες και κουνούπια–, τα παράξενα φαγητά και τις διαλέκτους. Ο πατέρας της, που τους είχε συμβουλεύσει να μην εγκατασταθούν σε ένα τόσο ξένο γι' αυτούς μέρος, προσπάθησε να βρει δουλειά για τον Άρθουρ στην Οξφόρδη.

Τον Ιούνιο του 1879, ο Freeman έγραψε πως είχε προκηρυχτεί στο Λονδίνο μια αρχαιολογική υποτροφία, για την οποία ο Άρθουρ θα ήταν ιδανικός υποψήφιος. Είχαν προσεγγίσει τον Freeman για να συμμετάσχει στην Εταιρεία για την Προώθηση των Ελληνικών Σπουδών, που είχε συσταθεί πρόσφατα, και της οποίας η πρώτη της συνεδρίαση έγινε στο «Πανδοχείο του Ελευθεροτέκτονα» στις 16 Ιουνίου, υπό την προεδρία του Charles Newton, επιμελητή Ελληνικών και Ρωμαϊκών Αρχαιοτήτων στο Βρετανικό Μουσείο. Η Εταιρεία ξεκίνησε από την επιθυμία να δημιουργηθεί το βρετανικό ισοδύναμο της γαλλικής Εταιρείας για την Ενθάρρυνση των Ελληνικών Σπουδών και τον πόθο ενός αυξανόμενου αριθμού Βρετανών διανοουμένων να προωθήσουν τη μελέτη της αρχαίας και της νέας ελληνικής γλώσσας και λογοτεχνίας σε κοινό που ξεπερνούσε τα όρια της μορφωμένης ελίτ. Στην πρώτη συνάντηση εξελέγησαν περισσότερα από πενήντα μέλη, μεταξύ των οποίων και ο Freeman, και συζητήθηκε η συγκέντρωση χρημάτων για την παροχή υποτροφιών.[50]

Βαθιά πικραμένος από τις προηγούμενες αποτυχίες του να πάρει υποτροφίες της Οξφόρδης, ο Άρθουρ απάντησε: «Νιώθω θανάσιμο τρόμο για ό,τι έχει να κάνει με εξετάσεις και τα συναφή και δεν θέλω να διεκδικήσω τη θέση παρά μόνο αν οι πιθανότητες να την πάρω είναι με το μέρος μου ... Άλλωστε, αυτοί ζητούν σπουδαστή της "Κλασικής Αρχαιολογίας" και όποιος δεν είναι, πολύ πιθανόν να μην τον αντιμετωπίσουν με αμεροληψία στην Οξφόρδη». Οι υποψίες του ήταν βάσιμες, καθώς η υποτροφία πράγματι προοριζόταν για να υποστηρίξει αποκλειστικά την ελληνική αρχαιολογία. Η αντίδραση του Άρθουρ δείχνει την ολοένα βαθύτερη αντιπάθειά του για το ελληνοκεντρικό κατεστημένο. «Είναι ολοφάνερο ότι μόνο η Αθήνα είναι ο σκοπός του Newton και κανένα άλλο μέρος της γης», έγραφε, σημειώνοντας ότι η έννοια της λέξης «αρχαιολογία» έπρεπε να διευρυνθεί, περιλαμβάνοντας και την προϊστορική Ευρώπη. «Η Οξφόρδη ωστόσο», συνέχιζε, «φαίνεται πως έχει βαλθεί να αγνοεί κάθε κλάδο της Αρχαιολογίας έξω από τον δικό της κλασικό ρυθμό».[51]

Η Margaret ήταν δυστυχισμένη στην εξορία της μακριά από την Αγγλία, τους φίλους και την οικογένειά της, και αυτό άρχισε να αντανακλάται στην επιδεινούμενη κατάσταση της υγείας της. Κι αυτή και ο Άρθουρ ήθελαν παιδιά, αλλά φαίνεται πως δεν μπορούσαν να κάνουν, και τελικά η Margaret πήγε στην Αγγλία για εγχείρηση. Ο Άρθουρ δεν έδωσε προσοχή και δεν τη συνόδευσε. Αντίθετα, έγραφε επιστολές διηγούμενος λεπτομερώς τα κατορθώματά του, που περιλάμβαναν κι άλλες παράνομες ανασκαφές, ακόμη και κλοπές κρανίων από τη νεκρική κρύπτη μιας γειτονικής εκκλησίας για έναν Αυστριακό στρατιωτικό γιατρό, ο οποίος ήταν και γραμματέας της Ανθρωπολογικής Εταιρείας στη Βιένη. Ο ιπποτισμός που επέδειξε στους πρόσφατους νεκρούς, μπορούσε να συγκριθεί μόνο με τη μεταχείριση που είχε επιφυλάξει στη Margaret, κάτι που η μητριά του, Fanny Phelps, του έθεσε ξεκάθαρα σε ένα επιτιμητικό σημείωμα. Τον επέπληττε για τις συνεχείς περιπλανήσεις του, τη στιγμή που «η καημένη η γυναίκα» του χρειαζόταν φροντίδα, αλλά εκείνος προσπέρασε εκνευρισμένος τις παραινέσεις της, λέγοντας: «Νομίζω ότι οι γυναίκες δίνουν έμφαση στην προσωπική πλευρά των ζητημάτων περισσότερο από τους άνδρες».[52] Για χάρη της Margaret, ο Έβανς θα έπρεπε να λάβει περισσότερο υπόψη την προειδοποίηση της ώριμης γυναίκας, αλλά ο εγωκεντρικός νεαρός, καταλαβαίνοντας ίσως ότι είχε κάνει λάθος που παντρεύτηκε και ότι οι πραγματικές ερωτικές του προτιμήσεις, που δεν αποκαλύφτηκαν παρά πολύ αργότερα στη ζωή του, βρίσκονταν αλλού, συνέχισε να την παραμελεί, μέχρι που ήταν πολύ αργά για να επανορθώσει.

Τελικά, και ο ίδιος ο Άρθουρ αρρώστησε από την εξάντληση στα τέλη του 1880 και γύρισε για λίγο καιρό στην Αγγλία να ξεκουραστεί. Αλλά, στις αρχές του 1881, έπεισε τη Margaret να επιστρέψουν στη Ραγκούζα. Οι Αυστριακοί στα Βαλκάνια διέφεραν πολύ από τους «ευγενείς» Πρώσους, που είχε τόσο πολύ θαυμάσει. Και, θεωρώντας τους καταπιεστές Αυστριακούς ελάχιστα καλύτερους από τους Τούρκους, ο Άρθουρ ξεκίνησε μια νέα σταυροφορία προς όφελος των καταπιεσμένων Σλάβων. Ξεκίνησε μια εκστρατεία θαρραλέας κριτικής κατά της Βιένης, που πήρε διαστάσεις τόσο στον βρετανικό όσο και στον τοπικό Τύπο, μέχρι που τον συνέλαβαν, στις 7 Μαρτίου του 1882. Απερίσκεπτος, αφελής ή απλώς ανόητος, είχε ενθαρρύνει τη δημόσια αντίδραση στο αυστριακό στρατιωτικό καθεστώς στα Βαλκάνια και τον είχαν δει να επισκέπτεται στασιαστές, ένας από τους οποίους, όταν φυλακίστηκε, υποστήριξε ότι ο Έβανς είχε δώσει χρυσές λίρες στους άνδρες του για να τους στρέψει ενάντια στον διοικητή τους, που συνεργαζόταν με τους Αυστριακούς. Η ταραχή του Άρθουρ από την κράτησή του κατεύνασε την «ηφαιστειώδη φύση» του, ενώ οι φίλοι και η οικογένειά του πίεζαν το βρετανικό υπουργείο Εξωτερικών να παρέμβει. Στο μεταξύ, η Margaret, ύποπτη και αυτή, αναγκάστηκε να παραδώσει τα γράμματα που της είχε γράψει. Ως γνήσια κόρη του πατέρα της, έγραψε: «Φαντάζεσαι πόσο με πείραξε αυτό την πρώτη μέρα ... θα ήθελες να δεις όλα τα ερωτικά σου γράμματα να τα διαβάζει ένας κοντοστούπης Εβραίος κολλημένος πάνω σου;»[53] Διαπίστωσε πως οι γείτονες ήταν ακόμη λιγότερο φιλικοί από πριν, κι έφτασε να μισεί τον περίγυρό της.

Μετά την καταστολή της τελευταίας εξέγερσης με την οποία είχε συνδεθεί, ο Άρθουρ αφέθηκε ελεύθερος και πήρε εντολή να εγκαταλείψει την Αυστρία στις 23 Απριλίου και να μην επιστρέψει ποτέ. Η Ραγκούζα, η πόλη που κάποτε με περηφάνια είχε διακηρύξει ότι ήταν «πόλη Καταφύγιο» για τα «κυνηγημένα υπολείμματα του χριστιανικού ιππικού», έπαψε να υπόσχεται άσυλο. Δεν μπορούσε πια να προστατεύσει τον περιπλανώμενο ιππότη που είχε πέσει σε δυσμένεια. Σε κάθε περίπτωση, ο Έβανς είχε συνδεθεί σε υπερβολικό βαθμό με τη σύγχρονη ιστορία της πόλης και της περιοχής, για να είναι σε θέση να γράψει τη λεπτομερή μελέτη της αρχαίας Ιλλυρίας που τόσο επιθυμούσε. Θα έπρεπε να αρκεστεί σε άρθρα στο αρχαιοδιφικό περιοδικό *Archaeologia* και σε λήμματα σύγχρονης ιστορίας στην *Εγκυκλοπαίδεια Μπριτάνικα*.

Ο ήρωας του Ομήρου

Η βίαιη έξωσή του από την αγαπημένη του Ραγκούζα και η αναγκαστική επιστροφή του στην Αγγλία, το 1882, ήταν μεγάλο χτύπημα και απογοήτευση για τον νεαρό ιδεαλιστή. Φαίνεται ότι δεν ανήκε στον κόσμο της σύγχρονης βαλκανικής πολιτικής, μολονότι συνέχισε να αναμιγνύεται στις υποθέσεις του από απόσταση ασφαλείας. Αποφασισμένος να μην παραμείνει ο «Μικρός Έβανς, γιος του Μεγάλου Τζων Έβανς», ο Άρθουρ πήγε με τη Margaret στην Οξφόρδη, όπου και οι δύο είχαν φίλους και όπου μπορούσε να αρχίσει να ψάχνει για μια θέση κοντά στην οικογένειά της. Ο Άρθουρ και η Margaret εγκαταστάθηκαν στην οδό Broad 32, στην καρδιά της Οξφόρδης, στις αρχές Ιανουαρίου του 1883.

Η υγεία του Edward Freeman χειροτέρευε –παραπονιόταν για αρθρίτιδα και βρογχίτιδα– αλλά η εμπαθής ρητορική και η πίστη του στην υπεροχή της τευτονικής φυλής ήταν σθεναρές όπως πάντα. Είχε αρχίσει να επιπλήττει σπουδαστές και συναδέλφους που χρησιμοποιούσαν λέξεις με λατινικές ρίζες. Τώρα ανεχόταν να ακούει τους άλλους να χρησιμοποιούν καθαρά αγγλικά που βασίζονταν μόνο στη γερμανική γλώσσα ή το πολύ στην ελληνική.[54] Ως ιστορικός με ενδιαφέρον για τα τρέχοντα γεγονότα, ιδιαίτερα όταν είχαν σχέση με τον «Τούρκο», ο Freeman αλληλογραφούσε από τις αρχές Απριλίου του

1881 με τον W. J. Stillman για τις συνεχιζόμενες ταραχές στην Κρήτη. Οι απόψεις του Freeman για το ζήτημα της ανεξαρτησίας της Κρήτης ήταν ένα κομμάτι από το πολύπλοκο παζλ γνωστό ως Ανατολικό Ζήτημα, όπως το ονόμασε ο Gladstone στον περίφημο λόγο του. Τις απόψεις αυτές διατύπωσε ξεκάθαρα με την ερώτηση: «Τι θα συμβεί; Θα βγει κάτι από ένα κίνημα που υποψιάζομαι δεν προσθέτει τίποτε στο βασίλειο, αλλά παρέχει ευρεία αυτονομία* –μισώ τη λέξη γραμμένη με λατινικούς χαρακτήρες αλλά μπορώ να δεχτώ τη γραφή *αυτονομία*** [autonomia], τη σημασία της οποίας γνωρίζω– σε μια πολύ ευρύτερη περιοχή της σκλαβωμένης Ελλάδας; Δεν θα φιλονικήσω γι' αυτό, καθώς σκοπός μου είναι η λύτρωση όσο δυνατόν μεγαλύτερου αριθμού Χριστιανών από τον Τούρκο».[55] Η διακήρυξή του για μια ηθική σταυροφορία ενάντια στον «Τούρκο» διέπνεε τα γραπτά του Freeman και, όπως όλοι οι Φιλελεύθεροι, ένιωθε φρίκη με τη στάση της κυβέρνησής του σχετικά με την Κωνσταντινούπολη. Σε ένα σημείωμα με ημερομηνία 1η Οκτωβρίου 1882, υπενθύμιζε στον βουλευτή J. Bryce: «Κάθε φορά που ένας Βρετανός υπουργός μεταχειρίζεται τον Τούρκο ως ίσο, τον αποκαλεί Μεγαλειότατο, αναγνωρίζει την ευαισθησία του και άλλα τέτοια, παρατείνεται η δουλεία σ' ένα κομμάτι της χριστιανοσύνης».[56] Αυτή η ηθική στάση, αν και απωθητική στους αντικειμενικούς ιστορικούς, ανάγκασε τον Gladstone στις 24 Μαρτίου του 1884 να προσφέρει στον Freeman την έδρα Σύγχρονης Ιστορίας. Αν και ήρθε αργά στην καριέρα του, τη δέχτηκε με χαρά.[57]

* Autonomy στο πρωτότυπο. (Σ.τ.Ε.)
** Ελληνικά στο πρωτότυπο. (Σ.τ.Ε.)

Λίγο μετά την επιστροφή τους στην Οξφόρδη, εμφανίστηκε ένα άρθρο στους *Times* που θύμισε στον Άρθουρ και στη Margaret τις πρώτες εκείνες μέρες του έρωτά τους, όταν είχαν επισκεφτεί την έκθεση για την Τροία στο Burlington House. Στις 10 Ιανουαρίου του 1883, δημοσιεύματα ανέφεραν ότι στις τελευταίες ανασκαφές του στην Τουρκία ο Ερρίκος Σλήμαν δεν μπόρεσε να επιβεβαιώσει την υπόθεσή του ότι η Τροία του Ομήρου βρισκόταν στον λόφο του Χισαρλίκ, ούτε να πείσει για την ιστορία των αρχιτεκτονικών ευρημάτων.[58]

Ο Σλήμαν είχε εμφανιστεί στο προσκήνιο δώδεκα χρόνια νωρίτερα. Γεννήθηκε το 1822 και ασχολήθηκε αρχικά με το εμπόριο, με τόση επιτυχία, που στα σαράντα του ήταν κιόλας εκατομμυριούχος. Ο Σλήμαν αφιέρωσε το δεύτερο μέρος της ζωής του για να πραγματοποιήσει την παιδική του φιλοδοξία, να ανακαλύψει τα μέρη όπου οι ήρωες των ομηρικών επών, ο Αχιλλέας και ο Αγαμέμνων, η Ελένη και ο Μενέλαος, ο Οδυσσέας, η Πηνελόπη και ο Τηλέμαχος, είχαν κερδίσει την αθανασία τους, κερδίζοντας με αυτόν τον τρόπο και τη δική του. Ενώ ο Άρθουρ Έβανς στα είκοσί του χρόνια προσπαθούσε να ανακαλύψει τις μηχανορραφίες των σύγχρονων συγκρούσεων στην Ανατολική Ευρώπη, ο Σλήμαν στα πενήντα του είχε ξεκινήσει μια φαινομενικά αφελή αναζήτηση για τον τόπο μιας από τις πιο διάσημες συγκρούσεις της αρχαιότητας. Το 1871 έκανε τις πρώτες τομές σε ένα από τα πελώρια tell* ή γήλοφους που δημιουργήθηκαν από τα

* Tell: ονομασία που δίνεται στην Εγγύς Ανατολή στους τεχνητούς λόφους οι οποίοι σχηματίστηκαν από τη διαδοχική συσσώρευση ερειπίων αρχαίων πόλεων. Το αντίστοιχο του ελληνικού τούμπα ή μαγούλα. (Σ.τ.Ε.)

υπολείμματα πολλών αιώνων ανθρώπινης παρουσίας, και ήταν γνωστά κατά μήκος της βορειοδυτικής ακτής της Τουρκίας στη Μικρά Ασία. Ο Σλήμαν, σύντομα, μπορούσε να διακηρύξει στον κόσμο ότι είχε βρει τα τείχη που ο βασιλιάς Πρίαμος υπερασπίστηκε πολεμώντας κατά των επιτιθέμενων Αχαιών: τη μυθική πόλη της Τροίας.

Βοηθός παντοπώλη στα δεκατέσσερά του, ο Σλήμαν ήταν αυτοδίδακτος. Πίστεψε άκριτα τα αλληγορικά πρόσωπα στους μεταφορικούς ρόλους των ελληνικών μύθων και θρύλων σαν αληθινή ιστορία κι έψαχνε τον πυρήνα τους στη φυσική πραγματικότητα. Όπως το έθεσε ένας μεταγενέστερος ιστορικός, «ο Σλήμαν ξεκίνησε την καριέρα του αρχαιολόγου που διήρκησε είκοσι δύο χρόνια με τη σταθερή πεποίθηση ότι η *Ιλιάδα* του Ομήρου έπρεπε να διαβαστεί σαν μια αξιόπιστη "πολεμική ανταπόκριση"... και ότι η *Οδύσσεια* ήταν ένας συνδυασμός επιτελικού χάρτη και ημερολόγιου πλοίου».[59] Αν ο Σλήμαν είχε το προνόμιο μιας κανονικής μόρφωσης, θα του είχαν διδάξει πως η ελληνική ιστορία άρχισε με την πρώτη Ολυμπιάδα, το 776 π.Χ., και πως οτιδήποτε προγενέστερο παρέμενε στη σφαίρα του μύθου, πέρα από το νόμιμο ενδιαφέρον των ιστορικών. Ο George Grote, τραπεζίτης του Λονδίνου και κοινοβουλευτικός, στο έγκυρο δωδεκάτομο έργο του *History of Greece*, που εκδόθηκε από το 1846 έως το 1856, εξέφραζε τη λόγια θέση όταν έγραφε για τον Τρωικό πόλεμο: «Μολονότι οι Έλληνες πίστεψαν σε αυτόν κατά γράμμα, τον λάτρεψαν ευλαβικά ως ένα από τα γιγαντιαία φαινόμενα του παρελθόντος, για τη σύγχρονη έρευνα στην ουσία είναι ένας θρύλος και τίποτε περισσότερο».[60]

Η επιχειρηματική ευφυΐα του Σλήμαν, μαζί με την ισχύ

του πλούτου του, του έδωσαν την αποφασιστικότητα και τους πόρους για να επιδιώξει τον σκοπό του, μυθικό ή όποιο άλλο. Μετά την πρώτη του επίσκεψη στο Αιγαίο το 1868, ανακοίνωσε την πρόθεσή του να εντοπίσει τα ανάκτορα των ηρώων των παιδικών του χρόνων και να αποδείξει πως εκείνοι οι αθάνατοι άνδρες είχαν περπατήσει κάποτε στη γη. Το βιβλίο του, *Ithaque, le Péloponnèse, Troie. Recherches archéologiques*, εκδόθηκε τον επόμενο χρόνο.

Η αποκάλυψη της Τροίας άρχισε το 1871, με ανασκαφές στον γήλοφο του Χισαρλίκ, ο οποίος, όπως διακήρυξε ο Σλήμαν, έκρυβε την αγαπημένη πόλη του Πριάμου. Με περισσότερους από εκατό ανειδίκευτους εργάτες στην υπηρεσία του, κατέσκαψε το πελώριο tell, όπως το λαίμαργο παιδί ορμά στη χριστουγεννιάτικη πουτίγκα για να βρει τους θησαυρούς της, και βρήκε διάφορα επίπεδα που είχαν κτιστεί το ένα πάνω στο άλλο στη διάρκεια των χιλιετιών. Μέσα σε λίγους μήνες αφαίρεσε τόνους από χώμα και ανακάλυψε χιλιάδες αντικείμενα, σε ένα φαινομενικά συγκεχυμένο σύνολο από ερείπια κτηρίων που βρίσκονταν το ένα πάνω στο άλλο. Το πιο εντυπωσιακό εύρημα ήταν ένας θησαυρός χρυσών κοσμημάτων που ανακάλυψε τον Μάιο ή τον Ιούνιο του 1873. Όπως με τις περισσότερες ανακαλύψεις μεγάλης αξίας, από την αρχή η καχυποψία σκίασε τη λάμψη του θησαυρού. Ο Σλήμαν ανέφερε ότι είδε την αντανάκλαση του χρυσού σε έναν τοίχο, έδωσε στους εργάτες μια επιπλέον μέρα άδεια και μετά, βάζοντας τη ζωή του σε άμεσο κίνδυνο εξαιτίας μεγάλων όγκων χώματος που υπήρχαν από πάνω, έβγαλε προσεκτικά τα 250 χρυσά αντικείμενα, που αποκάλεσε Θησαυρό του Πριάμου. Όπως σημειώνει ο ίδιος, η Ελληνίδα γυναίκα του Σοφία τύλιξε το πολύτιμο φορτίο στο σάλι της και μετέφεραν τη λεία στο σπίτι τους στην Αθήνα.

Η δημοσιοποίηση των ευρημάτων προκάλεσε την οργή των τουρκικών Αρχών. Αν και τυπικά είχε δικαίωμα στο ένα τρίτο των συνηθισμένων ευρημάτων, ο Σλήμαν ήταν υποχρεωμένος από τον νόμο να παραδώσει όλα τα σημαντικά, μοναδικά ή «πρωτότυπα» ευρήματα στο κράτος και το μερίδιό του θα αποτελείτο μόνο από «διπλά», ένας ασαφής όρος που εννοεί αντικείμενα που βρίσκονται με τέτοια συχνότητα, ή είναι τόσο όμοια με άλλα της ίδιας κατηγορίας, που δεν αξίζει να ταξινομηθούν. Στην πραγματικότητα, τα απολύτως όμοια αντικείμενα ήταν σπάνια, αλλά αυτό το βολικό παραθυράκι στον νόμο επέτρεπε στους υπαλλήλους να κάνουν τα στραβά μάτια στην εξαγωγή αντικειμένων μικρότερης αξίας. Ο Θησαυρός του Πριάμου, ωστόσο, δεν ήταν σε καμιά περίπτωση ασήμαντη συλλογή. Ο Σλήμαν καθησύχασε το τουρκικό κράτος με μια αποζημίωση 50.000 φράγκων. Αλλά οι συνθήκες της ανακάλυψης δημιούργησαν καχυποψία στην ακαδημαϊκή Ευρώπη και η αυθεντικότητα του θησαυρού αμφισβητήθηκε (και σήμερα εξακολουθεί να γεννά αμφιβολίες, καθώς γνωρίζουμε πια πως η Σοφία δεν βρισκόταν στο Χισαρλίκ εκείνο τον καιρό και, όπως δείχνει το ημερολόγιό του, ο Σλήμαν βρισκόταν στην Αθήνα όταν κατέγραψε την ανακάλυψη του Θησαυρού).[61]

Η απόφαση του Σλήμαν να ενισχύσει το γόητρό του εκλαϊκεύοντας τις ανακαλύψεις του άγγιξε το ευαίσθητο σημείο των λογίων της Ευρώπης. Δεν θα του έδιναν ποτέ αυτό που ποθούσε περισσότερο: την είσοδό του στη διεθνούς κύρους Ακαδημία του Βερολίνου. Πράγματι ο

Adolf Furtwängler, περίφημος μελετητής της κεραμικής της Εποχής του Χαλκού (σύγχρονης με αυτήν που βρήκε ο Σλήμαν) και παντοδύναμος βοηθός διευθυντή του Μουσείου του Βερολίνου, που για περισσότερα από εκατό χρόνια είχαν συγκεντρώσει έξοχα αντικείμενα από την Ελλάδα, την Αίγυπτο και τη Μέση Ανατολή, δήλωσε αργότερα: «Είναι και παραμένει μισότρελος, ένας άνθρωπος με συγκεχυμένες αντιλήψεις, που δεν έχει ιδέα της αξίας των ανακαλύψεών του».[62]

Η υποδοχή του Σλήμαν στην Αγγλία ήταν διαφορετική. Ο Charles Newton, ως πρύτανης της ελληνικής αρχαιολογίας στη Βρετανία, ήταν διαχυτικός με τους επαίνους του για «τον ακάματο ενθουσιασμό και την ελευθερία πνεύματος ενός ανθρώπου, που χάρη στα επιτεύγματά του δικαιούται να δοξαστεί όχι μόνο από την Ελλάδα αλλά και από όλες τις πολιτισμένες φυλές, όσο το Παρελθόν του ανθρώπου θα έχει κάποια σημασία για την ανθρωπότητα».[63] Οι ενθουσιώδεις αναγγελίες του Σλήμαν και ο τεράστιος χρυσός θησαυρός προβλήθηκαν στον Τύπο και συνάρπασαν τους ανίδεους όσο και τους ειδικούς. Στο Burlington House, παρουσία του Gladstone, ο Σλήμαν και η Σοφία έγιναν επίτιμα μέλη της Εταιρείας των Αρχαιοφίλων. Εκεί, τον Δεκέμβριο του 1877, εκτέθηκε ο Θησαυρός του Πριάμου, προς μεγάλη απόλαυση των Λονδρέζων, που έκαναν μεγάλες ουρές για να θαυμάσουν τα απαστράπτοντα ευρήματα τα οποία αποδείκνυαν την ανακάλυψη της ομηρικής Τροίας. Μέρος της δημοτικότητας του Σλήμαν και της θερμής υποδοχής του στην Αγγλία ίσως να οφειλόταν στην επιμονή του να αδιαφορεί για την ταπεινή του καταγωγή. Η πρώιμη ενασχόλησή του με επιχειρήσεις και ο αγώνας του για να αναγνωριστεί στην Ευρώπη, παρά την ολοφάνερη επιτυχία των προσπαθειών του, αποτελούσαν σταθερές στις οποίες πίστευαν ο Τζων Έβανς και οι συνάδελφοί του.

Το 1874, ο Σλήμαν πήγε στις Μυκήνες να ψάξει για το Ανάκτορο του Αγαμέμνονα. Αυτή τη μικρή ακρόπολη στη βορειοανατολική Πελοπόννησο, γνωστή από αιώνες στους ταξιδιώτες για τα ογκώδη τείχη από ακανόνιστους λίθους, που σύμφωνα με τον μύθο κτίστηκαν από τους Κύκλωπες, τη θυμούνται περισσότερο ως την πατρίδα του δύσμοιρου Οίκου του Ατρέα, του οποίου οι συμφορές αποτελούν τον πυρήνα για μερικές από τις πιο γνωστές τραγωδίες της κλασικής ελληνικής γραμματείας. Η ιστορία διηγείται τον φόνο του Ατρέα, βασιλέα των Μυκηνών, από τον ανιψιό του Αίγισθο. Οι γιοι του Ατρέα, Αγαμέμνων και Μενέλαος, καταφεύγουν στη Σπάρτη, όπου παντρεύονται την Κλυταιμνήστρα και την Ελένη, κόρες του οικοδεσπότη τους Τυνδάρεω. Ο Αγαμέμνων επιστρέφει στις Μυκήνες και παίρνει τη βασιλεία. Αποκτά έναν γιο, τον Ορέστη, και τρεις κόρες, την Ηλέκτρα, την Ιφιγένεια και τη Χρυσόθεμι. Ενώ βρίσκεται μακριά πολιορκώντας την Τροία, η Κλυταιμνήστρα συνωμοτεί με τον εραστή της Αίγισθο, ο οποίος σκοτώνει τον ήρωα μόλις επιστρέφει. Ο Ορέστης παίρνει τη δέουσα εκδίκηση γι' αυτόν τον φόνο. Αλλά δεν ήταν ο τόπος των τραγικών συμβάντων που προσέλκυσε τον Σλήμαν. Οι λαμπερές αναφορές του Ομήρου στις «πολύχρυσες» και «ευρυάγυιες» Μυκήνες παρακίνησαν τον Σλήμαν σε ένα κυνήγι θησαυρού.

Ωστόσο, εξαιτίας του εχθρικού κλίματος που είχε δημιουργηθεί στις δοσοληψίες του με την Τουρκία, δεν κατόρθωσε να αρχίσει συστηματικές ανασκαφές εκεί πριν από το 1876, αφού εξαγόρασε και την υποστήριξη της πανίσχυρης ελληνικής Αρχαιολογικής Εταιρείας. Έδωσε χρήματα για να κατεδαφιστεί ο μεσαιωνικός πέτρινος πύργος της Ακρόπολης των Αθηνών, επειδή θεωρούσαν πως αλλοίωνε την ομορφιά των μαρμάρινων κτηρίων. Με τα σημερινά δεδομένα πρόκειται για μια πράξη βανδαλισμού. Ο Charles Newton, όμως, καυχιόταν που συμμετείχε σε αυτήν.

Το χρυσό επίθετο του Ομήρου σύντομα αποδείχτηκε αληθινό. Μόλις ανοίχτηκαν οι τάφοι, ακριβώς μέσα από τα τείχη των Μυκηνών, αποκαλύφτηκε ένας θησαυρός από χρυσά και αργυρά αγγεία, κοσμήματα και νεκρικές προσωπίδες, για την πρώτη από τις οποίες ο Σλήμαν διακήρυξε πως ανήκε στον ίδιο τον Αγαμέμνονα. Τριάντα λίβρες από χρυσά αντικείμενα –έτσι ο έμπορος περιέγραψε αυτά τα τεχνουργήματα ανεκτίμητης αξίας– στάλθηκαν στην Αθήνα, όπου αποτέλεσαν τον πυρήνα του Εθνικού Αρχαιολογικού Μουσείου. Τα ευρήματα αυτών των τάφων, των «κάθετων λακκοειδών» του Ταφικού Κύκλου Α, διέγειραν τον κόσμο της τέχνης. Τα θέματα που αντλούσαν από τη φύση και οι κομψές κυρίες με τα πλούσια ενδύματα συνδέθηκαν με το πνεύμα της κλασικής ελληνικής τέχνης και αμέσως αναγνωρίστηκαν ως πρόδρομοί της.

Στην κορυφή της μυκηναϊκής ακρόπολης, πιο ψηλά από τον ταφικό κύκλο, ο Σλήμαν βρήκε τα υπολείμματα ενός μεγάλου ορθογώνιου κτηρίου με μια μεγάλη κυκλική εστία στο κέντρο μιας αίθουσας. Το ονόμασε Μέγαρον, που σύμφωνα με τον Όμηρο ήταν το μεγάλο δωμάτιο το οποίο βρισκόταν στην καρδιά του Ανακτόρου του Αχαιού βασιλιά. Δεν υπήρχε καμιά αμφιβολία στο μυαλό του Σλήμαν ότι ο ίδιος ο Αγαμέμνων είχε καθίσει στον θρόνο μπροστά στην εστία.

Ο καβγάς για την Τροία τελικά διέγειρε το ενδιαφέρον των Βρετανών αρχαιολόγων, και τον Ιανουάριο του 1883 οι *Times* έκαναν ευρύτερα γνωστά τα επιχειρήματα υπέρ και κατά των μεθόδων του Σλήμαν. Αν και η πρώτη έκδοση του βιβλίου του *Ilios: The City and Country of the Trojans*, που εκδόθηκε τον Νοέμβριο του 1880 στη γλώσσα των μεγαλύτερων θαυμαστών του, έκανε καλές πωλήσεις, οι κριτικές ήταν γενικά φτωχές.[64] Ίσως οι πιο έντονες αντιδράσεις ήρθαν από τον Richard C. Jebb, έναν σημαντικό κλασικιστή του Πανεπιστημίου της Γλασκόβης, ο οποίος αντέκρουσε την ιστορική ανασύσταση των διαδοχικών πόλεων που έκανε ο Σλήμαν, μολονότι η εναλλακτική λύση που πρότεινε ήταν εξίσου ελαττωματική και φανταστική. Η αντίδραση του Σλήμαν ήταν να έρθει σε επαφή με μια μικρή ομάδα μάλλον φιλικών κριτικών στη Βρετανία και να τους δωροδοκήσει για να απαντήσουν στις κατηγορίες του Jebb και των άλλων. Ο μεγαλύτερος σύμμαχός του σε αυτήν την υπόθεση ήταν ο αιδεσιμότατος Archibald Henry Sayce, καθηγητής στο Queen's College της Οξφόρδης, ο οποίος όπως και ο Σλήμαν ήταν πολυσχιδής γλωσσολόγος. Η μεγαλύτερη προσφορά του ήταν η ασσυριακή γραμματική, αν και είχε ασχοληθεί με αρκετές γλώσσες της Μέσης Ανατολής.

Για να αποτρέψει περαιτέρω κατηγορίες για ατοπήματα, ο Σλήμαν προσέλαβε, για να προσδώσει κύρος στη δουλειά του, τον Wilhelm Dörpfeld. Ο Dörpfeld, στα είκοσι εννιά του, είχε γίνει γνωστός για την εφαρμογή της επαναστατικής ιδέας της στρωματογραφικής αρχαιολογίας στις γερμανικές ανασκαφές στην Ολυμπία. Έδειξε στους παλαιούς αρχαιοδίφες πώς θα μπορούσαν να βασίζονται λιγότερο στις εξαιρετικά προκατειλημμένες εκτιμήσεις τους σχετικά με τη χρονολόγηση των ανακαλύψεών τους, παρατηρώντας, όπως έκαναν ο Τζων Έβανς και οι συνάδελφοί του στις σπηλιές και τις τάφρους, τη θέση των αντικειμένων στο έδαφος και τη σχέση τους με τα κτίσματα που είχαν κατασκευαστεί για τους Ολυμπιακούς Αγώνες, από το 776 π.Χ. και για αιώνες μετά. Οι λεπτομερείς τεχνικές καταγραφής του Dörpfeld προσέδωσαν έναν αέρα επιστήμης σ' αυτό το κυνήγι καλλιτεχνικών θησαυρών. Έτσι, ο Σλήμαν ελπίζοντας να αποκτήσει λίγο από τον νέο αρχαιολογικό καθωσπρεπισμό, πήγε το 1881 στην Ολυμπία για να τον στρατολογήσει. Αλλά ο πραγματιστής Dörpfeld δεν ήταν σε θέση να δουλέψει γι' αυτόν με πλήρη απασχόληση. Είχε πρόσφατα διοριστεί αρχιτέκτονας στο Γερμανικό Αρχαιολογικό Ινστιτούτο Αθηνών κι έφερε στοιχεία μηχανικής και υλικών σε ένα πεδίο όπου κυριαρχούσαν θεωρητικολογούντες παρατηρητές, εξοικειωμένοι μόνο με την ιστορία της τέχνης. Εντούτοις, εργάστηκε στην Τροία με συμβόλαιο κατά την περίοδο του 1882, όπου έδειξε στον Σλήμαν τις τεχνικές ανασκαφής και παρατήρησης των επάλληλων στρωμάτων από διαφορετικές ιστορικές περιόδους ξεχωριστά, κι έτσι άρχισαν να ξεκαθαρίζουν πολλά από τα λάθη που είχαν γίνει σε προηγούμενες περιόδους αρχαιολογικής εργασίας. Ενώ ο Dörpfeld και ο Σλήμαν συνεργάζονταν μάλλον καλά, δεν συμφωνούσαν μεταξύ τους για την ιστορία των πόλεων [ενν. της Τροίας], κι αυτό έγινε φανερό σε μια επιστολή που δημοσίευσε ο Dörpfeld στην *Allgemeine Zeitung* για να αναιρέσει τις θέσεις κάποιου καθηγητή Brentano από ένα φυλλάδιο που είχε κυκλοφορήσει τον Αύγουστο του 1882. Ο Jebb αρπάχτηκε από αυτήν τη διαφωνία και υιοθέτησε την ερμηνεία του Dörpfeld σε μια διάλεξη στην Ελληνική Εταιρεία τον Οκτώβριο. Οι επιστολές που δημοσιεύθηκαν στους *Times*, τον Ιανουάριο του 1883, έδωσαν ακόμη μεγαλύτερη έμφαση στον αγώνα του Σλήμαν ενάντια σε ένα πολύ επικριτικό και εχθρικό ακαδημαϊκό κατεστημένο.

Ο Έβανς είχε τα δικά του μπλεξίματα με το Πανεπιστήμιο της Οξφόρδης. Τον Μάρτιο του 1883, έγραψε στον Freeman ότι

> πρόκειται να ιδρυθεί έδρα Αρχαιολογίας και με συμβουλεύουν να τη διεκδικήσω. Δεν νομίζω πως θα το κάνω, εκτός αν υπάρχει κάποια πραγματική προοπτική για να την πάρω ... Πρόκειται να ονομαστεί έδρα «Κλασικής» Αρχαιολογίας και καταλαβαίνω ότι οι Εκλέκτορες, περιλαμβανομένου του Jowett [Benjamin Jowett, ο αντιπρύτανης] και του Newton του Βρετανικού Μουσείου (που με εμπόδισε παλαιότερα να πάρω την αρχαιολογική ταξιδιωτική υποτροφία) θεωρούν πως η «αρχαιολογία» τελειώνει με τη Χριστιανική Εποχή. Όσο λογικό είναι να δημιουργήσεις μια έδρα «Νησιωτικής Γεωγραφίας» ή «Μεσοζωικής Γεωλογίας», άλλο τόσο λογικό είναι να περιορίσεις μια έδρα Αρχαιολογίας στην κλασική εποχή.

Ο Freeman, με την τυπική κακία του, απάντησε: «Κάθε γάιδαρος ξέρει τον στάβλο του αφέντη του και το κάνουν αυτό για εκείνους που ονομάζουν *Μεγάλους*. Βέβαια, όλοι τους θα είναι εναντίον σου, απλώς γιατί εσύ γνωρίζεις περισσότερα από εκείνους και πηγαίνεις πέρα από τον λυπηρά στενό κύκλο τους». Αλλά εξώθησε τον Άρθουρ να υποβάλει αίτηση: «Μόνο για να πας μέσα και να τους πεις ένα δυο πράγματα, [ακόμα κι αν] έχουν κάποιον ανόητο απόφοιτο του Balliol με γαμψή μύτη, από την οποία κρεμά την ορθή γνώση, για να σου αντιταχτεί με αυτάρεσκη άγνοια».[65]

Η θέση, που ονομάστηκε έδρα της Κλασικής Αρχαιολογίας Lincoln και Merton, δόθηκε στον William Ramsay, γνωστό για τις εξερευνήσεις του στην αρχαία Ανατολία, αλλά ο Ramsay σύντομα έφυγε για το Πανεπιστήμιο του Aberdeen. Ο Percy Gardner, που είχε δουλέψει με τον Charles Newton στο Βρετανικό Μουσείο, δέχτηκε τότε τον διορισμό και έφερε κοντά τον αρχαίο κόσμο και τους ενθουσιώδεις νεαρούς φοιτητές, με αποτέλεσμα πολλοί από αυτούς να στραφούν στον χώρο. Ένας τέτοιος προσήλυτος ήταν ο Max Mallowan, που αργότερα ανέσκαψε τη Νιμρούντ και έγινε διευθυντής της Βρετανικής Αρχαιολογικής Σχολής της Βαγδάτης. Θυμόταν πως ο Gardner ήταν «μια ψηλή, ευθυτενής μορφή που παρέδιδε μάθημα φορώντας ένα μακρύ πανωφόρι με φτερωτό κολάρο της μόδας του 1860. Παρέδιδε από το ασύγκριτο απόθεμα των γνώσεών του με μια μονίμως βαριεστημένη έκφραση, με μια μονοτονία που κατά περίεργο τρόπο κατάφερνε να καθηλώνει την προσοχή μας».[66] Ο Gardner έκανε έναν επιτυχή συνδυασμό κειμένου και μνημείου, δημιουργώντας το είδος της κλασικής αρχαιολογίας το οποίο καθιερώθηκε από τότε στην Οξφόρδη, έναν συνδυασμό που ο Έβανς δεν θα είχε ποτέ επιχειρήσει εξαιτίας της ευρείας οπτικής του για την παγκόσμια ιστορία και προϊστορία.

Η άνοιξη του 1883 έφερε διάθεση για ταξίδια και, καθώς τα αυστριακά εδάφη ήταν απαγορευμένα, είχε έρθει η ώρα για τους Έβανς να αποκτήσουν οι ίδιοι εμπειρία των αρχαίων μνημείων που ταξιδιώτες είχαν θαυμάσει επί αιώνες. Για ακόμη μια φορά επέστρεψαν στα Βαλκάνια, μολονότι τώρα το ταξίδι τούς πήγε πέρα από τη γλυκόπικρη ακτή της Δαλματίας, προς νότο, σε ένα τοπίο που νοερά είχαν χιλιοπερπατήσει όλοι οι σπουδαστές της αρχαίας ελληνικής γραμματείας, αλλά μόνο λίγοι είχαν γνωρίσει. Έφτασαν αρχές Μαΐου στο ιερό Μαντείο του Απόλλωνα στους Δελφούς, εγκαίρως για τον εορτασμό της άνοιξης. Η Margaret παραπονιόταν για την κατωτερότητα των ελληνικών μνημείων σε σύγκριση με εκείνων της γενέτειράς της, αλλά ο Άρθουρ ήταν μαγεμένος καθώς διέσχιζαν έφιπποι κοιλάδες κατάσπαρτες με ανεμώνες, φλόμους και κίτρινα φασκόμηλα, και περάσματα βουνών καλυμμένα με όλα τα απαραίτητα είδη για τη συλλογή ενός βοτανολόγου, με ανάμικτες μυρωδιές από φασκόμηλο, δεντρολίβανο και ρίγανη να αναδύονται από τις οπλές των αλόγων.

Ο Έβανς ένιωσε με όλη του τη δύναμη να δονείται από την πρώτη του συνάντηση με το φυσικό σκηνικό των μύθων, των ιστοριών και των γενναίων κατορθωμάτων των αρχαίων Ελλήνων. Επίσης, κατέγραψε τον δεσμό ανάμεσα στους σύγχρονους κατοίκους και τους μακρινούς προγόνους τους. Ο Άρθουρ έγραψε, ενώ βρίσκονταν στο χωριό Στείρι, κοντά στους Δελφούς, όπου γινόταν ένα πασχαλινό πανηγύρι: «Είναι δύσκολο να φανταστώ πιο όμορφη εικόνα από αυτήν την αλυσίδα των κοριτσιών στα λευκά και πορφυρά, που προχωρούν με μέτρο, αργά και μεγαλόπρεπα, σαν αρχαίος χορός, αλαφροπάτητες, κατά μήκος του πράσινου – μια στριφογυριστή στενή κοιλάδα που ακτινοβολεί από το λαμπερό καλαμπόκι και πάνω οι πορφυροί γκρεμοί, τα χιόνια και το νεφελώδες πέπλο του γερο-Παρνασσού», του ψηλού βουνού που δεσπόζει στην Κεντρική Ελλάδα.[67] Μια εβδομάδα ταξιδιού με άμαξα μέσα από τη Βοιωτία, κατά μήκος της ράχης του Ελικώνα, της κατοικίας των Μουσών, τους έφερε στη Λιβαδειά. Από εκεί στράφηκαν βορειοανατολικά προς τον Ορχομενό, προκειμένου να επισκεφτούν τη θέση όπου ο Σλήμαν είχε πάει το 1874, για να ανακαλύψει την ακρόπολη του βασιλιά Μινύα, κι αντί γι' αυτό βρήκε έναν μεγάλο θολωτό υπόγειο χώρο, από παλιά συλημένο, που υπέθεσε ότι ήταν ο τελευταίος τόπος ανάπαυσης του μυθικού μονάρχη. Το ταξίδι τους στην ελληνική ενδοχώρα συνεχίστηκε ως τη Θήβα, πατρίδα κάποτε του βασιλιά Λάιου, που ο γιος του Οιδίποδας, εν αγνοία του, τον σκότωσε και στη συνέχεια παντρεύτηκε τη μητέρα του. Τα φαντάσματα των ελληνικών μύθων πολλαπλασιάζονταν καθώς προχωρούσαν προς την Αττική, από τον ίδιο δρόμο που πήρε ο Θησέας ερχόμενος από την Πελοπόννησο, για να διεκδικήσει τα βασιλικά δικαιώματά του στην Αθήνα, πριν κάνει τα κατορθώματά του στην Κρήτη.

Στην Αθήνα, συναντήθηκαν με τον Ερρίκο και τη Σοφία Σλήμαν στο καινούργιο σπίτι τους, ένα νεοκλασικό μέγαρο που είχε τελειώσει το 1880, το Ιλίου Μέλαθρον – το Ανάκτορο του Ιλίου ή της Τροίας. Ο επισκέπτης ένιωθε παντού την ενθουσιώδη ταύτιση του ιδιοκτήτη με την αρχαία Ελλάδα: στις άκρες του ταβανιού ήταν ζωγραφισμένα ρητά και οι τοιχογραφίες δεν αναπαριστούσαν μόνο επεισόδια του Τρωικού πολέμου αλλά και γεγονότα και ήρωες που συνδέονταν με την επανανακάλυψή του στη σύγχρονη εποχή. Στα ξύλινα πατώματα ήταν ενσωματωμένα σχέδια από τα ευρήματα των ανασκαφών του Σλήμαν στην Τροία και στις Μυκήνες, κάτι που ο Έβανς θυμόταν και αντέγραψε όταν έκτιζε το προσωπικό του ανάκτορο, δέκα χρόνια αργότερα. Το σπίτι ήταν αφιερωμένο στην επαναναχάλυψη του μυθικού αιγαιακού τοπίου και ο κατασκευαστής του, στα εξήντα ένα του χρόνια, είχε γίνει και ο ίδιος ένας σύγχρονος μύθος.

Ο Σλήμαν είχε διεγείρει την περιέργεια του Έβανς και αργότερα θυμόταν πώς είχε διασκεδάσει με τον «παράξενο μικρόσωμο άνδρα και την εμμονή του με τον Όμηρο», καθώς και με «τα αλλόκοτα γυαλιά του».[68] Εντούτοις, χρόνια αργότερα, όταν ήρθε ο καιρός να πάρει ο Άρθουρ τη θέση του δίπλα στον μεγάλο εξερευνητή, θα παραδεχόταν: «Στον δόκτωρα Σλήμαν η επιστήμη της κλασικής αρχαιότητας βρήκε τον Κολόμβο της».[69] Οι ανακαλύψεις του Σλήμαν, κυρίως τα χρυσά αντικείμενα των Μυκηνών, εντυπωσίασαν ιδιαίτερα τον Έβανς. Ενώ μεγάλωνε η διαφωνία του Έβανς με τη λατρεία της κλασικής τέχνης στη Βρετανία, τον σαγήνευαν όλο και περισσότερο οι πρωτότυπες εικόνες ενός πολιτισμού που προηγήθηκε κατά αρκετές γενιές της ένδοξης Αθήνας του πέμπτου αιώνα. Στα χρυσά και ασημένια ανάγλυφα, ιδιαίτερα στα δαχτυλίδια και στους ανάγλυφους σφραγιδόλιθους, ο Έβανς είδε αιγυπτιακά και βαβυλωνιακά στοιχεία, αλλά και κάτι άλλο, κάτι ακαθόριστο αλλά απόλυτα σαγηνευτικό.

Λίγο αργότερα, ο Σλήμαν έφυγε για την Οξφόρδη, όπου, με την υποστήριξη του Sayce, έγινε επίτιμος εταίρος του Queen's College κι έτσι φόρεσε πορφυρή τήβεννο, ανάλογη με τη φλογερή προσωπικότητά του, όταν αναγορεύθηκε επίτιμος διδάκτωρ στις 13 Ιουλίου και στάθηκε, για να τον θαυμάσουν όλοι, στη Μεγάλη Αυλή του All Souls College.

Ο Άρθουρ και η Margaret απέπλευσαν για την Αίγινα, απέναντι από την Αθήνα, και μετά για το Ναύπλιο, την πρώτη πρωτεύουσα της σύγχρονης Ελλάδας. Αυτή ήταν η πρώτη εμπειρία τους με τον ομηρικό «οίνοπα» πόντο,* το Αιγαίο Πέλαγος, που πήρε το όνομά του από τον βασιλιά της Αθήνας Αιγέα, ο οποίος, νομίζοντας ότι ο γιος του Θησέας είχε θανατωθεί από τον Μινώταυρο στην Κρήτη, έπεσε από έναν βράχο και σκοτώθηκε. Από το λιμάνι, διέσχισαν την πεδιάδα του Άργους κι έφτασαν στη λαμπρή ακρόπολη των Μυκηνών. Ψηλά, πάνω από το υπέρθυρο της εισόδου της οχυρωμένης με συμπαγή κυκλώπεια τείχη ακρόπολης, υπήρχε ένα επιβλητικό ανάγλυφο: δύο λιοντάρια στέκονταν αντιμέτωπα ανάμεσα σε έναν κίονα με φθίνουσα προς τα κάτω διάμετρο, σαν να περιφρονούσε τους κλασικούς αρχιτεκτονικούς ρυθμούς, κάτι που δεν ξέφυγε από αυτόν τον προκλητικό παρατηρητή. Βαθμιαία, ο Έβανς υπέκυψε στην ίδια άγνωστη δύναμη που είχε βασανίσει τον Σλήμαν. Ίσως η επιμονή του παράξενου μικρόσωμου ανθρώπου στη θνητότητα των ομηρικών ηρώων τελικά να ήταν δικαιολογημένη. Ο Έβανς απορροφήθηκε από έναν καινούργιο κόσμο, αχαρτογράφητο και αμόλυντο από το δόγμα των μελετητών, έτοιμο για εξερεύνηση και εκμετάλλευση.

Οι Έβανς παρέμειναν στην περιοχή του Αιγαίου μέχρι τον Σεπτέμβριο, οπότε επέστρεψαν στην Οξφόρδη. Ο Άρθουρ άρχισε να μεταγράφει τις σημειώσεις που είχε κρατήσει κατά τη διάρκεια της παραμονής του στη Ραγκούζα, για τις θέσεις και την τοπογραφία της αρχαίας Ιλλυρίας. Στο μεταξύ, ο Σλήμαν, θέλοντας να αποφύγει εχθρι-

---

* Ομήρου *Οδύσσεια*, τ 171. (Σ.τ.Ε.)

κές κριτικές, όπως αυτές που είχε δεχτεί πρωτύτερα στη Βρετανία, προσέγγισε τον Edward Tylor, επιμελητή του Πανεπιστημιακού Μουσείου της Οξφόρδης, προκειμένου να γράψει κριτική για το καινούργιο βιβλίο του *Troja* στο περιοδικό *Academy*, με αντάλλαγμα ένα δώρο για το Μουσείο από τις αρχαιότητες της Τροίας.[70] Ο Tylor φόρτωσε αυτή την αμφίβολη τιμή στον Έβανς, ο οποίος εκπλήρωσε τις υποχρεώσεις του με σοβαρότητα, και παρέδωσε τον Δεκέμβριο μια μακρά και λεπτομερή αποτίμηση. Ο Έβανς χρησιμοποίησε την κριτική για να επαινέσει τον Σλήμαν, δηλώνοντας: «Η πίστη έχει πράγματι "μετακινήσει βουνά" και ο σκεπτικισμός πρέπει στο εξής να λογαριάζει τόσο με τη σκαπάνη όσο και με την ασπίδα. Η αδάμαστη εργατικότητα και επιμονή ενός ανθρώπου νίκησαν. Και μπορούμε τώρα να δούμε χαρτογραφημένη μπροστά μας, από τα χέρια ικανών αρχιτεκτόνων, μια πόλη η οποία, αν δεν είναι η πόλη του Πριάμου, τουλάχιστον οφείλει την ανάσυρσή της από τον τάφο του Χρόνου στην "ιστορία της θεϊκής Τροίας"». Από την άλλη όμως, υπενθύμιζε στον αναγνώστη ότι «η αρχαιολογία δεν πρέπει να συσχετίζεται ... με την ποιητική τοπογραφία», και εξέφραζε επιφύλαξη για την ταύτιση από τον Σλήμαν της τοποθεσίας ως θέση της Τροίας, προτιμώντας να την αποκαλεί Λόφο του Χισαρλίκ. Επέμεινε στο γεγονός ότι «οι ανασκαφές έχουν ένα εξαιρετικό και αμείωτο ενδιαφέρον, επειδή σχετίζονται με το προϊστορικό παρελθόν των τόπων που γέννησαν τον ελληνικό πολιτισμό».[71] Εντόπισε την καταγωγή πολλών αγγείων της ύστερης Ελλάδας σε αυτά που βρέθηκαν στο Χισαρλίκ, αλλά επίσης επισήμανε ομοιότητες ανάμεσα στην πρωιμότατη κεραμική που βρέθηκε εκεί και σε κεραμική από θέσεις στην Ελβετία και τη Βόρεια Ευρώπη, και τόλμησε να πει πως αυτή «ίσως αποδειχτεί ότι είναι η αρχική κληρονομιά των Αρίων λαών». Αυτοί οι πρώιμοι Άριοι, ωστόσο, αφέθηκαν στο σκοτάδι στο τέλος της κριτικής, όταν περιέγραφε με ενθουσιασμό την προέλευση του ελληνικού πολιτισμού από την Τρωάδα, όπου «ένας πολιτισμός, που ζωντάνεψε από τις αύρες του Αιγαίου και επεκτάθηκε από τον ήλιο της Ανατολής, είχε ωριμάσει, ενώ οι ιλλυρικές ακτές και οι πεδιάδες της Δανουβίας βρίσκονταν ακόμη στον λήθαργο της Λίθινης Εποχής».[72] Αυτή η περίεργη τοποθέτηση, που την υποκίνησε αναμφίβολα η επιθυμία του να καταλάβει τι συνέβαινε πριν από την κλασική Ελλάδα, είχε μικρή διάρκεια, καθώς ο Έβανς ερεύνησε βαθύτερα τον αιγαιακό κόσμο στη διάρκεια της επόμενης δεκαετίας.

ΚΕΦΑΛΑΙΟ ΔΕΥΤΕΡΟ

Οι αρχαίοι λαβύρινθοι

1883-1893

Ένα σπίτι για την Αρχαιολογία

ΓΙΑ ΑΙΩΝΕΣ, ΑΠΟΦΟΙΤΟΙ ΤΗΣ ΟΞΦΟΡΔΗΣ ΜΕ ΠΟΙΚΙΛΑ ΕΝ-διαφέροντα –από περίεργες αγγλοσαξονικές αντίκες μέχρι «πουλιά, ζώα και ψάρια» από τα ταξίδια του Captain Cook στα νησιά της Νότιας Θάλασσας– είχαν κάνει τόσες δωρεές στο Πανεπιστήμιο, που ήδη τον δέκατο έβδομο αιώνα είχε δημιουργηθεί μια πολυσυλλεκτική συλλογή από κάθε είδους αποκτήματα, τα οποία λίγοι στο Πανεπιστήμιο είχαν διάθεση να γνωρίσουν, πόσω μάλλον να ασχοληθούν μαζί τους. Όταν ο αστρολόγος και αρχαιοδίφης της Οξφόρδης Elias Ashmole κληροδότησε το 1677 μια συλλογή με περίεργα δείγματα βοτανικής, το Πανεπιστήμιο αποφάσισε να παραχωρήσει ένα κτήριο στο οποίο έδωσε το όνομα του τελευταίου δωρητή για να τη στεγάσει μαζί με όλες τις άλλες. Η συλλογή μαράζωνε για δύο αιώνες στα χέρια χαμηλόμισθων επιμελητών. Ο τελευταίος, την εποχή του Έβανς, ήταν ο John Henry Parker, ένας ντόπιος βιβλιοπώλης, ο οποίος είχε διοριστεί το 1870. Ο Parker ήταν μεγάλης ηλικίας και εμφανιζόταν σπάνια στο Μουσείο. Στο μεταξύ, ο διορισμός του Percy Gardner στην έδρα της Κλασικής Αρχαιολογίας και η προσπάθειά του να φέρει την αρχαία Ελλάδα και τους θησαυρούς της στην Οξφόρδη ανακίνησαν το ενδιαφέρον για το Ashmolean ως μια συλλογή κατάλληλη για διδακτικούς σκοπούς. Ο Parker πρόσφερε μεγαλόψυχα την παραίτησή του και στις αρχές του 1884 ανακοινώθηκε η ύπαρξη της κενής θέσης.

Ο Άρθουρ Έβανς κίνησε τα σωστά νήματα και στις 17 Ιουνίου εξελέγη σε αυτήν τη θέση. Στη συλλογή του Ashmole επικρατούσε τέτοιο χάος και εγκατάλειψη, που θα χρειαζόταν μια δεκαετία για να μπει τάξη. Και ενώ ίσως πίστευε ότι εγκαταλείποντας τα Βαλκάνια άφηνε πίσω του τις διενέξεις με αμελείς ή αδιάλλακτους αξιωματούχους, ο Έβανς θα γνώριζε γρήγορα την εγχώρια τακτική καθυστέρησης και έλλειψης συνεργασίας στο πρόσωπο του αντιπρύτανη του Πανεπιστημίου και διευθυντή του Balliol College, Benjamin Jowett, ξακουστό κλασικό μελετητή και ειδικό στον Πλάτωνα, ο οποίος για τον Έβανς δεν ήταν τίποτε περισσότερο από «αυθεντία στη ραδιουργία». Η ενστικτώδης έλξη του Έβανς για τις συγκρούσεις τον είχε προετοιμάσει για τις μεθόδους του Jowett, οι οποίες τουλάχιστον ενίσχυσαν την απόφασή του να επιβάλει τις απόψεις του, και στο τέλος τα κατάφερε. Επέμεινε να διευρυνθεί η συλλογή και αγωνίστηκε εναντίον «της ανόητης», κατά τη γνώμη του, «αντίληψης του να διαχωριστούν ως "Κλασικά" τα απομεινάρια μερικών προνομιούχων αιώνων», αποφασισμένος να ενσωματώσει όλους τους κλάδους της ιστορίας της τέχνης και της αρχαιολογίας στο Μουσείο.[1]

Στις 2 Νοεμβρίου έδωσε την εναρκτήρια ομιλία του, με τίτλο: «Το Ashmolean ως το σπίτι της Αρχαιολογίας στην Οξφόρδη». Ήθελε να προσελκύσει τόσο πανεπιστημιακούς, με τους οποίους θα έπρεπε να συνεργαστεί ως επιμελητής, όσο και πιθανούς δωρητές και συνεργάτες, στους οποίους υπενθύμιζε τις ελλείψεις των συλλογών. Ο Έβανς, ωστόσο, πληροφόρησε τους ακροατές του για την υπάρχουσα κατάσταση στη νέα επιστήμη της αρχαιολογίας. «Το θέμα μας είναι η Ιστορία», άρχισε, «η ιστορία της αρχής και της διαδοχής των Τεχνών, των Θεσμών και των Δοξασιών ... Η άγραφη Ιστορία της Ανθρωπότητας προηγείται της γραπτής, η εμπειρία από τα μνημεία προηγείται της γνώσης από τα βιβλία». Για να τιμήσει τον πατέρα του, ζήτησε από το ακροατήριό του:

> Αναλογιστείτε για μια στιγμή τι έχει προσφέρει τα τελευταία χρόνια η Προϊστορική, όπως λέγεται, Αρχαιολογία, η οποία στην πραγματικότητα ποτέ δεν ήταν πιο Ιστορική, καθώς διεύρυνε τον ορίζοντα του Παρελθόντος μας. Τράβηξε την κουρτίνα και αποκάλυψε την αυγή. Διαλύθηκαν σαν ονειρικές χίμαιρες οι προκαταλήψεις για την καταγωγή των τεχνών και των θεσμών του ανθρώπου, που ο Επίκουρος και ο Λουκρήτιος ήδη περιγελούσαν στα χρόνια τους, πριν από τις μέρες της βιβλικής χρονολόγησης.

Από σεβασμό προς αυτό που κατ' ιδίαν ονόμαζε Κλασική Σχολή της Οξφόρδης, πρόσθεσε: «Η επιστήμη της Αρχαιολογίας ... αποκάλυψε μερικά τουλάχιστον από τα μνημεία που οι άνθρωποι θεωρούσαν οριστικά χαμένα. Με την υπομονετική συλλογή πρωτότυπων υλικών, το ατόφυο χρυσάφι της ελληνικής τεχνουργίας είναι πια καθαρό και απαλλαγμένο από μεταγενέστερες προσμίξεις. Δεν βλέπουμε πια την εικόνα της ελληνικής ιδιοφυΐας θαμπά, μέσα από τον ρωμαϊκό καθρέφτη, αλλά στεκόμαστε πρόσωπο με πρόσωπο απέναντι στην άσβεστη δόξα της».[2]

Η «επιστήμη της αρχαιολογίας» στη Βρετανία είχε εξελιχτεί πολύ από τότε που ο Έβανς έκανε τα πρώτα ταξίδια του σε αρχαιολογικές θέσεις με τον πατέρα του, ένα τέταρτο του αιώνα πρωτύτερα. Ο συνταγματάρχης Augustus Henry Lane-Fox, αξιωματικός καριέρας, ο οποίος προήχθη σε στρατηγό και αναγκάστηκε να αλλάξει το όνομά του σε Pitt-Rivers προκειμένου να πάρει την κληρονομιά του, μορφοποίησε τις τεχνικές της ανασκαφής πεδίου, δημιουργώντας μια μέθοδο χάρη στην οποία κέρδισε τον τίτλο του πατέρα της επιστημονικής αρχαιολογίας. Ο Pitt-Rivers συνδύασε την εθνολογία, την ανθρωπολογία και την αρχαιολογία με έναν μοναδικό στόχο: προσπάθησε να τεκμηριώσει την πεποίθησή του ότι η σταδιακή εξέλιξη των ειδών, θεωρία που διατύπωσε ο Δαρβίνος, μπορούσε να εφαρμοστεί και στην ανάλογη σταδιακή εξέλιξη του πολιτισμού. Ήταν συνάδελφος του Τζων Έβανς, καθώς ήταν και οι δύο μέλη του Ανθρωπολογικού Ινστιτούτου, και ο Τζων, ως πρόεδρος της Νομισματικής Εταιρείας, σχεδίασε το σήμα που ο Pitt-Rivers χρησιμοποίησε ως λογότυπο στα δελτία που συμπλήρωνε για τα σκάμματά του.[3]

Η έλευση της επιστημονικής αρχαιολογίας περιόρισε τον ορισμό του Charles Newton, για να τον προσαρμόσει στην αναδυόμενη εξειδίκευση. Το 1833, στο Καίμπριτζ ο J. Romilly Allen έγραφε: «Η βάση των φυσικών επιστημών είναι η ακριβής μέτρηση. Η αρχαιολογία, λοιπόν, μπορεί να πει κανείς πως είναι μια επιστήμη, το τελικό αντικείμενο της οποίας είναι να εξαγάγει από το διαθέσιμο υλικό μια σταθερή θεωρία για την ιστορία του ανθρώπου, όπως τεκμαίρεται από τα έργα του, και για την ανάπτυξη του πολιτισμού στο παρελθόν». Επομένως, ο ρόλος του αρχαιολόγου ως ειδικού ήταν «να το συγκεντρώσει [ακίνητα και κινητά ευρήματα, ιστορικές καταγραφές], να το αποκρυπτογραφήσει, να το ερμηνεύσει, να το αντιγράψει και να το σχολιάσει ... ώστε να είναι έτοιμο να παραδοθεί στον ιστορικό».[4] Αυτός ο διαχωρισμός ανάμεσα στην αρχαιολογία πεδίου και την Ιστορία οδήγησε στη σημερινή εσωστρεφή τάση ανάπτυξης μεθόδων, εργαλείων και τεχνικών μόνο για την αρχαιολογία πεδίου, ενισχύοντας την τρέχουσα εξαγνιστική άποψη ότι οι ανασκαφείς είναι πράγματι αμερόληπτοι παρατηρητές ενός ανέγγιχτου παρελθόντος. Η σύγχρονη επιστημονική αρχαιολογία παριστάνει ότι έχει όλες τις απαντήσεις, έχει όμως ξεχάσει τις ερωτήσεις που έθεσαν οι ιστορικοί αρχαιολόγοι.

Η πιο ολοκληρωμένη θεωρία της κοινωνικής εξέλιξης μπορούσε τώρα να προστεθεί στις «σπουδαίες εποχές» που πρώτη η γενιά του Τζων Έβανς είχε σκιαγραφήσει. Το 1871 εκδόθηκαν και γνώρισαν μεγάλη επιτυχία το πολυαναμενόμενο βιβλίο του Κάρολου Δαρβίνου *The Descent of Man*, καθώς και το *Primitive Culture* του Edward Tylor. Η «Θεωρία της εξέλιξης» του Δαρβίνου επηρέασε σημαντικά την οικογένεια Έβανς. Ο Άρθουρ είχε ένα «γύψινο αγαλματάκι του μεγάλου ανδρός» που, όπως θυμόταν η ετεροθαλής αδελφή του, «δέσποζε πάνω από την πόρτα της τραπεζαρίας στο Nash Mills», για να του θυμίζει τον φίλο του πατέρα του.[5] Και τα δύο βιβλία προσέφεραν στη γενιά του Άρθουρ νέες κατηγορίες για τις ταξινομήσεις τους. Η ανθρώπινη ιστορία είχε τώρα χαρτογραφηθεί ως γραμμική εξελικτική διαδικασία από το στάδιο του κυνηγιού και της συνάθροισης ανθρώπων, που ονομάστηκε «Πρωτογονισμός», στο πρώιμο στάδιο της καλλιέργειας της γης, που ονομάστηκε «Βαρβαρότητα», μέχρι τον «Πολιτισμό», που καθορίστηκε από τη χρήση της γραφής. Η θεωρία μιας τριμερούς εξέλιξης από τη Γέννηση στην Ωρίμανση και τη Φθορά, που διατύπωσαν οι ιστορικοί της φύσης ως ένα κυκλικό σχήμα ζωής, δημιούργησε ακόμη περισσότερες υποδιαιρέσεις. Ο συνδυασμός αυτών των ανθρωπολογικών και βιολογικών αιτιοκρατικών κατηγοριών έδωσε ένα παράδειγμα για την «Εξέλιξη του Πολιτισμού», με το οποίο οι ιστορικοί και οι συγγενείς τους αρχαιολόγοι, για πολλές γενιές, εξηγούσαν την άνοδο, την ακμή και την πτώση των πολιτισμών.[6] Φυσικά, ο ορισμός του Tylor για τον πολιτισμό λειτούργησε σαν κόκκινο πανί στην «πολιτισμένη» Ευρώπη και η αναζήτηση για τα πρώτα δείγματα γραφής στην ηπειρωτική Ευρώπη, που είχε ξεκινήσει με την ιδέα της προϊστορίας, έγινε ορμητικότερη. Από τα πρώτα θύματα αυτής της ορμής ήταν τα αγγεία και τα σφονδύλια με εγχάρακτα σύμβολα από τις ανασκαφές του Σλήμαν στο Χισαρλίκ, τα οποία, από το 1874, «ερμηνεύθηκαν» ως τύπος ελληνικής γραφής.[7] Αργότερα, ο Τζων Έβανς θυμόταν ότι τότε διατύπωσε πρώτη φορά τη θεωρία του για ένα σύστημα «προϊστορικής» γραφής στην Ελλάδα.[8]

Μια σύντομη έξαρση ενδιαφέροντος υπήρξε το 1886, όταν ο Σλήμαν ακόμη μια φορά βρέθηκε στο στόχαστρο σοφολογιότατων επικριτών. Στις 2 Ιουλίου, ο Τζων Έβανς προήδρευσε στη διαβόητη συνάντηση της Ελληνικής Εταιρείας στην Εταιρεία των Αρχαιοφίλων στο Λονδίνο, στην οποία ο Σλήμαν και ο Dörpfeld κλήθηκαν να απαντήσουν σε κατηγορίες που είχαν διατυπωθεί στους *Times* για ανικανότητα και ψευδή συμπεράσματα.[9] Ο Stillman, τότε ανταποκριτής των *Times* στην Αθήνα, είχε γράψει δύο άρθρα στα τέλη Απριλίου, στα οποία δήλωνε ότι τα τείχη του Ταφικού Κύκλου των Μυκηνών, και επομένως και οι περίφημοι τάφοι, ήταν πολύ πιο πρόσφατα απ' ό,τι είχε συμπεράνει ο Σλήμαν, ότι η απουσία αρχαιολογικής εκπαίδευσης έκανε τον Σλήμαν να τοποθετήσει διάφορα οικοδομήματα, ανάμεσά τους και το Ανάκτορο της Τίρυνθας, στην προκλασική περίοδο, ενώ στην πραγματικότητα ήταν μάλλον βυζαντινά. Αποκάλεσε τα συμπεράσματα του Σλήμαν «από τις ωραιότερες παραισθήσεις παθιασμένων ερασιτεχνών, από αυτές που είναι περιζήτητες στη λογοτεχνία».[10]

Αυτό που έδωσε κύρος στην αιφνίδια κατηγορία του Stillman ήταν ότι τον υποστήριζαν ο F. C. Penrose, μεγάλος ιστορικός της αρχιτεκτονικής, ο οποίος είχε δημοσιεύσει την πρώτη μελέτη για τον Παρθενώνα με αρχιτεκτονικές μετρήσεις, και ο H. F. Pelham, καθηγητής Αρχαίας Ιστορίας στην Οξφόρδη. Η κατηγορία εναντίον του Σλήμαν, την οποία διάβασε ο Penrose μπροστά σε ένα εξημμένο κοινό, διευκρινίστηκε όταν ο Σλήμαν παραδέχτηκε ότι οι εν λόγω τοίχοι στην Τίρυνθα ανήκαν, πράγματι, σε βυζαντινή έπαυλη που είχε διατηρηθεί πάνω από τα πρωιμότερα ερείπια, τα οποία είχαν καλυφτεί για να προστατευθούν, και ότι τα αμφισβητούμενα τείχη στις Μυκήνες ήταν πράγματι πρόσφατα, στην πραγματικότητα μόλις δέκα ετών. Τα είχε κτίσει η ελληνική Αρχαιολογική Εταιρεία το 1876, με σκοπό να σταθεροποιήσει τις πλευρές των κάθετων λακκοειδών τάφων, που είχαν διαλυθεί κατά την ανασκαφή, προκειμένου να αφαιρεθεί και το τελευταίο θραύσμα χρυσού.[11] Ο Σλήμαν διαβεβαίωσε τους υποστηρικτές του ότι δεν υπήρχε καμιά πρόθεση εξαπάτησης και η συνεδρίαση έληξε ειρηνικά με την απαλλαγή του.

❖

Το Ashmolean ήταν ιδανικό για τον Έβανς, άνθρωπο με τάσεις εσωστρέφειας και περιπλάνησης. Αν και ο μισθός του επιμελητή δεν ήταν μεγάλος, οι συνθήκες διαμονής ήταν πολύ άνετες και η μόνη σταθερή υποχρέωση ήταν να δίνει ορισμένες δημόσιες διαλέξεις για την πρόοδο της έρευνας, που πιθανόν να σχετιζόταν με τα αντικείμενα του Μουσείου. Το καλύτερο ήταν ότι ο επιμελητής μπορούσε, και όφειλε, να ταξιδεύει για να εξασφαλίσει νέα αποκτήματα. Οι απουσίες του ήταν τόσο συχνές και, κατά τα φαινόμενα, ξαφνικές, που ο βοηθός επιμελητής Edward Evans (απλή συνωνυμία) ευχαριστιόταν να λέει σε όσους τον ζητούσαν: «Ο Επιμελητής, κύριε, βρίσκεται κάπου στη Βοημία».[12] Στην πραγματικότητα, ο Άρθουρ και η Margaret έκαναν συχνά ταξίδια στην Ιταλία, και ιδιαίτερα στη Σικελία, όπου ο Freeman είχε ξεκινήσει να γράφει μια μνημειώδη ιστορία του νησιού και όπου ο Άρθουρ συνέχισε τη μελέτη της οικογένειάς του για τη Νομισματική στις αποικίες των Συρακουσών και του Τάραντα. Το άρθρο του για τους Ιππείς του Τάραντα, που δημοσιεύθηκε το 1889, βρήκε θερμή υποδοχή στους χώρους μελέτης της αρχαίας ιστορίας και της θεραπαινίδας της, της Νομισματικής.

Ο Έβανς κέρδισε την υποστήριξη του Charles Drury Fortnum, που είχε το παντοπωλείο Fortnum & Mason στο Πικαντίλι, για να φτιάξει ένα νέο Ashmolean. Ο Fortnum έψαχνε μόνιμη στέγη για τη συλλογή του, που περιλάμβανε αρχαία κεραμική και χάλκινα αντικείμενα, ιταλικές πορσελάνες, καθώς και αναγεννησιακά χάλκινα και γλυπτά. Ένα από τα σπουδαιότερα, όσο και κοπιώδη, επιτεύγματα του Έβανς ήταν να κατορθώσει να αποκτηθούν οι ποικίλοι «θησαυροί» του Fortnum και να πείσει τον εκλεκτικό συλλέκτη να προικίσει το Μουσείο με τα αναγκαία χρήματα για να δημιουργηθεί και να συντηρηθεί μια έκθεση παγκοσμίου επιπέδου.

Τον Νοέμβριο του 1886, ο Άρθουρ πήγε με τον πατέρα του και τον θείο του Σεμπάστιαν στο Aylesford στο Kent για να κάνουν αυτό που η οικογένεια έκανε περισσότερο από μισό αιώνα, να ψάξουν για παλαιολιθικά εργαλεία. Όμως αυτή τη φορά η προσοχή τους στράφηκε σε πιο πρόσφατα ευρήματα από επιφανειακά στρώματα, υπολείμματα των αρχαίων Βρετανών του Τζων Έβανς, σε αγγεία από ένα κελτικό νεκροταφείο. Αυτό που προσέλκυσε τον Έβανς δεν ήταν τόσο τα χονδροειδή βρετανικά κεραμικά, αλλά τα μεταλλικά αντικείμενα που βρέθηκαν μαζί τους, τα οποία πίστευε ότι είχαν ελληνική ή ρωμαϊκή προέλευση. Ο Άρθουρ άρχισε να εντοπίζει αντικείμενα που είχαν αποκαλυφτεί στη διάρκεια προηγούμενων ανασκαφών στο νεκροταφείο, και τον Σεπτέμβριο του 1887 επέστρεψε στη θέση, προσέλαβε έξι εργάτες και διηύθυνε μία από τις πρώτες συστηματικές ανασκαφές σε κελτικό νεκροταφείο στην Αγγλία. Ο Έβανς είχε μάθει μερικές από τις ανασκαφικές μεθόδους πεδίου του στρατηγού Pitt-Rivers, ο οποίος είχε ξεκινήσει εκτεταμένες ανασκαφές στην ιδιοκτησία του στο Cranborne Chase το 1880, για τις οποίες άρχισε να εκδίδει πλήρεις και λεπτομερείς αναφορές το 1887. Για να εμπνεύσει τους αγρότες που είχε ως εργάτες στην ομάδα του να γίνουν αρχαιολόγοι, συνδύαζε τις ικανότητες του στρατιωτικού και του αξιοσέβαστου γαιοκτήμονα. Η διαφορά ανάμεσα στις απερίσκεπτες μικροκλοπές αρχαιοτήτων από τους τάφους στο Trier και τις καθαρές καταγραφές με σχέδια των ευρημάτων εκεί που βρέθηκαν, καθώς και ο σεβασμός προς τα αντικείμενα στο Aylesford, δείχνουν πόσο ο Άρθουρ Έβανς είχε ωριμάσει ως αρχαιολόγος πεδίου, αλλά και ότι σεβόταν πολύ περισσότερο τους αρχαίους Βρετανούς και τα προϊόντα τους από ό,τι τους επαρχιώτες Ρωμαίους στη Γερμανία.

Η νέα υπεύθυνη στάση του Έβανς προς την αρχαιολογία εκφράστηκε το 1888 και με την κριτική του στο βιβλίο του Julius Nane για τις ανασκαφές στους τύμβους της Εποχής του Χαλκού στην Άνω Βαυαρία, όπου, όπως παρατήρησε, ο Nane

> εξερεύνησε ευσυνείδητα και έδωσε μια σύντομη καταγραφή του περιεχομένου του κάθε τάφου – στοιχείο πρωταρχικής σημασίας που πολύ συχνά παραμελούν οι εξερευνητές όταν ο ζήλος τους για το κυνήγι κειμηλίων υπερβαίνει την υπομονή που απαιτείται για να καταγράψουν επιστημονικά τις παρατηρήσεις τους. Η κατάληξη είναι τοις πάσι γνωστή! – ένας αναπόφευκτος Άτλας και μια *édition de luxe*,* ένα «παραγεμισμένο» μουσείο και ένα ολόκληρο κεφάλαιο στη μακρινή ιστορία κάποιας ευρωπαϊκής φυλής ανεπανόρθωτα ακρωτηριασμένο![13]

❖

* Έκδοση πολυτελείας. (Σ.τ.Ε.)

Φαίνεται πως ο Έβανς ήταν έτοιμος να επανορθώσει για την ανάξια παρουσία του στο Trier.

Στο Aylesford βρήκε έξι αδιατάρακτες ταφές σε τεφροδόχα αγγεία και συγκέντρωσε και άλλα αντικείμενα από τη θέση σε λεπτομερή αναλυτικό κατάλογο που έδειχνε την ευρυμάθειά του, από τις σύγχρονες τάσεις στην ευρωπαϊκή αρχαιολογία μέχρι την κλασική Ελλάδα, τη Ρώμη και ακόμη πιο πέρα. Τρεις από τους τάφους καλύπτονταν με πλάκες που έφεραν οπές τόσο μεγάλες, ώστε να χωράει ανθρώπινο χέρι. Ο Έβανς παραλλήλισε αυτούς τους τάφους με τις νεκρικές λάρνακες των Ινδιάνων Νατσέζ της Βορειοδυτικής Αμερικής, κάτι που έδειχνε το αδιάλειπτο ενδιαφέρον του για εθνογραφικούς παραλληλισμούς σε ολόκληρο τον κόσμο.[14]

Ο Έβανς χρησιμοποίησε τα αποτελέσματα του Aylesford για να εισαγάγει μια νέα θεωρία για την κελτική τέχνη και κοινωνία. Άρχισε να διαμορφώνει ιδέες για τους δεσμούς ανάμεσα στους πολιτισμούς της Μεσογείου και τις πρώιμες κοινωνίες των Βρετανικών Νησιών. Τον Φεβρουάριο και Μάρτιο του 1888, παρουσίασε τις πρώτες εντυπώσεις του σε μια σειρά διαλέξεων για την ύστερη κελτική τέχνη και πολιτισμό. Διάβασε έναν πλήρη απολογισμό της ανασκαφής και των αποτελεσμάτων της στην Εταιρεία των Αρχαιοφίλων του Λονδίνου στις 5 Δεκεμβρίου του 1889 και τον δημοσίευσε με τον τίτλο «On a Late-Celtic Urn-Field at Aylesford, Kent» στο περιοδικό της Εταιρείας τον επόμενο χρόνο. Αλλά, καθώς γοητευόταν από την Ανατολική Μεσόγειο, ο Έβανς συνδύασε τη γνώση και την περιέργειά του για την κελτική τέχνη με αυτά που έμαθε για τους πρώιμους πολιτισμούς από τον Σλήμαν, και δημιούργησε τελικά μια άποψη για την κελτική τέχνη, η οποία χρωστούσε πολλή από τη ζωντάνια της στην αποτίμηση του Έβανς για τον αιγαιακό και τον μυκηναϊκό πολιτισμό.

Άλλη μια, λιγότερο απτή, όψη της κελτικής κοινωνίας τράβηξε τον Έβανς. Στις 6 Δεκεμβρίου έδωσε μια δημόσια διάλεξη στο πλαίσιο των καθηκόντων του στο Ashmolean για το Stonehenge και την πιθανή του λειτουργία.[15] Συνδύασε την ινδο-άρια και την τευτονική θρησκεία για να εξηγήσει τον μεγάλο κύκλο των όρθιων λίθων, υποστηρίζοντας ότι οι μονόλιθοι που έφεραν ως επιστύλιο λίθους απίστευτου βάρους είχαν ανεγερθεί για να περιβάλλουν ένα ιερό δέντρο, μια αναφορά στο Yggdrasil του Βάγκνερ – τη φλαμουριά στο κέντρο του κόσμου. Τον Έβανς συνάρπαζε ιδιαίτερα η λατρεία των δέντρων και ο λίθινος πεσσός, το ανθεκτικό σύμβολο της δύναμης του δέντρου. Τα θεωρούσε ως σύμβολα-κλειδιά στο θρησκευτικό σύστημα της προϊστορικής Ευρώπης και σταθερά προσπαθούσε να τα επαληθεύει αρχαιολογικά.

Στα τέλη του 1888, ο Έβανς απέκτησε για το Ashmolean μια συλλογή από «φοινικικούς» σφραγιδόλιθους από τον αιδεσιμότατο Greville Chester, ο οποίος είχε δουλέψει σε ανασκαφές στην Παλαιστίνη. Οι σφραγιδόλιθοι είναι αντικείμενα πολύ μικρού μεγέθους από κόκκινο και πράσινο ίασπι, αμέθυστο, κορναλίνη και άλλους ημιπολύτιμους λίθους, συχνά διαφανείς, πάντοτε διάτρητοι και φέρουν εγχάρακτες μικροσκοπικές, σε σχέση με το μέγεθός τους, παραστάσεις εκπληκτικής σύνθεσης. Τους χρησιμοποιούσαν για να εξασφαλίζουν τον έλεγχο πρόσβασης σε χώρους ή έγγραφα, όπως περίπου χρησιμοποιούνταν οι σφραγίδες σε όλες τις ιστορικές περιόδους. Ο νομισματολόγος Έβανς γοητεύτηκε από τις μικρογραφικές παραστάσεις πάνω στους λίθους, που μπορούσε να εξετάσει προσεκτικά. Όμως, η συλλογή του Chester, με αντικείμενα που είχε συγκεντρώσει από παζάρια της Ελλάδας και της Μέσης Ανατολής, περιλάμβανε επίσης κάποια που έφεραν περίεργα, εγχάρακτα αλλά δυσανάγνωστα, σύμβολα γραφής, και τα έκαναν ακόμη πιο γοητευτικά.

Οι ανασκαφές του Σλήμαν απέδειξαν την ύπαρξη αιγαιακής καταγωγής σε πολλά από όσα προηγουμένως είχαν ταξινομηθεί με τον γενικό όρο ως «φοινικικά». Το 1883, ο Γερμανός ιστορικός τέχνης Arthur Milchhöfer υποστήριξε πως η πηγή πολλών σφραγιδόλιθων που βρήκε ο Σλήμαν στις Μυκήνες και στην Τίρυνθα –οι λεγόμενοι «νησιωτικοί λίθοι», λόγω της συχνής εύρεσης στα ελληνικά νησιά– ήταν η Κρήτη. Ο Έβανς είδε ότι τα σύμβολα στους λίθους που ο Chester είχε αποκτήσει στην Κρήτη ήταν παρόμοια, αν και όχι ίδια, με αυτά που ο Sayce, συνάδελφός του στην Οξφόρδη, είχε πρόσφατα αναγνωρίσει ως χεττιτικά και ότι επίσης έμοιαζαν με αιγυπτιακά ιερογλυφικά, μολονότι ήταν κάπως διαφορετικά. Αρχικά, οι εγχάρακτοι λίθοι ήταν κάτι περισσότερο από παράξενο αίνιγμα για τον Έβανς, αλλά σε πολύ λίγα χρόνια έγιναν το επίκεντρο του ενδιαφέροντός του, όταν αντιλήφθηκε ότι ήταν το κλειδί ενός αναπτυσσόμενου, πολύ γοητευτικού ιστορικού παζλ, τη σημασία του οποίου πρώτος αυτός θα καταλάβαινε.

Ο αιγυπτιακός Λαβύρινθος

Ανάμεσα στα πιο δημοφιλή αποκτήματα που άρχισαν να εισρέουν στο Μουσείο Ashmolean, μετά την παρότρυνση του Έβανς, ήταν ένα μέρος των ανακαλύψεων από τις ανασκαφές του Flinders Petrie στην Αίγυπτο. Δύο χρόνια μικρότερος από τον Άρθουρ, ο William Matthew Flinders Petrie, εγγονός του Βρετανού θαλασσοπόρου και εξερευνητή της Αυστραλίας Matthew Flinders, είχε κι αυτός έρθει νωρίς σε επαφή με την αρχαιολογία. Ως ενήλικας, θυμόταν πόσο είχε φρίξει βλέποντας σε ηλικία οκτώ ετών την καταστροφή μιας ρωμαϊκής έπαυλης στο νησί Wight. Το γεγονός αυτό επέδρασε χωρίς αμφιβολία καταλυτικά στην ανάπτυξη των τεχνικών ανασκαφής και καταγραφής που εισήγαγε αργότερα στην Αιγυπτιολογία.[16]

Ο Flinders Petrie άρχισε να σκάβει στην Αίγυπτο υπό την αιγίδα του νεοϊδρυθέντος Ταμείου για την Εξερεύνηση της Αιγύπτου το 1882, τη χρονιά που ο Έβανς εκδιώχτηκε από τη Ραγκούζα. Είχε αγανακτήσει με τις αδικαιολόγητες καταστροφές στις αρχαίες τοποθεσίες και θεωρούσε τους προγενέστερούς του σχεδόν πλιατσικολόγους. Αυτό δεν αποτελεί έκπληξη, καθώς η πρώτη σύγχρονη επιστημονική αποστολή στην Αίγυπτο είχε συνδυαστεί με την εισβολή του Ναπολέοντα το 1798, που στόχο είχε να αποκόψει τους Βρετανούς από τους εμπορικούς δρόμους της Ανατολής. Οι καλλιτέχνες και οι αρχιτέκτονες που συνόδευαν τον Ναπολέοντα έκαναν χιλιάδες αποτυπώσεις των μνημείων και των έργων τέχνης, τις οποίες δημοσίευσαν μεταξύ 1809 και 1828 στο *Description de l'Égypte*, προσφέροντας στους μελετητές και στο κοινό πλήθος νέων τεκμηρίων για την αρχαία Αίγυπτο. Το αποτέλεσμα ήταν μια περίοδος «αιγυπτιομανίας» στην Ευρώπη. Αλλά η ναπολεόντεια κατοχή ήταν σύντομη: ο στρατός του νικήθηκε από μια συνδυασμένη επίθεση Βρετανών και Οθωμανών το 1801. Οι Βρετανοί προσπάθησαν να διατηρήσουν στρατηγικό έρεισμα στην Αίγυπτο, αλλά την εγκατέλειψαν με τη σειρά τους το 1803, όταν οι Οθωμανοί πήραν στα χέρια τους τον πλήρη έλεγχο. Μετά σειρά ταραχών στο Κάιρο και ένα στρατιωτικό πραξικόπημα, ένας Αλβανός υπολοχαγός, ο Μεχμέτ Αλή, κατέλαβε την εξουσία και κυβέρνησε την Αίγυπτο από το 1805 έως το 1849. Ο Αλή άνοιξε τη χώρα στους Ευρωπαίους και οι τυχοδιώκτες άρχισαν να αφαιρούν αρχαιότητες, τις οποίες πουλούσαν στο εξωτερικό. Έτσι, δημιουργήθηκαν οι μεγάλες αιγυπτιακές συλλογές στα ευρωπαϊκά και τα αμερικανικά μουσεία. Ακόμη και επιστημονικές αποστολές χρηματοδοτήθηκαν από ξένα μουσεία, τα οποία, σε αντάλλαγμα της υποστήριξής τους, προσδοκούσαν αντικείμενα για τις εκθέσεις τους.

Από τους πιο καταρτισμένους εξερευνητές της εποχής ήταν ο Γερμανός φιλόλογος Carl Lepsius, λέκτορας στο Πανεπιστήμιο του Βερολίνου, ο οποίος από το 1843 έως το 1845, υπό την αιγίδα του βασιλιά της Πρωσίας Φρειδερίκου Γουλιέλμου Δ΄, διηύθυνε μια αποστολή στην Αίγυπτο και στο Σουδάν. Ο Lepsius βρήκε αποδείξεις που τοποθετούσαν χρονικά τις πυραμίδες στην αρχή της αιγυπτιακής ιστορίας, καθώς και τα πρώτα στοιχεία για τη σκιαγράφηση του χαρακτήρα του βασιλιά Ακενατών, γνωστού και ως Αμένοφι Δ΄, του αμφιλεγόμενου Φαραώ που καθιέρωσε τη λατρεία του ενός θεού,* την εποχή που οι αρχαίοι Αιγύπτιοι λάτρευαν πολλούς. Ο Lepsius ήταν ο πρώτος που μέτρησε τις διαστάσεις της Κοιλάδας των Βασιλέων στις Θήβες και κατέγραψε αμέτρητες επιγρα-

* Του θεού Ήλιου, ή Ατών, απ' όπου πήρε και το όνομα με το οποίο είναι γνωστός (Ακενατών: ο αρεστός στον Ατών). (Σ.τ.Ε.)

φές σε όλη τη χώρα, η αρχαία ιστορία της οποίας είχε μόλις αρχίσει να αναδύεται από την άμμο των δύο πλευρών του Νείλου.

Η αιγυπτιακή ιστορία βασιζόταν στα διασωθέντα αποσπάσματα ενός πάπυρου που απέκτησε ο βασιλιάς της Σαρδηνίας το 1824, δύο μόλις χρόνια αφότου ο Γάλλος γλωσσολόγος Jean François Champollion άρχισε να δημοσιεύει την αποκρυπτογράφηση της αρχαίας αιγυπτιακής γραφής. Ο πάπυρος, γνωστός ως ο Κανόνας του Τορίνο* (που φυλάσσεται στο Μουσείο Ρέτζιο του Τορίνο), περιέχει κατάλογο όλων των Αιγύπτιων βασιλιάδων μέχρι το τέλος της περιόδου των Υξώς, γύρω στα 1550 π.Χ., με τα χρόνια που βασίλευσαν, καθώς και αστρολογικές παρατηρήσεις για την ανατολή του άστρου Σόθις (του Σείριου), γεγονός που επιτρέπει τον ακριβή υπολογισμό από τους σύγχρονους αστρονόμους. Η επιτυχία του Champollion στην αποκρυπτογράφηση οφειλόταν στην ανακάλυψη, στη διάρκεια της εισβολής του Ναπολέοντα, μιας τρίγλωσσης επιγραφής σε τρία αρχαία συστήματα γραφής, τη δημώδη αιγυπτιακή, τα ιερογλυφικά και τα αρχαία ελληνικά, πάνω σε μια στήλη κοντά στην πόλη Ροζέτα, βορειοδυτικά της Αλεξάνδρειας, στο Δέλτα του Νείλου. Η Στήλη της Ροζέτας προσέφερε στον Champollion την ελληνική απόδοση, που μπορούσε να διαβάσει, της δυσανάγνωστης κυρτής δημώδους ή κοινής γραφής και των επισήμων ιερογλυφικών, που για τους αρχαίους Αιγυπτίους ήταν «τα θεόπνευστα λόγια» του ιερατείου.

Ο Lepsius, με βάση πολλά ακόμη αντίγραφα ιστορι-

---

* Ή αλλιώς ως Βασιλικός Πάπυρος του Τορίνο. (Σ.τ.Ε.)

κών εγγράφων που συνέλεξε, εξέδωσε, το 1849, το *Chronologie der Ägypter*. Μολονότι οι μελετητές διχάστηκαν σχετικά με τις λεπτομέρειες (και συνεχίζουν να διαφωνούν), η αρχαία ιστορία της Αιγύπτου, όπως την αφηγούνται οι ίδιοι οι Αιγύπτιοι, άρχισε με την ένωση της Άνω Αιγύπτου, ολόκληρης της κοιλάδας που διασχίζει ο Νείλος καθώς ελίσσεται μέσα στην έρημο νότια του Ασουάν (κοντά στον πρώτο Καταρράκτη και στη σημερινή λίμνη Νάσερ, που δημιουργήθηκε από το φράγμα του Ασουάν) μέχρι το Κάιρο, και της Κάτω Αιγύπτου, του Δέλτα του Νείλου, που ξεχωρίζει από τις μεγάλες εύφορες εκτάσεις που ανανεώνονται κάθε χρόνο από τις πλημμύρες του Νείλου και ορίζονται στον βορρά από τη Μεσόγειο Θάλασσα. Ο Μήνης* ολοκλήρωσε τον άθλο αυτόν και ίδρυσε την Πρώτη Δυναστεία γύρω στο 3200 π.Χ. Οι κληρονομικοί μονάρχες της Τέταρτης Δυναστείας, αυτοί που έκτισαν τις μεγάλες πυραμίδες στην Γκίζα, ίδρυσαν το Παλαιό Βασίλειο γύρω στο 2680 π.Χ., το οποίο καταλύθηκε με τον τελευταίο βασιλιά της Έκτης Δυναστείας,** γύρω στο 2258 π.Χ. Ακολούθησε η μεσοβασιλεία και η διάσπαση, η λεγόμενη Πρώτη Μεταβατική Περίοδος μέχρι το 2134 π.Χ. Τότε η χώρα ενώθηκε υπό την κεντρική εξουσία της Ενδέκατης Δυναστείας, που είχε την πρωτεύουσά της στη Λιστ, κοντά στο Φαγιούμ, μια μεγάλη εύφορη περιοχή νότια του Καΐρου. Η περίοδος αυτή του Μέσου Βασιλείου, που περιλαμβάνει την Ενδέκατη και τη Δωδέκατη Δυναστεία, κράτησε από το 2134 έως το 1786 π.Χ. Ακολούθησε η Δεύτερη Μεταβατική Περίο-

* Ή Νάρμερ. (Σ.τ.Ε.)

** Τον Νίτοκρι ή Νιτοκέρτι (Σ.τ.Ε.)

δος, οπότε την περιοχή του Δέλτα κατέλαβαν ξένοι, οι Υξώς. Γύρω στο 1550 π.Χ., ο Άμωσις, ένας δυναμικός ηγέτης, ανέλαβε την εξουσία, απώθησε τους Υξώς και ένωσε για μιαν ακόμη φορά την Αίγυπτο, εγκαινιάζοντας τη Δέκατη Όγδοη Δυναστεία του Νέου Βασιλείου, μια περίοδο αναγέννησης των τεχνών και της λογοτεχνίας που κράτησε περίπου μέχρι το 1100 π.Χ. και την Τρίτη Μεταβατική Περίοδο.

Παρά την εξαντλητική φιλολογική εργασία που έφεραν σε πέρας ο Lepsius και οι σύγχρονοί του, ο Flinders Petrie επέκρινε ιδιαίτερα τις ανασκαφικές τεχνικές τους. Χωρίς καμιά βοήθεια από τους εργοδότες του, που στερούνταν και οι ίδιοι κατάρτισης, ανέπτυξε τις δικές του μεθόδους αρχαιολογικής ανασκαφής και καταγραφής, βασισμένες στις αρχές του Pitt-Rivers για τους Βρετανούς αρχαιολόγους. Αυτές οι θεμελιώδεις αρχές, που έγιναν πρότυπα για τη Μέση Ανατολή, ήταν α. φροντίδα για τα μνημεία που ανασκάπτονται και σεβασμός για τους μελλοντικούς επισκέπτες και ανασκαφείς, β. σχολαστική φροντίδα κατά την ανασκαφή και τη συλλογή και περιγραφή όλων των ευρημάτων, γ. λεπτομερής και ακριβής επισκόπηση και σχεδίαση όλων των μνημείων και των ανασκαφών και δ. πλήρης δημοσίευση των αποτελεσμάτων όσο το δυνατό συντομότερα.[17] Όπως ο Dörpfeld στην Ολυμπία, ο Petrie ήταν ο πρώτος εξερευνητής στην Αίγυπτο που διεξήγαγε στρωματογραφικές ανασκαφές σε τούμπες, τις μεγάλες συσσωρεύσεις χώματος που σχηματίστηκαν από ανθρώπους που έκτιζαν, κατέστρεφαν και πρόσθεταν από πάνω νέες κατασκευές στην ίδια θέση επί χιλιάδες χρόνια. Καταγράφοντας τη στρωματογραφία του λόφου, ο Petrie κατάρτισε μια χρονολογική ακολουθία για τα αντικείμενα – κυρίως διακοσμημένη κεραμική η οποία παρατήρησε ότι άλλαζε σταδιακά τεχνοτροπία, καθώς την ανέσυρε από διαδοχικά στρώματα. Γενικά, όσο πιο χαμηλά βρισκόταν το στρώμα, τόσο πιο παλιά ήταν τα αντικείμενα που περιείχε. Τα ίδια τα αντικείμενα απέκτησαν μια νέα σημασία, καθώς επέμενε να μελετώνται και να ταξινομούνται *όλα* τα ευρήματα ανεξάρτητα από τη χρηματική τους αξία. Το αποτέλεσμα ήταν η πρώτη μιας σειράς από τυπολογικές και τεχνοτροπικές ταξινομήσεις αιγυπτιακών αντικειμένων από διαφορετικά υλικά και η ένταξή τους μέσα σε ένα αξιόπιστο χρονολογικό πλαίσιο.

Οι νέες τεχνικές του Petrie επέτρεψαν την προσθήκη παλαιότερων περιόδων που δεν είχαν καταχωρισθεί στην επίσημη ιστορία, τις οποίες ονόμασε Προ-Δυναστικές, αλλά τα μεγάλα μουσεία δεν ήταν έτοιμα να αναγνωρίσουν τη σπουδαιότητα που εκείνος έδωσε στην πρωτόγονη κεραμική και στα λίθινα εργαλεία των νέων περιόδων. Όταν επέλεξε για το Βρετανικό Μουσείο μια σειρά από «διπλά» αντικείμενα από το πρώιμο νεκροταφείο της Νακάδα, του είπαν ότι αυτά ήταν «μάλλον ανιστορικά παρά προϊστορικά». Ο Άρθουρ Έβανς, χωρίς να χάσει καιρό, τα δέχτηκε με ευγνωμοσύνη για την αιγυπτιακή συλλογή του Ashmolean, μαζί με τη μερίδα του λέοντος από τα ευρήματα που είχε εξαγάγει ο Petrie.

Η επανάσταση του Petrie στην Αιγυπτιολογία όχι μόνο έθεσε σε νέες βάσεις την αποκατάσταση της αιγυπτιακής ιστορίας, αλλά είχε και βαθιά επίδραση στις γειτονικές χώρες. Πήρε μαζί του στις αποστολές λαμπρούς νέους σπουδαστές και τους εκπαίδευσε στο πεδίο των ανασκαφών, γεγονός που συνέβαλε στην υψηλή ποιότητα εργασίας της επόμενης γενιάς των αρχαιολόγων. Ένας από αυτούς που ωφελήθηκαν ήταν ο David George Hogarth. Γεννήθηκε το 1862 και ήταν ένα από τα οκτώ παιδιά ενός εφημέριου στο Lincolnshire. Η οικογένειά του δεν ήταν πλούσια, αν και καταγόταν από τον ζωγράφο του δέκατου όγδοου αιώνα William Hogarth, κι έτσι έπρεπε να δουλέψει για να πετύχει.[18] Ο Hogarth παρακολούθησε το σχολείο του Winchester, σπούδασε στην Οξφόρδη με υποτροφία του Magdalen College, όπου και δίδαξε από το 1886 έως το 1893. Το 1888, δούλεψε στην Πάφο της Κύπρου. Εκεί, διέκρινε τις ικανότητες ενός τοπικού εργάτη ανασκαφών ονόματι Γρηγόρη Αντωνίου από τη Λάρνακα, τον οποίο χαρακτήρισε δάσκαλό του και στον οποίο είχε μεγάλη εμπιστοσύνη. Κατόπιν, τοποθετήθηκε επικεφαλής των ανασκαφών του Ταμείου για την Εξερεύνηση της Αιγύπτου στο ιερό της βασίλισσας Χατσεψούτ στο Ντέιρ ελ-Μπαχαρί στις Θήβες για τα επόμενα τρία χρόνια. Αργότερα, θυμόταν ότι «κυρίως επειδή γνωρίστηκα με τον Petrie και ζούσα με ανθρώπους που μαθήτευσαν σε αυτόν, έμαθα να σκάβω».[19] Έτσι, η κατάρτιση του Hogarth στην Αίγυπτο μεταμόρφωσε την εφαρμογή της αρχαιολογίας στο Αιγαίο όταν, ως διευθυντής των ανασκαφών στη Φυλακωπή της Μήλου το 1898, εισήγαγε τη στρωματογραφία και την ταξινόμηση σε έναν κόσμο που ακόμη ανάρρωνε από τη θησαυροθηρία του Σλήμαν.

Το 1888, ο Petrie διηύθυνε εκτεταμένες ανασκαφές στο Φαγιούμ, κοντά στην πρωτεύουσα Λιστ του Μέσου Βασιλείου, όπου ο Lepsius είχε αναζητήσει τα μνημεία που περιέγραψαν ο Ηρόδοτος, ο οποίος έγραψε τον πέμπτο αιώνα π.Χ. την αρχαιότερη σωζόμενη ιστορία της Ελλάδος, ο Πλίνιος ο Πρεσβύτερος, στρατιώτης που έζησε τον πρώτο αιώνα μ.Χ., γνωστός για το έργο του *Φυσική Ιστορία*, και ο Στράβων, γεωγράφος και ιστορικός που έζησε τον πρώτο αιώνα μ.Χ. Μόλις ο Petrie απέδωσε επιτυχώς τα υπολείμματα της πυραμίδας στη Χαουάρα* στον Αμενεμχέτ Γ΄,** έναν από τους σημαντικούς μονάρχες του Μέσου Βασιλείου, στράφηκε προς τον νότο σε αναζήτηση του ταφικού ιερού που είχε τη φήμη ως ενός από τα θαύματα της αρχαίας Αιγύπτου. Με οδηγούς ξανά τους αρχαίους συγγραφείς, έκανε δοκιμαστικές τομές σε μια μεγάλη περιοχή, και τον Ιούνιο ανέφερε ότι «η τοποθεσία του Λαβύρινθου έχει, πέρα από κάθε αμφιβολία, καθοριστεί». Στα αιγυπτιακά, η λέξη «λαβύρινθος» σημαίνει «το ιερό στην είσοδο της λίμνης». Η τοποθεσία βρισκόταν ανατολικά της λίμνης Μοίριδας, κι έτσι φαινόταν σωστή. Ο Petrie συμπέρανε ότι «εφόσον έχω δει τη χώρα, είναι βέβαιο ότι η περιγραφή του Στράβωνα δεν μπορεί να αντιστοιχεί σε καμιά τοποθεσία εκτός από αυτήν κοντά στην πυραμίδα της Χαουάρα». Καταγράφοντας με προσοχή την κεραμική που περιείχαν πλίνθινα κτίσματα, τα οποία ο Lepsius είχε, λανθασμένα, νομίσει ότι ήταν απομεινάρια του Λαβύρινθου, ο Petrie απέδειξε πως ήταν ένα ρωμαϊκό χωριό. Όταν ανέσκαψε από κάτω, βρήκε ότι «υπήρχε μεγάλος αριθμός από απολεπίσματα λευκού ασβεστόλι-

* Απαντά ακόμη ως Χαβάρα ή Καουάρα. (Σ.τ.Ε.)

** Αμερής ή Αμμενέμης Γ΄: Ο σημαντικότερος Φαραώ της Δωδέκατης Δυναστείας. Κατά τη διάρκεια της βασιλείας του (1842-1797 π.Χ.) ενισχύθηκε η κεντρική εξουσία σε βάρος των γαιοκτημόνων και πραγματοποιήθηκαν σημαντικά δημόσια έργα, όπως η αποξήρανση της λίμνης Μοίριδας στο Φαγιούμ και η εγκατάσταση εργατικών αποικιών στο Σινά. (Σ.τ.Ε.)

θου καλής ποιότητας. Σε μια τεράστια περιοχή δεκάδων στρεμμάτων ... βρήκα υπολείμματα επιβλητικού κτίσματος. Σε κάθε τομή που έσκαβα, υπήρχε το υπόστρωμα λιθόστρωτου είτε από καθαρή πατημένη άμμο είτε, συνήθως, από κομμάτια από ένθετες πέτρες, που σχημάτιζαν συμπαγές υλικό. Πάνω από αυτό το υπόστρωμα, σε μερικές περιπτώσεις, διασωζόταν το ίδιο το λιθόστρωτο, ενώ, σε όλα τα σημεία του, υπήρχε ένα παχύ στρώμα από απολεπίσματα εξαιρετικής ποιότητας ασβεστόλιθου πάνω του». Αποφάσισε πως «δεν υπάρχει γεωγραφικά άλλη τοποθεσία για τον Λαβύρινθο. Και δεν γνωρίζουμε κανένα άλλο κτίσμα, στο οποίο να μπορούμε να αποδώσουμε ερείπια τέτοιας έκτασης. Αυτή είναι η μόνη περίπτωση. Όμως φοβάμαι πως ποτέ δεν θα αποκτήσουμε πιο απτά στοιχεία, καθώς η καταστροφή είναι εκτεταμένη και ολοκληρωτική».[20]

Σύμφωνα με τον Ηρόδοτο, το κτίσμα περικλειόταν από μονό τείχος και περιλάμβανε δώδεκα αυλές και 3.000 δωμάτια, 1.500 υπέργεια και 1.500 υπόγεια. Οι οροφές ήταν εξ ολοκλήρου λίθινες και οι τοίχοι καλυμμένοι με γλυπτά. Στη μια πλευρά, βρισκόταν πυραμίδα γύρω στα 74 μέτρα ύψος. Ο ίδιος ο Ηρόδοτος πέρασε από τα υπέργεια δωμάτια, αλλά δεν του επετράπη να επισκεφτεί τα υπόγεια, στα οποία, όπως του είπαν, βρίσκονταν οι τάφοι των βασιλέων που είχαν κτίσει τον Λαβύρινθο και οι τάφοι των ιερών κροκοδείλων. Αλλά ο Πλίνιος, στη *Φυσική Ιστορία*, έγραψε ότι ο Λαβύρινθος έγινε πεδίο άντλησης λίθων εξαιρετικής ποιότητας, κι έτσι δεν προκαλεί έκπληξη το γεγονός ότι ο Petrie δεν βρήκε τίποτε περισσότερο από δύο μέτρα θραύσματα κατά μήκος μιας τεράστιας περιοχής.[21] Άραγε, οι αναγνώστες του Petrie, αποδεχόμενοι την ταύτισή του, έκαναν το απαιτούμενο άλμα και πίστεψαν και την υπόλοιπη διήγηση του Πλίνιου;

Ο Πλίνιος περιέγραψε τη Χαουάρα ως τον πρώτο Λαβύρινθο και ανέφερε έναν δεύτερο, κτισμένο με τον ίδιο τρόπο και από παρόμοιο «λευκό μάρμαρο» με 150 κίονες, στη Λήμνο, το νησί του Βόρειου Αιγαίου. Αναπαρήγαγε επίσης τη μαρτυρία του πρώιμου Ρωμαίου αρχαιολόγου Βάρονα για την ύπαρξη ενός ακόμη λαβύρινθου, στον τάφο του Λαρς Πορσήνα στο Clusium της Ετρουρίας (που τώρα πιστεύεται πως βρίσκεται μέσα στον λόφο Poggio Gajella, κοντά στο Chiusi). Αλλά ήταν ο τέταρτος Λαβύρινθος που διήγειρε το ενδιαφέρον της βρετανικής ελίτ, γαλουχημένης με τους αρχαίους συγγραφείς: ο φημισμένος Λαβύρινθος που είχε κατασκευάσει, με πρότυπο τον αιγυπτιακό, ο Δαίδαλος για τον βασιλιά Μίνωα στην Κνωσό της Κρήτης.

Η αναφορά από μια τόσο σεβαστή προσωπικότητα, όπως ο Flinders Petrie, έφερε μιαν αδιαμφισβήτητη σφραγίδα αυθεντίας και η ταύτιση του Λαβύρινθου στη Χαουάρα παραμένει ακόμη έγκυρη για περισσότερο από έναν αιώνα. Ο Έβανς, που θαύμαζε πολύ τον Petrie και σεβόταν τις απόψεις του, επηρεάστηκε βαθιά από την ανακοίνωσή του. Το συμπέρασμα του Petrie ότι είχε βρει τον αιγυπτιακό Λαβύρινθο ήταν πολύ πιο εντυπωσιακό από την εμμονή του Σλήμαν για τις αλήθειες πίσω από τα ομηρικά έπη. Αποδείκνυε ότι και οι άλλοι λαβύρινθοι υπήρχαν και μπορούσαν να αποκαλυφτούν από τη σκαπάνη. Ο Έβανς ήταν αναγκασμένος να επανεξετάσει με ανανεωμένο σεβασμό και ενδιαφέρον τα στοιχεία για τον κρητικό Λαβύρινθο, που αποτελούσε τη βάση της διήγησης του Charles Kingsley, αναλογιζόμενος τις συνέπειες της ανεύρεσης του Λαβύρινθου του Δαίδαλου.

Άλλη μια ριζοσπαστική πλευρά της εργασίας του Petrie ήταν ότι παρείχε τα απαραίτητα χρονολογικά στοιχεία για την ένταξη των ανακαλύψεων του Σλήμαν στο Αιγαίο μέσα στο επιβεβαιωμένο ιστορικό πλαίσιο των Δυναστειών της Αιγύπτου. Οι Μυκηναίοι θεωρούνταν προομηρικοί και επομένως προγενέστεροι του 850 π.Χ., χρονολογία όπου παραδοσιακά τοποθετείτο η σύνθεση των ομηρικών επών, όμως μια ακριβέστερη χρονολόγηση δεν είχε γίνει αποδεκτή. Μετά τα πρώτα επτά χρόνια ερευνών, ο Petrie έγραψε με τη συνηθισμένη του βεβαιότητα ότι «οι κλασικοί μελετητές οφείλουν ευχαριστίες στις αιγυπτιακές πηγές, που αποκάλυψαν την πραγματική ηλικία των αρχαιοτήτων στην Ελλάδα. Χωρίς τις αποικίες στον Νείλο, ακόμη θα ψηλαφούσαν σε βουβά ερείπια, που θα μπορούσαν να καλύπτουν είτε έναν αιώνα είτε χίλια χρόνια, γιατί τίποτε δεν θα μπορούσε να αποσαφηνιστεί στις ελληνικές ανασκαφές».[22] Ο Petrie έδειξε ότι η κεραμική του Αιγαίου που βρέθηκε στην Αίγυπτο, ειδικά οι χαρακτηριστικοί τύποι των ψευδόστομων αμφορέων με διπλές λαβές, τυπικά μυκηναϊκά δείγματα –τους οποίους είχαν ταξινομήσει ο Adolf Furtwängler και ο G. Loeschcke το 1886 ως *Bügelkanne*–, είχαν περίοδο χρήσης από το 1400 περίπου έως το 1050 π.Χ. Μπορούσε να αποδειχτεί ότι ακολουθήθηκε και στην Ελλάδα μια παράλληλη πορεία. Όμως, τα στοιχεία του Petrie πήγαιναν πιο πίσω, σε μια εποχή ακόμη ανεξερεύνητη στο Αιγαίο. Στη θεμελιώδη μελέτη του «The Egyptian Bases of Greek History», το 1890, ισχυρίστηκε: «Ο πολιτισμός των Μυκηνών δεν εμφανίστηκε ξαφνικά. Πρέπει να προηγήθηκαν αιώνες προετοιμασίας και τώρα στρεφόμαστε σε αυτό που υπήρχε πριν από αυτόν».[23] Στη διάρκεια των αποστολών του το 1889 και το 1890 στην Καχούν, μια τοποθεσία στην είσοδο του Φαγιούμ, στους σωρούς των απορριμάτων της πόλης της Δωδέκατης Δυναστείας βρήκε περίτεχνα πλασμένη και διακοσμημένη κεραμική που υπέθεσε πως προερχόταν από το Αιγαίο, αν και, όπως σημείωσε: «Η τεχνοτροπία της διακόσμησης μοιάζει πολύ περισσότερο με τις πρωτόγονες καθαρές γραμμές των διακοσμητικών μοτίβων της Πολυνησίας».[24] Τοποθέτησε το χρονολογικό πλαίσιο κάπου μεταξύ 2500 και 2000 π.Χ. και εξέφρασε την πεποίθησή του ότι οι κάτοικοι της πόλης ήταν ως επί το πλείστον ξένοι.

Τότε, ο Petrie «επιχείρησε μια υπόθεση εργασίας», η οποία καθόρισε την κατεύθυνση των αιγαιακών σπουδών για τα επόμενα πενήντα χρόνια:

> Το σύνολο του πρώιμου πολιτισμού ... γνωστού ως «μυκηναϊκή περίοδος», είναι κλάδος του πολιτισμού της Εποχής του Χαλκού στην Ευρώπη με ελάχιστη επαφή με την Ανατολή ... Οι καρποί αυτού του πολιτισμού και η δύναμή του φαίνονται στους σθεναρούς πολέμους που έκανε στην Αίγυπτο ... αν έτσι συνέβη στη δεύτερη χιλιετηρίδα π.Χ. ... και αν εκείνο τον καιρό έγιναν τα πολυτελή και όμορφα αντικείμενα που βρέθηκαν στις Μυκήνες και στην Τίρυνθα, είναι απίθανο αυτός ο πολιτισμός να είχε αρχίσει να αναπτύσσεται χίλια χρόνια νωρίτερα;[25]

Η υπόθεσή του ήταν ότι εκείνη την εποχή ένα κύμα ξένων είχε κατακλύσει την Αίγυπτο, καθώς υπήρξαν παρόμοια, τεκμηριωμένα στις πηγές, φαινόμενα στη Δέκατη Έκτη Δυναστεία –η εισβολή των Υξώς– και αργότερα το 1200, 1100 και 1000 π.Χ., με την επέλαση των Λαών της Θάλασσας, που ήταν οργανωμένοι σ' ένα είδος χαλαρής συνομοσπονδίας. Ο Petrie έκλεινε το άρθρο του με μια προκλητική δήλωση: «Έχουμε στριμώξει τον αβέβαιο και αναπόδεικτο χώρο της Ιστορίας πριν από το 2000 π.Χ. και δείξαμε κάποιους λόγους που μας κάνουν να πιστεύουμε ότι οι απαρχές του ευρωπαϊκού πολιτισμού χρονολογούνται πριν από το 2500 π.Χ.»[26] Κατόπιν, ο Petrie προώθησε τη θεωρία ότι οι αιγαιακοί πολιτισμοί είχαν ευρωπαϊκές ρίζες, είχαν εισβάλει στην Αίγυπτο σε ορισμένες μεταβατικές περιόδους, επηρεάζοντας την αιγυπτιακή τέχνη, και ότι έπρεπε να υπάρχει ένας πρόγονος εξίσου πλούσιος με τη μυκηναϊκή περίοδο που έμενε να αποκαλυφτεί στην Ελλάδα. Μια επιπλέον παρότρυνση ήρθε το 1892, όταν δήλωσε για τους Μυκηναίους: «Αρχίζουμε να βλέπουμε ένα μεγάλο παρελθόν να υψώνεται μπροστά μας, θαμπό, αλλά γεμάτο νόημα».[27]

Ο Flinders Petrie διορίστηκε καθηγητής της Αιγυπτιολογίας στο University College στο Λονδίνο το 1893, και μέσω της στενής σχέσης του με το Ashmolean επηρέασε έντονα τον Έβανς, έναν μελετητή που βρήκε την πρόκλησή του πολύ ελκυστική και ανταποκρίθηκε ανάλογα.

Τον ίδιο καιρό, ένας ψηλός, εντυπωσιακός και με πολύ ζήλο νεαρός παρουσιάστηκε στο New College της Οξφόρδης. Ο John Lindon Myres γεννήθηκε στο Preston το 1869, μελέτησε τους κλασικούς, αλλά τα ενδιαφέροντά του στο Winchester όπου φοίτησε συνδύαζαν τη χημεία, τη φυσική και τη γεωλογία. Είχε, επίσης, αναλάβει την επίβλεψη της συλλογής απολιθωμάτων και αρχαίων αντικειμένων της Σχολής, κυρίως όσων προέρχονταν από την

Κύπρο. Ο Myres παρουσιάστηκε στην Οξφόρδη το 1888 και αρχικά δεν εντυπωσιάστηκε από τους καθηγητές του, διατήρησε όμως τα επιστημονικά του ενδιαφέροντα δουλεύοντας στο Μουσείο του Πανεπιστημίου. Η πρώτη του επίσκεψη στην Ελλάδα, το 1891, ήταν η κρίσιμη καμπή στη ζωή του και η αιτία γνωριμίας του με τον Έβανς. Το ταξίδι του ξεκίνησε από τη Μασσαλία με μια ελληνική τορπιλάκατο, πέρασε από την Πελοπόννησο και μετά μια σειρά από περιπέτειες έφτασε στην Αθήνα, όπου έμεινε στη Βρετανική Αρχαιολογική Σχολή. Το ταξίδι τού έδειξε ότι μπορούσε να τοποθετήσει τις ιστορίες που είχε διαβάσει σε έναν πραγματικό τόπο· ότι η Ελλάδα ήταν «μια πραγματική χώρα, εξαιρετικά συγκροτημένη, με έναν λαό ο οποίος διατηρούσε ακόμη πολλές από τις αρχαίες συνήθειες και αντιλήψεις του».[28] Ο Myres επέστρεψε στην Οξφόρδη το φθινόπωρο, διψώντας να γνωρίσει το ελληνικό παρελθόν. Μαζί με τον David Hogarth, ο οποίος έδινε διαλέξεις για την προϊστορική Ελλάδα, ο Myres ξεκίνησε μια έρευνα για τις «Ανατολικές επιδράσεις στην προϊστορική Ελλάδα». Τον επόμενο χρόνο πήρε άριστα στις τελικές εξετάσεις και κέρδισε την υποτροφία Burdett-Coutts στη Γεωλογία στο Magdalen και θέση μεταπτυχιακού υποτρόφου στο Craven. Οι απαιτήσεις αυτής της θέσης ήταν να ταξιδεύει και να μελετά στο εξωτερικό, και η συγκυρία ήταν ιδανική. Ο Myres είχε γνωριστεί με τον Flinders Petrie, ο οποίος του έδειξε τα αιγαιακά αντικείμενα από την Καχούν και όταν ο Myres ρώτησε γιατί ο μεγάλος αιγυπτιολόγος υπέθετε πως ήταν αιγαιακά, η προφητική απάντηση ήταν να πάει στο Αιγαίο και να βρει και άλλα![29]

❖

Στις 22 Σεπτεμβρίου του 1890, πέθανε η Fanny Phelps, η μητριά του Άρθουρ. Ο Τζων Έβανς, χήρος για δεύτερη φορά, στα εξήντα επτά του, έδειχνε απαρηγόρητος. Ο Άρθουρ προσφέρθηκε να γυρίσει στο πατρικό σπίτι στο Nash Mills, αλλά ο πατέρας του, με τη σοφία και την καχυποψία του μυθικού Κρόνου, αρνήθηκε ευγενικά αυτό που θεώρησε ως προσφορά ανάληψης της περιουσίας του και της θέσης του στην κεφαλή της οικογένειας. Υπήρχε, επίσης, το ζήτημα της Margaret και της υπεροπτικής της συμπεριφοράς απέναντι στο προσωπικό του Nash Mills, όπου η ανάμιξή της στο νοικοκυριό κάποια στιγμή ήταν τόσο καταπιεστική που όταν έφυγε, όπως αργότερα ανέφερε η Τζόαν Έβανς, ο μπάτλερ το γιόρτασε «παίζοντας μουσική, χτυπώντας με ένα σκουπόξυλο τα καμπανάκια που βρίσκονταν στον διάδρομο της κουζίνας και αντιστοιχούσαν το καθένα σε ένα δωμάτιο».[30]

Η ζωή στην Οξφόρδη είχε κουράσει τον Άρθουρ και ανακοίνωσε πως σκόπευε να φύγει από το Ashmolean, όπου ένιωθε πως είχε κλείσει πια τον κύκλο του. Ανησυχούσε πως το υγρό κλίμα ήταν η αιτία της νέας επιδείνωσης της υγείας της Margaret στα τέλη του 1890. Οι ειδικοί διέγνωσαν φυματίωση, αλλά ο Έβανς, ο οποίος, όπως θυμόταν η ετεροθαλής αδελφή του, «περιφρονούσε ως Βικτωριανός τα μικρόβια», ήταν πεπεισμένος ότι ο καθαρός αέρας και η λιακάδα της Μεσογείου θα ήταν η ιδανική θεραπεία. Έτσι την πήγε στο Torre del Greco στην Ιταλία, και από κει ακόμα πιο νότια στην Ταορμίνα της Σικελίας για τον χειμώνα.

Κοντά στην περιοχή όπου πήγε ο Άρθουρ τη Margaret για να παρατείνει τη ζωή της, τέλειωσε απρόβλεπτα και οδυνηρά η ζωή του Ερρίκου Σλήμαν. Ο Σλήμαν παραπονιόταν για περιοδική κωφότητα στο αριστερό του αυτί και ζήτησε τη συμβουλή ενός χειρουργού στη Halle της Γερμανίας. Χειρουργήθηκε στα μέσα Νοεμβρίου του 1890 και μετά έναν μήνα προβληματικής ανάρρωσης πήγε στο Βερολίνο. Εκεί συνάντησε τον παλιό του φίλο δόκτορα Rudolf Virchow, στον οποίο ανακοίνωσε τον νέο αρχαιολογικό του προορισμό, τα Κανάρια Νησιά. Ωστόσο, η εγχείρηση στο αυτί δεν είχε πετύχει. Ο Σλήμαν πήγε στο Παρίσι, αλλά ήδη είχαν παρουσιαστεί επιπλοκές. Έτσι, το σχέδιό του αναβλήθηκε και αποφάσισε να πάει στο σπίτι του στην Αθήνα. Μέχρι να φτάσει στη Νάπολη, από όπου σχεδίαζε να πάρει πλοίο για τον Πειραιά, η μόλυνση στο αυτί του επεκτάθηκε στον εγκέφαλο. Ο Σλήμαν έμεινε στη Νάπολη για ιατρική παρακολούθηση, αλλά, ενώ έκανε περίπατο ανήμερα τα Χριστούγεννα, λιποθύμησε στον δρόμο. Ήταν μόνος και άγνωστος στους διαβάτες που σταμάτησαν να τον βοηθήσουν. Πέθανε την επόμενη μέρα.[31]

Ο Άρθουρ και η Margaret διάβασαν για το τέλος του μεγάλου εξερευνητή με ανάμικτα αισθήματα. Από τη μια, ήταν ο άνθρωπος, συνομήλικος με τους πατέρες τους, ο οποίος είχε ζήσει μια ζωή γεμάτη περιπέτειες, από τον πυρετό του Χρυσού στην Καλιφόρνια μέχρι το ναυάγιο στα ολλανδικά παράλια και την περιπέτεια στον Παναμά· είχε κερδίσει αμύθητα πλούτη από το εμπόριο λουλακιού στη Ρωσία και από τη μαύρη αγορά στον Κριμαϊκό πόλεμο και μιλούσε τουλάχιστον δεκαπέντε γλώσσες, αρχαίες και σύγχρονες. Από την άλλη, θα έμενε άγνωστος αν δεν είχε διαλέξει έναν διαφορετικό δρόμο στη μέση της ζωής του. Σε ηλικία σαράντα επτά ετών, ο Σλήμαν αποφάσισε να αποδείξει την πραγματικότητα που υπαινίσσονταν μερικές από τις παλαιότερες ανθρώπινες ιστορίες και είχε καταφέρει να πείσει έναν δύσπιστο κόσμο για τις πεποιθήσεις του. Διάβασαν για τη θριαμβευτική επιστροφή της σορού του ήρωα στη δεύτερη πατρίδα του, την Ελλάδα, και ίσως να θυμήθηκαν τον Θησέα, τα οστά του οποίου μεταφέρθηκαν στην Αθήνα τον πέμπτο αιώνα π.Χ. Διάβασαν και για τη δημοσία δαπάνη κηδεία που έγινε για τον Γερμανό που είχε δείξει στους σύγχρονους Έλληνες το ομηρικό παρελθόν τους, σε μια εποχή που χρειάζονταν περισσότερο από οτιδήποτε άλλο να τους θυμίζουν ηρωικές πράξεις. Εκφωνήθηκαν λόγοι στους συγκεντρωμένους πενθούντες στο σαλόνι του μεγάρου του Σλήμαν, όπου εκτίθετο η σορός ανάμεσα σε αντίτυπα της *Ιλιάδας* και της *Οδύσσειας*, ενώ μια προτομή του Ομήρου επέβλεπε την παρέλαση αυτών που υπέβαλλαν τα συλλυπητήριά τους, από την ελληνική βασιλική οικογένεια, την κυβέρνηση, την Ακαδημία και τις αρχαιολογικές υπηρεσίες και εταιρείες. Η κηδεία του Σλήμαν, στις 4 Ιανουαρίου, κατέληξε στην τελευταία του κατοικία, στο υψηλότερο σημείο του Α΄ Νεκροταφείου, του παλαιότερου κοιμητηρίου της Αθήνας, με θέα στον Παρθενώνα. Εκεί, έγραφαν οι εφημερίδες, ως τελευταίο ενθύμιο στους συγκεντρωμένους πενθούντες, «ο γκριζομάλλης Νέστωρ της νεοελληνικής λογοτεχνίας, ο Αλ. Ραγκαβής, απήγγειλε μερικούς αποχαιρετιστήριους στίχους ... στο μέτρο που τόσο αγαπούσε ο εκλιπών, το ομηρικό εξάμετρο, αποπνέοντας πίστη στην ιστορική πραγματικότητα του ομηρικού κόσμου, ανάλογη με αυτήν του Σλήμαν».[32] Ο Έβανς ίσως να διασκέδασε με την πομπώδη τελετουργία προς τιμήν του ερασιτέχνη αρχαιολόγου, άρχισε, όμως, επίσης να συνειδητοποιεί το σημαντικό πεδίο που είχε ανοίξει ο

Σλήμαν και τον τεράστιο όγκο αρχαιολογικής δουλειάς που είχε αφήσει ημιτελή.

Τον Ιούνιο του 1891, ο Άρθουρ γύρισε στην Οξφόρδη ανανεωμένος και προφανώς λιγότερο αποφασισμένος να εγκαταλείψει το Ashmolean. Από τότε που ήταν φοιτητής, του άρεσε ένα μέρος στο Boars Hill, δυτικά της πόλης, όπου η θέα ήταν άπλετη προς όλες τις κατευθύνσεις και ο απογευματινός ήλιος έδινε στις μακρινές μυτερές σκεπές των κολεγίων μαγική λάμψη. Στο βορινό άκρο του λόφου υπήρχε μια δασωμένη κοιλότητα, βαλανιδιές στα ανατολικά και πεύκα στα βόρεια και νοτιοανατολικά. Τώρα, είκοσι χρόνια μετά, ο Έβανς αποφάσισε να ζήσει εκεί. Τον Σεπτέμβριο, βολιδοσκοπούσε την αγορά ενός κτήματος 240 στρεμμάτων, που ο πατέρας του, ο οποίος θα του έδινε τα χρήματα, βρήκε «υπερβολικά ακριβό» και «υπερβολικά εκτεταμένο», όπου σχεδίασε ένα σπίτι που ήταν «υπερβολικά μεγάλο». Το σχέδιο του Έβανς αναβλήθηκε αλλά δεν εγκαταλείφθηκε, όσο ήταν απασχολημένος με τις μηχανορραφίες των επιτροπών της Οξφόρδης και τα βάσανα της υγείας της Margaret. Για χάρη της, πέρασαν τον χειμώνα στην Bordighera και τις αρχές της άνοιξης στο Alassio, δύο θέρετρα της μόδας στην ιταλική Ριβιέρα.

Ο κρητικός Λαβύρινθος

Στις 3 Φεβρουαρίου του 1892, ο Έβανς άφησε τη Margaret και πήγε στη Ρώμη να συναντήσει τον άνθρωπο που θα τον οδηγούσε μέσα στον κρητικό Λαβύρινθο. Ο Federico Halbherr ήταν «ένας Ιταλός από τις Άλπεις, ισχνός και νευρώδης, ασκητικός και ευσεβής. Οι απλοί και φιλικοί τρόποι του, η ανιδιοτελής αγάπη για τη δουλειά του και ο ενθουσιασμός του για τα ταξίδια τον έκαναν αμέσως ευχάριστο φίλο».[33] Το όνομα του Halbherr είχε ταυτιστεί με την αρχαία ιστορία της Κρήτης, μέσω των πρόσφατων ανακαλύψεών του, που έλαβαν μεγάλη δημοσιότητα από το 1884. Οι Βρετανοί διανοούμενοι είχαν παρακολουθήσει την πρόοδό του από τις ενθουσιώδεις ανταποκρίσεις του Joseph Hirst στο *Athenaeum* και, πιο πρόσφατα, από τους λεπτομερείς απολογισμούς του ίδιου του Halbherr, το 1888 και το 1890. Είχε, επίσης, αρχίσει να συνοψίζει τα ταξίδια του στην Κρήτη σε μια σειρά από σύντομα περιγραφικά σημειώματα στο *Antiquary* τον περασμένο Νοέμβριο. Ο Έβανς ήθελε να μάθει περισσότερα για το νησί που ήταν κέντρο τόσο των αρχαίων μύθων όπου πρωταγωνιστούν ήρωες που συγκρούονταν με τον σκληρό μονάρχη τους, όσο και των σύγχρονων ανταποκρίσεων για πράξεις ανδρείας κατά του απάνθρωπου καθεστώτος της Αυτού Αυτοκρατορικής Μεγαλειότητος Αβδούλ Χαμίτ, σουλτάνου της Οθωμανικής Αυτοκρατορίας. Ο Halbherr ήξερε και τα δύο πολύ καλά και ενημέρωσε εκτενώς τον Έβανς.

Ο Ολλανδός φιλόλογος Karl Hoeck είχε συγκεντρώσει αρχαίες φιλολογικές πηγές για την Κρήτη, από τα πρωιμότερα ελληνικά ποιήματα μέχρι τους Ρωμαίους συγγραφείς, σε τρεις τόμους με τον τίτλο *Kreta*, οι οποίοι εκδόθηκαν από το 1823 ως το 1829. Ήταν η πρώτη σύγχρονη έκθεση για ένα νησί που δεν είχε επισκεφτεί ποτέ ο συγγραφέας.[34] Ο δεύτερος τόμος, *Das Minoische Kreta*, αναφερόταν στους μύθους και στις πιο πρώιμες αξιόπιστες πηγές, αρχίζοντας με τους αρχαίους Έλληνες ιστορικούς. Ο Ηρόδοτος, στις *Ιστορίες* του, διηγήθηκε πώς ο βασιλιάς Μίνωας και μια ομάδα Κρητών καταδίωξαν τον Δαίδαλο στη Σικελία και ο Θουκυδίδης, στον πρόλογό του στην *Ιστορία του Πελοποννησιακού Πολέμου*, αφηγήθηκε πώς ο βασιλιάς Μίνωας ήταν ο πρώτος που απάλλαξε το Αιγαίο από τους πειρατές, για να «εξουσιάσει τα κύματα», δηλαδή να γίνει θαλασσοκράτορας, χάρη σε ένα πανίσχυρο ναυτικό. Αλλά το 1846 ο George Grote, στο έργο του *History of Greece*, ήταν ανένδοτος για τη μικρή αξία αυτών των διηγήσεων σχετικά με την Κρήτη για τους ιστορικούς: απέρριψε την αφήγηση του Θουκυδίδη για τη θαλασσοκρατορία του Μίνωα ως εικασία «που απορρέει αναλογικά από την αθηναϊκή ναυτική κυριαρχία των ιστορικών χρόνων, η οποία υποκαθίσταται από τα μυθικά επεισόδια που σχετίζονται με το όνομα του Μίνωα».[35]

Κατόπιν, ο εντοπισμός της Τροίας από τον Σλήμαν στο Χισαρλίκ, και ιδιαίτερα οι ανακαλύψεις του στις Μυκήνες, συνέβαλαν πολύ στην αλλαγή της κατανόησης της αρχαίας ιστορίας της Ελλάδας, ώστε ακόμη και τα ομηρικά έπη να διαβάζονται, αν και με επιφύλαξη, σαν Ιστορία. Για τον Έβανς και τον Halbherr, η Κρήτη διείσδυσε χωρίς αμφιβολία στη γραπτή ιστορία μέσω των έργων του Ηρόδοτου και του Θουκυδίδη, τον πέμπτο αιώνα π.Χ. Έναν αιώνα αργότερα, ο Αθηναίος φιλόσοφος Πλάτων θαύμαζε τους αρχαίους θεσμούς της στους *Νόμους* του και ο Αριστοτέλης στα *Πολιτικά* του θυμόταν ότι το σύγχρονό του ταξικό σύστημα στην Κρήτη βασιζόταν σε εκείνο που είχε εισαγάγει ο Μίνωας. Τουλάχιστον για τους φιλόσοφους, ο Μίνωας ήταν ιστορική φυσιογνωμία και μεγάλος νομοθέτης. Στον καιρό τους, ωστόσο, η Κρήτη δεν ήταν ενωμένη αλλά χωρισμένη σε πόλεις κράτη, που σχημάτιζαν συνασπισμούς. Συχνά, ξεσπούσαν εμφύλιοι πόλεμοι μεταξύ τους, μέχρι την υποταγή τους στους Ρωμαίους το 67 π.Χ. Οι νέοι κυρίαρχοι ίδρυσαν πρωτεύουσα για την ενιαία επαρχία Κρήτης και Κυρηναϊκής (Λιβύη) στη Γόρτυνα, στην περιοχή της Μεσαράς, της μεγαλύτερης και πιο εύφορης πεδιάδας του νησιού, στο κεντρικό τμήμα της νότιας ακτής. Ήξεραν ότι οι φυλές της ερήμου της Βόρειας Αφρικής δεν θα διέσχιζαν τη θάλασσα για να επιτεθούν στα διοικητικά κτήρια και στους ναούς τους. Στο κεντρικό τμήμα της βόρειας ακτής της Κρήτης, οι Ρωμαίοι έκτισαν ένα λιμάνι που το ονόμασαν Heracleium, αρχίζοντας τη μακρά και πολυτάραχη ιστορία της πόλης που έγινε επίσημα γνωστή από το 1898 ως Ηράκλειο, το κυριότερο λιμάνι του νησιού στο Αιγαίο και για το εμπόριο με τον βορρά.

Οι ρωμαϊκές μεταρρυθμίσεις τον τρίτο αιώνα μ.Χ. χώρισαν την Κυρηναϊκή από την Κρήτη, η οποία περιήλθε στην Ανατολική Ρωμαϊκή Αυτοκρατορία, όταν ο Μέγας Κωνσταντίνος θεμελίωσε την πρωτεύουσά του στην αρχαία ελληνική πόλη Βυζάντιο. Ο Κωνσταντίνος προσηλυτίστηκε στον χριστιανισμό το 312 και η νέα πόλη του έγινε βαθμιαία το θρησκευτικό και πολιτικό κέντρο της Βυζαντινής Αυτοκρατορίας.

Η Κρήτη παρέμεινε υπό την κυριαρχία των Βυζαντινών μέχρι το 823, όταν οι Σαρακηνοί, Μουσουλμάνοι πειρατές που πήραν το όνομά τους από μια φυλή που καταγόταν από τη χερσόνησο του Σινά, εισέβαλαν στο νησί και κατέλαβαν το Heracleium. Το μετονόμασαν σε Καντάκ, από την αραβική λέξη για τη μεγάλη τάφρο που έσκαψαν γύρω από την πόλη για προστασία. Πάνω από έναν αιώνα ο Χάνδαξ, όπως έγινε γνωστός, υπήρξε μια από τις πιο ακμάζουσες αγορές δούλων στη Μεσόγειο, ωσότου ο Νικηφόρος Φωκάς επανέκτησε την Κρήτη για το Βυζάντιο το 960. Κατόπιν, έμποροι από τη Βενετία τον αγόρασαν από τον Βονιφάτιο τον Μομφερατικό,* στον οποίον είχε παραχωρηθεί μετά την κατάκτηση του Βυζαντίου από τους Λατίνους κατά την Δ΄ Σταυροφορία το 1204, και αποκάλεσαν το νησί Κάντια.

Η Δημοκρατία της Βενετίας κυβέρνησε την Κρήτη για περισσότερο από τέσσερις αιώνες πολιτιστικού διαφωτισμού. Οι Βενετοί ευνόησαν τη δημιουργία καλλιτεχνικών σχολών (μέσα σε αυτό το κλίμα παρακινήθηκε ο ζωγράφος Δομήνικος Θεοτοκόπουλος, γνωστός ως Ελ Γκρέκο, να συνεχίσει τις σπουδές του στη Βενετία) και έκτισαν τεράστια φρούρια, κρήνες και άλλα δημόσια έργα που αντανακλούν την υλική ευημερία, αλλά, όπως πάντα, με υψηλό τίμημα. Τα έσοδα προέρχονταν από ένα καταπιεστικό σύστημα φορολογίας και καταναγκαστικής εργασίας. Ξεσπούσαν συχνές εξεγέρσεις, όχι μόνο από τους ντόπιους εναντίον των κατακτητών τους, αλλά και από τους Βενετούς αποικιστές εναντίον της Δημοκρατίας. Οι Κρήτες απευθύνθηκαν στον ανταγωνιστή της Δημοκρατίας, τη Γένοβα, για να τους σώσει από τη βενετική κυριαρχία, αλλά χωρίς επιτυχία. Κατόπιν, έστρεψαν ελπιδοφόρο βλέμμα προς την Ανατολή και ζήτησαν βοήθεια

---

* Ο Βονιφάτιος ο Μομφερατικός ήταν σημαντικός εκπρόσωπος του φεουδαρχικού οίκου του Μομφεράτου της Άνω Ιταλίας και ένας από τους κυριότερους παράγοντες της Δ΄ Σταυροφορίας (1204), ο οποίος αναδείχτηκε βασιλιάς του φραγκικού βασιλείου της Θεσσαλονίκης. (Σ.τ.Ε.)

από τους Τούρκους, αλλά οι Οθωμανοί είχαν τα δικά τους προβλήματα. Μετά τον θάνατο του Σουλεϊμάν του Μεγαλοπρεπούς το 1566, γνωστού προστάτη των τεχνών, με κατακτήσεις στην Ευρώπη και τη Βόρεια Αφρική, οι Οθωμανοί υπέστησαν στρατιωτικές ήττες καθώς και εσωτερικές, κοινωνικές, πολιτικές και οικονομικές διαμάχες, μέχρι τη δυναμική διακυβέρνηση του Μουράτ Δ', ο οποίος από το 1623 έως το 1640 έδωσε νέα επεκτατική ορμή.

Οι αναζωογονημένοι Οθωμανοί ανταποκρίθηκαν στην επίκληση των Κρητών, οι οποίοι και πέτυχαν περισσότερα από όσα παζάρευαν: εκατό πολεμικά πλοία με πενήντα χιλιάδες Οθωμανούς στρατιώτες έφτασαν το 1645, ξεκινώντας τον πόλεμο με τη Βενετία. Οι Οθωμανοί κατέλαβαν τα Κάνια (τα σημερινά Χανιά), ένα οχυρωμένο λιμάνι στη βορειοδυτική ακτή, και κατόπιν προχώρησαν ανατολικά στο επόμενο παραθαλάσσιο οχυρό, το Ρέθυμνο, το 1646. Δύο χρόνια αργότερα, έφτασαν στο κεντρικό τμήμα του νησιού, έστησαν το κανόνι τους στην κορυφή του ψηλότερου λόφου νότια της Κάντια, που ως εκ τούτου ονομάστηκε Φορτέτσα. Για είκοσι ένα φοβερά χρόνια, ο τρόμος βασίλευε πάνω από την πόλη. Οι Βενετοί πολέμησαν σκληρά για την τελευταία τους κτήση στην Ανατολική Μεσόγειο. Έστειλαν στόλο εναντίον της Κωνσταντινούπολης, αλλά η Αυτοκρατορία θριάμβευσε επί της Γαληνοτάτης Δημοκρατίας. Τον Σεπτέμβριο του 1669, η Κάντια παραδόθηκε στους Τούρκους.

Οι Κρήτες ήταν τώρα υπήκοοι της Υψηλής Πύλης, του κέντρου της οθωμανικής κυβέρνησης (από τη γαλλική μετάφραση του τουρκικού *bâbiâli*, επίσημου ονόματος της μεγάλης πύλης στην Κωνσταντινούπολη που οδηγούσε στο συγκρότημα των κτηρίων όπου στεγάζονταν τα υπουργεία). Στην αρχή, η οθωμανική κατάκτηση βόλεψε τους νησιώτες: η καταναγκαστική εργασία καταργήθηκε και περισσότερο από το ένα τέταρτο του πληθυσμού προσηλυτίστηκαν στον ισλαμισμό. Η Κρήτη έγινε ξακουστή για το μέλι, το κερί, τα αμύγδαλα, τα κάστανα, τις σταφίδες και το κρασί της, καθώς και για τα διάφορα υφάσματα από μαλλί, βαμβάκι, λινάρι και μετάξι. Όμως, καθώς η Αυτοκρατορία άρχισε να φθίνει στα τέλη του δέκατου όγδοου αιώνα, η Κρήτη, όπως και άλλα απομακρυσμένα μέρη, υπέφερε από σκληρούς κυβερνήτες και αυξανόμενη φορολογία. Η πρώτη μεγάλη εξέγερση ξέσπασε το 1770, με αρχηγούς τους σκληροτράχηλους Σφακιανούς, αλλά κατεστάλη. Ξανά το 1821, οι κάτοικοι των Σφακίων εξεγέρθηκαν εναντίον των Τούρκων, όταν η Επανάσταση στην Κεντρική Ελλάδα, η οποία οδήγησε στη δημιουργία του ανεξάρτητου ελληνικού βασιλείου, διέγειρε τα εθνικά αισθήματα στους Έλληνες Κρήτες. Ενωμένοι με τους Έλληνες της ηπειρωτικής Ελλάδας με τη γλώσσα, την Ορθοδοξία και το αίσθημα, πήραν στον έλεγχό τους την ύπαιθρο, περιορίζοντας τους Μουσουλμάνους στις πόλεις. Ο Σουλτάνος ζήτησε τη βοήθεια του Μεχμέτ Αλή της Αιγύπτου για να καθυποτάξουν το νησί το 1824.

Η Γαλλία, η Μεγάλη Βρετανία και η Ρωσία, γνωστές τότε ως Μεγάλες Δυνάμεις, συμφώνησαν με το Πρωτόκολλο του Λονδίνου, το 1830, να γίνει η Ελλάδα ανεξάρτητο βασίλειο, όμως να είναι μικρό για να το εξουσιάζουν ευκολότερα. Έτσι, όταν η Ελλάδα κέρδισε την ανεξαρτησία της το 1832, η Κρήτη εκχωρήθηκε στην Αίγυπτο. Ο Μεχμέτ Αλή όρισε ως πολιτικό διοικητή τον Μουσταφά,* και το νησί γνώρισε μια σπάνια περίοδο πολιτισμένης υπακοής. Ο Μουσταφά ενθάρρυνε τη γεωργία, βελτιώνοντας τους δρόμους και ενισχύοντας την ασφάλεια στις απομονωμένες περιοχές. Ανέθεσε σε αστυνομική δύναμη από Αλβανούς τη διατήρηση της τάξης και την πάταξη της ληστείας. Ακόμα κι όταν η Κρήτη επιστράφηκε στην Τουρκία, το 1840, ο Μουσταφά διατήρησε την εξουσία του μέχρι το 1852. Τότε, διορίστηκε στην Κωνσταντινούπολη Μεγάλος Βεζίρης – δεύτερη θέση στην ιεραρχία της εξουσίας μετά τον σουλτάνο, που του παρείχε το δικαίωμα να απαιτεί απόλυτη υπακοή. Η συγκαταβατικότητα είχε χαθεί από τους Χριστιανούς Κρήτες, που διεκδικούσαν ίσα δικαιώματα και προνόμια με τους Μουσουλμάνους του νησιού. Αυτά παρασχέθηκαν με αυτοκρατορικό διάταγμα, υπό τον όρο να παραδώσουν τα όπλα τους. Αλλά, μέχρι το 1864, τα υπεσχημένα δεν είχαν ακόμα πραγματοποιηθεί και η συνέλευση των Χριστιανών έστειλε τα αιτήματά της στον Σουλτάνο. Σε απάντηση, εκείνος διέταξε τους Κρήτες να δείχνουν απόλυτη υπακοή στις Αρχές, προκαλώντας μεγαλύτερη ένταση μέχρι τον Μάιο του 1866, όταν η πρώτη παγκρήτια συνέλευση συνήλθε και συνέταξε νέα έκκληση προς τον Σουλτάνο, διαμαρτυρόμενη για τους συνεχώς αυξανόμενους φόρους. Και πάλι, η απάντηση της Πύλης ήταν εχθρική, κι έτσι η συνέλευση που συγκλήθηκε τον Αύγουστο κάλεσε τον λαό να επαναστατήσει εναντίον των Τούρκων και απαίτησε ένωση με την Ελλάδα. Περισσότερα τουρκικά στρατεύματα έφτασαν τον Σεπτέμβριο

---

* Ο Μουσταφά Ναϊλή Πασάς ήταν αλβανικής καταγωγής. Έλαβε το προσωνύμιο «Γκιριτλής», δηλαδή Κρητικός. (Σ.τ.Ε.)

στην Κρήτη και για δύο χρόνια σάρωσαν το νησί, πλήττοντας σοβαρά επαναστάτες και φιλήσυχους πολίτες. Η επανάσταση πνίγηκε στο αίμα, αλλά η Πύλη υποχρεώθηκε να θεσπίσει τον Οργανικό Νόμο του 1868, που υποσχόταν δικαιώματα στους ντόπιους. Προέβλεπε τη δημιουργία γενικού συμβουλίου, εκλεγμένου από τον λαό. Ουσιαστικά, επρόκειτο για τὴν πρώτη συνταγματική κυβέρνηση στη σύγχρονη ιστορία του νησιού. Αλλά τα προνόμια ήθελαν χρόνο για να υλοποιηθούν. Ακολούθησε μια δεκαετία αναταραχής, μέχρι που η Αυστρία συγκάλεσε το Συνέδριο του Βερολίνου, τον Ιούνιο του 1878, στο τέλος του Ρωσο-Τουρκικού πολέμου.

Δύο μορφές κυριάρχησαν στο Συνέδριο του Βερολίνου: ο καγκελάριος της Πρωσίας Βίσμαρκ, ο οποίος ικανοποίησε την Αυστρο-Ουγγαρία, επιτρέποντάς της να καταλάβει τη Βοσνία και την Ερζεγοβίνη, κι έτσι να αυξήσει την επιρροή της στα Βαλκάνια, και ο υπουργός των Εξωτερικών της Βρετανίας λόρδος Salisbury, ο οποίος εξυπηρέτησε το συμφέρον της χώρας του και εξασφάλισε την κατοχή της Κύπρου, δεν επέτρεψε στη Ρωσία να αυξήσει τη ναυτική της δύναμη και διατήρησε την Οθωμανική Αυτοκρατορία ως ευρωπαϊκή δύναμη (αν και είχε χάσει πολλές από τις ευρωπαϊκές περιοχές της), τακτική που δυσαρέστησε τους Βρετανούς φιλέλληνες. Η Ελλάδα δεν κλήθηκε επίσημα να λάβει μέρος, αλλά ο Σουλτάνος πείστηκε να αρχίσει ξανά διάλογο με τον βασιλιά των Ελλήνων, Γεώργιο Α΄. Η Κρήτη θα παρέμενε στην τουρκική κυριαρχία, αλλά η Υψηλή Πύλη ανέλαβε να ενισχύσει τον Οργανικό Νόμο του 1868. Μετά από διαπραγματεύσεις, μια νέα σύμβαση υπογράφηκε στις 25 Οκτωβρίου στη Χαλέπα, προάστιο των Χανίων, της νέας πρωτεύουσας της

Κρήτης. Μετά από εκλογές σχηματίστηκε Κρητική Συνέλευση με σαράντα εννέα Χριστιανούς και τριάντα ένα Μουσουλμάνους αντιπροσώπους. Ο Γιάννης Φωτιάδης, Έλληνας Χριστιανός, διορίστηκε βαλής του νησιού.

Η Σύμβαση της Χαλέπας έδινε επίσης νέα σημαντικά προνόμια στους ντόπιους. Το άρθρο XV όριζε: «Επιτρέπεται στους κατοίκους του νησιού να ιδρύουν φιλολογικές εταιρείες, τυπογραφεία και να εκδίδουν εφημερίδες σύμφωνα με τους νόμους και τους κανονισμούς της Αυτοκρατορίας». Ο Φιλεκπαιδευτικός Σύλλογος, μια ελληνική, φιλολογική και επιστημονική ομάδα που είχε ιδρυθεί στην Κάντια το 1875, κατά το πρότυπο του πασίγνωστου «εν Κωνσταντινουπόλει Ελληνικού Φιλολογικού Συλλόγου», έγινε νομικό πρόσωπο με αυτοκρατορικό διάταγμα, και από το 1879 εξέλεγε τον πρόεδρό του κάθε χρόνο. Τους γιατρούς Σφακιανάκο και Ζαφειρίδη διαδέχτηκαν ο διευθυντής του Γυμνασίου της Κάντια καθηγητής Μιχελίδης και ο Επίσκοπος Χερσονήσου Διονύσιος, ο οποίος πρωτοστάτησε στη δημιουργία βιβλιοθήκης και οργάνωσε διαλέξεις για την ενίσχυση του μορφωτικού επιπέδου των Κρητών με ελληνική καταγωγή. Ο Σύλλογος, όπως έγινε γνωστός, πολύ σύντομα έθεσε δύο μείζονες στόχους: την προαγωγή της χριστιανικής ελληνικής εκπαίδευσης στην Κρήτη και τον αγώνα για ένωση με την Ελλάδα.[36]

Το 1883, έγινε πρόεδρος ο ιατρο-φιλόλογος Ιωσήφ Χατζιδάκις, που είχε πρωτοέρθει στην Κρήτη δύο χρόνια νωρίτερα και του είχαν κινήσει το ενδιαφέρον οι αρχαιότητες του νησιού.[37] Κατάλαβε την ανάγκη για ισχυρή και σταθερή εξουσία και χρησιμοποίησε το κύρος του για να στρέψει τον Σύλλογο από τις ιδεαλιστικές του καταβολές σε πρακτικές υπηρεσίες. Ο Χατζιδάκις γεννήθηκε στη

Μήλο, σπούδασε στην Αθήνα και τη Γερμανία και, όπως κάθε Ευρωπαίος διανοούμενος, μιλούσε και θαυμάσια γαλλικά. Έγινε ένθερμος υποστηρικτής του κρητο-ελληνικού εθνικισμού.

Εκείνο τον καιρό, όλες οι αξιόλογες αρχαιότητες που ανακαλύπτονταν στην Κρήτη μπορούσαν κατ' απαίτηση των Τούρκων να σταλούν στο Αυτοκρατορικό Μουσείο στην Κωνσταντινούπολη, καθώς το νησί ήταν υποκείμενο στους νόμους της Πύλης. Ο Χατζιδάκις και ο Σύλλογος ανέλαβαν να ενισχύσουν την επιθυμία της πλειονοψηφίας των Ελλήνων Χριστιανών στην Κρητική Συνέλευση, οι οποίοι πίστευαν ότι το ασφαλέστερο μέρος για τα αρχαία μνημεία του νησιού ήταν στον κόρφο της «μητέρας γης», μέχρι να έρθει ο καιρός να φύγουν από το νησί τα τουρκικά στρατεύματα που βρίσκονταν σε φρούρια στα μεγαλύτερα λιμάνια, και, μαζί τους, να παραμεριστεί και ο κίνδυνος να λεηλατηθούν τα αντικείμενα. Ο Χατζιδάκις, κυρίως, ήταν αυτός που υποκίνησε την ίδρυση του πρώτου σύγχρονου μουσείου της Κρήτης, το οποίο ιδρύθηκε στην αρχή της προεδρίας του, υπό το άγρυπνο βλέμμα του χριστιανικού Θεού, σε ένα κτήριο στην αυλή της Μητρόπολης του Αγίου Μηνά στην Κάντια. Αυτή ήταν η πρώτη επίσημη προσπάθεια να προστατευθούν οι αρχαιότητες του νησιού από την εξαγωγή τους και να δημιουργηθεί ένα αρχαιολογικό μουσείο. Ο Χατζιδάκις, με εθνικιστικό πάθος, καθόρισε την πορεία της κρητικής αρχαιολογίας και τα κίνητρά του ήταν ξεκάθαρα: ο μουσουλμανικός πληθυσμός δεν είχε θέση στη νέα εκδοχή της αρχαίας ιστορίας που ο Σύλλογος είχε αρχίσει να γράφει. Οι ισχυρές ελληνο-χριστιανικές τάσεις του Συλλόγου επανήλθαν όταν κάποιοι προσπάθησαν να πυρπολήσουν το Μουσείο είκοσι χρόνια αργότερα, αλλά τότε ήταν πάρα πολύ αργά. Οι Οθωμανοί και ο πολιτισμός τους είχαν διαγραφεί με επιτυχία από τη διαδικασία επιλογής που οι ιστορικοί αναλαμβάνουν όταν διαλέγουν τα στοιχεία και εξυψώνουν τις σχετικές αξίες μιας περιόδου από μιαν άλλη.

Εκείνον τον καιρό, το κύριο σώμα των αρχαίων ελληνικών επιγραφών είχε εμπλουτιστεί με ευρήματα από την ηπειρωτική Ελλάδα. Έτσι, ο καθηγητής του Halbherr στη Ρώμη, ο σπουδαίος μελετητής των λατινικών Domenico Comparetti, τον έστειλε το 1884 να ψάξει στα ελληνικά νησιά και στην Κρήτη.[38] Τον προηγούμενο χρόνο, η Γαλλική Σχολή Αθηνών είχε στείλει τον Bertrand Haussoullier και οι Γερμανοί τον Ernst Fabricius για τον ίδιο λόγο. Ο Σύλλογος ανυπομονούσε να ενθαρρύνει το ενδιαφέρον των ξένων για το ελληνικό τους παρελθόν, αλλά ενδιαφερόταν εξίσου να ενισχυθούν οι κατευθυντήριες γραμμές για την προστασία των αρχαιοτήτων που είχαν τεθεί από την Κρητική Συνέλευση.

Σε πέντε μήνες, από τον Ιούνιο έως τον Οκτώβριο, ο Halbherr μάζεψε περισσότερες από 166 αδημοσίευτες επιγραφές. Στην αρχή, ήταν ικανοποιημένος να συλλέγει ενεπίγραφους λίθους που βρίσκονταν σκόρπιοι σε διάφορα μέρη και να ψάχνει στους τοίχους των πρόσφατων μνημείων για υλικό σε δεύτερη χρήση, αλλά συγκρούστηκε με φιλύποπτους κληρικούς, οι οποίοι φοβούνταν ότι θα έπρεπε να διαλύσουν τις εκκλησίες τους για τη δόξα του Συλλόγου και της αποστολής του. Αλλά ο Halbherr θυμήθηκε τον πλούτο των θαμμένων θησαυρών, όταν μια μέρα το άλογό του σκόνταψε σε ένα κομμάτι μάρμαρο που προεξείχε από τον δρόμο.[39] Όταν εξέτασε από πιο κοντά το εμπόδιο, ανακάλυψε ότι είχε επίπεδη επιφάνεια με γράμματα η οποία συνέχιζε μέσα στο χώμα. Λίγο αργότερα, κάποιος χωρικός του είπε ότι σε ένα αυλάκι που το χρησιμοποιούσαν για τον νερόμυλο στη Γόρτυνα κάποιος άλλος ξένος είχε μια φορά μαζέψει μεγάλες πέτρες με επιγραφές, σαν αυτές που ενδιέφεραν τον νεαρό Ιταλό. Ο Halbherr ακολούθησε τα στοιχεία και βρήκε φτάνοντας πως μπορούσε να επιθεωρήσει το αυλάκι, καθώς ο μύλος ήταν κλειστός για επισκευές και το νερό διοχετευόταν αλλού. Ο Γάλλος εξερευνητής Léon Thénon είχε περιγράψει αυτή τη θέση το 1868, από την οποία πήρε δύο ενεπίγραφους λίθους (που τώρα βρίσκονται στο Λούβρο).[40] Ο Halbherr εργάστηκε πυρετωδώς μέσα στη λάσπη, για να αποκαλύψει όσα μπορούσε περισσότερα πριν από το τέλος των επισκευών στον μύλο. Κατάφερε να βρει και να διαβάσει τμήματα από έναν νομικό κώδικα που βρισκόταν χαραγμένος σε έναν ημικυκλικό τοίχο με μήκος περίπου τριάντα και με ύψος δύο μέτρα. Υπέθεσε ότι ίσως ήταν ο πίσω τοίχος ενός αρχαίου δικαστηρίου, όπου οι νόμοι είχαν αποτυπωθεί σε πέτρα για να προσφέρονται στην κοινή θέα πάνω από τις θέσεις των δικαστών. Τα τμήματα που μπορούσε να διαβάσει βουρτσίζοντας τη λάσπη μέσα στο αυλάκι έμοιαζαν να περιέχουν νόμους περί χρεών και κληρονομιών, αλλά πριν βεβαιωθεί, κόντεψε να σκοτωθεί όταν το προχειροφτιαγμένο φράγμα μετακινήθηκε και το αυλάκι γέμισε πάλι με νερό. Κανένα επιχείρημα δεν μπορούσε να πείσει τον πρακτικό μυλωνά να εκτρέψει τη ροή του νερού, κι έτσι ο Halbherr πήγε γρήγορα στην Κάντια και έφερε τον Χατζιδάκι. Τελικά, τη λύση στις μακρές διαπραγματεύσεις με τον μυλωνά έδωσε ο Domenico Comparetti, ο οποίος αγόρασε ολόκληρη την ιδιοκτησία και αποζημίωσε τους ιδιοκτήτες για την απώλεια του μύλου.[41] Το κέρδος ήταν, ενδεχομένως, η πιο σημαντική επιγραφή που βρέθηκε ποτέ στον ελληνικό κόσμο. Ο Fabricius προσκλήθηκε για να βοηθήσει και οι μελετητές ετοίμασαν την από κοινού δημοσίευση του παλαιότερου νομικού κώδικα της Ευρώπης.[42] Η επιγραφή έγινε γνωστή ως Ο Νομικός Κώδικας της Γόρτυνας, την τοποθεσία επισκέπτονται κάθε χρόνο χιλιάδες τουρίστες και ο Halbherr εξασφάλισε τη θέση του στην ιστορία της αρχαιολογίας.

Η σημασία ενός νομικού κώδικα από την Κρήτη, την ξακουστή στην αρχαιότητα επικράτεια του βασιλιά Μίνωα του Νομοθέτη, δεν διέφυγε από τον Έβανς, μολονότι δεν συμμεριζόταν τον ενθουσιασμό του Halbherr για τις ελληνικές και ρωμαϊκές επιγραφές. Ο κώδικας όριζε τη σωστή συμπεριφορά και τα ανθρώπινα δικαιώματα σε μια κοινωνία δικαίου της αρχαίας Κρήτης, η οποία, μεταξύ άλλων, έδινε στη γυναίκα το εκπληκτικό δικαίωμα της κληρονομιάς.[43] Μητέρες διαχειρίζονταν την περιουσία εν ονόματι των θυγατέρων τους σε ένα πραγματικά μητριαρχικό σύστημα, για το οποίο, φαντάζονταν, πρέπει να υπήρχε ένα μητριαρχικό προηγούμενο. Ο Έβανς βρήκε αυτήν την ιδέα πολύ ελκυστική, αν και αυτό που τον ενδιέφερε πολύ περισσότερο ήταν οι γνώσεις του Ιταλού για τις ανακαλύψεις στην αρχαία θέση της Κνωσού, όπου ο Halbherr διεξήγαγε δοκιμαστικές ανασκαφές το 1885.

Το 1878, δύο μόλις χρόνια μετά την ανακάλυψη του Ταφικού Κύκλου στις Μυκήνες από τον Σλήμαν, το δημόσιο ενδιαφέρον για το προ-ελληνικό παρελθόν και τη χρυσή λάμψη του είχε διεγερθεί. Χάρη σε εκχωρήσεις του

Σουλτάνου, ο Μίνως Καλοκαιρινός πήρε στην Κάντια την έγκριση από τους ιδιοκτήτες ενός λοφίσκου στην κοιλάδα του ποταμού Κατσαμπά και άρχισε τη σύγχρονη έρευνα για τη μυθική πόλη του Μίνωα.

Ο Μίνως Καλοκαιρινός είχε γεννηθεί το 1843 στα Κύθηρα. Φοίτησε έναν χρόνο στη Νομική Σχολή του Πανεπιστημίου Αθηνών, αλλά την άφησε και πήγε στο Παρίσι για να σπουδάσει γλώσσες. Μετά τον θάνατο του πατέρα του από καρκίνο το 1864, ανέλαβε την οικογενειακή επιχείρηση στην Κρήτη. Όταν υπογράφηκε η Σύμβαση της Χαλέπας, ο Μίνως Καλοκαιρινός ήταν δραγουμάνος του μεγαλύτερου αδελφού του Λυσίμαχου, ο οποίος ήταν υποπρόξενος της Μεγάλης Βρετανίας στην Κάντια. Ο δραγουμάνος –από το αραβικό *tarjuman* ή το τουρκικό *tercuman*– ήταν ο τοπικός διερμηνέας σε χώρες όπου τα αραβικά, τα τουρκικά και τα περσικά ήταν οι επίσημες γλώσσες και όπου, εξαιτίας του θρησκευτικού νόμου που απαγόρευε σε Μουσουλμάνους να μιλούν γλώσσες αλλοθρήσκων, οι πασάδες είχαν ανάγκη από τοπικούς μεσάζοντες. Αναπόφευκτα, οι δραγουμάνοι αποκτούσαν σοβαρή πολιτική επιρροή, καθώς εμπλέκονταν άμεσα σε λεπτές διαπραγματεύσεις και θεωρούνταν σχεδόν διπλωμάτες, αλλά έφεραν και το στίγμα της συνενοχής με την Υψηλή Πύλη. Όπως λέει ο σύγχρονος Κρης ιστορικός Θεοχάρης Δετοράκης, «είχαν την τάση να είναι άπληστοι, μοχθηροί και αδίστακτοι καταπιεστές των ομοεθνών τους και των Χριστιανών».[44] Χωρίς καμιά αμφιβολία, ο Καλοκαιρινός δεν ήταν έτσι. Εντούτοις, Έλληνες και ξένοι τον αντιμετώπιζαν με καχυποψία.

Τον Δεκέμβριο του 1878 ο Καλοκαιρινός πήγε στον λόφο ο οποίος ήταν γνωστός ως του Τσελεπή η Κεφάλα, τοπωνύμιο που συνδυάζει το ελληνικό *κεφάλα* και το τουρκικό *τσελεβί*, που σημαίνει ιδιοκτήτης γης ή *μπέης*. Στα αγγλικά ονομάστηκε The Squire's Knoll.* Η τοποθεσία ήταν γνωστή για αιώνες ως η αρχαία πόλη Γκνωσός (Κνωσός), ξένοι ταξιδιώτες πήγαιναν να δουν τα λείψανα της μυθικής πόλης, ως μέρος μιας περιήγησης που περιλάμβανε ακόμη τη Σπηλιά του Δία και τον Λαβύρινθο του Δαίδαλου.[45] Ο Edward Lear, ζωγράφος και ποιητής της βικτωριανής εποχής, που είχε πάει σε μια τέτοια περιήγηση το 1864, κατέγραψε πως «η τοποθεσία της Κνωσού έχει νερά, δέντρα και πολλά αηδόνια, αλλά εκτός από σκόρπιους σωρούς δόμων, λίγα πράγματα απομένουν».[46] Αυτοί οι «δόμοι» περιλάμβαναν τα ίχνη ενός θεάτρου στην πλαγιά του λόφου και μιας πελώριας ρωμαϊκής βασιλικής που είχε αποτυπώσει σχεδιαστικά ο Onorio Belli το 1586 και κατόπιν τη δημοσιοποίησε στους σύγχρονους αναγνώστες ο Edward Falkener το 1854.[47] Ο Belli δεν αμφέβαλλε ότι είχε βρεθεί στην αρχαία πόλη Γκνωσός, καθώς πολύ συχνά βρίσκονταν εκεί αρχαία νομίσματα με τη λέξη ΚΝΩΣΙΟΝ, ή τη συνηθέστερη συντομογραφία ΚΝΩΣ στη μια όψη του νομίσματος και μια εκδοχή του συμβόλου του Λαβύρινθου στην άλλη. Ο Belli δεν είχε βρει κανένα ίχνος του Λαβύρινθου του Δαίδαλου, αλλά ούτε και το περίμενε, καθώς ο Πλίνιος είχε γράψει πως δεν είχε μείνει τίποτα από τη φημισμένη κατασκευή. Εξάλλου, τους περισσότερους ταξιδιώτες που έψαχναν για τον Λαβύρινθο τους πήγαιναν σε ένα μεγάλο, πολύπλοκο υπόγειο λατομείο στις πλαγιές της Ίδης, κοντά στη Γόρτυνα, παρακινώντας τους να μπουν στο υπόγειο μπουντρού-

* Ο Λόφος του Γαιοκτήμονα. (Σ.τ.Ε.)

μι όπου ίσως έβρισκαν έναν Μινώταυρο να τους περιμένει. Ένας τέτοιος ταξιδιώτης, ο Bernard Randolph, το 1680, πρόσθεσε τη γραφική, αν και δυσάρεστη, λεπτομέρεια ότι η «περιέργεια δεν μας προκάλεσε να τον δούμε, γιατί ακόμα κι αν δεν είναι αλήθεια, που το πιθανότερο έτσι είναι, οι δυσάρεστες μυρωδιές φτάνουν για να σε πνίξουν».[48]

Ως συλλέκτης ο Καλοκαιρινός ήξερε πολύ καλά ότι οι ντόπιοι βοσκοί και αγρότες έβρισκαν «νησιωτικούς λίθους» στον λόφο εδώ και γενιές. Προτού οι σύγχρονοι συλλέκτες εκδηλώσουν ενδιαφέρον γι' αυτούς τους σφραγιδόλιθους, οι γυναίκες της Κρήτης περνούσαν σε νήμα τις πολύτιμες πέτρες με τα λαμπερά χρώματα και τις φορούσαν στον λαιμό τους κατά τη μητρότητα, πιστεύοντας ότι έφεραν γούρικες ή μαγικές δυνάμεις για να έχουν γάλα – από εκεί και το όνομα «γαλόπετρες». Τις κρεμούσαν μπροστά στο στήθος κατά τον θηλασμό, αλλιώς τις έριχναν πίσω στην πλάτη για να συγκρατήσουν το γάλα. Η Κεφάλα ήταν πολύ γνωστή πηγή αυτών των ιδιαίτερων λίθων, που ήταν εξαιρετικά σημαντικοί για τους ανθρώπους που έψαχναν κάθε τρόπο προκειμένου να καταπολεμήσουν τον υψηλό δείκτη παιδικής θνησιμότητας.

Ο Καλοκαιρινός, προφανώς, περίμενε μέχρι να περάσει ο χειμώνας και τον Απρίλιο του 1879 επέστρεψε στην Κεφάλα με είκοσι εργάτες και για τρεις εβδομάδες διεξήγαγε εντατικές ανασκαφές, μέχρι που σταμάτησε, με εντολή της Κρητικής Συνέλευσης.[49] Ανακάλυψε τα ίχνη ορθογώνιου κτηρίου, μήκους τριάντα μέτρων στον άξονα ανατολής-δύσης και εξήντα μέτρων στον άξονα βορρά-νότου. Στη δυτική πλευρά του είχε μια αποθήκη με πελώρια πήλινα πιθάρια, ύψους ενάμισι μέτρου, που θύμιζαν τον Αλή Μπαμπά και τους σαράντα κλέφτες. Στη νότια πλευρά υπήρχαν είσοδοι στην πλαγιά του λόφου, που φαίνεται πως οδηγούσαν σε υπόγεια δωμάτια, όπου, ήλπιζε, μπορούσε να βρει θησαυρούς ανάλογους με τις ανακαλύψεις του Σλήμαν στις Μυκήνες. Όταν η είδηση για την επιτυχία του Καλοκαιρινού έφτασε στην Κρητική Συνέλευση, δόθηκε εντολή να πάψουν οι εργασίες. Ο λόγος, τον οποίο αποδέχτηκε ο Καλοκαιρινός, ήταν ότι ίσως να ανακαλύπτονταν τόσο αξιοζήλευτα αντικείμενα, που ήταν σχεδόν βέβαιο ότι θα μεταφέρονταν από την Κρήτη στην Κωνσταντινούπολη.

Σε μια συλλογή σημειώσεων που γράφτηκαν είκοσι δύο χρόνια αργότερα, ως βάση ανασκαφικής αναφοράς που ποτέ δεν ολοκληρώθηκε, ο Καλοκαιρινός ταύτισε το κτήριο στην Κεφάλα ως «Το βασιλικό Ανάκτορο του βασιλιά Μίνωα».*[50] Στα βόρεια του Ανακτόρου, αυτό που θεωρούσε ως κυκλικό δωμάτιο με διάμετρο δώδεκα μέτρων το ονόμασε «Το δικαστήριο της Κνωσού»,** με τους θρόνους των τριών δικαστών κοντά στη στρογγυλή είσοδο. Ένα μεγάλο υπόγειο λατομείο στην Αγία Ειρήνη, ένα περίπου χιλιόμετρο νότια της Κεφάλας, ήταν γι' αυτόν ο Λαβύρινθος. Εδώ, υπέθεσε ο Καλοκαιρινός, οι Αθηναίοι αιχμάλωτοι μαζί με τον Θησέα βάδισαν μέσα από ένα δάσος, το οποίο ονόμασε Δάσος του Δία, και φυλακίστηκαν. Ο υπόγειος Λαβύρινθος, υπέθεσε, είχε σκαφτεί στη γη από τον Δαίδαλο, όταν χρησιμοποιήθηκε η πέτρα για να κτιστεί το Ανάκτορο στην Κεφάλα. Όποιοι κι αν ήταν οι μυθικοί συσχετισμοί, ήταν ξεκάθαρο πως το σχέδιο των

* Γαλλικά στο πρωτότυπο: «Le Palais Royal du roi Minos». (Σ.τ.Ε.)

** Γαλλικά στο πρωτότυπο: «La Cour de la Justice à Knossos». (Σ.τ.Ε.)

τοίχων στην Κεφάλα, τα σχήματα και ο διάκοσμος της κεραμικής και το χρωματιστό ασβεστοκονίαμα των τοίχων, όλα θύμιζαν το Ανάκτορο στην ακρόπολη των Μυκηνών, που μόλις είχε δημοσιεύσει ο Σλήμαν ταυτίζοντάς το με την έδρα της εξουσίας του Αγαμέμνονα.

Οι ανακαλύψεις του Καλοκαιρινού και η προθυμία του να τις μοιραστεί με όλους τους ενδιαφερόμενους έκαναν την τοποθεσία της Κεφάλας στην Κνωσό αντικείμενο μεγάλης προσοχής τα αμέσως επόμενα χρόνια. Λίγο μετά τη διακοπή των ανασκαφών, ο Φωτιάδης δήλωσε στον κρητικό Τύπο την ανάγκη να ιδρυθεί στην Κάντια ένα μουσείο αρχαιοτήτων.[51] Η δημοσιότητα αυτή και ο δεσμός της οικογένειας Καλοκαιρινού με το Βρετανικό Προξενείο στην Κάντια εξασφάλισαν τη γρήγορη διάδοση της είδησης για τις επιτυχημένες προσπάθειές του στους διπλωματικούς κύκλους. Μέχρι το τέλος του μήνα ο Thomas Backhouse Sandwith, ο Βρετανός πρόξενος στην Κρήτη από το 1870, ο οποίος είχε βοηθήσει στις διαπραγματεύσεις για τη Σύμβαση της Χαλέπας, και γι' αυτό είχε καλή υπόληψη στο νησί, παρακάλεσε τον Charles Newton του Βρετανικού Μουσείου να επισκεφτεί την Κεφάλα και να εξετάσει το ενδεχόμενο βρετανικών ανασκαφών. Ο Sandwith, όπως και οι περισσότεροι διπλωμάτες εκείνη την εποχή, ήταν μανιώδης συλλέκτης αρχαιοτήτων και είχε σημαντική συλλογή πρώιμης κεραμικής από ένα νεκροταφείο στο Ροδοβάνι της δυτικής Κρήτης. Σε μια επιστολή στις 27 Απριλίου ανέφερε στον Newton πως ο Καλοκαιρινός «άνοιξε έναν μεγάλο θάλαμο που περιείχε κάπου είκοσι πίθους τοποθετημένους σε σειρές ... Εκτός από τους πίθους, βρέθηκαν πολλά όστρακα, μάλλον φοινικικά». Το κίνητρο του Sandwith δηλώνεται καθαρά στο υστερόγραφο της επιστολής του, όπου λέει: «Δεν θα μπορούσε να υπάρξει καλύτερη ευκαιρία ανασκαφής από την τωρινή, τώρα που η Κρήτη βρίσκεται ακόμα στα χέρια των Τούρκων, αν νομίζεις ότι η Γκνωσός προσφέρεται γι' αυτόν τον σκοπό».[52] Αλλά ο Newton, ήδη από το 1879 «Πρύτανης των Ελληνικών Σπουδών στην Αγγλία»,[53] ήταν πολύ απασχολημένος με την ίδρυση της Ελληνικής Εταιρείας στη Βρετανία, η οποία συνερχόταν συχνά στη διάρκεια του Μαΐου και είχε την εναρκτήρια συνάντησή της, όπου προήδρευσε, στις 16 Ιουνίου του ίδιου χρόνου.[54]

Ο Bertrand Haussoullier, της Γαλλικής Σχολής Αθηνών, είδε τα ευρήματα του Καλοκαιρινού και έγραψε την πρώτη ακαδημαϊκή αναφορά για τις ανακαλύψεις στην Κεφάλα.[55] Η έκθεσή του, το 1880, επικεντρώθηκε στο πρώιμο ύφος της διακοσμημένης κεραμικής που είχε βρει ο Καλοκαιρινός και επέστησε την προσοχή στην ομοιότητά της με κεραμική από άλλα μέρη της Κρήτης, αλλά και με υλικό από τη Ρόδο και τη Θήρα, που παλαιότερα είχε θεωρηθεί φοινικικό και πελασγικό και τώρα λεγόταν μυκηναϊκό, επειδή αφθονούσε στις Μυκήνες. Ο Haussoullier ήταν επιφυλακτικός για τη χρονολόγηση των πίθων, αλλά απέδειξε, πέρα από κάθε αμφιβολία, πως το πρώιμο κτίσμα στην Κεφάλα και η διακοσμημένη κεραμική του ανήκαν στην ίδια χρονική περίοδο με εκείνη των Μυκηνών.

Ο Haussoullier φαίνεται πως έδρασε με ταχύτητα, όπως έγραψε ο Sandwith στον Newton στις 24 Φεβρουαρίου του 1880: «Η Γαλλική Σχολή Αρχαιοφίλων Αθηνών μόλις πρότεινε ... να αναλάβει κάποιες ανασκαφές στην Γκνωσό ... υπό τον όρο να αφήσει στις Αρχές του νησιού οποιεσδήποτε αρχαιότητες ανακάλυπτε ... Γνωρίζω πως ο Φωτιάδης Πασάς επιθυμεί διακαώς να ιδρύσει Αρχαιολογικό Μουσείο στην Κάντια και πιστεύω πως θα αδράξει αμέσως την προσφορά». Πάντοτε διπλωμάτης, πρόσθεσε: «Νομίζω θα θέλατε να το πληροφορηθείτε, μολονότι δύσκολα πιστεύω ότι οι Αρχές του Μουσείου θα επιθυμούσαν να αντικρούσουν την πρόταση της Γαλλικής Σχολής».[56] Φαίνεται, ωστόσο, ότι ο Φωτιάδης ίσως να μην άδραξε την προσφορά ή, αν το έκανε, δεν ήταν σε θέση να μεταδώσει τον ενθουσιασμό του στα άλλα μέλη της Κρητικής Συνέλευσης. Το γαλλικό αίτημα είχε ξεθωριάσει όταν εμφανίστηκε ο επόμενος μνηστήρας.

Ο W. J. Stillman είχε φύγει από την Κρήτη το 1866 επηρεασμένος από τις φρικαλεότητες που έζησε κατά την εξέγερση του 1866. Θεωρούσε τη δυσάρεστη περίοδο που είχε περάσει ως Αμερικανός πρόξενος στα Χανιά –δυο χρόνια στερήσεων και περιορισμού κατ' οίκον– ως την αιτία για τη μοιραία αρρώστια από την οποία έχασε τον πολυαγαπημένο του γιο Τζων, και για τη νευρική κατάρρευση και αυτοκτονία της γυναίκας του, Laura Mack, στην Αθήνα το 1869. Εντούτοις, ο Stillman διατηρούσε κάποιο ενδιαφέρον για την ιστορία της Κρήτης και επέστρεψε το 1881 υπό την αιγίδα του Αμερικανικού Αρχαιολογικού Ινστιτούτου για να εκτιμήσει τις ανασκαφικές δοκιμές του Καλοκαιρινού στην Κεφάλα και να επιδιώξει την πιθανότητα να γίνουν αμερικανικές ανασκαφές στην τοποθεσία.

Η αναφορά του Stillman στο Αρχαιολογικό Ινστιτούτο ήταν γεμάτη ειδήσεις, όχι για τα δικά του ένδοξα κατορθώματα, όπως θα ήταν αναμενόμενο, αλλά μάλλον για του Καλοκαιρινού, ο οποίος για μια ακόμη φορά πρόθυμα μοιραζόταν τις ανακαλύψεις του στην Κνωσό, ελπίζοντας ίσως ότι ένας ξένος θα είχε περισσότερη επιρροή στον Φωτιάδη και στην Κρητική Συνέλευση από όση είχε ο ίδιος. Ο Stillman ήταν ο πρώτος που έφτιαξε λεπτομερές σχέδιο και περιγραφή των ανασκαφών της Κεφάλας.[57] Ανέφερε ότι, πριν διακοπούν οι εργασίες, ο Καλοκαιρινός είχε «αποκαλύψει κάποια υπολείμματα αρχαίων τειχών. Αν και τα σωζόμενα τμήματα έχουν ύψος μόνο δύο μέτρα, είναι πολύ σημαντικά, καθώς είναι κατασκευασμένα από τεράστιους ογκόλιθους λαξευμένης πέτρας, γυψόλιθου και αμμόλιθου, και το πολύ μικρό τμήμα που έχει αποκαλυφτεί δείχνει έναν στενό διάδρομο που μου δίνει την εντύπωση μιας εισόδου στην πόλη. Η κατασκευή είναι το πρωιμότερο δείγμα που έχω δει του τύπου ο οποίος είναι γνωστός ως Ελληνικός». Σε μια επόμενη επίσκεψη, παρατήρησε πως η βροχή είχε ξεπλύνει τα τείχη με τους ογκόλιθους, αποκαλύπτοντας χαραγμένα σημάδια σε σχήμα διπλών πελέκεων, άστρου και πύλης. Ο Καλοκαιρινός του είπε, επίσης, για τα μεγάλα αγγεία λαδιού, τους πίθους, που είχε βρει εκεί. Του έδειξαν, βόρεια των αποθηκών, ένα άλλο σκάμμα, το οποίο περιείχε ένα τμήμα που του φάνηκε πως ανήκε στο ίδιο κτήριο αλλά με «κάτι που έμοιαζε με άδυτο ιερού. Είχε πέτρινα καθίσματα (;), που είχαν ύψος περίπου έξι ίντσες».* Αυτό ήταν το «Δικαστήριο» του Καλοκαιρινού. Η περιγραφή του Stillman τελειώνει με την προκλητική σκέψη ότι «δεν μπορώ να αποδώσω αυτό το έργο σε οποιαδήποτε άλλη περίοδο ή σε όποια άλλη χρήση εκτός από εκείνη του Λαβύρινθου του Δαίδαλου ... Η σπουδαιότητα της ανακάλυψης, αν η υπόθεση για τον χαρακτήρα της διατηρηθεί και

---

* Περίπου 16 εκ. (Σ.τ.Ε.)

με περαιτέρω ανασκαφή, είναι προφανής». Για τον Stillman, το όλο σύμπλεγμα στην Κεφάλα ήταν ο κρητικός Λαβύρινθος.

Ο Stillman διαπραγματεύτηκε με τον ιδιοκτήτη της περιοχής να αρχίσει ανασκαφές, με τη διαβεβαίωση του Φωτιάδη Πασά πως δεν θα είχε πρόβλημα να πάρει την επίσημη άδεια. Είχε ζητήσει φιρμάνι ή συστατική επιστολή από την Πύλη μέσω του Αμερικανού πρέσβη στην Κωνσταντινούπολη, αλλά τελικά η αίτηση απορρίφθηκε, προφανώς εξαιτίας επέμβασης του Φωτιάδη. Αν και ο πικραμένος Stillman αργότερα πίστευε πως το πρόβλημα ήταν ότι «δεν είχε προσφερθεί να δώσει στην εξοχότητά του [τον Φωτιάδη] τα νομίσματα που πιθανόν έβρισκε στην ανασκαφή»,[58] ήξερε επίσης πόσο δύσκολη ήταν η θέση του Φωτιάδη απέναντι στην Κρητική Συνέλευση. Η επιδίωξη της εναλλακτικής πρότασής του, το Σπήλαιο του Δία στο όρος Γιούχτα, έξι χιλιόμετρα νότια της Κνωσού, εγκαταλείφθηκε επίσης λόγω των ταραχών που ακολούθησαν τη δολοφονία δύο Μουσουλμάνων στη Γόρτυνα και τα αναμενόμενα αντίποινα κατά των Χριστιανών στην Κάντια. Μια άλλη περίσταση, που ο Stillman δεν μπορούσε να προβλέψει, ήταν ο διορισμός εκείνο τον χρόνο του Οσμάν Χαμντί Μπέη ως διευθυντή του Αυτοκρατορικού Μουσείου Κωνσταντινουπόλεως. Ο Χαμντί Μπέης ξεκίνησε δραστήρια για να δημιουργήσει μια συλλογή που να συναγωνίζεται εκείνες των αυτοκρατορικών μουσείων στην Ευρώπη και κυριολεκτικά λαχταρούσε να αποκτήσει σημαντικές αρχαιότητες της Κρήτης, κάτι που ο Φωτιάδης και η Κρητική Συνέλευση γνώριζαν πολύ καλά.[59]

Η αναφορά του Stillman για την ανακάλυψη του Λαβύρινθου του Δαίδαλου στην Γκνωσό συνέβαλε στο αυξανόμενο ενδιαφέρον γύρω από τις ανασκαφές στην Κεφάλα, το οποίο τελικά άγγιξε τον Ερρίκο Σλήμαν, ο οποίος, όπως αναμενόταν, έστρεψε το διορατικό βλέμμα του στην Κρήτη. Στις 7 Ιανουαρίου του 1883, ο Σλήμαν έγραψε στον Φωτιάδη προκειμένου να εξασφαλίσει άδεια να ανασκάψει την Κνωσό, χωρίς να έχει καν δει την τοποθεσία.[60] Διατηρούσε φιλικές σχέσεις με τον Φωτιάδη από τότε που ο δεύτερος είχε διατελέσει πρεσβευτής της Τουρκίας στην Αθήνα, και ο Σλήμαν είχε κάθε λόγο να προσδοκά να περάσει το αίτημά του από την Κρητική Συνέλευση. Καθώς η Κρήτη ήταν τουρκική, ο Σλήμαν συμφωνούσε να τηρηθεί ο τουρκικός νόμος και του αρκούσε το ένα τρίτο των ευρημάτων. Ο Φωτιάδης, προβλέποντας αναμφίβολα την εχθρική αντίδραση της χριστιανικής πλειονοψηφίας στη Συνέλευση και σκεπτόμενος το νέο μουσείο που εκείνος και ο Χατζιδάκις είχαν προτείνει για την Κάντια, είπε ότι ο Σλήμαν προσφερόταν να δώσει κάθε σημαντικό εύρημα στο κράτος, κρατώντας μόνο μερικά «διπλά» σε συμφωνία με τις τοπικές Αρχές, όπως όριζε η νέα ελληνική νομοθεσία.[61] Προέβλεπε εξάλλου τις αναμενόμενες αλλαγές στον τουρκικό νόμο περί αρχαιοτήτων που θα απαγόρευαν την εξαγωγή όλων των αρχαιοτήτων, οι οποίες θα άρχιζαν να ισχύουν από τον επόμενο χρόνο. Έχοντας επίγνωση ότι κι αυτή η συμφωνία ήταν απίθανο να φέρει αποτελέσματα, ο Σλήμαν κατάλαβε πως έπρεπε να εμφανιστεί αυτοπροσώπως στην Κρήτη, προκειμένου να πιέσει τα μέλη της Συνέλευσης όταν θα συνεδρίαζαν τον Απρίλιο και τον Μάιο. Αλλά αυτή ήταν η εποχή που είχε κανονίσει για να τιμηθεί στην Οξφόρδη, κι έτσι η Κρήτη έπρεπε να αναβληθεί. Τον επόμενο χρόνο, ο Σλήμαν πήρε άδεια για να ανασκάψει στην Τίρυνθα την άνοιξη και το 1885 πήγε στην Αγγλία για να παραλάβει ένα μετάλλιο από τα χέρια της ίδιας της βασίλισσας Βικτωρίας εκ μέρους του Βασιλικού Ινστιτούτου των Βρετανών Αρχιτεκτόνων.

Τον Οκτώβριο του 1885, ο Halbherr πήγε στην Κνωσό και ανέσκαψε τμήμα ενός ρωμαϊκού κτηρίου σε μια τοποθεσία που λεγόταν Κατσούνι, κοντά στον Μακρυτοίχο, ένα χωριουδάκι βόρεια της Κεφάλας.[62] Τα αποτελέσματα λίγων ημερών ανασκαφής ήταν αρκετά για να τον πείσουν για τη σπουδαιότητα της αρχαίας Κνωσού και πρότεινε στον καθηγητή του, τον Comparetti, να αποκτήσουν οι Ιταλοί την τοποθεσία για εξερεύνηση. Ο Comparetti αρνήθηκε την πρόταση να ξεκινήσουν νέες εργασίες στην πολίχνη της Κνωσού και επέλεξε να επικεντρωθεί στη μεγάλη επαρχιακή πρωτεύουσα των Ρωμαίων, τη Γόρτυνα.

Οι αποκαλύψεις στην Κνωσό και τη Γόρτυνα, που ο Halbherr και ο Σύλλογος, ο Haussoullier και ο Stillman μετέφεραν στον κόσμο των γραμμάτων και του ενδιαφερόμενου κοινού, ανανέωσαν τη γοητεία της αρχαίας ιστορίας της Κρήτης. Ο Warwick Wroth δημοσίευσε στα γρήγορα μια μελέτη για τα κρητικά νομίσματα στο Βρετανικό Μουσείο,[63] η οποία έδειχνε ότι μέχρι και τριάντα πόλεις της ελληνιστικής περιόδου, από το 220 π.Χ. περίπου έως τη ρωμαϊκή κατάκτηση, το 67 π.Χ., έκοβαν δικά τους νομίσματα και χρησιμοποιούσαν ως εμβλήματα μυθολογικές μορφές που συνδέονταν με την περιοχή τους. Το σχέδιο στα νομίσματα της Γόρτυνας, μια γυναίκα καθισμένη στη ράχη ενός ταύρου, επιλέχτηκε για να θυμίζει πώς ο Δίας, με τη μορφή ταύρου, ξεγέλασε την Ευρώπη, την παρθένα της Φοινίκης, κι έχοντάς τη στην πλάτη του διέσχισαν τη θάλασσα μέχρι την πεδιάδα της Μεσαράς. Ένα σχέδιο λαβυρίνθου με άστρο στο κέντρο στα νομίσματα της Κνωσού παρέπεμπε στον Αστερίωνα, ο οποίος συνδεόταν με τον Μινώταυρο, που απεικονιζόταν στην άλλη όψη τους. Επίσης, η εμφάνιση στα νομίσματα της Φαιστού μορφών όπως ο Τάλως, ο χάλκινος άνθρωπος που ο Διόδωρος Σικελιώτης, ο Έλληνας που συνέγραψε τη σαραντάτομη παγκόσμια ιστορία τον πρώτο αιώνα π.Χ., αναφέρει πως διέτρεχε τα σύνορα της Κρήτης για να αποκρούει τους εισβολείς, θύμισαν στους μελετητές μερικούς από τους λιγότερο γνωστούς μύθους του νησιού. Η κριτική του *Athenaeum* για τη μελέτη του Wroth ήταν επαινετική για την εργασία, επισήμανε όμως πως «το πραγματικό ενδιαφέρον για την ιστορία της Κρήτης βρίσκεται στην προϊστορική περίοδο, τα γεγονότα της οποίας αναπαριστώνται σε μας με συγκεχυμένους, διεστραμμένους και υπερβολικούς θρύλους».[64]

Μόλις τον Μάιο του 1886, ο Σλήμαν μπόρεσε να πάει στην Κρήτη με τον Dörpfeld. Κατέγραψε τις πρώτες του εντυπώσεις στις 22 Μαΐου, σε επιστολή από τον Μακρυτοίχο προς τον φίλο του Max Müller στην Οξφόρδη. Αντίθετα με τους περισσότερους επισκέπτες εκείνης της εποχής, ο Σλήμαν μπορούσε να κάνει συγκρίσεις από πρώτο χέρι με άλλα «προϊστορικά» κτίσματα, ειδικά με εκείνο που είχαν καθαρίσει με τον Dörpfeld μόλις τον προηγούμενο χρόνο. Έγραψε στον Müller ότι η Κεφάλα περιείχε «ένα μεγάλο κτίσμα όμοιο με το προϊστορικό ανάκτορο της Τίρυνθας, προφανώς σύγχρονό του, καθώς η κεραμική που βρέθηκε σε αυτό είναι πανομοιότυπη με εκείνη που βρέθηκε στην Τίρυνθα και στους βασιλικούς τάφους των Μυκηνών».[65] Τον ίδιο χρόνο, ο Ernst Fabricius δημοσίευσε λεπτομερή έκθεση για τις ανασκαφές του Καλοκαιρινού και συμφώνησε με τον Haussoullier ότι η χρονολογία του κτίσματος και των περιεχομένων του ήταν ίδια με αυτήν του Ανακτόρου των Μυκηνών και της Τίρυνθας.[66]

Χωρίς καμιά αμφιβολία πια για τη σπουδαιότητα της τοποθεσίας, ο Σλήμαν ξανάρχισε τις προσπάθειες προκειμένου να εξασφαλίσει τα δικαιώματα για την ανασκαφή. Στο μεταξύ, ο Χατζιδάκις εξουσιοδοτήθηκε από τον Φωτιάδη να αποφασίζει για τις αρχαιότητες της Κρήτης και αποφάσισε να κρατήσει την προεδρία του Συλλόγου της Κάντια και μετά το 1883. Έτσι, έγινε ο σημαντικότερος υπέρμαχος της ελληνικής κληρονομιάς του νησιού. Ο Σλήμαν θεωρούσε περιττό να απευθυνθεί στη Συνέλευση προσωπικά. Αντίθετα, θα προσπαθούσε να πείσει τον Χατζιδάκι να το κάνει για λογαριασμό του. Ο Χατζιδάκις δεν ήταν απόλυτα ειλικρινής για τις πιθανότητες που είχε ο Σλήμαν να πάρει την έγκριση από τη Συνέλευση.[67] Επιπλέον όμως, υπήρχαν προβλήματα και με τους ιδιοκτήτες της γης. Ο Σλήμαν κατέβαλε κάθε προσπάθεια να πετύχει μια συμφωνία. Όπως με λύπη ανέφερε το *Athenaeum* στις 16 Οκτωβρίου: «Ο δρ. Σλήμαν ακόμα συναντά εμπόδια για την πραγματοποίηση των πολυαναμενόμενων ανασκαφών του στην Κρήτη. Είχε πρόθεση να ανασκάψει έναν λόφο στην Κνωσό, αλλά ο ιδιοκτήτης πέθανε πρόσφατα και οι κηδεμόνες των παιδιών του δεν επιτρέπουν καμιά ανασκαφή, εκτός αν ο δρ. Σλήμαν προτίθεται να αγοράσει ολόκληρη την ιδιοκτησία τους –σχεδόν ολόκληρη την περιοχή της Κνωσού– για αρκετές χιλιάδες λίρες».[68]

Το «ολόκληρη την περιοχή της Κνωσού» φαίνεται πως

αναφερόταν σε μια πολύ μεγάλη περιοχή που περιλάμβανε και μια εγκαταλειμμένη και ανεπιθύμητη γεωργική έκταση, όπως υπαινίχθηκε στις 6 Οκτωβρίου το *Athenaeum*, που συνέχιζε να καλύπτει το θέμα: «Ο δρ. Σλήμαν επέστρεψε στην Αθήνα μετά την ατυχή και ανώφελη περιπλάνησή του στην Κρήτη».[69] Φαίνεται πως οι τουρκικές Αρχές στην Κωνσταντινούπολη του είπαν να διαπραγματευτεί ο ίδιος με τους ιδιοκτήτες, «αλλά πρέπει να πληρώσει 1.000 τουρκικές λίρες ως εγγύηση ότι δεν πήρε τίποτε από την ανασκαφή». Οι χίλιες λίρες θεωρήθηκαν υπερβολική αποζημίωση, ακόμη και από τον Σλήμαν. Προφανώς, οι Τούρκοι είχαν πάρει το μάθημά τους, γιατί η αναφορά συνέχιζε: «Οι προηγούμενες συμφωνίες του στην Τρωάδα, ότι θα έπαιρνε όλα τα "διπλά", θεωρήθηκαν πολύ επιεικείς, καθώς πραγματικά διπλά δεν ήταν δυνατό να βρεθούν, πάντοτε υπήρχαν διαφορές ανάμεσα στα αντικείμενα, έστω και λίγες». Η Κρητική Συνέλευση αρνήθηκε να απαλλοτριώσει την ιδιοκτησία για το κράτος, όπως γινόταν στην ηπειρωτική Ελλάδα, κι έτσι οι ιδιοκτήτες, από θέση ισχύος, ζήτησαν 4.000 αγγλικές λίρες. «Πράγματι, υπήρχαν δύο χιλιάδες ελαιόδεντρα», συνέχιζε η αναφορά, «αλλά το ποσό ήταν γελοία υπερβολικό και επέμειναν να πάρει μεγαλύτερη έκταση από αυτήν που πραγματικά ήθελε. Το τμήμα που είχε διαλέξει ο δρ. Σλήμαν είναι ένα τεχνητό ύψωμα στο κέντρο της αρχαίας Γκνωσού, αρκετά μακριά από το σημερινό χωριουδάκι, όπου ήδη έχουν βρεθεί αρχαϊκά υπολείμματα». Ο Σλήμαν ένιωσε ότι τον εξαπατούσαν αναγκάζοντάς τον να αγοράσει ολόκληρη την κοιλάδα μαζί με τον λόφο στον Μακρυτοίχο και απέρριψε απαίτηση και τιμή. Η αναφορά, τελειώνοντας, εξέφραζε το πικρό παράπονο ότι ο Σλήμαν είχε δει στην Κεφάλα «να προβάλλει ένα τεράστιο κτίσμα, αλλά δεν μπόρεσε να πει εάν ήταν μέγαρο, όπως ήλπιζε, ή ναός, κι έτσι υποχρεώθηκε να φύγει χωρίς να χώσει τη σκαπάνη του στο έδαφος».

Ο Σλήμαν επισκέφτηκε ξανά την Κρήτη τον Φεβρουάριο του 1889, όταν έκανε μια τελευταία προσπάθεια να εξασφαλίσει την Κνωσό. Ξανακοίταξε το υπόγειο κτίσμα στην Κεφάλα, ελπίζοντας να αποκαλύψει αυτός τα μυστήριά του. Αυτή τη φορά, σε ένα γράμμα στον φίλο του Virchow καυχήθηκε ότι αφού είχε μόνο 55 μέτρα μήκος και 43,30 μέτρα πλάτος θα μπορούσε να το καθαρίσει σε μια βδομάδα με εκατό εργάτες.[70] Βέβαια, αν άκουγε κάτι τέτοιο ο Dörpfeld, θα έχανε το χρώμα του. Για μια ακόμη φορά δεν μπορούσε να έρθει σε συμφωνία με τους ιδιοκτήτες. Φαίνεται πως υποψιαζόταν πως προσπαθούσαν να τον εξαπατήσουν, γράφοντας περισσότερα ελαιόδεντρα από όσα περιείχε η έκταση, συνηθισμένο τέχνασμα στην Κρήτη μέχρι σήμερα. Αυτή ήταν η τελευταία προσπάθεια του Σλήμαν να αποκτήσει την Κεφάλα και η τελευταία επίσκεψή του στην Κρήτη. Ο θάνατός του, το 1890, άφησε το πεδίο ανοιχτό για τον επόμενο μνηστήρα.

Πριν περάσουν τέσσερις μήνες από την κηδεία του Σλήμαν, ο Γάλλος μελετητής André Joubin εξασφάλισε από έναν από τους ιδιοκτήτες της Κεφάλας το δικαίωμα ανασκαφής για δυο χρόνια. Μόλις έγινε διευθυντής της Γαλλικής Σχολής Αθηνών, ο Théophile Homolle έστειλε τον Joubin στην Κρήτη να εργαστεί όπως ο Halbherr και ο Fabricius, αλλά με σαφείς οδηγίες να διεκδικήσει την τοποθεσία για λογαριασμό της Γαλλίας, καθώς η σημασία της είχε για πρώτη φορά δημοσιοποιηθεί από τον Haussoullier, πριν οι Γερμανοί προβάλουν ξανά απαιτήσεις.[71] Η κοινωνική αναταραχή εμπόδισε τον Joubin να εργαστεί το 1890 και στα τέλη Μαΐου ανακλήθηκε στην Αθήνα. Εντούτοις, το *Antiquary* διαβεβαίωνε εκείνο το φθινόπωρο ότι «η Γαλλική Σχολή ολοκλήρωσε το συμβόλαιο με τους ιδιοκτήτες των ερειπίων του μεγάλου αρχαίου κτίσματος της Κνωσού, προκειμένου να αρχίσουν ανασκαφές. Οι εργασίες θα ολοκληρωθούν σε δύο χρόνια».[72] Όπως πληροφόρησε ο Halbherr τον Έβανς τον Φεβρουάριο του 1892, η Γαλλική Σχολή είχε συμβουλευτεί εκείνους που πιθανόν είχαν προηγούμενες αξιώσεις στον τόπο, περιλαμβανομένου και του ίδιου, και τώρα έπρεπε ο Joubin να διεξαγάγει σύγχρονες επιστημονικές ανασκαφές για λογαριασμό τους στην Κνωσό.[73]

Η συνάντηση του Έβανς με τον Halbherr αποτέλεσε σπουδαία καμπή στην καριέρα του. Απογοητευμένος από την εργασία στο Μουσείο και λαχταρώντας να επεκτείνει τους ορίζοντές του, ο Έβανς άρχισε να βλέπει με μεγαλύτερο ενδιαφέρον τον κόσμο που ο Σλήμαν, άθελά του, έφερε στο φως στην ηπειρωτική Ελλάδα και ο Καλοκαιρινός είχε αρχίσει να αποκαλύπτει στην Κρήτη. Αν επρόκειτο να επαληθευτούν η πρόβλεψη του Petrie για κάτι σπουδαίο, προγενέστερο των Μυκηνών, και η θεωρία του Milchhöfer για την κρητική προέλευση των εγχάρακτων «νησιωτικών λίθων», ο Halbherr ήταν ο ιδανικός οδηγός. Ο Έβανς ωφελήθηκε όσο μπορούσε από τη γνώση του Ιταλού για τη μορφολογία και τις αρχαιότητες του τόπου που για τους περισσότερους ήταν ακόμη μυστήριο, γενέτειρα παράδοξων θρύλων, ένα μαγεμένο νησί γεμάτο μύθους με αλλόκοτους πρωταγωνιστές. Οι σπόροι νέων ιδεών είχαν φυτευτεί στη Ρώμη, αλλά δεν είχε έρθει ακόμη η κατάλληλη εποχή. Ο Έβανς είχε ακόμη πολλά να τακτοποιήσει στην Αγγλία πριν μεθοδεύσει καινούργια εγχειρήματα στο εξωτερικό.

Πολιτισμένοι ξένοι

Ο Edward Freeman πήγε στην Ισπανία στις αρχές του χρόνου, ενόσω η Margaret και ο Άρθουρ βρίσκονταν στην Ιταλία. Εκεί, ο Freeman ανέβασε έναν περίεργο πυρετό –αποδείχτηκε πως οφειλόταν σε ευλογιά– και στις 16 Μαρτίου πέθανε στο Alicante. Ήταν σοβαρό πλήγμα για την κόρη του, η υγεία της οποίας ήταν ήδη κλονισμένη. Αντίθετα, στο σπίτι του Έβανς στο Nash Mills το σκηνικό άλλαξε προς το καλύτερο. Στις εκδηλώσεις για τον εορτασμό των γενεθλίων της βασίλισσας Βικτωρίας ο Τζων Έβανς χρίστηκε ιππότης και λίγο μετά την απόκτηση του νέου τίτλου ο «σερ Τζων» απέκτησε και καινούργια σύζυγο. Η Maria Millington Lathbury μπήκε στη ζωή του όταν ενέκρινε την παρουσία της σε μια συνάντηση των Αρχαιοφίλων, κανονικά κλειστή στις γυναίκες, όπου ήταν καλεσμένη του ομιλητή F. C. Penrose. Οι φίλοι και η οικογένειά του πίεζαν τον Τζων να ξαναπαντρευτεί, όμως είχε αντιδράσει λέγοντας πως δεν ενδιαφερόταν για «γριές και κοριτσόπουλα». Η Maria δεν ήταν τίποτα από τα δύο. Ήταν τριάντα πέντε χρονών, είχε αποφοιτήσει πρόσφατα από το Somerville College της Οξφόρδης, όπου είχε μελετήσει τους κλασικούς, και γνώριζε τον Άρθουρ και τη Margaret. Η ειδικότητά της ήταν η αρχαία ελληνική ενδυμασία και είχε πάει στην Ελλάδα προκειμένου να μελετήσει αναπαραστάσεις, στις οποίες βασίστηκε για σχετικό βιβλίο που ετοίμαζε.[74] Μετά από ένα σύντομο ειδύλλιο, ο Τζων και η Maria παντρεύτηκαν στις 9 Ιουλίου του 1892.

Ο Άρθουρ επέστρεψε στην Οξφόρδη, αφήνοντας τη Margaret στον καλοκαιρινό ήλιο του Dover. Η πρώτη του έγνοια ήταν να μετακομίσει στο Boars Hill, για να ξεφύγει από αυτό που για πολλούς λόγους είχε αποφασίσει ότι ήταν ανθυγιεινό κλίμα. Στις αρχές Οκτωβρίου με τη Margaret επισκέφτηκαν τον τόπο της μελλοντικής τους κατοικίας, προκειμένου να έχει και τη δική της έγκριση. Εκεί, περιδιάβηκαν τα δάση και πιθανόν της διηγήθηκε πώς πήρε ο λόφος το όνομά του.* Ένας τοπικός θρύλος λέει ότι κάποιος μελετητής είχε φύγει ένα ηλιόλουστο απόγευμα από την Οξφόρδη για να βρει ένα ήσυχο μέρος να διαβάσει. Ξαφνικά, ένας άγριος κάπρος όρμησε από το δάσος για να τον κατασπαράξει. Ο μελετητής, οπλισμένος μόνο με τα βιβλία του, έχωσε την πολύτιμη έκδοση του *Πελοποννησιακού Πολέμου* του Θουκυδίδη στα σαγόνια του θηρίου και το έπνιξε.[75] Ο Άρθουρ θα είχε απολαύσει το γεγονός ότι κάποιος από τους κλασικούς επιτέλους χρησίμευσε σε κάτι πρακτικό.

Η Margaret ενέκρινε την τοποθεσία και ο Άρθουρ πίεσε τον πατέρα του να τον βοηθήσει να αποκτήσει τα διακόσια σαράντα στρέμματα και την ψυχική ηρεμία που αυτά αντιπροσώπευαν. Τελικά, ο Τζων Έβανς συμφώνησε, και στα τέλη Οκτωβρίου κλείστηκε η συμφωνία. Η πρώτη κατοικία του Άρθουρ στο κτήμα ήταν ένα σπιτάκι που έκτισε πάνω σε μια ξύλινη εξέδρα, η οποία υψωνόταν περίπου τρία μέτρα από το έδαφος, με ευρύχωρη βεράντα

* Ο Λόφος των Κάπρων. (Σ.τ.Ε.)

ολόγυρα. Σκοπός του ήταν να απομακρύνει τη Margaret από το υγρό έδαφος, αλλά ίσως να φοβόταν και την πιθανότητα απρόβλεπτων συναντήσεων με τα άγρια ζώα της περιοχής. Θα διέμεναν στο σπιτάκι αυτό ώσπου να κτιστεί το μόνιμο σπίτι στην καρδιά του κτήματος. Ικανοποιημένος που όλα είχαν τακτοποιηθεί για την επόμενη φάση της ζωής τους στην Οξφόρδη, ο Έβανς πήρε τη γυναίκα του και γύρισε στην Ιταλία για τον χειμώνα.

Η Margaret έμεινε στην Bordighera με την αδελφή της, ενώ ο Άρθουρ πήγε στη Σικελία για να ολοκληρώσει τον τέταρτο τόμο του έργου του νεκρού πεθερού του *Σικελία*, ως τελευταίο φόρο τιμής στον δάσκαλό του. Ο Άρθουρ φαίνεται πως έγραψε περίπου το ένα τέταρτο του έργου, αλλά επηρέασε ένα μεγάλο μέρος του, όπως είχε παραδεχτεί και ο ίδιος ο Freeman.[76] Οι κριτικές επισήμαναν τις συμπληρώσεις του Έβανς με πολύ ευμενή σχόλια, επειδή είχαν «πολύ πιο βαθιά γνώση της Ιστορίας, ένα πολύ πιο αυθεντικό ένστικτο για το τι είναι πράγματι σημαντικό για την Ιστορία και για τον τρόπο εύρεσής του από ό,τι είχε να επιδείξει ο Freeman».[77]

Με την ολοκλήρωση του τόμου για τη Σικελία, ο Έβανς ήταν τώρα ελεύθερος να σκεφτεί τον νέο του στόχο: το νησί που του είχε συστήσει ο Halbherr. Τον Ιανουάριο του 1893 έγραψε στον βοηθό του στο Ashmolean να του στείλει στην Ιταλία το προσωπικό του αντίτυπο του βιβλίου του Milchhöfer, *Alfänge der Kunst*, καθώς ξεκινούσε την προσεκτική μελέτη των «νησιωτικών λίθων».[78]

Στα μέσα Φεβρουαρίου, ο Έβανς πήγε στην Αθήνα, όπου είχε κανονίσει να συναντηθεί με τον John Myres στη Βρετανική Αρχαιολογική Σχολή. Ο Myres είχε έρθει στην Αθήνα για τη φθινοπωρινή περίοδο και είχε ξοδέψει το μεγαλύτερο μέρος των εσόδων του ως καθηγητή ταξιδεύοντας συνεχώς σε ολόκληρη την Ελλάδα. Πήγε τον Έβανς στην αγορά κάτω από την Ακρόπολη, όπου παζάρεψαν με τους πωλητές αρχαιοτήτων. «Αγόρασα μια πολύ όμορφη μικρή μυκηναϊκή χρυσή χάντρα», έγραψε ο Έβανς στη Margaret. «Τη βρήκα ανάμεσα σε πολλά σκουπίδια. Επίσης, ένα μυκηναϊκό εγχειρίδιο, σε τρία κομμάτια, και αυτά είναι σχεδόν άγνωστα έξω από την Ελλάδα».[79]

Στο παζάρι της Αθήνας, ο Έβανς έκανε την πρώτη μεγάλη προσωπική ανακάλυψη της καριέρας του, εκείνη που συχνά παρατίθεται ως η αποφασιστική καμπή στην κατά τα άλλα συνηθισμένη ζωή του σχολαστικού μελετητή και όσων είναι επιμελητές σε μουσεία. Με νωπές ακόμη στο μυαλό του τις εικόνες του Milchhöfer και τις αναμνήσεις των μικρών φοινικικών σφραγίδων που ο Greville Chester είχε δωρίσει στο Ashmolean τέσσερα χρόνια νωρίτερα, κρατούσε τώρα νέα είδη σφραγιδόλιθων στα χέρια του. Οι έμποροι τον διαβεβαίωσαν πως προέρχονταν από την Κρήτη και αμέσως τους αγόρασε. Καθώς ο Έβανς τους επόμενους μήνες κοιτούσε τους ημιπολύτιμους λίθους με τις παράξενες επιγραφές, μπήκε στη διαδικασία της πνευματικής αλχημείας που είχε διδαχτεί από τον πατέρα του για τα νομίσματα και τα άλλα αντικείμενα: από τη στιγμή που το αρχαίο αντικείμενο ήταν στην κατοχή του, προσλάμβανε πολύ μεγαλύτερη σπουδαιότητα από αυτήν που θα είχε αν βρισκόταν στην προθήκη κάποιου μουσείου ή σε κάποια συλλογή. Έδινε στον συλλέκτη-μελετητή τον πυρήνα γύρω από τον οποίο μπορούσε να κτίσει μια θεωρία, που αφενός θα εξηγούσε την αρχική χρήση του αντικειμένου, αφετέρου θα αύξανε τη σημασία του στη σύγχρονη εποχή, διπλασιάζοντας έτσι την αξία του. Η περίοδος κυοφορίας της νέας θεωρίας του Έβανς για τους σφραγιδόλιθους, που επηρέασε καθοριστικά τις αιγαιακές σπουδές και τον οδήγησε στο δεύτερο, πολύ πιο αποδοτικό μισό της ζωής του, είχε ξεκινήσει.

Στο Εθνικό Αρχαιολογικό Μουσείο στην Αθήνα, ο Myres εισήγαγε τον Έβανς στις αρχαιότητες που μελετούσε και εξέτασαν μαζί, από κοντά, τα καταπληκτικά αντικείμενα που είχε βρει ο Σλήμαν στις Μυκήνες και που είχαν προκαλέσει την προσοχή του Έβανς δέκα χρόνια νωρίτερα. Αλλά πιο σπουδαίοι από τις χρυσές προσωπίδες που έγιναν γνωστές από τον Σλήμαν ήταν οι θησαυροί που αναγνωρίστηκαν στη συνέχεια, κατά τη διάρκεια της λιγότερο εντυπωσιακής, αλλά εξίσου ερεθιστικής όψης της αρχαιολογίας, η οποία ακολουθεί το σκάψιμο. Ο Σλήμαν, απορροφημένος όπως ήταν με το μέτρημα και το ζύγισμα των χρυσών αντικειμένων που είχαν βγει από το χώμα, τα οποία δεν χρειάζονταν παρά μια μαλακή βούρτσα για να αποκαλυφτεί η λάμψη τους, παράτησε τα υπόλοιπα ευρήματα χωρίς το αναγκαίο, προσεκτικό, υπομονετικό και χρονοβόρο καθάρισμα από στρώματα βρωμιάς και σκουριάς. Την εργασία αυτή ανέλαβε ο Αθηναίος συντηρητής Αθανάσιος Κουμανίδης, ώστε να αποκαλύψει τα μυστικά τους.

Οι συντηρητές των μουσείων είναι οι αφανείς ήρωες της αρχαιολογίας. Μπορούν να ξοδέψουν εκατοντάδες ώρες σε ένα και μόνο αντικείμενο που ο αρχαιολόγος έβγαλε μέσα σε λίγα δευτερόλεπτα στον χώρο της ανασκαφής, καθαρίζοντας προσεκτικά και συγκολλώντας αρχαία υλικά στα εργαστήρια. Ιδίως τα μέταλλα παρουσιάζουν προβλήματα: το ασήμι με τον καιρό μαυρίζει και ο χαλκός αναπτύσσει πράσινη πατίνα, ένα προστατευτικό στρώμα, και μετά αρχίζει να διαβρώνεται και να θρυμματίζεται. Ο συντηρητής δεν μπορεί να σταματήσει τη διαδικασία της διάβρωσης, αλλά προσπαθεί να την επιβραδύνει αρκετά ώστε να μπορέσουμε εμείς να εκτιμήσουμε το αρχαίο έργο τέχνης.

Ο Κουμανίδης καθάρισε σχολαστικά μια συλλογή ορειχάλκινων εγχειριδίων από τον Ταφικό Κύκλο Α των Μυκηνών και ανακάλυψε ότι πολλά ήταν στολισμένα με χρυσό, ασήμι και χαλκό, και μερικά ήταν διακοσμημένα με την περίπλοκη τεχνική του νιέλου (χαράσσεται το σχέδιο στο μέταλλο και στη συνέχεια καλύπτεται με σκουρόχρωμο μίγμα από θειάφι και ασήμι ή χαλκό. Κατόπιν, θερμαίνεται το μίγμα και, λιώνοντας, κολλάει στις γραμμές της χάραξης). Ήταν ο πρώτος άνθρωπος στην εποχή μας που είδε τις θαυμαστές σκηνές με το κυνήγι του λιονταριού και τα σχέδια με ζώα ή λουλούδια, κυρίως ζωγραφισμένα με μέταλλο, που έκαναν τους ειδικούς να προσέξουν τη μυκηναϊκή τέχνη και τους δημιουργούς της, τοποθετώντας τους σε ισότιμη θέση με τους καλύτερους μεταλλουργούς του κόσμου.

Ωστόσο, τον Έβανς εντυπωσίασαν ακόμη περισσότερο τα κομμάτια ενός ασημένιου αγγείου από τις Μυκήνες με επιχρυσωμένο χείλος. Το αγγείο κοσμούν πολύ μικρές έκκρουστες ανθρώπινες μορφές, που σφυρηλατήθηκαν από την εσωτερική μεριά του μετάλλου ώσπου να επιτευχθεί το επιθυμητό ανάγλυφο και στη συνέχεια ο τεχνίτης σκάλισε ή χάραξε τις επιπλέον λεπτομέρειες. Λίγα μόνο κομμάτια διασώθηκαν από το αγγείο αυτό, που έφτανε περίπου τα 30 εκατοστά, είναι όμως αρκετά για να σχηματίσουν τη σκηνή με τους δύο σφενδονήτες που στέκονται μπροστά σε γονατιστούς γυμνούς τοξότες και υπερασπίζονται μια πόλη όπου διακρίνονται γυναίκες μαζεμένες στις επάλξεις. Σε μια σειρά πρόχειρων σημειώσεων, πιθανόν γραμμένων επιτόπου,[80] ο Έβανς κατέγραψε την αρχική του ενθουσιώδη εντύπωση: «Το γνωστό στην ανατολική τέχνη θέμα απαντά εδώ για πρώτη φορά στη μυκηναϊκή. Αλλά ήταν γνωστό στον Όμηρο και τον Ησίοδο, στις περιγραφές των ασπίδων του Αχιλλέα και του Ηρακλή». Ο Έβανς απέρριψε τις θεωρίες άλλων μελετητών, ότι το αγγείο ήταν αιγυπτιακής ή συριακής προέλευσης. Προτίμησε να τοποθετήσει τη θαυμάσια αυτή εργασία αποκλειστικά στο Αιγαίο, παραθέτοντας ξανά τα λόγια του Βοιωτού συγγραφέα της *Θεογονίας*, που χρονολογείται τον έκτο αιώνα και αποτελεί την πρωιμότερη θεώρηση των ελληνικών μύθων: «Τόσο στην πραγμάτευση του θέματος από τον Ησίοδο, όσο και στο συγκεκριμένο ασημένιο αγγείο, υπάρχει μία διαφορά από τα αιγυπτιακά, τα ασσυριακά κλπ. Εκεί, ο εχθρός ηττάται ολοκληρωτικά (γενικά οι πολιορκημένοι). Εδώ, παρότι βλέπουμε δυστυχώς τη μία μόνο πλευρά, είναι προφανές, από τη θέση των γυναικών, ότι η έκβαση της μάχης είναι ακόμη αβέβαιη. Σκοπός του καλλιτέχνη –όπως στον Ησίοδο– ήταν απλώς να αναπαραστήσει την ένταση της μάχης». Ο Έβανς θαύμασε τη συναισθηματική δύναμη της σκηνής, για την οποία ένιωθε πως «ένα πιο ελεύθερο, πιο δημοκρατικό πνεύμα πνέει εδώ», μια αντίληψη που, κατά τον Έβανς, διέκρινε τους Ευρωπαίους Μυκηναίους από τους Ασιάτες σύγχρονούς τους.

Ακόμη περισσότερα, και μεγαλύτερα, θαύματα προστέθηκαν στο φάσμα της μυκηναϊκής τέχνης. Λίγα χρόνια πρωτύτερα, ο Σλήμαν είχε σκοπό να ανασκάψει έναν θολωτό τάφο κοντά στη Σπάρτη, αλλά όταν ο Sayce πήγε για αυτοψία ανέφερε ότι είχε λεηλατηθεί εκτεταμένα, κι έτσι τον άφησε.[81] Ένας νεαρός Έλληνας αρχαιολόγος, ο Χρήστος Τσούντας, ο οποίος είχε αναλάβει να συνεχίσει τις ανασκαφές του Σλήμαν στις Μυκήνες το 1886, αποφάσισε να κάνει το 1888 σωστική ανασκαφή στον λεηλατημένο τάφο κοντά στο Βαφειό, στην τοποθεσία Φάρις. Ο Τσούντας ανακάλυψε ότι το ένστικτο του Σλήμαν ήταν σωστό και οι τυμβωρύχοι παρέλειψαν τα σημαντικότερα δείγματα μυκηναϊκής τέχνης που έχουν βρεθεί μέχρι σήμερα: δύο χρυσά κύπελλα, ύψους 12 περίπου εκατοστών το καθένα, με έκκρουστα και σφυρήλατα σχέδια τέτοιας μοναδικής ζωντάνιας και εξαιρετικής λεπτομέρειας, που συνεχίζουν να εκπλήσσουν τον κόσμο της τέχνης.[82]

Το πρώτο από τα κύπελλα του Βαφειού, όπως είναι γνωστά, απεικονίζει κυνήγι άγριων ταύρων: σε ένα τεντωμένο ανάμεσα σε δέντρα δίχτυ έχει πιαστεί ένα θηρίο, ενώ ένα άλλο επιτίθεται στους κυνηγούς και ένα τρίτο ξεφεύγει τρέχοντας μέσα σε τοπίο με φοίνικες. Το δεύτερο κύπελλο απεικονίζει εξημερωμένα βόδια σε τοπίο με ελαιόδεντρα. Ο Έβανς κατέγραψε αυτά τα κύπελλα με απόλυτη ακρίβεια και θαύμασε τη σύνθεσή τους, αν και για το πρώτο σημείωσε ότι «η στάση του ταύρου δεν είναι πολύ φυσική και η θέση του ταύρου που εφορμά με το σώμα του είναι ατυχής. Ούτε η θέση του ανθρώπου που τον κρατά από τα κέρατα είναι καλά μελετημένη». Παρ' όλα αυτά, παραδεχόταν ότι «κατά τ' άλλα, η ποιότητα της δουλειάς είναι εκπληκτική και φαίνεται να ανήκει σε μια πολύ μεταγενέστερη περίοδο. Καμιά σχηματοποιημένη ή δουλική προσκόλληση στις παραδοσιακές αρχαίες μορφές της (Σύγκρινε την αρχαϊκή ελληνική τέχνη!!!)».

Αυξανόμενος αριθμός μελετητών άρχισε να συνειδητοποιεί ότι τα αντικείμενα, οι εικόνες και οι ιδέες στην τέχνη των Μυκηναίων μπορούσαν να συνδεθούν εύκολα με γεγονότα και αντικείμενα που περιγράφονται στα ομηρικά έπη. Από τη μεριά του, ο Έβανς συνέδεσε την ήμερη σκηνή εξημέρωσης του ειρηνικού δεύτερου κυπέλλου με το χωρίο της *Ιλιάδας* που περιγράφει πώς ο Αδάμας, χτυπημένος στο στομάχι από το δόρυ του Μηριόνη, «εσπαρταρούσε ως σπαρταρά το βόδι οπού στα όρη αφού το δέσαν στανικώς άνδρες τραβούν βουκόλοι».* Για τα μουγκρητά του ταύρου στο βίαιο κύπελλο, θυμόταν έναν άλλο φρικτό θάνατο, όταν ο Ιπποδάμας χτυπήθηκε στην πλάτη από το δόρυ του Αχιλλέα, καθώς πηδούσε από το άρμα του για να ξεφύγει: «Ως ξεψυχούσ' εμούγκριζεν, ως κάνει ταύρος όταν στου Ελικωνίου τον βωμόν τον σέρνουν παλικάρια, και όπως τους βλέπει ο Ποσειδών ευφραίνεται η καρδιά του».**[83]

Ο Έβανς, μόλις μια δεκαετία νωρίτερα, δεν έδινε σημασία στην επιμονή του Σλήμαν να ταυτίζει τους Μυκηναίους με τους ομηρικούς ήρωες, αλλά τώρα χαιρέτιζε το καινούργιο βασίλειο των ομηρικών Μυκηναίων με δέος. Σε ένα αδημοσίευτο χειρόγραφο, με τίτλο «Notes on the Origins and Affinities of Mykênean Culture», ξεκινά με τα

---

* Ομήρου *Ιλιάδα*, Ν 570-571, μτφ. Ιακ. Πολυλά. ΟΕΔΒ 1979. (Σ.τ.Ε.)
** Ομήρου *Ιλιάδα*, Υ 403-405, μτφ. Ιακ. Πολυλά. ΟΕΔΒ 1979. (Σ.τ.Ε.)

εξής: «Ο μυκηναϊκός πολιτισμός αναδύεται όπως η Αφροδίτη από τη θάλασσα. Όταν εμφανίζεται, βρίσκεται ήδη σε πλήρη ανάπτυξη – μοιάζει σαν να καταφθάνει σε ευρωπαϊκό έδαφος ένας πολιτισμένος ξένος ανάμεσα σε βαρβάρους».[84] Ήταν σαν ο Έβανς να είδε την Ευρώπη να κατεβαίνει από τη ράχη του ταύρου, ή μια μεγαλόπρεπη γυναικεία μορφή να ξεπηδά από το μέτωπο του Σλήμαν, όπως η Αθηνά βγήκε από το κεφάλι του Δία στον μύθο.

Οι σκόρπιες σημειώσεις του Έβανς, πιθανότατα γραμμένες τον Φεβρουάριο του 1893, εκθέτουν μια περίοδο ραγδαίας αλλαγής στάσης απέναντι στο ξεχωριστό φαινόμενο της πρώιμης ελληνικής τέχνης στις Μυκήνες, προδιαγράφουν όμως, επίσης, την κατεύθυνση όπου οι παρατηρήσεις του τον οδηγούσαν: «Όλα δείχνουν τη Νοτιοδυτική Μικρά Ασία ως την αρχική πηγή προέλευσης του Μυκ. λαού. Την Κρήτη ως κέντρο του παλαιότερου ελληνικού κράτους. Ο Μίνωας ίσως έπαιξε μεγάλο ρόλο στην εξάπλωση αυτού του πολιτισμού».[85] Ο μυθικός βασιλιάς της Κρήτης γινόταν ιστορική φυσιογνωμία και οι ρίζες του ελληνισμού επρόκειτο να βρεθούν στην Κρήτη.

Για μαργαρίτες και βουνίσια ρείκια

Με τις βαλίτσες του γεμάτες νέα αποκτήματα και στο μυαλό του να στριφογυρίζουν νέες ιδέες, ο Έβανς έφυγε από την Αθήνα για την Ιταλία στις αρχές Μαρτίου του 1893, για να βρεθεί με τη Margaret. Ίσως να είχε εντέλει συνειδητοποιήσει τη σοβαρότητα της κατάστασής της, αλλά ήταν πολύ αργά. Το Σάββατο 11 Μαρτίου του 1893, «έπιασε τη Margaret ένας βίαιος παροξυσμός πόνου και πέθανε μέσα σε μία ώρα, κρατώντας μέχρι τέλους το χέρι του Άρθουρ», αναφέρει η ετεροθαλής αδελφή του.[86] Η Margaret, που έχασε τον πατέρα της μόλις έναν χρόνο νωρίτερα, είχε προσπαθήσει να οργανώσει τα χαρτιά του Freeman με προοπτική να εκδώσει τη βιογραφία του και μια συλλογή επιστολών του. Ήταν όμως πολύ αδύναμη, κι έτσι τα παρέδωσε σε έναν οικογενειακό φίλο, τον αιδεσιμότατο William Stephens, ο οποίος εκθειάζει την αφοσίωσή της στον πρόλογο του βιβλίου του, *Life and Letters*, για τον Freeman: «Ποτέ δεν υπήρξε κόρη που να αγαπούσε και να ήταν υπερήφανη για τον πατέρα της όσο αυτή. Ποτέ κόρη δεν μόχθησε τόσο πρόθυμα όσο αυτή για να προχωρήσει το έργο που θα διαιώνιζε τη μνήμη του πατέρα της».[87]

Η κηδεία έγινε το απόγευμα της Κυριακής. Η Margaret αναπαύθηκε στην αγγλική πτέρυγα του κοιμητηρίου του Alassio, κάτω από μια ταφόπλακα που υπενθύμιζε την αφοσίωσή της στον πατέρα της, του οποίου «κάποτε ήταν το δεξί του χέρι» και στον σύζυγό της: «Σε σκληρά ταξίδια, σε ταραγμένους καιρούς, αλλά και στην ήρεμη μελέτη, ήταν η βοηθός που λίγοι έχουν συναντήσει. Το λαμπρό, ζωηρό πνεύμα της, ατρόμητο μέχρι τέλους στον πόνο, δουλεύοντας πάντοτε για την ευτυχία εκείνων που ήταν γύρω της, έκανε μια σύντομη ζωή μακρά».[88] Για τον τάφο της, ο Έβανς έφτιαξε ένα στεφάνι από μαργαρίτες, λευκούς μοσχοβολιστούς κυτίσκους και λευκά ρείκια της Μεσογείου, που αποτέλεσαν την έμπνευση για ένα ποίημα που κράτησε για τον εαυτό του:[89]

Στη Margaret την αγαπημένη μου σύζυγο

Από Μαργαρίτες και βουνίσια ρείκια
Και κατάλευκους κυτίσκους που μοσχοβολούν
Με λουλούδια που μάζευε – ένα στεφάνι
Πλέκω γι' αυτήν απόψε.

Άνθη της ηλιαχτίδας και οι πλαγιές
Όπου περιπλανιόμασταν μαζί
Κι εκείνο – το μάτι της μέρας που συλλαβίζει
Το όνομα της αγαπημένης μου.

Γιατί ήταν ολάνοιχτη σαν τον άνεμο
Αγνή σαν το γαλάζιο τ' ουρανού
Κι αγάπη πιο αληθινή – μαργαριτάρι τόσο σπάνιο
Δεν δόθηκε ποτέ σε άνθρωπο!

«Δεν έχω ακόμη συνειδητοποιήσει το χτύπημα που με βρήκε ... Δεν νομίζω πως μπορεί κανείς να ξέρει τι ήταν για μένα η Margaret. Όλα μοιάζουν μαύρα, χωρίς παρηγοριά», έγραψε ο Έβανς στον πατέρα του.[90] Δεν ξαναπαντρεύτηκε ποτέ, ούτε συνδέθηκε με γυναίκα όπως με εκείνη. Είχε επηρεαστεί βαθιά από τον πρόωρο θάνατο της μητέρας του και ανήκε σε μια γενιά ανθρώπων που έδιναν την καρδιά τους σε μια μόνο γυναίκα. Προσπάθησαν, ανεπιτυχώς, να κάνουν παιδιά και απέδιδαν το φταίξιμο για την αποτυχία αποκλειστικά σε κείνη, παρότι η αδιαφορία του –για να μην αναφέρουμε τον καταπιεσμένο του πόθο για νεαρούς άνδρες, που εκδηλώθηκε αργότερα– έπαιξε, ίσως, σημαντικό ρόλο. Τώρα αυτή είχε χαθεί, κι εκείνος απέμεινε μόνος. Το πατρικό του ένστικτο αναδύθηκε ξανά όταν απέκτησε οικονομική άνεση και υιοθέτησε δύο αγόρια, αλλά προς το παρόν οποιαδήποτε συναισθήματα είχε εκφράσει στο πρόσωπο της Margaret φυλακίστηκαν σε αυτό που η ετεροθαλής αδελφή του ονόμασε «το κρυφό οχυρό της καρδιάς του».

Μαζί με τη Margaret χάθηκαν και πολλές άλλες πλευρές της προγενέστερης ζωής του Έβανς. Η ολοκλήρωση της ιστορίας της Σικελίας ήταν το τελευταίο έργο που δούλεψαν μαζί και ο τελευταίος του δεσμός με το νησί αυτό, που τώρα ήταν αναπόσπαστα συνδεδεμένο με τον θάνατο και τα πνεύματα αγαπημένων του προσώπων.

Μετά από τριήμερο πένθος, ο Έβανς πήγε βόρεια προς την Πάρμα, απ' όπου έκανε εξορμήσεις στο Terramare και στις σπηλιές της Λιγουρίας ψάχνοντας για στοιχεία της νεολιθικής κοινωνίας που κατοικούσε στα σπήλαια.[91] Από κει, πήγε στο Ζάγκρεμπ, για να επισκεφτεί ξανά τον τόπο της πρώτης του βαλκανικής περιπέτειας, στην προσπάθειά του ίσως να ξαναζήσει την εποχή που ήταν ένας γενναίος, απελευθερωμένος νεαρός φοιτητής, πριν από πολλά χρόνια. Τον Ιούνιο, γύρισε πάλι στην Οξφόρδη και ζήτησε καταφύγιο στη μοναξιά του σπιτιού τού Boars Hill, τη φωλιά που είχε κτίσει για τη Margaret.

Λίγο μετά τον χαμό της Margaret, στην οικογένεια προστέθηκε η κόρη του σερ Τζων και της λαίδης Έβανς, που πήρε το όνομα Τζόαν, από τον πατέρα της. Ο Άρθουρ μοιράστηκε τη δυσφορία του για τα νέα με τον Charles Fortnum, ίσως επειδή ο ίδιος δεν είχε καταφέρει αυτό που ο πατέρας του, ζωηρός παρά τα εξήντα εννιά του χρόνια, πέτυχε εύκολα. Τελικά ο Έβανς αποδέχτηκε την ετεροθαλή αδελφή του και βρήκε σε αυτήν πολλές από τις ικανότητες της χαμένης γυναίκας του, καθώς και ένα πρόσωπο στο οποίο μπορούσε να εκμυστηρεύεται τις σκέψεις του.

Η συναισθηματική του κατάσταση εκδηλώθηκε με το χαρτί αλληλογραφίας που παρήγγειλε: το παραδοσιακό λευκό με μια φαρδιά μαύρη ταινία στις άκρες κι έναν ελέφαντα στην προμετωπίδα, για να θυμίζει την απώλειά του και να επιβεβαιώνει την πρόθεσή του να μην την ξεχάσει ποτέ. Ο Έβανς συνέχισε να χρησιμοποιεί το μαύρο περιθώριο στην αλληλογραφία του σαν φραγμό σε κάθε πιθανό εισβολέα στην απομόνωση, στην οποία είχε αποφασίσει να περάσει την υπόλοιπη ζωή του. Ήταν σαράντα δύο χρονών, αποτυχημένος δημοσιογράφος, ανεπιθύμητος στην Αυστρία, αποτυχημένος σύζυγος, χήρος και άκληρος· πασίγνωστος για τη σταθερή αλλά υπέρμετρα ιδεαλιστική αντίθεσή του στην τυραννία. Όμως, πάνω από όλα, ήταν κουρασμένος από τη διαχείριση του Ashmolean και την ατελείωτη αναζήτηση χρηματοδοτών για το Μουσείο και αηδιασμένος από την επαφή του με το κατεστημένο της Οξφόρδης, επειδή δεν μπορούσε να εισχωρήσει στους κλειστούς ακαδημαϊκούς του κύκλους, εξαιτίας της απροθυμίας του να συμβιβαστεί. Ήταν έτοιμος να αλλάξει ζωή και η πιο ελκυστική επιλογή ήταν εκείνη που είχε αναδείξει ο Halbherr. Η οδός προετοιμαζόταν από τη νεανική εργατικότητα του John Myres, ο οποίος ήδη εξερευνούσε τις πλατιές λεωφόρους που ξάνοιγαν σε έναν λαμπρό νέο κόσμο με τα πειστήρια ενός πρώιμου πολιτισμού που «ζωντάνευε από την αύρα του Αιγαίου».

ΚΕΦΑΛΑΙΟ ΤΡΙΤΟ

Κάντια

1893-1900

Μυκηναϊκά ιερογλυφικά

Ο ΑΡΘΟΥΡ ΕΒΑΝΣ ΞΕΚΙΝΗΣΕ ΣΤΑ ΜΕΣΑ ΜΑΡΤΙΟΥ ΤΟΥ 1893 το μακρύ, μοναχικό ταξίδι προς τον βορρά κατά το οποίο θα διέσχιζε την Ευρώπη, κρατώντας σφιχτά τους σφραγιδόλιθους που είχε βρει στην Αθήνα, με τα ανάγλυφα στοιχεία της επόμενης ενσάρκωσής του. Στο μεταξύ, ο John Myres άρχισε ενθουσιασμένος να προετοιμάζει το έδαφος για το επόμενο στάδιο της ζωής του Έβανς. Ο Έβανς και ο Hogarth είχαν καθοδηγήσει τον Myres να χρησιμοποιήσει τις υποτροφίες του για να ερευνήσει τις προϊστορικές θέσεις στην ηπειρωτική Ελλάδα και στα νησιά και να ψάξει για πιθανές προϊστορικές θέσεις στην Κρήτη.

Η αρχαιολογική έρευνα, που βασικά προϋποθέτει επίσκεψη στις αρχαίες θέσεις, καταγραφή των ορατών καταλοίπων και κατάταξή τους σε πιθανές περιόδους χρήσης, αναβλήθηκε, όταν ο Myres τραυματίστηκε στο γόνατο και αναγκάστηκε να αναρρώσει στο σπίτι του φιλέλληνα Edward Noel, στην Εύβοια. Περιέγραψε το κτήμα λέγοντας ότι είχε τη φεουδαρχική ατμόσφαιρα αγγλικού εξοχικού σε ένα ελληνικό χωριό. Ο Myres μελέτησε τη σύγχρονη ελληνική γλώσσα στη διάρκεια της δίμηνης ανάρρωσής του και εξοικειώθηκε με τα τοπικά έθιμα. Αυτό που τον εντυπωσίασε ιδιαίτερα ήταν η τελετή του Ορθόδοξου Πάσχα: πολλά χρόνια αργότερα, διηγείτο πως η Ανάσταση του Χριστού με φωτιά και φως ίσως να μη γινόταν ειδικά εκείνο τον χρόνο, αν δεν άκουγε τον ιερέα να ψιθυρίζει ότι τα σπίρτα με τα οποία επρόκειτο να ανάψουν τα κεριά ήταν υγρά. Ο πολυμήχανος Άγγλος, προς βαθιά ανακούφιση του κληρικού, του πέρασε ένα στεγνό κουτί ανάμεσα από τις εικόνες του τέμπλου και τον άκουσε να ψιθυρίζει: «Δόξα τω Θεώ, θα *κάνουμε* και φέτος Ανάσταση».[1] Την άλλη μέρα, οι άνδρες πήραν μέρος σε ένα καθαρά Ορθόδοξο χριστιανικό έθιμο στο προαύλιο της εκκλησίας, το Κάψιμο του Ιούδα, κατά το οποίο συγκεντρώνονταν γύρω από ένα φλεγόμενο ανδρείκελο, που το αναθεμάτιζαν ως τον Εβραίο.[2]

Τον Μάιο, ο Myres είχε αναρρώσει αρκετά, ώστε να ανταποκριθεί με ενθουσιασμό στο αίτημα του W. R. Paton να τον βοηθήσει στην έρευνα των αρχαίων μνημείων της τουρκικής χερσονήσου της Αλικαρνασσού και της Μύνδου, κοντά στο Μποντρούμ, στα παράλια του Αιγαίου. Ο Paton, από το Aberdeen, ήταν παντρεμένος με την Ολυμπίτιδα, την όμορφη κόρη του δημάρχου της Καλύμνου. Στην προίκα της περιλαμβανόταν και ένα αγρόκτημα στην ηπειρωτική Τουρκία, στην αρχαία θέση της Μύνδου, στην περιοχή της Καρίας. Ο Myres ξεκίνησε από τον Πειραιά, στα τέλη Μαΐου, σταμάτησε σε αρκετά λιμάνια διασχίζοντας το Αιγαίο, απολαμβάνοντας τις περιπέτειες που φαίνεται πως προκύπτουν στους ανήσυχους νέους, και τελικά έφτασε στο λιμάνι της Καλύμνου, όπου έμενε ο Paton. Η Κάλυμνος, ένα από τα Δωδεκάνησα, που είναι σκορπισμένα παράλληλα στη νοτιοανατολική ακτή της

Τουρκίας, ήταν διάσημη για τους σπογγαλιείς της. Ο Myres τη θυμόταν «περικυκλωμένη από στολίσκο καϊκιών, επανδρωμένα από γυμνά ηλιοκαμένα αγόρια, που έμοιαζαν με έμψυχα χάλκινα αγάλματα, όπως θα τα ήξεραν οι αρχαίοι». Έμαθε ότι «ήταν τα παιδιά των σφουγγαράδων ... που οι γονείς τους συνήθιζαν να τα ρίχνουν στη θάλασσα σε ηλικία ενός έτους. Αν επέπλεαν κι έβγαιναν στη στεριά, θα γίνονταν καλοί σφουγγαράδες. Αν βούλιαζαν στα άπατα, τα ξεφορτώνονταν μια και καλή».[3]

Ο Myres δούλεψε με τον Paton δύο μήνες. Κατά την περιπλάνησή του στους λόφους της Καρίας, του κίνησαν το ενδιαφέρον τόσο τα αρχαία ερείπια, όσο και οι σύγχρονοι κάτοικοι της Καρίας και ο τρόπος ζωής τους. Ήταν εξαιρετικός παρατηρητής και νοιαζόταν για τους ανθρώπους γύρω του (σε άκρα αντίθεση με τον Έβανς, που πάντοτε έμενε ακατάδεκτος και κρατούσε αποστάσεις). Απέκτησε λεπτομερή, άμεση γνώση της ακτής της Ανατολίας και των παρακείμενων νησιών, που αποδείχτηκε πολύ χρήσιμη όταν επανήλθε στην περιοχή είκοσι χρόνια αργότερα για να υπηρετήσει την πατρίδα του.

Η έρευνα της Καρίας τελείωσε στα τέλη Ιουλίου και ο Myres έφυγε για την Κρήτη. Τον προηγούμενο Δεκέμβριο είχε γράψει στον Thomas Sandwith, ο οποίος είχε αποσυρθεί πια από τα προξενικά του καθήκοντα στα Χανιά, ζητώντας συμβουλές για την ενδεικνυόμενη μέθοδο έρευνας των προϊστορικών θέσεων. Στην απάντησή του ο πρώην διπλωμάτης ανέφερε ό,τι θυμόταν σχετικά με τις αρχαιότητες στην τουρκική νομοθεσία, η οποία «επιτρέπει στον ευρετή να κρατήσει μόνο διπλά, ενώ όλα τα πρωτότυπα, εκτός από μικρά κοσμήματα, τα απαιτεί το Μουσείο της Κωνσταντινούπολης». Όπως οι τουρκικές

Αρχές είχαν διαπιστώσει με τον Σλήμαν, ο όρος «διπλό» επέτρεπε πολλές παρεκκλίσεις από εκείνους που αποφάσιζαν τη σχετική σπουδαιότητα των αρχαιοτήτων, ποιες έπρεπε να μείνουν στη χώρα όπου ανακαλύπτονταν και ποιες μπορούσαν να βγουν ελεύθερα στο εξωτερικό. Ο Sandwith συνέχισε τις συμβουλές του στον νεαρό εξερευνητή προειδοποιώντας:

> Υπάρχει ένας επιλέον καταμερισμός της λείας ανάμεσα στην κυβέρνηση, στον ιδιοκτήτη της έκτασης και στον ευρετή. Όμως αυτός ο νόμος, επειδή δεν είναι από εκείνους τους αμετάβλητους νόμους των Μήδων και των Περσών, στην πράξη υπόκειται σε τροποποιήσεις ... Μεγαλύτερο εμπόδιο στον εξερευνητή αρχαιοτήτων αποτελεί ο πατριωτικός ζήλος με τον οποίο κάποιοι μορφωμένοι Έλληνες αντιμετωπίζουν τον ξένο στις μεγάλες πόλεις. Υπάρχει ένα νεοσύστατο Μουσείο στην Κάντια, στο οποίο αυτοί οι Κρήτες κύριοι ανυπομονούν να τοποθετηθούν όλα τα αντικείμενα αρχαιολογικού ενδιαφέροντος. Καθώς, όμως, οι τουρκικές Αρχές θα προτιμούσαν να τα στείλουν στην Κωνσταντινούπολη, οι τελευταίοι αποθαρρύνουν την αναζήτηση αρχαιοτήτων μέχρι να περάσει το νησί στην ελληνική κυριαρχία, κάτι που δεν μπορεί κανείς να πει πότε θα γίνει.[4]

Ο Sandwith υποστήριζε την επίσημη θέση της βρετανικής κυβέρνησης, ότι η οθωμανική εξουσία, παρά τα ελαττώματά της, προσέφερε μεγαλύτερη σταθερότητα στην Ανατολική Μεσόγειο από ό,τι θα μπορούσαν νέες εθνικιστικές κυβερνήσεις, που θα είχαν να αντιμετωπίσουν προβλήματα εξουσίας μετά από γενιές υποταγής σε ξένους.

Μετά από υπόδειξη του Sandwith, ο Myres επικοινώνησε με τον διάδοχό του πρόξενο στην Κρήτη, τον Alfred Biliotti, ο οποίος τον διαβεβαίωσε ότι δεν θα είχε μεγάλες δυσκολίες να ταξιδέψει στις περισσότερες περιοχές του νησιού, και προσφέρθηκε να βοηθήσει με συστατικές επιστολές και εφόδια. Ο Myres ανακάλυψε ότι από τότε που ο Sandwith αποσύρθηκε, είχαν εκδοθεί από την τουρκική κυβέρνηση νέοι «Κανονισμοί περί αρχαιοτήτων»: από το 1884, είχε απαγορευθεί η εξαγωγή *όλων* των έργων τέχνης από την τουρκική επικράτεια. Η κατάσταση περιπλέχτηκε με την αποδοχή από τον Σύλλογο του Ηρακλείου του νέου ελληνικού νόμου που όριζε ότι όλα τα αρχαία αντικείμενα ανήκαν στο κράτος. Όποιος ήθελε να κάνει ανασκαφές στην Ελλάδα, έπρεπε να πληρώσει τα έξοδα ενός κρατικού επιθεωρητή και του επιτρεπόταν να βγάλει έξω από τη χώρα σχέδια ή εκμαγεία των ευρημάτων του.[5] Όμως, προς ανακούφισή του, ο Myres ανακάλυψε επίσης ότι οι νέοι τουρκικοί κανονισμοί έμεναν ουσιαστικά ανεκτέλεστοι και ως επί το πλείστον αγνοημένοι.

Στην Κάντια, ο Myres έμεινε με τον Βρετανό υποπρόξενο Λυσίμαχο Καλοκαιρινό, μεγαλύτερο αδελφό του δραγουμάνου Μίνωα. Οι τρεις τους πήγαν έφιπποι στην Κεφάλα, όπου ο Μίνως παρουσίασε τα ευρήματά του στον νεαρό Άγγλο μελετητή. Στον Σύλλογο, ο Χατζιδάκις έδειξε με υπερηφάνεια στον Myres τη συλλογή αρχαιοτήτων, καθώς και ομάδα αντικειμένων που, όπως θυμόταν πολλά χρόνια αργότερα, αμέσως του τράβηξαν την προσοχή. «Πριν από λίγες μέρες ένας χωρικός έφερε ένα καλάθι γεμάτο όστρακα από το σπήλαιο στις Καμάρες, που βρίσκεται ψηλά στη νότια πλευρά του όρους Ίδη», έγραψε. Ο Myres αναγνώρισε την ομοιότητα με εκείνα για τα οποία ο Flinders Petrie τον είχε στείλει να βρει περισσότερες πληροφορίες. Τώρα, μπορούσε με ασφάλεια να αποδείξει την κρητική τους προέλευση, καθώς φαινόταν πως υπήρχαν σε μεγάλες ποσότητες στο σπήλαιο. Επίσης, ήταν βέβαιος και για τη χρονολόγησή τους, εφόσον παρόμοια όστρακα είχαν βρεθεί εκεί κοντά σε έναν τάφο με έναν σκαραβαίο από αμέθυστο της αιγυπτιακής Δωδέκατης Δυναστείας, που ταίριαζε απόλυτα με τη χρονολόγηση του Petrie για το υλικό από την Καχούν. Συνειδητοποιώντας τη σημασία αυτής της συσχέτισης, ο Myres σχεδίασε με χρώματα τα αντικείμενα, πήρε το επόμενο ατμόπλοιο για την Αθήνα και σε έξι μέρες βρισκόταν στο Λονδίνο, όπου συνέκρινε τα σχέδιά του με τα αιγυπτιακά ευρήματα στο Βρετανικό Μουσείο.[6] Η αντιστοιχία ήταν πλήρης. Τον Σεπτέμβριο παρουσίασε την ανακάλυψη της «Καμαραϊκής κεραμικής», όπως την αποκαλούσε, στη Βρετανική Εταιρεία, κι έτσι έδωσε, όπως είχε προβλέψει ο Petrie, έναν από τους πιο αξιόπιστους τρόπους ιστορικής χρονολόγησης των ανακαλύψεων στην Κρήτη, παρά το γεγονός ότι βασιζόταν σε αιγυπτιακά δεδομένα.[7]

Λίγο μετά την επιστροφή του στην Αγγλία, ο Myres άρχισε να προσπαθεί να εξασφαλίσει άδεια ανασκαφής στην Κρήτη. Αντίθετα με τον Έβανς δεν είχε δικά του εισοδήματα, αλλά πίστευε πως η Οξφόρδη, η Ελληνική Εταιρεία και η Βρετανική Σχολή Αθηνών θα του έδιναν πρόθυμα τα κεφάλαια. Τον Οκτώβριο έγραψε στον Biliotti, ζητώντας του να πάρει την άδεια από τις Αρχές: «Σκοπεύω στο επόμενο ταξίδι μου να αρχίσω στην Γκνωσό, αλλά θέλω να πάρω μια γενική άδεια για δοκιμαστικές τομές όπου αλλού κρίνω πως υπάρχουν ελπίδες. Κι αν είναι δυνατόν, η άδεια να δοθεί από τις Αρχές επιτόπου, ώστε να μην αντιμετωπίσω τους υπεύθυνους του Μουσείου της Κωνσταντινούπολης, οι οποίοι θα καταστρέψουν τα πάντα αξιώνοντας να μεταφερθεί το μερίδιο της κυβέρνησης στην Κωνσταντινούπολη».[8] Ο απερίσκεπτος νεαρός αγνοούσε ή αδιαφορούσε για όσους είχαν διεκδικήσει ήδη την ανασκαφή. Πίστευε ότι μπορούσε να αναλάβει ένα αρκετά σημαντικό ερευνητικό πρόγραμμα. Όμως εκείνο το διάστημα, το Αμερικανικό Αρχαιολογικό Ινστιτούτο είχε πλησιάσει τον Halbherr, ο οποίος, κατά τα φαινόμενα, ήθελε να σκάψει στην Κνωσό. Ο Ernest Gardner, διευθυντής της Βρετανικής Σχολής Αθηνών, προειδοποίησε την 1η Νοεμβρίου τον Myres, λέγοντάς του: «Ελπίζω να μην πάει και σε προλάβει στην Κνωσό. Υπάρχει πολύς χώρος στην Κρήτη, αλλά τέτοια ενοχλητικά πράγματα συμβαίνουν μερικές φορές».[9] Ο Myres έγραψε στον Χατζιδάκι για να διευκρινίσει το θέμα, κι εκείνος του απάντησε: «Όπως έχουν τα πράγματα, νομίζω πως είναι αδύνατο να δοθεί άδεια ανασκαφής στην Κρήτη». Προσπάθησε να του εξηγήσει τις δυσκολίες που αντιμετώπιζαν οι Κρήτες με την Κωνσταντινούπολη και του ζήτησε να μην προσπαθήσει να πάρει άδεια τουλάχιστον για τους επόμενους τρεις μήνες.[10] Έτσι, ο Myres έστρεψε την προσοχή του στην Κύπρο, η οποία βρισκόταν αφενός κάτω από τουρκική κυριαρχία, αλλά μετά την υπογραφή της Συνθήκης του 1878 μεταξύ Βρετανίας και Τουρκίας είχε περάσει υπό βρετανική διοίκηση. Η παραχώρηση αυτή ήταν το αντάλλαγμα για την εγγύηση που παρείχε η Βρετανία στον Σουλτάνο ότι θα προστάτευε τις ασιατικές κτήσεις του από τη ρωσική απειλή. Ήταν λοιπόν ευκολότερο για τους Βρετανούς αρχαιολόγους, οι οποίοι ίδρυσαν το Ταμείο για την Εξερεύνηση της Κύπρου, να κάνουν ανασκαφές εκεί. Ο Myres συμμετείχε στις ανασκαφές του Βρετανικού Μουσείου στην Αμαθούντα την άνοιξη του 1894 και την επόμενη δεκαετία έγινε ένας από τους κορυφαίους ειδικούς στην πρώιμη ιστορία της Κύπρου. Ο Myres υπήρξε ο όγδοος στη σειρά των διακεκριμένων ερευνητών που προσπάθησαν να αποκαλύψουν τα μυστήρια της Κεφάλας, όμως, όπως διαπίστωσαν και οι προηγούμενοι, δεν είχε έρθει ακόμη η κατάλληλη στιγμή.

❖

Ο Άρθουρ Έβανς έφτασε στην Οξφόρδη το καλοκαίρι του 1893 και επέβλεψε την κατασκευή της πρώτης μόνιμης κατοικίας του στο Boars Hill, ενώ επανεξέταζε προτάσεις για το νέο Μουσείο Ashmolean. Είχε έρθει ο καιρός της προετοιμασίας για το μέλλον. Τον Σεπτέμβριο, διάβασε στη Βρετανική Εταιρεία ανακοίνωση για την ανακάλυψη αρχαίου βρετανικού λιμναίου οικισμού με πασσάλους, κοντά στο Glastonbury. Τέτοιοι οικισμοί ανακαλύφτηκαν για πρώτη φορά μετά από μια ξηρασία στην Ελβετία, το 1853, όταν η στάθμη των αλπικών λιμνών κατέβηκε εξαιρετικά χαμηλά και αποκαλύφτηκαν τα βυθισμένα ξύλινα υπολείμματα αρχαίων κατοικιών κτισμένων πάνω σε πασσάλους που είχαν καταποντιστεί στον βυθό των λιμνών, και χρονολογούνταν κάπου ανάμεσα στο 3000 π.Χ. και στη ρωμαϊκή κατάκτηση, τον πρώτο αιώνα π.Χ. Αυτοί οι λεγόμενοι Λιμναίοι Οικισμοί, που τώρα θεωρούνται σπίτια που είχαν κατασκευαστεί πάνω από βάλτους κοντά σε λίμνες, χαρακτηρίστηκαν ως τυπικά πρώιμοι ευρωπαϊκοί. Ο Έβανς επισήμανε με ενθουσιασμό την ύπαρξη πρώιμης μορφής αξιόλογου πολιτισμού στη Βρετανία, που την τοποθετούσε τρεις αιώνες πριν από την κατάκτηση του Ιουλίου Καίσαρα, το 55 π.Χ. Διατύπωσε τη θεωρία πως βελγικές φυλές είχαν πρωτοφέρει τις ευρωπαϊκές ιδέες στη Βρετανία γύρω στο 300 π.Χ., ένα σημείο που διευκρίνισε σε μακρά επιστολή, η οποία δημοσιεύθηκε στα τέλη Σεπτεμβρίου στους *Times*: «Greek and Italian Influences in Prae-Roman Britain». Ο Έβανς πρόσθεσε τις νέες ιδέες του γι' αυτό που υπέθετε πως είναι οι «βόρειες επιρροές» της μυκηναϊκής τέχνης, που τόσο τον είχαν διασκεδάσει στην Αθήνα:

> Εδώ είναι αδύνατο να γίνει κάτι περισσότερο εκτός από το να υπαινιχθούμε αυτήν τη μακρά αλυσίδα αιτίας και αποτελέσματος, οι κρίκοι της οποίας, όπως ελπίζω να μπορέσω να δείξω με τον πιο αδιάσειστο τρόπο, συνδέουν απευθείας το απόγειο της αρχαίας βρετανικής ή ύστερης κελτικής τέχνης, όπως φαίνεται αφενός στις πιο πρώιμες απεικονίσεις και στα έργα των χρυσοχόων της χριστιανικής Ιρλανδίας, και με το αρχαιότερο σύστημα διακόσμησης του ελληνικού κόσμου, την τέχνη των Μυκηνών.[11]

Ο Έβανς πίστευε πως η χρήση της σπείρας ως διακοσμητικού μοτίβου και στις δύο περιοχές ήταν απτή απόδειξη κάποιου είδους επαφής. Αυτό το θέμα –στοιχείο πρώιμου ελληνικού πολιτισμού, φάρος του οποίου έγινε η μυκηναϊκή τέχνη– και οι επιρροές του στην προϊστορική Βρετανία του επέτρεψαν να ενώσει τους δύο αρχαίους κόσμους που θαύμαζε περισσότερο: τη δική του Βρετανία και το ομηρικό Αιγαίο.

Στις 27 Νοεμβρίου, ο Έβανς εξέθεσε για πρώτη φορά τη νέα του θεωρία για τους Μυκηναίους στην Ελληνική Εταιρεία στο Λονδίνο, σε μια διάλεξη με θέμα: «Ένας μυκηναϊκός θησαυρός από την Αίγινα»,[12] σχετικά με μια συλλογή χρυσών αντικειμένων και κοσμημάτων που είχαν περιέλθει στην κατοχή του Βρετανικού Μουσείου τον προηγούμενο χρόνο. Κατά έναν περίεργο τρόπο, διατηρούσε ακόμη τον αναχρονιστικό συλλαβισμό και τον τονισμό των αρχαίων ελληνικών λέξεων, όπως Μυκέεναι αντί Μυκήνες και Κνόοζος αντί Κνωσός, τηρώντας τους αυστηρούς κανόνες για γλωσσική «καθαρότητα» που είχε διδάξει ο Edward Freeman. Συνέχισαν, μάλιστα, να εμφανίζονται στις σημειώσεις του για πολύ καιρό μετά τον θάνατο του πεθερού του, ενώ θα έπρεπε να είχαν ατονήσει αφού οι επιμελητές εκδόσεων, στα τέλη του δέκατου ένατου αιώνα, είχαν απλοποιήσει τις μεταγραφές για να διευκολύνουν τις γραφομηχανές και τα τυπογραφεία.[13]

Ο Έβανς χρησιμοποίησε την ευκαιρία της επίσημης εισόδου του στην αιγαιακή αρχαιολογία για να κοινοποιήσει τις απόψεις του για τους ελληνικούς και τουρκικούς «Κανονισμούς περί αρχαιοτήτων», που απαγόρευαν την εξαγωγή όλων των έργων τέχνης από αυτές τις χώρες:

> Οι απόψεις διίστανται σχετικά με το δικαίωμα μετακίνησης των μεγαλύτερων μνημείων της κλασικής αρχαιότητας από το έδαφος στο οποίο ανακαλύπτονται και στο οποίο φυσικά ανήκουν. Αλλά στην περίπτωση μικρών αντικειμένων, που φτιάχτηκαν ως εμπορικά και είναι ελεύθερα από τοπικούς δεσμούς, οι λόγοι, που έχουν βαρύτητα υπό άλλες συνθήκες, χάνουν την ισχύ τους ... Αυτό, είναι αλήθεια, δεν είναι η θέση των Ελλήνων ή ακόμη και της τουρκικής κυβέρνησης. Αλλά η θεωρία ότι οι

σημερινοί κάτοικοι της Ελλάδας ή οι Οθωμανοί κάτοχοι της Ανατολικής Αυτοκρατορίας είναι οι μόνοι νόμιμοι κληρονόμοι ακόμη και των ασήμαντων μνημείων του αρχαίου πολιτισμού δεν είναι πιθανό να τύχει επιδοκιμασίας από τον έξω κόσμο. Θα ήταν σκληρό πράγματι να μην μπορεί να φτάσει σε μας ούτε ένα μικροαντικείμενο από το λίκνο του πολιτισμού μας![14]

Η αντιπαραβολή ανάμεσα στους Έλληνες «κατοίκους» και τους Τούρκους «κατόχους» ήταν ξεκάθαρη δήλωση της προσωπικής του προτίμησης στο εθνικό προβάδισμα και στην ιστορική επιταγή και ευχαρίστησε τους συναδέλφους του στην Ελληνική Εταιρεία. Σχετικά με την αρχαιότητα, αυτό που ήθελε να εξαγάγει από την Ελλάδα ήταν ακριβώς τα μικροαντικείμενα που ο Έβανς είχε απολαύσει από την παιδική ηλικία, ώστε να συνεχίσει να τα απολαμβάνει ως ενήλικας. «Οι νόμοι με τους οποίους ούτε νόμισμα, κόσμημα ή αγγείο δεν μπορεί να μεταφερθεί πέρα από ορισμένη προνομιούχο ζώνη, τη στιγμή που παραμένουν γράμμα κενό και αδυνατούν να προστατεύσουν τα αντικείμενα αυτά, επιφέρουν μόνιμη βλάβη στην επιστήμη», συνέχισε, δείχνοντας πως η ακαμψία των νόμων εξανάγκαζε στην παράνομη απόκτηση αντικειμένων και την απώλεια οποιασδήποτε αρχαιολογικής συνάφειας. Κανείς επιμελητής ευρωπαϊκού μουσείου, που περίμενε να αυξήσει τα αποκτήματα του ιδρύματος μέσω αρχαιολογικών δραστηριοτήτων στο Αιγαίο, δεν θα αποδεχόταν πρόθυμα τις συνθήκες στην Ελλάδα και την Τουρκία. Αντίθετα, θα έψαχναν τρόπους να εξαπατήσουν τις Αρχές.

Οι παραλληλισμοί της τεχνοτροπίας που ο Έβανς είχε καταγράψει για τα χρυσά κοσμήματα προέρχονταν από τη γνώση του για την τέχνη της Αιγύπτου, της Συρίας, της Ελλάδας, της Ιταλίας, της Σαρδηνίας, της Κεντρικής Ευρώπης, μέχρι και του Καυκάσου. Στο τέλος, συμπέρανε ότι ο θησαυρός ήταν πράγματι «μυκεεναιικός», όμως χρονολογείτο περίπου στο 800 π.Χ., όταν η ένδοξη εποχή των Μυκηνών είχε τελειώσει, αλλά μερικά καλλιτεχνικά γνωρίσματα είχαν επιβιώσει στο νησί της Αίγινας. Αυτή η άποψη δεν υποστηρίζεται πλέον, καθώς οι μεταγενέστερες ανακαλύψεις του στην Κρήτη έδειξαν πως ο θησαυρός ήταν πολύ πιο πρώιμος.[15]

Στη διάρκεια της συζήτησης που ακολούθησε την εισήγησή του, ο Έβανς εντυπωσίασε το ακροατήριο ανακοινώνοντας ότι ανακάλυψε ένα «μυκεεναιικό» σύστημα ιερογλυφικής γραφής. Μετά την επιστροφή του από την Αθήνα, είχε επανεξετάσει τους «φοινικικούς» σφραγιδόλιθους του Greville Chester, οι οποίοι δόθηκαν στο Ashmolean το 1888, και τους είχε συγκρίνει με κάποιους από αυτούς που δημοσίευσε ο Milchhöfer και έφεραν εγχάρακτα σημεία, τις σχεδιαστικές αποτυπώσεις των οποίων του είχε στείλει ο Adolf Furtwängler. Ο Έβανς πρόσθεσε στη συζήτηση τα δικά του πρόσφατα αποκτήματα από το παζάρι της Αθήνας, που ήταν προσωπική του ιδιοκτησία, καθώς κι εκείνα που αγόρασε ο Myres στην Κρήτη και δώρισε στο Ashmolean.[16] Δήλωσε πως είχε επαρκή στοιχεία για περίπου εξήντα σύμβολα που αποδείκνυαν ότι υπήρχε πράγματι «γηγενής ελληνική» γραφή και ότι οι επιγραφές έμοιαζαν με τα ιερογλυφικά της Αιγύπτου και της Ανατολίας, αλλά ήταν εντελώς ανεξάρτητες. Όταν ο πατέρας του τον μάθαινε να ταξινομεί, του είχε δείξει πώς να διαχωρίζει αυτά τα σύμβολα σε τρεις τύπους, οι οποίοι, όπως υπέθετε, αντιπροσώπευαν στάδια ανάπτυξης, από την εικονογραφική ιερογλυφική στη γραμμική γραφή.[17] Ο πρώτος καρπός που γεννήθηκε από τους σπόρους του παζαριού της Αθήνας μπορεί να εξέπληξε πολλούς, αλλά όχι και τον Τζων Έβανς, που τώρα έβλεπε ότι η επιθυμία του να προαγάγει τους Ευρωπαίους προγόνους, από τις κατώτερες τάξεις του βαρβαρισμού στις υψηλές θέσεις του πολιτισμού, γινόταν γρήγορα πραγματικότητα. Η ανακάλυψη του Άρθουρ καθιστούσε επείγον ένα ταξίδι στη φημολογούμενη πηγή των εγχάρακτων λίθων. «Γίνομαι όλο και πιο ανήσυχος και θέλω μια καλή αναζήτηση!» έγραψε στον Charles Fortnum τον Νοέμβριο. «Τίποτε δεν θα με ευχαριστήσει περισσότερο από το να πάω από τη Σικελία στην Κρήτη» – από το πασίγνωστο στο άγνωστο.[18]

Πώς πέφτουν οι ισχυροί!

Ο Έβανς ξεκίνησε για τη Μεσόγειο μόλις το επέτρεψε ο καιρός κι έφτασε στο Κάιρο τον Φεβρουάριο του 1894. Αν και δεν ήταν ευχαριστημένος στη σύγχρονη Αίγυπτο και υπέφερε από ελονοσία, επωφελήθηκε από την ευκαιρία και εμπλούτισε τις ήδη εκτενείς γνώσεις του για την τέχνη και την αρχαιολογία της χώρας, μελετώντας προσεκτικά τις αρχαίες ιερογλυφικές γραφές της, που είχαν αποκρυπτογραφηθεί από τον Champollion πριν από εβδομήντα χρόνια. Ο Έβανς ήταν σε πολλά μαθητής του Flinders Petrie και χρωστούσε την άποψή του για την πολιτιστική και πολιτική κυριαρχία της αρχαίας Αιγύπτου στην αρχαία Εγγύς Ανατολή, σε μεγάλο βαθμό, στα αξιόπιστα κείμενα του Petrie.

Τον Μάρτιο, ο Έβανς έφτασε στην Αθήνα, κι από εκεί βρήκε θέση στο πλοίο της Austrian Lloyd's «Juno», που πήγαινε στην Κρήτη. Το «Juno» –ρωμαϊκό όνομα της Ήρας, συζύγου του Δία– έφερε τον Έβανς για πρώτη φορά στη γη όπου «θα εξερευνούσα αυτό που βρισκόταν πίσω από τους θρύλους για τον Μίνωα, τον Δαίδαλο και τον μυθικό Λαβύρινθο και θα αναζητούσα ένα ακόμη πρωιμότερο είδος γραφής»,[19] όπως θυμόταν καιρό μετά, μολονότι για την ώρα διέθεσε μόνο δεκαπέντε μέρες για όλα αυτά.

Τον Μάρτιο του 1894, έναν ολόκληρο χρόνο μετά τον θάνατο της Margaret, ο Έβανς αντίκρισε για πρώτη φορά το φαινομενικά αφιλόξενο τοπίο της Ίδης, που είχε γεννήσει θρύλους και μυστήρια, και του έδωσε τα στοιχεία για τον καινούργιο κόσμο που του είχε γίνει εμμονή. Μέσα από την πρωινή ομίχλη τα Λευκά Όρη αναδύονταν από τα δυτικά, καθώς το «Juno» άφησε τη Μήλο και ξεκίνησε το ταξίδι του κατευθυνόμενο προς το βορειοδυτικό άκρο της Κρήτης, κατεύθυνση που οι περισσότεροι ταξιδιώτες θα έπαιρναν κυριολεκτικά και μεταφορικά στις εξερευνήσεις του επόμενου αιώνα.

Γι' αυτόν που την παρατηρεί από τη θάλασσα, η Κρήτη φαίνεται να στέκεται στο Αιγαίο σαν τη ράχη πελώριου ταύρου που ορμά προς τα δυτικά. Οι τέσσερις ορεινοί όγκοι της από σκληρό, γκριζογάλαζο ασβεστόλιθο ξεπροβάλλουν από τη θάλασσα και υψώνονται στα 2.200 μέτρα στα Λευκά Όρη, στο δυτικό άκρο, και ακόμη ψηλότερα, στα 2.456 μέτρα στον Ψηλορείτη, την κορυφή της οροσειράς της Ίδης, με την οποία σμίγουν τα Λευκά Όρη πάνω από το Ρέθυμνο. Ο Ψηλορείτης, το αρχαίο βουνό Ίδη, είναι η ψηλότερη κορυφή του νησιού και η εστία αρχαίων και σύγχρονων μύθων. Ήταν το προφανές σκηνικό για τον Θησέα του Kingsley στην καταδίωξη του Μινώταυρου. Οι ορεινές μάζες υποχωρούν στην κεντρική Κρήτη, στην οποία κυριαρχούν οι λόφοι της βόρειας ακτής (όπου βρίσκεται το Ηράκλειο – η Κάντια) και ο κάμπος της Μεσαράς στη νότια ακτή. Εκεί οι πρόποδες της Ίδης σμίγουν με τις παρυφές της οροσειράς της Δίκτης, που υψώνεται στα ανατολικά σαν δαχτυλίδι γύρω από το οροπέδιο του Λασιθίου, κρυμμένο στα 900 μέτρα πάνω από τη θάλασσα. Ο ορεινός όγκος διακόπτεται ξανά στην περιοχή του Μιραμπέλλου, όπου φωλιάζει το λιμάνι του Αγίου Νικολάου, για να υψωθεί ξανά με την απότομη, σχεδόν αδιάβατη οροσειρά της Θρυπτής, που επιβλέπει το λιμάνι της Σητείας και η οποία χαμηλώνει σταδιακά μέχρι να αγγίξει το πέλαγος της Αιγύπτου στην ανατολική πλευρά του νησιού.

Η αυγή αποκάλυψε το περίγραμμα του όρους Γιούχτα, ενός απότομου σημείου στους κατά τα άλλα ήπιους λόφους της οροσειράς της Ίδης, στην καρδιά του νησιού, στο οποίο ο Έβανς μπορούσε να διακρίνει το μεγάλο μέτωπο, τη σουβλερή μύτη και την ατέλειωτη γενειάδα του νεκρού θεού Δία να απλώνεται από βορρά προς νότο. Οι Κρήτες διατείνονταν πως εκεί ήταν θαμμένος, λόγος για τον οποίο οι αρχαίοι Έλληνες, που πίστευαν ότι ο Δίας ήταν αθάνατος, θεωρούσαν όλους τους Κρήτες ψεύτες. Αυτό το χαρακτηριστικό περίγραμμα ήταν αρκετό για να ξεχαστούν οι προηγούμενες είκοσι τέσσερις ώρες ταλαιπωρίας από το ταξίδι. Σε λίγο, το παλιό *βαπόρι*, όπως οι Έλληνες ονόμαζαν το ατμόπλοιο, έπλευσε αργά στο λιμάνι της Κάντια, με τα πέτρινα θολωτά νεώρια που είχαν ανεγερθεί από τους Βενετούς να στέκουν σε παράταξη κατά μήκος της ακτής και το Λιοντάρι του Αγίου Μάρκου, σύμβολο του προστάτη αγίου της Δημοκρατίας, να εποπτεύει από το μικρό οχυρό της χερσονήσου το αποβατικό πλοιάριο που προσπαθούσε να φτάσει στους επισκέπτες για να τους βγάλει στην ακτή. Ο Έβανς σύντομα βρήκε ένα δωμάτιο με θέα στο λιμάνι και ξεκίνησε για να ανακαλύψει μόνος του την Κάντια.

Ο δρόμος που ανέβαινε από το λιμάνι τον οδήγησε στη μεγάλη εκκλησία του Αγίου Τίτου, του πρώτου Χριστιανού Επισκόπου Κρήτης, που λέγεται πως τον είχε ορίσει ο ίδιος ο Απόστολος Παύλος, όταν ναυάγησε στη νότια ακτή του νησιού, κατά τη διάρκεια της ρωμαϊκής κυριαρχίας τον πρώτο αιώνα μ.Χ.[20] Δίπλα, στα αριστερά του, πέρασε τη Λότζια, ένα κομψό οικοδόμημα των αρχών του δέκατου έβδομου αιώνα που είχε κτιστεί από τον Φραγκίσκο Μοροζίνι, έναν από τους τελευταίους Βενετούς αρμοστές, ο οποίος ήταν επίσης υπεύθυνος για την κρήνη που ακόμα φέρει το όνομά του στη μικρή πλατεία απέναντι, στη βόρεια άκρη της αγοράς, που ήταν και ο πρώτος προορισμός του Έβανς. Στα στενά δρομάκια του παζαριού, γεμάτα από πάγκους μικροπωλητών, ο Έβανς έψαξε για τους εμπόρους αρχαιοτήτων και αγόρασε είκοσι δύο κρητικούς σφραγιδόλιθους για ενάμισι πιάστρο τον έναν (ένα πιάστρο αντιστοιχούσε στο ένα εκατοστό της τουρκικής λίρας), μια αγορά που κόστισε συνολικά το πολύ ένα τέταρτο της αγγλικής λίρας της εποχής: μια απίστευτα χαμηλή τιμή με οποιοδήποτε κριτήριο.

Ο Έβανς έψαξε για τον Halbherr, αλλά απογοητεύτηκε, μαθαίνοντας πως αυτός και ο Χατζιδάκις βρίσκονταν στα Χανιά. Την επόμενη μέρα, επισκέφτηκε τον υποπρόξενο της Ρωσίας Ιωάννη Μιτσοτάκη, ο οποίος είχε αναμιχθεί στη λεηλασία του Ιδαίου Άντρου, λίγο μετά την ανακάλυψή του από βοσκούς το 1884, και είχε δημιουργήσει πολύ εντυπωσιακή συλλογή από αναθήματα, όπου συμπεριλαμβάνονταν αρχαία ελληνικά όπλα και τμήματα οπλισμού, συνηθισμένα αφιερώματα πολεμιστών στον Δία, ως ευγνωμοσύνη για τη νίκη. Βέβαια, παρενέβη τότε ο Σύλλογος και έστειλε τον Halbherr, μαζί με κάποιον κ. Αεράκη από την Κάντια, για να το ανασκάψουν, το καλοκαίρι του 1885.[21] Ο Μιτσοτάκης ήταν πρόθυμος να αποχωριστεί τη λεία του και πούλησε στον Έβανς είκοσι έναν σφραγιδόλιθους, αλλά πολύ πιο σημαντικό από τους πολύτιμους λίθους που του πρόσφερε ήταν ένα αντικείμενο το οποίο θα έκανε τα χέρια του Έβανς να τρέμουν.

Ο Μιτσοτάκης είχε ένα χρυσό δαχτυλίδι, σαν εκείνα που είχε βρει ο Σλήμαν στις Μυκήνες και στην Τίρυνθα, αλλά αυτό του είπε ότι προερχόταν από την Κνωσό. Ο Έβανς θα δυσκολεύτηκε να κρύψει την έξαψη που τον κυρίευσε, καθώς άγγιξε το πολύτιμο μέταλλο. Κρατούσε ένα χρυσό πειστήριο που είχε σφυρηλατηθεί στη μακρινή αρχαιότητα. Η εγχάρακτη παράσταση στο δαχτυλίδι τού φαινόταν πως «εικονίζει μια λατρεία λίθου που ακόμη επιβιώνει στην Ινδία και αλλού μέχρι σήμερα. Ο θεός, με τελετουργίες και ύμνους, φαίνεται να κατεβαίνει στον ιερό οβελίσκο, που γίνεται η προσωρινή κατοικία του ή, στη βιβλική γλώσσα, ένα "Μπεθέλ"».*[22] Αριστερά του οβελίσκου, ο Έβανς μπορούσε να διακρίνει ένα κτίσμα σαν ιερό, που περιέκλειε ένα δέντρο, ίσως σαν την ιερή φλαμουριά Yggdrasil, το δέντρο της ζωής στο κέντρο των τευτονικών μύθων. Καθώς το περνούσε στο μικρό του δάχτυ-

* Βαίτυλος. (Σ.τ.Ε.)

λο, ίσως να ένιωσε τη δύναμη του Alberich ή του Wotan, ή του Προμηθέα και του Δία. Στον γερμανικό μύθο, αυτός που κατείχε το Δαχτυλίδι Νίμπελουνγκ αποκτούσε κάποιου είδους φώτιση, βαθύτερη αυτογνωσία και σκοπό στη ζωή. Ο Έβανς σύντομα απέκτησε το Δαχτυλίδι της Κνωσού και αργότερα αναφερόταν σε αυτό ως ένα από τα «πιο πολύτιμα λάφυρά του» από την Κρήτη. Όπως και άλλα τεκμήρια για τα οποία ένιωθε την ανάγκη να τα αποκτήσει, το Δαχτυλίδι προσέλκυσε σαν μαγνήτης τα αντικείμενα εκείνα που χρειαζόταν για να κατασκευάσει έναν κόσμο ιδεών, την πρώτη του σύνθεση για το τι μπορούσε να είναι η κρητική θρησκεία, και να δημιουργήσει έναν δεσμό ανάμεσα στις Παρθένες του Ρήνου και τις φυσικές ξαδέλφες τους στα δάση της Κρήτης. Η δύναμη του Δαχτυλιδιού φαίνεται πως έδωσε στον Έβανς την αυτοπεποίθηση του Ζίγκφριντ για τα μελλοντικά του εγχειρήματα, που είχαν ωστόσο λιγότερο τραγικά αποτελέσματα από του Γερμανού ήρωα. Μολονότι το Δαχτυλίδι ήταν, από τεχνικής πλευράς, σημαντικό έργο τέχνης και έπρεπε να πάει σε μουσείο, ο Έβανς κράτησε τη δύναμή του αποκλειστικά για τον εαυτό του για τα επόμενα σαράντα τέσσερα χρόνια.

Κατόπιν, ο Έβανς πήγε στον καθεδρικό ναό του Αγίου Μηνά, όπου, στο προαύλιο αριστερά της κύριας εισόδου, βρισκόταν το μικρό κτήριο που ο Χατζιδάκις και ο Σύλλογος είχαν μετατρέψει σε μουσείο. Έναν χρόνο νωρίτερα, ο Ιταλός ταξιδιώτης Vittorio Simonelli είχε γοητευτεί από το μικρό μουσείο, που στεγαζόταν σε μια μόνο μακρόστενη αίθουσα, και το περιέγραφε ως «μια πραγματική έκπληξη. Ένας πραγματικός θησαυρός από χάλκινα αντικείμενα, επιγραφές, αγγεία, κατεργασμένους λίθους και μαρμάρινα γλυπτά». Τα πιο πολύτιμα αντικείμενα ήταν τα χάλκινα από το Ιδαίον Άντρο που ο Halbherr είχε σώσει από τον Μιτσοτάκη. Όταν ο Simonelli ρώτησε τον οδηγό του αν υπήρχε προοπτική να διευρυνθεί η συλλογή, η απάντησή του ήταν πως περίμεναν να έρθει η ώρα. Πίστευαν πως «είναι καλύτερα να περιμένουν λίγο περισσότερο. Σε κάθε περίπτωση, κανείς δεν διατηρεί καλύτερα ένα αρχαίο μνημείο από ό,τι η γη, που το έκανε τόσο καλά για πολλούς αιώνες».[23] Ο οδηγός τού επανέλαβε τη γνώμη των Ελλήνων Κρητών, όπως πολύ πρόσφατα είχε διαπιστώσει ο Myres, ότι οποιαδήποτε ανασκαφή εκείνη τη στιγμή θα ωφελούσε μόνο το Αυτοκρατορικό Μουσείο στην Κωνσταντινούπολη. Ο κίνδυνος ήταν υπαρκτός, καθώς ο Έβανς, με τη σειρά του, άκουσε τις φήμες ότι ο Χαμντί Μπέης απειλούσε να έρθει στην Κρήτη με σκοπό να εξερευνήσει προσωπικά τους αρχαιολογικούς τόπους.

Εκείνο το απόγευμα ο Έβανς γνώρισε τον Μίνωα Καλοκαιρινό και εξέτασε τη συλλογή των ευρημάτων του από τις ανασκαφές στην Κεφάλα. Ο Έβανς πράγματι εντυπωσιάστηκε πολύ από την κεραμική που, όπως παρατήρησε, είχε «πολύ καλά μυκηναϊκά σχέδια», αλλά αμφέβαλε για τις ικανότητες αυτού που τα είχε ανακαλύψει, ο οποίος, όπως ο Έβανς έγραψε στο ημερολόγιό του, «έχει απόψεις ακόμη και για τον μακρινό πρόγονό του!»[24]

Είτε επειδή δεν είχε κανένα σεβασμό για τους αυτοδημιούργητους που ασχολήθηκαν με την επιστήμη, είτε εξαιτίας μιας πιο προσωπικής αντιδικίας μαζί του, ο Έβανς δεν μπόρεσε να αποδώσει στον Καλοκαιρινό την ανακάλυψη της Κνωσού, και τελικά τον διέγραψε από τη σύγχρονη ιστορία της θέσης. Αλλά, προς το παρόν, διασκέδασε με τον ονειροπόλο και τις απίστευτες διηγήσεις του για τον βασιλιά Μίνωα που συνεδρίαζε με τους δικαστές του στο κυκλικό Δικαστήριο δίπλα στο Ανάκτορο της Κνωσού και επωφελήθηκε από την εξαιρετική γνώση του για την περιοχή. Ανυπομονώντας να επισκεφτεί την πηγή όλων αυτών που είχε ακούσει από τον Halbherr, τον Stillman, τον Myres και τώρα από τον Καλοκαιρινό, ο Έβανς προσέλαβε έναν ντόπιο οδηγό, τον Πουλακάκη, την πέμπτη μέρα της προγραμματιζόμενης ως σύντομης επίσκεψης, και στις 19 Μαρτίου ξεκίνησε για την Κνωσό. Προχώρησαν με τα άλογα έξι χιλιόμετρα, στην ύπαιθρο που ξυπνούσε μετά από έναν υγρό χειμώνα. Για τον Έβανς ήταν όλα νέα, ωστόσο αρκετά οικεία, ίσως από φανταστικά ταξίδια. Τη διαδρομή αυτή θα την έκανε τακτικά στο πιο δημιουργικό και περιπετειώδες μέρος της ζωής του.

Έφυγαν από την Κάντια από την Πύλη Καινορίου του ενετικού φρουρίου και διέσχισαν τη μεγάλη τάφρο των Σαρακηνών από μια στενή γέφυρα στη νότια όχθη, όπου συνάντησαν μια ομάδα ρακένδυτων, θλιβερών ψυχών που είχαν διωχτεί εκτός πόλης: τους λεπρούς, που επιδείκνυαν τα παραμορφωμένα άκρα τους, προσπαθώντας να προκαλέσουν τη συμπόνια των πλούσιων ταξιδιωτών. Ο Έβανς συγκινήθηκε από τις συμφορές τους και τους μοίρασε κάποια χρήματα. Από τη νότια όχθη, ο δρόμος τούς οδήγησε σε κάτι γλιστερές πλαγιές με πηλώδες έδαφος μέσα από ένα τοπίο που απέπνεε θάνατο: εδώ ήταν η περιοχή που ο Βρετανός ταξιδιώτης Bernard Randolph, το 1680, έντεκα χρόνια μετά την κατάκτηση της Κάντια από τους Τούρκους, την περιέγραψε ως «φρεσκοοργωμένο χωράφι, όπου δεν μπορείς να περπατήσεις χωρίς να δεις σκορπισμένα κόκαλα νεκρών».[25] Τώρα, είχε μπει κάποια τάξη και υπήρχε εκεί ένα άτακτα απλωμένο μουσουλμανικό νεκροταφείο. Περίπου δέκα γενιές Μουσουλμάνων Κρητών, αλλά και πολλών Ελλήνων που είχαν ασπαστεί τον ισλαμισμό για να εξασφαλίσουν μερίδιο στη διοίκηση του νησιού, βρίσκονταν θαμμένοι εκεί, στην πατρογονική τους γη. Μερικοί έζησαν και πέθαναν στη γη που δούλεψαν και αγάπησαν. Άλλοι είχαν πεθάνει στη διάρκεια εξεγέρσεων κατά της τουρκικής εξουσίας. Τα ψηλά, αστραφτερά λευκά ταφικά σήματα έστεκαν μόνο όσο υπήρχαν άνθρωποι για να τα φροντίζουν και να θυμούνται με αγάπη τις ζωές που αναφέρονται επάνω τους με κυρτή γραφή. Λεηλατήθηκαν και χρησιμοποιήθηκαν ως οικοδομικό υλικό όταν οι Χριστιανοί κατέστρεψαν το νεκροταφείο στις αρχές του εικοστού αιώνα. Παρακάτω, ο Έβανς και ο οδηγός του έφτασαν σε ένα μικρότερο περιφραγμένο νεκροταφείο, όπου λουλούδια με ζωηρά χρώματα τράβηξαν την προσοχή τους. Εδώ οι Χριστιανοί έθαβαν τους νεκρούς τους και συνέχισαν να το κάνουν πολύ μετά τη βεβήλωση των μουσουλμανικών μνημείων.

Η πρώτη τους στάση ήταν στο τουρκικό μοναστήρι, τον Τεκέ, στους Αμπελόκηπους, ένα μεγάλο κτήμα με αμπέλια που όριζε από τον βορρά την αρχαία Κνωσό. Ο δερβίσης τους καλωσόρισε με παραδοσιακή φιλοξενία και διαφώτισε τον Έβανς για τη φύση των προστριβών ανάμεσα στους ντόπιους. Τους εξήγησε πως υπήρχαν σοβαρές διαφορές και μέσα στην ίδια τη μουσουλμανική κοινότητα: οι χωρικοί ήθελαν να συναναστρέφονται με Χριστιανούς όμοιους τους και κατά πάσα πιθανότητα θα βαπτίζονταν Χριστιανοί, αλλά «οι Μωαμεθανοί της πόλης είναι μια υπερήφανη και κλειστή κάστα» και ήταν αφοσιωμένοι στον φανατισμό που τροφοδοτεί τις φλόγες του μίσους.[26] Όπως και στη Βοσνία, ο Έβανς έδειξε ενδιαφέρον για την κακή κατάσταση των ανθρώπων της υπαίθρου και προσπαθούσε να βρει τρόπους να γεφυρώσει το χάσμα, αλλά ταυτόχρονα δεν μπόρεσε ποτέ να εγκαταλείψει εντελώς τη δυσπιστία και την απέχθεια που ο Freeman του είχε ενσταλάξει για «τον Τούρκο».

Έφυγαν από τον Τεκέ ανανεωμένοι και σύντομα μπήκαν σε μια περιοχή όπου οι απόκρημνοι βράχοι εναλλάσσονταν με ανθρώπινες κατασκευές από πολυκαιρισμένους πλίνθους και πέτρες που πρόβαλλαν από λοφοπλαγιές και αμπέλια, απομεινάρια της εποχής που η Κρήτη ήταν ρωμαϊκή αποικία. Το μονοπάτι τους έφερε στο κέντρο μιας στοιχειωμένης πόλης, της Colonia Juliana,* πέρα από τη μεγάλη βασιλική του Belli, στην ορχήστρα του θεάτρου όπου Ρωμαίοι άποικοι περνούσαν καλοκαιρινές νύχτες απορροφημένοι σε παμπάλαιες ιστορίες και παθήματα ανθρώπων, ιστορίες που πιθανόν γνώριζαν πως είχαν γεννηθεί στη νέα τους πατρίδα, ακόμη και στα ίδια τα χωράφια τους. Ο Έβανς είναι σίγουρο ότι θα γνώριζε καλά τις ίδιες ιστορίες, καθώς ακολουθούσε το μονοπάτι. Στην τελευταία καμπή του δρόμου φανερώθηκε ο σκοπός του ταξιδιού του, αριστερά κάτω στην κοιλάδα, αλλά σε τέτοια απόσταση που λίγα μπορούσε να δει χωρίς να

---

* Η Κνωσός ήταν ρωμαϊκή αποικία από το 67 π.Χ. έως το 400 μ.Χ. Η επαρχία ονομάστηκε Colonia Julia Nobilis Cnossus και ιδρύθηκε από τους κατοίκους της Capua. Το κέντρο της ρωμαϊκής πόλης βρέθηκε στους αγρούς βόρεια και δυτικά του χώρου του Ανακτόρου. (Σ.τ.Ε.)

στραβωθεί. Αντί γι' αυτό, αφέθηκε να φανταστεί το έξαρμα του εδάφους από τη δυτική πλευρά του ποταμού όπως πολλοί πριν από αυτόν το είχαν περιγράψει. Κατέβηκαν την πλαγιά, έδεσαν τα άλογά τους σε δέντρα στην άκρη του δρόμου και προχώρησαν προς τον στρογγυλό λοφίσκο, που «λαμποκοπούσε από πορφυρές, άσπρες και ρόδινες ανεμώνες και τις γαλάζιες ίριδες», προς μεγάλη απόλαυση του Έβανς.[27]

Ο Έβανς πήδηξε στα εγκαταλειμμένα σκάμματα που είχε ανοίξει ο Καλοκαιρινός δεκαπέντε χρόνια νωρίτερα. Καθάρισε τα αγριόχορτα και για πρώτη φορά ψηλάφισε τα χαραγμένα σημάδια στις πέτρες από γυψόλιθο, που τόσο καλά είχε περιγράψει και εικονογραφήσει ο φίλος του Stillman το 1881. Ο Halbherr και ο Myres είχαν απόλυτο δίκιο! Εδώ ήταν η πηγή όλων όσα τον είχαν προσελκύσει σε αυτό το νησί, στην άκρη της Ευρώπης. Ήταν μια στιγμή αναγνώρισης, στην οποία επέστρεφε συχνά τα επόμενα χρόνια, ιδιαίτερα μετά τον κατακλυσμό της δημοσιότητας με την ανάδειξη της Κνωσού σε μνημείο διεθνούς σπουδαιότητας και τη δική του επακόλουθη διασημότητα, με αποτέλεσμα η στιγμή αυτή να αποκτήσει μυθικές διαστάσεις. Είναι ενδιαφέρον να αντιπαραβάλουμε τη δήλωση που έκανε, τριάντα χρόνια αργότερα, στη Vera Hemmens, μια Βρετανίδα δημοσιογράφο, και τα γεγονότα όπως τα είχε καταγράψει σε σημειωματάρια και δημοσιεύσεις λίγο αφότου συνέβησαν.

«Για πρώτη φορά εξερεύνησα τη θέση του Ανακτόρου του Μίνωα το 1894, όταν επισκέφτηκα για πρώτη φορά την Κρήτη», αναπολούσε ο Έβανς στη Hemmens τον Σεπτέμβριο του 1926:

Μόλις την αντίκρισα, ένιωσα τη μεγάλη σπουδαιότητά της, γιατί ήταν στο επίκεντρο όλων των μύθων της αρχαίας Ελλάδας. Όταν ανακάλυψα τη θέση, υπήρχε ένας μικρός παλιός τοίχος στη μια άκρη. Αυτό ήταν όλο. Εξερεύνησα πολύ προσεκτικά την επιφάνεια και μάζεψα μικρά κομμάτια από χρωματιστό κονίαμα και όστρακα, που ήταν αρκετά για να με πείσουν ότι υπήρχε εκεί κάτι θαυμάσιο. Είδα τους ντόπιους να κρατούν κομμάτια πήλινων πινακίδων που έφεραν σημάδια γραφής σε μιαν άγνωστη γλώσσα.

Αυτή η απλουστευμένη εκδοχή της «ανακάλυψης» της Κνωσού σε πρώτο ενικό πρόσωπο ταίριαζε πολύ στη ρομαντική εικόνα του κοινού για την αρχαιολογία, αλλά απείχε πάρα πολύ από την αλήθεια. Στο ημερολόγιό του εκείνο τον καιρό έγραψε:

Η τοποθεσία της Κνωσού είναι πολύ εκτεταμένη και καταλαμβάνει αρκετούς λόφους. Η μυκεναιική ακρόπολη φαίνεται ότι δεν είναι ο ψηλότερος, αλλά εκείνος προς τα νοτιοδυτικά ... Εδώ, σε ένα μέρος που λέγεται τα *Πιθάρια*, βρίσκονται τα υπολείμματα των μυκεναιικών τειχών και περασμάτων (όπου βρέθηκαν τα μεγάλα δοχεία, οι πίθοι) που παρατήρησαν ο Stillman και άλλοι.[28]

Δεν ήταν η ευτυχής συγκυρία «του Χρόνου και της Τύχης», λοιπόν, όπως φαντάστηκε αργότερα η ετεροθαλής αδελφή του. Ο Έβανς είχε καταλάβει πόσο σπουδαία ήταν η Κνωσός από την αναφορά του Stillman το 1881, δεκατρία χρόνια νωρίτερα. Μέχρι να βρεθεί ο ίδιος στα σκάμματα της Κεφάλας, διάβασε εκθέσεις πολλών μελετητών που είχαν ήδη μαζέψει στοιχεία, με τα οποία είχαν διαμορφώσει αντιφατικές θεωρίες για τη χρονολόγηση της θέσης και την ταυτότητά της. Είχε συναντηθεί με τον πρώτο που ανακάλυψε την τοποθεσία και άγγιξε «τα μικρά κομμάτια από χρωματιστό κονίαμα και όστρακα» στο σπίτι του Καλοκαιρινού, και όχι σκόρπια στην περιοχή. Η σχέση του με την Κνωσό οφειλόταν λιγότερο στην τύχη και περισσότερο σε συνειδητή απόφαση. Ο Έβανς ήθελε να κάνει ό,τι περνούσε από το χέρι του για να ανακαλύψει την αρχαία Κνωσό, επειδή πίστευε ότι αυτό θα τον βοηθούσε να απαντήσει στο ερώτημά του για την καταγωγή των Μυκηναίων. Ήξερε πως ήταν ο ένατος στη σειρά των διακεκριμένων μνηστήρων και ότι όλοι είχαν αποτύχει πριν από αυτόν, όμως εκείνο το απόγευμα έβαλε σκοπό να πάρει ο ίδιος το έπαθλο.

Επιστρέφοντας στην Κάντια, ο Έβανς και ο οδηγός του σταμάτησαν στο χωριουδάκι Μακρυτοίχος, όπου ο Έβανς ζήτησε με προσποιητή αθωότητα *αντίκες*, και του έφεραν «ένα εντυπωσιακό τμήμα αγγείου από μαύρο βασάλτη. Στην αρχή», σημείωσε, «νόμισα πως ήταν κομμάτι από κάποιο ρωμαϊκό ανάγλυφο, αλλά έκπληκτος ανακάλυψα πως ήταν μυκεεναιικό, με τμήμα από ανάγλυφο που απεικόνιζε ανθρώπους που ίσως όργωναν ή έσπερναν –έναν βωμό;– και έναν τοιχισμένο περίβολο με μια συκιά: ένα συμπλήρωμα στα αγγεία του Βαφειού και μάλιστα σε σύγχρονή τους τεχνοτροπία!»[29] Αυτός ήταν ο δεύτερος, μετά το Δαχτυλίδι της Κνωσού, συνδετικός κρίκος για τα δύο αριστουργήματα της μυκηναϊκής τέχνης, που και πάλι είχε βρεθεί σε κρητικό έδαφος, και μάλιστα στην Κνωσό.

Ο Έβανς είχε φτάσει εκείνο το πρωινό στην Κεφάλα με αρκετό σκεπτικισμό, ιδιαίτερα μετά την κουβέντα του με τον Καλοκαιρινό, αλλά έφυγε πεπεισμένος τουλάχιστον για ένα πράγμα: έγραψε στο ημερολόγιό του πως οι τοίχοι «είναι πολύ περίπλοκοι, από όσο μπορεί κανείς να διακρίνει, αλλά δεν μπορεί να είναι, όπως υποθέτει ο Stillman, ο ίδιος ο Λαβύρινθος. (*Αργότερα*: Όχι. Αφού τους εξέτασα περισσότερο, νομίζω πως έτσι είναι.)»[30]

Την επόμενη μέρα ήρθαν από τα Χανιά ο φίλος του Halbherr με τον Χατζιδάκι και τον ξενάγησαν λεπτομερώς στο μικρό μουσείο. Μίλησαν για μελλοντικές ανασκαφές στην τοποθεσία της Κεφάλας και, σύμφωνα με τον Έβανς, ο Χατζιδάκις «ειρωνεύτηκε» την απαίτηση του André Joubin. Την άδεια να ανασκάψει την Κνωσό, που ο Joubin είχε εξασφαλίσει το 1890 για τη Γαλλική Σχολή Αθηνών, του την είχε δώσει μόνο ο ένας από τους τέσσερις ιδιοκτήτες, και ήταν για δύο μόνο χρόνια, χρονικό διάστημα που είχε πια περάσει. Υπήρχε, επίσης, το ακόμη πιο σοβαρό ζήτημα, ότι η φήμη του Joubin είχε αμαυρωθεί, τουλάχιστον σε ό,τι αφορούσε τους Έλληνες Κρήτες, όταν πήγε στην Κωνσταντινούπολη για να βοηθήσει τον Χαμντί Μπέη να καταρτίσει τον κατάλογο του πρόσφατα ολοκληρωθέντος Αυτοκρατορικού Μουσείου, και έτσι έγινε persona non grata. Όπως έγραψε ο Έβανς, «ο Χατζιδάκις και όλοι οι Έλληνες εδώ αντιτίθενται στο να βάλει ο Joubin χέρι στην πίτα, τώρα που έγινε υπάλληλος των Τούρκων και τσιράκι του Χαμντί Μπέη».[31] Ο Έβανς δεν έχασε καιρό και πρότεινε τον εαυτό του ως τον καλύτερο υποψήφιο για τη θέση.

Το απόγευμα της 21ης Μαρτίου, ο Halbherr και ο Καλοκαιρινός πήγαν τον Έβανς ξανά στην τοποθεσία της Κεφάλας και του έδειξαν τις άλλες αρχαιότητες στην κοιλάδα της Κνωσού. Εκείνο το βράδυ άρχισε επίσημη συζήτηση με τον Χατζιδάκι, όχι για να αποκτήσει το δικαίωμα της ανασκαφής, όπως είχαν κάνει οι άλλοι –αυτό θα γινόταν αργότερα– αλλά για να αποκτήσει τη γη όπου βρισκόταν η θέση. Ο συλλέκτης Έβανς ήξερε καλά τα προνόμια που απορρέουν με την ιδιοκτησία και έθεσε σε εφαρμογή το σχέδιο που θα του έδινε το μεγαλύτερο έπαθλο. Οι συζητήσεις τους συνεχίστηκαν την επόμενη μέρα και τελικά συμφώνησαν να διαπραγματευτεί ο Χατζιδάκις με έναν από τους ιδιοκτήτες που φαινόταν πρόθυμος να πουλήσει, και να αγοράσει το ένα τέταρτο της ιδιοκτησίας εξ ονόματος του Έβανς, δίνοντάς του έτσι το δικαίωμα να πιέσει για την αγορά της υπόλοιπης ιδιοκτησίας. Ο Έβανς υποσχέθηκε να μαζέψει ολόκληρο το ποσό στην Αγγλία μέσω ενός φορέα που θα δημιουργούσε: «του προς το παρόν ανύπαρκτου Ταμείου για την Εξερεύνηση της Κρήτης.[32]

Κατόπιν, ο Έβανς ξεκίνησε μια εκδρομή για να εξερευνήσει την Κρήτη μόνος του. Έφυγε από την Κάντια στις 23 Μαρτίου, πηγαίνοντας δυτικά προς το Ρέθυμνο. Στη διαδρομή ανακάλυψε πως οι δρόμοι και όλες οι γέφυρες ήταν ρημαγμένοι. «Ακόμη και στις πόλεις δεν συνάντησα κάτι που θα μπορούσα να ονομάσω πανδοχείο. Χάρη στις συχνές εξεγέρσεις, τα μισά χωριά αποτελούνται από μαυρισμένα ντουβάρια και το μόνο κατάλυμα είναι κυρίως μικρές καλύβες που έχουν δάπεδο από πατημένο χώμα, παρ' όλο που οι ένοικοί τους είναι φιλόξενοι και εξυπηρετικοί».[33]

Στο Ρέθυμνο, έψαξε τον οδηγό του Halbherr, τον Αλεβίζο Παπαλεξάκη, και μίσθωσε τις υπηρεσίες του. Καθώς η εκδρομή που σκόπευε να κάνει θα γινόταν στη διάρκεια της Σαρακοστής των Χριστιανών Ορθοδόξων, λίγο πριν από το Πάσχα, «όταν το κοινό σαλιγκάρι του κήπου γίνεται κύρια πηγή τροφής των Ορθοδόξων», ο Έβανς ήταν ευχαριστημένος που βρήκε «έναν μουλαρά που μπορεί να μαγειρέψει κρητικό λαγό στη γάστρα και να μετατρέψει σε σούπα κάποιο πουλί ... ανεκτίμητη βοήθεια». Αλλά ο μεγαλύτερός του έπαινος ήταν για την «αληθινή όσφρηση του Αλεβίζου για αρχαιότητες», όχι και τόσο περίεργη αν σκεφτεί κανείς ότι ο Κρης οδηγούσε επισκέπτες επί δέκα χρόνια τουλάχιστον και γνώριζε πολύ καλά τα αρχαία μνημεία που ήταν διασκορπισμένα στο άγριο τοπίο του νησιού.[34]

Ο Έβανς βρήκε κι άλλα δείγματα πρώιμων σφραγιδόλιθων στο μαγαζί ενός χρυσοχόου στο Ρέθυμνο και σημείωσε με αυξανόμενη επίγνωση και συγκίνηση: «Η σπουδαιότητα των μυκεεναιικών υπολειμμάτων εντυπωσιάζει σε κάθε βήμα. Οι μυθικές μέρες του Μίνωα, η θαλασσοκρατορία του Ιδομενέα και οι Εκατό Πόλεις υπήρξαν οι μεγάλες μέρες της Κρήτης».[35] Εδώ, πράγματι ήταν το νησί της γοητευτικής περιγραφής του Ομήρου, που μόλις μια γενιά νωρίτερα τη θεωρούσαν φανταστική ιστορία με φανταστικά πρόσωπα. Τώρα, ο Έβανς παρασυρόταν σε ένα ποιητικό τοπίο, παρά την προσπάθειά του να παραμείνει ορθολογιστής. Όσο περισσότερα έβλεπε, τόσο επέτρεπε στον εαυτό του να σκέφτεται την πιθανότητα ότι η πραγματική Ιστορία κρύβεται κάτω από τους μύθους.

Η Κρήτη του Ομήρου, όπως την περιγράφει ο Οδυσσέας μεταμφιεσμένος σε περιπλανώμενο ευγενή από την Κρήτη,* ήταν «ένα νησί ... στη μέση του οίνοπα πόντου.

---

* Ομήρου *Οδύσσεια*, τ 171-178, μτφ. Ζήσ. Σιδέρη. ΟΕΔΒ 1986. (Σ.τ.Ε.)

Όμορφη είναι, πολύκαρπη και θαλασσοκλεισμένη ... πόχει κατοίκους άπειρους κι έχει χωριά ενενήντα. Πόλη μεγάλη είναι η Κνωσό της Κρήτης, όπου ο Μίνως του Δία συνομιλητής βασίλευε εννιά χρόνια». Για τους ίδιους τους Κρήτες είπε: «Κάθε λαός έχει τη γλώσσα του. Των Αχαιών τα γένη κι οι Κρητικοί οι λιοντόκαρδοι κι οι άξιοι Κυδωνιάτες, των Δωριέων τρεις φυλές, κι οι Πελασγοί οι λεβέντες».[36] Κατά τον Όμηρο, ο Ιδομενέας ήταν γιος του Δευκαλίωνα και εγγονός του Μίνωα, ο οποίος ήταν γιος του Δία. Αυτός οδήγησε το κρητικό ναυτικό, τρίτο μόνο σε αριθμό μετά τον στόλο του Αγαμέμνονα των Μυκηνών και του Νέστορα της Πύλου, στον πόλεμο των Αχαιών εναντίον της Τροίας και γύρισε στην πατρίδα με όλη του τη δύναμη ανέπαφη.[37] Άραγε ο Έβανς πείστηκε ότι το κρητικό τοπίο ήταν ίδιο με εκείνο του έπους; Ήταν αυτοί οι γκρεμισμένοι και χορταριασμένοι τοίχοι οι αρχαίες κατοικίες της μνήμης του ποιητή; Ήταν αυτό το νησί όπου ο Ιδομενέας γύρισε νικητής από την Τροία, για να γίνει ηγέτης ενός λαού που νικήθηκε από την αρρώστια και μιας χώρας στην οποία ενέσκηψε πείνα και λοιμός; Αν ήταν έτσι, ο Έβανς ήταν μάρτυρας της κυκλικότητας της Ιστορίας, καθώς, όπου κι αν πήγαινε, συναντούσε πείνα και αρρώστια.

Ο Έβανς και ο Αλεβίζος έφυγαν από το Ρέθυμνο στις 27 Μαρτίου και ανέβηκαν στους δυτικούς πρόποδες της Ίδης, στη Μονή του Αρκαδίου, όπου τους υποδέχτηκε ο ηγούμενος Γαβριήλ, τον οποίο ο Έβανς περιέγραψε ως «έναν ευχάριστο άνθρωπο που η νηστεία της Σαρακοστής δεν του ταιριάζει», πόσω μάλλον τα πρόσφατα γεγονότα.[38] Αυτός τους διηγήθηκε την ιστορία της αδιάκριτης σφαγής των 550 ανδρών, γυναικών και παιδιών, οι οποίοι είχαν εγκαταλείψει τις παράλιες πόλεις για να βρουν καταφύγιο εκεί. Ο Stillman υπήρξε μάρτυρας αυτής της φρίκης, κατά την εξέγερση του 1866. Στο τέλος της επίθεσης, όταν φάνηκε καθαρά πως όλα είχαν χαθεί για τους Χριστιανούς, ο τότε ηγούμενος έβαλε φωτιά στην μπαρουταποθήκη και τινάχτηκαν όλα στον αέρα. Ο Έβανς έμαθε πως μόνο ένας καλόγερος είχε επιζήσει και είδε με τα μάτια του την άλλοτε σπουδαία ενετική εκκλησία που είχε μεταβληθεί σε σωρό από ερείπια.

Όσο ο Έβανς ταξίδευε ανάμεσα από πυρπολημένα αγροκτήματα και χωριά και άκουγε ιστορίες φονικών συγκρούσεων και ασθενειών –η λέπρα φαίνεται πως μάστιζε τον πληθυσμό–, τόσο περισσότερο αναλογιζόταν την αντίθεση ανάμεσα στις «μεγάλες εποχές» του πολιτισμού και στη μάλλον αναπόφευκτη μετάβαση στην απελπισία που ακολουθούσε. Η ύπαιθρος, όπως και οι πόλεις, ακόμα διατηρούσε ίχνη από τη μεγάλη καλλιτεχνική άνθιση της Κρητικής Αναγέννησης, όταν η ενετική εξουσία είχε φέρει μαζί της την παιδεία και τις αισθητικές αρχές της. Ωστόσο μέσα στο καταρρέον πλαίσιο εξουσίας της Δημοκρατίας ζούσε ένας λαός τον οποίο ο Έβανς δεν μπορούσε να σεβαστεί αρκετά, μολονότι μερικές φορές ένιωθε γι' αυτόν κάποια συμπάθεια.

Συνέχισε το ταξίδι του προς τη Μονή των Ασωμάτων και από εκεί στο Αποδούλου, όπου έμεινε στο σπίτι του ντόπιου ιερέα:

> Ήταν γέρος και κουτσός, και το κρεβάτι του ήταν κοντά στο τζάκι σε ένα μικρό δωμάτιο με χωματένιο πάτωμα, όπου όπως καθόμουν μπαινόβγαιναν πρόβατα και κάποιο αδιάκριτο γουρούνι, ενώ, αναπάντεχα, ένα κου-

νέλι ξεπρόβαλε ανάμεσα στα πόδια μου και ανακάλυψα πως κάτω από τη θέση του αιδεσιμότατου υπήρχε ολόκληρη οικογένεια κουνελιών. Ο ξενώνας, απέναντι από μια χοντροφτιαγμένη βεράντα, ήταν καλύτερος, αν και τα πρόβατα και τα αρνιά είχαν ελεύθερη είσοδο και προφανώς κοιμόντουσαν με τις γυναίκες και τα παιδιά σε ένα άλλο άδυτο, στο οποίο δεν διείσδυσα ... Το Αποδούλου είχε πυρποληθεί κατά την εξέγερση του '66, αλλά οι κάτοικοι είχαν ξεφύγει. Παραμένει ακόμη, όπως κάθε χωριό από όσα περνώ εδώ, μισοερειπωμένο.[39]

Την άλλη μέρα, ο Έβανς προσπάθησε να ανεβεί στο σπήλαιο στις Καμάρες, όπου είχε βρεθεί η κεραμική που έγινε διάσημη από τον Myres, αλλά διέκοψε στους πρόποδες εξαιτίας του δυνατού βόρειου ανέμου και της είδησης πως η σπηλιά ήταν γεμάτη χιόνι. Ο άνεμος τους οδήγησε κάτω, στην πεδιάδα της Μεσαράς, όπου ο Έβανς ανυπομονούσε να εξερευνήσει την κορυφή ενός λόφου που είχε ταυτιστεί με την αρχαία Φαιστό. Ο Όμηρος διηγείται πώς ο Ιδομενέας, για να πάρει την εξουσία πριν από τον πόλεμο της Τροίας, σκότωσε τον Φαίστο – αναφορά ίσως σε κάποια αρχαία διαμάχη ανάμεσα στην Κνωσό και τη Φαιστό.[40] Αλλά ο Έβανς δεν βρήκε αρκετά στοιχεία για να επιβεβαιώσει τη μαρτυρία του ποιητή για την άλλοτε μεγάλη πόλη στον χαμηλό λόφο που του είχαν δείξει, και συνέχισε, αφήνοντας τον Halbherr να ανακαλύψει τη σπουδαία αυτή θέση, δεύτερη μετά την Κνωσό.

Έψαξαν για την τοποθεσία του Άγιου Ονούφριου, για την οποία ο Halbherr είχε πει πως βρισκόταν στην περιοχή της Φαιστού. Επτά χρόνια νωρίτερα ένα παιδί είχε βρει ένα κομμάτι χρυσού στον λοφίσκο, γεγονός που προκάλεσε φρενίτιδα λαθρανασκαφών, αποκαλύπτοντας αντικείμενα της περιόδου που τότε ονομάστηκε «Λατρεία των Νησιών», καθώς τα ευρήματα περιλάμβαναν μικρά λευκά μαρμάρινα ειδώλια όμοια μ' εκείνα που βρέθηκαν στα νησιά των Κυκλάδων, στη Μήλο, την Αμοργό, την Κέρο και τη Θήρα, και θεωρήθηκε πως συνδέονταν με μια πρώιμη μορφή ευλάβειας. Αυτά μελετήθηκαν για πρώτη φορά το 1830 από τον Γερμανό Ludwig Ross, ο οποίος τα απέδωσε σε πολιτισμό που ονόμασε *Inselcultur* (νησιωτικός πολιτισμός) και τα τοποθέτησε σε μια εποχή αρκετά προγενέστερη από εκείνη των Φοινίκων, αυτών που ο Σλήμαν ονόμασε αργότερα Μυκηναίους. Τα χαρακτηριστικά ειδώλια σήμερα θεωρούνται ως το σήμα κατατεθέν της Πρώιμης Εποχής του Χαλκού στο Αιγαίο. Ο Σύλλογος, που εξέτασε τη θέση το 1888, βρήκε μεγάλο πλήθος ανθρώπινων οστών και σκουριασμένα υπολείμματα όπλων, ώστε συμπέρανε πως ήταν πεδίο κάποιας αρχαίας μάχης.[41] Όποια και να ήταν η αλήθεια, ο Έβανς έπρεπε να αναβάλει τα σχέδιά του, καθώς δεν μπορούσε να εντοπίσει τον λόφο (τώρα θεωρείται νεκροταφείο). Έτσι, προχώρησε στη Γόρτυνα, όπου ήλπιζε να συναντήσει τον Halbherr. Ωστόσο, ο Ιταλός φίλος του είχε πάει να εξερευνήσει κάποια άλλη περιοχή, κι έτσι ο Αλεβίζος έδειξε στον Έβανς ό,τι είχε απομείνει από τη μεγάλη ρωμαϊκή πόλη με την ξακουστή επιγραφή της και τη χριστιανική βασιλική του Αγίου Τίτου.

Κατευθύνθηκαν ανατολικά, στον Μύρτο, και μετά κατά μήκος της ακτής του Λιβυκού πελάγους ως την Ιεράπετρα, όπου ακόμη μία φορά, συγκινημένος από την αθλιότητα, ο Έβανς σχολίασε: «Πώς πέφτουν οι ισχυροί!» Η ρωμαϊκή πόλη της Ιεράπυτνας ήταν κόσμημα της Μεσογείου στην αρχαιότητα. Ο Έβανς ήταν αρκετά εξοικειωμένος με τα περίτεχνα νομίσματά της και τις δύο εντυπωσιακές σαρκοφάγους, που είχε αγοράσει εδώ το 1861 και έστειλε στο Βρετανικό Μουσείο ο πλοίαρχος Thomas Spratt, τοπογράφος του ναυτικού που είχε προσληφθεί από το βρετανικό ναυαρχείο για να χαρτογραφήσει τις ακτές της Κρήτης. Όμως, η συστηματική λεηλασία και η καταστροφή από τους ντόπιους κτηματίες είχαν μετατρέψει μια ισχυρή πόλη, «που κάποτε κυριαρχούσε σε αυτό το τμήμα της Κρήτης», σε «ελεεινή πολίχνη, στο τελευταίο στάδιο κατάρρευσης και μαρασμού».[42]

Από την Ιεράπετρα, προχώρησαν βορειοανατολικά στην Πραισό, όπου ο Halbherr είχε πάει το 1894 και ανακάλυψε μια επιγραφή «σε παράξενο αλφάβητο κάποιας άγνωστης γλώσσας».[43] Καθώς ο Όμηρος τοποθετούσε την πατρίδα των Ετεοκρητών ή «Αληθινών» Κρητών ανατολικά, θεωρήθηκε ότι μπορούσε η Πραισός να ήταν το κέντρο τους, και το «παράξενο αλφάβητο», που ακόμη δεν είχε αποκρυπτογραφηθεί, ίσως ήταν η γλώσσα τους, τα ετεοκρητικά.

Κατόπιν, ο Αλεβίζος οδήγησε τον Έβανς από ένα ξερό, ανεμοδαρμένο οροπέδιο ψηλά στην οροσειρά της Θρυπτής και κάτω στην κοιλάδα της Ζάκρου, που έμοιαζε με επίγειο παράδεισο. Μια πηγή ψηλά στην κοιλάδα δημιουργούσε «κυριολεκτικά μια όαση, με κελαρυστά ρυάκια, ελιές, χαρουπιές, συκιές και πλούσια βλάστηση όλων των ειδών, ανθισμένες ροδακινιές και μηλιές, λεύκες με ανοιχτό πράσινο ανοιξιάτικο φύλλωμα, ψηλά κυπαρίσσια που ξεχώριζαν στο γκρίζο φόντο των απόκρημνων ασβεστολιθικών βράχων».[44] Σ' αυτό το μαγικό σκηνικό, εξερεύνησαν μια κοιλότητα μέσα στον βράχο στη θέση *Ανθρωπόλιθοι*, «το μέρος των πέτρινων ανθρώπων», και βρήκαν πήλινα ειδώλια ανθρώπων και ζώων. Ο Έβανς φαντάστηκε εδώ ένα «ιερό σπήλαιο» ή τόπο προσκυνήματος.

Στην παραθαλάσσια πεδιάδα του Παλαίκαστρου, ο Έβανς ανέβηκε στο απότομο ύψωμα, το οποίο, με τα αρχαία του ερείπια, δίνει το όνομά του στην περιοχή. Αλλά δεν κατάφερε να διακρίνει την αρχαία πόλη που λεγόταν Ρουσόλακκος και που είχε περιγράψει ο Halbherr.[45] Πάντως, απέκτησε έναν πολύτιμο λίθο με εγχάρακτα δελφίνια που ακόμα περιβαλλόταν με φύλλο χρυσού, το οποίο, όπως έγραψε, «δείχνει τον τρόπο με τον οποίο μεταχειρίζονταν τους σκούρους ακόσμητους λίθους και επιβεβαιώνει την ιδέα μου ότι το τμήμα του λίθινου αγγείου από την Κνωσό με την ανάγλυφη διακόσμηση ήταν αρχικώς καλυμμένο με χρυσό. Σ' αυτή την πρακτική εντοπίζουμε την προέλευση των μυκηναϊκών χρυσών ανάγλυφων, όπως των κυπέλλων του Βαφειού».[46] Εκεί, ο Έβανς αγόρασε επίσης ένα τετράπλευρο σφραγιδόλιθο που έφερε εγχάρακτα σύμβολα, τη σπουδαιότητα των οποίων αναγνώρισε πρώτος εκείνος: κατά τη διάρκεια των πολύωρων περιπλανήσεών του είχε τον χρόνο να σκεφτεί διεξοδικά τη σημασία αυτών που έβλεπε, και να συνδυάσει τη σημασία των κτηθέντων αντικειμένων με τις θεωρίες που ανέπτυσσε για μια πρώιμη μορφή γραφής, προγενέστερης εκείνης των αρχαίων ελληνικών. Μέχρι να φτάσει στο Παλαίκαστρο, όπου του είχαν πει πως αφθονούσαν οι τρίπλευροι και τετράπλευροι σφραγιδόλιθοι που είχε αγοράσει σε άλλα μέρη, οποιεσδήποτε αμφιβολίες για την ταύτιση των συμβόλων με ένα περίπλοκο σύστημα ιερογλυφικής γραφής είχαν εντελώς εξαφανιστεί.[47]

«Χάρη σε μια ευτυχή σύμπτωση κρητικής δεισιδαιμονίας», καθώς έγραψε, κατόρθωσε να συγκεντρώσει σημαντικό αριθμό σφραγιδόλιθων. Όπως τον είχε προειδοποιήσει ο Halbherr, «οι γυναίκες τούς αποκαλούσαν "γαλόπετρες" και τους φορούσαν γύρω από τον λαιμό τους ως φυλακτά μεγάλης αξίας». Απτόητος, ο Έβανς

> επισκέφτηκα λοιπόν όλα τα σπίτια των χωριών και, με τον ένα ή τον άλλον τρόπο, έπεισα πολλές γυναίκες να μου δείξουν τα φυλακτά τους. Σύντομα ανακάλυψα ότι οι γυναίκες κάποιας ηλικίας δεν ήταν δύσκολο να αποχωριστούν τις «γαλόπετρές» τους έναντι κάποιας αμοιβής, με τις νεότερες, όμως, η κατάσταση ήταν πιο λεπτή. Σε μερικές περιπτώσεις κατόρθωσα να τις ανταλλάξω με πέτρες μικρότερης αρχαιολογικής αξίας, των οποίων, ωστόσο, τις γαλακτοφόρους ιδιότητες μπορούσα να εγγυηθώ με βεβαιότητα. Όμως, αρκετές φορές η συγκατάθεση ήταν αδύνατη και η μόνη απάντηση ήταν: «Δεν την πουλώ ούτε για δέκα λίρες! Δεν βλέπεις το μωρό μου;»[48]

Αφήνοντας την ακτή, άρχισαν να ανεβαίνουν στριφογυριστά μονοπάτια στα βουνά προς ένα κρυμμένο οροπέδιο, όπου Χριστιανοί καλόγεροι είχαν βρει καταφύγιο τον δωδέκατο αιώνα και έκτισαν το πρώτο ξωκλήσι. Αργότερα, κτίστηκε η Μονή Τοπλού, που πήρε το όνομά της από την τουρκική λέξη για το κανόνι, από τα οποία είχε απομείνει ένα μόνο. Ο Halbherr είχε έρθει εδώ δέκα χρόνια νωρίτερα και κατέγραψε τις αρχαίες επιγραφές που συγκέντρωσαν οι εργατικοί μοναχοί για αιώνες από τα κατεστραμμένα ιερά στα γειτονικά παραθαλάσσια ερείπια, και τις εντοίχισαν στα δικά τους ιερά κτίσματα. Είχε ταυτίσει τα ερείπια της Ερημούπολης με την αρχαία Ίτανο, διάσημη στην αρχαιότητα ως δώρο του Μάρκου Αντώνιου στην Κλεοπάτρα. Μια μεγάλη πέτρα, εντοιχισμένη στο καθολικό της Μονής, αναφερόταν στο περιστατικό της διαιτησίας των κατοίκων της Μαγνησίας της Βόρειας Ελλάδας, σε διαμάχη για την κατοχή του ιερού του Δικταίου Διός (Κρητικού προκατόχου του αρχηγού του ελληνικού πανθέου), που αναφέρεται πως βρισκόταν κάπου στα σύνορα των γαιών της Ιτάνου και της Πραισού. Ο Έβανς υπήρξε μάρτυρας σε μια σύγχρονη προσπάθεια διαιτησίας και επαίνεσε τον ηγούμενο, που τον βρήκε να φροντίζει για την τακτοποίηση δύο Μουσουλμάνων ταξιδιωτών. Δέκα χρόνια αργότερα, ένας Βρετανός μελετητής που έψαχνε το ιερό, χαρακτήρισε το Μοναστήρι με λιγότερη επιείκεια: «Το μέρος είναι τρομακτικά μεσαιωνικό. Είναι βρώμικοι, αδαείς, τους αρέσει το κρασί και έχουν έναν νάνο για να τους διασκεδάζει».[49]

Από τις ανεμοδαρμένες πλαγιές της Μονής Τοπλού κατέβηκαν στο ανατολικότερο λιμάνι της Κρήτης, τη Σητεία, που ιδρύθηκε γύρω από ένα μικρό ενετικό φρούριο. Αυτό το μικρό προκεχωρημένο φυλάκιο καταστράφηκε το 1538 από τον περιβόητο Μπαρμπαρόσα, σπουδαίο ναύαρχο του οθωμανικού στόλου, κατά την επιτυχή εκστρατεία του για να αποκτήσει τον έλεγχο της Ανατολικής Μεσογείου και να δώσει στον Σουλτάνο τη θαλασσοκρατορία. Ο Έβανς βρήκε μια μικρή πόλη κτισμένη γύρω από ένα μικρό λιμάνι και έμεινε εκεί αρκετό καιρό, προκειμένου να εξασφαλίσει περισσότερους πολύτιμους λίθους από τους ντόπιους. Στις 13 Απριλίου, ξεκίνησε για το εσωτερικό του νησιού.

Φαίνεται πως γοήτευσε ιδιαίτερα τον Έβανς το άγριο τοπίο της Κρήτης, περισσότερο από τις παράλιες πόλεις και τις θλιβερές ιστορίες τους. Ψηλά, στις κορυφές των βουνών της Θρυπτής, πέρασαν μέσα από τη Ρούκακα (τώρα ονομάζεται Χρυσοπηγή) και ανέβηκαν σε «ένα άγριο ασβεστολιθικό φαράγγι που ήταν ορατό από την οροσειρά Αφέντη Βουνού. Τα χαμηλότερα τμήματά του έλαμπαν από τις κίτρινες οξαλίδες και ψηλότερα, ανάμεσα στα βράχια, υπήρχαν πολλές ψηλές κίτρινες άγριες κάλες. Από την κορυφή του περάσματος (μία ώρα) υπάρχει ωραία θέα στα γαλάζια νερά του κόλπου του Μιραμπέλλου και πέρα στα χιονοσκέπαστα βουνά της Δίκτης».[50] Ο Έβανς εθίστηκε στη φυσική ομορφιά του νησιού στο πρώτο του ταξίδι και άρχισε να κάνει μακρινές διαδρομές μέσα στις ερημιές, ακόμα και στα κατοπινά χρόνια, παρά την απασχόλησή του με ανασκαφές ευρείας κλίμακας στην Κνωσό.

Στις δυτικές πλαγιές της Δίκτης, που έχουν θέα στον κόλπο του Μιραμπέλλου, ανακάλυψαν την Κριτσά, «το μεγαλύτερο χωριό της Κρήτης» και «το σημείο εκκίνησης για ... την πιο επιβλητική ... την ερειπωμένη πανάρχαια πόλη, γνωστή τώρα ως Γουλάς, από την τουρκική λέξη για τον πύργο, του οποίου το αρχαίο όνομα παραμένει χαμένο στην ομίχλη του χρόνου. Η πόλη πράγματι φαίνεται να εγκαταλείφθηκε πριν από την αυγή της Ιστορίας». Ο Έβανς σάστισε εντελώς από αυτή την ερειπωμένη, ανεξερεύνητη ακρόπολη. «Η γενική εντύπωση είναι τρομακτική: σε ολόκληρο το βουνό, που καταλήγει σε ένα βραχώδες σημείο στα βορειοανατολικά, είναι διάσπαρτοι σωροί κυκλώπειων ερειπίων». Η θέση ήταν από παλιά γνωστή στους ταξιδιώτες. Λίγο καιρό πριν, ο Halbherr ήλπιζε ότι ο Σλήμαν θα ενδιαφερόταν να αποκαλύψει τα μυστικά της, αλλά μάταια.[51]

Οι επανειλημμένες περιπλανήσεις στους λόφους του

Γουλά έπεισαν τον Έβανς ότι είχε βρει κάποιο ανάκτορο της ομηρικής εποχής:

> Στην κορυφή μιας δεύτερης ακρόπολης, που μέχρι τώρα δεν έχει περιγραφεί, υπήρχαν οι χαμηλότεροι τοίχοι ενός κτίσματος, του οποίου η κυρίως αίθουσα, το *μέγαρον*, παρέχει συγκρίσιμα στοιχεία με πολλά κτίσματα της Έκτης ή Μυκηναϊκής Πόλης της Τροίας. Πρόκειται για την πραγματική ομηρική Πέργαμο. Γιατί η απέραντη έκταση των ερειπίων του Γουλά είναι σίγουρα ανυπέρβλητη σε σχέση με τα πανάρχαια ερείπια επί ευρωπαϊκού εδάφους ... Η φευγαλέα θέα της γειτονικής παραλιακής περιοχής ξεκαθαρίζει το γεγονός ότι βρισκόμαστε σε απόσταση αναπνοής από τα κυριότερα λιμάνια της ανατολικής Κρήτης, αντικρίζοντας το σκαλοπάτι του νησιού προς τη Μικρά Ασία. Δεν υπάρχει αμφιβολία ότι η μελλοντική έρευνα και η ανασκαφή που απαιτείται θα αποκαλύψουν στον Γουλά ένα ηγετικό κέντρο του αρχαίου αιγαιακού πολιτισμού.[52]

Ο Έβανς διεκδίκησε θέση ευρετή της δεύτερης ακρόπολης του Γουλά, καθώς επιθυμούσε διακαώς να σταθεί δίπλα στον Σλήμαν ως εξερευνητής ομηρικών πόλεων, αλλά ο πρωταρχικός του στόχος παρέμενε η Κνωσός, όπου αρχαίες πηγές και σύγχρονες εξερευνήσεις συνέκλιναν, εγγυόμενες πλούσια ανταμοιβή στον ανασκαφέα.

Στις 24 Απριλίου, ο Έβανς επέστρεψε με τον Halbherr και τον Καλοκαιρινό στην κοιλάδα της Κνωσού, για να εξερευνήσουν τις πλαγιές της ανατολικής πλευράς και να κοιτάξουν μέσα στους λαξεμένους στον βράχο τάφους της ρωμαϊκής εποχής, στην κορυφή της κοιλάδας στα Σπήλια. Βρίσκονταν κοντά στο μονοπάτι που οδηγούσε από ένα στενό φαράγγι στο μεγάλο υπόγειο σπήλαιο στην Αγία Ειρήνη, το οποίο ο Καλοκαιρινός πίστευε πως αποτελούσε έμπνευση για τον μύθο του Λαβύρινθου, μολονότι ο Έβανς διαφωνούσε απόλυτα. Η εικόνα που είχε για τον αρχαίο Λαβύρινθο ήταν ό,τι είχε καταγράψει ο Πλίνιος και βρήκε ο Flinders Petrie. Το κτίσμα στον λόφο της Κεφάλας, που ο Stillman ταύτισε με τον Λαβύρινθο, ταίριαζε πολύ περισσότερο παρά αυτό το χειροποίητο ορυχείο, που βρισκόταν κρυμμένο μακριά σε ένα σκοτεινό φαράγγι.

Αρχικά ο Έβανς είχε προγραμματίσει ένα δεκαπενθήμερο ταξίδι, αλλά τελικά έζησε τις σαράντα πιο παραγωγικές μέρες της ζωής του. Στις 25 Απριλίου, έστειλε ένα σημείωμα στο *Athenaeum*, με την αδιαμφισβήτητη αναγγελία ότι είχε ανακαλύψει ένα «μυκηναϊκό σύστημα γραφής στην Κρήτη και την Πελοπόννησο». Η υπόθεση που είχε κάνει, βασιζόμενος στις ανακαλύψεις του στο παζάρι της Αθήνας πριν από έναν χρόνο, ενισχύθηκε από τους εγχάρακτους σφραγιδόλιθους που είχε αποκτήσει από όλα σχεδόν τα μέρη του νησιού. Μπορούσε τώρα να καταρτίσει κατάλογο με περισσότερα από ογδόντα διαφορετικά σύμβολα που ανήκαν σε τουλάχιστον δύο διαφορετικές γραφές, η μία εικονιστική και η άλλη γραμμική και αλφαβητική. «Αυτό που κατέδειξαν τα συγκεκριμένα κρητικά ευρήματα είναι πως πολύ πριν να εισαχθεί το φοινικικό αλφάβητο για πρώτη φορά στην Ελλάδα, οι νησιώτες του Αιγαίου, σαν τους γείτονές τους στην Ασία, είχαν αναπτύξει ένα ανεξάρτητο σύστημα γραφής». Οι ίδιες γραφές χρησιμοποιούνταν στην ηπειρωτική Ελλάδα, υποστήριξε, αλλά «η Κρήτη φαίνεται πως ήταν το κύριο κέντρο τους, και πολύ λίγο μπορεί κανείς να αμφιβάλλει πως χρησιμοποιήθηκαν από την ελληνική φυλή, καθώς έμπαινε στο πεδίο του "μυκηναϊκού" πολιτισμού». Η επιστολή τελειώνει με ένα προκλητικό συμπέρασμα: «Δεν νομίζω ότι αποτελεί υπερβολή να πω ότι τα *σήματα λυγρά* [ή ολέθρια σημάδια] του Ομήρου βρίσκονται εδώ μπροστά μας».*[53]

Υπάρχει μια τάση να υποπτευόμαστε τον αρχαιολόγο που βρίσκει αυτό που ψάχνει, αλλά ταυτόχρονα να απορρίπτουμε κάποιον που δεν το βρίσκει. Ο Έβανς ξεκίνησε για την Κρήτη για να δοκιμάσει μια θεωρία που είχε διαμορφώσει στα τέλη του Νοεμβρίου. Τώρα, πέντε μόνο μήνες αργότερα, αποδεικνυόταν πως ήταν αληθινή, κάτι που ξεπερνούσε και τα πιο τρελά του όνειρα.

Η μινωική Κρήτη και η μυκηναϊκή Ελλάδα

Ο Έβανς επέστρεψε στην Αγγλία τον Μάιο του 1894 θριαμβευτής και με μια καινούργια αποστολή: επικέντρωσε όλες του τις δυνάμεις στην Κεφάλα. Αρχικά, έ-

* Αυτά τα σημάδια αναφέρονται στην *Ιλιάδα* (ζ 168), η μόνη αναφορά σε γραφή στα ομηρικά έπη. Ο Προίτος τα κατέγραψε πάνω σε «διπλωμένη πινακίδα» και τα έδωσε στον ήρωα Βελλεροφόντη να τα πάρει μαζί του στη Λυκία, όπου θα τα έδειχνε στον Ιοβάτη, πατέρα της Άντειας, της γυναίκας του Προίτου. Τα σημάδια είναι ολέθρια επειδή δίνουν εντολή στον Ιοβάτη να σκοτώσει τον Βελλεροφόντη (κάτι που αδυνατεί να κάνει, αφού ο ήρωας αποδεικνύει την ευγενική καταγωγή και την αξία του). Αυτή η διήγηση –και η αναφορά– πρέπει να ήταν πολύ γνωστή στους αναγνώστες του Έβανς. (Σ.τ.Σ.)

πρεπε να εξασφαλίσει την ιδιοκτησία της τοποθεσίας και μετά να πείσει την Κρητική Συνέλευση να του δώσει άδεια να σκάψει.

Έγραψε μια εκλαϊκευμένη περίληψη του ταξιδιού του για τους *Times*, που άρχιζε εξηγώντας τη σημασία της Κρήτης στην αρχαιότητα:

> Η Κρήτη μπορεί να περιγραφεί ως ενδιάμεσος σταθμός ανάμεσα σε δύο ηπείρους. Μεσοπέλαγα στην Ανατολική Μεσόγειο, με το νότιο τμήμα της να αντικρίζει τη Λιβύη και την Αίγυπτο και τα δύο άκρα της να απλώνονται το ένα προς την Ελλάδα και το άλλο προς τη Μικρά Ασία ... η μοναδική της θέση την έκανε από παλιά φυσικό τόπο συνάντησης ευρωπαϊκών και αιγυπτο-ανατολικών στοιχείων. Αυτή η συνάντηση της Ανατολής με τη Δύση δίνει στην αρχαιολογία της Κρήτης ένα ενδιαφέρον που ξεπερνά κατά πολύ την τοπική εμβέλεια. Στην αρχαία τέχνη, ο καρπός αυτής της σχέσης ενσαρκώνεται για μας στο μυθικό όνομα του Δαίδαλου.[54]

Ο Έβανς δεν μπορούσε να κρύψει τις πολύ επείγουσες ανάγκες του. Ανυπομονούσε να τονίσει τη σπουδαιότητα της αρχαιολογικής εξερεύνησης στην Κρήτη, ώστε να ωφεληθεί το Ταμείο για την Εξερεύνηση της Κρήτης, όπως είχε υποσχεθεί στον Χατζιδάκι, και προσδοκούσε ιδιαίτερα χρηματοδότηση για την αγορά του μεριδίου του στην Κεφάλα. Συνεχίζοντας, ο Έβανς έγραφε: «Πράγματι, έχουν γίνει γνωστά επαρκή υπολείμματα για να δείξουν πως η Κρήτη εισήλθε στο πεδίο του Μυκηναϊκού Πολιτισμού. Αλλά, συγκρινόμενη με την ηπειρωτική Ελλάδα, η έρευνα προς αυτή την κατεύθυνση είναι ακόμη στην αρχή και οι πιο αρχέγονες περίοδοι της κρητικής αρχαιότητας καλύπτονται ακόμη από το πιο βαθύ σκοτάδι».

Ο Έβανς ήθελε, επίσης, να επιστήσει την προσοχή του κοινού στη στρατηγική σπουδαιότητα του νησιού, ως κρίκου ανάμεσα στην Ανατολή και τη Δύση, και να δημιουργήσει μια αίσθηση επείγουσας κατάστασης για τους Βρετανούς πολιτικούς, ώστε να παρέμβουν στον αγώνα των Χριστιανών εναντίον των Μουσουλμάνων και να τους βοηθήσουν να διώξουν «τον Τούρκο», ώστε να μπορέσει να αρχίσει να εξερευνά την Κνωσό. Η περιγραφή συνέχιζε:

> Το πιο εκπληκτικό ... είναι ότι η τουρκική κυβέρνηση, που «δεν ενδιαφέρεται για τίποτε από αυτά», ανέπτυξε ξαφνικά ένα ιδιαίτερο ενδιαφέρον για τα μνημεία της κλασικής αρχαιότητας. Ο κυβερνήτης, Μαχμούτ Πασάς, όπως μαθαίνω από τα Χανιά, άρπαξε πράγματι κάποια αγάλματα που ανακαλύφτηκαν πρόσφατα και τα έστειλε στην Κωνσταντινούπολη, προς μεγάλη αγανάκτηση των πιο μορφωμένων και σημαινόντων Κρητών, που θέλουν να κρατήσουν τα μνημεία τους στο νησί.

Ο Έβανς, κατόπιν, κατέγραψε άφοβα τα πολυάριθμα «πολύτιμα λάφυρα» που απέκτησε στις περιπλανήσεις του στο νησί, βέβαιος πως αυτή ήταν αποδεκτή τακτική για έναν Δυτικό και Χριστιανό.

Τον Σεπτέμβριο, ο Έβανς παρουσίασε στη Βρετανική Εταιρεία στην Οξφόρδη έναν πλήρη, λεπτομερή απολογισμό της ανακάλυψής του. Στην ανακοίνωσή του, με τίτλο «Για ένα νέο σύστημα Ιερογλυφικών και μια Προ-Φοινικική Γραφή από την Κρήτη και την Πελοπόννησο», διατύπωσε παράλληλα και μια ολόκληρη νέα «προϊστορία» της Ελλάδας. Η εισήγηση του Έβανς ξεκίνησε με μια δήλωση που βασιζόταν στον ορισμό του Edward Tylor για τον πολιτισμό: «Καθώς απουσιάζουν μόνιμα μνημεία ... από ό,τι τώρα είναι η περιοχή της πολιτισμένης Ευρώπης, πρέπει κάποτε να υπήρξαν συστήματα εικονιστικής γραφής όμοια με αυτά που ακόμη επιβιώνουν ανάμεσα στις πιο πρωτόγονες φυλές της ανθρωπότητας». Ως πιθανά παραδείγματα, ο Έβανς ανέφερε περιπτώσεις ζωγραφισμένων ή χαραγμένων σημείων από τη Δανία, τη Λαπωνία, τις Παραθαλάσσιες Άλπεις και τις Δαλματικές Ακτές, που έμοιαζαν με εκείνα των Τσερόκι ή των Ζουλού: «Πράγματι, είναι δυνατό να υποθέσουμε ότι αυτός ο ευρωπαϊκός λαός δεν ήταν τόσο υποδεέστερος ακόμη κι από το επίπεδο του πολιτισμού των Ερυθρόδερμων, ώστε να μη χρησιμοποιήσει την εικονιστική γραφή ως βοήθεια στη μνήμη και την επικοινωνία». Παρακίνησε τους ακροατές του να δεχτούν ότι «υπάρχουν *a priori* ισχυροί λόγοι να πιστέψουμε πως στις ελληνικές περιοχές όπου άνθισαν τα πρωιμότερα άνθη του πολιτισμού σε ευρωπαϊκό έδαφος», ένα πρώιμο σύστημα γραφής

> έπρεπε να βρίσκεται σε διαδικασία αυτοεξέλιξης. Γιατί τώρα γνωρίζουμε ότι στο νοτιοανατολικό τμήμα της ηπείρου μας υπήρχε, πολύ πριν από τις μέρες που ήρθαν σε επαφή με τους Φοίνικες, μια ανεξάρτητη μορφή πολιτισμού ... τώρα γνωστή ως Μυκηναϊκός Πολιτισμός. Είναι δυνατόν να είναι τόσο πολύ πίσω στο βασικό ζήτημα της γραφής από τους ανταγωνιστές τους στις νότιες και ανατολικές ακτές της Μεσογείου;

Η απάντηση που ήλπιζε να έχει στο τέλος της διάλεξης από το ακροατήριο έπρεπε να ήταν ένα ηχηρό «όχι» και συνέχισε για «να αποδειχτεί ότι, πράγματι, υπήρχε ένα περίπλοκο σύστημα γραφής μέσα στα όρια του μυκηναϊκού κόσμου και ότι, επιπλέον, είναι ανιχνεύσιμες δύο ξεχωριστές φάσεις αυτής της τέχνης στον πληθυσμό του. Η μία είναι εικονιστική ... σαν τα αιγυπτιακά ιερογλυφικά, και η άλλη γραμμική και σχεδόν αλφαβητική».[55]

Σε μια προσπάθεια να προβλέψει τι είδους γλώσσες βρίσκονται στις γραφές, ο Έβανς σκιαγράφησε μια ιστορία βασισμένη στην ευρεία ανάλυση των αρχαίων πηγών του Karl Hoeck στο έργο του *Das Minoische Kreta*. Μόλις μία δεκαετία νωρίτερα είχε διατυπώσει την αντίθεσή του για την ταύτιση από τον Σλήμαν του λόφου Χισαρλίκ με την Τροία, λέγοντας ότι «η αρχαιολογία ίσως πολύ λίγο ενδιαφέρεται ... για την ποιητική τοπογραφία».[56]

Όμως, τώρα φαίνεται πως η ποιητική τοπογραφία είχε γίνει κλάδος της επιστήμης. Τα σημαντικά γεγονότα που απηχεί η παράδοση, είπε, μπορούσαν να παρουσιαστούν με την ακόλουθη αλληλουχία: Μετά τον θάνατο του Μίνωα στη Σικελία, ο πληθυσμός της Κρήτης μειώθηκε δραματικά. Δωριείς, Αχαιοί και Πελασγοί επήλυδες από τη Θεσσαλία έρχονται στην Κρήτη το 1415 π.Χ. Κατόπιν, εκστρατεύουν στην Τροία υπό την ηγεσία του Ιδομενέα και ακολουθεί δεύτερη μεγάλη μείωση του πληθυσμού από λοιμό. Νέο κύμα Δωριέων φτάνει στην Κρήτη.

Ο Έβανς χρησιμοποίησε τον όρο «μινωική Κρήτη», όπως ο Hoeck, για να δηλώσει γενικά την περίοδο που έζησαν οι χαρακτήρες των μύθων, και υπερασπίστηκε την άποψη ότι τα μυκηναϊκά μνημεία στην Κρήτη ανήκαν σε εκείνη την περίοδο. Καθώς ο μυθικός τίτλος απέκτησε σταδιακά ιστορική ισχύ, άρχισε να μιλάει για «προ-μινωικούς χρόνους», ορίζοντας τα χρόνια πριν από τους Μυκηναίους.[57] Σύντομα, οι τίτλοι απέκτησαν γι' αυτόν γεωγραφική σημασία, και άρχισε να κάνει τη διάκριση ανάμεσα στη «"μινωική" Κρήτη και τη μυκηναϊκή Ελλάδα».[58]

Ο Ηρόδοτος, ιστορικός του πέμπτου αιώνα, αναφέρει ότι ολόκληρη η Κρήτη είχε κάποτε κατακτηθεί από «βαρβάρους», ανθρώπους, δηλαδή, που η γλώσσα τους ακουγόταν ως «βαρ-βαρ» στους Έλληνες.[59] Όταν ο Όμηρος απαριθμούσε τα γένη της Κρήτης, τραγούδησε για τους «μεγαλόκαρδους Ετεόκρητες», που ήταν αυτόχθονες. Έτσι, λοιπόν, ο Έβανς υποστήριξε την άποψη ότι η εικονιστική ή ιερογλυφική γραφή, η οποία μάλλον ήταν η πρωιμότερη γραφή, αντιπροσώπευε μια γλώσσα την οποία μπορούσε «προσωρινά να ονομάσει ετεοκρητική». Για τη γραμμική γραφή δήλωσε προφητικά ότι «σύμφωνα με όλα τα στοιχεία, αυτή η σχεδόν αλφαβητική ομάδα συμβόλων αντιπροσωπεύει την τυπική μυκηναϊκή γραφή». Καθώς υπήρχαν δείγματα από την Πελοπόννησο που ανήκαν σε μια περίοδο, όπως πίστευε, πριν από τη Δωρική κατάκτηση που αναφέρουν ο Ηρόδοτος και ο Θουκυδίδης, προέκυπτε το συμπέρασμα πως «ανάμεσα σε εκείνους που χρησιμοποιούσαν την περίεργη κρητική γραφή στη μυκηναϊκή εποχή και πιο πριν, μπορεί να ήταν άνθρωποι που μιλούσαν ελληνικά».[60]

Περισσότερα στοιχεία για την εθνικότητα των πρώιμων Κρητών έρχονταν από εξωτερικές πηγές. Οι ανασκαφές του Flinders Petrie το 1892 στην καινούργια πόλη του Ακενατών, στην Τελ ελ-Αμάρνα, είχαν αποκαλύψει τέτοιες ποσότητες μυκηναϊκής κεραμικής, που το Ανάκτορο των Μυκηνών και το κτίσμα στην Κεφάλα μπορούσαν να χρονολογηθούν με πλήρη ασφάλεια στη Δέκατη Όγδοη Δυναστεία της Αιγύπτου και, πιο συγκεκριμένα, στην περίοδο της βασιλείας του «Αιρετικού Βασιλιά», από το 1417 ως το 1380, οπότε και πέθανε.[61] Στις τοιχογραφίες των τάφων των ευγενών της Δυναστείας στις Θήβες υπήρχαν κάποιοι ξένοι με μακρούς κυματιστούς βόστρυχους, τους οποίους οι Αιγύπτιοι ονόμαζαν Κεφτιού και που απεικονίζονται να αποτίουν φόρο τιμής. Οι σύγχρονοι μελετητές τούς θεώρησαν αρχικά Φοίνικες, βασισμένοι στην περιγραφή του Ομήρου. Όταν εμφανίστηκαν οι Μυκηναίοι και ο πολιτισμός τους, θα μπορούσε να ισχυριστεί κανείς ότι οι αρχαίοι επισκέπτες της Αιγύπτου έμοιαζαν πολύ με τις μορφές στα κύπελλα του Βαφειού και ότι τα δώρα που έφεραν έμοιαζαν με αντικείμενα που βρέθηκαν στις Μυκήνες. Ο Έβανς ανέπτυξε περισσότερο τη θεωρία, παρατηρώντας ότι «το κόκκινο χρώμα στους ηγέτες των Κεφτιού στις θηβαϊκές τοιχογραφίες –που μάλλον είναι ο αιγυπτιακός τρόπος να αποδίδουν τα ροδαλά ευρωπαϊκά μάγουλα–, καθώς και η ενδυμασία τους και ο τύπος των προσώπων ξεκάθαρα δεν ανήκουν σε σημιτικά φύλα».[62] Καθώς τώρα επέκτεινε τον μυκηναϊκό πολιτισμό ώστε να περιλαμβάνει και την Κρήτη, έπρεπε να περιλάβει και τους κατοίκους του νησιού. Ο Max Müller είχε προτείνει πως οι Κεφτιού πιθανόν συνδέονταν με το νησί Καφτόρ, της εβραϊκής παράδοσης,* από όπου κατάγονταν οι Φιλισταίοι. Αυτό οδήγησε τον Έβανς να θεωρήσει ότι το νησί Καφτόρ ήταν η Κρήτη και ότι οι μετέπειτα Φιλισταίοι μπορεί να αποτελούσαν «κύμα επιστροφής εξευρωπαϊσμένων Σημιτών».[63]

Έναν άλλο ρόλο που ο Έβανς πίστευε ότι έπαιζαν οι πρώιμοι Κρήτες του ήταν εκείνος του μεσάζοντα ανάμε-

---

* Ιερεμίας 47,4. (Σ.τ.Ε.)

σα στον μεγάλο πολιτισμό της Δυναστικής Αιγύπτου και στις απαρχές του πολιτισμού στην Ευρώπη. Εντόπισε την πρωιμότατη σπειροειδή διακόσμηση της Κρήτης στους αιγυπτιακούς σκαραβαίους της Δωδέκατης Δυναστείας, μια εποχή που, όπως είχε δείξει ο Petrie, οι Κρήτες είχαν στενή επαφή με τους Φαραώ. Έτσι οι κρητικές σπείρες ήταν τα πρότυπα εκείνων που βρέθηκαν στις Μυκήνες. «Μπορούμε, έτσι, ... να ανιχνεύσουμε ... την καταγωγή της σπειροειδούς διακόσμησης, η οποία αργότερα θα είναι τόσο σημαντική, όχι μόνο στη μυκηναϊκή τέχνη, αλλά σε μια ευρεία ευρωπαϊκή ζώνη ... Ήδη σ' αυτή τη μακρινή περίοδο, η Κρήτη έπαιζε τον ρόλο της ως συνδετικού κρίκου των ηπείρων».[64]

Αυτή η περιεκτική ανασύνθεση της πρώιμης ιστορίας της Κρήτης είναι εξαιρετική, αν σκεφτούμε ότι ο Έβανς έζησε μόλις σαράντα μέρες στο νησί, τέσσερις μήνες προτού δώσει τη διάλεξη, και για έξι χρόνια ακόμα δεν θα γίνονταν σύγχρονες αρχαιολογικές ανασκαφές. Το ασφυκτικά γεμάτο τοπίο που είχε φτιάξει, στηριζόμενος στην αρχαία παράδοση και τη δική του ευαισθησία, ήταν λογικό όσο και φανταστικό και είχε οικοδομηθεί με πολλούς ευσεβείς πόθους. Για παράδειγμα, ανέλυσε πώς ο μύθος που αφηγείται «την "υιοθεσία" του Μίνωα από τον γιο τού αρχηγού των Δωριέων, αφού είχαν περάσει δυο γενιές μετά την άφιξή τους στην Κρήτη, ασφαλώς υποδεικνύει μια βαθμιαία και αναίμακτη ανάμιξη ελληνικών και αυτόχθονων στοιχείων». Πίστευε πως αυτό έδειχνε ότι οι δικές του «έρευνες των προϊστορικών αρχαιοτήτων της Κρήτης έδειξαν ... τη μεγάλη ομοιογένεια ... του μυκηναϊκού πολιτισμού ... κοινού σε όλο το νησί».[65] Το ακροατήριό του γνώριζε πολύ καλά την πλήρη αντίθεση ανάμεσα στην αναίμακτη ανάμιξη του παρελθόντος που ανέπλαθε και στον αιματηρό φυλετικό διαχωρισμό του σύγχρονου πληθυσμού της Κρήτης, και ίσως να συγκινήθηκε από την ιδεαλιστική του προσέγγιση να εισαγάγει σιγά σιγά την αρχαία εικόνα της ειρηνικής συνύπαρξης στην αρένα της σύγχρονης αντιδικίας.

❖

Στα τέλη Σεπτεμβρίου του 1894, ο Έβανς έψαχνε τρόπους για μια δική του ειρηνική συνύπαρξη με τις πανεπιστημιακές Αρχές της Οξφόρδης. Είχε αρχίσει να διαλύει το παλιό Ashmolean και προσπαθούσε να συγχωνεύσει το παλιό με το νέο, όμως συναντούσε μόνο εμπόδια. Έκλεισε την ετήσια αναφορά του ως επιμελητή με μια βολή εναντίον των εχθρών του στην Οξφόρδη: «Όταν όλες οι αλλαγές θα έχουν ολοκληρωθεί και στο Ashmolean και στην Πινακοθήκη του Πανεπιστημίου, τότε θα αρχίσουν να καταλαβαίνουν τα μέλη του Πανεπιστημίου ότι διαθέτουν συλλογές τέχνης ασυνήθιστης ποικιλίας. Πραγματικά, πολλές ευρωπαϊκές πόλεις με γνωστά μουσεία θα είναι κατώτερες από την Οξφόρδη».[66] Ο Fortnum, ευμενώς προσκείμενος προς αυτόν, έγραφε με συμπάθεια: «Μερικές φορές θα ήθελα να μην έχω σχέση με την Οξφόρδη. Όλο κωλυσιεργούν. Ο παλιός μου φίλος Hope ήταν αηδιασμένος, ο Ruskin ήταν αηδιασμένος. Και φαίνεται πως εγώ, κι εσύ μαζί, πορευόμαστε προς την ίδια κατάσταση απογοήτευσης και δυσαρέσκειας με τις Αρχές του Πανεπιστημίου».[67]

Κάποια παρηγοριά για τον Έβανς ήταν η ολοκλήρωση του καινούργιου σπιτιού του στο Boars Hill, που το ονόμασε Youlbury, από το αρχαίο όνομα του διπλανού αγρού. Ήταν ένα μεγάλο «παλάτσο», η κύρια είσοδος του οποίου οδηγούσε σε έναν μακρό προθάλαμο. Μια διπλή κιονοστοιχία, που στήριζε το θολωτό ταβάνι με φατνώματα σε αναγεννησιακό στιλ, περιέβαλλε το επενδεδυμένο με πλάκες δάπεδο, το οποίο είχε ορθογώνιο σχέδιο λαβύρινθου, σαν αυτά που έχουν οι γοτθικοί ναοί, αλλά με έναν μινώταυρο στο κέντρο, καθώς βασιζόταν σε σχέδιο ενός κλασικού ελληνικού αγγείου. Στο τέλος της κιονοστοιχίας υπήρχε κόγχη με σπειροειδές κοχύλι στην κορυφή. Ούτε το σπίτι, ούτε κανένα από τα σχέδιά του επέζησαν, αλλά όταν ολοκληρώθηκε είχε είκοσι δύο υπνοδωμάτια, πέντε λουτρά (το ένα με χαμηλή μαρμάρινη ρωμαϊκή μπανιέρα), βιβλιοθήκη, γραφείο, σαλόνια και τραπεζαρίες, όλα μεγάλων διαστάσεων. Στο ψηλότερο σημείο του σπιτιού, ο Έβανς τοποθέτησε έναν πύργο από σιδηροκατασκευή, σαν εκείνο που πρόσφατα είχε τελειώσει ο Alexandre-Gustave Eiffel για την Έκθεση του Παρισιού το 1889, με πλατιά εξέδρα που είχε εντυπωσιακή θέα στους γύρω λόφους, πέρα από το δάσος, το οποίο άφησε σχεδόν ανέπαφο, φτιάχνοντας μόνο μονοπάτια ανάμεσα στις οξιές και στα πεύκα. Κοντά στο σπίτι, σχεδίασε έναν κήπο από ροδόδεντρα, αζαλέες και ρείκια, και έφτιαξε μια λίμνη με χώμα τριγύρω για να δημιουργήσει την αίσθηση της γαλήνης που αναδύεται από τα ξέφωτα στις Άλπεις. Στις 21 Σεπτεμβρίου ο Έβανς προσκάλεσε τον Fortnum, πρώτο από μια σειρά αρχαιολόγων και φίλων που από τότε και για τρεις γενιές είχαν το Youlbury ως πνευματική τους εστία.

Λαογραφική και ποιητική τοπογραφία

Ο Έβανς καταπιάστηκε με μια άλλη μορφή της παράδοσης όταν, στις 21 Νοεμβρίου του 1894, έγινε μέλος της Λαογραφικής Εταιρείας και διάβασε μια διεξοδική μελέτη: «Οι Λίθοι στο Rollright και η Λαογραφία τους». Στην προγενέστερη εργασία του για το Stonehenge, είχε διατυπώσει την άποψη ότι το ιερό δέντρο των Αρίων στεκόταν στο κέντρο του μεγάλου κυκλικού λίθινου μνημείου.[68] Τώρα ερευνούσε ένα άλλο πασίγνωστο αρχαίο μνημείο της βρετανικής υπαίθρου, τους Λίθους στο Rollright, στο βόρειο Oxfordshire. Πρόβαλε ιστορικά και ετυμολογικά επιχειρήματα για να συνδέσει το όνομα του αρχαίου κύκλου με το Τραγούδι του Ρολάνδου, ενώνοντας έτσι «την παλιά βρετανική φυλή» ή τους κατά τον πατέρα του «αρχαίους Βρετανούς» με τους Κέλτες στη Βρετάνη και την Ιβηρία. Ήταν ένα θέμα που είχε παράλληλη πορεία, και ενίοτε συνέπιπτε, με εκείνο της «φυλής των γηγενών Κρητών» και των επιδράσεών τους στην αρχαία Ευρώπη.

Την άνοιξη του 1895, ο Έβανς επέστρεψε στην Κάντια και τη Δευτέρα 15 Απριλίου, ξεκίνησαν μαζί με τον Αλεβίζο για ακόμη ένα ταξίδι στην «προϊστορία» της Κρήτης, αυτή τη φορά με τον John Myres, τον οποίο η Τζόαν Έβανς περιγράφει ως «έναν Οδυσσέα στα είκοσι έξι του, με μαύρα γένια, ετοιμόλογο, πολυμαθή και κατάλληλο σύντροφο για ομηρικές περιπέτειες».[69] Ο Χατζιδάκις τους συνόδευσε μέχρι την Κνωσό, όπου ο Έβανς με μεγάλη του χαρά επισκέφτηκε την Κεφάλα και μάζεψε και άλλα όστρακα και θραύσματα τοιχογραφιών. Ανέβηκαν στον λόφο της ακρόπολης προς τα δυτικά και γευμάτισαν σε έναν ανοιχτό αγρό που είχε θέα την Κεφάλα. Κάποια στιγμή, ο Έβανς γύρισε και είπε στον Myres: «Εδώ θα μείνω όταν έρθω να σκάψω την Κνωσό».[70] Είχαν περάσει μόλις τέσσερα χρόνια από τότε που αποφάσισε να κτίσει την κύρια κατοικία του στο Boars Hill. Τώρα, ο τυπικός Καρκίνος, με την ανάγκη του για οικιακή σταθερότητα και επιθυμώντας να συνδυάσει την έρευνα με τις ανέσεις, άρχισε να σχεδιάζει το εξοχικό του. Όπως έχουμε δει, ο Έβανς είχε το χάρισμα να μετατρέπει με επιτυχία τις εικόνες που είχε στον νου του σε πραγματικότητα, και στο ακριβές σημείο που διάλεξε εκείνη τη μέρα έφτιαξε αργότερα το σπίτι του στην Κρήτη.

Παίρνοντας τον δρόμο νοτιοανατολικά της κοιλάδας της Κνωσού, έφτασαν στα πλούσια χωράφια στους πρόποδες της οροσειράς της Δίκτης και, από κει, στο απόκρημνο φαράγγι γνωστό ως ο Τάφος του Τσούλη, που πήρε το όνομά του από τον ομώνυμο Τούρκο ο οποίος, όπως αφηγείται ο μύθος, υποχρέωνε τις γυναίκες του Λασιθίου να χορέψουν μπροστά του, προσβολή τόσο βαριά στην Κρήτη, που οι Λασιθιώτες του έστησαν ενέδρα στο πέρασμα, του έκοψαν το κεφάλι, πέταξαν το κορμί του στο φαράγγι και έστειλαν το απαίσιο τεκμήριο της εκδίκησής τους στο σπίτι του, μέσα στο δισάκι που κρεμόταν από το σαμάρι του μουλαριού του.[71] Από το πέρασμα, το μονοπάτι κατέβαινε απότομα στο μεγάλο οροπέδιο του Λασιθίου, που, κρυμμένο μέσα στα βράχια, δεν φαίνεται από χαμηλά. Έμειναν στο χωριό Ψυχρό, όπου είχαν βρεθεί ορισμένα χάλκινα αντικείμενα που απέκτησε ο Έβανς τον προηγούμενο χρόνο στην Κάντια. Οι ντόπιοι είχαν βρει το 1883 πήλινα και χάλκινα ειδώλια σε μια σπηλιά πάνω από το χωριό. Ο Halbherr και ο Χατζιδάκις την επισκέφτηκαν το 1886, σε μια προσπάθεια να ξαναβρούν κάτι από την αρχαιολογική ιστορία της τοποθεσίας, πριν χαθεί εντελώς.[72] Ο Έβανς και η παρέα του ανακάλυψαν πως λίγα πράγματα είχαν αλλάξει: «Καθώς ήταν οι διακοπές του Πάσχα, πολλοί από τους άνδρες του χωριού καταγίνονταν να σκαλίζουν στις ρωγμές των βράχων».

Με εξημμένο ενδιαφέρον από τα ευρήματα, ο Έβανς επιθεώρησε το ευρύχωρο σπήλαιο, με σκοπό να προχωρήσει σε σοβαρή εξερεύνηση, αλλά κατέληξε πως «ο τεράστιος όγκος πεσμένων βράχων με τους οποίους είναι στρωμένος ολόκληρος ο πελώριος χώρος εισόδου του Σπηλαίου, εμποδίζει τη συστηματική ανασκαφή ευρείας κλίμακας μέσα στο Σπήλαιο, καθώς απαιτούνται τεράστιες δαπάνες».[73] Όμως αυτό δεν εμπόδιζε τη μη συστηματική ανασκαφή και, ξαφνικά, ο Έβανς αισθάνθηκε υποχρεωμένος «να βοηθήσει σε μικρή ανασκαφή που αποκάλυψε ποικιλία προϊστορικών λειψάνων».[74] Η περιφρόνησή του απέναντι στους νόμους περί αρχαιοτήτων τόσο της Ελλάδας όσο και της Τουρκίας φαίνεται πως είχε απαλείψει κάθε ηθικό φραγμό, ώστε να συμμορφωθεί με εκείνους είτε της τουρκικής κυβέρνησης είτε της Κρητικής Συνέλευσης. Έτσι, παρότι καταδίκαζε δημόσια τους «εξερευνητές που ο ζήλος τους για το κυνήγι αντικειμένων υπερνικά την υπομονή που απαιτείται για την επιστημονική καταγραφή των παρατηρήσεών τους»,[75] ο Έβανς έγινε ένα με τους λαφυραγωγούς.

Ανάμεσα στα αντικείμενα που απέκτησε η κοινή «ελληνοβρετανική ομάδα λαφυραγωγών», ήταν και μικροί χάλκινοι διπλοί πελέκεις, που έμοιαζαν με εκείνους που είχε βρει ο Σλήμαν στις Μυκήνες και με άλλους που είχαν βρεθεί στο Ιδαίο Άντρο κοντά στο Ρέθυμνο. Όμοιοι στο σχήμα με τα σύγχρονα διπλά τσεκούρια των ξυλοκόπων, είχαν πλάτος λίγων εκατοστών και ήταν φτιαγμένοι από λεπτά φύλλα μετάλλου, γεγονός που τους έκανε εντελώς συμβολικούς. Ο Σλήμαν ισχυριζόταν πως το θέμα συμβόλιζε τον Δία Λαβρανδέα,[76] μια από τις παλαιότερες μορφές της κορυφαίας ελληνικής θεότητας, που λατρευόταν κυρίως στην Ανατολία. Αυτά τα νέα ευρήματα, που υπαινίσσονταν πρώιμη λατρεία του Δία, οδήγησαν στο συμπέρασμα ότι η σπηλιά του Ψυχρού ήταν στην πραγματικότητα το *Δικταίο Άντρο*, ο τόπος όπου, σύμφωνα με τον Ησίοδο, τον Έλληνα μυθογράφο, γεννήθηκε ο Δίας. Αλλά, ο Δίας μπορούσε να περιμένει. Ο Έβανς ανυπομονούσε να συνεχίσει και να πάει τον νεαρό Myres να δει τον πραγματικό σκοπό του ταξιδιού, την ομηρική πολίχνη του Γουλά.

Πέρασαν από τον Άγιο Γεώργιο και μετά βγήκαν από την πεδιάδα, τραβώντας προς το Καθαρό. Εκεί, απόλαυσαν «ένα από τα μεγαλοπρεπέστερα πανοράματα που μπορεί να δει κανείς στην Κρήτη, το οποίο αγκαλιάζει τα βουνά της Σητείας, όσα ακρωτήρια προεξέχουν από τη χαμηλή έκταση που μεσολαβεί και περιλαμβάνει την τοποθεσία της Μινώας, μέχρι το κωνικό ύψωμα της Αξού και τα όρη του Μιραμπέλλου».[77] Ο μοντέρνος Myres συνήθως φωτογράφιζε τα μνημεία που επισκέπτονταν, ενώ ο πιο παραδοσιακός Έβανς έφτιαχνε το δικό του αρχείο με σκαριφήματα. Σε αυτήν την περίπτωση, όμως, ο Myres δημιούργησε ένα ευρύ πανόραμα με πένα και μελάνι, που κάλυπτε τις 180 μοίρες από δυσμάς προς ανατολάς και δείχνει την ανάγκη του να κατανοήσει τη γενική τοπογραφία προτού αισθανθεί έτοιμος να εξετάσει τα επιμέρους στοιχεία του τοπίου.[78] Αδημονώντας να δει το οχυρό του Γουλά και παρατηρώντας ορισμένα υπολείμματα κυκλώπειας τοιχοποιίας (ανάλογης με αυτήν των μυκηναϊκών ακροπόλεων στην Ελλάδα) να οδηγούν έξω από την πεδιάδα, ο Έβανς έβγαλε το συμπέρασμα ότι ανήκαν σε «έναν οχυρωμένο δρόμο της προϊστορικής αρχαιότητας που οδηγούσε στην πλούσια κοιλάδα της Κριτσάς, η οποία βρισκόταν υπό την κυριαρχία της μεγαλύτερης πόλης της μυκηναϊκής Κρήτης, όσο τα υπάρχοντα υπολείμματα μας επιτρέπουν να κρίνουμε».[79]

Για τρεισήμισι μέρες υπέστησαν μια συναρπαστική φρενίτιδα ανακαλύψεων, μαζεύοντας όστρακα, σχεδιάζοντας τείχη, χαρτογραφώντας και φωτογραφίζοντας την τοποθεσία και γενικά πείθοντας τους εαυτούς τους για την κυριαρχική θέση της στην περιοχή. Για το εύθραυστο της κυριαρχίας της ο Έβανς δεν είχε αμφιβολία. Καθώς αποτύπωνε την πολυπλοκότητα της οχύρωσης στην περιοχή παρατηρούσε:

> Είναι ενδιαφέρον ότι ακόμη και σε αυτή την απόμακρη περίοδο η Κρήτη παρουσίαζε ήδη ένα φαινόμενο πολύ οικείο σε μας και σήμερα: τον συνδυασμό, δηλαδή, δρόμων, η κατασκευή των οποίων απαιτούσε υψηλή τεχνική και πολλή δουλειά, με τεράστια οχυρωματικά έργα, που φανερώνουν πως ο γείτονας δεν ήταν απίθανο να μεταβληθεί κάποια στιγμή σε εχθρικό εισβολέα. Θα μπορούσαμε να βρισκόμαστε στα όρη Vosges αντί για τα κρητικά βουνά.[80]

Σαν για να εξισορροπηθεί η ευφορία από την ανακάλυψη, ο Έβανς επέστρεψε στην Κάντια και ξαναμπήκε στην αγχώδη διαδικασία παζαρέματος με τους ιδιοκτήτες για τα υπόλοιπα τρία τέταρτα της τοποθεσίας της Κεφάλας.

Στις 20 Μαΐου, ο Έβανς και ο Myres γύρισαν στην Οξφόρδη και συνέταξαν έναν απολογισμό των ανακαλύψεών τους για το *Academy* με τον τίτλο «A Mycenaean Military Road in Crete». Ήταν η πρώτη και τελευταία φορά που ο Έβανς επέτρεπε την ύπαρξη και άλλης υπογραφής σε κείμενο που είχε γράψει εξ ολοκλήρου ή εν μέρει ο ίδιος, σε ένα σύνολο 150 ανακοινώσεων, άρθρων και βιβλίων. Πώς να το εξηγήσουμε αυτό; Προσέφερε ο έμπειρος σαραντατετράχρονος στον εικοσιεξάχρονο προστατευόμενό του ίσο μερίδιο στην αναγνώριση της έρευνάς τους ως δέλεαρ; Μήπως είχε θεωρήσει για μια στιγμή τον νεαρό μελετητή ως ισότιμό του; Ή μήπως διακρίνονται ίχνη ενοχής επειδή στέρησε από τον νέο το έπαθλο της Κεφάλας, που είχε δουλέψει τόσο σκληρά να το εξασφαλίσει, χρόνια πριν να ενδιαφερθεί ο Έβανς;

Σε μια συνεδρίαση της Βρετανικής Αρχαιολογικής Σχολής Αθηνών τον Ιούλιο, που πραγματοποιήθηκε στο Ανάκτορο του St. James, υπό την προεδρία του πρίγκιπα της Ουαλίας, ανακοινώθηκε η πρόθεση της βρετανικής κυβέρνησης να χρηματοδοτήσει γενναία τη Σχολή για τα επόμενα πέντε χρόνια. Όμως, ακόμη πιο ουσιαστικό για τον Έβανς ήταν το περιεχόμενο του λόγου που εκφώνησε ο μεγάλος πολιτικός William Gladstone, στον οποίο διακήρυττε τη μεγάλη χαρά του μαθαίνοντας πως η Σχολή θα περιλάμβανε την προϊστορική Ελλάδα στους σκοπούς της. «Η ίδια η Ελλάδα μάς προσφέρει ένα πεδίο με πλούσια αποθέματα», παρατηρούσε, και «το έργο του Σλήμαν στη χερσόνησο δεν μπορεί παρά να είναι οι πρώτοι καρποί μιας πλούσιας συγκομιδής» άφθονων ανακαλύψεων.[81] Φαινόταν πως οι μέρες του ανταγωνισμού με τους κλασικούς είχαν περάσει. Η μυκηναϊκή Ελλάδα ήταν τώρα ένα αναγνωρισμένο επιστημονικό πεδίο και ο Έβανς ήταν αποφασισμένος να διεκδικήσει τη θέση του πρωταγωνιστικού παράγοντα.

Εκείνο το καλοκαίρι, η Ακαδημία των Γραμμάτων στο Παρίσι φιλοξένησε σειρά συναντήσεων προκειμένου να συζητηθεί η πρόσφατη έκδοση ενός σημαντικού νέου βιβλίου για τη μυκηναϊκή τέχνη, ο έκτος τόμος μιας θεωρούμενης ως έγκυρης ιστορίας της αρχαίας τέχνης. Σε αυτό, ο Georges Perrot και ο Charles Chipiez κατέληγαν στο συμπέρασμα ότι οι μεγάλοι θησαυροί των Μυκηνών, του Βαφειού και των άλλων ελληνικών θέσεων δημιουργήθηκαν εκεί την εποχή στην οποία αναφέρονται οι ομηρικές αφηγήσεις για την Τροία και, συνεπώς, οριοθετούσαν την απαρχή της ελληνικής τέχνης. Ισχυρότερος πολέμιος αυτής της άποψης υπήρξε ο Wolfgang Helbig, ο οποίος στο βιβλίο του για τα ομηρικά έπη, το 1884, ισχυριζόταν ότι τα φορητά αντικείμενα τέχνης που βρέθηκαν στις Μυκήνες και αλλού στην Ελλάδα, όπως τα διακοσμημένα με νιέλο εγχειρίδια και τα έκτυπα προϊόντα μεταλλοτεχνίας, ήταν σε τόσο έντονη αντίθεση με τα μνημεία στα οποία είχαν βρεθεί, όπως η Πύλη των Λεόντων, που πρέπει να είχαν κατασκευαστεί έξω από την Ελλάδα. Αυτό που είχε ονομαστεί μυκηναϊκή τέχνη δεν ήταν για εκείνον τίποτε άλλο από φοινικική.[82] Άλλοι αντιπαρέβαλλαν ότι η ανθρώπινη μορφή, όπως απεικονίζεται στην απόδοσή της στη μυκηναϊκή τέχνη, στα κύπελλα του Βαφειού, βρισκόταν σε έντονη αντίθεση με τις αρχές της φοινικικής, ασσυριακής και αιγυπτιακής τέχνης, εξαιτίας της «εργώδους της προσπάθειας να εκφράσει, με μορφές υπερβολικά λυγερόκορμες και εύκαμπτες, τις έννοιες της ηρωικής δύναμης και δράσης ... που ουσιαστικά διατηρήθηκαν σε όλες τις περιόδους της ελληνικής τέχνης». Αυτή ήταν μια άποψη με την οποία συμφωνούσε ο Έβανς, μολονότι η κρατούσα άποψη για την καταγωγή των Μυκηναίων από τη Βόρεια Ελλάδα ερχόταν σε σύγκρουση με τις πεποιθήσεις του Έβανς, που τον οδηγούσαν στην εντελώς αντίθετη κατεύθυνση.

Στην ανακοίνωση που διάβασε ο Έβανς στη Βρετανική Εταιρεία τον Σεπτέμβριο του 1895, με τίτλο: «Για τα Πρωτόγονα Ευρωπαϊκά "Ειδώλια" υπό το φως των Νέων Ανακαλύψεων», προσπάθησε να συγκεντρώσει όλες τις γυμνές γυναικείες μορφές των νησιών του Αιγαίου και της Ελλάδας και να αξιολογήσει την καταγωγή τους σε σχέση με τη χθόνια Χαλδαία θεά Σάλα, την Ιστάρ των Βαβυλωνίων,[83] για να δείξει πώς διείσδυσαν στην Ευρώπη, αρχικά μέσω του Βοσπόρου και της Θράκης και στη συνέχεια πέρα από τον Δούναβη, μέχρι τα Καρπάθια. Η άποψη αυτή ερχόταν σε ευθεία αντίθεση με εκείνη του Salomon Reinach, διευθυντή του Αρχαιολογικού Μουσείου του St. Germain στη Γαλλία, αυθεντίας στην ευρωπαϊκή προϊστορία, που πρόσφατα είχε ισχυριστεί πως οι πρώιμες ευρωπαϊκές «Αφροδίτες» ήταν εκείνες που είχαν εμπνεύσει τις μεσογειακές μορφές.[84]

Ο Έβανς αλληλογραφούσε με τον Reinach από το 1888 και συμμεριζόταν την έντονη αντιπάθειά του για την εμμονή του ακαδημαϊκού κόσμου σχετικά με τη «Σχολή της Ελλάδας». Ο Reinach διαμόρφωνε τότε τη θεωρία για τη γηγενή ευρωπαϊκή κοινωνική και καλλιτεχνική ανάπτυξη, χωρίς την επιρροή της κλασικής Ελλάδας. Ωστόσο, σε ένα ζήτημα ο Reinach διαφοροποιήθηκε από τον Έβανς: ήταν σταθερός πολέμιος των ρατσιστικών θεωριών που είχαν αρχίσει να ξεφυτρώνουν στην Ευρώπη, ιδιαίτερα στη Γερμανία. Ενώ ο Έβανς είχε επηρεαστεί έντονα από έργα όπως το *Prehistoric Antiquities of the Aryan People* του καθηγητή Otto Schrader, το 1890, ο Reinach ασκώντας κριτική στο ίδιο βιβλίο έλεγε: «Το να μιλάμε για κάποια άρια φυλή που υπήρξε πριν από τρεις χιλιάδες χρόνια είναι αστήρικτη υπόθεση· το να μιλάμε γι' αυτήν σαν να εξακολουθεί να υπάρχει σήμερα είναι απλούστατα ανοησία».[85] Ο Έβανς ίσως να μην ήταν τόσο ένθερμος υποστηρικτής της αριανής αναβίωσης όσο ο μακαρίτης πεθερός του, αλλά ασφαλώς διέκειτο περισσότερο από θετικά απέναντι στην άποψη περί υπεροχής της γερμανικής ή τευτονικής φυλής, της οποίας η παραδοσιακή εστία πίστευε πως ήταν η Ευρώπη.

Ο Reinach δημοσίευσε δύο μακροσκελή άρθρα τα έτη 1893-1894, στα οποία ανέπτυσσε την αντίθεσή του προς την κοινή πεποίθηση ότι οι απαρχές του πολιτισμού στη Δυτική Ευρώπη οφείλονταν στην επιρροή της Ανατολής. Ο Reinach ισχυριζόταν πως ο κοινός πολιτισμός του μεγαλύτερου μέρους της Ευρώπης ελάχιστα όφειλε –αν όφειλε κάτι– για την ανάπτυξή του στους σύγχρονούς του της Αιγύπτου, της Παλαιστίνης, της Συρίας και της Βαβυλώνας. Υιοθέτησε την πρόταση του Ελβετού φιλόλογου Adolphe Pictet για την ευρωπαϊκή καταγωγή της άριας ομάδας γλωσσών. Ο Pictet, το 1859, είχε εγκαινιάσει αυτό που ονόμαζε «γλωσσολογική παλαιοντολογία», προσπαθώντας να εξιχνιάσει το νόημα και την προέλευση των λέξεων –για την ακρίβεια των ουσιαστικών– όπως θα έκανε κάποιος για οποιοδήποτε υλικό αρχαιολογικό εύρημα.[86] Ο Reinach χρησιμοποίησε τα συμπεράσματά του σε συνδυασμό με πιο συμβατικά, απτά στοιχεία για να αντικρούσει την κρατούσα άποψη περί του Ιράν ως λίκνου των Αρίων. Ισχυρίστηκε πως τα ορειχάλκινα έργα στην Ευρώπη, για παράδειγμα, πρέπει να είχαν έρθει από τα «κελτικά νησιά στη Δύση», με άλλα λόγια από τη Μεγάλη Βρετανία, όπου βρισκόταν σε αφθονία στην Κορνουάλη ο αναγκαίος για το κράμα κασσίτερος. Έφερε τους Μυκηναίους του Σλήμαν και τον υπόλοιπο αιγαιακό πολιτισμό κάτω από την ευρωπαϊκή του ομπρέλα, το κέντρο της οποίας βρισκόταν στη Βόρεια ή Κεντρική Ευρώπη.

Πολλές από τις ιδέες του Έβανς ήταν τόσο κοντά σε αυτές του Reinach, που ο δεύτερος τον κατηγόρησε ακόμη και για λογοκλοπή, κάτι που ο Έβανς θεώρησε ως προσβολή. Κατάφερε, τελικά, να απορρίψει την κατηγορία σε ιδιωτική αλληλογραφία.[87] Δεν μπορεί, εντούτοις, να αμφισβητηθεί ότι οι θέσεις του Reinach επηρέασαν βαθύτατα τη σκέψη του Έβανς, επειδή ταίριαζαν πολύ με τις απόψεις του για μια αρχαία ευρωπαϊκή κοινωνία που πάλευε να αυτοπροσδιοριστεί ενάντια στις δυνάμεις των μεγάλων αυτοκρατοριών της Ανατολής.[88] Τα επόμενα χρόνια οι παραλληλισμοί μεταξύ του αρχαίου και του σύγχρονου κόσμου ξεπερνούσαν κάποιες φορές με τέτοια ευκολία το φράγμα του χρόνου, που στο μυαλό του Έβανς το ίδιο το φράγμα έχασε ολωσδιόλου το νόημά του.

Ο Έβανς πέρασε μεγάλο μέρος του φθινοπώρου βάζοντας σε τάξη τις σκέψεις του σχετικά με την καταγωγή της κελτικής τέχνης, για μια σειρά διαλέξεων που έδωσε στην Εταιρεία Αρχαιοφίλων της Σκοτίας τον Δεκέμβριο του 1895. Είχαν ζητήσει από τον πατέρα του να αναλάβει τη σειρά αυτή των διαλέξεων υψηλού κύρους, αλλά εκείνος υποχώρησε μπροστά στην πληρέστερη επάρκεια του γιου του. Το πρόγραμμα δείχνει ότι ο Έβανς κατέβαλε μεγάλη προσπάθεια για να ετοιμάσει έξι μακροσκελείς και εξαιρετικά λεπτομερείς διαλέξεις, που δόθηκαν απόγευμα, μέρα παρά μέρα, από τις 10 έως τις 20 Δεκεμβρίου στην Εθνική Πινακοθήκη του Εδιμβούργου. Στις διαλέξεις αυτές, ο Έβανς επέδειξε γνώσεις σαρωτικής εμβέλειας· ταξίδεψε τους ακροατές από την πρώιμη κελτική τέχνη και την προέλευσή της στις «μεγάλες μέρες των Μυκηνών», ακολούθησε την τροχιά και την ανάπτυξή της, μέσω της Ιλλυρίας και των πολιτισμών της Αδριατικής στη Βόρεια Ιταλία και στις «πέραν των Άλπεων κελτικές» χώρες, πέρασε τελικά στη Βρετανία και κατέληξε στην πατρίδα του μαγεμένου ακροατηρίου του, όπου φυγάδες από τη ρωμαϊκή κατάκτηση κράτησαν ζωντανές τις κελτικές παραδόσεις, μέχρι που αναδύθηκαν ξανά κάτω από την επίδραση του «κελτικού χριστιανισμού». Ο Myres θυμόταν πως αυτές οι διαλέξεις «ετοιμάστηκαν με μεγάλη φροντίδα, συνοδεύονταν από πλούσια εικονογράφηση και πιστές τους περιλήψεις εμφανίστηκαν στους *Times* και στον *Scotsman*, αλλά όταν επαναλήφθηκαν στην Οξφόρδη, το ισχνό ακροατήριο φυλλορροούσε. Και δεν δημοσιεύθηκαν ποτέ».[89] Ο Έβανς δυσκολευόταν να ξυπνήσει το ενδιαφέρον της Οξφόρδης για τους αρχαίους Βρετανούς, καθώς φαίνονταν ένα ακατέργαστο και αδιάφορο παρακλάδι του κλασικού κόσμου που εξακολουθούσε να τους θαμπώνει με την ακτινοβολία του.

❖

Ο αγώνας του Έβανς να ενώσει τις σκόρπιες συλλογές του Ashmolean κάτω από μία στέγη και να έχει κάποια βοήθεια με τη μορφή ενός συνεργάτη τελικά ευοδώθηκε, και στις 4 Φεβρουαρίου του 1896 αναφώνησε: «Επιτέλους νίκη! Νίκη πέρα για πέρα!» Ένα ολόκληρο καινούργιο κτήριο θα στέγαζε το νέο Ashmolean. Παράλληλα, εξεταζόταν ο διορισμός ενός βοηθού, για να τον απαλλάξει από μέρος των καθηκόντων του.[90] Λίγο αργότερα, ο Έβανς έφυγε ανακουφισμένος για τη γνώριμή του Ευρώπη και έβαλε πλώρη για το νησί που ποθούσε να γνωρίσει καλύτερα.

Θεία ενίσχυση

Ο Απρίλιος του 1896 βρήκε τον Έβανς πάλι στην Κάντια να πιέζει τον Χατζιδάκι να πείσει τους υπόλοιπους ιδιοκτήτες της Κεφάλας να συμφωνήσουν να του πουλήσουν τα μερίδιά τους. Ενώ οι εκπρόσωποί του παζάρευαν για λογαριασμό του, εκείνος ξεκίνησε για ακόμη μία φορά να ψάχνει για κομμάτια που θα συμπλήρωναν το παζλ της πρώιμης ιστορίας της Κρήτης.

Ανυπομονώντας να επαναλάβει το περυσινό κυνήγι θησαυρού στο Ψυχρό, ο Έβανς ταξίδεψε στο οροπέδιο του Λασιθίου, όπου ανακάλυψε ότι η άφιξή του αναμενόταν. Ένας από τους νεαρούς με τον οποίο «έσκαψε» το 1895, είχε επιστρέψει στο σπήλαιο με τον ερχομό της άνοιξης του 1896 και είχε σκάψει μέχρι το πέτρινο δάπεδο σε ένα ελεύθερο μέρος. Έδειξε στον Έβανς «αρκετούς πήλινους ταύρους και συνηθισμένα μυκηναϊκά ειδώλια που αποκόμισε σκάβοντας, μαζί με αρκετά πήλινα κύπελλα χωρίς διακόσμηση», αλλά, θυμόταν ο Έβανς, «με πληροφόρησε, σαν να 'ταν κάτι σχετικά ασήμαντο, ότι με έναν φίλο του ... είχαν βρει στον πάτο της τρύπας μια "σπασμένη πέτρα με γραφή". Μπορεί κανείς εύκολα να φανταστεί ότι δεν έχασα καιρό για να εξασφαλίσω την πέτρα, καθώς επίσης και να βεβαιωθώ για την ακριβή θέση στην οποία είχε βρεθεί».[91] Αποτελούσε τμήμα ενός ορθογώνιου λίθινου δοχείου και «έφερε μέρος μιας καθαρά χαραγμένης επιγραφής με χαρακτήρες ύψους περίπου μιας ίντσας,* σε μία γραμμή, που ανήκαν στην ίδια μυκηναϊκή γραφή με εκείνη των σφραγιδόλιθων. Ο τύπος τους φανέρωνε τη γραμμοποίηση των αρχικά εικονιστικών χαρακτήρων». Στο πάνω μέρος του δοχείου, στο οποίο διατηρούνταν ακόμα οι δύο από τις τρεις του κοιλότητες, μπόρεσε να διακρίνει εννιά χαρακτήρες, ενώ υπολόγισε, με βάση τις αρχικές διαστάσεις της πέτρας, ότι θα μπορούσαν να υπάρχουν συνολικά γύρω στους δεκαοκτώ. «Κανένας άνθρωπος δεν θα αμφιβάλει ότι εδώ έχουμε να κάνουμε με κανονική επιγραφή», δήλωσε στην πρώτη του αναφορά για την ανακάλυψη και τις εξερευνήσεις του στο *Academy*.[92] Χωρίς να πληρώσει τα έξοδα για την έλευση κυβερνητικού επιθεωρητή και με πρόδηλο σκοπό, αψηφώντας παράτολμα τον νόμο, να πάρει μαζί του κάτι παραπάνω από τα σχέδια ή τα αντίγραφα των ευρημάτων, «κανόνισε αμέσως να συνεχίσει την ανασκαφή».[93]

Το εγχάρακτο δοχείο, που ο Έβανς ονόμασε Τράπεζα προσφορών, είχε βρεθεί σε κάποιο βάθος στον πέρα τοίχο του αιθρίου του σπηλαίου απέναντι από την είσοδο. «Έσκαψα ολόγυρα επιφάνεια δεκαέξι τετραγωνικών μέ-

* Περίπου 3 εκ. (Σ.τ.Ε.)

τρων», ανέφερε, «μέχρι να βρω βράχο, που σε πολλά σημεία βρισκόταν γύρω στα δύο μέτρα κάτω από την επιφάνεια». Η υπόλοιπη Τράπεζα δεν βρέθηκε, αλλά «γύρω στο ενάμισι μέτρο βάθος, βρήκαμε ένα ενιαίο στρώμα που περιείχε, κατά τα φαινόμενα, αποθέτη θυσιών με οστά, κέρατα και κεραμική, χωμένα μέσα σε στάχτες και κάρβουνα».[94] Η κεραμική και τα αναθήματα ήταν του ίδιου τύπου με αυτά που είχαν βρεθεί σε άλλους μυκηναϊκούς αποθέτες στην Κρήτη κι έτσι έβγαλε το συμπέρασμα ότι το «στρώμα θυσιών» και, επομένως, η εγχάρακτη «αφιέρωση» ήταν πράγματι της μυκηναϊκής περιόδου.

Το λίθινο δοχείο παρέσχε στον Έβανς την πρώτη απτή απόδειξη της θεωρίας του σχετικά με τη χρήση γραφής στην πρώιμη Ελλάδα. Έπρεπε, λοιπόν, να το καταστήσει προσιτό και σε άλλους μελετητές. Για τον λόγο αυτό, το δώρισε στο Ashmolean ώστε να εκτεθεί στο κοινό. Ήταν το πρώτο κομμάτι της προσωπικής συλλογής του που αποχωριζόταν με αυτό τον τρόπο. Εξήρε τη σημασία της επιγραφής, που ακόμη δεν είχε διαβαστεί, διακηρύσσοντας:

> Εδώ, λοιπόν, σε ευρωπαϊκό έδαφος, σε ιστορικά ελληνικό ιερό, έχουμε επίσημη επιγραφή που χρονολογείται, με μετριοπαθή υπολογισμό, έξι αιώνες περίπου νωρίτερα από την αρχαιότερη ελληνική γραφή που μας είναι γνωστή, και τουλάχιστον τρεις αιώνες νωρίτερα από την αρχαιότερη φοινικική. Το γεγονός παρουσιάζει ακόμη μεγαλύτερο ενδιαφέρον, δεδομένου ότι την περίοδο στην οποία πρέπει να ανήκει αυτό το δείγμα προϊστορικής γραφής οι Σημίτες της Συρίας, όπως γνωρίζουμε από τις Πινακίδες της Τελ-ελ-Αμάρνα, χρησιμοποιούσαν πλήρως τους χαρακτήρες της σφηνοειδούς γραφής.[95]

Για να στηρίξει τη δική του ερμηνεία σχετικά με το εύρημά του, ο Έβανς χρησιμοποίησε κατά βούληση τις ελληνικές λαϊκές παραδόσεις για την Κρήτη: «Οι τρεις κοιλότητες της Τράπεζας προσφορών στη Δίκτη υποδηλώνουν κάποιες ενδιαφέρουσες αναλογίες με ένα τελετουργικό που ανατρέχει στα πρωταρχικά στάδια έκφρασης θρησκευτικότητας στην Ελλάδα». Όταν ο Οδυσσέας ρωτά την Κίρκη πώς θα μπορούσε να πάει στον Άδη, εκείνη τον κατευθύνει σε ένα σημείο πέρα από το ρεύμα του ωκεανού* όπου πρέπει να σκάψει ένα πηγάδι με συγκεκριμένες διαστάσεις και να κάνει εκεί χοές προς όλους τους νεκρούς σε τρεις φάσεις: πρώτα με γάλα και μέλι, έπειτα με γλυκό κρασί και, τέλος, με νερό.**[96] Ο Έβανς πρότεινε:

> Ο ηρωικός και χθόνιος χαρακτήρας της πρωτόγονης λατρείας του Κρηταγενούς Δία καθιστά πιθανή και εδώ παρόμοια πρακτική, και σε αυτή τη σπηλιά, όπου σύμφωνα με τον μύθο ο Δίας ως παιδί ανατράφηκε από τις Νύμφες με «γάλα και μέλι» (*Διόδωρος* V 70), η προσφορά του *μελίκρητου* [του μελιού της Κρήτης] θα ήταν εξαιρετικά αρμόζουσα. Σύμφωνα με τις πηγές, η ιεροτελεστία που γινόταν προς τιμή του Κρηταγενούς Δία προέβαλλε τη θαυματουργή επιβίωση του παιδιού και την

---

* «Εκεί στον άπατο Ωκεανό ν' αράξεις το καράβι/και εσύ στον Άδη πήγαινε τον καταραχνιασμένο». Ομήρου *Οδύσσεια*, κ 511-512, μτφ. Ζήσ. Σιδέρη. (Σ.τ.Ε.)

** «Άνοιξε λάκκο ως μιαν οργιά το φάρδος και το μάκρος/και χύσε γύρω του χοές στους πεθαμένους όλους,/μέλι και γάλα στην αρχή, γλυκό κρασί κατόπι,/τρίτο νερό, και με λευκό πασπάλισέ τα αλεύρι». Ομήρου *Οδύσσεια*, κ 517-523, μτφ. Ζήσ. Σιδέρη. (Σ.τ.Ε.)

ανατροφή του από την Αμάλθεια [την κατσίκα] και τη Μέλισσα.*[97]

Το σχεδιάγραμμα του αιθρίου του σπηλαίου, που έφτιαξε ο Έβανς, έδειχνε το μεγαλύτερο μέρος του χώρου γεμάτο από πεσμένους ογκόλιθους. Η κατολίσθηση, σε συνδυασμό με την παρατήρησή του ότι «για το σπάσιμο της Τράπεζας των προσφορών ευθυνόταν, κατά πάσα πιθανότητα, η πτώση κάποιου βράχου από την οροφή του σπηλαίου»,[98] υπαινίσσονταν ότι η υπόλοιπη Τράπεζα έμενε να αποκαλυφτεί. Η αναφορά του ενέπνευσε και άλλους να ψάξουν το σπήλαιο για το τμήμα της επιγραφής που έλειπε και έδωσε ελπίδες ότι θα βρίσκονταν και άλλα γραπτά τεκμήρια διατηρημένα κάτω από τον «τεράστιο σωρό από γκρεμισμένες» πέτρες, ελπίδα που πραγματοποιήθηκε λίγα χρόνια αργότερα από έναν Γάλλο ανταγωνιστή.

Με την ολοκλήρωση της πρώτης ανασκαφής του στην Κρήτη, ο Έβανς διέσχισε το οροπέδιο του Λασιθίου και ανέβηκε στη μυτερή κορυφή που δικαιολογημένα ονομάζεται Καρφί, στο βορειοδυτικό του άκρο. Άνοιξε έναν αρχαίο τάφο που βρισκόταν κάτω από την κορυφή και αφαίρεσε το περιεχόμενό του χωρίς δεύτερη σκέψη.[99] Τρεις ώρες δρόμο, στα βορειοανατολικά του Καρφιού, βρίσκεται η πεδιάδα του Ομαλού, για την οποία αναφέρει με θαυ-

* Η ιεροτελεστία συνέχιζε να έχει πρακτικές εκφάνσεις στην Κρήτη, όπως ανακάλυψαν οι μεταγενέστεροι ανασκαφείς στο Παλαίκαστρο. Ένας εργάτης που τραυματίστηκε σοβαρά σε μια κατολίσθηση, τυλίχτηκε με το ζεστό τομάρι φρεσκοσφαγμένης κατσίκας και τρεφόταν με γάλα και μέλι με σκοπό τη θεραπεία των πληγών του από μέσα. (Σ.τ.Σ.)

μασμό: «Σε μια βραχώδη ερημιά κάτω από ένα δάσος με πρίνα, όπου κανείς μπορεί να δει ακόμη να περνάει πότε πότε κάποιο από τα αγριοκάτσικα της Κρήτης, βρισκόταν ένας από τους πιο ενδιαφέροντες πρωτόγονους οικισμούς που είχα ποτέ την τύχη να εξερευνήσω. Μπορεί να περιγραφεί σαν μια "πόλη από κάστρα"».[100] Εξερεύνησε έξι από πιθανόν οκτώ μικρές οχυρωμένες κορυφές λόφων, τη μεγαλύτερη από τις οποίες, που λεγόταν Φρούρια, την όρισε ως το «μητρικό» οχυρό στο κέντρο ενός *συνοικισμού* από οχυρωμένες κατοικίες.

Μόλις επέστρεψε στο οροπέδιο του Λασιθίου, έδειξαν στον Έβανς ακόμη ένα σπήλαιο σε ένα μέρος που λέγεται Τράπεζα, πάνω από την κωμόπολη Τζερμιάδο, όπου στο παρελθόν είχαν βρεθεί οστά και κεραμική. Ανέφερε:

> Με τη βοήθεια κάποιων χωρικών έκανα εξερευνητική ανασκαφή. Σκάψαμε σε δύο μέρη ... Το δάπεδο ολόκληρου του σπηλαίου ήταν στρωμένο με ανθρώπινα οστά και όστρακα κεραμικής, αποτέλεσμα προγενέστερης «λεηλασίας» από τους χωρικούς. Η ανασκαφή μού απέφερε πολλά παρόμοια υπολείμματα ... χάντρες από στεατίτη και τμήματα χρυσών κοσμημάτων, ανάμεσα στα οποία ένας χρυσός κύλινδρος και δύο φυλλόσχημα περίαπτα μυκηναϊκής εποχής, μαζί με τμήμα μικρογραφικού αναθηματικού διπλού πέλεκυ.[101]

Δεν ήταν ιδιαίτερα επιφυλακτικός, ίσως επειδή η περιοχή ήταν αποκομμένη. Το Λασίθι βρίσκεται πολύ ψηλότερα από τους παράλιους κάμπους και τα μεγάλα λιμάνια, όπου κατοικούσαν τα τρία τέταρτα του πληθυσμού της Κρήτης. Ίσως πάλι να τον ενθάρρυνε η ατιμωρησία με την οποία οι ρακένδυτοι βοσκοί οικοδεσπότες του λεηλατούσαν τις αρχαίες τοποθεσίες και να ξανάνιωθε την αίσθηση που είχε δοκιμάσει στο Trier είκοσι χρόνια νωρίτερα, την έξαψη να βγάζεις ο ίδιος αρχαία πειστήρια από τη μήτρα της γης και να τα ιδιοποιείσαι στη στιγμή χωρίς διαμάχες ή τύψεις. Αισθανόταν τόσο άνετα με τις ενέργειές του, που στις δημοσιεύσεις του ανέφερε τις περισσότερες από τις παράνομες ανακαλύψεις του και τον ανεύθυνο τρόπο με τον οποίο αυτές ήρθαν στο φως. Κάποιες όμως δεν τις δημοσίευσε, τουλάχιστον όχι στην αρχή. Πέρασε ένα τέταρτο του αιώνα προτού αποκαλύψει ένα από τα σημαντικότερα ευρήματα από το Ψυχρό, ένα καταπληκτικό χάλκινο πλακίδιο με μια μυστηριώδη σκηνή χορευτή με ένα πουλί και ένα ψάρι κάτω από τον ήλιο και τη σελήνη, και με σύμβολα που ο Έβανς δεν μπορούσε ακόμη να αναγνωρίσει.[102]

Ο Έβανς έφυγε από το Λασίθι παίρνοντας τον ανατολικό δρόμο και μπήκε στην περιοχή που ονόμαζε Μυκηναϊκή Δίκτη. Ο Διόδωρος αφηγείται μια κρητική παράδοση, πως όταν ο Δίας ενηλικιώθηκε επέστρεψε στη γενέτειρά του, τη Δίκτη, από όπου τον είχαν πάρει στο Δικταίο Άντρο, και ίδρυσε εκεί μία πόλη. Στην εποχή του Διόδωρου η πόλη είχε εγκαταλειφθεί, μολονότι τα ερείπιά της ήταν ακόμη ορατά.[103] Καθώς ο Έβανς παρατηρούσε τα υψώματα του Γουλά, πείθοντας τον εαυτό του για τη σπουδαιότητά τους, κατέληξε ότι αυτή πρέπει να ήταν η Δίκτη, η πόλη του Δία. Τρία χρόνια νωρίτερα, ο Halbherr, με βάση αρχαίους γεωγράφους και επιγραφές, ταύτισε την τοποθεσία με μία από τις δύο πόλεις με το όνομα Λατώ. Κατ' αυτόν η συγκεκριμένη ήταν η Λατώ *μεσόγειος*, που βρισκόταν στην ενδοχώρα, και το παραπλήσιο ψαροχώρι του Αγίου Νικολάου ήταν ο σύγχρονος διάδοχος του αρχαίου λιμανιού της Λατούς.[104] Αλλά, όπως σημείωσε ο Έβανς, «η μόνη δυσκολία, πράγματι, στην ταύτιση του Γουλά με τη "μεσόγειο Λατώ" των κλασικών χρόνων είναι η σχεδόν ολοκληρωτική απουσία στην τοποθεσία οποιουδήποτε υπολείμματος της ιστορικής περιόδου».[105]

Ο Έβανς χρησιμοποίησε αυτήν την επίσκεψη για να επαληθεύσει τις σημειώσεις που είχε κάνει τον προηγούμενο χρόνο με τον Myres και να ετοιμάσει την τελική δημοσίευση της κοινής τους έρευνας. Είχε πειστεί για τη μεγάλη παλαιότητα των υπολειμμάτων και για τον ιερό χαρακτήρα ενός μικρού πέτρινου περιφραγμένου χώρου, που τον ονόμασε υπαίθριο ιερό και το συνέδεσε με ένα άλλο στην Κύπρο, που ήταν αφιερωμένο στην Αφροδίτη της Πάφου. Το υπαίθριο ιερό θα έπαιζε πρωτεύοντα ρόλο στην από μέρους του ανάπλαση των πρώιμων λατρευτικών εθίμων των Κρητών. Σε αντίθεση με τη δημοσίευση του προηγούμενου χρόνου στο *Academy*, το άρθρο που υπέβαλε στη Βρετανική Αρχαιολογική Σχολή Αθηνών έφερε τη δική του υπογραφή και σε αυτό γινόταν με ιδιαίτερη σχολαστικότητα διαχωρισμός της συνεισφοράς του ίδιου από εκείνη του John Myres.[106]

Ο Έβανς έφυγε από τον Γουλά για τη βόρεια ακτή και σύντομα έφτασε στα «Γουρνιά, προϊστορική πολίχνη με υπολείμματα από πρωτόγονα σπίτια, τα οποία αργότερα μετεξελίχθηκαν σε καλύβες, και ίχνη δρόμων» που, όπως παρατήρησε, «ενισχύονταν από κυκλώπεια λιθοδομή».[107] Αλλά η διαίσθησή του σχετικά με τη χρονολόγηση και τη σημασία της τοποθεσίας φαίνεται πως και στις δύο αυτές περιπτώσεις τον πρόδωσε. Αργότερα, αποδείχτηκε πως ο Γουλάς ανήκε σχεδόν αποκλειστικά στην ελληνιστική περίοδο και πως τα Γουρνιά ήταν μία από τις καλύτερα διατηρημένες πόλεις της Εποχής του Χαλκού στην Κρήτη.

Ανεβαίνοντας την οροσειρά της Θρυπτής, ο Έβανς διέσχισε τις απομονωμένες, ανεμοδαρμένες ορεινές κοιλάδες συναντώντας κάθε τόσο μικρούς, οχυρωμένους λοφίσκους, που έμοιαζαν με εκείνους του Ομαλού. Συνειδητοποίησε ότι κατά τη μυκηναϊκή εποχή η Κρήτη θα ήταν γεμάτη με τέτοια στρατιωτικά φυλάκια, αλλά αυτήν την απόδειξη της καλά προστατευμένης ενδοχώρας, που επιβεβαιωνόταν συνεχώς κατά μήκος της διαδρομής του, την αγνόησε ο Έβανς όταν ήρθε η ώρα να αναπλάσει την Κρήτη του Μίνωα ως ένα ειρηνικό βασίλειο, μετά τις ανασκαφές στην Κνωσό.

Στρεφόμενος προς τα δυτικά, ο Έβανς πήρε τον νότιο δρόμο κατά μήκος της πλευράς της οροσειράς της Δίκτης, που υψωνόταν απότομα από το Λιβυκό πέλαγος. Κοντά στο μουσουλμανικό χωριό Λιγκορτίνο, στη θέση μιας μυκηναϊκής πόλης, ο ντόπιος δάσκαλος είχε ανασκάψει ομάδα από «κυψελοειδείς» τάφους. Οι κάτοικοι ήταν επιφυλακτικοί απέναντι στους Χριστιανούς, αλλά ο Έβανς προσέφυγε στη φιλοξενία του δασκάλου, επικαλούμενος κούραση, κι έτσι κατάφερε να καταλύσει στο υπόστεγο όπου ο δάσκαλος είχε αποθηκεύσει τα ευρήματά του. Έτσι, μπόρεσε να σχεδιάσει τα περισσότερα αντικείμενα, συμπεριλαμβανομένου ενός φακοειδούς σφραγιδόλιθου «με απεικόνιση γυναίκας λατρεύτριας σε ιερό που περιλάμβανε ιερό δέντρο κάτω από μισοφέγγαρο = Αστάρτη; ("Πασιφάη";)».[108] Πασιφάη, κατά λέξη, σημαίνει «αυτή που λάμπει» και ο Έβανς έκανε τη σύνδεση ανάμεσα στη Βαβυλώνια Αφροδίτη και τη γυναίκα του Μίνωα, μητέρα του φοβερού Μινώταυρου. Τα πολυάριθμα αγγεία «της καλής μυκηναϊκής περιόδου» από τους τάφους συμπεριλάμβαναν και μία *λάρνακα* διακοσμημένη με υδρόβια πτηνά, από τα οποία το ένα «κρατά σκουλήκι στο ράμφος του, ενώ ένα άλλο ορμά σε πεταλούδα».* Ο Έβανς ταύτισε ένα υδρόβιο φυτό στην παράσταση με τον αιγυπτιακό λωτό και συμπέρανε: «Δεν υπάρχει αμφιβολία ότι μια ολόκληρη σειρά από παραποτάμια μοτίβα που εμφανίζονται στη μυκηναϊκή τέχνη οφείλονται στην ίδια αιγυπτιακή πηγή ... στο ίδιο πρωτότυπο από τον Νείλο», παρότι τα σχέδια σε αυτές ειδικά τις *λάρνακες* ήταν εξίσου βέβαιος πως αντανακλούσαν «τις τοπικές σχολές της κρητικής τέχνης».[109]

Ο Έβανς θεώρησε ως αναπόφευκτη την ισχυρή επίδραση της αιγυπτιακής τέχνης στην Κρήτη: «Αυτές οι συσσωρευμένες ενδείξεις πρώιμης επαφής με την κοιλάδα του Νείλου δεν εκπλήσσουν ασφαλώς τον ταξιδιώτη ο οποίος μόλις εξερεύνησε διαδοχικά πολλές πρωτόγονες πόλεις που κάποτε ατένιζαν από τα νότια παρακλάδια της Δίκτης το Λιβυκό πέλαγος και που τα αραξοβόλια τους απέχουν, με ούριο άνεμο, σαράντα ώρες ταξίδι από το Δέλτα».[110]

Καθώς ατένιζε τη θάλασσα που λαμπύριζε, ο Έβανς εντυπωσιάστηκε από την εγγύτητα της Βόρειας Αφρικής και ένιωσε την ανάγκη να αναφέρει άλλη μία εμπειρία του. Αυτή αφορούσε την επόμενη περιπέτειά του:

---

* Ο Έβανς δεν κατάφερε να αποκτήσει τα ευρήματα, τα περισσότερα των οποίων αγοράστηκαν αργότερα από τον Γάλλο περιηγητή Charles Clermont-Ganneau και στάλθηκαν στο Λούβρο. Ο σφραγιδόλιθος, ωστόσο, εξαφανίστηκε κι έχει μείνει μόνο το σκίτσο του Έβανς. (Σ.τ.Σ.)

> Στο Μοναστήρι του Αγίου Γεωργίου ... με περίμενε μια σκηνή που με έκανε να συνειδητοποιήσω ξεκάθαρα ακόμη μία γεωγραφική σχέση αυτού του κεντρικού νησιού και που ποτέ δεν πρέπει να αγνοείται όταν εξετάζουμε την αρχαία ιστορία του. Έξω από τις πύλες του Μοναστηριού ήταν μια ομάδα Αράβων από τη Βεγγάζη, εκλιπαρώντας τους Χριστιανούς για ελεημοσύνη. Όπως πολλοί φτωχοί ομόθρησκοί τους, είχαν έρθει με μικρά εμπορικά πλοιάρια από την ακτή της Τρίπολης για να περάσουν το καλοκαίρι γυρεύοντας ελεημοσύνη από χωριό σε χωριό, κυρίως στις μουσουλμανικές περιοχές της Κρήτης. Οι στενές εμπορικές σχέσεις της Κρήτης με την Κυρηναϊκή κατά την κλασική εποχή πιστοποιούνται από την ανακάλυψη άφθονων κυρηναϊκών νομισμάτων σε ολόκληρο το νησί. Η ακόμη αρχαιότερη διασύνδεση με τις λιβυκές φυλές περιμένει την ανάδειξή της.[111]

Στις 6 Μαΐου, χάρη στις ακούραστες διαπραγματεύσεις του Χατζιδάκι, ο Έβανς πλήρωσε 30.000 πιάστρα (235 λίρες Αγγλίας) συν διάφορα έξοδα για να αποκτήσει το ένα τέταρτο της Κεφάλας. Ήταν μία θριαμβευτική νίκη. Απέκτησε μερίδιο σε κάτι που έμελλε να αποδειχτεί το σπουδαιότερο κτήμα του και είχε πλέον διαπραγματευτική θέση που κανείς από τους συνιδιοκτήτες δεν μπορούσε να ανταγωνιστεί. Μπορούσε, επίσης, να χρησιμοποιήσει το μερίδιό του για να εξαναγκάσει τους υπόλοιπους να του πουλήσουν τα δικά τους μερίδια στην ιδιοκτησία, και αυτό ακριβώς έδωσε εντολή στον Χατζιδάκι να κάνει. Η κοιλάδα της Κνωσού θα γινόταν το δικό του ταπεινό ισοδύναμο του κτήματος του Rivers, της ιδιοκτησίας του στρατηγού Pitt-Rivers στο Cranborne Chase την οποία εκμεταλλευόταν από το 1880 ως γεωργική γη, ενώ ταυτόχρονα διεξήγε αρχαιολογικές εξερευνήσεις. Όμως, ο Έβανς είχε πολλά να κάνει προτού κατορθώσει να αποκτήσει τον απόλυτο έλεγχο που απολάμβανε ο Pitt-Rivers.

Το επόμενο εμπόδιο ήταν η άδεια από την Κρητική Συνέλευση για να κάνει ανασκαφή. Ο Έβανς ήξερε ότι πριν να εκδιωχτεί η οθωμανική διοίκηση από το νησί, δεν υπήρχε περίπτωση να του επιτραπεί να προβεί στις εκτεταμένες ανασκαφές που θα απαιτούσε η Κεφάλα κι έτσι άρχισε πια να προετοιμάζεται για τη στιγμή που θα μπορούσε να κάνει στην Κεφάλα αυτό που ο ίδιος θεωρούσε κατάλληλο και ορθό, χωρίς να μπορεί κανείς να παρέμβει.

Στο μεταξύ, οι Χριστιανοί Κρήτες, λες και το έκαναν για χάρη του, ήταν στα πρόθυρα ακόμη μιας εξέγερσης. Προτού περάσουν τρεις εβδομάδες, στις 24 Μαΐου, οι δρόμοι των Χανίων γέμισαν για ακόμη μία φορά με επαναστάτες και η τελική ταλάντωση του εκκρεμούς που θα ωθούσε τους Χριστιανούς προς την πολιτική εξουσία άρχισε. Καθώς η οθωμανική εξουσία έφθινε, οι Μεγάλες Δυνάμεις επιδόθηκαν στις καλοστημένες τους ίντριγκες για να μοιράσουν γρήγορα τη λεία, ούτως ώστε καμιά τους να μην μπορεί από μόνη της να ασκήσει αποκλειστική επιρροή. Υπήρχε ο φόβος ότι η Κρήτη θα γινόταν ένα ακόμη κόσμημα στο στέμμα της βασίλισσας Βικτωρίας, η γέφυρα που θα ένωνε την Κύπρο με την Κέρκυρα, αλλά η Γαλλία, η Ιταλία και η Ρωσία ήταν αποφασισμένες να κόψουν την όρεξη της Βρετανίας για τα ελληνικά νησιά. Στο μεταξύ, η βρετανική κυβέρνηση δεν επιθυμούσε να περάσει η Κρήτη σε ελληνικά χέρια, όπως είχε γίνει με πολλά από τα νησιά του Αιγαίου, και ενθάρρυνε την υποστήριξη της τουρκικής κυριαρχίας. Η βρετανική κοινή γνώμη εξαγριώθηκε. Μια οργισμένη ανταπόκριση διακήρυσσε:

> Δεν υπάρχει τίποτε πιο ανεξήγητο στην αγγλική επικαιρότητα από την πολιτική των Τόρηδων* απέναντι στους Κρήτες. Υπάρχει υποχωρητικότητα, ατολμία, μια διάθεση να συμφωνήσει με οποιοδήποτε κόστος σχεδόν με τους πάντες ... Παντού γύρω από την Κρήτη η Βρετανία κυβερνά τα κύματα. Ούτε ένας Τούρκος στρατιώτης ή ένα τουρκικό σκάφος δεν μπορεί να κινηθεί χωρίς την άδειά της ... [αλλά] ... άγριες απειλές εκτοξεύονται από όλες τις καγκελαρίες, όχι εναντίον των Τούρκων, αλλά εναντίον των Χριστιανών. Δεν είναι ο αχρείος γερο-Σουλτάνος που διεγείρει τη διπλωματική μανία, αλλά οι Χριστιανοί, τους οποίους ληστεύει και δολοφονεί εδώ και δύο αιώνες.[112]

Τα φιλελληνικά αισθήματα της βρετανικής μορφωμένης ελίτ, σε συνδυασμό με την απόλυτη πίστη στα χριστιανικά Ευαγγέλια, ήταν ισχυρά, αλλά η πολιτική ισχύος στην Ανατολική Μεσόγειο ήταν ισχυρότερη – για την ώρα τουλάχιστον.

Επιστρέφοντας στην Οξφόρδη, στα τέλη Μαΐου, ο Έβανς άρχισε να ενημερώνει τους αναγνώστες του *Academy* για τα κατορθώματα, τις ανακαλύψεις και τις εντυπώσεις του, σε μια σειρά από πέντε ζωηρές ανακοινώσεις που δημοσιεύθηκαν τον Ιούνιο και τον Ιούλιο:

> Η χρυσή εποχή της Κρήτης βρίσκεται πολύ πιο πέρα από τα όρια της ιστορικής περιόδου: ο πολιτισμός της

---

* Του Συντηρητικού Κόμματος. (Σ.τ.Ε.)

> δεν έχει απλώς να επιδείξει ομοιομορφία που ποτέ δεν επετεύχθη αργότερα στις τρεις θάλασσες, αλλά είναι πρακτικά ταυτόσημος με εκείνον της Πελοποννήσου και μεγάλου μέρους του αιγαιακού κόσμου. Οι επικοινωνίες ήταν απείρως πιο ομαλές και εκτεταμένες. Η δημογραφική αύξηση, που στηρίχτηκε στην ανάπτυξη της γεωργίας και της ναυτιλίας, ήταν πολύ μεγαλύτερη από οποιαδήποτε μεταγενέστερη περίοδο της κρητικής ιστορίας. Ήταν, πραγματικά, το νησί με τις «Εκατό Πόλεις».[113]

Και πώς να ονομάσει αυτήν τη Χρυσή Εποχή; Ο Έβανς ήταν τώρα βέβαιος ότι «οι μεγάλες μέρες της Κρήτης [ήταν] εκείνες, αντανάκλαση των οποίων βρίσκουμε ακόμη στα ομηρικά έπη – η περίοδος του μυκηναϊκού πολιτισμού, στον οποίο, στη συγκεκριμένη τουλάχιστον περίπτωση, θα πρέπει να προσθέσουμε το όνομα "μινωικός"».[114]

Λίγο αργότερα, θα υιοθετούσε τον όρο «μινωικός» για να περιγράψει ένα συγκεκριμένο χρονικό πλαίσιο, την περίοδο των μεγαλύτερων επιτευγμάτων του νησιού, αλλά προς το παρόν τόσο αυτός όσο και οι συνάδελφοί του χρησιμοποιούσαν κυρίως τον όρο «μυκηναϊκός».

Το Δαχτυλίδι της Κνωσού, όπως και τόσα άλλα αποκτήματά του, έγινε ο πυρήνας μιας τολμηρής θεωρίας. Κατά τη συνάντηση της Βρετανικής Εταιρείας στο Λίβερπουλ στις 17 Σεπτεμβρίου του 1896, ο Έβανς εξέθεσε τις πρώτες του σκέψεις για την «Πεσσο- και Δενδρο-Λατρεία στη Μυκηναϊκή Ελλάδα».[115] Η λατρεία των φετίχ, των άψυχων αντικειμένων με υποτιθέμενες σύμφυτες μαγικές δυνάμεις, όπως τα ιερά δέντρα, τα απολιθωμένα κόκαλα και οι μετεωρίτες, είχε γίνει μέρος της υποθετικής θρησκείας των Αρίων.[116] Αυτό ενέπνευσε τη θεωρία του ότι «η λατρεία θεοτήτων με ανεικονικό [συμβολικό] σχήμα, όπως πέτρινοι στύλοι ή δέντρα», αποτελούσε σημαντικό κομμάτι της μυκηναϊκής θρησκείας. Η έρευνά του για περιβόλους που περιείχαν ιερά δέντρα στα βρετανικά λίθινα μνημεία είχε τώρα επεκταθεί στην Κρήτη, όπου πίστευε πως είχε βρει παρόμοιο περίβολο στον Γουλά και έβλεπε απεικονίσεις του σε χρυσά δαχτυλίδια και σφραγίδες. Από αυτό συνήγαγε την ύπαρξη σχέσης ανάμεσα στην κρητική λατρεία της φύσης και την τευτονική θρησκεία που επικεντρωνόταν γύρω από την ιερή φλαμουριά.

Η ιερή πέτρα –ή βαίτυλος,* όπως προτιμούσε να την ονομάζει ο Έβανς, που πιθανόν προερχόταν από το σημιτικό Μπεθέλ, που σημαίνει «Οίκος του Θεού»– αναπαριστούσε κατ' αυτόν σε ανεικονική μορφή τον υπέρτατο θεό στη μυκηναϊκή θρησκεία.[117] Ο Έβανς δανείστηκε τη θεωρία του Σλήμαν ότι το μοτίβο του διπλού πέλεκυ συμβόλιζε «τον Δία Λαβρανδέα»[118] και υποστήριξε ότι τα αντικείμενα που βρέθηκαν στο Ψυχρό «μπορεί πράγματι να ενσωματώνουν την παρουσία του ίδιου του θεού», καθώς «η πραγματική εικόνα του με ανθρωπομορφικό σχήμα δεν ήταν αναγκαία για τη θρησκεία εκείνου του καιρού». Έχοντας προβάλει αυτόν τον ισχυρισμό, έπρεπε να εξηγήσει τις απεικονίσεις ανθρώπων και ζώων στη μυκηναϊκή τέχνη, καθώς και τον μεγάλο αριθμό ειδωλίων στους ιερούς τόπους που είχε εξερευνήσει. Κατέληξε ότι «οι πολυάριθμες αναθηματικές μορφές που βρέθηκαν

* Μετεωρόλιθος ο οποίος λατρευόταν λόγω του ότι έπεσε από τον ουρανό. (Σ.τ.Ε.)

στους ιερούς αποθέτες των κρητικών σπηλαίων δεν φέρουν κάποια διακριτικά χαρακτηριστικά θεοτήτων. Φαίνονται ... να είναι απλώς μικρογραφικές αναπαραστάσεις λατρευτών και των οικιακών ζώων τους, οι οποίοι, σύμφωνα με τη διαδεδομένη πρακτική, τοποθετούσαν με τον τρόπο αυτό τον εαυτό τους και τα υπάρχοντά τους υπό την προστασία των ανώτερων δυνάμεων».[119] Η αφοσίωσή του σε αυτήν την ιδέα των «ανώτερων δυνάμεων» και η πεποίθησή του ότι δεν επιτρεπόταν η ανθρωπομορφική τους απεικόνιση είχαν ως αποτέλεσμα να χαρακτηριστούν οι περισσότερες ανθρώπινες και ζωικές μορφές στα ολοένα και αυξανόμενα αντικείμενα της πρώιμης αιγαιακής τέχνης ως θνητοί λατρευτές, κατηγορία στην οποία πολλές ακόμη συνεχίζουν να κατατάσσονται εκατό χρόνια μετά.

Το πουλί ως συμβολικός απεσταλμένος ανάμεσα στον θεό και τον άνθρωπο αποδόθηκε από τον Έβανς ως «η Λατρεία του Περιστεριού στην Πρωτόγονη Ελλάδα», υπόθεση που στήριξε στις μορφές περιστεριών στα χείλη των κυπέλλων και στα άγρια περιστέρια που χρησιμοποιούνταν από τους μάντεις στη λατρεία του Δία στη Δωδώνη.[120] Η θεωρία του για το περιστέρι ως θείο «άγγελο φώτισης» ήταν ξεκάθαρη αναφορά στο περιστέρι ως συμβόλου του Αγίου Πνεύματος στη χριστιανική Αγία Τριάδα. Με τον ίδιο τρόπο, ο διπλούς πέλεκυς έγινε για τον Έβανς πρόδρομος του χριστιανικού Σταυρού. Επισήμανε την ύπαρξη αναθηματικών προσφορών σε κρητικά σπήλαια που βρίσκονται πολύ κοντά στα ξωκλήσια του Αφέντη Χριστού, παρατηρώντας: «Φαίνεται σε όλες αυτές τις περιπτώσεις σαν να έχουμε να κάνουμε με την ίδια πρωτόγονη λατρεία του Κρητικού Δία-Μίνωα, και η μεταγενέστερη αφομοίωση του *religio loci** από τον "Αφέντη Χριστό" είναι πολύ ενδεικτική ... Η υπάρχουσα στη χώρα του Μίνωα ευλάβεια έχει απλώς μεταφέρει την αφοσίωσή της από τον δότη του παλαιού νόμου στην Ίδη** στον δότη του νέου».[121] Δεν γινόταν καμιά μνεία σε άλλους προφήτες. Η οικογενειακή χριστιανική παράδοση του Έβανς ταίριαζε απόλυτα με τη θεωρία του περί προφανούς «αναβίωσης» παλαιότερων θρησκευτικών τύπων στον ελληνορθόδοξο χριστιανισμό.

Ο ασιατικός ζυγός

Με την ιδιότητα του προέδρου του τμήματος ανθρωπολογίας της Βρετανικής Εταιρείας, ο Έβανς διάβασε στη συνάντηση του Σεπτεμβρίου στο Λίβερπουλ μια συγκινητική εισήγηση που φαινόταν ξανά να μη λαμβάνει υπόψη τον ιστορικό χρόνο, καθώς τοποθετούσε το σύγχρονο Ανατολικό Ζήτημα που αντιμετώπιζαν οι Μεγάλες Δυνάμεις σε ένα αρχαίο, σχεδόν αιώνιο, πλαίσιο. Η θέση του ήταν ξεκάθαρη, αν και η χρονολόγηση λίγο σκοτεινή, καθώς συνέκρινε «τον πολιτισμό των Χετταίων στην Ανατολία και τη Βόρεια Συρία», η επαφή [του οποίου] «με

* Τόπος λατρείας. (Σ.τ.Ε.)

** Σύμφωνα με τον μύθο, ο Μίνωας συναντούσε κάθε εννέα χρόνια τον πατέρα του Δία στην Ίδη, έγραφε με υπαγόρευσή του τους νόμους και ανανέωνε την εντολή του να κυβερνά τους Κρήτες. Η ομοιότητα με τη βιβλική αναφορά στον Μωυσή έχει οδηγήσει τους μελετητές στην υπόθεση ύπαρξης κοινής πηγής για τις σχετικές –μινωική και βιβλική– παραδόσεις. (Σ.τ.Ε.)

την Ανατολή είχε εξαρχής ως αποτέλεσμα την καταπίεση και την απραξία των αυτόχθονων», με «την προϊστορική Ελλάδα», όπου «το γηγενές στοιχείο ήταν σε θέση να διατηρήσει την ιδιαιτερότητά του και να αναπλάσει ό,τι πήρε από άλλους σε πρωτότυπο καλούπι. Σε όλα τα χειροτεχνήματά της πνέει το ευρωπαϊκό πνεύμα της ατομικότητας και της ελευθερίας».[122] Στην κατακλείδα του λόγου του εξέθεσε απερίφραστα το πολιτικό του κίνητρο:

> Η πρώιμη ελληνική παράδοση ανατρέχει στην Κρήτη ως την πηγή τής θεία εμπνεύσει νομοθεσίας και το πρώτο κέντρο ναυτικής κυριαρχίας. Κατοικημένη από τις μέρες των πρώτων ελληνικών οικισμών από την ίδια φυλή, με την ίδια γλώσσα και την ίδια ανεξάρτητη νοοτροπία, η Κρήτη αναδεικνύεται πάλι σήμερα σε υπερασπιστή του ευρωπαϊκού πνεύματος εναντίον του ασιατικού ζυγού.[123]

Δεν υπάρχει αμφιβολία πως έκανε έκκληση στις Μεγάλες Δυνάμεις να επέμβουν στο πλευρό των Ελλήνων Χριστιανών στην Κρήτη και να αποτινάξουν τον οθωμανικό ζυγό.

Τον Νοέμβριο ο Έβανς διάβασε στην Ελληνική Εταιρεία μια ανακοίνωση για «Περαιτέρω ανακαλύψεις της Κρητικής και Αιγαιακής Γραφής», στην οποία κατέγραφε τα πιο πρόσφατα αποκτήματά του. Για μια ακόμη φορά εξέφρασε τις ολοένα ενισχυόμενες απόψεις του σχετικά με την «ευρωπαϊκή όψη» της πρώιμης κρητικής κοινωνίας. Ο Έβανς υπενθύμισε στους ακροατές του ότι τα εγχάρακτα σημεία «είχαν άλλοτε κάθετη και άλλοτε οριζόντια στοίχιση, και σε μερικές περιπτώσεις οι γραμμές φαίνεται ότι ακολουθούσαν η μία την άλλη βουστροφηδόν [όπως γυρίζει το βόδι στο όργωμα], εναλλάξ από δεξιά προς τα αριστερά και από αριστερά προς τα δεξιά».[124] Αυτό ήταν προφανώς κάτι ανάλογο με μεταγενέστερες ελληνικές επιγραφές, που επίσης ήταν γραμμένες βουστροφηδόν, και διέφερε χαρακτηριστικά από την πλάγια αραβική γραφή των Οθωμανών. Ο Έβανς πίστευε ότι οι ορθές, ευθείες γραμμές ήταν παραδοσιακά ευρωπαϊκά χαρακτηριστικά, ενώ, κατά την άποψή του, οι πλάγιες ή «συνεχόμενες» χαρακτήριζαν τον κόσμο της Ανατολής, αρχαίο και σύγχρονο.*

Το αποκορύφωμα της εισήγησης του Έβανς ήταν η αναφορά στις παράνομες ανασκαφές του στο Ψυχρό και στην ανακάλυψη της Τράπεζας σπονδών, η οποία, όπως δήλωσε, «είναι μοναδικό δείγμα ανάμεσα στις γραπτές μαρτυρίες της ηπείρου μας». Διέκρινε τα γραπτά μνημεία της Κρήτης σε τρεις υποκατηγορίες: η πρώτη και αρχαιότερη ήταν των «σφραγιδόλιθων που παρουσιάζουν σχέδια και χαρακτήρες γραμμικού είδους», η δεύτερη των σφραγίδων με εικονιστικές παραστάσεις και η τρίτη και νεότερη των «ετεοκρητικών σφραγιδόλιθων, με μια πιο συμβατική εικονιστική γραφή».[125] Η κατάταξη στηριζόταν αποκλειστικά στην άποψή του για το πώς έπρεπε να έχει αναπτυχτεί η γραφή, μια και δεν είχε γίνει αποτύπωση της αρχαιολογικής στρωματογραφίας, για να αποδείξει ότι μια κατηγορία ήταν πρωιμότερη ή ύστερη της άλλης.

* Έξυπνο λογοπαίγνιο του συγγραφέα για να αποδώσει την αξιολόγηση των δύο κόσμων από τον Έβανς. Χρησιμοποιώντας στο πρωτότυπο, για να χαρακτηρίσει το είδος των γραμμών, λέξεις και εκφράσεις που χρησιμοποιούνται ευρέως και για την αξιολογική κρίση ανθρώπων ή κοινωνιών (upright, on-the-level, cursive), επιτυγχάνει έξοχο υπαινικτικό αποτέλεσμα. (Σ.τ.Ε.)

Παρ' όλα αυτά, η σειρά και η κατηγοριοποίηση, από τη στιγμή που εμφανίστηκαν σε μορφή πίνακα, ήταν δύσκολο να αλλάξουν αργότερα, ακόμη κι όταν η στρωματογραφία, που ο ίδιος αποκάλυψε στη συνέχεια, έδειχνε πως η σειρά ήταν λανθασμένη.

Μετά την αναχώρηση του Έβανς το 1896, εντάθηκαν στην Κρήτη οι θρησκευτικές και εθνικές ταραχές και, στις αρχές του 1897, φαινόταν πως επίκειτο πόλεμος ανάμεσα στην Ελλάδα και την Τουρκία. Τον Φεβρουάριο του 1897, η Ελλάδα έστειλε εκστρατευτική δύναμη να καταλάβει το νησί στο όνομα του βασιλιά Γεωργίου, στην ουσία για να ενθαρρύνει τους Χριστιανούς Έλληνες να πιστέψουν ότι μπορούσαν και έπρεπε να ξεσηκωθούν εναντίον των Τούρκων χωρίς συνέπειες. Σε απάντηση, η μουσουλμανική ζέση αναζωπυρώθηκε από τον ερχομό κάποιου Χαλίλ, «μέλους της νέγρικης φρουράς του Σουλτάνου, ο οποίος είχε διακριθεί στις σφαγές των Αρμενίων στην Κωνσταντινούπολη», όπως έμαθε αργότερα ο Έβανς, και ο οποίος πήγε στα μουσουλμανικά χωριά «ξεσηκώνοντας τους πιστούς να κάνουν τα ίδια στους Χριστιανούς Κρήτες».[126] Οι Μεγάλες Δυνάμεις συμφώνησαν να αστυνομεύσουν το νησί και να εξασφαλίσουν ότι η Κρήτη θα κινείτο προς την πραγματική αυτονομία και δεν θα ενωνόταν με την Ελλάδα. Η Γαλλία κατέλαβε τη Σητεία και την ανατολική Κρήτη, η βρετανική ζώνη περιέλαβε την Κάντια και την κεντρική Κρήτη, η ρωσική το Ρέθυμνο, ενώ η Ιταλία ανέλαβε τον έλεγχο του Κισσάμου και του δυτικού άκρου της Κρήτης. Η στρατηγική πρωτεύουσα των Χανίων και ο κόλπος της Σούδας έγιναν διεθνές προτεκτοράτο. Η ελληνική δύναμη αποσύρθηκε τον Μάιο, αλλά η ζέστη του καλοκαιριού έθρεψε τις φλόγες της εξέγερσης μέχρι το φθινόπωρο. Η εξέγερση της Κρήτης έγινε γνωστή σε ολόκληρο τον κόσμο. Στο Λονδίνο οι αναγνώστες του *Illustrated London News* έμαθαν ότι «τουρκικά στρατεύματα, σύμφωνα με όλες τις ενδείξεις, εμφανίζουν στο νησί αξιοσημείωτη υποβάθμιση των παλαιών στρατιωτικών τους χαρισμάτων και συμπεριφέρονται περισσότερο ως ληστρικές ομάδες, έχοντας επιδοθεί σε όργιο σφαγών, βιαιοπραγιών και λεηλασιών». Εξίσου, όμως, «φόνοι και βιαιοπραγίες έχουν διαπραχθεί από μερικές συμμορίες Ελλήνων στασιαστών, που ανήκουν σε μια άγρια ορεσίβια φυλή, και δεν υπόκεινται σε καμιά πειθαρχία ή στρατιωτική Αρχή».[127] Ο Έβανς και ο Myres έλαβαν υπόψη τους τους κακούς οιωνούς και έμειναν μακριά από την Ελλάδα και την Κρήτη το 1897.

Ο David Hogarth, αντίθετα, αντέδρασε εντελώς διαφορετικά στην επικείμενη στρατιωτική σύγκρουση. Ο Hogarth είχε διοριστεί διευθυντής της Βρετανικής Αρχαιολογικής Σχολής Αθηνών και θα αναλάμβανε καθήκοντα το φθινόπωρο του 1897. Έτσι, την άνοιξη εκείνου του έτους βρέθηκε χωρίς απασχόληση. Ένας Βρετανός ανταποκριτής στα Βαλκάνια, απασχολημένος με την κάλυψη της κρίσης στη Μακεδονία και τη Βουλγαρία, του ζήτησε να τον βοηθήσει στην κάλυψη της κρητικής εξέγερσης. «Ο προηγούμενος συνεργάτης του, ένας Έλληνας», θυμόταν αργότερα ο Hogarth, «έστελνε στο Λονδίνο "γαλανόλευκες" ανταποκρίσεις. Να τον αντικαθιστούσα για λίγο καιρό; Δεν το σκέφτηκα για πολύ. Δεν είχα πάει ποτέ στην Κρήτη και ένας μελετητής σπάνια έχει την ευκαιρία να παρακολουθήσει έναν πόλεμο».[128] Ο μελετητής πήρε την πρώτη του γεύση από πόλεμο, εκείνη που του άνοιξε την όρεξη για αιματοχυσία, τη μέρα της άφιξής του στα Χανιά, στις αρχές Μαρτίου. Από το κατάστρωμα του ατμόπλοιου είδε ένα χωριό να καίγεται και τους κατοίκους του να πολεμούν μεταξύ τους στις γύρω πλαγιές:

> Ήταν ένα μικρό και μεμονωμένο συμβάν, από το οποίο έφεραν το βράδυ στις πύλες λιγότερους από είκοσι νεκρούς και τραυματίες – υπομονετικοί ηλικιωμένοι Ανατολίτες, χωρικοί οι περισσότεροι, που πολεμούσαν χωρίς ζέση και χωρίς να ξέρουν γιατί. Μαζί με αυτούς μετέφεραν και τα πτώματα δυο τριών *βαζιβουζούκων* Κρητών, με ελληνικά χαρακτηριστικά, που μιλούσαν ελληνικά και που έτυχε να γίνουν Μουσουλμάνοι, αγνοώντας την πίστη για την οποία είχαν πεθάνει.[129]

Ο Hogarth, λόγω της στενής του σχέσης με τις συνήθειες των λαών της Κύπρου, της Αιγύπτου, της Ανατολικής Μεσογείου και της Ανατολίας, φαίνεται πως είχε ιδιαίτερα αρνητική άποψη για τους Ελληνορθόδοξους. Όπως πίστευε:

> Κανένας Έλληνας δεν μπορεί να εγγυηθεί για κανέναν άλλον Έλληνα, καθώς ο ατομικισμός και η απέχθεια για οποιαδήποτε μορφή πειθαρχίας είναι στο αίμα της φυλής. Στη θυελλώδη ιστορία των θρησκευτικών πολέμων της Ανατολικής Μεσογείου μπορείτε να παρατηρήσετε την καθολική ισχύ του ακόλουθου νόμου: Όπου επικράτησαν οι Μουσουλμάνοι, οι πιστοί των δύο δογμάτων συνέχισαν να ζουν ειρηνικά όπως παλιά, καθώς οι Χριστιανοί γνώριζαν ότι οι Μουσουλμάνοι ακολουθούν τις διαταγές σαν ένας άνθρωπος και ότι όταν το Ισλάμ θριαμβεύει, οι Γιβεονίτες* του είναι ασφαλείς για τη ζωή τους.

---

* Γαβαωνίτες ή Γιβεονίτες: βλ. Ιησούς του Ναυή ix 27. Μεταφορά για τους άπιστους, τους αλλόθρησκους. (Σ.τ.Ε.)

> Όμως, αν οι Χριστιανοί κερδίσουν την ελευθερία τους, ο Μουσουλμάνος φεύγει από τη γενέθλια γη του. Επειδή οποιαδήποτε υπόσχεση και αν δώσουν οι νέες Αρχές ξέρει ότι, από τη στιγμή που η Ανατολική χριστιανοσύνη δεν παρέχει κοινωνική πειθαρχία, κάθε Χριστιανός θα δράσει σε κάθε περίπτωση όπως του φαίνεται καλύτερο.[130]

Η προτίμηση του Hogarth να συναναστρέφεται τους Μουσουλμάνους περισσότερο από τους Χριστιανούς Έλληνες διατηρήθηκε για όλα τα χρόνια που έμεινε στην Ελλάδα, και τη μετέδωσε αργότερα στους φοιτητές του στην Οξφόρδη.

Ο Hogarth εξήρε, επίσης, τον τρόπο με τον οποίο οι Βρετανοί ασκούσαν τον μεσολαβητικό τους ρόλο σε μια ευαίσθητη κατάσταση. Κατέγραψε τον θαυμασμό του για τον σερ Herbert Chermside, τον Βρετανό διοικητή, ο οποίος «επιβεβαίωσε τη φήμη των Βρετανών για ψύχραιμο θάρρος και ήρεμη εκπλήρωση του καθήκοντος εκείνες τις ταραγμένες εβδομάδες».[131]

Στην Κάντια, ο Hogarth ήρθε σε στενή επαφή με τις στρατιωτικές μονάδες της χώρας του, προτιμώντας να στήσει τη σκηνή του κοντά σε μια ορεινή πυροβολαρχία στα υψώματα γύρω από την πόλη, παρά να διακινδυνεύσει να κολλήσει ευλογιά, που εξαπλωνόταν στις βρώμικες γειτονιές της πόλης. Περνούσε τις μέρες του αξιολογώντας τις επίσημες αναφορές και πηγαίνοντας έφιππος στις γραμμές των επαναστατών για να κάνει τις δικές του παρατηρήσεις. «Σε αυτές τις εξορμήσεις», θυμόταν μια δεκαετία αργότερα, «επισκέφτηκα για πρώτη φορά την Κνωσό και ονειρεύτηκα να σκάψω στο Ανάκτορο του Μίνωα, όπου μερικοί ενεπίγραφοι λίθοι είχαν ήδη αποκαλυφτεί. Μου προσέφεραν, μάλιστα, μια διμοιρία σκαπανέων, που θα μπορούσαν να αρχίσουν να ψάχνουν τριγύρω». Απέρριψε την προσφορά, όχι από σεβασμό για έναν από τους ιδιοκτήτες της τοποθεσίας –συγκεκριμένα τον Έβανς, ο οποίος ήταν και συνάδελφός του στην Οξφόρδη–, ούτε για να συμμορφωθεί με τους νόμους του κράτους ή τον δικό του ηθικό κώδικα. Απλώς, «την απέρριψε επειδή δεν είχε ούτε χρόνο ούτε εμπιστοσύνη στους στρατιώτες σκαπανείς».[132]

Οι Μεγάλες Δυνάμεις όριζαν τη μοίρα της Κρήτης και προσπάθησαν να επιβάλουν ως ένα βαθμό τον νόμο και την τάξη κατά τη διάρκεια του 1897, όπως θυμόταν αργότερα ένας Βρετανός ναύτης, με ενθουσιασμό αγοριού και τρόμο ενήλικα:

> Κάθε εθνικότητα είχε τον δικό της τρόπο να τιμωρεί τους αιμοδιψείς ντόπιους. Οι Ιταλοί τους πυροβολούσαν επιτόπου. Οι Γάλλοι τους έκοβαν τα κεφάλια. Οι Ρώσοι τους μαστίγωναν μέχρι θανάτου – όλα αυτά χωρίς ούτε παρωδία δίκης. Όμως οι Βρετανοί –οι καλοί, σωστοί Βρετανοί– τους επιβιβάζαμε στα πολεμικά πλοία, τους φυλακίζαμε σε κλουβιά στο κατάστρωμα φτιαγμένα από δίχτυα για τορπίλες και τους περνούσαμε επίσημα από Στρατοδικείο. Κατόπιν, τους κρεμούσαμε, επίσημα και μπροστά σε όλους τους άνδρες. Και δεν νομίζω πως υπήρχε κάποιος ανάμεσά μας που να λυπόταν γι' αυτά τα εξαχρειωμένα κτήνη που τα φονικά τους ήταν τόσο φοβερά.[133]

Ο Hogarth αποχαιρέτισε την Κρήτη για πάντα, όπως πίστευε εσφαλμένα, τον Μάιο του 1897. Όμως, παρά τα αισθήματά του προς την πλειονότητα του πληθυσμού, σύντομα επέστρεψε ως ένας από τους πρωταγωνιστές στην έρευνα για την «προ-κλασική χρυσή εποχή» του νησιού.

❖

Ο Έβανς χρησιμοποίησε το διάλειμμα για να επεκτείνει τη δράση του στη Βόρεια Αφρική. Με πρόσχημα τη μελέτη «προϊστορικών Τριλίθων» ή «Μεγάλων Λίθινων Ναών», τους οποίους ταύτισε με ελαιοτριβεία της ρωμαϊκής περιόδου, συνάντησε τον Myres στην Τύνιδα στις αρχές Μαρτίου. Μαζί εξερεύνησαν την ενδοχώρα της Λιβύης, μέχρι που κίνησαν τις υποψίες των τουρκικών Αρχών και επέστρεψαν υπό επιτήρηση στην Τρίπολη. Ο Έβανς χρησιμοποιούσε το ίδιο διαβατήριο που είχε και στις παλαιότερες περιπέτειές του, και οι «εμπεριστατωμένες σημειώσεις για τις θέσεις των αυστριακών στρατιωτικών δυνάμεων που βρίσκονταν κακογραμμένες στο πίσω μέρος», όπως θυμόταν αργότερα ο Myres, ήταν αρκετές για να πείσουν κάθε τοπικό αξιωματούχο πως δουλειά τους δεν ήταν η μελέτη.[134] Όμως, ο κύριος λόγος που τους ώθησε να κάνουν το ταξίδι ήταν να διερευνήσουν την πρόσφατη θεωρία ότι οι πρωτο-Αιγύπτιοι ήταν λιβυκής καταγωγής.

Οι ανασκαφές του Flinders Petrie στη Νακάδα στον Άνω Νείλο είχαν φέρει στο φως νεκροταφείο «προϊστορικών» Αιγυπτίων που φαίνονταν να ανήκουν στη λεγόμενη Νέα Φυλή, η οποία ο Petrie πίστευε πως κατοικούσε στην Αίγυπτο προτού εισβάλουν από τα νοτιοανατολικά και την κατακτήσουν οι γνωστοί Αιγύπτιοι της φαραωνικής εποχής.[135] Η Νέα Φυλή, σύμφωνα με τον Έβανς, «ταυτιζόταν με τον λαό των Οάσεων, τους Ταχένου ή Ταμαχού, φυλή λιβυκής καταγωγής». Αυτό που έκανε τη συγκεκριμένη θεωρία τόσο ελκυστική στον Έβανς και στη δική του φυλή ήταν ότι οι Λίβυοι Βερβερίνοι αποτελούνταν από άτομα «λευκής φυλής, που έμοιαζε πολύ με την ευρωπαϊκή».[136]

Ο Έβανς και οι συνάδελφοί του είχαν εντυπωσιαστεί πολύ από το βιβλίο του Giuseppe Sergi, *La stirpe Mediterranea*, του 1895, που εκδόθηκε στα αγγλικά το 1901, με τον τίτλο, *The Mediterranean Race*. Ο Sergi υποστήριζε ότι οι λαοί που ζούσαν στις ακτές της Μεσογείου ανήκαν σε μια ξεχωριστή φυλή η οποία ήταν υπεύθυνη για τους μεγάλους πολιτισμούς της Ελλάδας και της Ρώμης. Στη συνέχεια, ανέπτυξε περαιτέρω τη θεωρία του, για να αποδείξει ότι οι Ετρούσκοι κράτησαν τους Ευρωπαίους Αρίους έξω από την Ιταλία.[137] Η θέση του Sergi έδειχνε ότι οι πρώτες μεσογειακές κοινωνίες δεν ήταν ούτε άριες ούτε σημιτικές, αλλά κάτι ενδιάμεσο. Το πρώιμο λιβυκό γένος, που θαύμαζε ο Έβανς, μπορούσε να συμπεριληφθεί, γεωγραφικά, σε αυτήν τη φυλή της Μεσογείου και εξαιτίας της συγγένειάς του με τους «Ευρωπαίους» έδειχνε ως η πιο επιθυμητή πηγή για τους αυτόχθονες Κρήτες. Όσον όμως αφορά τη σύγχρονη διοίκηση της Λιβύης, ο Έβανς τη γνώριζε και την απεχθανόταν από τις προηγούμενες εμπειρίες του με τις αντίστοιχες στα Βαλκάνια, κι έτσι, όπως έγραψε στον Fortnum στις 18 Απριλίου, ένιωσε ανακούφιση όταν έφυγε και βρέθηκε «ασφαλής μακριά από τα χέρια "Τούρκων, αιρετικών και απίστων"».[138]

Ο φύλακας της Κρήτης

Ο Έβανς επέστρεψε στην Κρήτη στα τέλη Μαρτίου του 1898 με τον Myres και τον Hogarth. Η επανάσταση είχε τελειώσει επίσημα και οι Μεγάλες Δυνάμεις επέβαλλαν αυστηρά τον νόμο και την τάξη. Οι τρεις αρχαιολόγοι επισκέφτηκαν ξανά την Κεφάλα, τη βρήκαν ανέπαφη και ανανέωσαν τους δεσμούς τους με τους Κρήτες συναδέλφους τους, προτού ο Myres και ο Hogarth φύγουν για να οργανώσουν την ανασκαφική αποστολή εκείνης της χρονιάς στη Μήλο. Ως διευθυντής της Βρετανικής Αρχαιολογικής Σχολής, ο Hogarth ανέλαβε την ευθύνη για την πρώτη μεγάλη ανασκαφή που πραγματοποίησε βρετανική ομάδα στην τοποθεσία της προϊστορικής αιγαιακής πόλης της Φυλακωπής, σχέδιο που αργότερα περιέγραψε ως «αναποτελεσματική ανασκαφή, που έτυχε σε μένα να διεξαγάγω στη Μήλο».[139]

Ο Έβανς έμεινε στην Κρήτη, συνεχίζοντας την έρευνά του. Σε πρώτη φάση, κατάλαβε πως θα ήταν καλύτερα να χρησιμοποιήσει την τακτική που είχε ακολουθήσει κάτω από παρόμοιες περιστάσεις στη Βοσνία πριν από είκοσι χρόνια: βοήθησε μια βρετανική ανθρωπιστική αποστολή στη μεταφορά σάκων με κριθάρι στα χωριά που είχαν υποστεί τις μεγαλύτερες ζημιές. Όπως και στη Βοσνία, αναγκάστηκε να στέλνει ανταποκρίσεις στη *Manchester Guardian*, περιγράφοντας μια κατάσταση την οποία δεν θεωρούσε ικανοποιητική, όμως αυτή τη φορά δεν είχε να κάνει με εκπροσώπους της Αυστριακής ή της Οθωμανικής Αυτοκρατορίας, αλλά με εκείνους της Επικράτειας της Αυτής Μεγαλειότητος, της οποίας ήταν νομοταγής υπήκοος.

Ο Έβανς δεν συμμεριζόταν τον θαυμασμό του Hogarth για τις βρετανικές Αρχές στην Κρήτη. Εξοργισμένος με την πολιτική συνεργασίας με την τουρκική κυβέρνηση που ακολουθούσαν, αποκαλούσε τον συνταγματάρχη σερ Herbert Chermside, τον οποίο ο Hogarth είχε περί πολλού, «Βρετανό βοηθό πασά» του «τουρκο-βρετανικού *καθεστώτος* στην Κάντια». Η οργή του κορυφώθηκε μετά τη σύλληψη και φυλάκιση του μουλαρά του, του Ηρακλή, καθώς έμπαιναν στη ζώνη περιφρούρησης γύρω από την Κάντια, επιστρέφοντας από ένα διερευνητικό ταξίδι στα ανατολικά. Ο Ηρακλής ήταν από τη Σητεία και δεν είχε την απαιτούμενη άδεια για να μπει στην Κάντια. Είχε προσληφθεί για την περιοχή της Σητείας και μάλλον σκόπευε να γυρίσει στο σπίτι του αφού άφηνε τον Έβανς στα σύνορα της Κάντια, όμως ο Έβανς προφανώς προσπάθησε να τον πείσει να συνεχίσει μέσα στη βρετανική περιοχή. Είναι πολύ πιθανό, όπως λένε μεταγενέστερες αναφορές, ότι ο Έβανς προσπάθησε να τον καλοπιάσει για να συνεχίσει το ταξίδι και ότι ο Chermside, που έτυχε να περνά από το σημείο ελέγχου εκείνη τη στιγμή, είδε την απροθυμία του Ηρακλή να συνεχίσει και τον διέταξε να παρουσιαστεί στην Αστυνομία. Ο Έβανς προχώρησε μόνος του στην Κάντια, αλλά καθώς ο μουλαράς του δεν εμφανίστηκε, πήγε να τον βρει. Η Αστυνομία, όταν είδε ότι ο Ηρακλής δεν είχε ταξιδιωτικά έγγραφα, τον φυλάκισε. Ο Έβανς, σε ένα ρεσιτάλ ξεροκέφαλης υπεροψίας, που φαίνεται ότι όσο γερνούσε απολάμβανε να επιδεικνύει όλο και περισσότερο, εντόπισε τη φυλακή, κατάφερε να του ανοίξουν, βρήκε τον Ηρακλή και, όπως είπε στη *Manchester Guardian*, «του έδωσα το χέρι μου και τον οδηγούσα έξω τη στιγμή που μας σταμάτησαν οπλισμένοι αστυνομικοί». Ο Ηρακλής φοβήθηκε για τη ζωή τους, αλλά ο Έβανς φανέρωσε την «ηφαιστειώδη φύση» του και συμπεριφέρθηκε έτσι όπως νόμιζε πως έπρεπε σε τέτοιες περιστάσεις. «Διάφορες εμπειρίες», ανέφερε, «σε μερικά από τα πιο απομακρυσμένα και βάρβαρα τμήματα της τουρκικής επικράτειας με δίδαξαν ότι η αλαζονική στάση, ακόμη και η διακριτική προσφυγή στη φυσική βία, συχνά πετυχαίνει με αυτούς τους ανθρώπους όταν η πειθώ και τα επιχειρήματα είναι άχρηστα». Αυτό που δεν υπολόγισε ήταν ότι είχε να κάνει με τον παραδοσιακό εχθρό του πάνω σε προσωρινά βρετανικό έδαφος. «Ο Τούρκος εδώ, κάτω από βρετανική προστασία, αποτιμά πολύ διαφορετικά τις αξιώσεις των "Ευρωπαίων"»,[140] παραδέχτηκε, κι έτσι ο Ηρακλής παρέμεινε σε ένα βρωμερό μπουντρούμι, μέχρι ο Έβανς να μπορέσει να επανορθώσει.

Αναλογιζόμενος τη δική του φυλάκιση στη Ραγκούζα από τις αυστριακές Αρχές και, κατά πάσα πιθανότητα, αποδεχόμενος σιωπηρά μερίδιο της ευθύνης για τη φυλάκιση του Ηρακλή, ο Έβανς προσπάθησε, ανεπιτυχώς, να δει τον ίδιο τον Chermside και μετά του έγραψε ένα αυστηρό σημείωμα αποδοκιμασίας. Μια εξίσου αυστηρή απάντηση ήρθε από τη μεριά του υπασπιστή και γραμματέα του διοικητή: «Νομίζετε ότι ένας και μόνο Άγγλος, που θεωρεί πως μπορεί να κάνει ό,τι θέλει για να εξυπηρετήσει τους σκοπούς του, έχει το δικαίωμα να υπαγορεύει τις θελήσεις του σε Τούρκους και Βρετανούς αξιωματούχους;» Είναι ξεκάθαρο ποια πίστευε ο Έβανς πως ήταν η απάντηση σε αυτή τη φαινομενικά ρητορική ερώτηση, καθώς και ότι διαφωνούσε με τον εκπρόσωπο της Αυτής Μεγαλειότητος. Έτσι, γύρεψε τη βοήθεια του Βρετανού υποπρόξενου, ο οποίος του εξασφάλισε ακρόαση με τον Τούρκο κυβερνήτη Εντέμ Πασά. Η εκτίμηση του Έβανς για «το καχύποπτο βλέμμα του κυβερνήτη, την ξινισμένη του έκφραση και το ξερακιανό του πρόσωπο, κιτρινιάρικο και ρυτιδιασμένο σαν μπαγιάτικο μήλο», κατέστησε σαφές πως οποιεσδήποτε διαπραγματεύσεις θα ήταν σκληρές, αν όχι άχρηστες. Στην πραγματικότητα, αποδείχτηκαν χειρότερες από άχρηστες. Ο Πασάς, μη έχοντας επαρκείς λόγους να κρατήσει τον μουλαρά, «με γνήσια τουρκική καπατσοσύνη άλλαξε εντελώς στάση», διηγείτο ο Έβανς. «Λέτε να μην ήξερα, είπε, ότι αυτός ο Χριστιανός ήρθε από τη Σητεία; Πολλοί Τούρκοι σκοτώθηκαν στη Σητεία. Κι αυτός ο λακές του Αυτοκρατορικού Σφαγέα άρχισε αμέσως, προσποιούμενος τον τρομοκρατημένο, να μιμείται με πολύ ρεαλιστικό τρόπο το κόψιμο του λαιμού».[141]

Η ισχυρογνωμοσύνη και η ξεροκεφαλιά του Έβανς δεν είχαν απλά αποτύχει, αλλά είχαν χειροτερέψει δραματικά την κατάσταση. Σε είκοσι τέσσερις ώρες, ο Ηρακλής μεταμορφώθηκε από παράνομο μετανάστη σε δράστη μαζικών δολοφονιών. Τα μουλάρια του θα κατάσχονταν και σύντομα θα ακολουθούσε και η ζωή του, όπως τουλάχιστον τον πείραζαν οι δεσμοφύλακές του. Ο Έβανς έπρεπε, πλέον, να καταφύγει στην εξυπνάδα του και να δράσει γρήγορα. Συνέταξε ένα τηλεγράφημα προς τον Γάλλο διοικητή στη Σητεία, όπου εξέθετε τη δική του εκδοχή της υπόθεσης και ανέφερε ότι ο Βρετανός διοικητής δεν επιβαλλόταν στους Τούρκους. Ο Chermside λογόκρινε το τηλεγράφημα, όπως ο Έβανς ήξερε ότι θα κάνει, και τον δέχτηκε σε ακρόαση. Αν και ο Έβανς είχε ολοφάνερα άδικο, κατάφερε να μαλακώσει τον ερεθισμένο συνταγματάρχη και να εξασφαλίσει την παράδοση του Ηρακλή στους Βρετανούς, που τον έβαλαν σε πλοίο και τον έστειλαν πίσω στη Σητεία.

Η ευτυχής κατάληξη αυτής της επικίνδυνης υπόθεσης για τον Έβανς, μολονότι ο ίδιος ήταν υπεύθυνος για τις επιπλοκές της, εξυμνήθηκε ως πράξη υπέρτατου ηρωισμού από τους Χριστιανούς της Κρήτης, ενώ αυτός εξακολουθούσε να διασύρει τους Βρετανούς ως συνεργάτες των Τούρκων με επιστολές στη *Manchester Guardian*. Εκθείαζε, αντίθετα, τους Γάλλους και τους Ρώσους ως φωτεινά παραδείγματα «σωστής» συμπεριφοράς: «Βρίσκονται εκεί για να προετοιμάσουν τον πληθυσμό για τη νέα τάξη πραγμάτων και επιβάλλουν στους Μωαμεθανούς να μάθουν το πρώτο και πιο απαραίτητο μάθημα, ότι κυρίαρχος τώρα είναι η Ευρώπη». Χωρίς να μασά τα λόγια του και ξέροντας πολύ καλά τον αντίκτυπό τους, έκανε γνωστό ότι «προαναγγέλλουν ανοιχτά το γεγονός ότι επίκειται η άφιξη του πρίγκιπα Γεωργίου και ότι τα τουρκικά στρατεύματα θα αποσυρθούν».[142] Ο «Μαστιγωτής των Πασάδων» είχε βρει για μια ακόμη φορά δημιουργική διέξοδο και περίμενε να αποκομίσει μεγάλα οφέλη από το προσωνύμιό του στην Κρήτη.

Ωστόσο, δεν ήταν όλα μονόπλευρα στον αιματηρό εμφύλιο πόλεμο που απειλούσε να εξολοθρεύσει τον πληθυσμό του νησιού. Υπήρχαν πολλές αποδείξεις για τις βαρβαρότητες των Χριστιανών στα ανατολικά του νησιού, που είχαν εξοργίσει τους Μουσουλμάνους στην Κάντια. Στο χωριό Ετιά, κοντά στη Σητεία, οι Μουσουλμάνοι βρήκαν καταφύγιο στο τζαμί τους, αλλά εξαπατήθηκαν για να βγουν έξω και σφαγιάσθηκαν. Όταν ο Έβανς είδε από κοντά τον τόπο, ανέφερε πως είχαν αφήσει το τζαμί ανέπαφο μέχρι που

> μπήκα στον βεβηλωμένο περίβολο … Τα ρούχα των αξιοθρήνητων χωρικών, συγκεντρωμένα για τη φυγή τους και παρατημένα μόλις κλήθηκαν να συναντήσουν τον θάνατό τους, κάλυπταν ακόμη όλο το πάτωμα – φανταχτερά κομμάτια από ανατολίτικα σκεπάσματα ανάμεσα σε σάπια κουρέλια, δισάκια που περιείχαν τα λιγοστά τους τρόφιμα, μια πράσινη λωρίδα από το τουρμπάνι κάποιου, ίσως απόγονου του Προφήτη.[143]

Πέντε χρόνια αργότερα, ο Charles Trick Currelly, ένας από τους ανασκαφείς στο Παλαίκαστρο, άκουσε όλη την ιστορία. (Ο Currelly ήταν βοηθός του Flinders Petrie στην Αίγυπτο και θα γινόταν ένας από τους ιδρυτές του Βασιλικού Μουσείου του Οντάριο.) Θυμόταν πως

> οι εργάτες της ανασκαφής έρχονταν από ένα χιλιόμετρο περίπου μακριά. Οι άνθρωποι ήταν πολύ εύθυμοι και πολύ αφοσιωμένοι και τους βρήκα ελκυστικούς. Ήταν πολύ ενδιαφέρον να πηγαίνεις μαζί τους στην εκκλησία και να παρακολουθείς τη μεγάλη τους ευλάβεια. Ήταν δύσκολο να αντιληφθείς πόσο πραγματικά αιμοδιψείς ήταν. Μια μέρα εμφανίστηκαν δύο άνδρες που δεν ανήκαν στο χωριό, αλλά ήθελαν δουλειά. Το κύριο προσόν τους ήταν πως είχαν σκοτώσει πρόσφατα δύο Μωαμεθανούς. Αυτό οδήγησε σε συζήτηση για τον ρόλο που είχαν παίξει οι εργάτες μας στην ταραγμένη εκείνη περίοδο, πέντε μόλις χρόνια νωρίτερα. Σε μικρή απόσταση πίσω από τους λόφους βρισκόταν ένα μωαμεθανικό χωριό. Οι Μωαμεθανοί ήταν ανυποψίαστοι και δεν είχαν βάλει φρουρούς. Όταν άκουσαν την πρώτη ομοβροντία πετάχτηκαν έξω, στο απόλυτο σκοτάδι φυσικά, καθώς τα μικρά φανάρια τους είναι δύσκολο να τα ανάψει κανείς. Οι γονείς άρπαξαν τα παιδιά τους και ό,τι όπλα μπορούσαν να βρουν, και όλοι μαζί έτρεξαν στο τζαμί.

Όταν συγκεντρώθηκαν εκεί, ανακάλυψαν πως δεν ήταν επαρκώς οπλισμένοι και ζήτησαν διαπραγματεύσεις: με αντάλλαγμα τη ζωή τους, προσφέρθηκαν να φύγουν αφήνοντας πίσω όλα τους τα υπάρχοντα, τα χωράφια, τα ζώα, τα σκεύη και όλο το νοικοκυριό τους, τα πάντα εκτός απ' ό,τι κουβαλούσαν. Οι όροι έγιναν αποδεκτοί και οι χωρικοί μας ορκίστηκαν στα Ευαγγέλια ότι θα γίνονταν σεβαστοί. Απαίτησαν όμως όλα τα όπλα να τους παραδοθούν μέσα από τα παράθυρα του τζαμιού, έτσι ώστε οι Μωαμεθανοί, όταν θα έβγαιναν έξω, να είναι εντελώς άοπλοι. Οι Μωαμεθανοί παρέδωσαν τα όπλα και τους είπαν να βγουν έξω και να σχηματίσουν μια σειρά για να φύγουν. Βγήκαν έξω και μπήκαν στη σειρά, οι μητέρες με τα μωρά τους, οι γέροι με τα μεγαλύτερα παιδιά για να τους βοηθούν και οι άνδρες κρατώντας τα μικρότερα. Μόλις τακτοποιήθηκαν, οι δικοί μας τους σκότωσαν όλους με τα όπλα που είχαν πάρει από τους ίδιους. Μονάχα ένα μικρό κοριτσάκι γλίτωσε, που βγήκε έξω από τη γραμμή και έτρεξε προς τους Χριστιανούς. Ένα μικρό αγόρι, που είχε ακολουθήσει τους συγγενείς του στο μωαμεθανικό χωριό, της έβαλε τρικλοποδιά και έριξε επάνω της το σκούρο πανωφόρι του και το κοριτσάκι ήταν αρκετά έξυπνο για να μείνει κρυμμένο μέχρι να περάσουν όλα.

Σε ένα άλλο χωριό, όχι πολύ μακριά, έγινε παρόμοια σφαγή, αλλά εκεί οι Χριστιανοί πήγαν τους Μωαμεθανούς σε έναν γκρεμό, τους μαχαίρωσαν πισώπλατα και τους πέταξαν κάτω έναν έναν.[144]

Ο Έβανς ανακάλυψε πως ο εμφύλιος πόλεμος γινόταν ακόμη πιο περίπλοκος εξαιτίας αντιζηλιών ανάμεσα στους Χριστιανούς. Οι άνδρες της Κριτσάς, του μεγαλύτερου χωριού της Κρήτης εκείνη την εποχή, και βάσης του Έβανς όταν ερευνούσε τον Γουλά, συγκρότησαν σώμα από «περίπου εξακόσιους πολεμιστές οπλισμένους μέχρι τα δόντια», χωρισμένους σε τμήματα. Όπως ανέφερε ο Έβανς, «προσφέρονταν έναντι αμοιβής να προστατεύουν τους πιο ειρηνικούς χωρικούς γειτονικών περιοχών, οι οποίοι σε λίγο ανακάλυπταν ότι πραγματικός τους σκοπός ήταν να εξασφαλίσουν τη μερίδα του λέοντος από τη λεηλασία των τουρκικών χωριών». Οι άνδρες της Κριτσάς, «υπό την καθοδήγηση του φοβερού αρχηγού τους Ταβλά», ήταν υπεύθυνοι για τις χειρότερες σφαγές που διέπραξαν οι Χριστιανοί, αλλά και οι πρωταγωνιστές των πιο παράδοξων επεισοδίων της εξέγερσης. Από φθόνο για τη γειτονική πόλη της Νεάπολης, που είχε γίνει το διοικητικό κέντρο του ανατολικού τμήματος του νησιού, αποφάσισαν να διαμαρτυρηθούν στη μόνη γλώσσα που γνώριζαν: βάδισαν εναντίον της πόλης έχοντας σκοπό να την καταστρέψουν, αλλά αποκρούστηκαν από τους Νεαπολίτες, αν και κατά την πολιορκία χάθηκαν πολλές ζωές.[145] Ο Hogarth σίγουρα θα χαμογελούσε ειρωνικά διαβάζοντας τα τηλεγραφήματα του Έβανς.

Μια χρυσή εποχή

Ο Έβανς δελέασε τους αναγνώστες του με περιγραφές από τις υπέρμετρα ενθουσιώδεις εκδηλώσεις για τη γιορτή του αγίου Γεωργίου το 1898, που οφείλονταν στην πρόταση διορισμού του πρίγκιπα Γεωργίου, δευτερότοκου γιου του βασιλιά της Ελλάδας Γεωργίου Α΄, ως Ύπατου Αρμοστή των Μεγάλων Δυνάμεων στην Κρήτη.[146] Οι Χριστιανοί θεώρησαν αυτόν τον διορισμό ως το πρώτο βήμα για την ένωσή τους με την Ελλάδα, αλλά οι Μεγάλες Δυνάμεις επέμεναν πως η Κρήτη έπρεπε να παραμείνει ανεξάρτητη. Η υλοποίηση της απόφασης καθυστερούσε λόγω γραφειοκρατίας, μέχρι που στις αρχές Σεπτεμβρίου Βρετανοί στρατιώτες σκοτώθηκαν από Μουσουλμάνους κατά τη διάρκεια ταραχών στην Κάντια, και η βρετανική κυβέρνηση αποφάσισε πως δεν μπορούσε πλέον να ακολουθεί πολιτική διατήρησης του status quo. Η Μεγάλη Βρετανία εντάχτηκε, επιτέλους, στον χορό των ευρωπαϊκών κρατών που εναντιώνονταν στην πολιτική της Πύλης. Οι τελευταίοι Τούρκοι στρατιώτες εγκατέλειψαν την Κρήτη στις 14 Νοεμβρίου και στις 21 Δεκεμβρίου ο πρίγκιπας Γεώργιος έφτασε στη Σούδα.

Ένας Αθηναίος ανταποκριτής, σε παραλήρημα πατριωτικού οίστρου, ανέφερε: «Κατακρεουργημένη μετά από είκοσι πέντε αιώνες εμφυλίων πολέμων, ξένων κατακτήσεων και ανείπωτης καταπίεσης, η Κρήτη απέκτησε ξαφνικά την ανεξαρτησία και τη χρηστή διοίκηση, με έναν κυβερνήτη που ανήκει στη δική της γενιά και μιλά τη δική της γλώσσα».[147] Οι Έλληνες ανέτρεχαν στην εποχή της Αθήνας του Περικλή, τον πέμπτο π.Χ. αιώνα, για να στηρίξουν τις ιστορικές τους αξιώσεις στην Κρήτη, και επέμεναν ότι το πραγματικό γένος και η γλώσσα του νησιού ήταν ελληνικά. Παρ' όλα αυτά, ο πρίγκιπας Γεώργιος προσπάθησε σκληρά για να προαγάγει την ειρήνη στην Κρήτη, παρακινώντας Χριστιανούς και Μουσουλμάνους να αφήσουν πίσω το παρελθόν και να συνεργαστούν: υπερβολική, σίγουρα, απαίτηση, την οποία καμιά πλευρά δεν ήταν εύκολο να ικανοποιήσει. Αντίθετα, οι περισσότεροι Μουσουλμάνοι, που αρνήθηκαν να γίνουν Χριστιανοί, πούλησαν τις περιουσίες τους με αντίτιμο τα ναύλα τους για την ακτή της Ανατολίας, όπως είχε προβλέψει ο Hogarth.

Ο πρίγκιπας Γεώργιος ευνοούσε πολύ τις αρχαιολογικές έρευνες στην Κρήτη, αλλά ήθελε να γίνουν μέσα σε αυστηρό κανονιστικό πλαίσιο. Δεν θα γινόταν ούτε λόγος για ανασκαφή, μέχρι να συμφωνηθούν και να αποτυπωθούν στο υπό κατάρτιση Κρητικό Σύνταγμα οι νόμοι για την εξαγωγή και αποκατάσταση των αρχαιοτήτων, όπως πληροφόρησε ο Χατζιδάκις τον Έβανς στις αρχές του 1899.[148] Στο ίδιο γράμμα γνωστοποίησε στον Έβανς ότι είχε χάσει τον Γουλά από τους Γάλλους, οι οποίοι, στο κάτω κάτω, διοικούσαν την περιοχή του Μιραμπέλλου – ήταν συνεπώς εκτός ακτίνας επιρροής του Χατζιδάκι. Υπό την αιγίδα της γαλλικής διοίκησης, ο Jean Demargne πήγε στο Σπήλαιο του Ψυχρού* το 1897 και, προς μεγάλη απογοήτευση του Έβανς, βρήκε και άλλα τμήματα της φημισμένης εγχάρακτης Τράπεζας προσφορών.[149] Τώρα, ο ίδιος μελετητής έστρεψε την προσοχή του στον Γουλά και στην ελληνορωμαϊκή πόλη της Ιτάνου, κοντά στη Σητεία, στο ανατολικό άκρο.

Η Γαλλική Αρχαιολογική Σχολή επιθυμούσε, από την πλευρά της, να ξεκινήσει ανασκαφές στην Κνωσό. Καθώς ο André Joubin ήταν ο τελευταίος που είχε δηλώσει δημόσια ότι έχει το δικαίωμα να κάνει έρευνες εκεί, ο Théophile Homolle, διευθυντής της Γαλλικής Αρχαιολογικής Σχολής, ξαφνιάστηκε όταν έμαθε πως ο Έβανς είχε στο μεταξύ αθόρυβα παρακάμψει την απαίτηση. Έτσι, την άνοιξη του 1899 άρχισε αλληλογραφία σε έντονο ύφος ανάμεσα στον Homolle και τον Έβανς, με τον Hogarth, ως

* Το Δικταίο Άντρο. (Σ.τ.Ε.)

διευθυντή της Βρετανικής Αρχαιολογικής Σχολής, στη μέση. Ο Hogarth, θέλοντας να αποφύγει διπλωματικό επεισόδιο, προσπάθησε να υποβαθμίσει την αξία της Κνωσού: «Δεν είμαι πολύ ένθερμος για την παραχωμένη, δαπανηρή και εκρωμαϊσμένη τοποθεσία της Κνωσού», έγραφε στον Έβανς, «αλλά θα σταθώ δίπλα σου, αν το θέλεις, μέχρι να εξαντλήσω τη διεθνή αβροφροσύνη». Τελικά ο Homolle, απρόθυμος να παίξει τον ρόλο του «μαντρόσκυλου», όπως έλεγε, υποχώρησε.[150] Η επιμονή του Έβανς είχε αποτέλεσμα, αλλά αυτό που πραγματικά έκανε την πλάστιγγα να γείρει υπέρ του ήταν το μερίδιό του στην κυριότητα της Κεφάλας. Τώρα, έπρεπε να πάρει την άδεια να σκάψει από τον νέο Ύπατο Αρμοστή και να αποκτήσει την πλήρη κυριότητα της Κεφάλας.

Ο Έβανς έφτασε στα Χανιά στις 22 Μαρτίου και συναντήθηκε με τον Πρίγκιπα τρεις μέρες αργότερα. Είχε περάσει πια η εποχή που ένας ιδιώτης, όπως ο Σλήμαν, μπορούσε να ανασκάψει μια αρχαία τοποθεσία για δικό του λογαριασμό. Η κρητική κυβέρνηση επέμενε τα δικαιώματα ανασκαφής να δίνονται σε αναγνωρισμένα ιδρύματα, όπως όριζε η ελληνική νομοθεσία. Ο Έβανς παρουσιάστηκε ως ο εκπρόσωπος της Ελληνικής Εταιρείας και της εν Λονδίνω Επιτροπής της Βρετανικής Αρχαιολογικής Σχολής Αθηνών, με αποστολή να «κατοχυρώσει ορισμένες τοποθεσίες στην Κρήτη για βρετανική αρχαιολογική εξερεύνηση». Στην πραγματικότητα, εκπροσωπούσε τον εαυτό του. Ο Έβανς επιθυμούσε κυρίως να εξασφαλίσει «το αρχαίο βουνό που λέγεται Κεφάλα, στην τοποθεσία της Κνωσού», διεκδίκησε όμως, επίσης, την αρχαία Λύττο και το σπήλαιο του Ψυχρού, το σπήλαιο στις Καμάρες, το σπήλαιο του Κραναίου Ερμή και τις τοποθεσίες της

Ζάκρου και της Καλαμαύκας στα ανατολικά. Αυτές ήταν όλες τοποθεσίες που είτε είχε κρίνει σημαντικές με βάση δικές του παρατηρήσεις, είτε αναφέρονταν από αρχαίους συγγραφείς σε συνάφεια με μυθικές μορφές.

Ο Hogarth υποστήριξε τον Έβανς στο αίτημά του για την Κεφάλα, αλλά ο πανούργος υπολογιστής είχε ελάχιστη ανάγκη από βοήθεια. Όπως έλεγε αργότερα ο Hogarth, «ο Άρθουρ Έβανς είχε από καιρό καταστρώσει τα σχέδιά του και με ιδιοφυή διορατικότητα έπεσε στα βαθιά, αγοράζοντας το μερίδιο ενός μπέη στην τοποθεσία». Ο Πρίγκιπας γνώριζε τη γαλλική διεκδίκηση της Κνωσού όμως, όπως διηγείτο ο Hogarth, «όταν οι άλλοι που εποφθαλμιούσαν την Κνωσό στήριζαν την αξίωσή τους σε ηθικούς λόγους, [ο Έβανς] ήταν ο μόνος που μπορούσε να προβάλει το πειστικό επιχείρημα ότι είχε θυσιαστεί για τον τόπο, και οι Κρήτες, για τους οποίους είχε κάνει τόσο πολλά όταν κινδύνευαν, τώρα που ήταν ελεύθεροι τον υποστήριξαν».[151]

Ενώ περίμεναν την απόφαση του Πρίγκιπα, ο Έβανς και ο Hogarth ταξίδεψαν στην ανατολική Κρήτη, «επιλέγοντας τις τοποθεσίες που θα διεκδικούσαν στο μέλλον για ανασκαφές», σε ένα τοπίο πληγωμένο από πράξεις εκδίκησης. Ο Hogarth θλιβόταν βαθιά για τις καταστροφές και θρηνούσε λέγοντας πως «πολλά χωριά έχουν απομείνει ερείπια, σαν έρημοι σκελετοί. Εκεί που υπήρχαν ελαιώνες, μαυρισμένα κούτσουρα και λάκκοι μαρτυρούσαν την εθνικιστική μανία του θρησκευτικού πολέμου στην Εγγύς Ανατολή, που πάντοτε ξεριζώνει και τα απαραίτητα για την επιβίωση του εχθρού, αφού πρώτα σκοτώσει τη μητέρα και το μωρό της».[152] Στο μεταξύ, ο Πρίγκιπας ενέκρινε το αίτημα του Έβανς να ανασκάψει την

Κεφάλα «μόλις είσθε σε θέση να παρουσιάσετε νόμιμο τίτλο ιδιοκτησίας», έγραφε το νικητήριο σημείωμα στις 14 Απριλίου. Τώρα ο Έβανς μπορούσε να σχεδιάσει τις πρώτες ευρείας κλίμακας, σύγχρονες ανασκαφές στον λόφο που είχε γοητεύσει τόσους πολλούς πριν από αυτόν. Όμως ούτε μια χούφτα χώμα δεν θα μπορούσε να βγάλει, μέχρι να αποκτήσει την πλήρη κυριότητα της θέσης και να διευκρινιστεί το νομικό καθεστώς των προσδοκώμενων ευρημάτων.

Η κρητική κυβέρνηση ασχολήθηκε όλο το καλοκαίρι με την κατάρτιση νέου Συντάγματος, που στηρίχτηκε κατά βάση στο ελληνικό. Ο Χατζιδάκις και ο νέος γραμματέας του Φιλεκπαιδευτικού Συλλόγου της Κάντια, Στέφανος Ξανθουδίδης, Έλληνας φιλόλογος και φανατικός υποστηρικτής της κίνησης για την ένωση με την Ελλάδα, συνέταξαν ένα σχέδιο νόμου για την προστασία των αρχαιοτήτων της Κρήτης και το υπέβαλαν στον Πρίγκιπα για να το εξετάσει. Όπως αναμενόταν, ο νόμος περί αρχαιοτήτων που πέρασε στις αρχές Αυγούστου ήταν σχεδόν πανομοιότυπος με εκείνον που είχε ψηφιστεί στην Ελλάδα λίγες εβδομάδες νωρίτερα. Ο ελληνικός αρχαιολογικός νόμος του 1834 είχε αποδειχτεί αδύναμος να εμποδίσει την έξοδο των αρχαιοτήτων από τη χώρα. Για του λόγου το αληθές, μεταπράτες στην Αθήνα καυχιόνταν ανοιχτά για την ικανότητά τους να ικανοποιούν τις παραγγελίες ξένων μουσείων για όλα τα είδη ελληνικών αρχαιοτήτων.[153] Ο νέος νόμος ποινικοποίησε την κατοχή και εξαγωγή αρχαιοτήτων. Καθώς όλες οι αρχαιότητες στην Κρήτη θα έμεναν στην αποκλειστική φύλαξη της κρητικής κυβέρνησης, η απόκτηση αντικειμένων από ξένα μουσεία, το πρωταρχικό δηλαδή κίνητρο για τις περισσότερες αρχαιολογικές έρευνες, απαγορεύτηκε αυστηρά. Ο Έβανς δεν ενθουσιάστηκε με τον νόμο, αλλά ούτε και ενοχλήθηκε ιδιαίτερα, καθώς σπάνια επέτρεπε οι κρατικές υποθέσεις να επηρεάζουν τις δικές του και πάντοτε έβρισκε τρόπους να παρακάμπτει τους νόμους. Επίσης, ο Ξανθουδίδης τον είχε διαβεβαιώσει προσωπικά πως «αδιάφορα δείγματα», ευρήματα δηλαδή που ο Σύλλογος έκρινε ως ανάξια ενασχόλησης, μπορούσαν να εξαχθούν.[154]

Με τους κανονισμούς αρχαιοτήτων σε ισχύ από τα μέσα Αυγούστου, ξεκίνησε άμεσα η εποχή της σύγχρονης αρχαιολογίας στην Κρήτη. Δεν είναι τυχαίο ότι οι Ακαδημίες της Ιταλίας, της Γαλλίας και της Βρετανίας ανέλαβαν κυρίαρχο ρόλο. Τα σύγχρονα προτεκτοράτα τους απέκτησαν την ανεπαίσθητη αντανάκλασή τους στο παρελθόν. Ο Halbherr, για λογαριασμό της Ιταλικής Αρχαιολογικής Σχολής, μαζί με τον Χατζιδάκι, άρχισαν να καθαρίζουν την Αγορά στη Γόρτυνα. Ο Demargne, εκ μέρους των Γάλλων, δελεασμένος από την υπόσχεση του Έβανς και του Myres για οχυρή μυκηναϊκή ακρόπολη στον Γουλά, ενώθηκε με τον Ξανθουδίδη, της Κρητικής Εταιρείας.

Ο Χατζιδάκις πίεζε τους ιδιοκτήτες της Κεφάλας για λογαριασμό του Έβανς, και κατά τα μέσα Αυγούστου απέσπασε τη συμφωνία τους να πουλήσουν τα υπόλοιπα τρία τέταρτα για 200 λίρες Αγγλίας. Το γεγονός ότι η συμφωνία συνέπεσε χρονικά με την ψήφιση του νέου νόμου περί αρχαιοτήτων προδίδει την ανυπομονησία των ιδιοκτητών να πουλήσουν γρήγορα και φτηνά, λόγω της ενδεχόμενης απώλειας της αξίας του κτήματος, καθώς οι αρχαιότητες που αναμφίβολα περιείχε δεν θα πήγαιναν πια στον νέο ιδιοκτήτη. Αλλά αυτό λίγο ένοιαζε τον Έβανς, που ήξερε πως ένας διακανονισμός προσαρμοσμένος στις ανάγκες του Ashmolean μπορούσε πάντοτε να επιτευχθεί μακριά από τα βλέμματα των τελωνειακών. Η αγοραπωλησία που εξασφάλισε ο Χατζιδάκις ήταν νομικά δεσμευτική και εξάλειψε το τελευταίο εμπόδιο από τον δρόμο για την Κνωσό. Ο Έβανς είχε αγωνιστεί σκληρά από εκείνο το απόγευμα της 19ης Μαρτίου του 1894, όταν αποφάσισε να αποκτήσει τον Λαβύρινθο του Δαίδαλου. Τώρα, πλέον, θα γινόταν δικός του.

❖

Είχε έρθει πια ο καιρός να δημιουργήσει ο Έβανς το Ταμείο για την Εξερεύνηση της Κρήτης. Ο πρίγκιπας Γεώργιος συμφώνησε να το θέσει υπό την αιγίδα του, ο Έβανς και ο Hogarth ανέλαβαν διευθυντές και ο Myres γραμματέας. Στόχος ήταν να συγκεντρώσουν 5.000 λίρες Αγγλίας για να καλύψουν το συνολικό κόστος των βρετανικών ανασκαφών στην Κρήτη και να αποζημιώσουν τον Έβανς για το κόστος της Κεφάλας. Οι βρετανικές εφημερίδες όμως ήταν απασχολημένες με τον πόλεμο κατά των Μπόερς, που η Μεγάλη Βρετανία έχανε στη Νότια Αφρική και που είχε ξεσπάσει μετά την προσπάθεια των Βρετανών να ενισχύσουν τις δυνάμεις τους στη χρυσοφόρο περιοχή του Witwatersrand, στο Transvaal. Ειδικά ένα επεισόδιο, η πολιορκία από τους Μπόερς του βρετανικού στρατοπέδου στο Mafeking, που άρχισε στις 14 Οκτωβρίου, αιχμαλώτισε τη φαντασία του κοινού, καθώς ο Τύπος δημοσίευε καθημερινά άρθρα για την αποφασιστικότητα του συνταγματάρχη Robert Baden-Powell, ο οποίος απέκρουε τους επιτιθέμενους μέχρι τα μέσα Μαΐου του 1900 και αναδείχτηκε σε ηρωική μορφή. Αυτό είχε ως αποτέλεσμα να μην υπάρχει ενδιαφέρον για άλλες ειδήσεις. Το Ταμείο για την Κρήτη συγκέντρωσε το αποκαρδιωτικό ποσό των 510 λιρών, από τις οποίες οι 100 κατατέθηκαν από τον Άρθουρ και τον πατέρα του.

Ο Hogarth, διαισθανόμενος την απογοήτευση του Έβανς με το Ταμείο για την Εξερεύνηση της Κρήτης, έγραψε την 1η Ιανουαρίου του νέου αιώνα για να του προσφέρει ένα μέρος από τα δικά του εφόδια ανασκαφής, αξίας 16 λιρών, αλλά ο Έβανς είχε ήδη αποφασίσει ποιες προμήθειες του ήταν απολύτως απαραίτητες. Η παραγγελία του στα «Junior Navy Stores» στο Λονδίνο κόστιζε σχεδόν τέσσερις φορές περισσότερο από την προσφορά του Hogarth. Έμοιαζε, όπως γράφει ένας βιογράφος, «με το περιεχόμενο του καλαθιού για κολατσιό του ποντικού στο *The Wind in the Willows*:* Ένα κιβώτιο περιείχε 24 κονσέρβες με βοδινές γλώσσες, 3 με μοσχάρι, 36 με γαλοπούλα και πατέ γλώσσας, 2 με χοιρινό, 12 με πουτίγκα δαμάσκηνο, 12 με ζελέ γκουάβας και 20 με σαρδέλες. Υπήρχαν δεκατέσσερα κιβώτια, που κόστιζαν συνολικά 56 λίρες και 1 σελίνι. Δεν αποτελούσαν έκπληξη ... τα 12 μπουκάλια χωνευτικού ηδύποτου που συνόδευαν τα χάπια κινίνου».[155] Ο Έβανς ήξερε τι τον περίμενε στην Κρήτη και δεν σκόπευε καθόλου να το ρίξει στη σκληραγωγία μόνο και μόνο για να ικανοποιήσει την αντίληψη του κοινού για τον σκληροτράχηλο εξερευνητή.

Ο Έβανς βρισκόταν στο κατώφλι ενός νέου κόσμου,

---

* Διάσημο παραμύθι, γραμμένο το 1908 από τον Άγγλο συγγραφέα Kenneth Grahame (1859-1932), με βασικό θέμα τις περιπέτειες του βάτραχου, του ποντικού και του τυφλοπόντικα στο δάσος. (Σ.τ.Ε.)

στο ξεκίνημα του νέου αιώνα. Όλα ήταν έτοιμα για τη μεγαλύτερη περιπέτειά του: η δουλειά του στο Ashmolean είχε ολοκληρωθεί και ο βοηθός του, ο Charles F. Bell, ήταν ένας αξιόπιστος νέος στον οποίο ο Έβανς έδειξε την ευγνωμοσύνη του παραχωρώντας του τη θέση του υπευθύνου. Το Youlbury ήταν μια σταθερή βάση από όπου μπορούσε να εξερευνήσει τον κόσμο. Και η Κεφάλα ήταν όλη δική του. Το μυαλό του ήταν γεμάτο με τη σκοτεινή ιστορία της Κνωσού και της ένδοξης εποχής που η εξουσία του βασιλιά Μίνωα απλωνόταν σε ολόκληρο το Αιγαίο πέλαγος. Ο Flinders Petrie είχε προσφέρει το ακριβές πλαίσιο μέσα στο οποίο διαμορφώθηκε και άκμασε ο μινωικός πολιτισμός: μεταξύ της Δωδέκατης και της Δέκατης Όγδοης Αιγυπτιακής Δυναστείας. Για τους σύγχρονούς τους Αιγυπτίους, οι Κρήτες ήταν οι Κεφτιού και για τους γείτονές τους στην ακτή της Παλαιστίνης, ήταν οι Καφτορίτες. Σε αυτήν τη χρυσή εποχή απέδιδε ο Έβανς την υψηλή τέχνη της μυκηναϊκής περιόδου, όπου απεικονιζόταν η λατρεία των δέντρων και των πεσσών, που υποκαθιστούσαν τους αληθινούς θεούς της ινδο-αριο-τευτονικής θρησκείας οι οποίοι εξαπλώθηκαν αργότερα στην Ευρώπη.

Υπάρχει ένας πραγματικός κίνδυνος σε όλους τους επιστημονικούς κλάδους· μια νέα θεωρία, από τη στιγμή που κατατίθεται, να δίνει σε όλες τις επακόλουθες έρευνες την κατεύθυνση που επιθυμεί ο εισηγητής της, κατά κύριο λόγο, αλλά επίσης και αυτοί που τη βρίσκουν πιστευτή, βολική ή ακόμη και πρόσφορη για την επαλήθευση των δικών τους θεωριών. Τα συμπεράσματα του Έβανς στην πρώτη εμπεριστατωμένη μελέτη του για την πρώιμη ιστορία και κοινωνία της Κρήτης έγιναν η βάση στην οποία στηρίχτηκαν όλες οι επακόλουθες θεωρίες και αναπαραστάσεις. Σε μια ιδανική κατάσταση, ο επιστήμονας αναθεωρεί κατά περιόδους την ισχύ των στοιχείων που σχετίζονται με τις θεωρίες του και απορρίπτει τα σημεία που δεν μπορούν πλέον να υποστηριχτούν. Όσο επιστημονική και αν θεωρούσε ο Έβανς τη σκέψη του, ήταν εξελικτική, όπως επίσης και ο τρόπος με τον οποίο οικοδομούσε τις ιδέες του. Η επισωρευτική προσέγγισή του αύξανε τον κίνδυνο να χάσει τελικά την επαφή με τα αβέβαια θεμέλια των θεωριών του και να τα αναγάγει από απλές πιθανότητες σε πραγματικότητα, που δεν ήταν πάντοτε εγγυημένη. Στις θετικές επιστήμες, η μετάβαση από τη θεωρία στον νόμο είναι μια μακρά, παρατεταμένη διαδικασία πειραμάτων και επαλήθευσης μέσω της διεθνούς ομοφωνίας. Οι ανθρωπιστικές επιστήμες, από την άλλη, σπάνια προάγουν ιδέες σύμφωνα με αυτό το αυστηρό σύστημα. Αντίθετα, η ερμηνεία απτών στοιχείων μπορεί να γίνει δεκτή ως πιθανή μόνο για όσο η κρατούσα γνώμη θεωρεί πως είναι χρήσιμη ως κομμάτι ευρύτερης ερμηνείας της ανθρώπινης συμπεριφοράς. Αυτό διασφαλίζει την ύπαρξη μιας διαρκούς διαδικασίας αναθεώρησης, καθώς οι εκπρόσωποι της κρατούσας γνώμης αλλάζουν και μαζί με αυτούς αλλάζει και η ίδια η κρατούσα γνώμη. Όμως, η οικονομική του άνεση επέτρεπε στον Έβανς να διατηρεί την «ενστικτώδη επαναστατικότητα κατά της συμβατικότητας» και να λειτουργεί εκτός του πλαισίου της κρατούσας γνώμης, στην οποία, σε κάθε άλλη περίπτωση, θα ήταν υπόλογος. Αντίθετα, παρέμεινε αποστασιοποιημένος επανερχόμενος σπάνια στα στοιχεία του. Κι όταν ακόμη το έκανε, οι αναθεωρήσεις ήταν μάλλον η εξαίρεση παρά ο κανόνας.

ΚΕΦΑΛΑΙΟ ΤΕΤΑΡΤΟ

Κνωσός
1900-1907

Η προ-ελληνική Κρήτη

Ο ΕΒΑΝΣ ΕΠΛΕΥΣΕ ΓΙΑ ΤΗΝ ΚΑΝΤΙΑ ΤΗΝ ΠΡΩΤΗ ΕΒΔΟμάδα του Μαρτίου του 1900, ανυπομονώντας να ξεκινήσει νωρίς την ανασκαφική περίοδο και, μολονότι έφτασε στη διάρκεια μιας από τις χειρότερες καταιγίδες, βρήκε τον κόσμο γεμάτο αισιοδοξία για τον νέο αιώνα σε μια καινούργια και ανεξάρτητη χώρα. Η άνοιξη του 1900 έφερνε ελπιδοφόρα όνειρα για την ανασυγκρότηση που θα ακολουθούσε τον μεγαλύτερο και πιο πικρό εφιάλτη που είχε περάσει η Κρήτη. Κανείς δεν αρνιόταν πως οι πληγές των τελευταίων εχθροπραξιών ήθελαν χρόνο να επουλωθούν, αλλά ο πρίγκιπας Γεώργιος και η νέα κυβέρνηση ήταν αποφασισμένοι να ολοκληρώσουν τη θεραπεία. Το μέλλον ασφαλώς θα ήταν πιο φωτεινό, αν και η νέα διοίκηση της Κρήτης προσέβλεπε ακόμη στο μακρινό παρελθόν για να εμπνευστεί και να ξεπεράσει αυτή τη δύσκολη μετάβαση. Ο Έβανς χάρηκε με τη σειρά γραμματοσήμων που η νέα κυβέρνηση είχε εκδώσει και που κοσμούνταν με τους μυθικούς ήρωες του νησιού, όπως οι αρχαίες πόλεις της Κρήτης είχαν κάνει στα νομίσματά τους.[1] Το γραμματόσημο της μιας δραχμής είχε εικόνα του Τάλω, του χάλκινου γίγαντα που υπερασπίστηκε την

Κρήτη εναντίον όλων των εισβολέων εκσφενδονίζοντας τεράστιους ογκόλιθους σε όποιον πλησίαζε τις ακτές του νησιού.[2] Στο γραμματόσημο των δύο δραχμών εικονιζόταν ο Μίνωας καθισμένος στον θρόνο του ως δίκαιος κριτής, παράσταση βασισμένη σε αρχαίο νόμισμα της Κνωσού, ενώ το γραμματόσημο των πέντε δραχμών απεικόνιζε τον πιο πρόσφατο μύθο του αγίου Γεωργίου να σκοτώνει τον δράκοντα. Το πορτραίτο του θνητού αντιστοίχου του αγίου, του πρίγκιπα Γεωργίου, με τη μεγάλη του στρατιωτική στολή, κοσμούσε διάφορα γραμματόσημα μικρότερης αξίας για εσωτερική κυκλοφορία.

Την ευθύνη για τη δικαστική εξουσία της νέας χώρας επωμίσθηκε ο υπουργός Δικαιοσύνης του πρίγκιπα Γεωργίου, ο τριανταπεντάχρονος Κρης δικηγόρος και δημοσιογράφος Ελευθέριος Βενιζέλος, μέλος της Κρητικής Συνέλευσης και αρχηγός του προσφάτως ιδρυθέντος Κόμματος των Φιλελευθέρων. Ο Βενιζέλος, δεδηλωμένος Έλληνας εθνικιστής, που αργότερα έγινε πρωθυπουργός της Ελλάδας και ο πιο σημαντικός Έλληνας πολιτικός του αιώνα, ξεκαθάρισε ότι η Κρητική Συνέλευση δεν είχε την πρόθεση να διατηρήσει την ανεξαρτησία του νησιού. Το σύνθημα του λαού ήταν «Ένωσις» και στόχος του η ένωση με την Ελλάδα. Αυτή η θερμή λαχτάρα της πλειονότητας των Κρητών υπαγόρευε τον σκοπό και την κατεύθυνση όλης της αρχαιολογικής δραστηριότητας, καθώς η ανάδειξη της πρώιμης ελληνικής ιστορίας της Κρήτης έγινε ο μοναδικός στόχος των ανασκαφών και των αποτελεσμάτων τους. Ακόμη και οι Μινωίτες, τους οποίους ο Έβανς συνέδεε με τους Ετεόκρητες του Ομήρου και συνεπώς τους τοποθετούσε σε προγενέστερο των Ελλήνων χρόνο, έγιναν «προ-Έλληνες», που σήμαινε πως η μελέτη τους ήταν σημαντική μόνον εφόσον έδειχνε ποιες από τις όψεις του πολιτισμού τους επιβίωσαν ή, ακόμη, δημιούργησαν τον ελληνικό πολιτισμό που ακολούθησε. Οι Μινωίτες θεωρούνταν ρίζες του ελληνισμού και ως τέτοιοι πρόσφεραν στους σύγχρονους Ευρωπαίους τον παλαιότερο δικό τους «μεγάλο πολιτισμό», ο οποίος βρισκόταν σε επαφή αλλά ήταν εντελώς διαφορετικός από αυτούς της Αιγύπτου και της Εγγύς Ανατολής. Ως «πρόδρομοι των Ελλήνων», οι Κρήτες της Εποχής του Χαλκού θα γίνονταν αντικείμενο μελέτης, όχι γι' αυτό που υπήρξαν οι ίδιοι, μια περίπλοκη και ενδεχομένως πολυπολιτισμική κοινωνία στο σταυροδρόμι της Ανατολικής Μεσογείου, αλλά ως οι προπάτορες εκείνων των όψεων του ελληνικού πολιτισμού που συμβόλιζαν τα μεγαλύτερα επιτεύγματα της Ευρώπης. Ο Winckelmann είχε καθιερώσει, περισσότερο από έναν αιώνα νωρίτερα, την άποψη ότι η παραστατική τέχνη που πλησίαζε τον ρεαλισμό, σε συνδυασμό με την αρχιτεκτονική μεγάλης κλίμακας, έφτασε στο απόγειό της με τον Παρθενώνα των Αθηνών. Δεν φαινόταν, λοιπόν, πως οι Μινωίτες, όπως και οι σύγχρονοι Κρήτες, θα ανεξαρτητοποιούνταν από την Ελλάδα και την Ευρώπη.

Η πρώτη δουλειά του Έβανς ήταν να εξοφλήσει επιτέλους τα τρία τέταρτα του κτήματος που είχε αγοράσει στην Κνωσό. Μετά, μαζί με τον Hogarth, άρχισαν να επιδιορθώνουν το σπίτι του Τούρκου μπέη στο κτήμα, στην όχθη του ποταμού κάτω από τον λόφο της Κεφάλας, για να χρησιμοποιηθεί ως αποθήκη. «Είναι σχεδόν ετοιμόρροπο και προσπαθούμε να το απολυμάνουμε και να το ασπρίσουμε εσωτερικά, αλλά είναι πραγματικά μια ανατολίτικη κατοικία με σιντριβάνι στον κύριο χώρο υποδοχής και ένα μικρό υδραγωγείο που διατρέχει το σπίτι», έγραψε ο Έβανς στον πατέρα του στις 7 Μαρτίου.[3] Ο Hogarth βρήκε για τους ίδιους πιο «πολιτισμένα» καταλύματα στην Κάντια, καθώς στην κοιλάδα της Κνωσού υπήρχε κίνδυνος ελονοσίας, και προσέλαβε υπηρέτη και οικονόμο.

Η επόμενη δουλειά ήταν η οργάνωση της ανασκαφής αυτής καθαυτής. Ο Hogarth φοβόταν ότι ο Έβανς δεν είχε αρκετή ανασκαφική εμπειρία και αμφέβαλλε για την επιτυχία της συνεργασίας τους. «Έχω τόση εξοικείωση με τις ανασκαφές», είχε γράψει στον Έβανς έναν χρόνο πριν, «που εφαρμόζω διάφορες τεχνικές και μεθόδους (τις περισσότερες, φυσικά, τις έμαθα από τον Petrie) τις οποίες θεωρώ βασικές και που πρέπει να εφαρμόζω εγώ ο ίδιος, χωρίς να παίρνω παρά μόνο γενικές κατευθύνσεις από την πατρίδα. Νομίζω πως έχω αποκτήσει το δικαίωμα να έχω αρκετή ελευθερία όσον αφορά το πού θα σκάψω και πώς. Αυτό είναι όλο. *Μπορούμε* να δουλέψουμε θαυμάσια μαζί – εσύ κι εγώ».[4] Τώρα, όμως, ήταν λιγότερο πεπεισμένος για τη δυνατότητά τους να μοιραστούν την ευθύνη: «Μπορούμε να δουλέψουμε, μόνο αν εγώ βρίσκω και ο Έβανς παρατηρεί», έγραψε στο ημερολόγιό του στις 8 Μαρτίου, «αλλά φυσικά του Ε. δεν του αρέσει αυτό». Ο Hogarth ήταν βέβαιος ότι ο Έβανς ήταν ανίκανος να φέρει σε πέρας την ανασκαφή και σημείωνε: «Μίλησα ξεκάθαρα στον Ε. για την Κεφάλα, του προκάλεσα δέος με το μέγεθος της τοποθεσίας και κατάλαβε την αδυναμία του να δουλέψει εκεί μόνος. Πρότεινα τον Mackenzie».[5]

Ο Duncan Mackenzie γεννήθηκε στο Rosshire της Σκοτίας το 1861, αποφοίτησε από το Πανεπιστήμιο του Εδιμβούργου, όπου σπούδασε φιλοσοφία, και είχε πάρει πρόσφατα διδακτορικό στην κλασική αρχαιολογία στη Βιένη. Ήταν ένας ψηλός, λιγνός «Σκότος, με φωνή ορεσίβιου που μόλις και ακουγόταν, κόκκινα μαλλιά, ασταθή χαρακτήρα και μεγάλη ευχέρεια στις γλώσσες», θυμόταν η Τζόαν Έβανς.[6] Μόλις δέκα χρόνια νεότερος του Έβανς, ο Mackenzie είχε αποκτήσει εξαιρετική φήμη ως αρχαιολόγος πεδίου στη Φυλακωπή της Μήλου, όπου ήταν ο μοναδικός εκπαιδευμένος επαγγελματίας παρών καθόλη τη διάρκεια της αποστολής, από το 1896 έως το 1899.

Ο Mackenzie ήταν το τέταρτο από τα εννέα παιδιά του δασοφύλακα ενός μεγάλου κτήματος και εξαρτάτο από τις υποτροφίες και τη μισθωτή εργασία για να ζήσει. Ποτέ δεν κατόρθωσε να αποκτήσει οικονομική ανεξαρτησία, κυρίως εξαιτίας της ανικανότητάς του να κάνει σωστή διαχείριση. Του είχε δοθεί ετήσια χορηγία 50 λιρών ενώ εργαζόταν για την αξιολόγηση των ευρημάτων της Φυλακωπής, αλλά ήρθε σε σύγκρουση με τη Βρετανική Αρχαιολογική Σχολή Αθηνών, όταν εξασφάλισε χωριστή χρηματοδότηση για να συνεχίσει την έρευνα στην Ιταλία το 1899. Η Σχολή σύντομα του ζήτησε να πληρώσει τα χρήματα που χρωστούσε για τη διαμονή του στην Αθήνα και επέμεινε «να παραδώσει αμέσως στην επιτροπή τα ημερολόγια και τις σημειώσεις του που είχαν σχέση με τις ανασκαφές στη Φυλακωπή από το 1896 έως το 1899 (συμπεριλαμβανομένου)». Ακολούθησε διαμάχη και ο Mackenzie το έσκασε στην Ιταλία μαζί με τις σημειώσεις της ανασκαφής. Ο Hogarth ήξερε ότι του ήταν «δύσκολο να τηρεί κανόνες και προθεσμίες», αλλά τον πρότεινε ως «ελκυστικό άνθρωπο και πρώτης τάξεως αρχαιολόγο».[7] Ο Έβανς ενέδωσε στη σοφία του Hogarth και έστειλε τηλεγράφημα στον Mackenzie στη Ρώμη: «Μπορείτε έρθετε επιβλέψετε υπό διεύθυνσή μου σημαντική ανασκαφή Κνωσό, υπόθεση προσωπική όχι της Σχολής, τέσσερις μήνες εξήντα λίρες όλα έξοδα πληρωμένα ξεκινάμε αμέσως». Η ξεκάθαρη δήλωση ότι επρόκειτο για ιδιωτική επιχείρηση, που δεν συνδεόταν με τη Βρετανική Αρχαιολογική Σχολή, καθώς και οι υψηλές οικονομικές απολαβές ήταν αρκετές για να δελεάσουν τον Mackenzie να αφήσει τις μελέτες του στη Ρώμη. Η απάντησή του, στις 16 Μαρτίου, ήταν χαρακτηριστική της ευθύτητας και της λακωνικότητας του Σκότου, που ο Έβανς εκτίμησε στη συνέχεια: «Σύμφωνοι, έρχομαι επόμενο πλοίο».[8]

Έτσι, ξεκίνησε μια τριακονταετής σχέση που ήταν μίγμα συνεργασίας και αλληλεξάρτησης. Ο Έβανς ήταν ο κατ' όνομα διευθύνων, ενώ ο Mackenzie διεξήγε τις ανασκαφές: επέβλεπε τους εργάτες, κρατούσε τους λογαριασμούς και έγραφε τα ημερολόγια της ανασκαφής στα οποία ο Έβανς βάσιζε τις δημοσιεύσεις του. Όμως, ο Mackenzie δεν ήταν ποτέ σε θέση να διαμαρτυρηθεί γι' αυτό που κατά καιρούς φάνταζε άδικο. Χρειαζόταν την οικονομική υποστήριξη του Έβανς, ενώ ο τελευταίος δεν μπορούσε να κάνει χωρίς τις τεχνικές του γνώσεις. Ο Έβανς τον αποκαλούσε «ο υπαρχηγός μου», αλλά οι πιθανότητες προαγωγής του Mackenzie ήταν εξαιρετικά περιορισμένες, αν όχι ανύπαρκτες. Δεν είχε καμιά ελπίδα να ανέλθει στον κόσμο του Έβανς, όπου η θέση καθοριζόταν από την καταγωγή και την κοινωνική τάξη και όχι από την ικανότητα. Η θέση του Mackenzie ήταν παρόμοια με εκείνη του πατέρα του στο κτήμα Fairburn, στη Σκοτία.

Ο Έβανς ακολούθησε ακόμη μια σώφρονα συμβουλή του Hogarth και, επιθυμώντας να αποφύγει την κριτική που κατέτρυχε τον Σλήμαν στο μεγαλύτερο μέρος της αρχαιολογικής του καριέρας, προσέλαβε από την αρχή έναν αρχιτέκτονα. Η επιλογή ήταν οφθαλμοφανής: ο David Theodore Fyfe. Γεννήθηκε στις Φιλιππίνες το 1875, σπούδασε στη Γλασκόβη και τελικά έγινε διευθυντής της Αρχιτεκτονικής Σχολής του Πανεπιστημίου του Καίμπριτζ. Την εποχή εκείνη βρισκόταν στην Ελλάδα με υποτροφία που είχε πάρει το 1899 από τη Σχολή της Αρχιτεκτονικής Εταιρείας στο Λονδίνο. Είχε εντυπωσιάσει τον Hogarth, που τον πρότεινε στον Έβανς, και, ως από κοινού διευθυντές του Ταμείου για την Εξερεύνηση της Κρήτης, τον διόρισαν αρχιτέκτονα για όλα τους τα σχέδια στην Κρήτη.[9] Ο νεαρός εκπαιδευόμενος δεν είχε ποτέ την ελευθερία της έκφρασης που είχε ο Dörpfeld με τον Σλήμαν κι έτσι ποτέ δεν βρέθηκε σε θέση να αντιπαρατεθεί στο αφεντικό του, κάτι που ο Έβανς είχε μάθει επίσης από την εμπειρία του Σλήμαν.

«Αν ο εργάτης, που είναι ανόητος, δεν μπορεί να κατανοήσει τι εμφανίζεται μπροστά στα μάτια του», προειδοποίησε ο Hogarth τον Έβανς, «ούτε εσύ πλάι του θα το δεις καλύτερα, επειδή δεν είσαι εσύ που σκάβεις». Ο Hogarth πίστευε ότι οι εργάτες της αρχαιολογικής ανασκαφής έπρεπε να εκπαιδευθούν για να μάθουν να ενδιαφέρονται γι' αυτό που ο αρχαιολόγος ήλπιζε να βρει, αυξάνοντας έτσι τις πιθανότητες επιτυχίας τους.[10] Κάλεσε «τον πιο έμπειρο κυνηγό τάφων στην Ανατολική Μεσόγειο», έναν όρο τον οποίο πρέπει να μεταφράσουμε ως τυμβωρύχο και λαφυραγωγό αρχαιοτήτων, τον έμπιστό του Κύπριο Γρηγόρη Αντωνίου. Ο Κύπριος είχε μια «αλλόκοτη γνώση των φυτών της υπαίθρου που προδίδουν την ύπαρξη "αντικών" στις ρίζες τους», θυμόταν αργότερα ο John Myres.[11] Η δουλειά του Γρηγόρη ήταν να χρησιμοποιήσει το ταλέντο του για να βρει τους αρχαίους τάφους που ο Έβανς και ο Hogarth πίστευαν ότι υπήρχαν στην περιοχή της Κεφάλας. Σε αντίθεση με τους οικισμούς, οι τάφοι προσφέρουν άθικτες αρχαιότητες, ιδιαίτερα ελκυστικές για τους επιμελητές μουσείων και το κοινό τους, όπως ολόκληρα αγγεία και κοσμήματα, ακριβώς αυτό που χρειαζόταν το Ταμείο για την Εξερεύνηση της Κρήτης.

Ο Hogarth και ο Γρηγόρης, με μια μικρή ομάδα από σκληροτράχηλους εργάτες, ξεκίνησαν στις 13 Μαρτίου να ψάχνουν τις πλαγιές της κοιλάδας της Κνωσού, γύρω γύρω από την Κεφάλα. Τον κυρίως λόφο δεν τον άγγιξαν. Αυτόν θα τον αντιμετώπιζαν εντελώς διαφορετικά και θα περίμεναν τον Έβανς, ο οποίος, με τη σειρά του, ανέμενε την άφιξη του Mackenzie. Για δύο μήνες, ο Hogarth επέβλεπε δοκιμαστικές τομές, δηλαδή λάκκους διαστάσεων ένα επί δύο μέτρα, τους οποίους έσκαβαν μέχρι να φτάσουν στον φυσικό βράχο. Αυτό του έδινε μια ιδέα για το τι θα μπορούσε να βρίσκεται κάτω από την επιφάνεια και του επέτρεπε να βρίσκει τάφους ή να αποφασίζει αν μια περιοχή άξιζε ευρείας κλίμακας ανασκαφή στο μέλλον, αν, για παράδειγμα, έβρισκαν ίχνη εκεί ενός ωραίου κτίσματος. Οι δοκιμαστικές τομές σκάβονταν σε μεγάλο βάθος, έως και δέκα μέτρα σε μερικές περιοχές, μέχρι να φτάσουν σε επίπεδα εδάφους ή φυσικού βράχου απείραχτα από ανθρώπινη επέμβαση, συνεπώς χωρίς αντικείμενα. Όταν οι εργάτες ξαναγέμιζαν τους λάκκους, τους άφηναν χωρίς καμία ένδειξη και δεν κατέγραφαν σε χάρτη την ακριβή τους θέση, μετακινούμενοι απλώς στο επόμενο σημείο που διέγειρε το ενδιαφέρον του Γρηγόρη. Αυτοί οι λάκκοι, που προκαλούν σύγχυση σήμερα, είναι γνωστοί στους σύγχρονους αρχαιολόγους που έχουν την ατυχία να τους συναντήσουν κατά την ανασκαφή στην κοιλάδα της Κνωσού ως «Γουρουνάκια».*

Το Ανάκτορο των Μυκηναίων βασιλέων

Το πρωί της Παρασκευής 23 Μαρτίου, ο Έβανς, ο Hogarth και ο Fyfe ανέβηκαν στα γαϊδούρια τους, προχώρησαν από την Πύλη του Καινουρίου στους ενετικούς προμαχώνες της Κάντια και πήραν τον δρόμο για την Κνωσό από μια διαδρομή που έμελλε, για τα επόμενα τριάντα χρόνια, να τους γίνει η πιο οικεία της ζωής τους. Διέσχισαν τη γέφυρα και ακολούθησαν τον χωματόδρομο, προχωρώντας νότια, ενώ η σιωπηλή λάμψη από τις μαρμάρινες ταφόπλακες με τους ψηλούς στύλους και τις κορυφές σαν τουρμπάνια στα άναρχα μουσουλμανικά νεκροταφεία ακολουθούσε την πορεία τους. Λίγο πιο πέρα, πλησιάζοντας το χριστιανικό κοιμητήριο, αναλογίστηκαν τους δικούς τους χωρικούς που είχαν δώσει τη ζωή τους στις τελευταίες ταραχές και τώρα αναπαύονταν σε μια γωνιά. Κατόπιν, το μονοπάτι έφτανε σε μια ραχούλα πάνω από τον ποταμό Κατσαμπά, φουσκωμένο από τις βροχές του χειμώνα να κυλά αντίθετα προς την πορεία τους, προς την Τρυπητή και τη θάλασσα.

Συνέχισαν περνώντας από τους πρόποδες της Φορτέ-

---

* Ο όρος επινοήθηκε από τον Philip Mudd, ο οποίος βρήκε πολλούς τέτοιους λάκκους στις ανασκαφές που διενήργησε το Στρωματογραφικό Μουσείο κατά τα έτη 1978-1980. (Σ.τ.Σ.)

Ο όρος στο πρωτότυπο: «Hogey»=λογοπαίγνιο με το όνομα του Hogarth, ο οποίος ήταν υπεύθυνος για την ύπαρξή τους. (Σ.τ.Ε.)

τσας, από την κορυφή της οποίας οι Οθωμανοί σκόρπιζαν τον τρόμο στο ενετικό φρούριο της Κάντια. Πιο πρόσφατα, τα βρετανικά κανόνια του ναυτικού μαζί με γαλλικά, ιταλικά και ρωσικά πυρά είχαν, με τη σειρά τους, προκαλέσει συντομότερες αλλά το ίδιο τρομακτικές ομοβροντίες, εγκαινιάζοντας το καινούργιο κεφάλαιο στην ιστορία της Κρήτης. Όμως, όλα ήταν σιωπηλά εκείνο το πρωινό στην άνοιξη του νέου αιώνα. Δυνάμεις διαφορετικής φύσης προπορεύονταν στον δρόμο τους.

Ένα πλήθος συνωστιζόταν γύρω από την ταβέρνα, ένα μικρό, μονώροφο, παραδοσιακό πέτρινο κτήριο, στις πλαγιές βόρεια της Κεφάλας. Μουσουλμάνοι και Χριστιανοί, άνδρες και γυναίκες όλων των ηλικιών είχαν έρθει από όλα τα μέρη, μέχρι κι από το Λασίθι που είναι μια μέρα ταξίδι, ελπίζοντας να τους διαλέξει ο Αλεβίζος, τον οποίο ο Έβανς είχε προσλάβει ως αρχιεργάτη.* Προτιμώντας εκείνους που είχαν βοηθήσει τον Έβανς στις ανασκαφές στο Λασίθι, ο Αλεβίζος διάλεξε εργάτες, σκαφτιάδες, καροτσέρηδες, παιδιά για να κουβαλούν νερό και γυναίκες για να πλένουν τα ευρήματα, λέγοντάς τους ότι η εργασία διαρκούσε από την ανατολή μέχρι τη δύση του ήλιου. Στις έντεκα, ήρθε η στιγμή για τον Έβανς να θέσει σε εφαρμογή αυτό που προετοίμαζε εδώ και έξι χρόνια. Η ομάδα των αρχαιολόγων με τριάντα έναν από τους πιο δυνατούς και ικανούς που είχαν επιζήσει από την τελευταία καταστροφή κατέβηκαν την πλαγιά και προχώρησαν προς την Κεφάλα. «Εμάς περίμενε ο Μίνωας», όπως

* Υποθέτω ότι είναι ο ίδιος Αλεβίζος Παπαλεξάκης με τον οποίο ο Έβανς ταξίδεψε στο νησί από το 1894 ως το 1896, αν και δεν αναφέρεται πουθενά. (Σ.τ.Σ.)

θυμόταν ο Hogarth. «Ακριβώς στο μέρος του θαμμένου Θρόνου του, το μόνο ζωντανό πράγμα που φαινόταν ήταν ένας δυστυχισμένος αποχαυνωμένος γάιδαρος».[12] Έδιωξαν το ζώο, φτωχό υποκατάστατο του Μινώταυρου, που ο Έβανς ίσως περίμενε να φυλάει τα μυστικά του λόφου, και άρχισαν να αντιστρέφουν τη διαδικασία που είχε δημιουργήσει τον λοφίσκο. Οι άνδρες έστησαν μια τέντα που είχαν δανειστεί από τον βρετανικό στρατό, για να προφυλαχτεί ο Έβανς στη σκιά της, και σήκωσαν σε ένα μικρό κοντάρι τη σημαία του Ηνωμένου Βασιλείου, για να υπενθυμίζει ότι ήταν βρετανικό έδαφος.

Για τους χωρικούς της Κρήτης οι ξένοι αρχαιολόγοι ήταν σαν μάγοι με υπερφυσικές ιδιότητες και με την ικανότητα να βλέπουν μέσα από τον φλοιό της γης και να ξέρουν τι βρίσκεται από κάτω. Αργότερα, ο Έβανς διασκέδαζε να διηγείται πώς διέταξε να σκάψουν ένα πηγάδι κοντά στην Κεφάλα, δείχνοντας το σημείο με το μπαστούνι του, τον Prodger, για να καθαρίζουν τα ευρήματα και να τροφοδοτούν την ομάδα με νερό. Ο Αλεβίζος τον κορόιδεψε και μερικοί ντόπιοι, που μια ζωή δούλευαν στη γη, τον βεβαίωσαν πως εκείνο το μέρος θα ήταν το τελευταίο στον κόσμο που θα έψαχνε κανείς για νερό. Ο Έβανς φούντωσε. Σήκωσε τον Prodger, σαν μαγικό ραβδί, και τον έμπηξε στο σημείο που είχε διατάξει τους άνδρες να σκάψουν. Σε λίγο βρήκαν το πάνω μέρος ενός αρχαίου πηγαδιού. Αφαίρεσαν τις αρχαιότητες μέχρι τον πυθμένα όπου, προς μεγάλη τέρψη του Έβανς και απίστευτη κατάπληξη των χωρικών, βρήκαν πηγή, η οποία όταν καθάρισε γέμισε το άδειο πια πηγάδι. Από εκείνη τη στιγμή οι εργάτες παραδέχτηκαν πως το αφεντικό τους είχε θεϊκές δυνάμεις.[13]

Όλοι οι αρχαιολόγοι πεδίου, οι οποίοι αφιέρωσαν χρόνο, ενέργεια και κεφάλαιο για να αποκτήσουν μια θέση και ύστερα αγωνίστηκαν να πάρουν άδεια να την ανασκάψουν, έχουν αγωνία την κρίσιμη στιγμή που αρχίζουν το σκάψιμο για το τι ακριβώς πρόκειται να βρουν. Ο Έβανς είχε διαθέσει έξι ολόκληρα χρόνια προσωπικών εξόδων (και ενέργεια πολύ μεγαλύτερη από όση αντέχουν οι περισσότεροι) για να έχει το προνόμιο να λέει σε αυτούς τους τριάντα έναν εργάτες να μετακινήσουν το εύφορο χώμα από την πλαγιά του λόφου και να ψάξουν για στοιχεία μιας ιστορίας που οι περισσότεροι δεν θα καταλάβαιναν ούτε θα ένιωθαν. Υπήρχε η πιθανότητα, σε λίγες ώρες, κάτω από ένα λεπτό στρώμα διαβρωμένης γης να αποκαλύψουν συμπαγή βράχο, που πάνω του να ήταν σκορπισμένα θραύσματα αγγείων χωρίς αξία. Μπορεί να ανακάλυπταν ότι όλα όσα είχαν κάποια αξία τα είχε βρει ο Καλοκαιρινός το 1879. Ίσως ο Έβανς να μάθαινε πως είχε διώξει τους άλλους μνηστήρες, για να βρει τη νύφη χωρίς υποσχέσεις και την προίκα της ασήμαντη. Αυτοί είναι κίνδυνοι που αναλαμβάνουν οι ανασκαφείς. Όμως, στο τέλος της πρώτης εβδομάδας ξεχάστηκε για πάντα οποιαδήποτε ανησυχία. Το μυαλό του γέμισε με μυθικές προσωπικότητες και κατέγραψε με παιδικό ενθουσιασμό τις πρώτες εντυπώσεις του από τους θησαυρούς που άρχισαν να ξεχύνονται από το μακρινό παρελθόν, τόσο μακρινό που να είναι σχεδόν αγνώριστο.

Στην πρώτη σελίδα του ημερολογίου –που ο Έβανς έγραψε με μικρά ξεσπάσματα, συχνά χωρίς μετοχές και προφανώς μετά τα γεγονότα στα οποία αναφέρεται, καθώς οι ημερομηνίες του δεν ανταποκρίνονται πάντοτε σε εκείνες των σημειώσεων του Mackenzie– γράφει: «Η Κεφάλα». Η καταγραφή του Έβανς αρχίζει ως εξής: «Μαρτίου 23 Άρχισε ανασκαφή 31 άνδρες (8 πιάστρα τη μέρα)». Ο Mackenzie, που αποβιβάστηκε το μεσημέρι, έφτασε στη θέση νωρίς το απόγευμα και άρχισε την καταγραφή της ανασκαφής, γράφοντας με χοντρά γράμματα: «Ημερολόγιο των Ανασκαφών της Κνωσού – 1900 Duncan Mackenzie». Η πρώτη του καταχώριση: «Οι ανασκαφές από τον κ. Άρθουρ Έβανς στην ακρόπολη της Κνωσού ξεκίνησαν αυτό το πρωινό με 31 άνδρες και αρχιεργάτη», δίνει και το ύφος όλων των επόμενων. Ο τρόπος γραφής που προτιμούσε ο Freeman ήταν «Κνόσσος». Έτσι αναφέρονταν σε αυτήν οι αρχαίοι συγγραφείς κι έτσι οι Έλληνες και οι Ρωμαίοι ονόμαζαν το μέρος στα νομίσματα που κόβονταν εκεί. Όμως υπήρχε μια γλωσσολογική θεωρία που υποστήριζε πως τα τοπωνύμια με *σσ* και *νθ* ήταν αρχαιότερα από εκείνα με καθαρά ελληνικές ρίζες, κι έτσι ο Έβανς, επιθυμώντας διακαώς να καθιερώσει την προ-ελληνικότητα της τοποθεσίας του, σύντομα μετέτρεψε το όνομα σε Κνωσσό. Οι πρώτες σελίδες του Mackenzie είναι γραμμένες ρεαλιστικά, περιγράφοντας την υφή του εδάφους και τα χρώματα, στοιχεία καλά εκπαιδευμένου επιστήμονα αρχαιολόγου. Ο Έβανς, αντίθετα, ενδιαφερόταν μόνο να σημειώνει αξιοπρόσεκτα αντικείμενα και η επιλογή του δίνει έναν ξεκάθαρο απολογισμό αυτών που θεωρούσε σημαντικά.

Στο ημερολόγιο κάθε αρχαιολόγου καταχωρίζεται η πρώτη εμφάνιση κάθε αντικειμένου και κάθε αρχιτεκτονήματος, συνήθως πολύ πριν να γίνουν κατανοητά στο ευρύτερο πλαίσιο του χρόνου και του τόπου τους. Είναι προσωρινή καταχώριση των αντικειμένων που προκύπτουν, ένα είδος πιστοποιητικού αναγεννήσεως που εκδίδεται πριν να αποκρυσταλλωθεί ο χαρακτήρας του αντικειμένου. Οι Βρετανοί εξερευνητές σε αυτόν τον σκονισμένο λοφίσκο, στις παρυφές του πολιτισμένου κόσμου τους, δεν μπορούσαν να φανταστούν τη σημασία των καταχωρίσεών τους, που σημείωναν πρόχειρα για τον εαυτό τους και που ποτέ δεν σκόπευαν να είναι τίποτε περισσότερο από μνημόνια για την ολοκληρωμένη δημοσίευση. Μισό αιώνα αργότερα, οι εμπειρικές σημειώσεις για τα θρυμματισμένα ευρήματα, πολλά από τα οποία όταν καθαρίστηκαν και συντηρήθηκαν έγιναν ορισμένες από τις πιο ισχυρές παραστάσεις που διαθέτουμε από την αρχαιότητα, εξετάστηκαν εξονυχιστικά από μελετητές και αντιμετωπίστηκαν ως ιερά κείμενα γραμμένα από σοφούς ή προφήτες. Ωστόσο, η αθωότητα και ο νεανικός ενθουσιασμός των σημειώσεων του Έβανς τις κάνουν σχεδόν απλοϊκές στον σύγχρονο αναγνώστη. Τη δεύτερη μέρα σχεδίασε ένα μικρό ειδώλιο και έγραψε: «Μια μορφή από Τ.Κ. [τερακότα]», και την ονόμασε «Αφροδίτη της Κνωσού!» – μια αναφορά στα «αρχέγονα ευρωπαϊκά ειδώλια» που είχε μελετήσει το 1895. Σημείωσε όμως ότι οι εργάτες το θεωρούσαν «Σταυρό», καθώς κι αυτοί επίσης έπαιρναν μέρος στην αναζήτηση αναγνωρίσιμων συμβόλων. Ο Mackenzie έγραψε ξερά ότι το ίδιο αντικείμενο, που τώρα θεωρείται νεολιθικό ειδώλιο, ήταν «πήλινο χειροποίητο και εγχάρακτο ειδώλιο γυναίκας χωρίς πόδια, αλλά διακρίνεται η σπασμένη επιφάνεια, όπου αυτά ενώνονταν με το σώμα». Οι διαφορετικές αποτιμήσεις, προσδοκίες και επιθυμίες ανάμεσα στον διευθύνοντα, στον επιβλέποντα και στους εργάτες τους, που φάνηκαν από την πρώτη μέρα, χαρακτήρισαν τα πρώτα χρόνια έρευνας στην Κνωσό.

Μετά από πρόταση του Hogarth, το σκάψιμο στην Κεφάλα ακολούθησαν δύο ημέρες δοκιμαστικών τομών στην πλαγιά του λόφου, προκειμένου να βρεθεί ένα μέρος χωρίς αρχαιότητες για να «πετάξουν» τους σωρούς από χώμα που θα αφαιρούσαν από το πάνω μέρος της τούμπας, όπου ο Καλοκαιρινός είχε ανακαλύψει τις αποθήκες με τους μεγάλους πίθους. Τα «μπάζα» των ανασκαφών μοιάζουν με τους τεχνητούς λοφίσκους που βλέπει κανείς κοντά στις εισόδους των ορυχείων, καθώς, όπως οι μεταλλωρύχοι, οι αρχαιολόγοι αποβάλλουν ό,τι δεν τους ενδιαφέρει και κρατούν μόνο τις πρώτες ύλες που θεωρούν αναγκαίες για να κατασκευάσουν την ιστορία που επιθυμούν.

Σύντομα, άρχισαν να εμφανίζονται ανθρώπινα υπολείμματα στα βόρεια όρια του κτήματος. Ο Mackenzie σημείωσε πως «το κεφάλι προς Δ.» και «τα πόδια προς Α.» υποδήλωναν χριστιανικούς τάφους. «Κάποιος από τους άνδρες έδειξε ότι τα χέρια ήταν διπλωμένα πάνω από τη λεκάνη και συνεπώς οι τάφοι πρέπει να ήταν χριστιανικοί». Ο Έβανς αποφάσισε αμέσως να ξεριζώσει οποιοδήποτε κίνητρο ανταγωνισμού ανάμεσα στους Μουσουλμάνους και τους Χριστιανούς εργάτες, που αν το άφηνε να φουντώσει θα μπορούσε να διακόψει την ανασκαφή. «Αυτοί οι τάφοι», δήλωσε, «είναι πιθανόν μεταγενέστεροι, αλλά δεν έχουν σχέση με σύγχρονους τουρκικούς ή χριστιανικούς τάφους». Ο Mackenzie, επίσης, εξάλειψε κάθε ενδεχόμενο πρόβλημα απορρίπτοντας ξεκάθαρα «τους τάφους που δεν προσφέρουν κανένα θετικό στοιχείο ανασκαφικά». Ο Έβανς είχε δει αρκετές εθνικές συγκρούσεις στη ζωή του κι έτσι τα ανώνυμα οστά βρέθηκαν με τις σωρούς των αποβλήτων στα μπάζα.

Οι δοκιμαστικές τομές στις γύρω πλαγιές συνεχίστηκαν για μία ανιαρή εβδομάδα με λίγα ευρήματα, μέχρι την δεύτερη Τρίτη οπότε: «... Άρχισε η ανασκαφή στην κορυφή της ακρόπολης», σε αυτό που ο Έβανς περιέγραψε ως τη δική του «επίθεση στο κεντρικό οχυρό».[14] Ο στόχος του ήταν να εντοπίσει τα όρια του κυρίως κτίσματος που είχε βρει ο Καλοκαιρινός, όταν ανέσκαψε μέχρι το υψηλότερο επίπεδο του πατώματος. Μέσα στους αρχαίους τοίχους, το είδος και η ποιότητα των ευρημάτων άρχισαν να αλλάζουν δραματικά. Την Παρασκευή 30 Μαρτίου, ο Έβανς έγραψε: «Σήμερα εμφανίστηκαν δύο αξιοσημείωτα αντικείμενα». Το πρώτο ήταν ένας ψευδόστομος αμφορέας, ή *bügelkanne*, αγγείο που το σχήμα του ήταν πολύ γνωστό από τις ανασκαφές του Σλήμαν στις Μυκήνες. «Φαίνεται να δείχνει πως οι πιο τυπικές μορφές αγγείων από τις Μυκήνες είναι κρητικής προέλευσης», δήλωσε. Ακόμη και ο Mackenzie ήταν συνεπαρμένος από τον «ψευδόστομο αμφορέα», που πιθανώς ήταν, όπως έγραψε, «το πρωταρχικό σχήμα [αγγείου]». Και οι δύο άνδρες καταλάβαιναν πόσο σημαντικό ήταν αυτό το εύρημα, προκειμένου να βοηθήσει στην απόδειξη ότι οι απαρχές της μυκηναϊκής και, κατ' επέκταση, της ευρωπαϊκής κοινωνίας βρίσκονταν στην Κρήτη.

Το δεύτερο «σημαντικό εύρημα», σημείωσε ο Έβανς, «ήταν ένα είδος ράβδου από ψημένο πηλό –είχε μάλλον το σχήμα λίθινης ή χάλκινης σμίλης– αν και ήταν σπασμένη στο ένα άκρο, με κάτι γραμμένο επάνω της που φαινόταν να είναι αριθμοί. Μου θύμισε αμέσως πήλινη πινακίδα άγνωστης εποχής που είχα αντιγράψει στην Κάντια, η οποία επίσης βρέθηκε στην Κνωσό. Ήταν κι αυτή σπασμένη. Υπάρχει κάτι σαν γραφή σε αυτές». Τώρα ακόμα και ο Mackenzie είχε ενθουσιαστεί και κατέγραψε ότι «αποδεικνύεται πως είναι μυκηναϊκή επιγραφή χαραγμένη πάνω σε αντικείμενο από τερακότα που είναι σαν ακονιστής μαχαιριού [ακονόπετρα]». Αλλά για μια φορά, ο Έβανς και ο Mackenzie βρέθηκαν στην ίδια θέση με τον αγράμματο εργοδηγό και τους εργάτες τους: η επιγραφή ήταν ακατανόητη σε όλους.

Στη διάρκεια της κυριακάτικης αργίας, όταν οι εργάτες γύρισαν στα χωριά τους, ο Έβανς έκανε το δικό του σχεδιάγραμμα των τοίχων που αποκαλύπτονταν. Έχοντας διάθεση να παίξει πρόσθεσε σπείρες στις άκρες του σχεδίου, σαν να ήταν πειρατικός χάρτης, όπως εκείνοι που ήταν σχεδιασμένοι στο *The Boy's Own Annual*, και σημείωσε με X τα σημεία όπου είχε βρει θαμμένους θησαυρούς. Ανυπόμονος να βρει περισσότερα δείγματα γραφής, προσέλαβε εβδομήντα εννιά άνδρες όταν ξανάρχισε η δουλειά τη Δευτέρα το πρωί και, εκτός από τα πλεχτά καλάθια, που προηγουμένως χρησιμοποιούσαν για να μεταφέρουν το χώμα, πρόσθεσαν καινούργιες σιδερένιες χειράμαξες για να επιταχυνθεί η διαδικασία.

Οι συγκρουόμενες απόψεις για τα ευρήματα των δύο προηγούμενων εβδομάδων –επηρεασμένες από τους ελληνικούς μύθους, τον πρωτοχριστιανικό συμβολισμό και τη σύγχρονη επιστήμη της αρχαιολογίας– έγιναν πιο φανερές όταν εμφανίστηκαν οι πρώτες ανθρώπινες απεικονίσεις μεγάλων διαστάσεων. Στις 5 Απριλίου ο Έβανς κατέγραψε:

> Μια μεγάλη μέρα! Νωρίς το πρωί η βαθμιαία αποκάλυψη της επιφάνειας του Διαδρόμου Α. του «Μεγάρου» προς το Ν. άκρο αποκάλυψε δύο μεγάλα κομμάτια Μυκ. Νωπογραφιών ... Το ένα αναπαριστούσε το κεφάλι και το μέτωπο, το άλλο τη μέση και τμήμα της φούστας γυ-

ναικείας μορφής που κρατούσε στο χέρι της μακρό μυκηναϊκό «ρυτό» ή ψηλό κύπελλο σε σχήμα χωνιού ... Η μορφή ήταν σε φυσικό μέγεθος με βαθιά κοκκινωπή απόχρωση για το χρώμα της επιδερμίδας, όπως στις μορφές ετρουσκικών τάφων και σ' αυτές των Κεφτιού των αιγυπτιακών τοιχογραφιών. Η κατατομή του προσώπου ήταν ευγενής: σαρκώδη χείλη, το κάτω χείλος με ελαφρά ιδιόρρυθμη καμπύλη από κάτω. Το μάτι ήταν σκούρο και κάπως αμυγδαλωτό, προφανώς εν μέρει κατά τομή και εν μέρει κατ' ενώπιον, όπως τα αιγυπτιακά. Μπροστά από το αυτί υπάρχει είδος κοσμήματος και είναι ορατά ένα περιδέραιο και ένα βραχιόλι. Τα χέρια είναι καλοσχηματισμένα. Η μέση είναι πολύ στενή ... Είναι η πιο αξιόλογη ανθρώπινη μορφή της μυκηναϊκής εποχής που έχει αποκαλυφτεί μέχρι τώρα.

Στο σκίτσο του Έβανς φαίνεται καθαρά πως νόμιζε ότι απεικόνιζε μια όμορφη, εύσωμη γυναίκα. Μέχρι τις 10 Απριλίου, της είχε δώσει και όνομα: «Νομίζω πως "η Αριάδνη" έπεσε από τον προθάλαμο του Μεγάρου». Το μυαλό του ήταν γεμάτο από τα σχέδια του Σλήμαν για το ομηρικό μυκηναϊκό μέγαρο, ένα κεντρικό κτήριο με μια μεγάλη εστία σαν εκείνες των Μυκηνών και της Τίρυνθας, όμως εδώ οι τοίχοι ήταν διακοσμημένοι με θαυμάσιες ζωγραφιές-πορτραίτα, μάλλον των πιο διάσημων ενοίκων του.

Ο Mackenzie παρέμεινε ασυγκίνητος. Έγραψε:

Αποδείχτηκε ότι είναι το κεφάλι, σε φυσικό μέγεθος, μιας ανθρώπινης μορφής (νεαρής) που κρατά με το δεξί χέρι τη λαβή του ίδιου αγγείου. Λίγο αργότερα αποκαλύφτηκε μέρος του σώματος με το αριστερό μπράτσο και χέρι ...

Η μορφή ήταν γυμνή ως τη μέση. Γύρω από τη μέση υπήρχε μπλε ζώνη με διπλές μαύρες σπείρες σε κόκκινο φόντο πάνω από το μπλε. Οι γοφοί ήταν σκεπασμένοι με στενό κάλυμμα με περίπλοκο σχέδιο με ρόδακες ... τα πόδια κάτω από το κάλυμμα δεν διατηρήθηκαν.

Δεν γίνονται υπαινιγμοί ως προς το γένος, μολονότι και το «νεαρή» και το «κάλυμμα των γοφών» υπονοούν αρσενικό γένος, χωρίς να γίνεται προφανής η αντίθεση με το αφεντικό του.

Ο Έβανς πρόσεξε ένα μεγαλόσωμο, καλόκαρδο και φιλόδοξο παιδί, τον Εμμανουήλ Ακουμιανάκη, ο οποίος είχε έρθει στην Κνωσό να πουλήσει κεράσια στους εργάτες, αλλά γρήγορα αφοσιώθηκε στις ανασκαφές.[15] Ο Μανώλης, πρόθυμος να ευχαριστεί τους άλλους, προσφέρθηκε να φυλάει τη θέση από τους άρπαγες τη νύχτα. Η αντίδρασή του σε αυτήν τη νωπογραφία καταδεικνύει την ένταση που κατέλαβε όλους στην Κνωσό: «Τη νύχτα, ο Μανώλης είναι ο πρώτος που φυλάει την τοιχογραφία», σημείωσε ο Έβανς. «Πιστεύει ότι είναι άγιος με φωτοστέφανο! Το ταραγμένο του όνειρο –ο οργισμένος άγιος ξυπνά και ακούει μουκανητά και χλιμιντρίσματα– κάτι εκεί γύρω –αλλά κάτι υπερφυσικό– *φαντάζει* σαν στοιχειό!» Ο Μανώλης εγκλωβίστηκε κάπου ανάμεσα στον φόβο και στη λατρεία. Είχε βαθύτατα επηρεαστεί από τη μόνη τέχνη που γνώριζε, τις εικόνες στις Ορθόδοξες εκκλησίες, και η αντίδρασή του εξέφραζε με τον καλύτερο τρόπο τι ήλπιζαν οι Χριστιανοί Κρήτες να βρουν στην Κνωσό. Θυμίζει τους εργάτες του Σλήμαν και τον σεβασμό τους για τη χρυσή «προσωπίδα του Αγαμέμνονα» στις Μυκήνες, που τη θεώρησαν χριστιανική εικόνα. Η ζωγραφισμένη μορφή έμεινε στο μυαλό του Έβανς για μέρες. Στις 13 Απριλίου έγραφε:

> Το κυριότερο γεγονός της ημέρας ήταν αποτέλεσμα της συνεχιζόμενης ανασκαφής στο λουτρό. Το τοίχωμα του λουτρού αποδείχτηκε ότι έχει ακόμη μια κυκλική εγκοπή στο ανατολικό άκρο του γεμάτη με απανθρακωμένο ξύλο – κυπαρίσσι. Αυτά τα ανοίγματα ήταν προφανώς για κίονες. Στην άλλη πλευρά του βόρειου τοίχου υπήρχε ένα μικρό θρανίο, σαν εκείνο στο άλλο δωμάτιο, και σε μικρή απόσταση, ένα ξεχωριστό τιμητικό κάθισμα ή θρόνος. Είχε ψηλή πλάτη, όπως το γύψινο κάθισμα, που ήταν εν μέρει χωμένη στο κονίαμα του τοίχου. Εδραζόταν σε τετράγωνη βάση και είχε περίεργη κορνίζα κάτω με σχέδια (σχεδόν γοτθικά!). Πιθανώς ήταν ζωγραφισμένος αρχικά για να εναρμονίζεται με την τοιχογραφία στο πλάι. Αυτή ήταν ατελώς διατηρημένη, αλλά απεικόνιζε το πάνω φύλλωμα ενός φοίνικα (Όχι! καλάμια) και μέρος άλλου με κοκκινωπό καφέ χρώμα σε ωχρό φόντο.

Ο Έβανς συμπέρανε πως το διαμέρισμα «φαίνεται να είναι το λουτρό των γυναικών και ο μοναχικός θρόνος δείχνει να είναι της Βασίλισσας – το λουτρό της Αριάδνης». Ο Mackenzie δεν ανέφερε καθόλου την Αριάδνη στην περιγραφή του καθαρισμού του λουτρού και του «καθίσματος ή θρόνου», με τη χαρακτηριστική αποστασιοποίηση από όλα, παρά μόνο τα συγκεκριμένα στοιχεία.

Μπορεί να θέλουμε να συγχωρήσουμε τον Έβανς για τον παιδιάστικο ενθουσιασμό που οδήγησε τη ζωηρή φαντασία του και να ελπίζουμε ότι η άκρως αντιεπιστημονική του θεώρηση περιορίστηκε σε ένα ημερολόγιο με προσωπικές παρατηρήσεις, ωστόσο δεν είναι έτσι τα πράγματα. Όταν η νεαρή Αμερικανίδα αρχαιολόγος Harriet Boyd, η πρώτη γυναίκα που ανέσκαψε στην Κρήτη, τους επισκέφτηκε το απόγευμα της 11ης Απριλίου, ο Έβανς έδειξε τον ίδιο αυθορμητισμό όσο και στο ημερολόγιό του. Εκείνη έγραψε: «Έντονη διέγερση, καθώς, ενώ ο δρ. Έβανς ήταν παρών, ένας εργάτης μετακίνησε το τελευταίο χώμα από τον "παλαιότερο θρόνο της Ευρώπης", και το πέτρινο κάθισμα στάθηκε μπροστά μας ανέπαφο».[16] Αργότερα, έγραψε πως ο Έβανς «αμέσως το ονόμασε [το κάθισμα] στ' αστεία "θρόνο της Αριάδνης"».[17] Η Boyd ήταν τόσο εντυπωσιασμένη από τον μεγάλο Βρετανό μελετητή, που νόμισε πως αστειευόταν για τη μυθική πριγκίπισσα και το λουτρό της, αλλά εκείνος δεν αστειευόταν καθόλου. Όταν ήρθε η ώρα να επαληθεύσει τους ελληνικούς μύθους, ο Έβανς ήταν σοβαρός και σημείωσε, όπως στις 13 Απριλίου: «Κοντά στη γωνία του ΒΔ Δωματίου ... ένα περίεργο Μυκ. θραύσμα στεατίτη δείχνει την πύλη κτηρίου με στρογγυλές κοιλότητες γύρω από την είσοδο ... από πάνω υπάρχει τμήμα του ποδιού ενός ξαπλωμένου ταύρου; ... Ο Μινώταυρος πάνω από την πύλη του Λαβύρινθου!!»[18]

Το περίτεχνα διακοσμημένο δωμάτιο έγινε η Αίθουσα του Θρόνου, όμως τίνος; Ο Έβανς παρέμεινε αμφίθυμος για λίγο καιρό για τον αρχαίο κάτοχο του βασιλικού καθίσματος: «Εδώ πραγματικά ήταν η αίθουσα συμβουλίων ενός Μυκηναίου βασιλιά ή μιας βασίλισσας», ανέφερε αρχικά στη δημοφιλή *Monthly Review*.[19] Όμως τελικά εκχώρησε την εξουσία στον βασιλιά Μίνωα.

Ήδη από τις 10 Απριλίου, το χώμα από πολλά τμήματα της τοποθεσίας ελεγχόταν με συρμάτινα κόσκινα, ώστε να μη χαθεί κανένα θραύσμα τοιχογραφίας ή επιγραφής. Προς μεγάλη του ευχαρίστηση, ο Έβανς γρήγορα βρήκε αυτό που έψαχνε.

> Ένα αποτέλεσμα [του κοσκινίσματος] ήταν η ανακάλυψη αυτού που πάντοτε ήλπιζα να βρω, το πήλινο αποτύπωμα από μια μυκηναϊκή σφραγίδα [δαχτυλίδι]. Φέρει τολμηρό, αλλά κάπως ατελές, σχέδιο λιονταριού σε συστολή, με ένα πράγμα σαν άστρο στην μπροστινή ωμοπλάτη ... Το πήλινο αποτύπωμα έχει πιεστεί από τον αντίχειρα και το δάχτυλο στο πλάι και από κάτω. Ένα σημείο του πίσω μέρους είχε σπάσει, φανερώνοντας μια τρύπα από όπου περνούσε το κορδόνι, του οποίου είναι ορατά μερικά νήματα, υφασμένα σπειροειδώς. Εκεί κοντά βρέθηκαν τέσσερις μικροί χάλκινοι αρμοί, που προφανώς ανήκαν στο κουτί που είχε σφραγίσει. Βρέθηκε ακόμη κομμάτι απανθρακωμένου ξύλου με ανάγλυφη διακόσμηση, πιθανόν μέρος του ίδιου του κιβωτίου.

Η απρόσμενη αφθονία λεπτεπίλεπτων ευρημάτων ανάγκασε τον Έβανς να προσλάβει επαγγελματία συντηρητή. Έφερε από τον Σύλλογο της Κάντια τον Ιωάννη Παπαδάκη, ειδικευμένο στις βυζαντινές τοιχογραφίες, και τον έβαλε να δουλέψει την «Αριάδνη». Ο Παπαδάκης έσκαψε προσεκτικά γύρω και κάτω από τα θραύσματα του έργου, έτσι όπως βρίσκονταν στο έδαφος. Μετά έχυσε από κάτω γύψο, σαν εκείνον που χρησιμοποιούσαν για καλούπια. Όταν ο γύψος στέγνωσε, τα κομμάτια μπορούσαν να σηκωθούν με ασφάλεια, μολονότι είχαν γίνει πολύ βαριά και χρειάστηκε να καλέσουν τον Μανώλη να τα μεταφέρει στην αποθήκη κοντά στο ποτάμι, κάτι που έκανε με μεγάλη προσοχή, κρατώντας τα ψηλά πάνω από το κεφάλι του. Ο Παπαδάκης έπρεπε επίσης να ασχοληθεί με τις εγχάρακτες πινακίδες, πολλές από τις οποίες «έγιναν σκόνη», όταν οι εργάτες προσπάθησαν να τις σηκώσουν. Αντίθετα με τις βαβυλωνιακές και χεττιτικές πινακίδες, που ψήνονταν σκόπιμα όπως η κεραμική και γι' αυτό ήταν κατάλληλες για μεταφορά και αποθήκευση, οι πινακίδες και τα πήλινα σφραγίσματα της Κνωσού χρωστούσαν την επιβίωσή τους σε μεγάλη φωτιά που είχε προφανώς σαρώσει το Ανάκτορο, ψήνοντας εν μέρει τις στοίβες των αρχείων, που διαφορετικά δεν προορίζονταν να διατηρηθούν. Ο Παπαδάκης χρησιμοποίησε την ίδια μέθοδο κάλυψης της κάτω πλευράς των θραυσμάτων με γύψο κι αφού πρώτα τα άφησε να στεγνώσουν, μετά τα σήκωσε. Ακόμη κι έτσι, μερικές από τις πολύτιμες επιγραφές χάθηκαν, όταν η στέγη της αποθήκης υποχώρησε εξαιτίας νυχτερινής βροχής και το πρωί οι πινακίδες είχαν μετατραπεί σε «άμορφη μάζα πηλού».[20]

«Μπορείτε να φανταστείτε την ικανοποίησή μου που ήρθα εδώ», έγραφε ευχαριστημένος ο Έβανς στις 6 Απριλίου στο πρώτο τηλεγράφημά του στους *Times* του Λονδίνου, αναφέροντας ότι «σταδιακά αφαιρούσε τα επιφανειακά στρώματα» αυτού που ήταν «ασφαλώς ένα ανάκτορο» και ότι είχε βρει «σε αρκετά δωμάτια ολόκληρη σειρά από πήλινες πινακίδες εγχάρακτες με γραφή ... Χθες βρήκαμε σε ένα δωμάτιο ένα πήλινο δοχείο σαν λουτρό, με μια ολόκληρη απόθεση από πινακίδες και θραύσματα».

Ο Τζων Έβανς, μόλις διάβασε τα νέα το επόμενο πρωί, αντέδρασε αμέσως στέλνοντας 500 λίρες στον Άρθουρ προσωπικά, ποσό που ισοδυναμούσε με ολόκληρη τη συνεισφορά στο Ταμείο για την Εξερεύνηση της Κρήτης. Ο

Έβανς απάντησε με ευγνωμοσύνη στις 15 Απριλίου και με χαρούμενες ειδήσεις:

> Η μεγάλη ανακάλυψη είναι ολόκληροι αποθέτες από πήλινες πινακίδες ακέραιες ή σπασμένες, ανάλογες με τις βαβυλωνιακές, αλλά με επιγραφές στην προϊστορική γραφή της Κρήτης. Πρέπει να έχω γύρω στα επτακόσια κομμάτια μέχρι τώρα. Είναι εξαιρετικά ικανοποιητικό, γιατί είναι αυτό το οποίο ήρθα να βρω πριν από επτά χρόνια στην Κρήτη και είναι το επιστέγασμα γι' αυτά που έχω ήδη συγκεντρώσει. Οι επιγραφές αυτές, χαραγμένες στον νωπό πηλό, είναι προφανώς δουλειά έμπειρων γραφέων και υπάρχουν επίσης πολλά σημάδια που, χωρίς αμφιβολία, αντιπροσωπεύουν αριθμούς. Ένας ορισμένος αριθμός χαρακτήρων είναι εικονογραφικοί και δείχνουν ποιο ήταν το θέμα των εγγράφων. Έτσι, σε ένα δωμάτιο βρέθηκε σειρά που δείχνει άρματα και κεφάλια αλόγων, άλλα δείχνουν αγγεία κλπ.[21]

Μολονότι ο Έβανς είχε προβλέψει ότι θα έβρισκε στοιχεία γραφής, εξεπλάγη και ο ίδιος από την υπεραφθονία της μεγάλης του ανακάλυψης.

Ο John Myres χρησιμοποίησε τα τηλεγραφήματα των *Times* για να διεγείρει το δημόσιο ενδιαφέρον και να καλέσει για μεγαλύτερη υποστήριξη του Ταμείου για την Εξερεύνηση της Κρήτης. Ξεκίνησε μια αναφορά όλο ζωντάνια στο *Oxford Magazine* με αυτή την υπόμνηση:

> Είναι από καιρό γνωστό ότι η θέση της Γκνωσού ήταν από τις περισσότερο υποσχόμενες και παρέμενε ανεξερεύνητη ... ότι ο λόφος, ο λεγόμενος Κεφάλα, έκρυβε τα υπολείμματα ενός προϊστορικού ανακτόρου, σαν αυτό των

Μυκηνών ή της Τίρυνθας· ότι στους τοίχους αυτού του Ανακτόρου ήταν χαραγμένα σύμβολα που ανήκαν στο αιγαιακό σύστημα της εικονιστικής γραφής. Όμως, πιθανόν λίγοι άνθρωποι τολμούσαν να ελπίζουν ότι η Κεφάλα θα απέδιδε περισσότερα από τα συνηθισμένα ευρήματα μιας καλής μυκηναϊκής θέσης, πόσω μάλλον ότι θα περιείχε τα αρχεία ενός αιγαιακού κράτους. Ταίριαζε απ' όλες τις απόψεις να τύχει στον κ. Άρθουρ Έβανς η ανακάλυψη αυτού του όγκου των αιγαιακών γραπτών. Εξάλλου, ήταν ο πρώτος που επεσήμανε την ύπαρξη του αιγαιακού συστήματος γραφής ... και οφείλουμε στην ενεργητικότητα και την επιμονή του ... το μεγάλο μερίδιο των κρητικών θέσεων που η κυβέρνηση του πρίγκιπα Γεωργίου ανέθεσε στους Βρετανούς ανασκαφείς.[22]

Έτσι, ο Myres, που είχε προσπαθήσει τόσο σκληρά να σκάψει την Κνωσό και στη συνέχεια είχε κάνει τόσο πολλά να ετοιμάσει τον δρόμο για τον Έβανς, τώρα παραμέριζε και άφηνε τον συνάδελφό του να πιστωθεί την ανακάλυψη που τον έκανε έναν από τους πιο σημαντικούς αρχαιολόγους του αιώνα.

Τη Δευτέρα 16 Απριλίου, χάρη στη γενναιοδωρία του πατέρα τού Έβανς, η εργατική δύναμη αυξήθηκε σε ενενήντα οκτώ ανυπόμονους εργάτες. Ξαφνικά, η εξερεύνηση δεν έμοιαζε τόσο με επιστημονικό πείραμα, όσο με στρατό μυρμηγκιών που έμπαιναν και έβγαιναν από τη γη, καθώς οι εργάτες συνωστίζονταν πάνω στον λόφο. Το σκάψιμο γινόταν τώρα αποκλειστικά στο εσωτερικό του Ανακτόρου, όπως ονομαζόταν το σύμπλεγμα των τοίχων.

Καθώς η δουλειά συνεχιζόταν στα δυτικά όρια του κτίσματος, ο Έβανς σημείωσε στις 18 Απριλίου: «Εδώ έχουμε μια ολόκληρη σειρά από στενά περάσματα (ή δωμάτια) που μερικά καταλήγουν σε αδιέξοδο. Το όλο σχέδιο είναι πολύ δαιδαλώδες». Για τον Mackenzie, τα στενά περάσματα παρέμεναν ένα «σύνολο από διαδρόμους», τα οποία, όπως σημείωσε, «είχαν εν μέρει και προηγουμένως ανασκαφεί, στη διάρκεια μιας ανασκαφής του Μ. Καλοκαιρινού». Ο Έβανς ήταν λιγότερο αντικειμενικός όταν έγραφε: «Μόλις μπαίνουμε στις ανασκαφές του Μίνω και στον πρώτο από τους διαδρόμους του με κατεύθυνση προς Β. αρχίζουμε να βρίσκουμε θραύσματα από πινακίδες, κάτι που δείχνει πόσο απρόσεκτη ήταν η ανασκαφή». Αυτό που επίσης φαινόταν ήταν πως ο Καλοκαιρινός, όπως ο Σλήμαν στις Μυκήνες και στην Τίρυνθα, δεν αναγνώριζε πινακίδες και σφραγίσματα, γιατί δεν έψαχνε για κάτι τέτοιο. Ακόμη και ο ίδιος ο Έβανς δεν είχε καταλάβει τη σημασία της πινακίδας που του έδειξαν στην Κάντια το 1896.[23]

Ο ετήσιος εορτασμός του Πάσχα έφερε μια καλοδεχούμενη παύση στο σκάψιμο από τη Μεγάλη Τρίτη έως και τη Δευτέρα του Πάσχα (19 έως 23 Απριλίου), όμως μετά οι εργασίες καθυστέρησαν εξαιτίας ενός δυνατού νοτιά που έφερνε ριπές άμμου από τη βόρεια αφρικανική έρημο. Ήταν η πρώτη γνωριμία των ανασκαφέων με τον περίφημο κρητικό σιρόκο. Ο Έβανς χρησιμοποίησε το διάλειμμα για να συντάξει την αρχική του έκθεση, «The Palace Archives of Mycenaean Cnossus» (η προ-ελληνική ορθογραφία υπαγόρευε τώρα τους κανόνες), την οποία έστειλε στο *Athenaeum* στις 23 Απριλίου. Στενοχωρημένος ακόμη από τα γραφειοκρατικά μπερδέματα των προηγούμενων επτά ετών, υπενθύμισε στους αναγνώστες του ότι τίποτε δεν έρχεται εύκολα: «Μετά από δυσκολίες κάθε είδους που συνάντησα, στο τέλος τα κατάφερα, μόλις πριν από λίγες εβδομάδες, να εξασφαλίσω το υπόλοιπο μέρος της θέσης». Όμως ο τόνος του άλλαξε, όταν περιέγραφε τα ευρήματά του: «Τα αποτελέσματα που ήδη πετύχαμε έχουν επαληθεύσει και τις πιο αισιόδοξες ελπίδες μου ... Το κτίσμα καθ' εαυτό είναι ασφαλώς Ανάκτορο Μυκηναίων βασιλέων, πράγματι, μπορεί σίγουρα να ειπωθεί ... σύγχρονο με τις ένδοξες μέρες των Μυκηνών ... έχει ήδη έρθει στο φως».

Ο Έβανς ανυπομονούσε να ενημερώσει το κοινό για την αξία της ανακάλυψής του σε σχέση με τις άλλες γνωστές αρχαιολογικές ανακαλύψεις:

> Τα ευρήματα των νωπογραφιών και των έγγλυπτων λίθων αυτής της περιόδου υπερέχουν από όσα έχουν βρεθεί μέχρι τώρα στην ηπειρωτική Ελλάδα. Το βασιλικό λουτρό με τον κεντρικό θρόνο του, διατηρημένο σαν ένα κομμάτι από την Πομπηία, φανερώνει πολυτέλεια άγνωστη και για τις ίδιες τις Μυκήνες. Αλλά ακόμη μεγαλύτερου ενδιαφέροντος από αυτά τα απομεινάρια της τέχνης είναι η ανακάλυψη ... των πήλινων πινακίδων ... τα απόλυτα παράλληλα των πινακίδων της σφηνοειδούς γραφής της Βαβυλώνας, μόνο που εδώ είναι χαραγμένα με αρχεία μυκηναϊκής γραφής.

Μόλις έναν μήνα μετά την έναρξη των ανασκαφών και τρεις εβδομάδες αφότου είχαν ανακαλύψει τις πρώτες πινακίδες, ο Έβανς δήλωνε με τόλμη:

> Τα ανακτορικά αυτά αρχεία της μυκηναϊκής Κνωσού όχι μόνο αποδεικνύουν ότι στην Ελλάδα υπήρχε σύστημα γραφής τουλάχιστον έξι αιώνες πριν από την εισαγωγή εκεί του φοινικικού αλφαβήτου, αλλά δείχνουν ότι, ήδη

> σε εκείνη τη μακρινή εποχή, αυτό το εγχώριο σύστημα είχε περίτεχνα αναπτυχτεί. Οι επιγραφές αυτές είναι έργο έμπειρων γραφέων, που χρησιμοποιούσαν συμβατική μέθοδο και διάταξη που καταδεικνύουν μακρά παραδοσιακή χρήση. Ωστόσο, αυτή η ανάπτυξη είναι ανεξάρτητη. Δεν είναι ούτε βαβυλωνιακή ούτε αιγυπτιακή, χεττιτική ή φοινικική. Είναι η εργασία ενός λαού του Αιγαίου πάνω σε κρητικό έδαφος. Είναι το ταιριαστό προϊόν ενός τόπου στον οποίο η μεταγενέστερη ελληνική παράδοση αναφερόταν, καθώς είχε δώσει το πρωιμότερο είδος πολιτισμένης νομοθεσίας.

Ο Έβανς έγραψε αυτά τα λόγια στα άθλια δωμάτια που χρησιμοποιούσε για γραφείο στις νότιες πλαγιές του λόφου της Κεφάλας, ακριβώς κάτω από την ανασκαφή, ενώ οι εργάτες καθάριζαν ακόμη με βούρτσες το χώμα από τις πινακίδες, που κατά τύχη είχαν ψηθεί πριν από τρεις χιλιάδες χρόνια, προτού εμφανιστούν άλλα σημαντικά αρχεία. Θα ήταν καλό να ξεχνούσε τις ανώριμες ιδέες του για την πρώιμη ιστορία της Κρήτης, τις οποίες είχε πλάσει στη διάρκεια των ταξιδιών του τον προηγούμενο αιώνα. Όμως, οι πρώτες του εντυπώσεις παρέμειναν η βάση των κατοπινών του συμπερασμάτων για τη φύση των επιγραφών που βρήκε, κι αυτό στάθηκε το κύριο εμπόδιο στην ανάγνωση των τεκμηρίων που τον είχαν οδηγήσει από την αρχή στην Κνωσό, τη σημασία της οποίας ήταν ο πρώτος σύγχρονος άνθρωπος που κατάλαβε.

Μια βιαστική σημείωση στον Salomon Reinach περιείχε ακριβώς αυτό που ο αφοσιωμένος Ευρωπαίος «αρχεγονιστής» ήθελε να ακούσει: ότι ο Έβανς είχε βρει μια βιβλιοθήκη από πήλινες πινακίδες χαραγμένες με γηγενή γραφή, που αποδείκνυε ότι η γραφή υπήρχε στον «ελληνικό κόσμο 500 χρόνια πριν από τον Όμηρο και πριν από την εποχή που η παράδοση τοποθετεί τον Τρωικό πόλεμο».[24] Η είδηση των εντυπωσιακών ευρημάτων εξαπλώθηκε γρήγορα και, καθώς ο Έβανς αξίωνε διεθνή δικαιώματα για την ανακάλυψη, ο Μίνως Καλοκαιρινός πέρασε τις διακοπές του Πάσχα προετοιμάζοντας το βιβλίο του *Guide de L'Antique Ville de Cnossos. Rapport des fouilles faites à Cnossos en Avril 1877 par Minos A. Calocairinos qui a découvert* Le Palais Royal ou Le Megaron du Roi Minos *et le* Fameux Labyrinthe *situé près de Cnossos dans le bois sacré de Jupiter. Héraclion, le 23 Avril 1900.**[25] Αλλά η διεκδίκηση του Καλοκαιρινού ήταν αδύναμη και ήρθε αργοπορημένη, γραμμένη από έναν άνθρωπο που η καρδιά και το πνεύμα του είχαν ραγίσει κατά τη διάρκεια της τελευταίας αιματηρής εξέγερσης του Σεπτεμβρίου του 1897, όπου έχασε τον γιο και τον αδελφό του. Μια φωτιά που είχαν βάλει οι στασιαστές έκαψε το σπίτι του στην Κάντια, καταστρέφοντας τις σημειώσεις του και τα ευρήματα που δεν είχε δωρίσει μέχρι τότε σε μουσεία. Ακόμη, είχε χαθεί εκείνο το φιλικό πνεύμα ισότητας με το οποίο είχε γνωρίσει στον σύγχρονο κόσμο τις θαυμαστές προοπτικές του λόφου της Κεφάλας. Παρά την προσπάθειά του να πείσει το κοινό ότι ήταν ο πρώτος εξερευνητής της Κνωσού, ο πλούσιος, σημαίνων και εκδηλωτικός Έβανς κατείχε τώρα τον θρόνο και πήρε τη θέση του

---

* *Οδηγός της Αρχαίας Πόλης της Κνωσού. Αναφορά των ανασκαφών στην Κνωσό που έκανε τον Απρίλη του 1877 ο Μίνως Α. Καλοκαιρινός, ο οποίος ανακάλυψε το Ανάκτορο ή Μέγαρο του Βασιλιά Μίνωα και τον περίφημο Λαβύρινθο, που βρίσκεται κοντά στην Κνωσό, στο ιερό άλσος του Δία. Ηράκλειο, 23 Απριλίου 1900.* (Σ.τ.Σ.)

στην πρώτη σελίδα των βιβλίων ιστορίας του εικοστού αιώνα.

Οι ανασκαφές ξανάρχισαν την Τετάρτη 25 Απριλίου και η μακρά αναμονή γρήγορα ξεχάστηκε, όταν εμφανίστηκε ένας ξεκάθαρος δεσμός με τη Δυναστική Αίγυπτο. Σαν απάντηση στην αναφορά του Flinders Petrie για διπλωματικούς δεσμούς ανάμεσα στην Κρήτη και στους Φαραώ, βρέθηκε αγαλματίδιο από διορίτη ακριβώς κάτω από την επιφάνεια του εδάφους. Μαγεμένος καθώς ήταν με την τέχνη της Τελ ελ-Αμάρνα και γνωρίζοντας την αφθονία της μυκηναϊκής κεραμικής και τις καλλιτεχνικές επιρροές που εντοπίστηκαν εκεί, ο Έβανς αμέσως υπέθεσε πως η μορφή είναι του Ακενατών, του αιρετικού, μονοθεϊστή βασιλιά. Όπως νόμιζε ο Έβανς, αυτός ήταν ο δεσμός με τη Δέκατη Όγδοη Δυναστεία, που συνέδεε δύο χρυσές εποχές του αρχαίου κόσμου. Ακόμη και ο Mackenzie ήταν εξαιρετικά εντυπωσιασμένος και αναφέρθηκε στην ανακάλυψη αυτή σαν «κεφαλαιώδους σημασίας». Ο αιγυπτιακός δεσμός ήταν ζωτικής σημασίας για τον Έβανς. Σε όλες τις σημειώσεις του παρομοίαζε την τεχνοτροπία και τα χρώματα των τοιχογραφιών της Κνωσού με εκείνες που ο Petrie είχε βρει στην Τελ ελ-Αμάρνα. Αλλά ποιος επηρέαζε καλλιτεχνικά ποιον, η Αίγυπτος την Κρήτη ή το αντίθετο;

Όταν στη διάρκεια της αργίας του Πάσχα τα κομμάτια καθαρίστηκαν, το πορτραίτο της «Αριάδνης» μετονομάστηκε σε απλή «νωπογραφία κοριτσιού», αλλά φαίνεται πως ο Παπαδάκης αδυνατούσε να τα βγάλει πέρα με τέτοια ποιότητα και ποσότητα ζωγραφισμένου κονιάματος. Έτσι, ο Έβανς κάλεσε από την Αθήνα τον πιο γνωστό συντηρητή και καλλιτέχνη στην Ελλάδα. Ο Emile Victor

Gilliéron γεννήθηκε στη Villeneuve της Ελβετίας την ίδια χρονιά με τον Έβανς και είχε σπουδάσει τέχνη στις Ακαδημίες του Παρισιού και του Μονάχου. Ήρθε στην Αθήνα το 1877, μετά τις λαμπρές ανακαλύψεις του Σλήμαν στις Μυκήνες.[26] Ο Gilliéron έγινε δημοφιλής στην αρχαιολογική κοινότητα για τα σχέδιά του, σε μια εποχή που η φωτογραφία ήταν και ακριβή και το αποτέλεσμά της αβέβαιο. Εξάλλου, οι ασπρόμαυρες εικόνες δύσκολα μπορούσαν να συλλάβουν τη λαμπρή όψη αντικειμένων που είχαν υποστεί σοβαρές ζημιές. Ο Gilliéron είχε ξεκαθαρίσει από την αρχή ότι σκόπευε να κερδίσει το ψωμί του από την αρχαιολογία.[27] Ζητούσε μεγάλες αμοιβές, αλλά δημιούργησε σε υδατογραφία μερικές από τις πιο αξιόπιστες αναπαραστάσεις αντικειμένων, των οποίων τη μορφή θα ήταν αδύνατο να φανταστεί κανείς εξαιτίας της κακής κατάστασής τους. Έτσι είχε αποκαταστήσει από τις ανασκαφές του Σλήμαν στην Τίρυνθα, όπου τον προσέλαβαν το 1884, την τοιχογραφία που απεικόνιζε «άνδρα να χορεύει πάνω σε ταύρο».[28] Μελετητές και απλοί άνθρωποι τη θαύμασαν τόσο, που ο Σλήμαν την κόλλησε στο εξώφυλλο της ανασκαφικής του αναφοράς. Όταν ο Σύλλογος της Κάντια διεξήγαγε σωστικές ανασκαφές στο Ιδαίο Άντρο, στράφηκαν στον Gilliéron για βοήθεια, προκειμένου να δώσουν στα σπασμένα και διαβρωμένα χάλκινα αναθήματα, μερικά από τα οποία είχαν περίπλοκες σκηνές από την ελληνική μυθολογία, νέα ζωή με το να τα ζωγραφίσει. Τώρα, στράφηκε σε αυτόν και ο Έβανς για να τον βοηθήσει να αναβιώσει μια ολόκληρη πινακοθήκη. Ο Gilliéron είχε επισκεφτεί την Κρήτη πριν από το Πάσχα και πέρασε από την Κνωσό για να ερευνήσει τις φήμες για την επιτυχία του Έβανς. Περίεργος για τα ευρήματα και συνεπαρμένος από την οικονομική δυνατότητα του Έβανς, πήγε για λίγο καιρό στην Αθήνα για να ακυρώσει άλλες δουλειές και επέστρεψε στην Κρήτη, όπου εντάχτηκε στην ομάδα και παρέμεινε για μεγάλο διάστημα. Ο Gilliéron ήταν αποφασισμένος να επωφεληθεί από την ακτινοβολία της επιτυχίας του Έβανς, καθώς κάτι τέτοιο θα του εξασφάλιζε φήμη και χρήματα.

Στις 3 και 4 Μαΐου, άρχισαν σιγά σιγά να εμφανίζονται κομμάτια άλλου ζωγραφισμένου παζλ και να σχηματίζουν μια εικόνα που συνόδευε το κείμενο που ο Έβανς είχε στο μυαλό του. Καθώς τα κομμάτια ενώνονταν, ο Έβανς έγραψε στο σημειωματάριό του για ένα κορίτσι που χορεύει. Δίχως άλλο βασιζόταν στη λαχτάρα του να δει την «αίθουσα χορού της Αριάδνης», που ο Όμηρος είχε πει πως έκτισε ο Δαίδαλος στην Κνωσό για την πριγκίπισσα. Ο Έβανς αργότερα μουντζούρωσε αυτές τις πρώτες εντυπώσεις και πρόσθεσε στο περιθώριο ότι επρόκειτο για αγόρι, το οποίο έπαψε να χορεύει για να γίνει «Κροκοσυλλέκτης». Αργότερα, όταν τα κομμάτια καθαρίστηκαν, παραδέχτηκε: «Το κορίτσι που χορεύει φαίνεται πως είναι μάλλον αγόρι που μαζεύει λουλούδια και σκύβει πάνω από ένα καλάθι». Χρειάστηκε να περάσουν πολλά χρόνια για να αναγνωριστεί τελικά ότι ήταν η μορφή ενός γαλάζιου πιθήκου.

Στις 7 Μαΐου ήρθε ο Dörpfeld, συνοδευόμενος από πενήντα δύο ενθουσιώδεις οπαδούς. Ο Έβανς ενδιαφερόταν τόσο να δώσει τη σωστή εντύπωση στη μεγαλύτερη μορφή της μυκηναϊκής αρχαιολογίας, που, όπως κατέγραψε ο Mackenzie, «μέχρι το μεσημέρι η πραγματική ανασκαφή προχώρησε πολύ λίγο, εκτός από τους διαδρόμους όπου σκουπίστηκαν όλα τα πατώματα, λόγω της επίσκεψης των Γερμανών». Ο Dörpfeld εντυπωσιάστηκε και γοητεύτηκε από όσα του έδειξαν οι συνάδελφοί του και, μολονότι δήλωσε ότι το «λουτρό» απέναντι στον θρόνο ήταν στέρνα για ψάρια, ο Mackenzie ήταν ευγνώμονας από τη διαβεβαίωση του έμπειρου μελετητή ότι η κεραμική και κατ' επέκταση το κτίσμα ανήκαν στη μυκηναϊκή περίοδο. Ο Έβανς δεν εντυπωσιάστηκε από την ερμηνεία του Dörpfeld για το βυθισμένο δωμάτιο, αφού ήταν βέβαιος ότι επρόκειτο για βασιλικό λουτρό. «Γιατί τόσο επιμελημένη πρόσβαση με σκαλοπάτια;» διαμαρτυρόταν στο σημειωματάριό του, «και θα ερχόταν κάποιος από τον "βασιλικό οίκο" να καθίσει κοντά σε μια βρωμερή ανοιχτή στέρνα, γιατί οπωσδήποτε θα βρωμούσε ένα τέτοιο δοχείο με τη ζέστη του καλοκαιριού».[29] Ο Έβανς καθυστερούσε να αλλάξει γνώμη για τις ερμηνείες του, όταν βέβαια γινόταν κάτι τέτοιο, ειδικά αν είχε επιμείνει σε μια συγκεκριμένη άποψη σε δημοσίευση.

Την ίδια μέρα, ο Hogarth και ο Γρηγόρης ολοκλήρωσαν τον γύρο της κοιλάδας. Είχαν αρχίσει να ψάχνουν για τάφους στον λόφο των Γυψάδων, ακριβώς νότια της Κεφάλας, μετά προχώρησαν δυτικά στις πλαγιές, κοντά στην κοιλάδα του ποταμού στα βόρεια και τέλος εξερεύνησαν τον απότομο λόφο του Αϊ-Λια, ανατολικά πάνω από την Κεφάλα. Οκτώ εβδομάδες με τον σπουδαιότερο τυμβωρύχο της Ανατολικής Μεσογείου και δεν είχαν βρει ούτε έναν τάφο γύρω από το Ανάκτορο. Αντίθετα, βρήκαν άφθονα στοιχεία της μεγάλης πόλης που περιέβαλλε το κεντρικό κτήριο, το οποίο ο Έβανς έφερνε ξανά στη ζωή ως τον πυρήνα της. Όμως, τι συνέβαινε με τη μετά θάνατο ζωή; Ο Hogarth σήκωσε τα χέρια ψηλά και παραδέχτηκε πως «μετά από δύο μήνες αναζήτησης φοβάμαι ότι δεν προχώρησα πολύ στη λύση του προβλήματος που θέτει το νεκροταφείο της Κνωσού».[30] Ο Έβανς και ο Γρηγόρης ασχολήθηκαν ξανά με το ζήτημα μετά από χρόνια και τα κατάφεραν ψάχνοντας πιο πέρα.

«Βρίσκουμε πολλές ακόμα», ανέφερε γεμάτος χαρά ο Έβανς στον πατέρα του για νέες επιγραφές. «Μόλις χτύπησα τον μεγαλύτερο μέχρι τώρα αποθέτη, μερικές εκατοντάδες κομμάτια. Αμφιβάλλω αν θα είναι δυνατό να βγάλω καθόλου πρωτότυπα». Άρχισε να ανησυχεί για τον τρόπο με τον οποίο θα μελετούσε τη μεγάλη ποσότητα των ευρημάτων, καθώς δεν μπορούσε να ξεχωρίσει και να εξαγάγει επιλεγμένα κομμάτια, όπως είχαν κάνει οι συνάδελφοί του στην Αίγυπτο και την Ανατολική Μεσόγειο. «Δεν νομίζω ότι θα μπορέσω να γυρίσω στην Αγγλία πριν από τη δεύτερη εβδομάδα του Ιουνίου και είναι πρόβλημα πώς θα τα βγάλω πέρα με το υλικό, το οποίο δεν μπορεί να φύγει από το νησί».[31]

Η νέα κυβέρνηση της Κρήτης είχε αναβαθμίσει τη θέση του Συλλόγου της Κάντια και του έδωσε άδεια να φτιάξει καινούργιο μουσείο στους παλιούς τουρκικούς στρατώνες για τη συλλογή του. Ο Σύλλογος γρήγορα κανόνισε την έκθεση του πλήθους νέων ευρημάτων, την υπεράφθονη πρώτη συγκομιδή που είχαν δρέψει οι ξένοι ανασκαφείς, οι οποίοι με τόση προθυμία επιδόθηκαν στην αναζήτηση των ιστορικών θησαυρών της Κρήτης. Ο Halbherr πήγε στον λόφο της Φαιστού, τον οποίο ο Έβανς είχε επιθεωρήσει και εγκαταλείψει ως ασήμαντο το 1894, και άρχισε να καθαρίζει ένα μεγάλο κτίσμα που έμοιαζε πολύ με εκείνο στην Κεφάλα, τον άξιο ανταγωνιστή του, που γι' αυτόν είχε τραγουδήσει ο Όμηρος. Η Harriet Boyd, μετά από πρόταση του Έβανς, δούλευε στους ανεμοδαρμένους απότομους βράχους μιας μικρής κορυφής που ονομαζόταν Κάστρο, κοντά στο Καβούσι, στην ανατολική πλευρά του κόλπου του Μιραμπέλλου, όπου αποκάλυψε «το σπίτι ενός ορεσίβιου αρχηγού της εποχής του Ομήρου». Εννοούσε τους ελληνικούς «Σκοτεινούς Αιώνες», την περίοδο που προφανώς δεν είχε να επιδείξει υψηλή τέχνη και που ακολούθησε τις μεγάλες μέρες των Μυκηνών, πριν από τις πασίγνωστες περιόδους της αρχαϊκής και κλασικής Ελλάδας.

Ταυτόχρονα ο Hogarth πήγε στο οροπέδιο του Λασιθίου ψάχνοντας για περιπέτειες και τη «μυθική γενέτειρα του Πατέρα Θεού της Κρήτης», και τα βρήκε και τα δυο.[32] Αφού ανατίναξε τους βράχους που είχαν καταρρεύσει και εμπόδισαν τον Έβανς και τον Myres να εξερευνήσουν τελείως το Σπήλαιο του Ψυχρού, εισέδυσε στα ανεξερεύνητα μέχρι τότε βάθη της σπηλιάς και ρήμαξε το εσωτερικό ιερό προσφέροντας στους εργάτες του επιπλέον αμοιβές «για τα καλύτερα αντικείμενα», υποδαυλίζοντας με αυτόν τον τρόπο μια «έξαλλη ορμή», η οποία, όπως ομολόγησε, προκάλεσε «ένα γελοίο θέαμα άνευ προηγουμένου στην αρχαιολογική εμπειρία», καθώς άνδρες, γυναίκες και παιδιά άρπαζαν τους σταλακτίτες και τους θρυμμάτιζαν προκειμένου να πάρουν όλα τα αναθήματα που οι Κρήτες είχαν αφήσει εκεί χιλιάδες χρόνια πριν. Η βεβήλωση απέφερε πεντακόσια νέα αντικείμενα στον Σύλλογο της Κάντια[33] και έκανε τον Hogarth περιώνυμο στους Κρήτες.[34] Εκείνος προτιμούσε τη συντροφιά των Αράβων και αργότερα θυμόταν: «Ο Έλληνας χωρικός δεν είναι ούτε βάναυσος ούτε ελαφρόμυαλος. Αλλά είναι άνθρωπος κατά βάση νωθρός, ένας άνθρωπος που γεννήθηκε κουρασμένος. Όλη η φυλή, μου φαίνεται, πάσχει από εξάντληση. Έζησε έντονα στην εμπροσθοφυλακή του ανθρώπινου είδους πριν από πολύ καιρό και τώρα κουβαλάει στην πλάτη της πολλά χρόνια. Και στον τόπο της νιώθεις πως περνάς στη σκιά αυτού που κάποτε υπήρξε, σε μιαν ατμόσφαιρα όπου ο άνθρωπος μάλλον υπάρχει παρά ενεργεί».[35]

Στις 16 Μαΐου, ο Έβανς ήταν βέβαιος πως είχε εισέλθει στην επικράτεια του Μινώταυρου. Στη βόρεια και τη δυτική είσοδο προς το Ανάκτορο οι εργάτες είχαν βρει τεράστιες νωπογραφίες ταύρων σε φυσικό μέγεθος φτιαγμένες σε *gesso duro*,* γυψοκονίαμα με έντονο ανάγλυφο και τρισδιάστατο ζωντανό αποτέλεσμα. «Τι ρόλο παίζουν αυτά τα πλάσματα εδώ!» αναφωνεί στις σημειώσεις του. Εξίσου εντυπωσιασμένος ήταν και ένας από τους Μουσουλμάνους εργάτες ο οποίος, καθώς απομάκρυνε το χώμα και φάνηκαν τα μεγάλα κέρατα του ταύρου και τα ζωντανά φουσκωμένα ρουθούνια του, άρχισε να ουρλιάζει από φόβο μήπως είχε ταράξει κανένα «τζίνι» –σαν εκείνο στο λυχνάρι του Αλαντίν– ή τον ίδιο τον Διάβολο. «Μήπως άραγε ήταν κάποιο από αυτά τα πλάσματα που φαίνονταν στον κατεστραμμένο τόπο τον πρώτο καιρό των Δωριέων, που δημιούργησε τη σημερινή παράδοση του Ταύρου του Μίνωα;» συλλογιζόταν αργότερα ο Έβανς.

Τη Δευτέρα 21 Μαΐου ο Έβανς προσέλαβε εκατόν πενήντα εργάτες, για μια τελευταία ξέφρενη εβδομάδα επίμονου σκαψίματος. Όμως, τον περισσότερο καιρό ο ίδιος δεν ήταν παρών, γιατί είχε προσβληθεί σοβαρά από ελονοσία.[36] Η τελευταία του καταχώριση εκείνου του χρόνου, στις 21 Μαΐου, αφορούσε την ανακάλυψη των πρώτων

* Σκληρός γύψος. (Σ.τ.Ε.)

του επιγραφών σε ιερογλυφική γραφή, γνωστή μέχρι τότε μόνο από τους σφραγιδόλιθους που είχε βρει στην ανατολική Κρήτη. Στις τελευταίες σελίδες του ημερολογίου του, χωρίς ημερομηνία, υπάρχουν πρόχειρα σκίτσα από τα σύμβολα που ήταν χαραγμένα στους πεσσούς από μαλακό ασβεστόλιθο του Ανακτόρου, τα «σημάδια των τεκτόνων», που ο Stillman είχε πρώτος παρατηρήσει είκοσι χρόνια νωρίτερα. Έτσι, τη διεύθυνση και την καταγραφή ανέλαβε αποκλειστικά ο Duncan Mackenzie. Οι σύγχρονοι ανασκαφείς, εκπαιδευμένοι να παρατηρούν και να καταγράφουν τα πάντα, τρομοκρατούνται στη σκέψη πώς τόσοι πολλοί εργάτες έσκαβαν επί δέκα ώρες τη μέρα υπό την επίβλεψη ενός μόνο ανθρώπου. Δεν είναι να απορεί κανείς για τις ασυνέπειες που εμφανίστηκαν στις σημειώσεις του Mackenzie, καθώς προσπαθούσε να σημειώνει τις θέσεις ανεύρεσης των εκατοντάδων αντικειμένων που αποκαλύπτονταν καθημερινά.

Δυστυχώς, το μεγαλύτερο πρόβλημα ήταν εκείνο της στρωματογραφικής θέσης των πιο σημαντικών ευρημάτων: των ενεπίγραφων πινακίδων και σφραγίδων. Ο Έβανς κρατούσε ξεχωριστό σημειωματάριο, με θαυμάσια σχέδια και περιγραφές των εγχάρακτων πινακίδων και των θέσεων όπου είχαν βρεθεί, όμως ακόμα κι εκείνο είναι ασυνεπές διότι, όταν πρωτοεμφανίστηκαν, αρκούσε στον Έβανς και τον Mackenzie ότι ανήκαν στη μυκηναϊκή περίοδο κι έτσι από τις καταγραφές τους έλειπαν οι ακριβείς στρωματογραφικές παρατηρήσεις. Όταν φάνηκε η πολυπλοκότητα του κτίσματος, με κάθε νέο δωμάτιο που άνοιγαν, και όταν η ιστορία του έγινε εξίσου περίπλοκη, καθώς ανακάλυπταν στοιχεία από τις διαφορετικές περιόδους χρήσης του, αντιλήφθηκαν ότι η θέση κατοικείτο για μια πολύ μεγάλη περίοδο, ήδη από την Εποχή του Λίθου. Επίσης έπρεπε να δημιουργήσουν ακριβείς χρονικές υποδιαιρέσεις που να βασίζονται στην παρατήρηση της στρωματογραφίας, καθώς τα χαμηλότερα πατώματα ήταν γενικά παλαιότερα από τα ψηλότερα. Όμως αυτό δεν ήταν πάντοτε δυνατό εκ των υστέρων με βάση τις υποθέσεις που έκαναν τη στιγμή της ανασκαφής και δεδομένου ότι οι σημειώσεις τους δεν ήταν αρκετά λεπτομερείς. Η βίαιη καταστροφή του Ανακτόρου, που έψησε τις πινακίδες, θα γινόταν «χρονολογία πρωτεύουσας σημασίας στην προϊστορία της Ευρώπης», αλλά οι αρχαιολόγοι οδύρονται για τον τρόπο που ο Έβανς κατέγραψε τα ανασκαφικά δεδομένα, κάτι που, λόγω της φύσης της ανασκαφής, δεν θα μπορούσε ποτέ να επαναληφθεί.[37]

Η τελευταία καταχώριση του Mackenzie για την περίοδο εκείνη έγινε το Σάββατο 26 Μαΐου, όταν σταμάτησε η εκτεταμένη ανασκαφή και οι τρεις εξερευνητές άρχισαν να επεξεργάζονται τον όγκο των πληροφοριών που είχαν συγκεντρώσει τις προηγούμενες εννέα εβδομάδες. Ο Mackenzie ανέλαβε να μελετήσει την κεραμική, η οποία μπορούσε να προσδιορίσει το ιστορικό πλαίσιο κατασκευής του κτηρίου και τις περιόδους χρήσης του, μέχρι την τελική καταστροφική φωτιά. Οι αλλαγές στα σχήματα και στη διακόσμηση των αγγείων και η θέση τους στη στρωματογραφία του επέτρεψαν να καταρτίσει μια σχετική χρονολογική ακολουθία για το κτίσμα. Αυτή θα καθόριζε τη χρονολόγηση των ευρημάτων μέσα στο κτήριο και μπορούσε να εφαρμοστεί και σε άλλες θέσεις με παρόμοια κεραμική. Ο Fyfe ολοκλήρωσε την κάτοψη του κτηρίου με εκατοντάδες ακριβείς μετρήσεις, ενώ ο Έβανς συνέθεσε τις σημειώσεις τους στις εκθέσεις του.

Την πρώτη βιαστική ανακοίνωση του Έβανς για τα ανακτορικά αρχεία ακολούθησε δεύτερο ανακοινωθέν του, που έστειλε στο *Athenaeum* στις 8 Ιουνίου. Το «Ανάκτορο των Μυκηναίων βασιλέων» της προηγούμενης αναφοράς προσδιορίστηκε τώρα τελειωτικά ως «το Ανάκτορο του Μίνωα», τίτλο για τον οποίο είχε κοροϊδέψει τον Καλοκαιρινό έξι μόλις χρόνια νωρίτερα. Η έκθεσή του επικεντρώθηκε στην ανακάλυψη, την τελευταία εβδομάδα, με τις πιο χαοτικές συνθήκες, ομάδας από τετράπλευρες πήλινες ράβδους με επιγραφές στον «ιερογλυφικό τύπο γραφής» που είχε δει για πρώτη φορά στην ανατολική Κρήτη. Κατέληγε στο συμπέρασμα ότι «χρησιμοποιείτο από την αρχαία αυτόχθονη φυλή της Κρήτης, τους αληθινούς Ετεόκρητες της *Οδύσσειας*». Η ανακάλυψη, η οποία ονομάστηκε Αποθέτης Ιερογλυφικών, φαινόταν να ανήκει χρονολογικά στα τελευταία στάδια της ιστορίας του κτίσματος, «που το σημάδεψε μια τρομερή καταστροφή με επακόλουθη την πλήρη εγκατάλειψη της περιοχής του Ανακτόρου». Για τον Έβανς ο αποθέτης ήταν σύγχρονος με το «γραμμικό σύστημα των πραγματικών "μινωικών" αρχείων», τα οποία ένιωθε ότι βρίσκονταν «σε ένα πολύ υψηλότερο σημείο ανάπτυξης». Η ηλικία αυτής της απόθεσης εξακολουθεί, έναν αιώνα αργότερα, να προκαλεί θερμές διαμάχες, μολονότι είναι πλέον γενικά αποδεκτό ότι το σύνολο και η ιερογλυφική γραφή ανήκουν σε διαφορετική περίοδο καταστροφής, πιθανόν πεντακόσια χρόνια νωρίτερα από τη χρονολογία που πρώτος της απέδωσε ο Έβανς.

Μυθική ιστορία

Μια εβδομάδα αργότερα, ξαναγυρίζοντας στην άνεση του Youlbury, ο Έβανς άρχισε να γράφει μια σειρά από ενθουσιώδεις εκθέσεις για την πρώτη ανασκαφική περίοδο που, από κάθε άποψη, ήταν πραγματικά εκπληκτική. Τα κύρια θέματα ήταν η τέχνη, η αρχιτεκτονική και, πάνω από όλα, η γραφή, τα βασικά στοιχεία στην έρευνά του για τον πολιτισμό. Αυτά τα στοιχεία εκμεταλλεύθηκε πλήρως, ή μάλλον σε υπερβολικό βαθμό, προς όφελος των συνδρομητών του Ταμείου για την Εξερεύνηση της Κρήτης, καθώς θεωρούσε ζήτημα πρωταρχικής σημασίας να στρέψει το ενδιαφέρον του κοινού στις εργασίες του στην Κρήτη. Ο George Augustin Macmillan, συνεταίρος στον ομώνυμο οικογενειακό εκδοτικό οίκο του Λονδίνου, γνωστό για τα επιστημονικά του βιβλία, και στενός φίλος της οικογένειας Έβανς, ανέλαβε να διαδώσει την υπόθεση της Κρήτης. Ο οίκος Macmillan εξέδωσε φυλλάδιο σχεδιασμένο για να προκαλέσει την υποστήριξη. Στο εξώφυλλό του είχε φωτογραφία των εργατών που ανασκάπτουν την Αίθουσα του Θρόνου και περιλάμβανε απόσπασμα μιας από τις πιο εμπνευσμένες διαλέξεις του Έβανς, που περιείχε και επεξηγήσεις με τη βοήθεια συσκευής προβολής διαφανειών τελευταίας τεχνολογίας: «Πολύ λίγες αμφιβολίες μπορούν να υπάρχουν πια πως αυτό το τεράστιο κτίσμα, με το πλήθος των διαδρόμων και των ελικοειδών περασμάτων του, τον κυκεώνα από μικρά δωμάτια, την αδιάκοπη σειρά αποθηκών που οδηγούν σε αδιέξοδο, ήταν πράγματι ο Λαβύρινθος της μεταγενέστερης παράδοσης που έγινε η κατοικία του φρικτού Μινώταυρου». Ο Έβανς πίστευε πραγματικά ότι ο Μινώταυρος, που οι περισσότεροι αναλυτές ήδη θεωρούσαν πως συμβόλιζε την κτηνώδη πλευρά του ανθρώπινου χαρακτήρα, είχε κάποτε ζήσει στο κτίσμα που ανέσκαπτε και ότι ανακάλυπτε «την ουσιώδη αλήθεια της πρώιμης παράδοσης». Αυτό απείχε πολύ από τις προηγούμενες νουθεσίες του για την έρευνα του Σλήμαν για «ποιητική τοπογραφία».

Ο Έβανς ετοίμασε μια σοβαρή και λεπτομερή έκθεση, δήθεν για την επιστημονική κοινότητα. Στο *Annual of the British School at Athens*, ξεκίνησε αποδίδοντας με ειλικρίνεια και ευγνωμοσύνη φόρο τιμής σε εκείνους που προηγήθηκαν στην Κεφάλα. Μετά παράφρασε πολλές από τις καταγραφές του Mackenzie, για να αποσαφηνίσει τη θέση και να περιγράψει τα ευρήματά τους. Για να βοηθήσει τον αμύητο να συλλάβει το πρωταρχικό κτίσμα όπως εκείνος το φανταζόταν, παρουσίασε τη ζωγραφική αναπαράσταση του Gilliéron ενός θραύσματος μικρογραφικής τοιχογραφίας που απεικόνιζε «μυκηναϊκό ιερό», το οποίο, επέμενε, «μας προσφέρει, πράγματι, μια ζωντανή καταγραφή του είδους της πρόσοψης που εδώ θα έβλεπε ο θεατής. Η νωπογραφία», κατέληξε, «δείχνει καθαρά ανωδομή με μεγάλους άσπρους γυψόλιθους που μοιάζουν με εκείνους του δυτικού τοίχου, ενώ επάνω ... υπάρχουν επιφάνειες με ζωγραφισμένο γυψοκονίαμα που περικλείονται από ξύλινο πλαίσιο».[38] Με άλλα λόγια, η τοιχογραφία ήταν απεικόνιση του ίδιου του κτίσματος και είχε σωθεί για να χρησιμοποιηθεί από τον Έβανς και τον Fyfe κατά κάποιο τρόπο ως τυφλοσούρτης. Ήταν σαν αρχαία ταχυδρομική κάρτα που έδειχνε το έρημο και ερειπωμένο πια κτίσμα, στην ακμή του. Η πρόσοψη που εικονιζόταν στην αναπαράσταση έγινε το ανάκτορο της φαντασίας του Έβανς και η κατασκευή που αποκάλυπτε στην Κεφάλα ταυτίστηκε με εκείνη της τοιχογραφίας. Ο Έβανς υποστήριξε ότι το μυκηναϊκό ιερό στο κέντρο της παράστασης ήταν τμήμα του συνόλου κι έτσι γεννήθηκε η ιδέα του Ανακτόρου-Ιερού. Όμως υπήρχε και ακόμη ένα πιο δελεαστικό στοιχείο: «Στην περίπτωση αυτού του μικρού Ιερού υπήρχαν επιπλέον τρία ανοίγματα με στύλους του συνηθισμένου μυκηναϊκού τύπου, που λεπταίνουν προς τα κάτω. Η ιερότητά τους φαινόταν από το λατρευτικό κερασφόρο αντικείμενο που βρισκόταν μπροστά στις βάσεις τους». Αυτό το κερασφόρο λατρευτικό αντικείμενο έμοιαζε με τη μορφή που απεικονιζόταν πάνω σε κτισμένη εξέδρα στο ανάγλυφο αγγείο που είχε αποκτήσει κατά την πρώτη του επίσκεψη στη θέση το 1894. Έτσι, ο Έβανς απέδωσε στο σύμβολο, το οποίο ήταν γνωστό στους αιγυπτιολόγους ως το ιερογλυφικό σημάδι του ορίζοντα, νέα σημασία και το αποκάλεσε Κέρατα Καθοσιώσεως.[39]

Δεν ήταν δυνατόν να καθοριστεί τι ακριβώς εννοούσε ο Έβανς με αυτόν τον όρο, ο οποίος υποδήλωνε πάντως τα σχηματοποιημένα κέρατα βοοειδούς, συμβολική απεικόνιση των κεράτων θυσιασμένων ζώων, με τα οποία κοσμούσαν τους βωμούς. Το γένος των ιερών ζώων επίσης άλλαξε: τα σχηματοποιημένα κέρατα και οι κεφαλές των βοοειδών έπαψαν να ανήκουν σε αγελάδες (τις οποίες ο Σλήμαν συνέδεε με την Ήρα) ή ακόμη και σε βόδια και, σύμφωνα με τους μύθους που είχαν οδηγήσει τον Έβανς στην Κεφάλα, έγιναν κεφαλές ταύρων. Ωστόσο, η ερμηνεία αυτή δεν συμφωνεί με τις γνωστές απεικονίσεις ταύρων στην αιγυπτιακή τέχνη, στις οποίες τα ζώα απεικονίζονταν σε πλήρη κατατομή, για να δηλωθεί το αρσενικό γένος τους. Για τις αγελάδες εικονιζόταν μόνο το κεφάλι του ζώου.

Αλλά και ο πολιτικός αρχηγός που έδρευε στο κτήριο άλλαξε φύλο. «Το μεγάλο μέγεθος και η υπερύψωση του γύψινου καθίσματος είναι αρκετά για να δείξουν ότι πρόκειται για θρόνο», δήλωσε ο Έβανς και, δεδομένης της ουσιαστικής αξίας των αντικειμένων στην αίθουσα, «ένα βασιλικό πρόσωπο καθόταν κάποτε εδώ στη διάρκεια των συμβουλίων ή για να απολαύσει το ανατολίτικο *κέιφ*», έχοντας στον νου του μια χαλαρή σύναξη γύρω από έναν ναργιλέ που σιγόκαιγε. Ωστόσο, το μικρό μέγεθος και οι στενές αναλογίες του ίδιου του καθίσματος ήταν καθοριστικό στοιχείο και υποδήλωναν, κατά την κρίση του Έβανς, ότι ο κάτοχος του θρόνου ήταν μάλλον βασιλιάς παρά βασίλισσα.[40] Με βάση τις διαφορές στη σωματική διάπλαση ανδρών και γυναικών , ο θρόνος της Αριάδνης δεν ταίριαζε πια στα ευτραφή οπίσθια της βασίλισσας αλλά στα στενότερα του βασιλιά Μίνωα, παρότι ο Έβανς ήξερε πολύ καλά ότι «η εξέχουσα θέση του θηλυκού φύλου κατά τη μυκηναϊκή εποχή, όπως φαίνεται στις λατρευτικές σκηνές των σφραγιστικών δακτυλίων, θα ευνοούσε καθ' εαυτήν την άποψη ότι μια βασίλισσα κατείχε εδώ τον θρόνο». Διαχώρισε την πολιτική εξουσία, την οποία απέδωσε στον μυθικό του βασιλιά, από τη θρησκευτική εξουσία. Η τέχνη απεικόνιζε τον «ηγετικό ρόλο τον οποίο είχαν οι Θεές και οι γυναίκες λατρεύτριες στις θρησκευτικές σκηνές», γεγονός που όπως πίστευε «οφειλόταν στη μακρότερη επιβίωση, στον χώρο της θρησκείας, ιδεών που συνδέονταν με το μητριαρχικό σύστημα».[41] Έτσι, η προϊστορία των θεσμών της κλασικής Κρήτης που αφορούσαν τις γυναίκες, όπως ξεκάθαρα ορίζονταν στον Νόμο της Γόρτυνας και υπήρχε υπόνοια ότι είχαν προέλθει από παλαιότερους μητριαρχικούς θεσμούς, άρχιζε τώρα να εμφανίζεται στην τέχνη της Κνωσού, ή έτσι τουλάχιστον φάνηκε στον Έβανς. Σιγά σιγά, η ανεικονική λατρεία των «πρωτο-Αρίων» έδωσε τη θέση της «στη λατρεία της Μητέρας στη μινωική Κρήτη», όπως θυμόταν η Τζόαν Έβανς, στη μητρική μορφή την οποία ο Έβανς ίσως θυμόταν αμυδρά στη ζωή του, αλλά που ποτέ δεν είχε ξεχάσει.[42]

Η αναπαράσταση των μικρογραφικών τοιχογραφιών από τον Gilliéron απεικόνιζε κάποια από τα πιο γραφικά μέλη της μυθιστορηματοποιημένης βασιλικής Αυλής. Ο Έβανς σύγκρινε την τεχνοτροπία της ζωγραφικής με τα χαριτωμένα σχέδια σε λευκό βάθος που κοσμούσαν αθηναϊκά αγγεία της κλασικής περιόδου, σημείωσε όμως ότι οι κρητικές του νωπογραφίες ήταν «ασύγκριτα πιο μοντέρνες και δείχνουν μια ζωντάνια και μιαν αισθητική εντελώς ξένες προς την κλασική τέχνη». Αποκαλύπτοντας μιαν απροσδόκητη γνώση της σύγχρονης μόδας, συνέχισε λέγοντας: «Με μια ματιά αναγνωρίζουμε τις κυρίες με τις περίτεχνες εσθήτες. Μόλις έχουν βγει από τα χέρια του κομμωτή, με τα μαλλιά τους σγουρά γύρω από το κεφάλι και τους ώμους και πίσω στην πλάτη να πέφτουν σε μακρούς χωριστούς βοστρύχους». Όταν περιγράφει τα αποκαλυπτικά ρούχα τους, φαίνεται να έχει ελαφρώς σκανδαλιστεί: «Φορούν πολύ φουσκωτά μανίκια που ενώνονται χαμηλά στον λαιμό με μία στενή λωρίδα, αλλά το στήθος και όλο το επάνω μέρος του σώματος φαίνονται να είναι γυμνά ... Στα πιο καλά κομμάτια οι κυρίες αυτές με τα ντεκολτέ κάθονται σε ομάδες με τα πόδια τους μισολυγισμένα, κουβεντιάζοντας ζωηρά, κάτι που υπογραμμίζεται από εκφραστικές χειρονομίες».[43] Η φυσικού μεγέθους τοιχογραφία, που κάποτε είχε αναγνωριστεί ως «Αριάδνη», ήταν τώρα «ωραία ζωγραφιά σε φυσικό μέγεθος νέου με ευρωπαϊκό και σχεδόν κλασικά ελληνικό προφίλ».[44] Όταν ο Βρετανός σατιρικός συγγραφέας και μυθιστοριογράφος Evelyn Waugh επισκέφτηκε το Μουσείο της Κάντια το 1929 για «να θαυμάσει τις βαρβαρότητες του μινωικού πολιτισμού», γοητεύτηκε λιγότερο: «Δεν μπορεί κανείς να κρίνει τις αξίες της μινωικής ζωγραφικής, από τη στιγμή που μόνο μερικές τετραγωνικές ίντσες από τη μεγάλη της έκταση, που εκτίθεται προς θέαση, είναι παλαιότερες των τελευταίων είκοσι χρόνων» και οι ζωγράφοι που ανέλαβαν να αποκαταστήσουν τις παραστάσεις αυτές, είχαν «αναμίξει τον ζήλο τους για αναπαράσταση με την προτίμησή τους για τα εξώφυλλα της *Vogue*».[45]

Η τέχνη της Κνωσού, κατά τον Έβανς, απεικόνιζε ένα κτήριο με λαμπερά χρώματα που το κατοικούσαν αριστοκράτες με καλούς τρόπους. Ωστόσο, για τους αναγνώστες της δημοφιλούς *Monthly Review*, ο Έβανς ενέδιδε στην ονειροπόλησή του για την πιο σκοτεινή πλευρά της θέσης:

> Όλα τριγύρω ... οι σκοτεινοί διάδρομοι, οι σχεδόν ζωντανές μορφές που επέζησαν από έναν παλαιότερο κόσμο ... θα συνωμοτούσαν για να δημιουργήσουν την αίσθηση του υπερφυσικού. Ήταν στοιχειωμένο μέρος και τότε, όπως τώρα, και τριγύρω υπήρχαν φαντάσματα. Οι μεταγενέστερες ιστορίες του τρομακτικού βασιλιά και του ανθρωποφάγου τέρατος ξεπήδησαν από το χώμα και όλος ο τόπος προκαλούσε δεισιδαίμονα τρόμο. Οι επήλυδες τον εγκατέλειψαν. Μια άλλη Κνωσός αναπτύχτηκε στις

χαμηλότερες πλαγιές του λόφου προς βορρά και η περιοχή του παλαιού Ανακτόρου έγινε τόπος «ερημιάς και καταφρόνιας».[46]

Αυτή όμως η βαριά ατμόσφαιρα προερχόταν μόνο από τη φαντασία του και βασιζόταν στους μεταγενέστερους ελληνικούς μύθους, που εξακολουθούσαν να ρίχνουν σκιά πάνω στο ορθολογικό μυαλό του και να επιβάλλονται στο κτίσμα που αποκάλυπτε.

Ένας νέος μύθος γεννήθηκε στο ίδιο δημοφιλές περιοδικό: «Δεν υπήρχε κανένα ίχνος καλοφτιαγμένου συστήματος οχύρωσης, όπως στην Τίρυνθα και στις Μυκήνες», ανέφερε ο Έβανς. «Ο λόγος γι' αυτό δεν είναι δύσκολο να βρεθεί. Γιατί το Παρίσι είναι ισχυρά οχυρωμένο, ενώ το Λονδίνο είναι ουσιαστικά ανοιχτή πόλη; Θα πρέπει να θυμόμαστε πως η πόλη του Μίνωα ήταν το κέντρο μιας μεγάλης θαλάσσιας δύναμης και πως «οι άρχοντές της είχαν εναποθέσει την εμπιστοσύνη τους στα "ξύλινα τείχη"». Τα ξύλινα τείχη αποτελούσαν καθαρή αναφορά στη Βρετανία που «κυριαρχούσε στα κύματα της θάλασσας» και η σύγκριση ανάμεσα στο Λονδίνο και στην Κνωσό ήταν ξεκάθαρη διακήρυξη της σπουδαιότητας που είχε η μινωική Κρήτη ως ιστορικό προηγούμενο για την υπεροχή της βικτωριανής Βρετανίας. Ο μύθος των θαλασσοπόρων Μινωιτών, που αγαπούσαν την ειρήνη, άρχισε με αυτόν τον τρόπο να σχηματίζεται στο μυαλό και στα γραπτά του Έβανς και ήταν τόσο ελκυστικός, που κράτησε μέχρι τη δεκαετία του 1980, όταν μια ελληνική ομάδα ερευνητών επισκέφτηκε ξανά τα οχυρά και τα κάστρα των παλαιότερων ταξιδιών του Έβανς.[47]

Στις αρχές Σεπτεμβρίου, ο Έβανς στεκόταν μπροστά

σε γεμάτους θαυμασμό συναδέλφους στην ετήσια συνάντηση της Βρετανικής Εταιρείας στο Bradford και από όλα τα λαμπρά ευρήματα της πρώτης εκείνης ανασκαφικής περιόδου επέλεξε να δημοσιοποιήσει τα πιο σημαντικά για την επίτευξη του στόχου του στην Κρήτη: η εισήγησή του ήταν για τη «Γραφή στην Προϊστορική Ελλάδα». Ο Έβανς θύμισε στους ακροατές του το προφητικό κείμενο που τους διάβασε το 1894, στο οποίο είχε προβλέψει τις τελευταίες ανακαλύψεις του, και θύμισε με υπερηφάνεια την πρόβλεψη του σερ Τζων Έβανς στο Βασιλικό Ινστιτούτο το 1872, ότι το φοινικικό αλφάβητο, σημαντικό για τους Ευρωπαίους ιστορικούς επειδή το είχαν υιοθετήσει οι Έλληνες τον έβδομο αιώνα π.Χ., βασιζόταν σε απλά ιδεογράμματα. Ο Έβανς είχε τώρα επιστημονική ανασκαφική απόδειξη με τη μορφή των «Ιερογλυφικών ή Συμβατοποιημένων Εικονιστικών» σημείων, τα δύο τρίτα από τα οποία ταίριαζαν με εκείνα που είχε σχεδιάσει ο πατέρας του ένα τέταρτο του αιώνα νωρίτερα. Καθότι δεν κατανοούσε πλήρως τη διαφορά ανάμεσα στα εικονιστικά και τα φωνητικά στοιχεία, ο Άρθουρ Έβανς φανταζόταν πως «μπορεί να πει κανείς πως τα εικονιστικά σημεία σχηματίζουν μια εικονογραφημένη ιστορία του κρητικού πολιτισμού κατά τη μυκηναϊκή εποχή». Συμπέρανε πως η εικονιστική γραφή «δείχνει από μόνη της ότι υπάρχει παραλληλισμός με τις "χετταιικές" επιγραφές της Ανατολίας και της Βόρειας Συρίας. Οι αρχές της, ωστόσο, μπορούν να ανιχνευτούν πολύ παλιά στο έδαφος της Κρήτης και αναμφίβολα αντιπροσωπεύουν τη γραφή των αυτόχθονων Κρητών».

Ο Έβανς συνέκρινε τη γραμμική γραφή και τις πινακίδες πάνω στις οποίες είχε χαραχτεί με παράλληλα από τη Βαβυλώνα, αλλά διαβεβαίωσε πως στην Κρήτη «τα ίδια τα γράμματα ... ανήκουν σε έναν ελεύθερο, όρθιο ευρωπαϊκό χαρακτήρα», σε αντίθεση με την αραβική πλάγια γραφή και τα ασσυριακά σφηνοειδή γράμματα, που κάποτε περιγράφηκαν από έναν Δυτικό εξερευνητή ως «ορνιθοσκαλίσματα». Ο Έβανς επιφυλάχτηκε να χαράξει πολλά παράλληλα με τις αρχαιότερες γραφές της Μεσοποταμίας και της Μέσης Ανατολής, από φόβο μήπως υπονομεύσει την ευρωπαϊκή τους διάταξη. Κάθε επίδραση πήγαινε από τη Δύση στην Ανατολή και όχι αντίθετα. Επέμενε πως το βασιλικό του αρχείο στην Κνωσό ανήκε στο πρώτο μισό του δέκατου πέμπτου αιώνα π.Χ., επειδή «οι ηγέτες των Κεφτιού εικονίζονται να κουβαλούν πολύτιμα αγγεία και ράβδους χρυσού και χρυσές ταυροκεφαλές ως δώρα υποτέλειας στον Φαραώ ... στους τοίχους του τάφου του Ρεχμάρα, διοικητή των Θηβών κατά τους χρόνους του Τούθμωσι Γ΄», έκτου Φαραώ της Δέκατης Όγδοης Δυναστείας της Αιγύπτου. Εξήγησε ακόμη πως τα δώρα των Κεφτιού απεικονίζονταν επίσης στις πινακίδες του, έτσι το αρχείο και η τελική καταστροφή του Ανακτόρου τοποθετούνταν χρονικά έναν ολόκληρο αιώνα πριν από τους χρόνους του αιρετικού Φαραώ Ακενατών και δύο αιώνες πριν από τα «τελευταία προϊστορικά στοιχεία των ίδιων των Μυκηνών».[48] Το ειδώλιο από διορίτη, που είχε κατά λάθος ταυτίσει με τον Ακενατών κατά την ανασκαφή, αναγνώριζε τώρα ότι ήταν κάποιου Αμπ-νουμπμες-βαζετ-ουζέρ, στα τέλη της Δωδέκατης ή στις αρχές της Δέκατης Τρίτης Δυναστείας, την εποχή που συναντάται η καμαραϊκή κεραμική στην Αίγυπτο, κι έτσι ήταν ακόμη πιο σημαντικό από όσο φανταζόταν πριν, καθώς επιβεβαίωνε τον χρονικό όσο και διπλωματικό δεσμό ανάμεσα στην Κνωσό και στο Μέσο Βασίλειο της Αιγύπτου, εκπληρώνοντας πλήρως την προφητεία που είχε κάνει ο Petrie δέκα χρόνια νωρίτερα.[49]

Έτσι, με βάση αυτή τη μεγάλη παλαιότητα των επιγραφών της Κνωσού, ο Έβανς τώρα αξίωνε την κρητική καταγωγή της φοινικικής γραφής, η οποία προήλθε από τη «δυναμική εγκατάσταση πληθυσμού από το νησί του Αιγαίου στην ακτή της Χαναάν, που εκπροσωπείτο από τους Φιλισταίους και το όνομα της Παλαιστίνης που διατηρήθηκε». Μολονότι «γνωρίζουμε ότι σύντομα έχασαν τη γηγενή γλώσσα τους και έγιναν Σημίτες ... με τα βιβλικά ονόματα Καφτορείμ και Κερεθείμ ή Κρήτες, κατέγραψαν επαρκώς την αιγαιακή τους καταγωγή».[50] Το συμπέρασμα αυτό καθιστά σαφές ότι ο Έβανς πίστευε πως οι Έλληνες εμφανίστηκαν πολύ αργότερα και χρησιμοποίησαν το φοινικικό αλφάβητο για να γράψουν τη δική τους γλώσσα, που δεν μπορούσε να είναι η γλώσσα των πρώιμων Κρητών, οι οποίοι, στο κάτω κάτω, ήταν οι «γηγενείς Ετεόκρητες» του Ομήρου. Ο Salomon Reinach, ο οποίος πίστευε κατά γράμμα όσα έλεγε ο Έβανς, επανέλαβε αυτό το επιχείρημα και επιπλέον επέστησε την προσοχή στους μελετητές που θα τολμούσαν να βρουν φοινικικά, εβραϊκά, πρωτο-βρετανικά ή ακόμα και ομηρικά ελληνικά στις πινακίδες της Κνωσού.[51]

Οι Μινωίτες τοποθετήθηκαν, λοιπόν, πίσω στους πρωιμότατους χρόνους της κρητικής γενεαλογίας του Ομήρου. Αυτή η προσκόλληση στα ομηρικά κείμενα και το γεγονός ότι ο Έβανς κατείχε εγχάρακτες πινακίδες δημιούργησαν διανοητικά και πρακτικά εμπόδια στην αποκρυπτογράφησή τους. Τώρα ο Έβανς είχε τη δική του συλλογή από «*σήματα λυγρά*» και, όπως ο Βελλεροφόντης στην *Ιλιάδα*, αγνοούσε τη σημασία τους, αν και διακήρυξε ότι «έχουμε κλειδωμένα για μας υλικά που μπορεί κάποια μέρα να διευρύνουν τα όρια της Ιστορίας».[52] Ωστόσο, αντίθετα με τον Αργείτη ήρωα, αποφάσισε να μην τα δείξει σε κανένα. Σκοπός του ήταν να είναι ο πρώτος που θα τα διάβαζε κι έτσι οι επιγραφές έγιναν πράγματι «*λυγρές*», με αποτέλεσμα να υποφέρει και ο ίδιος. Αν ο Έβανς είχε επιλέξει να μοιραστεί σε πρώτη φάση μεταγραφές των πινακίδων με άλλους μελετητές, θα μπορούσε να είχε αποτρέψει αυτό που αποτέλεσε την τελική πτώση πολλών από τις μινωικές του ανακατασκευές, όταν οι πινακίδες αποκρυπτογραφήθηκαν πολύ αργότερα. Αντίθετα, φύλαξε ζηλότυπα τα μυστικά τους και αγνόησε τις προτροπές ερασιτεχνών, όπως του C. R. Condor, ο οποίος πρότεινε: «Αυτά τα κείμενα μπορεί να αποδειχτεί ότι είναι γραμμένα σε κάποια αρχαϊκή ελληνική διάλεκτο, ένα συμπέρασμα που φαίνεται ότι υποστηρίζεται από την τέχνη που τα συνοδεύει».[53] Πέρασαν άλλα πενήντα χρόνια προτού η προφητεία του ερασιτέχνη φιλόλογου, μολονότι η λογική της είχε ψεγάδια, γίνει πραγματικότητα.

Η Βρετανική Σχολή Αθηνών ευεργετήθηκε σε υπερβολικό βαθμό από την απήχηση της επιτυχίας των εξερευνήσεων στην Κρήτη. Ήταν τέτοια η προσέλευση στην ετήσια γενική συνέλευση των μελών της στις 30 Οκτωβρίου, εξαιτίας του ενθουσιασμού για τα ευρήματα από την Κρήτη, που χρειάστηκε να γίνει στις ευρύχωρες αίθουσες της Εταιρείας των Αρχαιοφίλων. Προεδρεύων ήταν ο H. H. Asquith, βουλευτής, ο οποίος επρόκειτο σύντομα να γίνει πρωθυπουργός της Μεγάλης Βρετανίας. Συνοψίζοντας τις εργασίες του έτους, έθιξε κάποια θέματα για το μέλλον της αρχαιολογίας του Αιγαίου με τρόπο διορατικό και αξιοσημείωτα προφητικό.[54] Ανακαλώντας την κλασική του παιδεία, τόλμησε να υποθέσει ότι ίσως ένας στους εκατό από τους συναδέλφους του φιλολόγους διάβαζε αρχαιολογία. Τώρα συλλογιζόταν ότι «η αξία ενός μέρους του λόγου, οι αποχρώσεις ενός εγκλιτικού, οι ποιητικές ή ρητορικές προθέσεις των σποραδικών εκτροπών που έκαναν ορισμένοι από τους πιο φημισμένους Έλληνες συγγραφείς, κάτι που κατώτεροι άνθρωποι θα αποκαλούσαν κακή γραμματική, είχαν τόση σημασία, φαντάζομαι, όση έχουν σήμερα στους διαδόχους τους οι πολλαπλές πιθανότητες σωστού ή λάθους για την ορθή ταξινόμηση δύο ή τριών αμφίβολων θραυσμάτων της προ-μυκηναϊκής κεραμικής». Ο Asquith προειδοποιούσε ότι στο πεδίο έπρεπε να υπάρχει μια σωστή αίσθηση αναλογίας και ότι υπήρχε χώρος για τον φιλόλογο, τον κριτικό του κειμένου, τον ιστορικό και τον αρχαιοδίφη. Αλλά οι προειδοποιήσεις του δεν ελήφθησαν υπόψη. Η τυπολογία της κεραμικής ως βάση της Ιστορίας ήταν πλέον μόδα και σύντομα επικράτησε στις αιγαιακές σπουδές, με τον Έβανς και τον Mackenzie στην πρώτη γραμμή για το μεγαλύτερο διάστημα του αιώνα.

«Έχω συμπεράνει πως το βουνό στο οποίο ο Δίας υποτίθεται ξεκουραζόταν από τους κόπους του και το Ανάκτορο στο οποίο ο Μίνωας επινόησε τη νομική επιστήμη εγκαταλείπουν την περιοχή του μύθου για να βρεθούν στην επικράτεια της πιθανής πραγματικότητας», παρατήρησε ο Asquith, ίσως με λιγότερο ζήλο από αυτόν που ο Gladstone είχε μιλήσει για τον Σλήμαν ένα τέταρτο του αιώνα νωρίτερα, αλλά με το ίδιο δημοφιλές αποτέλεσμα: βοηθούσε να μετατραπεί ο μύθος σε Ιστορία. Και προκάλεσε τους ανασκαφείς στο ακροατήριό του με μια κοφτερή αποτίμηση της φθίνουσας θέσης των σύγχρονων αρχαιολόγων:

> Πρέπει να τρέχουν τα σάλια του κ. Hogarth και των συνεργατών του όταν σκέφτονται τις μέρες που ο σερ Charles Newton, με φιρμάνι στην τσέπη του, με την Εταιρεία των Βασιλικών Μηχανικών και Σκαπανέων να φυλάει τα νώτα του κι ένα βρετανικό πολεμικό σκάφος σε κοντινή απόσταση σε έναν βολικό κόλπο, ήταν σε θέση να ληστέψει κατά βούληση τους μισο-κρυμμένους θησαυρούς της Κνίδου και της Αλικαρνασσού. Αυτές οι δραστικές μέθοδοι ανήκαν στις αρχές της δεκαετίας του '50, όταν η επονομαζόμενη Σχολή του Manchester επικρατούσε στη χώρα. Τον τελευταίο καιρό, επειδή, όπως μας λένε οι εφημερίδες, είμαστε όλοι Ιμπεριαλιστές, ο Βρετανός εξερευνητής προχωρά στο έργο του με πιο ταπεινό και απολογητικό ύφος.

Μερικοί ακροατές μπορεί να προσβλήθηκαν ιδιαίτερα όταν ο Asquith τελείωσε την ελεγεία του: «Δεν υπάρχει πια υπερηφάνεια στην αξίνα ή πρόκληση στη σκαπάνη του». Αλλά ο Έβανς δεν είχε πρόθεση να υποστείλει τη σημαία και να προχωρήσει «με πιο ταπεινό και απολογητικό ύφος». Αντίθετα, μεταχειρίστηκε την Κνωσό ως ξένη κτήση του, μέχρι να έρθει η στιγμή που θεώρησε ότι ήταν η κατάλληλη για να την παρατήσει.

Μια αναπόφευκτη κίνηση της συνέλευσης ήταν να εκλέξει τον Έβανς στη διευθύνουσα επιτροπή της Βρετανικής Σχολής, θέση με κάποια επιρροή, την οποία χρησιμοποίησε για να ευεργετεί τον εαυτό του και τους ευνοουμένους του για την υπόλοιπη ζωή του. Ήταν το τελευταίο επίσημο καθήκον του Hogarth, καθώς αποσύρθηκε από τη διεύθυνση της Σχολής. Ο διάδοχός του, ο Robert Carr Bosanquet, ευαίσθητος και γλυκομίλητος καθηγητής του Καίμπριτζ, βετεράνος στις ανασκαφές της Φυλακωπής, συνεργάστηκε μαζί του και με τον Έβανς στη διεύθυνση του Ταμείου για την Εξερεύνηση της Κρήτης.[55] Ως διευθυντής της Σχολής, ο Bosanquet ήταν αναμενόμενο να ξεκινήσει ανασκαφή στην Κρήτη. Επηρεασμένος από την καταπληκτική ανακάλυψη του Έβανς στην Κνωσό και από την αναφορά σε μια επιγραφή που είχε καταγράψει ο Halbherr, ότι υπήρχε ιερό του Δικταίου Δία σε μέρος το οποίο στην αρχαιότητα ονομαζόταν Ελαία, έφερε, το 1902, στο Παλαίκαστρο, στο ανατολικότερο άκρο της Κρήτης, φοιτητές της Βρετανικής Σχολής Αθηνών και άρχισε την έρευνά του. Με τον Bosanquet συνεργάστηκαν ο Richard MacGillivray Dawkins, συνάδελφος από το Emmanuel College του Καίμπριτζ, που τότε βρισκόταν στην αρχή μιας πολύ επιτυχημένης καριέρας στην ελληνική φιλολογία και αρχαιολογία, και ο Charles Currelly του Victoria College του Τορόντο.

Δύο μέρες μετά τη συνέλευση της Βρετανικής Σχολής, ο Έβανς υπέβαλε στην Ελληνική Εταιρεία στο Λονδίνο τις πιο πρόσφατες απόψεις του για τη «Δενδρο- και Πεσσο-Λατρεία». Ο «αληθινός χαρακτήρας της μυκηναϊκής θρησκείας», τον οποίο είχε προβλέψει με βάση τις παρατηρήσεις του 1894, πίστευε πως επιβεβαιωνόταν τώρα από τους πεσσούς στο κέντρο του Ανακτόρου-Ιερού, που υπερήφανα τους επιδείκνυε στην πραγματική τους κατάσταση ως κίονες και πεσσούς μέσα στο Ανάκτορο, καθώς και στην απεικόνιση του Ανακτόρου-Ιερού από τον αρχαίο καλλιτέχνη, που τώρα είχε αποκαταστήσει με όλα της τα χρώματα ο Gilliéron. Ο Έβανς πάσχισε να αποδείξει «ότι τα λατρευτικά αντικείμενα της μυκηναϊκής εποχής αποτελούνταν σχεδόν αποκλειστικά από ιερούς λίθους, πεσσούς και δέντρα». Αυτό που έκανε την υπόθεσή του περισσότερο πειστική στο μυαλό του ήταν η ιερότητα όχι μόνο του πεσσού καθ' εαυτού, αλλά και των εγχάρακτων διπλών πελέκεων, οι οποίοι, όπως πρότεινε, «στέκονταν ως η ορατή προσωποποίηση της θεότητας ... Η πραγματική της εικόνα με ανθρωπομορφικό σχήμα δεν ήταν αναγκαία για τη θρησκεία εκείνης της εποχής ... Ανθρωπομορφικές απεικονίσεις σε ιερά ήταν άγνωστες».[56] Αυτή η τολμηρή θεωρία δεν προσέλκυσε πολλούς από τους μορφωμένους συναδέλφους του, οι οποίοι παρέμειναν σιωπηλοί προς το παρόν, αφήνοντάς τον να απολαύσει τη στιγμή του θριάμβου του.

Ο Έβανς ήξερε πολύ καλά ότι τα έξοδα της πρώτης περιόδου στην Κνωσό ήταν υπερβολικά περισσότερα από όσα μπορούσε να διαθέσει. Γνώριζε πως οποιαδήποτε κεφάλαια μπορούσε να μαζέψει το Ταμείο για την Εξερεύνηση της Κρήτης θα δίνονταν για τον επόμενο χρόνο και θα έχανε χρήματα για δουλειά που είχε ήδη γίνει. Άρχισε επίσης να ανησυχεί μήπως χάσει τον έλεγχο του πιο πολύτιμου αποκτήματός του, τώρα που είχε αποδείξει την αξία του. Όταν έμαθε ότι ο πατέρας του σχεδίαζε να κάνει σημαντική δωρεά στο Ταμείο της Κρήτης, ο Έβανς του έστειλε σημείωμα στο οποίο του πρότεινε να αναλάβει πλήρη έλεγχο στην έρευνά του:

> Το Ανάκτορο της Κνωσού ήταν ιδέα μου και έργο μου και αποδεικνύεται πως είναι τέτοιο εύρημα, που κανείς δεν θα το ήλπιζε σε μία ολόκληρη ζωή ή σε πολλές ζωές.

> Είναι άλλο ζήτημα αν το Ταμείο θα έπρεπε να βοηθήσει. Αν θέλετε να μου δώσετε τα χρήματα προσωπικά, θα ήταν επίσης αποδεκτό. Όμως μπορούμε να κρατήσουμε λίγο από την Κνωσό στην οικογένεια! Είμαι αποφασισμένος, για πολλούς λόγους, να μην έχω το πράγμα συγκεντρωμένο στα χέρια μου, αλλά πρέπει, κυρίως, να έχω τον απόλυτο έλεγχο όσων αναλαμβάνω προσωπικά. Με άλλους ανθρώπους μπορεί να είναι διαφορετικά, όμως ξέρω ότι έτσι συμβαίνει με μένα. Ο τρόπος μου μπορεί να μην είναι ο καλύτερος, αλλά είναι ο μόνος τρόπος με τον οποίο μπορώ να δουλέψω.[57]

Όπως το περίμενε, ο πατέρας του συμφώνησε και ο Έβανς πέτυχε να διατηρήσει τον έλεγχο της δουλειάς του και τα οικονομικά της ανασκαφής.

Καθώς έκλεινε ο πρώτος χρόνος του εικοστού αιώνα, ο Έβανς βρισκόταν στην κορυφή. Ήταν η πιο επιτυχημένη περίοδος της ζωής του. Στα πενήντα του, ήταν έτοιμος για δεύτερο ξεκίνημα. Εκ των υστέρων, βλέπουμε το 1900 ως το θερινό του ηλιοστάσιο, τον πιο λαμπρό και μακράς διάρκειας χρόνο μιας ζωής που είχε φτάσει μόνο στα μισά. Ξεκίνησε γεμίζοντάς τη με μεγάλους στόχους και τώρα την τελείωνε με την ικανοποίηση πως είχε εκπληρώσει ό,τι σχεδίασε να κάνει κι ακόμη περισσότερα. Ο Έβανς είχε βρει ό,τι ήλπιζε σε έναν και μόνο τόπο, στον λόφο της Κεφάλας, και όλα στην πρώτη κιόλας περίοδο. Εκεί βρισκόταν ο Λαβύρινθος του Δαίδαλου που είχε κτιστεί για να στεγάσει τον απαίσιο Μινώταυρο, το Ανάκτορο του βασιλιά Μίνωα, ο κύριος ναός, αφιερωμένος στη λατρεία του ιερού δέντρου και πεσσού, και τα αρχεία που πιστοποιούσαν το επίπεδο του πολιτισμού των ενοίκων του, των πρώτων γραφειοκρατών της Ευρώπης. Ο

Έβανς δεν είχε βρει μόνο τις αναμενόμενες αποδείξεις των παλαιότερων θεωριών του, αλλά και μια ζωγραφική αναπαράσταση του κτηρίου στην εποχή της ακμής του, καθώς και πορτραίτα των ίδιων των ενοίκων, που ήταν πολύ κοσμοπολίτες και πάρα πολύ του γούστου του. Το έτος 1900 ήταν έτος θεμελιώδες για την καριέρα του εξερευνητή, που τώρα τον θεωρούσαν μαζί με τον Σλήμαν ως έναν από τους μεγαλύτερους αρχιτέκτονες του παρελθόντος του Αιγαίου.

Τέχνη που αναστατώνει και σκανδαλίζει

Η βασίλισσα Βικτωρία πέθανε στις 22 Ιανουαρίου του 1901, τελειώνοντας μιαν από τις πιο μακρές βασιλείες στην Ευρώπη και μια από τις πιο παραγωγικές και σταθερές περιόδους στη βρετανική ιστορία. Ο θάνατος της Βικτωρίας σηματοδότησε το τέλος της υπεροχής της Βρετανικής Αυτοκρατορίας. Η αποτυχία των Βρετανών να νικήσουν εύκολα τους Μπόερς στη Νότια Αφρική έφερε το τέλος της αυτοπεποίθησης και δημιούργησε το αίσθημα της επικείμενης παρακμής. Αυτό ήταν αναπόφευκτο, εφόσον ζούσαν, όπως πίστευαν, τη δική τους ιστορία σε κύκλο, από τη γέννηση στην ωριμότητα και κατόπιν στην πτώση, όπως αυτή είχε σκιαγραφηθεί στο έργο του στρατηγού Pitt-Rivers, *Evolution of Culture*, καθώς και σε πολλά άλλα δοκίμια της εποχής. Οι Βρετανοί είχαν διαβάσει για τη γέννησή τους ως έθνος που είχε περιγραφεί σε αμέτρητες έγκριτες ιστορίες και πολλοί, όπως ο Έβανς, υπήρξαν μάρτυρες της ωριμότητας της μεσο-βικτωριανής εποχής. Τώρα, προχωρούσαν σε αυτό που η μελέτη των προηγούμενων μεγάλων πολιτισμών, όπως του ελληνικού και του ρωμαϊκού, είχε δείξει πως ήταν το τρίτο και τελικό στάδιο σε μια διαδικασία προβλέψιμη όσο και το ηλιοβασίλεμα: την ωριμότητα ακολουθούσε πάντα η παρακμή. Στην επόμενη, εδουαρδιανή εποχή, που πήρε το όνομά της από τον γιο της Βικτωρίας, ο οποίος σε ηλικία εξήντα έξι ετών στέφθηκε βασιλιάς ως Εδουάρδος Ζ΄, κυριάρχησε ατμόσφαιρα αναπόφευκτης παρακμής και πτώσης.[58]

Ο Mackenzie, σε συμφωνία με το κοινωνικό αυτό πλαίσιο, έγραψε στις 5 Φεβρουαρίου στον Έβανς για τα συμπεράσματά του για τις κύριες ιστορικές περιόδους της Κνωσού. Η πρώτη περίοδος ήταν εκείνη «του καμαραϊκού Ανακτόρου ... κάτω από το μυκηναϊκό επίπεδο», σε αντιστοιχία με το «“καμαραϊκό” Ανάκτορο στη Φαιστό», και σχετιζόταν με το αιγυπτιακό Μέσο Βασίλειο, γύρω στο 1800 π.Χ. Η δεύτερη περίοδος ήταν εκείνη του «μυκηναϊκού Ανακτόρου» με την Αίθουσα του Συμβουλίου του, όπως ονομάστηκε η Αίθουσα του Θρόνου. Αυτή ήταν και η ακμή και σ’ αυτήν ανήκαν η θαυμάσια αρχιτεκτονική και οι υπέροχες τοιχογραφίες, γύρω στο 1550 π.Χ. Στην τρίτη περίοδο τοποθέτησε «μεταγενέστερες κατασκευές που ανήκουν στις περιόδους της παρακμής»,[59] χονδρικά μετά το 1400 π.Χ. Αυτό το θεμελιώδες σχεδιάγραμμα έγινε η βάση για τη μινωική χρονολόγηση του Έβανς, και, μολονότι έκανε τροποποιήσεις στην πρώιμη και μέση περίοδο, η τελευταία ήταν γι’ αυτόν πάντα στάδιο εκφυλισμού. Ο χαρακτηρισμός αυτός διέστρεψε την αντίληψή του για την ύστερη ιστορία της Κνωσού και της μινωικής Κρήτης περισσότερο από οτιδήποτε, και δημιούργησε μια πρώιμη προκατάληψη για τις μεταγενέστερες αποθέσεις στο Ανάκτορο.

Ο Έβανς, ο Mackenzie και ο Fyfe επέστρεψαν στην Κρήτη στα τέλη Φεβρουαρίου, για να ανακαλύψουν ότι το ανάκτορό τους, που για χιλιάδες χρόνια μέχρι την αποκάλυψή του κοιμόταν κάτω από το προστατευτικό κάλυμμα του εδάφους, βρισκόταν τώρα απελπιστικά ερειπωμένο. Οι χειμωνιάτικες βροχές, οι οποίες στην Κρήτη πέφτουν με ξαφνικά, σύντομα ξεσπάσματα και δημιουργούν χείμαρρους που γεμίζουν τα σκάμματα μέχρι επάνω, διέλυαν τις εύθραυστες πλίνθινες κατασκευές. Ακόμη πιο αποκαρδιωτικές ήταν οι φθορές στον γύψινο θρόνο, στα κοντινά θρανία και στο τοίχωμα της στέρνας. Ο κρητικός γυψόλιθος είναι κρυσταλλικός αλάβαστρος που διαλύεται στο νερό και γι' αυτό πρέπει να συντηρείται τακτικά με επίστρωση λαδιού ή κεριού, που τον καθιστά στεγανό. Καθώς το κτίσμα δεν είχε συντηρηθεί για περισσότερο από τρεις χιλιάδες χρόνια και ο Έβανς δεν ήξερε πώς να το προστατεύσει, η πρώτη του ενέργεια ήταν να στεγάσει την Αίθουσα του Θρόνου. «Η ανάγκη και η επιθυμία να αποφύγει την εισαγωγή οποιωνδήποτε αταίριαστων στοιχείων», τον ανάγκασε να «αναπαραγάγει τη μορφή των αυθεντικών μυκηναϊκών κιόνων», οι οποίοι πίστευε πως βρίσκονταν στον χαμηλό φωταγωγό απέναντι από τον θρόνο. Τη μορφή τους επέλεξε μελετώντας τις αρχιτεκτονικές τοιχογραφίες της προηγούμενης περιόδου. Έτσι, άρχισε η διαδικασία της «επαναφοράς» του κτηρίου στην υποτιθέμενη μορφή της εποχής της δόξας του, η οποία επιταχύνθηκε από την επικείμενη άφιξη του πιο σπουδαίου ευεργέτη του.

Ο Τζων Έβανς, σε ηλικία εβδομήντα επτά ετών, έκανε το μεγάλο ταξίδι διασχίζοντας την Ευρώπη και το Αιγαίο πέλαγος, για να δει αυτοπροσώπως τον θρίαμβο του γιου του. Ο Τζων έμεινε στην Κάντια, βοήθησε στις ανασκαφές για λίγο, μετά ταξίδεψε στην Ίδη, στο ιερό σπήλαιο του Δία και στη Φαιστό, για να επισκεφτεί τον Halbherr. Η ταλαιπωρία –σκληρά κρεβάτια από ξύλινα σανίδια σε σιδερένιο πλαίσιο και με λεπτά στρώματα, και η μετακίνηση πάνω στο ξύλινο σαμάρι του γαϊδάρου επί τρεις μέρες για σχεδόν ογδόντα μίλια– καταγράφηκε δεόντως στο ημερολόγιο του ηλικιωμένου ευγενούς, αλλά δεν περιόρισε ούτε στο ελάχιστο τον ενθουσιασμό του. Ο Άρθουρ, γεμάτος με την έπαρση του εξερευνητή, οδήγησε τον περήφανο πατέρα του, τον άλλοτε Τζων Έβανς τον «Μεγάλο», ο οποίος τώρα, όπως ο Κρόνος, είχε εκτοπιστεί από τον γιο του, τον «Μικρό» Άρθουρ, να δει μέρη που είχαν γίνει τόσο οικεία στον Άρθουρ, όπως εκείνα στα οποία τον είχε πάει ο πατέρας του στην Αγγλία μισό αιώνα νωρίτερα.

Η δεύτερη περίοδος στην Κεφάλα άρχισε στις 27 Φεβρουαρίου και μέχρι τις 17 Ιουνίου –όταν τα λιμνάζοντα νερά στην κοιλάδα, που ήταν εστίες ελονοσίας, τους ανάγκασαν να σταματήσουν τη δουλειά– είχαν αποκαλύψει περισσότερο από το μισό κτίσμα, με το εκπληκτικό σύστημα διαδρόμων και κλιμακοστασίων που συνέδεαν διοικητικές αίθουσες, αποθήκες και ιερά.

Ο Έβανς μπορούσε τώρα να φανταστεί τον εαυτό του σαν τον αρχαίο επισκέπτη να φτάνει στη Δυτική Αυλή του Ανακτόρου του μεγάλου Βασιλιά, όπου ανωφερικοί κλιμακωτοί δρόμοι οδηγούσαν τον οδοιπόρο στην είσοδο. Η δυτική πρόσοψη ήταν κτισμένη από λίθινη πλίνθο επενδεδυμένη με γύψινες πλάκες, η οποία, υπέθετε, «πρέπει κατά καιρούς να πρόσφερε θαυμάσιο μέρος για να κάθεται μεγάλος αριθμός ατόμων και πράγματι οι Κρήτες εργάτες μου το χρησιμοποιούσαν συχνά γι' αυτόν τον σκοπό. Δεν χρειάζεται να έχει κανείς μεγάλη φαντασία για να δει τους Γέροντες της Μυκηναϊκής Συνέλευσης να κάθονται στο ίδιο μέρος, ενώ ο ίδιος ο Βασιλιάς καθόταν στην πύλη, στην Έδρα της Κρίσης, πιο πέρα στο επιβλητικό πρόπυλο».[60] Το Δυτικό Πρόπυλο παρείχε πρόσβαση σε μια διπλή είσοδο: η μία οδηγούσε κατευθείαν σε αυτό που ο Έβανς ονόμαζε Διάδρομο της Πομπής, ενώ η άλλη κατέληγε σε χωριστό θάλαμο, στον οποίο απέδωσε «βασιλική χρήση».

Ο Διάδρομος της Πομπής, που πήρε το όνομά του επειδή βρέθηκαν και στις δυο πλευρές του τμήματα τοιχογραφιών που εικονίζουν ανθρώπινα πόδια και σποραδικά άλλα μέλη του σώματος, οδηγούσε εκεί που είχε βρεθεί η «τοιχογραφία του Ρυτοφόρου», όπως είχε ονομαστεί η «Αριάδνη» του προηγούμενου χρόνου: είχε γίνει πλέον κατανοητό ότι αποτελούσε τμήμα των «τοιχογραφιών που παρίσταναν πομπή νέων, προφανώς κομιστές προσφορών», για τις οποίες ο Έβανς αντλούσε παράλληλα από «τα σύγχρονα αιγυπτιακά μνημεία, όπου οι αντιπρόσωποι διαφόρων φυλών έφεραν προσφορές στον Τούθμωσι Γ'», εννοώντας τους Κεφτιού.[61]

Εκεί που τελειώνει ο διάδρομος στη νότια είσοδο προς την ευρεία ανοιχτή περιοχή (54 επί 24 μέτρα) ανατολικά της Αίθουσας του Θρόνου, την οποία ο Έβανς αποκάλεσε Κεντρική Αυλή, βρέθηκαν τα θραύσματα αυτού που έγινε μια από τις πιο γνωστές σύγχρονες μινωικές προσωπικότητες. Το πρώτο θραύσμα που αποκαλύφτηκε έδειχνε την πλάτη και το αυτί ενός ανδρικού κεφαλιού που φορούσε στέμμα, για το οποίο ο Έβανς βιάστηκε να αναφέρει στους *Times* ότι,

> παρέχει έμβλημα που ενισχύει ακόμη περισσότερο την ιδέα της Βασιλείας. Δείχνει το επάνω μέρος κεφαλιού που φορά στέμμα, το οποίο απολήγει σε μια σειρά από πέντε γυρτούς κρίνους με ποικίλα μεταλλικά στοιχεία και με έναν ψηλότερο να εξέχει στο κέντρο. Αποτελεί εκπληκτική αποκάλυψη να βρίσκει αρχέτυπο στην προϊστορική Ελλάδα τον κρίνο των βασιλιάδων μας, Εδουάρδων και Ερρίκων. Αλλά ίσως ήταν ταιριαστό, αφού η ανασκαφή του προηγούμενου χρόνου στην Κνωσό αποκάλυψε «τον παλαιότερο θρόνο της Ευρώπης», έτσι και οι πιο πρόσφατες έρευνες να φανερώσουν και το πιο αρχαίο στέμμα της.[62]

Μετά, βρέθηκε ένας κορμός ανθρώπου με μυώδη δεξιό βραχίονα με σφιγμένη γροθιά από *gesso duro*, σκληρό γύψο διαμορφωμένο σε ελαφρό ανάγλυφο, που έμοιαζε με τα σύγχρονα αιγυπτιακά λίθινα έργα. Τελικά, εμφανίστηκαν μέρη ενός ποδιού και ενός άλλου βραχίονα, τα οποία αρχικά ο Έβανς νόμισε ότι ήταν μέρη διαφορετικών μορφών, αλλά αργότερα μαζί με τον Gilliéron συνάρμοσαν τα μέλη από γύψο και δημιούργησαν μία ανθρώπινη μορφή, τολμηρή κίνηση που πρόσφατα αμφισβητήθηκε.[63] Με δεδομένα τα αιγυπτιακά παράλληλα, ο Έβανς συμπέρανε πως «σε αυτά τα ανάγλυφα ... μπορεί επίσης να έχουμε ανθρώπους», όχι θεότητες και «αυτές οι αναλογίες παρέχουν πραγματική ένδειξη ότι σε αυτό το εστεμμένο κεφάλι βλέπουμε έναν Μυκηναίο βασιλιά».[64] Η μορφή που τώρα τιμούμε ως «Πρίγκιπα των Κρίνων» ή ως «Ιερέα-Βασιλιά της Κνωσού» του Έβανς, γεννήθηκε με αυτόν τον τρόπο, από σκόρπια μέλη που ενώθηκαν για να ικανοποιήσουν την ανάγκη που είχε ο Έβανς να βρει την επίγεια Αρχή στην Κνωσό.

Στα μισά του νότιου τμήματος του Διαδρόμου της Πομπής, ο επισκέπτης είχε τη δυνατότητα να στρίψει αριστερά και να προχωρήσει μέσα από τρίθυρο ανάμεσα σε κίονες σε μια υπόστυλη είσοδο, που ο Έβανς ονόμασε Νότιο Πρόπυλο, δανειζόμενος τον όρο που χρησιμοποιείται για να σημανθεί η «πύλη» στην κλασική ελληνική αρχιτεκτονική, όπως είχε κάνει ο Σλήμαν στις Μυκήνες και στην Τίρυνθα. Ο Dörpfeld, στην επόμενη επίσκεψή του με την ακολουθία του, γοητεύτηκε με την ταύτιση και ενθάρρυνε τον Έβανς να δει μια φαρδιά κλίμακα πέρα από το Πρόπυλο, όπου οι εργάτες είχαν βρει μεγάλη ποσότητα λεπτόκοκκου χώματος και γι' αυτό ονομάστηκε Κεντρική Περιοχή Πηλού. Για να ερμηνεύσουν την ύπαρξη του πηλού, θεώρησαν πως απ' αυτόν ήταν φτιαγμένα τα υποστηρίγματα από πήλινες πλίνθους του Μεγάλου Κλιμακοστασίου που είχαν καταρρεύσει. Ο Έβανς το τοποθετούσε εδώ ως την κύρια πρόσβαση προς το επόμενο πάτωμα, το *«piano nobile»*, όπως ονόμαζε τον πρώτο όροφο, χρησιμοποιώντας τον ιταλικό όρο για να δηλώσει το κυριότερο τμήμα στο σπίτι ενός άρχοντα. Ο Έβανς συνδύασε τα λιγοστά στοιχεία δύο πεσμένων υποστηριγμάτων για ξύλινες κολόνες με τη θεωρία του ότι πεσσοί στο ισόγειο έπρεπε να στηρίζουν κολόνες στο επάνω πάτωμα. Κατόπιν δανείστηκε από τη Φαιστό το σχέδιο αυτού που ονόμασε Μινωικό Μέγαρο, δηλαδή τρεις χώροι στη σειρά, που περιλάμβαναν φωταγωγό, πρόδομο και εσωτερικό θάλαμο, με θέα προς τον ανοιχτό χώρο ή την αυλή, και το ταίριαξε τέλεια στην κορυφή του Μεγάλου Κλιμακοστασίου. Αυτό έγινε το Άνω Δυτικό Μέγαρό του, μολονότι ήταν διαφορετικό από το ομηρικό Μέγαρο της μυκηναϊκής αρχιτεκτονικής, με τους τέσσερις κίονες γύρω από την κεντρική εστία. Στο μινωικό νοικοκυριό δεν υπήρχε εστία.[65]

Η έρευνα βόρεια της Αίθουσας του Θρόνου αποκάλυψε κι άλλες τοιχογραφίες, περίπου στο ένα τέταρτο του φυσικού μεγέθους, που έδωσαν εντυπωσιακές εικόνες για τον κόσμο των γυναικών της μινωικής εποχής. *«Mais ce sont des parisiennes!»** αναφώνησε ο επισκέπτης Γάλλος μελετητής Edmond Pottier, όταν πρωτοείδε τα θραύσματα που ο Gilliéron αποκατέστησε βιαστικά. Έτσι η κυριότερη γυναικεία μορφή σε αυτό που τώρα ονομάζουμε Τοιχογραφία των Πτυσσόμενων Καθισμάτων** παραμένει ακόμη γνωστή ως «Η Παριζιάνα». Ο Pottier ένιωσε *coup de foudre* (κεραυνοβόλο έρωτα) για την Παριζιάνα με την πρώτη κιόλας ματιά, με εκείνα «τα ανακατωμένα μαλλιά, τον προκλητικό βόστρυχο στο μέτωπο που "αγκιστρώνει την καρδιά σου", το τεράστιο μάτι και το αισθησιακό στόμα ... βαμμένο με φλογερό κόκκινο, εκείνο τον χιτώνα με κόκκινες, γαλάζιες και μαύρες γραμμές, την πλημμύρα από κορδέλες ριγμένες πίσω σαν να λένε "ακολούθησέ με, νεαρέ"». Ο Pottier μιλούσε εκ μέρους των συγχρόνων ανδρών όταν υπέθετε ότι «αυτή η Πασιφάη, που μοιάζει με θαμώνα των μπαρ του Παρισιού», ανήκει

---

* «Μα, είναι Παριζιάνες!» (Σ.τ.Ε.)

** Στο πρωτότυπο: «Camp Stool Fresco». Ονομάστηκε έτσι από τον Έβανς γιατί οι μορφές κάθονταν σε πτυσσόμενα καθίσματα. Ο Νικ. Πλάτων την ονόμασε Τοιχογραφία της προσφοράς των σπονδών, και αυτή η ονομασία επικράτησε στα ελληνικά. (Σ.τ.Ε.)

σε «μια τέχνη που μας σαστίζει και μας σκανδαλίζει».[66] Λιγότερο παθιασμένος, αλλά εξίσου γοητευμένος με εφηβικό τρόπο ήταν και ο Bosanquet, ο οποίος, σε γράμμα στη γυναίκα του, έγραψε διστακτικά για «μια νεαρή κυρία –δεν ξέρω γιατί η πένα μου έπρεπε να κηλιδώσει με μελάνι τη λέξη εδώ τόσο ένοχα– που δεν είναι ούτε κατά το ήμισυ τόσο ωραία όσο μια άλλη νεαρή κυρία που γνωρίζω: αλλά βρίσκεται εκεί με τα μαλλιά της να κυματίζουν στο αεράκι, στα αεράκια που φυσούν από διάφορες κατευθύνσεις».[67] Όμως ο Έβανς ήταν συγκρατημένος στον θαυμασμό του και σημείωσε: «Το φόρεμά της, που είναι δεμένο πάνω από τον ώμο, υποδηλώνει βορειοαφρικανικές ομοιότητες», επιμένοντας στο κυνήγι του για τη λιβυκή καταγωγή των Μινωιτών του.[68] Ωστόσο, εξακολουθούσε να μένει κατάπληκτος με τη ζωντάνια των Μινωιτισσών σε σύγκριση με τις σύγχρονές τους γυναίκες της Αιγύπτου και της Εγγύς Ανατολής. Το επόμενο στρώμα θα αποκάλυπτε ότι, εκτός από ζωντάνια, διέθεταν και τόλμη.

Αυτό για τον Gilliéron έμοιαζε ίσως με déjà vu, όταν ένωσε τα κομμάτια μιας σκηνής που αναπαριστούσε μορφή με σκούρα επιδερμίδα να αναπηδά στη ράχη αγριεμένου ταύρου και με τα χέρια ανοιχτά να αδράχνει τη μέση του ζώου σε πλήρη καλπασμό, καθώς είχε εργαστεί σε μια παρόμοια ζωγραφιά για τον Σλήμαν στην Τίρυνθα. Η παράσταση της Κρήτης περιλάμβανε μορφές με λευκή επιδερμίδα στα δύο άκρα του ταύρου, η μια να έχει αρπάξει τα κέρατα του θηρίου και η άλλη να στέκεται έτοιμη να βοηθήσει τον ακροβάτη. Καθώς στην αιγυπτιακή τέχνη η απόχρωση του δέρματος φανερώνει το γένος (οι γυναίκες είναι άσπρες και οι άνδρες κόκκινοι), τις μορφές στις δύο άκρες της σύνθεσης ο Έβανς τις ονόμασε «κορίτσια ντυμένα Μυκηναίοι καουμπόις»[69] και γρήγορα τις ζήλεψε το αναπτυσσόμενο κίνημα των σουφραζετών στη Βρετανία και την Αμερική, όπου οι μοντέρνες γυναίκες ανταγωνίζονταν τους άνδρες για ισότητα. Αλλά σε ορισμένες λειτουργίες οι γυναίκες ίσως να προτιμούσαν να παραμείνουν ξεχωριστές: «Είναι πιθανό», σχολίασε ο Έβανς, «πολύ καιρό πριν από τις μέρες που σκλάβοι "βάρβαροι σφάζονταν στις ρωμαϊκές γιορτές", οι αιχμάλωτοι, ευγενικής ίσως καταγωγής, να είχαν την ίδια τύχη μέσα στους χώρους του "Οίκου του Μίνωα"». Για τον Έβανς, οι μορφές «ανήκουν στην αρένα και αποτελούν τη σαφέστερη ένδειξη ότι οι κύριοι της μυκηναϊκής Κνωσού απολάμβαναν να παρακολουθούν επιδείξεις στις οποίες νεαροί άνδρες και κοπέλες εκπαιδεύονταν να παλεύουν με εκείνον που τον θεωρούσαν τότε ως βασιλιά των ζώων».[70] Εδώ, λοιπόν, ήταν τρεις από τους επτά νέους και τις επτά παρθένες από την ιστορία του Θησέα. Για τον Έβανς ήταν ζωγραφική απόδειξη «ότι οι μύθοι των Αθηναίων αιχμαλώτων, που τους καταβρόχθιζε ο Μινώταυρος, διατηρούσαν μια πραγματική παράδοση γι' αυτά τα άγρια αθλήματα». Έτσι, ο Έβανς φαντάστηκε πως οι τοιχογραφίες απεικόνιζαν το άθλημα των ταυροκαθαψίων, ή του κυβιστήματος των ταύρων, αναπαραστάσεις του οποίου είχε βρει επίσης και σε σφραγιδόλιθους και σε αποτυπώματά τους.

Μετά ήρθε η αποκάλυψη. «Από πέντε διαφορετικά κομμάτια μιας πήλινης σφραγίδας που ανήκαν σε ανάλογες διαφορετικές αποτυπώσεις, συμπληρωματικές ωστόσο μεταξύ τους στο σχέδιο, κατάφερα να ανακατασκευάσω μια θαυμάσια θρησκευτική σκηνή», έγραφε ο Έβανς στον πατέρα του στις 24 Απριλίου, «μια Θεά πάνω σε ιερό βράχο ή κορυφή, με έναν λατρευτή της μπροστά, με δύο λιοντάρια εραλδικά τοποθετημένα σε κάθε πλευρά της και το ιερό της από πίσω».[71] Ζητούσε μια πιο συγκεκριμένη απόδειξη της λατρείας της Μητέρας Θεάς, την οποία στη μυκηναϊκή του Λατρεία του Δένδρου και του Πεσσού το 1896 είχε προφητικά ονομάσει ως «το πρωτότυπο της μεταγενέστερης Κυβέλης και Ρέας» (της μυθικής συζύγου του Κρόνου και μητέρας του Δία) κι εδώ, στις πήλινες αποτυπώσεις της σφενδόνης ενός χρυσού δαχτυλιδιού, σε μια παράσταση όπου τα δύο λιοντάρια και ο άνδρας είχαν καθαρά τη θέση των υποτακτικών, η γυναικεία μορφή δέσποζε στο κέντρο. Κανείς δεν μπορούσε να αρνηθεί την ανώτερη θέση της και η ράβδος την οποία κρατούσε κάθετα μπροστά της δεν άφηνε καμιά αμφιβολία για την εξουσία της.

Ο Έβανς υπέδειξε ότι η θεά στο σφράγισμα ήταν η Ρέα ή η «"Ιδαία Μητέρα" που στεκόταν στην ιερή κορυφή της»,[72] αλλά οι Έλληνες Κρήτες είχαν άλλες ιδέες. Δανείστηκαν τη σχεδιαστική αποκατάσταση της παράστασης για την επόμενη έκδοση των γραμματοσήμων της Κρήτης και κόσμησαν τα γραμματόσημα των δύο λεπτών με την «προελληνική» πρόγονο της ελληνικής θεάς του κυνηγιού: «Η Άρτεμις (μυκηναϊκή θεά) ανάμεσα σε δύο λιοντάρια, τραβώντας τόξο», ανέφερε η περιγραφή.[73]

Ο άνδρας στη σκηνή στεκόταν όρθιος κάτω από τη λατρευόμενη θεά, ή έτσι υπέθεσε ο Έβανς, υποβιβάζοντας έτσι τους άνδρες στη μινωική τέχνη σε κοινούς θνητούς. Για τον Έβανς, η ανδρική μορφή σπάνια ανυψωνόταν πάνω από τον ρόλο του ιερέα, του ακολούθου ή του λατρευτή, αντίθετα με την πολύ πιο εντυπωσιακή δότρια της ζωής. Ο ρόλος του ήταν αναμφισβήτητα γήινος. Πίσω από τη θεά, πάνω στην ιερή της κορυφή, υπήρχε κατασκευή με «Κέρατα Καθοσιώσεως ... τοποθετημένα μπροστά από τους κίονες στο ιερό ... οι οποίοι ... εδώ αναπαριστάνουν το τεχνητό σχήμα του πεσσού, του αντικειμένου της λατρείας, σε αντιπαραβολή με το ίδιο το ιερό βουνό, που πάνω του στέκεται η θεά». Έτσι «τόσο ο πεσσός όσο και η ίδια η ιερή κορυφή μπορούσαν εξίσου να λατρεύονται».[74]

Τα σφραγίσματα προέρχονταν από μια περιοχή την οποία ο Έβανς ονόμασε Χώρο των Βάσεων των Κιόνων, στο μέσον της πρόσοψης της Κεντρικής Αυλής, και τον έπεισαν ακόμη περισσότερο ότι υπήρχε εκεί κάποιο ιερό κτίσμα, όπως απεικονιζόταν στην «τοιχογραφία του ναού» της προηγούμενης περιόδου. Τα νέα σφραγίσματα με τη θεά τον έπεισαν για την ιερότητα της περιοχής και τοποθέτησε ένα Κεντρικό Ιερό σε αυτό το σημείο. Η νέα εικόνα του έδωσε επίσης Κέρατα Καθοσιώσεως πάνω στον θριγκό, το αρχιτεκτονικό τμήμα που βρίσκεται πάνω από την κιονοστοιχία, για να τα προσθέσει στο υποθετικό του ιερό. Ο Gilliéron συνέχισε να εργάζεται πάνω στις μικρογραφικές τοιχογραφίες και ο Έβανς αποκρυστάλλωσε την πεποίθησή του ότι η τοιχογραφία του ιερού «απεικονίζει για μας με όλα τα λαμπρά της χρώματα» το Κεντρικό Ιερό που είχε αποκαλύψει, και ότι το εικονιζόμενο ιερό «περιβαλλόταν από κομψή συνάθροιση».[75] Αλλά ήταν συγκεντρωμένοι προς τιμήν ποιου; Για τον Έβανς, η αφιέρωση του κτίσματος ήταν σαφής: «Αποδείξεις λατρείας παρόμοιας θεάς και από άλλες αποτυπώσεις σφραγίδων που βρέθηκαν στο κτίσμα παρέχουν πραγματικό τεκμήριο ότι το ιερό στην τοιχογραφία ήταν, κατά ένα μέρος τουλάχιστον, αφιερωμένο στη λατρεία της ίδιας μυκηναϊκής θεότητας». Ο Έβανς πίστευε ότι το όνομά της το έδινε η παράδοση: «Ο Διόδωρος αναφέρει ότι στις μέρες του ήταν ακόμα ορατά στο έδαφος της Κνωσού η θέση και τα θεμέλια του Οίκου της Ρέας και ένα πανάρχαιο Άλσος από Κυπαρίσσια (Διοδ. Σικ. V. c. 66)»,[76] στο οποίο ο Έβανς πρόσθεσε «τις σκόρπιες συστάδες των κυπαρισσιών ... που φαίνονταν ακόμη στη στενή κοιλάδα κάτω από την περιοχή του Ανακτόρου, διαιωνίζοντας έτσι την ιερή παράδοση του τόπου».[77]

Η κυριότερη θεότητα της Κνωσού, λοιπόν, ήταν ένας πρόδρομος της μητέρας του Δία των Ελλήνων. Όμως, μια άλλη μορφή συνέχιζε να ορθώνει το τρομερό κεφάλι της. Ένα πήλινο σφράγισμα διατήρησε το αποτύπωμα σκηνής με «έναν άνδρα καλυμμένο με είδος πανοπλίας [αμυντικού θώρακα], με το σώμα του σκυμμένο προς ένα τέρας με πόδια ανθρώπου, που κάθεται σε κάθισμα με σταυρωτά πόδια, αλλά με το κεφάλι, τα μπροστινά πόδια, το επάνω μέρος του σώματος και την ουρά ζώου που μοιάζει με μοσχάρι».[78] Ο Έβανς συνδύασε αυτή την εικόνα με έναν αριθμό από σφραγιδόλιθους που έδειχναν κεφάλια βοοειδών σε ανδρικά σώματα και άρχισε να κάνει συλλογή αρχαίων Μινώταυρων, στην οποία σύντομα συνεισέφερε και ο Hogarth.

Ο Hogarth ήρθε στην Κρήτη τον Μάιο του 1901 ψάχνοντας για το Ανάκτορο στα απώτερα όρια αυτής που ονόμαζε Ετεοκρητική χώρα, στην ανατολική Κρήτη. Τα κίνητρά του ήταν ξεκάθαρα: ο Όμηρος και οι μεταγενέστεροι αρχαίοι συγγραφείς σαφώς τοποθετούσαν τη χώρα των αυτόχθονων Κρητών στην Ανατολή, κι έτσι οι σύγχρονοι αρχαιολόγοι, που έψαχναν για τις ρίζες της λαμπρής κοινωνίας που φώτισε ο Έβανς στην Κνωσό, έπρεπε να ακολουθήσουν τα λόγια του αρχαίου βάρδου και να πάνε ανατολικά. Ο Halbherr είχε παρατηρήσει επιγραφές στα ταξίδια του το 1892 και φαινόταν όλο και πιο πιθανό ότι το κλειδί για την ανάγνωση των τεκμηρίων που είχε μαζέψει στην Κνωσό ο Έβανς βρισκόταν εκεί. Μετά από προτροπή του Έβανς, ο Hogarth διάλεξε τον κολπίσκο της Κάτω Ζάκρου, το τελευταίο λιμάνι του παραθαλάσσιου δρόμου προς την κυρηναϊκή ακτή, τη χώρα της Νέας Φυλής των Λιβύων του Petrie, στην οποία ο Έβανς είχε εναποθέσει πολλές ελπίδες.* Έξι εβδομάδες δουλειάς πρόσφεραν λίγα πράγματα με αρχιτεκτονικό ενδιαφέρον. Αιτία ήταν η «τρομερή απογύμνωση» από ξαφνικές καταιγίδες, που έπεφταν στην ανατολική πλευρά των βουνών της Σητείας και θα παράσερναν κάθε σημαντικό κτίσμα. Μια καταιγίδα στις 15 Μαΐου κατέστρεψε την αποθήκη του με όλα όσα είχε βρει ως τότε. «Σάρωσε ολόκληρη την κοιλάδα», παραπονιόταν ο Hogarth, «και σε δύο ώρες άλλαξε η όψη του τοπίου, αφήνοντας πέτρες και γυμνό βράχο εκεί που υπήρχαν χωράφια, αμπέλια και δάση, κατεβάζοντας στη θάλασσα 4.000 δέντρα».[79] Ίσως να ήταν αυτή η εκδήλωση της άγριας φύσης που ενέπνευσε τον Hogarth να προσφέρει πόρους για την κατασκευή κρήνης στην πηγή στο πάνω χωριό της Ζάκρου, μια κρήνη που ακόμη φέρει το όνομά του.[80]

Όμως δεν είχαν απογυμνωθεί τα πάντα. Σε ένα βραχώδες παρακλάδι πάνω από τη βαλτώδη περιοχή, ο Ho-

* Το ένστικτο του Έβανς ήταν σωστό, αλλά ο Hogarth δεν ήταν ο κατάλληλος άνθρωπος για τη δουλειά. Έφτασε λίγα μόλις μέτρα από το πλούσιο Ανάκτορο, το οποίο τελικά ανακάλυψε ο Νικόλαος Πλάτων το 1962. (Σ.τ.Σ.)

garth βρήκε ορθογώνιο κτίσμα, που αναγνωρίστηκε ως ιερό από τον Ιταλό εξερευνητή Lucio Mariani, και έσκαψε σε βάθος σε αυτό που αποκαλούσε Κτήριο Α. Ακριβώς στο άνοιγμα της θύρας ενός μικρού δωματίου κοντά στην είσοδο, βρήκε σχεδόν πεντακόσιους καλά διατηρημένους πήλινους στρογγυλούς σβόλους με αποτυπώσεις σφραγιδόλιθων, όπως εκείνους στην Κνωσό, αλλά πολλούς με εξαιρετικά παράδοξες εικόνες τεράτων. Οι πιο κατανοητές, που είχαν κεφάλια βοοειδών, ταίριαζαν με τους τύπους του Μινώταυρου του Έβανς, αλλά τόσο ο Έβανς όσο και ο Hogarth δεν ήταν σε θέση να εξηγήσουν τους παράξενους συνδυασμούς των ανθρώπινων και ζωικών μερών που απεικονίζονταν. Ο Έβανς ήταν σίγουρος για ένα πράγμα: ήταν «καθαρά τερατουργήματα και δεν ανήκαν σε καμιά λατρεία», μολονότι, όπως πρόσθεσε, «ο ίδιος ο Μινώταυρος κάνει την πρώτη εμφάνισή του στην παρέα τους».[81] Όταν η κρητική κυβέρνηση εξέδωσε νέα γραμματόσημα το 1905, διάλεξαν μία από τις πιο παράξενες μορφές του Hogarth, που φαινόταν να δείχνει ένα ανθρώπινο χέρι να βγαίνει από το στόμα της ταυροκεφαλής, για να παραστήσουν τον Μινώταυρο στο γραμματόσημο των τριών δραχμών.[82]

Οι έρευνες του Έβανς απέναντι από το κτίσμα του Κεντρικού Ιερού, στην ανατολική πλευρά της Κεντρικής Αυλής στην Κνωσό, έφεραν ακόμη μεγαλύτερες αποκαλύψεις. «Σε αυτό το σημείο, η εξέλιξη της ανασκαφής πήρε εντελώς δραματική στροφή», κατέγραψε αργότερα.[83] Στις 4 Ιουνίου έγραψε στον πατέρα του:

> Οι αρχιτεκτονικές ανακαλύψεις γίνονται κάθε μέρα και πιο σημαντικές. Είναι φανερό ότι μόλις τώρα ερχόμαστε

στο πραγματικό κέντρο των κτισμάτων του Ανακτόρου. Έχουμε τώρα μία αίθουσα με δύο βάσεις κιόνων που προσεγγίζεται με τετραπλό κλιμακοστάσιο. Δύο από αυτές, κάτω από τις άλλες, έπρεπε να ανασκαφούν με σήραγγα. Ένας εξώστης με ξύλινη κιονοστοιχία διέτρεχε τη δυτική πλευρά αυτής της αίθουσας σε δύο τμήματα. Μετά από την αίθουσα αυτή, υπάρχει ένα μεγαλύτερο δωμάτιο με περισσότερες βάσεις κιόνων, που μόνο μέρος του έχει ανασκαφεί. Πιθανόν να αποδειχτεί ότι είναι το κύριο μέγαρο του Ανακτόρου ... Πάνω από τις σκάλες υπάρχουν ίχνη ότι υπήρχε κλίμακα ακόμη πιο ψηλά, και σε ορισμένα μέρη βρίσκουμε στοιχεία για δύο ορόφους πάνω από το υπόγειο. Είναι εντελώς πρωτοφανές και απροσδόκητο.[84]

Όμως, όπως και με πολλές μεγάλες ανακαλύψεις, υπήρχαν κίνδυνοι: «Η ανασκαφή αυτού του τμήματος ήταν εξαιρετικά δύσκολη, εξαιτίας του συνεχούς κινδύνου να καταρρεύσει η κλίμακα από πάνω. Ήταν εντελώς δουλειά λαγουμιτζήδων», καθώς άνοιγαν σήραγγα από τη δίοδο προς τα κάτω, ανυπομονώντας να δουν πού θα τους οδηγούσαν τα σκαλιά. Δύο από τους εργάτες είχαν πραγματικά σκάψει σε ορυχεία αργύρου κοντά στην Αθήνα και χρησιμοποίησαν την εμπειρία τους για να υποστυλώσουν την οροφή με ξύλινα υποστηρίγματα, καθώς προχωρούσαν προς τα κάτω στη σκοτεινή κλίμακα στην πλαγιά του λόφου. Τέσσερις κλίμακες πιο κάτω κατέληξαν σε αίθουσα, που από τις σειρές των κιόνων της ο Έβανς την ονόμασε Αίθουσα των Κιονοστοιχιών. Ένας διάδρομος τους οδήγησε πιο ανατολικά σε έναν μακρύ χώρο, οκτώ μέτρα επί είκοσι τέσσερα, με οκτώ πεσσούς ως χωρίσματα πολύθυρου και στο δυτικό άκρο δόμους με θαυμάσια λιθοδομή από ψαμμίτη και χαραγμένο το σύμβολο του διπλού πέλεκυ. Ο Έβανς εμπνεύστηκε και το ονόμασε Μέγαρο [αργότερα Αίθουσα] των Διπλών Πελέκεων.

Οι φθορές που είδε ο Έβανς στους μονώροφους τοίχους οι οποίοι είχαν μείνει εκτεθειμένοι για έναν χειμώνα ήταν αρκετές για να τον πείσουν πως ήταν επείγουσα ανάγκη να παρέμβει σε αυτήν τη νέα και θαυμάσια, αλλά εξαιρετικά εύθραυστη υπόγεια κατασκευή, με τουλάχιστον τρεις ορόφους. Ο Theodore Fyfe ανταποκρίθηκε στην πρόκληση και άρχισε να συντηρεί μερικούς από τους τοίχους στην αρχική θέση τους. Βρήκαν ότι οι αρχαίοι Κρήτες είχαν κτίσει μεγάλο μέρος της κατασκευής με σκελετό από τετραγωνισμένα ξύλινα δοκάρια που συνδέονταν με λάσπη και χαλίκια και που μερικές φορές επενδύονταν με καλοφτιαγμένους πελεκητούς δόμους από ψαμμίτη, οι οποίοι τους έδιναν μια μνημειακή αίσθηση σταθερότητας. Μόλις ωστόσο το ξύλο σάπιζε, όλο το κτίσμα θα άρχιζε να καταρρέει. Αυτό που το κράτησε λιγότερο ή περισσότερο όρθιο ήταν το γεγονός ότι τα δοκάρια είχαν διαλυθεί βαθμιαία, κι έτσι τα συντρίμμια κατέρρευσαν από τα πάνω πατώματα και το χώμα που είχε συσσωρευτεί στα δωμάτια κάθισε κοντά στους τοίχους και τους συγκράτησε. Τώρα, καθώς οι ανασκαφείς είχαν μετακινήσει τις επιχωματώσεις, οι τοίχοι άρχισαν να υποχωρούν. Όπου είχε υπάρξει ξύλινος σκελετός, ο Fyfe καθάρισε τα κενά και τα γέμισε με νέα δοκάρια που είχαν κοπεί προσεκτικά, ώστε να αντιγράφουν τα αρχαία. Η διαδικασία ήταν ουσιαστική για την επιβίωση του κτίσματος, σαν ένα είδος αρχιτεκτονικών πρώτων βοηθειών. Όμως, πριν περάσει πολύς καιρός, ο Έβανς, ικανοποιημένος από την όψη των συντηρημένων τοίχων, άρχισε να φαντάζεται άλλα, λιγότερο απειλούμενα μέρη του Ανακτόρου, όπου παρόμοιες τεχνικές μπορούσαν να δώσουν αισθητικά εξίσου ευχάριστο αποτέλεσμα.

Η ευρείας κλίμακας ανασκαφή, με όλη την επακόλουθη ένταση και διέγερση, έχει τον τρόπο να δοκιμάζει και την πιο γερή κράση, και τρεισήμισι μήνες ανασκαφής, ακόμη και σήμερα, είναι πέρα από τα όρια αντοχής των περισσότερων ανασκαφέων. Το σκάψιμο σταμάτησε στα μέσα Ιουνίου, όταν στην Κρήτη κάθε χρόνο «έρχεται η περίοδος του πυρετού». Ο Έβανς πήρε το πλοίο για την Αθήνα σχεδόν αμέσως, αφήνοντας πίσω τον Mackenzie και τον Fyfe για να τακτοποιήσουν τα ευρήματα και να συνεχίσουν τις μελέτες τους για την κεραμική και την αρχιτεκτονική μέχρι τον Αύγουστο, μολονότι και οι δύο ήταν τον περισσότερο καιρό άρρωστοι. Ο Έβανς ταράχτηκε όταν ανακάλυψε ότι ένας «παλαιοπώλης» στο παζάρι πουλούσε εγχάρακτες πινακίδες ακριβώς σαν εκείνες που είχε μόλις ανασκάψει. Μετά από προσεκτική εξέταση αναγνώρισε την ομάδα στην οποία πιθανώς ανήκαν, και κατάφερε να αποδείξει την ενοχή κάποιου Αριστείδη, προσωρινού εργάτη στην ανασκαφή, παρουσιάζοντας αντίγραφα πινακίδων από την Κνωσό παρόμοια με εκείνα της Αθήνας, και οι Αρχές τον συνέλαβαν. Οι αναφορές γύρω από το περιστατικό διασκέδασαν Έλληνες και ξένους μελετητές, παρά την έκπληξη και την ανησυχία τους εξαιτίας της αντιστοιχίας του ονόματος του κλέφτη, που ο Mackenzie ονόμαζε ως «Αριστείδης ο Άδικος», με τον Αθηναίο πολιτικό του πέμπτου αιώνα π.Χ. ο οποίος εξοστρακίστηκε για συνεργασία με τους Πέρσες όταν εισέβαλαν στην Ελλάδα. Κυρίως όμως, το περιστατικό αυτό προειδοποίησε τον Έβανς ότι έπρεπε να πάρει μεγαλύτερες προφυλάξεις κατά της κλοπής στο μέλλον.

Ο κ. Έβανς με τις μπότες του που δρασκελίζουν επτά λεύγες

Για μια ακόμη φορά, ο Έβανς γύρισε θριαμβευτής στη Βρετανία και τιμήθηκε με τις δάφνες με τις οποίες στέφονται οι επιτυχημένοι εξερευνητές και μελετητές. Τα Πανεπιστήμια του Δουβλίνου και του Εδιμβούργου του απένειμαν τον τιμητικό τίτλο του διδάκτορα και η Βασιλική Εταιρεία τον εξέλεξε μέλος της. Ο Έβανς ήταν ο τελευταίος αρχαιολόγος που μπήκε στη Βασιλική Εταιρεία, η οποία στο εξής έγινε ο φύλακας των «σκληρών» επιστημών. Η «μαλακή» επιστήμη της αρχαιολογίας τέθηκε κάτω από την επικεφαλίδα των ανθρωπιστικών σπουδών, για τις οποίες ιδρύθηκε εκείνο τον χρόνο η Βρετανική Ακαδημία, όπου ο Έβανς σύντομα εξελέγη. Αλλά δεν υπήρχαν μόνο τιμές.

Η αρχαιολογία, όπως οι περισσότερες λόγιες ασχολίες, έχει τους δημιουργούς και τους καταστροφείς της. Οι πρώτοι είναι αυτοί που δημιουργούν θεωρίες και πηγαίνουν στο πεδίο για να βρουν απτά στοιχεία για να τις υποστηρίξουν. Οι δεύτεροι είναι αυτοί που καταδιώκουν τον εξερευνητή από το αναπαυτικό γραφείο τους ή την πανεπιστημιακή βιβλιοθήκη τους, απαιτώντας αδιάψευστες αποδείξεις. Ανάμεσά τους βρίσκονται εκείνοι που προτιμούν να συνθέτουν τα αποτελέσματα των πιο ριψοκίνδυνων συναδέλφων τους και οι οποίοι, όταν το κάνουν αυτό, διατηρούν την κριτική διαδικασία που είναι απαραίτητη για να εξεταστούν λεπτομερειακά τα αμφίβολα ή ανεπαρκώς υποστηριζόμενα συμπεράσματα. Δεν χάνουν όλοι οι «αρχαιολόγοι της πολυθρόνας» –όπως οι ανασκαφείς πεδίου χαρακτηρίζουν απαξιωτικά εκείνους που μένουν στο σπίτι– τη συναίσθηση των κριτικών υποχρεώσεών τους ώστε να μεταμορφωθούν σε επικριτές πλήρους απασχόλησης, μόνιμα ανικανοποίητοι από τα στοιχεία. Ένας μόνο μικρός αριθμός γίνονται τέτοιοι καταστροφείς, ακόρεστοι κριτές με ολοκληρωτικά αρνητική στάση απέναντι στους αρχαιολόγους και με ακούραστη επιμονή στην αμφισβήτηση όλων των στοιχείων.

Ο πρώτος μεγάλος αντίπαλος του Έβανς ήταν ο σερ William Ridgeway, καθηγητής της Αρχαιολογίας στην έδρα Disney στο Πανεπιστήμιο του Καίμπριτζ και στενός φίλος του Τζων Έβανς. Ο Ridgeway συνδύαζε τη φιλολογία και την ανθρωπολογία με την αρχαιολογία σε μια από τις πρώτες μεγάλες συνθέσεις του «ελληνικού προβλήματος», που ήταν «ποιοι ήταν οι Έλληνες και από πού ήρθαν;» Το 1901, στο βιβλίο του *The Early Age of Greece*, ο Ridgeway, αναφερόμενος στον Ηρόδοτο και τον Θουκυδίδη, ισχυριζόταν πως οι Πελασγοί, η πρώτη φυλή στη νότια Βαλκανική Χερσόνησο, μιλούσαν ελληνικά, ζούσαν «από αμνημονεύτων χρόνων» στην Ελλάδα και εξελίχτηκαν στον μυκηναϊκό πολιτισμό. Αυτή ήταν μια άποψη σε οξεία αντίθεση με την «ορθόδοξη» πεποίθηση που είχαν οι κλασικιστές και οι ιστορικοί της αρχαίας ιστορίας και που υπερασπιζόταν ο Percy Gardner, ότι δηλαδή οι Μυκηναίοι ήταν οι Αχαιοί του Ομήρου, οι πρώτοι Άριοι εισβολείς στην Ελλάδα.[85] Ο Ridgeway, όπως ο Έβανς, δεν προσυπέγραφε τη θεωρία της αναγκαστικής μετανάστευσης από την Κεντρική Ευρώπη ή τη Μέση Ανατολή για να εξηγήσει τους Μυκηναίους. Εκεί που αυτός και ο Έβανς διασταύρωσαν τα ξίφη τους ήταν η Κρήτη. Ο Ridgeway ήταν τόσο πολύ προσκολλημένος στους αρχαίους συγγραφείς, που πήρε κατά γράμμα τα λόγια του Παυσανία ότι ο Δαίδαλος –στον οποίο ο Όμηρος στην *Ιλιάδα* (Σ 591) χρέωνε το «χοροστάσι της Αριάδνης στην Κνωσό»*– προερχόταν από τους Μετιονίδες, τον βασιλικό οίκο της Αθήνας, κι έτσι κατέληξε ότι «η κύρια ώθηση στην ανάπτυξη της κρητικής τέχνης στη μυκηναϊκή εποχή ήρθε από την ηπειρωτική Ελλάδα».[86] Για τον Ridgeway, το Ανάκτορο που ο Έβανς είχε ανακαλύψει στην Κνωσό με όλες τις περίφημες τοιχογραφίες και τα αντικείμενά του ήταν αποτέλεσμα καλλιτεχνικής ώθησης από την ηπειρωτική Ελλάδα προς την Κρήτη. Ο Myres, αφού συσκέφθηκε με τον Έβανς, χαρακτήρισε τον καθηγητή της έδρας Disney ερασιτέχνη ως προς το πεδίο ανασκαφής, και στην εκτενή του κριτική για το βιβλίο απάντησε ότι «καθώς μόνο στα νησιά και στην Κρήτη μπορούμε να ιχνηλατήσουμε την εφηβεία του μυκηναϊκού πολιτισμού σε διαρκή σειρά, ... το κέντρο προέλευσης πρέπει, πράγματι, να τοποθετηθεί στις Κυκλάδες και στην Κρήτη».[87]

Η επιμονή του Ridgeway ότι οι Μυκηναίοι και όχι οι Μινωίτες ήταν οι γεννήτορες του ελληνικού πολιτισμού οδήγησε την αρχαιολογία του Αιγαίου σε διάσπαση, που χώρισε τους πανεπιστημιακούς κύκλους: η Οξφόρδη υποστήριζε τον Έβανς και το Καίμπριτζ ακολουθούσε τον ριτζγουαιισμό, όπως ο Έβανς και οι σύντροφοί του είχαν

* Μτφ. Ζήσ. Σιδέρη. (Σ.τ.Ε.)

βαφτίσει την υπόθεση για τη μυκηναϊκή ηγεμονία. Το σχίσμα αυτό στον βρετανικό ακαδημαϊκό κόσμο, ουσιαστικά των Μινωιτών εναντίον των Μυκηναίων, διευρυνόταν και βάθαινε με τον καιρό. Όμως ο Έβανς έμεινε σταθερός στην άποψή του ότι οι μεταγενέστερες κοινωνίες του Αιγαίου, συμπεριλαμβανομένων και των Μυκηναίων, ήταν βαθιά ριζωμένες στους Μινωίτες του της Κρήτης. Καθώς η Ιστορία αναγνωρίζει τους δημιουργούς και όχι τους επικριτές της, τους οικοδόμους και όχι τους καταστροφείς της, κάθε εγκυκλοπαίδεια αναφέρει τα επιτεύγματα του Έβανς, ενώ οι απόψεις του Ridgeway, μολονότι ταίριαζαν πιο πολύ στην τρέχουσα αντίληψη, δεν εμφανίζονται σε καμιά.

Πιο ηχηρή και ενδεχομένως πιο βλαβερή καμπάνια εξαπολύθηκε από τον W. H. D. Rouse, φιλόλογο της Σχολής Perse στο Καίμπριτζ, ο οποίος είχε σοβαρή αντίρρηση για την ερμηνεία του διπλού πελέκεως από τον Έβανς ως φετίχ του Δία, ψέγοντάς τον ότι «είναι σαν οι Έλληνες να λάτρευαν ένα ζευγάρι ψηλές μπότες».[88] Ο Έβανς αναγνώριζε τον Λαβύρινθο της Κνωσού βασιζόμενος σε μεγάλο βαθμό στη συχνή εμφάνιση του διπλού πελέκεως, γιατί είχε υιοθετήσει τη θεωρία του Σλήμαν, ότι το μοτίβο του διπλού πελέκεως συμβόλιζε τον Δία Λαβρανδέα, πρώιμη μορφή λατρείας του μεγαλύτερου θεού της Ελλάδας στην πόλη της Καρίας, Λάβρανδα, στην τουρκική ακτή του Αιγαίου. Ο Έβανς πρόσθεσε πως η καρική λέξη για τον πέλεκυ, *λάβρυς*, ήταν η βάση για την ελληνική λέξη «λαβύρινθος», που έτσι σήμαινε «οίκος του πελέκεως». Επιθυμούσε ιδιαίτερα να κάνει τη σύνδεση με τον Δία για να αποδείξει ότι το Σπήλαιο του Ψυχρού, όπου ο Hogarth είχε βρει τόσο πολλούς αναθηματικούς πελέκεις σε χρυσό και χαλκό, συνδεόταν με πρώιμη μορφή της λατρείας του Δία.

Ο Rouse αμφισβήτησε αυτή την άποψη: «Ο *Λαβύρινθος** δεν μπορεί να παράγεται από το *λάβρυς** με οποιουσδήποτε γνωστούς νόμους της γλώσσας. Το παράγωγο αποτελεί υπόθεση και τίποτε περισσότερο, χωρίς να υποστηρίζεται ούτε καν από τη σημασία, καθώς ένας "λαβύρινθος" δεν έχει σχέση με έναν πέλεκυ [και] ο πέλεκυς δεν ήταν ποτέ σύμβολο του Δία σε κανένα μέρος του κόσμου». Ο Rouse, επίσης, σάρκασε τον τρόπο με τον οποίο ο Έβανς διέσχιζε τεράστιες χρονικές περιόδους με τόση φανερή ευκολία:

> Δεν πρέπει να ξεχνάμε ότι γνωρίζουμε το *λάβρυς** μόνο από τον πρώτο αιώνα μετά Χριστόν, και ο κ. Έβανς με τις μπότες του που δρασκελίζουν επτά λεύγες πήδηξε από εκείνη τη χρονολογία στην κλασική εποχή και από εκεί στη δεύτερη χιλιετία π.Χ. ... Εξέτασα προσεκτικά [την Κνωσό] δύο φορές και μπορώ να βεβαιώσω ότι τα στοιχεία εκτίθενται ελλιπώς και με τρόπο που παραπλανούν ... Αυτό, αναμφίβολα, γίνεται χωρίς πρόθεση, παρ' όλα αυτά ατυχώς, και η όλη ταύτιση της Κνωσού με τον Λαβύρινθο είναι παιδιάστικα φανταστική.

Τελικά, το πιο σημαντικό του σημείο –«Δεν υπάρχει το παραμικρό στοιχείο για έναν Δία στην Κνωσό ... Η μόνη θεότητα για την οποία έχουν βρεθεί στοιχεία είναι θηλυκή»– ήταν κάτι που ακόμη και ο Έβανς έπρεπε να αποδεχτεί.

Αλλά δεν μπορούσε να αποδεχτεί την επίθεση στον

* Ελληνικά στο πρωτότυπο. (Σ.τ.Ε.)

Λαβύρινθό του. Ο Έβανς επέμεινε στις απόψεις του και υπερασπίστηκε την αναγνώριση του Οίκου του Διπλού Πελέκεως, παρά την ορθότητα των αντιρρήσεων του Rouse, που αποτέλεσαν τη βάση για μια έξυπνη θεωρία που εκτέθηκε από τον Ronald M. Burrows, καθηγητή των Ελληνικών στο University College, στο Cardiff. Ο Burrows, στη δημοφιλή αφήγησή του *The Discoveries in Crete* (1907), πρότεινε αιγυπτιακή προέλευση για τη λέξη, επισημαίνοντας ότι ο πρωτογενής Λαβύρινθος στη Χαουάρα κατασκευάστηκε για τον Φαραώ της Δωδέκατης Δυναστείας Αμενεχμέτ Γ΄, που το προσωπικό του όνομα προφερόταν Νέμαρι, το οποίο, με την κοινή μετατροπή του ν σε λ, μεταγράφηκε στα ελληνικά σε *Λάβαρις* ή *Λάμαρις*. Η λέξη *Λάβαρις*, λοιπόν, θα είχε χρησιμοποιηθεί για το αρχέτυπο του κρητικού κτίσματος, που κατασκευάστηκε χονδρικά την ίδια εποχή, γύρω στο 1900 π.Χ., και δεν είχε να κάνει τίποτε με πελέκεις. Η ελληνική, ρωμαϊκή, μεσαιωνική και σύγχρονη σημασία ενός λαβύρινθου, συνέχιζε ο Burrows, μπορεί να προερχόταν από την ελληνική λέξη *λάβρα*, που κατέληξε να σημαίνει τη θέση περάσματος.[89] Αλλά παρά την αντίθετη επιχειρηματολογία, ο Έβανς δεν πειθόταν ότι η νέα του ετυμολογία ήταν λανθασμένη, επειδή, όπως παρατηρούσε ο Rouse, «την έχει τόσο ερωτευτεί, που όλα τα βλέπει σαν διπλούς πελέκεις».[90] Αν και πολλοί μελετητές συμφωνούσαν με τον Rouse και τον Burrows, οι φωνές τους χάθηκαν στην έξαψη που δημιουργήθηκε από την ανακάλυψη του μυθικού Λαβύρινθου της Κνωσού. Πρόσφατα ετυμολογικά λεξικά παραδέχονται την καταγωγή που πρότεινε ο Έβανς, και το Ανάκτορο της Κνωσού έχει γίνει ο Λαβύρινθος, ενάντια σε κάθε προηγούμενη λογική, αποδεικνύοντας ότι η δύναμη της θέλησης ενός ανθρώπου μπορεί και αλλάζει την πορεία της Ιστορίας, τόσο της αρχαίας όσο και της νέας.

Όταν η Βρετανική Εταιρεία συναντήθηκε στη Γλασκόβη τον Σεπτέμβριο του 1901, ο Έβανς απέφυγε να καυχηθεί για όσες επιγραφές είχε πρόσφατα ανακαλύψει και αρχιτεκτονήματα. Αντίθετα, αναφέρθηκε στα αποτελέσματα δοκιμαστικών τομών με μεγάλο βάθος, που έφταναν σε μερικά μέρη έως και δέκα μέτρα κάτω από την επιφάνεια, στις επιχώσεις της Εποχής του Λίθου, κάτω από την τοποθεσία του Ανακτόρου. Συγκρίνοντας την κεραμική και τα εργαλεία με τους πρωιμότατους πολιτισμούς στη Βαβυλώνα, τη Δυτική Ασία και την Αίγυπτο, ο Έβανς καθόρισε την προέλευση των πήλινων ειδωλίων που είχε βρει, όπως της «Αφροδίτης της Κνωσού», από τη βαβυλωνιακή Μητέρα Θεά. Κατόπιν, ολοκλήρωσε την εισήγησή του με την πρώτη δημόσια πρότασή του, που βασιζόταν στο πλαίσιο της εργασίας του Mackenzie, για τρεις «διακριτές προϊστορικές κατηγορίες» κτισμάτων, που υπέρκειντο των νεολιθικών επιχώσεων: «Οι "Καμάρες" ή η περίοδος της πρώιμης Εποχής του Μετάλλου στην Κρήτη ... η καθαυτή μυκηναϊκή περίοδος, που η εποχή της ακμής της καθορίζεται περίπου από την αντιστοιχία κάποιων τοιχογραφιών με εκείνες που απεικονίζουν τους Κεφτιού στους αιγυπτιακούς τάφους, γύρω στο 1550 π.Χ.», κι αυτή που αποκαλούσε «Μεταβατική Περίοδο», ανάμεσα στις δύο.[91]

Ο Έβανς πέρασε τη χρονιά απασχολημένος με οικονομικά ζητήματα. Είχε ξοδέψει περισσότερες από 4.500 λίρες στην Κνωσό, από τις οποίες το Ταμείο της Κρήτης κάλυψε λιγότερο από τις μισές. Έτσι, εξοργίστηκε ιδιαίτερα από την αναφορά του Mackenzie, στις 6 Ιανουαρίου του 1902, που περιέγραφε την ανάρμοστη συμπεριφορά του εργοδηγού και μουλαρά τους, του Αλεβίζου, και κάποιου συνενόχου του, του Βαγγέλη, που είχαν κανονίσει με ντόπιους μαγαζάτορες να πληρώνουν χαμηλότερες τιμές για τις προμήθειες από τα ποσά που γράφονταν στις αποδείξεις και να τσεπώνουν τη διαφορά. Ο Mackenzie συνιστούσε απόλυση:

> Είναι ζεύγος που δουλεύει με αμοιβαίο όφελος για χρόνια και τώρα είναι πολύ παλιοί στο κουρμπέτι για να είναι ευχαριστημένοι με τον μισθό τους ή έστω με μέτρια κέρδη πέρα και έξω από αυτόν. Αν μπορώ να μιλήσω με βάση την εμπειρία μου από τους Έλληνες, αυτοί (ο Α. και ο Β.) δεν είναι τόσο ανεπιτήδευτοι ή άβγαλτοι έστω και για να γυρίσουν νέα σελίδα, και γι' αυτό τον λόγο δεν θα έπρεπε ούτε να τους δοθεί η ευκαιρία. Όταν σε τέτοιες περιστάσεις δίνεται μια ευκαιρία στους Έλληνες, το αποτέλεσμα είναι σταθερά το ίδιο, ανανεωμένο θάρρος, όπως το τοποθετούν οι ίδιοι οι Έλληνες, και επιμονή με ανανεωμένη επινοητικότητα στις παλιές τακτικές. Παλιοί κατεργάρηδες, όπως ο Αλεβίζος και ο Βαγγέλης, δεν μπορούν πια να τα παρατήσουν αυτά, όπως δεν θα μπορούσαν να παρατήσουν τη μακρά έμφυτη συνήθειά τους για το λαθρεμπόριο.[92]

Ο Έβανς συμφώνησε πως ο παλιός μουλαράς του είχε ξεπεράσει «τα επιτρεπτά όρια κατάχρησης» και επικοινώνησε με τον Hogarth για να εξασφαλίσει τις υπηρεσίες του δικού του θρυλικού κυνηγού θησαυρών, του Γρηγόρη Αντωνίου. Καθώς ο Hogarth είχε παρατήσει τις ανασκαφές στην Κρήτη μετά την καταστροφική του περίοδο στην Κάτω Ζάκρο, ο Έβανς προσέλαβε τον Γρηγόρη και τον κράτησε σε όλη τη διάρκεια της υπόλοιπης πρώιμης αποστολής στην Κνωσό, προάγοντας έτσι πολύ την ποιότητα της ανασκαφής από το 1902 κι εξής.

Ο Hogarth, ως επίτροπος του Ταμείου της Κρήτης, κάθε άλλο παρά συμμεριζόταν τα παράπονα του Έβανς για τα οικονομικά. «Είσαι γιος πλούσιου ανθρώπου και ποτέ δεν θα σου έλειπαν τα χρήματα», του έγραψε με ειλικρίνεια. Όπως ο Mackenzie, ο Hogarth προερχόταν από μεγάλη οικογένεια μέτριας οικονομικής κατάστασης και έπρεπε να κερδίσει τα προς το ζην και να βοηθήσει και την οικογένειά του κυρίως μέσω των αρχαιολογικών του ανασκαφικών εργασιών.[93] Ο Έβανς δεν θα μπορούσε ποτέ να το καταλάβει αυτό. Όπως κατέγραψε η ετεροθαλής αδελφή του, ένιωθε για «κάποιον που ζούσε από τις ανασκαφές μάλλον όπως ο μυστικιστής νιώθει για τον άνθρωπο που βγάζει τα προς το ζην, έστω και έντιμα, από τη θρησκεία».[94]

«Δεν μπορείς να παραπονιέσαι επειδή "πληρώνεις για να κάνεις το κέφι σου"», κατηγορούσε ο Hogarth τον Έβανς, «δηλαδή για έξοδα που μπορούσαν να αποφευχθούν αν το είχες επιλέξει. Για παράδειγμα, οι αναστυλώσεις και η πολύ δαπανηρή κατασκευή που στήθηκε πάνω από την Αίθουσα του Θρόνου». Ο Hogarth εξηγούσε την ανεπάρκεια του Ταμείου για την Εξερεύνηση της Κρήτης, τοποθετώντας «τις δαπανηρές μεθόδους του Έβανς στην ανασκαφή ... τη συλλογή ευρημάτων και την καθημερινή ζωή» στο αντίθετο άκρο από εκείνες του Flinders Petrie, την κατ' εξοχήν εικόνα του ασκητικού αρχαιολόγου και του επιτυχημένου Ταμείου για την Εξερεύνηση της Αιγύπτου:

> Ο Petrie σχεδίασε ολόκληρη τη ζωή του «ανθρώπου των σπηλαίων» για να πείσει τον συνδρομητή ότι κάθε πένα πηγαίνει στην ανασκαφή. Το μειονέκτημα στη δική σου μέθοδο είναι ότι δεν είναι ελκυστική για τις τσέπες του κόσμου. Δεν μιλώ στον αέρα, επειδή συνεχώς με κοροϊδεύουν για τον «πριγκιπικό» τρόπο που γίνονται από μας όλα στην Κρήτη, και τελευταία άκουσα πως αναφορές για τα σπίτια μας στην Κρήτη, που επανέφεραν, υποθέτω, μεγάλες ομάδες τουριστών, έκαναν μερικούς παλιούς συνδρομητές να αποφασίσουν να μην πληρώσουν ξανά.[95]

Έτσι, ο Έβανς συνέχισε να «πληρώνει για να κάνει το κέφι του», κάτι που, αν και φαινόταν να είναι πικρό χάπι εκείνον τον καιρό, του έδινε το ελεύθερο να διεξάγει την ανασκαφή και την αποκατάσταση της Κνωσού ακριβώς όπως εκείνος θεωρούσε πως έπρεπε, και να μη δίνει λογαριασμό για τα μέσα και τις μεθόδους του σε κανένα.

Το Μέγαρο της Βασίλισσας

Η τρίτη ανασκαφική περίοδος, που λογαριαζόταν ως η τελευταία, άρχισε στις 12 Φεβρουαρίου του 1902 και συνεχίστηκε χωρίς διακοπή έως τα τέλη Ιουνίου. Στη διάρκειά της, μέχρι και 250 άνδρες είτε ανοικοδομούσαν το σύγχρονο μνημείο του Έβανς με μεγάλες ποσότητες ξυλείας, τούβλων και σίδερου, είτε ανακάλυπταν ό,τι είχε απομείνει από το αρχαίο.

«Αισθάνομαι μάλλον πνιγμένος από τη δουλειά που ακόμη φαίνεται πως απομένει να γίνει εδώ», έγραψε ο Έβανς στον πατέρα του στην αρχή της περιόδου. «Όσο για το Ταμείο, τίποτε δεν φαίνεται να εισρέει προς το παρόν, με αποτέλεσμα να χρειάζεται ακόμη πολλή προσπάθεια για να τους ξεσηκώσω». Έτσι και έκανε. Αφού οι εργάτες έχασαν αρκετές μέρες από το πολύ κρύο και τις κατακλυσμιαίες βροχές, η διάθεση άλλαξε στις 25 Φεβρουαρίου, όταν ο Έβανς κατέγραψε: «Μια ημέρα με νωπογραφία». Στο δυτικό άκρο του Νότιου Πρόπυλου της Αίθουσας των Διπλών Πελέκεων βρέθηκε μεγάλη απόθεση θραυσμάτων ζωγραφισμένου κονιάματος με «μια κυρία με ζωηρό σε χρώματα επενδύτη και πολύ καλό προφίλ, ανασηκωμένη μύτη και ελαφρώς πορφυρά μάτια, μαλλιά κυματιστά και απλωμένο χέρι». Το πρόχειρο σχέδιο στις σημειώσεις του δείχνει μια χαμογελαστή, χαρούμενη κοπέλα που τη φανταζόταν να στροβιλίζεται σε κάποιο χορό. «Δεν είναι δύσκολο να πιστέψουμε», φανταζόταν, «ότι μορφές σαν κι αυτήν, που επιβιώνουν στους τοίχους του Ανακτόρου ακόμη και σε ερειπιώδη κατάσταση, μπορεί να βρίσκονται στη βάση του ομηρικού χωρίου που περιγράφει το πιο φημισμένο από τα έργα του Δαίδαλου στην Κνωσό, τον "Χορό" [αίθουσα χορού] της Αριάδνης».[96] Αλλά υπήρχε λίγος χώρος για χορό στα μικρά υπόγεια δωμάτια όπου εμφανίστηκαν τα κομμάτια. Αντίθετα, αυτή η «Κυρία που Χορεύει», όπως είναι τώρα γνωστή, του υποδήλωνε ότι ο χώρος στον οποίο πήγαινε κανείς από έναν ιδιαίτερο διάδρομο, που «ελεγχόταν προφανώς από αυστηρό σύστημα φύλαξης και εποπτείας»[97] από τη μεγαλοπρεπή Αίθουσα των Διπλών Πελέκεων, ήταν τα διαμερίσματα των γυναικών, μολονότι

το να προσδώσεις πράγματι σε αυτό το τμήμα την ανατολίτικη ονομασία «Χαρέμι» θα ήταν λάθος σκέψη, από τη στιγμή που δεν τίθεται θέμα αυστηρού διαχωρισμού των φύλων στον «Οίκο του Μίνωα», όπως αποδεικνύουν οι μικρογραφικές νωπογραφίες [π.χ. οι ταυροκαθάπτες]. Είμαστε ελεύθεροι να πιστέψουμε ότι αυτό το απομονωμένο διαμέρισμα ήταν με κάποιο ιδιαίτερο τρόπο η επικράτεια των γυναικών και ότι το διακριτικό όνομα «Μέγαρο της Βασίλισσας» έχει δοθεί σωστά στον πιο επιβλητικά απομονωμένο χώρο σε αυτό το μέρος.[98]

Ο ίδιος σωρός ζωγραφισμένου κονιάματος περιείχε και θραύσματα που έδειχναν ψάρια και θαλασσινό τοπίο, τα οποία, όταν καθαρίστηκαν και επιδιορθώθηκαν, αποκάλυψαν μια από τις πιο εντυπωσιακές εικόνες της μινωικής τέχνης. «Δύο μεγάλα δελφίνια», ανέφερε εντυπωσιασμένος ο Έβανς, και «πολλά μικρότερα ψάρια εικονίζονταν με εξαιρετικά νατουραλιστικό τρόπο». Θαύμασε πώς «ο αφρός και οι φυσαλίδες πετάγονται απότομα από τα πτερύγια και τις ουρές και δίνουν στο σύνολο αίσθηση κίνησης που δεν θα μπορούσε να επιτευχθεί με άλλον τρόπο», αλλά «ο ζωηρός χαρακτήρας των σχεδίων, τα κυρίαρχα χρώματα των ψαριών, γαλάζια σε διάφορες αποχρώσεις, μαύρα και κίτρινα, οι υποθαλάσσιοι βράχοι με κοράλλια κολλημένα επάνω τους κι, ακόμη περισσότερο, ο τρόπος που δηλώνεται η ίδια η θάλασσα», κυρίως τον κατέπληξαν. Ένιωθε πως «δηλώνουν την ίδια τεχνοτροπία» και τη βάφτισε έργο των ζωγράφων της «Σχολής της Κνωσού».

Ένα κομμάτι κονιάματος, που έδειχνε το φτερό ενός πουλιού, συμπλήρωνε τη σύνθεση την οποία φανταζόταν πως είναι «το καλλιτεχνικό υποκατάστατο μιας άποψης της φύσης και ότι εξυπηρετούν τον ίδιο σκοπό με τις τοπιογραφίες, αγαπημένο θέμα για όσους τυφλούς τοίχους περικλείουν μικρότερες αυλές και χώρους στις βίλες στην Ιταλία, και οι οποίες υποτίθεται ότι εξαπατούν το μάτι με την ψευδαίσθηση της ελεύθερης θέας».[99] Έτσι, το Μέγαρο της Βασίλισσας έγινε η καρδιά ενός φανταστικού «χώρου απομόνωσης του οικογενειακού τμήματος του Ανακτόρου», στον χώρο που είναι ακόμη γνωστός ως Διαμέρισμα Κατοικίας.

Η ανασκαφή ενός τόσο καλά διατηρημένου μνημείου που βρισκόταν σε τέτοιο βάθος έβαζε σε δοκιμασία τις ικανότητες και την ευφυΐα όλων των ενδιαφερομένων. Όταν η πλίνθινη κατασκευή, που είχε καταρρεύσει προς τους ανοιχτούς χώρους, απομακρύνθηκε, οι λίθινοι τοίχοι, που στηρίζονταν σε ξύλινη υποδομή προ πολλού αποσαθρωμένη, άρχισαν επίσης να αποκλίνουν και να καταρρέουν. Αλλά ο Έβανς ποτέ δεν δίσταζε μπροστά στις αντιξοότητες. «Τις προάλλες, τα κατάφερα με ένα μάλλον παράτολμο πείραμα», υπερηφανευόταν στον πατέρα του. «Υπήρχε τοίχος από ακατέργαστους λίθους, με πάχος περίπου ένα μέτρο, στην κορυφή του κεντρικού κλιμακοστασίου, με μεγάλη κλίση, και απειλούσε να καταστρέψει τα πάντα από κάτω του, καθώς είχε κλίση περίπου 75°. Μετά από κατάλληλη υποστήριξη, άνοιξα σχισμές κατά μήκος της βάσης και στις δύο πλευρές του, βάλαμε κατόπιν σανίδες στις εξωτερικές επιφάνειές του, τις δέσαμε και πενήντα άνδρες άρχισαν να τραβούν. Ορθώθηκε με άνεση πάνω σε σύστημα αναχαίτισης που είχαμε στήσει προσωρινά για την περίσταση».[100] Ο Fyfe πρόσθεσε γρήγορα ξύλινα δοκάρια στα μέρη που είχαν σαπίσει και η δουλειά συνεχίστηκε.

Κάτω από το πάτωμα του Διαμερίσματος Κατοικίας, ο Έβανς βρήκε τα ανοίγματα ενός συστήματος από πέτρινα αυλάκια αρκετά φαρδιά για να μπορεί να συρθεί ένας άνδρας, κάτι που έκανε ο ίδιος, μόλις οι εργάτες δήλωσαν ότι ήταν ασφαλές. Ο Έβανς πίστευε ότι το ορθογώνιο αυλάκι ήταν σχεδιασμένο για να αποχετεύονται τα νερά της επιφάνειας από τις ανοιχτές αυλές κοντά στο τετραπλό κλιμακοστάσιο, καθώς «οι βροχές της Κρήτης είναι συχνά, ακόμη και τώρα, καταρρακτώδεις και στη μινωική περίοδο, όταν η χώρα χωρίς αμφιβολία είχε πολύ περισσότερα δάση, οι βροχοπτώσεις πρέπει να ήταν πολύ περισσότερες από ό,τι είναι τώρα».[101] Αλλά πίστευε πως ο αρχιτέκτονας της αρχαίας εποχής πρόσθεσε και μία επιπλέον εκλέπτυνση, που εντυπωσίασε βαθύτατα τον Βικτωριανό ευγενή. Κοντά στο Μέγαρο της Βασίλισσας, σε μικρό θάλαμο με περίπου ένα μέτρο πλάτος και δύο μήκος, ο Έβανς βρήκε ανοίγματα στο σύστημα αποχέτευσης στον στενό χώρο που οριζόταν από γύψινους διαχωριστικούς τοίχους σε κάθε πλευρά και με οριζόντιο αυλάκι που είχε λαξευτεί στον πίσω τοίχο, λίγο πάνω από το επίπεδο του εδάφους –ακριβώς στο ύψος του καθίσματος του θρόνου–, από το οποίο υπέθεσε πως «αναμφίβολα αυτό το δωματιάκι το χρησιμοποιούσαν ως τουαλέτα».[102] Όχι μόνο υπήρχε άνοιγμα ακριβώς κάτω από το υποτιθέμενο ξύλινο κάθισμα, αλλά και ένα άλλο ακριβώς μπροστά και κάτω, όπου μπορούσε να χυθεί νερό για να καθαρίσει την τουαλέτα. Ο Έβανς προσκάλεσε τον πλοίαρχο T. H. M. Clarke, ιατρικό σύμβουλο του πρίγκιπα Γεωργίου, να εξετάσει το θαύμα αυτό της υγιεινής και να δημοσιεύσει έκθεση στο *British Medical Journal.* Ο Clarke παρατήρησε πως τα υδραυλικά ήταν έξυπνα τοποθετημένα στα πλάγια του κτίσματος, με κλίση προς το ποτάμι, αλλά εκείνο που τον εξέπληξε περισσότερο ήταν ότι η τουαλέτα συμπληρωνόταν από μια καμπή για να «σταματά η διαφυγή των αερίων του υπονόμου». Ο Clarke θυμόταν πως, όταν ήταν υγειονομικός σύμβουλος στη διοίκηση του σερ Herbert Chermside στην Κάντια, «του δόθηκε μια καλή ευκαιρία να γνωρίσει την αποχέτευση της σύγχρονης Κρήτης και να εκτιμήσει πόσο είχε ξεπέσει από τα πρότυπα των Μινωιτών», μολονότι, παρατήρησε, αυτό δεν πρέπει «να εκπλήσσει εμάς που γνωρίζουμε τη συμπεριφορά μερικών δικών μας ανθρώπων στην πατρίδα σε παρόμοια ζητήματα».[103] Ο Έβανς είχε βρει την πρώτη τουαλέτα στον κόσμο που καθαριζόταν με νερό.

Την 1η Μαρτίου, ο Έβανς ανακάλυψε τους καταγεγραμμένους στο ημερολόγιό του ως «Οικιακούς Θεούς». Σε ένα πολύ μικρό χώρο νότια του Διαμερίσματος Κατοικίας, σε ένα λίθινο θρανίο κατά μήκος του βόρειου τοίχου, βρήκε πήλινο ειδώλιο άνδρα που φορούσε επίπεδο κάλυμμα κεφαλής και κρατούσε με τα δυο του χέρια περιστέρι. Το αντικείμενο λατρείας αυτού του ταπεινού πιστού, υπέθεσε γρήγορα ο Έβανς, ήταν το ειδώλιο γυναίκας στην άλλη άκρη του πάγκου, το οποίο «είχε περιστέρι στο κεφάλι και τα δυο της χέρια υψωμένα σαν σε λατρεία, όμως αναμφίβολα εδώ είναι Θεά που δέχεται λατρεία». Με αυτόν τον τρόπο εκπληρωνόταν προγενέστερή του πρόβλεψη για τη θρησκευτική ιερότητα του περιστεριού και η ένδειξη της «επιφοίτησης του θείου πνεύματος» με μορφή πτηνού στο κεφάλι της γυναίκας τον έκανε να την ονομάσει «Κυρία μετά της Περιστεράς».[104] Κατόπιν, η τελική επιβεβαίωση του «θρησκευτικού ενδιαφέροντος της σκηνής» εμφανίστηκε κοντά στην ανδρική μορφή: «Δύο πανομοιότυποι διπλοί πελέκεις από γκρίζο στεατίτη».[105] Υπήρχαν και άλλα ειδώλια ανάμεσα στα θραύσματα που βρίσκονταν στα δυο άκρα, όπως και τα υπολείμματα δύο Κεράτων Καθοσιώσεως με λευκό κονίαμα πάνω σε πήλινη μήτρα. Στο μέσο της κοιλότητας κάθε ζεύγους κεράτων υπήρχε τρύπα, που ο Έβανς συμπέρανε πως ήταν για να προσαρμόζεται ο «ιερός Διπλός Πέλεκυς», όπως απεικονιζόταν κάποιες φορές σε όστρακα κεραμικής. Μολονότι τα ίδια τα αντικείμενα είχαν εξαφανιστεί, γι' αυτόν ήταν ξεκάθαρο ότι οι υποδοχές δεν ήταν δυνατό να έχουν άλλο σκοπό. Οι κίονες που απεικονίζονταν στις μικρογραφικές τοιχογραφίες δεν ελήφθησαν καν υπόψη και ο μικρός χώρος έγινε το Ιερό των Διπλών Πελέκεων.

«Η παρουσία γυναικείων ειδωλίων στην ίδια βάση με τα Κέρατα Καθοσιώσεως και τον Διπλό Πέλεκυ φαίνεται να δείχνει ότι αυτό το συμβολικό όπλο συνδεόταν εδώ με τη λατρεία μιας Θεάς και ενός Θεού», συμπέρανε ο Έβανς. Όμως κατόπιν θυμήθηκε την προγενέστερη πρόβλεψή του ότι στη μυκηναϊκή λατρεία του Δένδρου και του Πεσσού «επικρατούσε η θηλυκή άποψη της θεότητας» και «η ανδρική θεότητα δεν είναι ο σύζυγος αλλά μάλλον ο γιος ή ο νεαρός ευνοούμενος».[106] Η κεραμική χρονολογούσε το Ιερό στις «περιόδους της παρακμής» του Mackenzie, μετά τις σπουδαίες μέρες των Κεφτιού το 1550 π.Χ., και ο Έβανς τόλμησε να εκφράσει την ιδέα «ότι η λατρεία του Κρήτα Δία συνδεόταν εδώ με της Ρέας, τα ερείπια του ναού της οποίας και το ιερό Άλσος με Κυπαρίσσια ήταν γνωστά στην Κνωσό τα μεταγενέστερα χρόνια», αναφερόμενος για μια φορά ακόμη στον Διόδωρο.[107] Ο Έβανς ήταν τόσο αποφασισμένος να έχει το δικό του Ανάκτορο του Μίνωα, που δεν φαίνεται να του πέρασε από το μυαλό ότι το αντικείμενο στο οποίο είχε στρέψει όλες του τις δυνάμεις και την προσοχή του θα μπορούσε να είναι ο ίδιος ο ναός της θεάς, όπως τον περιέγραφε ο Διόδωρος. Παρ' όλα αυτά, αργότερα, συλλογιζόμενος την απουσία ελληνικής και ρωμαϊκής εγκατάστασης πάνω από τη θέση του Ανακτόρου, παραδέχτηκε: «Φαίνεται πως κάποια παράδοση της θρησκευτικής διάστασης του μινωικού κτίσματος και της λειτουργίας του ως Ιερού, μαζί και ως Ανακτόρου που επιβίωνε, ίσως να βοήθησε στην προστασία της θέσης ... Μπορεί επίσης να είχε περιληφθεί σε κάποιο μεταγενέστερο *τέμενος* σαν εκείνο του Άλσους και του Ναού της Ρέας».[108]

Η ανασκαφική περίοδος, αν και πιο εκτενής και εξουθενωτική από ό,τι υπολογιζόταν, τελείωσε με μια μεγάλη κορύφωση. Ο Έβανς ανέφερε αργότερα, χωρίς να δώσει περισσότερες εξηγήσεις, ότι βρήκε θησαυρό με αντικείμενα χρυσά, χάλκινα, ελεφάντινα, πορσελάνινα και από ορεία κρύσταλλο σε έναν χώρο στο Διαμέρισμα Κατοικίας, που, στα αστεία, τον αποκαλούσαν «η Φωλιά», εξαιτίας πρακτικών δυσκολιών κατά την ανασκαφή του, καθώς και εξαιτίας «κάποιου μυστηρίου που σχετιζόταν με αυτόν». «Το τελευταίο μας εύρημα εδώ», έγραψε ο Έβανς σε ένα τελευταίο ενθουσιώδες σημείωμα στον πατέρα του στις αρχές Ιουνίου, «είναι τα υπολείμματα εξαιρετικά κομψών ειδωλίων από ελεφαντόδοντο ... το σκάλισμά τους προχωρά πέρα από ό,τι θα μπορούσε να φανταστεί κανείς και μοιάζει περισσότερο με καλό έργο της Αναγέννησης παρά με οτιδήποτε κλασικό».[109] Αργότερα έγραψε:

> Η ζωή, η ελευθερία, η φλόγα αυτών των ελεφάντινων ειδωλίων είναι κάτι το θαυμάσιο και, από ορισμένες απόψεις, φαίνεται να ξεπερνά τα όρια της τέχνης του γλύ-

> πτη. Το χαριτωμένο τίναγμα των ποδιών και των χεριών, το λύγισμα του κεφαλιού και του σώματος προς τα πίσω, δίνουν την αίσθηση της ανεμπόδιστης κίνησης ... Οι νεανικές αυτές μορφές είναι αθλητικές –για να μην πω ακροβατικές– από τη φύση τους και, ασφαλώς, κάποιες αναλογίες με τις μορφές εκείνες που παριστάνονται στις τοιχογραφίες του Ανακτόρου, καθώς και σε σειρά από σφραγίσματα λίθων, φαίνεται να τις συνδέουν με τον πιο αλάθητο τρόπο με το αγαπημένο άθλημα της μινωικής αρένας, τις σκηνές της πάλης με τον ταύρο.

Η αναφορά ήταν στην «Τοιχογραφία του Ταυρομάχου», που τώρα είχε πλήρως αποκατασταθεί από τον Gilliéron και έδειχνε, όπως περιέγραψε ο Έβανς, πώς «ένας ταύρος που εφορμά πιάνει από τις μασχάλες ένα κορίτσι ταυρομάχο με ενδυμασία καουμπόι και, προφανώς, ετοιμάζεται να την πετάξει κάτω. Ένας νέος, που μοιάζει να τον έχει ήδη πετάξει στον αέρα, κάνει τούμπα πάνω από τη ράχη του ζώου, ενώ ένα κορίτσι πίσω, που ίσως να στέκεται στη μέση της αρένας, σηκώνει τα δυο της χέρια σαν να θέλει να πιάσει τη μορφή που πετά».[110]

Ο Έβανς δεν αμφέβαλε ποτέ ότι αυτές οι σκηνές έπρεπε να ερμηνευθούν ακριβώς όπως φαίνονταν. Δεν είχε σκεφτεί ότι μπορούσαν να υπάρχουν άλλες εξηγήσεις, λιγότερο κυριολεκτικές, πιο μεταφορικές ή ακόμη και φανταστικές. Αντίθετα, αυτό ήταν το άθλημα με τον ταύρο, η θυσία των Αθηναίων νέων και παρθένων, που αργότερα οι Έλληνες θυμούνταν στον μύθο του Μινώταυρου. Η άποψή του αυτή υποστηρίχτηκε από πολλούς ιδεαλιστές, όπως ο συνάδελφός του H. R. Hall, του τμήματος των Αιγυπτιακών και Ασσυριακών Αρχαιοτήτων στο Βρετανικό Μουσείο και συγγραφέας του βιβλίου *The Oldest Ci-*

vilization of Greece, το πρώτο ακαδημαϊκό βιβλίο που λάμβανε υπόψη του τις ανακαλύψεις του Έβανς.

Ο Hall επισκέφτηκε [την Κνωσό] στη διάρκεια της ανασκαφικής περιόδου και ανέφερε τις αποκαλύψεις του στη δημοφιλή επιστημονική επιθεώρηση *Nature*. Ενθάρρυνε τους αναγνώστες να φανταστούν την πεζοπορία του από την Κάντια, από όπου πέρασε «δύο ταβέρνες στο πλάι του δρόμου, ένα σπίτι και ένα μονοπάτι στα αριστερά προς τα χωράφια, σε μια λευκή κηλίδα γης με ένα ξύλινο αγροτόσπιτο στη μέση, στην κορυφή του οποίου κυματίζει η σημαία της Μεγάλης Βρετανίας: αυτή είναι η Κνωσός, όπου δίκαζε ο Μίνωας και όπου ο Θησέας σκότωσε τον Μινώταυρο». Ο Hall αποδεχόταν άκριτα τον Έβανς και τις αξιολογήσεις του για την ιστορικότητα των μύθων: «Ερχόμενος από τα δυτικά, μπαίνεις πρώτα στη μεγάλη δυτική αυλή, την οποία, αν δεν είσαι δειλός Δρυίδης, αλλά αρχαιολόγος που ευχαριστιέται όταν εποικίζει το έδαφος όπου στέκεται με εκείνες τις ηρωικές μορφές που συνδέονται μαζί του με τον μύθο, μπορείς να την ονομάσεις, αν θέλεις, το Δάπεδο του Χορού της Αριάδνης».[111] «Είναι παράξενο πράγμα αυτός ο κρητικός πολιτισμός», έγραφε αργότερα τον ίδιο χρόνο ο Hall, προπαγανδίζοντας την αντίληψη του Έβανς για τους «ειρηνόφιλους Μινωίτες»:

> Τις Μυκήνες τις ξέρουμε, αλλά αυτό δεν είναι Μυκήνες ... η Κνωσός είναι παλαιότερη και η Κνωσός είναι πιο πολιτισμένη. Η Κνωσός δεν είναι οχυρό σε λόφο ... Δείχνει μέρος ασφαλούς ειρήνης, προφανώς ανοχύρωτο από τείχη, ανάκτορο με υπερπολυτελή λουτρά και γυαλιστερά δάπεδα χορού, που το κατοικούσαν πρίγκιπες που φαί-

νεται πως ευχαριστιούνταν να ζουν με τρυφηλότητα, περιτριγυρισμένοι από αυλή με κυρίες με τα πιο καταπληκτικά μοντέρνα φορέματα με ντεκολτέ και κομμώσεις όμοιες με αυτές που κυριαρχούν στις βιτρίνες της οδού Regent, και άνδρες με μαλλιά μακριά σαν των γυναικών, σχεδόν το ίδιο περίτεχνα ντυμένους, που τους υπηρετούσαν πλήθη σκλάβων και κομιστές προσφορών ... Αυτά είναι όλα εικασίες, αλλά μεταδίδουν την εντύπωση ... ενός αρχαίου πολιτισμού πολύ ανεπτυγμένου, ειρηνικού, που αγαπούσε την τέχνη και την πολυτέλεια, θηλυπρεπούς αν θέλετε. Αλλά, επιπλέον, βάναυσου [αναφορά στα αθλήματα με τον ταύρο] με απαίσιες ιδιαιτερότητες που βασανίζουν το μυαλό.[112]

Ο Hall, όπως ο Έβανς, γύρευε την ισορροπία ανάμεσα σε μια δίκαιη και μια σκληρή κοινωνία.

Ο χειμώνας πέρασε γρήγορα, ενώ ο Έβανς επικεντρωνόταν στην προετοιμασία λεπτομερειακών προκαταρκτικών αναφορών, του «Bird's-eye View of the Minoan Palace at Cnossos, Crete», που ήταν εικονογραφημένη περιήγηση του Ανακτόρου για να την περιεργαστούν οι πιο καταξιωμένοι κατασκευαστές της Βρετανίας στο Βασιλικό Ινστιτούτο των Βρετανών αρχιτεκτόνων τον Δεκέμβριο,[113] και μιας σειράς διαλέξεων για την «Προ-φοινικική Γραφή στην Κρήτη», που δόθηκαν στο Βασιλικό Ινστιτούτο στο Λονδίνο. Μέχρι τα μέσα Φεβρουαρίου του 1903, είχε επιστρέψει στην Κρήτη και στις 23 Φεβρουαρίου προσέλαβε πενήντα εργάτες, πιστεύοντας πως «μια σχετικά σύντομη αποστολή θα εξαντλούσε ό,τι είχε να αποδώσει η περιοχή του Ανακτόρου».[114] Ήρθαν ξανά ο Duncan Mackenzie από την Ιταλία και ο Fyfe για να επιβλέψει τα σχέδια και τις αναστυλώσεις. Ο Halvor Bagge, για τον οποίο ξέρουμε μόνο πως ήταν «Δανός καλλιτέχνης», έφτασε για να σχεδιάσει τα ευρήματα εκείνης της χρονιάς. Ούτε ο Έβανς ούτε ο Mackenzie κράτησαν λεπτομερείς σημειώσεις από αυτόν τον χρόνο και στο εξής, ίσως γιατί ένιωθαν ότι απλώς συμπλήρωναν τη σημαντικότερη εργασία των πρώτων τριών αποστολών. Οι καταγραφές τους αποτελούν περιλήψεις, συχνά γραμμένες μέρες μετά τις ανακαλύψεις που έκαναν.[115]

Οι πολύ μεγάλες βροχοπτώσεις βάρυναν τη διάθεση των ανασκαφέων και εμπόδισαν ανασκαφές ευρείας κλίμακας μέχρι τον Απρίλιο, αλλά επίσης αποκάλυψαν σημάδια πάνω στην πέτρα που δεν είχαν φανεί από προηγούμενα στεγνά βουρτσίσματα. Στα κατώφλια των εισόδων παρατήρησαν χαρακιές από την κίνηση των ξύλινων θυρών, που έδειχναν πως κάθε πέρασμα κλεινόταν από διπλές θύρες με κατακόρυφο μάνταλο που μπορούσε να ασφαλίσει τη μία πλευρά. Αυτές οι κομψές θύρες ήταν μέρος ενός ευφυούς συστήματος διπλών θυρών ανάμεσα σε πεσσούς οι οποίοι, όταν οι θύρες ήταν ανοιχτές, φαίνονταν απλώς σαν μια σειρά από πεσσούς, καθώς τα φύλλα των θυρών γλιστρούσαν τέλεια μέσα σε εγκοπές στα υποστηρίγματα. Οι θύρες όμως μπορούσαν να κλείνουν, μία ή περισσότερες, κατά βούληση. Αυτό «το χώρισμα από πεσσούς και θύρες»,* όπως το ονόμαζε ο Έβανς, ήταν ακόμη ένα θαύμα της κρητικής αρχιτεκτονικής και έδειχνε το υψηλό επίπεδο αισθητικής εκζήτησης των Μινωιτών. Ήταν σχέδιο που δεν συναντάται ξανά παρά στις μπαλκονόπορτες του δέκατου όγδοου αιώνα.

* Στο πρωτότυπο: «pier and door partition». Στα ελληνικά έχει επικρατήσει ο όρος «σύστημα πολυθύρων». (Σ.τ.Ε.)

Όταν ο καιρός βελτιώθηκε τον Απρίλιο, ο Έβανς προσέλαβε άλλους εκατόν πενήντα άνδρες και έσκαψε σε νέο έδαφος, βορειοδυτικά του Ανακτόρου. «Τα πράγματα έλαβαν, ως συνήθως, μια πολύ μεγαλύτερη διάσταση από ό,τι προσδοκούσα», έγραψε στον πατέρα του. «Στα βορειοανατολικά άρχισαν να εμφανίζονται φαρδιά σκαλοπάτια, που κατεβαίνουν σε δύο κλίμακες κατά ορθές γωνίες ... και βρέθηκε πως οδηγούν σε πλακόστρωτη περιοχή, η οποία θα πρέπει να εξυπηρετούσε κάποιου είδους παραστάσεις. Στην πραγματικότητα, μου φαίνεται πως είναι τμήμα πρωτόγονου θεάτρου», συμπέρανε, εκτιμώντας πως τετρακόσιοι με πεντακόσιοι θεατές μπορούσαν να βολευτούν στον ευρύχωρο «εξώστη» πάνω από τη νότια κλίμακα δίπλα από το Βασιλικό Θεωρείο, όπως ονόμασε μια τετράγωνη έπαλξη, εκεί που τα σκαλοπάτια συνέκλιναν. «Τι παραστάσεις», αναρωτιόταν, «είναι πιθανό να δίνονταν στον πλακόστρωτο χώρο; Το αγαπημένο μινωικό άθλημα αποκλειόταν, καθώς η περίφραξη δεν προσφερόταν με κανένα τρόπο για αρένα ταύρου ... Παρά το ορθογώνιο σχήμα του, όταν ήταν πιο επίπεδος από ό,τι σήμερα και επικαλυμμένος με κονίαμα, ο χώρος θα ταίριαζε πολύ για χορούς», μια θεωρία που δοκιμάστηκε με επιτυχία, αφού ο Έβανς προσκάλεσε τους εργάτες και τις οικογένειές τους να επιδείξουν τις χορευτικές τους ικανότητες μπροστά στον Dörpfeld και στην ομάδα του από Γερμανούς σπουδαστές, στην ετήσια επίσκεψή τους. «Είναι δύσκολο να απορρίψουμε το συμπέρασμα ότι αυτό το πρώτο από τα θέατρα, ο Βαθμιδωτός Χώρος, με το χορευτικό του δάπεδο, παρέχει υλική βάση για την ομηρική παράδοση του περίφημου "Χορού"». Έτσι, έγινε ο Θεατρικός Χώρος, αν και θα μπορούσε άνετα να είναι υπαίθρια εμπορική αγορά ή δημόσιος τόπος συνάντησης, και ο Έβανς μπορούσε πάλι να παραθέσει υλικές αποδείξεις της «αλήθειας μέσα στον μύθο».[116]

Η Θεά των Όφεων

Η μεγαλύτερη ανακάλυψη της περιόδου ήρθε, όπως συνήθως, στο τέλος. «Παρατηρώντας ένα ελαφρό βαθούλωμα στο πλακόστρωτο», ανέφερε αργότερα ο Έβανς, «σήκωσα μερικές πλάκες» σε έναν μικρό χώρο δυτικά της Κεντρικής Αυλής. Εδώ, προς μεγάλη του χαρά, βρήκε επαρκή στοιχεία για να επιβεβαιώσει τον ορισμό του για αυτό το σύνολο των δωματίων ως το Κεντρικό Ιερό, με το λατρευτικό του άγαλμα της θεότητας, στην οποία ήταν αφιερωμένο το ιερό. Δύο κτιστοί λάκκοι από πέτρα, σαν τετράγωνα κουτιά κάτω από το επίπεδο του δαπέδου, ήταν γεμάτοι αντικείμενα από χρυσό, λίθο και, κυρίως, από φαγεντιανή, τόσο υψηλής ποιότητας που ο Έβανς εξύμνησε το «εργοστάσιο φαγεντιανής στο Ανάκτορο της Κνωσού [ως] τον μακρινό πρόγονο εκείνων της Βενσέν και των Σεβρών, της Φλωρεντίας των Μεδίκων, του Ουρμπίνο ή του Καποντιμόντε, του Μάισεν και πολλών άλλων βασιλικών και πριγκιπικών προϊόντων του ιδίου τύπου.[117] Ανάμεσά τους πολύ σημαντικά ήταν ο κορμός και το κεφάλι μιας γυναίκας με «μητρικό στήθος. Μια Μητέρα Θεά», σημείωσε ο Έβανς.[118] Τρία φίδια, με τα κεφάλια τους πάνω στη ζώνη της, σπαρταρούσαν τυλιγμένα γύρω από τους βραχίονες και τη μέση της, τον δεξιό της βραχίονα (ο αριστερός έλειπε) και την ψηλή «τιάρα» που υψωνόταν πάνω από το κεφάλι της. Ο Έβανς και ο Bagge αποκατέστησαν τη «Θεά των Όφεων» σε όρθια θέση, βασιζόμενοι σε μια δεύτερη γυναικεία μορφή, επίσης από φαγεντιανή, η οποία, εξαιτίας του μικρότερου ύψους της, έγινε η «Θηλυκή Λατρεύτρια». Αυτή η μικρότερη μορφή, από την οποία έλειπαν το κεφάλι και ο αριστερός βραχίονας, κρατούσε μακρύ, στριφτό νήμα στο ανασηκωμένο δεξί της χέρι, αλλά οι Έβανς και Bagge, επηρεασμένοι από την πρώτη μορφή, έβαλαν κεφάλια φιδιών στο κάτω μέρος του νήματος και στη γροθιά του αριστερού χεριού που ανάπλασαν, αγνοώντας το γεγονός ότι κανένα φίδι στη φυσική του κατάσταση δεν έχει σπειροειδείς ραβδώσεις, κάτι που θα πρέπει να ήξερε πολύ καλά ο Έβανς, ο οποίος έπαιζε με ερπετά από παιδί.

Όμως «η τέχνη φτάνει στο υψηλότερό της επίπεδο σε ορισμένα μικρά ανάγλυφα που απεικονίζουν ομάδες από αγελάδες και αίγαγρους που βυζαίνουν τα μικρά τους», ανέφερε ο Έβανς, «ώστε είναι φυσικό να ανιχνεύσουμε σε αυτά ευθεία αναφορά στη Μητέρα Θεά της μινωικής Κρήτης». Κατόπιν έκανε μια ενδιαφέρουσα σύγκριση: «Πράγματι η ομάδα των αγελάδων και των μοσχαριών παρουσιάζει ουσιαστικά τον ίδιο τύπο όπως η αγελάδα και το μοσχάρι της Αθώρ και της Ίσιδος».[119] Η Αθώρ, η Αιγύπτια θεά του ουρανού που συμβολιζόταν με την αγελάδα η οποία σηκώνει με τα κέρατά της τον θεό ήλιο στον ουρανό, απεικονιζόταν πολύ συχνά ως κεφάλι βοοειδούς που περιβαλλόταν από άστρα. Για τον Έβανς, αυτή ήταν προφανής σύγκριση. Στη συνέχεια πήρε ένα μικρό μαρμάρινο σταυρό που είχε βρει μαζί με τις μορφές από φαγεντιανή και, παρατηρώντας ότι «ο απλός "ελληνικός" σταυρός, ως αστρικό σύμβολο με θρησκευτική σημασία, απαντά στην Αίγυπτο ως διακριτικό της Αθώρ»,[120] τοποθέτησε τα επιδιορθωμένα κομμάτια όπως φαντάστηκε ότι θα στέκονταν κάποτε πάνω σε πάγκο σαν κι εκείνον στο Ιερό των Διπλών Πελέκεων, στην κεντρική θέση λατρείας, με τη θεά και τους λατρευτές της εκατέρωθεν. Αλλά η Αθώρ ήταν Αιγύπτια κι αυτό ήταν της «προελληνικής» Κρήτης, όπου οι μύθοι ήταν διαφορετικοί. Ενώ παραδεχόταν ότι η Ήρα ήταν το κλασικό ελληνικό ισοδύναμο της αγελαδόμορφης Αιγύπτιας θεάς, ο Έβανς κοίταξε μακρύτερα στο παρελθόν για να αναγνωρίσει τη δική του θεά των φιδιών, φτάνοντας τελικά σε μια θεά της φύσης «της οποίας μεταγενέστερη μεταμόρφωση αποτελεί η Αφροδίτη-Αριάδνη».[121]

Η υποτιθέμενη ιερότητα του Κεντρικού Ιερού, που καταδείχτηκε αρχικά στον Έβανς από την απεικόνισή του στη μικρογραφική τοιχογραφία, επιβεβαιώθηκε τώρα από αυτή τη νέα απόθεση, που ο Έβανς ονόμασε Θησαυρούς του Ναού· και φάνηκε να αποδεικνύεται η λατρεία της ντόπιας Μητέρας Θεάς, της «Κυρίας μετά της Περιστεράς» και της «Θεάς των Όφεων», όλων με το όνομα της Αριάδνης. Ακόμη, επειδή ο Έβανς θεώρησε ότι υπήρχε δεσμός ανάμεσα στον διπλό πέλεκυ, που ήταν τόσο συχνά χαραγμένος ως οικοδομικό σημάδι στους λίθους σε ολόκληρη την περιοχή, με τον Δία και τον γιο του, τον Μίνωα, συμπέρανε: «Φαίνεται ότι και εδώ, όπως και στην πρώιμη Ανατολία, υπήρχαν Ιερείς-Βασιλείς. Η παλιά παράδοση που έκανε τον Μίνωα γιο και "Σύντροφο" του Δία και Κρήτα Μωυσή φαίνεται για ακόμη μία φορά να έχει πραγματική βάση».[122] Ο Έβανς ήταν ανίκανος να παραιτηθεί από την ιδέα της θεία εμπνεύσει ανδρικής εξουσίας.

Το σκάψιμο σταμάτησε την πρώτη εβδομάδα του Ιουνίου, μολονότι ήταν φανερό ότι δεν είχαν «εξαντλήσει τους πόρους» της θέσης. Ο Έβανς ήθελε να μοιραστεί τις ανακαλύψεις του από πρώτο χέρι με το βρετανικό κοινό και ξεκίνησε τις προσπάθειες για να κανονίσει να μεταφερθεί στην Αγγλία μια επιλογή αντικειμένων, σύμφωνα με το άρθρο του νόμου περί αρχαιοτήτων που επέτρεπε την εξαγωγή των *άχρηστων** αρχαιολογικών ευρημάτων. Πίεσε τον R.W. Graves, τον Βρετανό πρόξενο στην Κρήτη, να κανονίσει τη μεταφορά των «διπλών και των *objets sans valeur*»** από την Κνωσό στο Μουσείο Ashmolean. Ο Graves συμβούλευσε τον Έβανς «πως αν δίνονταν μερικά ως αντάλλαγμα προς όφελος του Μουσείου της Κάντια, τα πράγματα θα εξελίσσονταν πολύ καλύτερα», μια ιδέα που δεν εισακούστηκε από τον Έβανς, ο οποίος και απευθύνθηκε στον Ύπατο Αρμοστή. Πήρε την υπόσχεση του πρίγκιπα Γεωργίου ότι το ζήτημα θα ανακινείτο τελευταίο στη συνεδρίαση του νομοθετικού Σώματος, ώστε να περάσει «αιφνιδιαστικά, επειδή φοβάται ότι ο Έλληνας Γενικός Έφορος [ο Καββαδίας, διευθυντής αρχαιοτήτων στην Αθήνα], ο οποίος διάκειται εχθρικά προς οποιαδήποτε τέτοια πρόταση», θα ασκούσε την επιρροή του στους Κρήτες βουλευτές. «Ομολογώ ότι δεν εμπιστεύομαι καθόλου αυτούς τους ανθρώπους και δεν θα νιώθω καθόλου άνετα μέχρι να γίνει "*fait accompli*"»,*** παραδέχτηκε ο Graves.[123]

Η δυσπιστία ανάμεσα στον Έβανς και στους Κρήτες ήταν αμοιβαία. Εκείνον τον χρόνο ξεκίνησε επίδειξη των

---

* Ελληνικά στο πρωτότυπο. (Σ.τ.Ε.)

** Αντικειμένων άνευ αξίας. (Σ.τ.Ε.)

*** Υπόθεση τελειωμένη. (Σ.τ.Ε.)

αποκατεστημένων ειδωλίων από το Ιερό του Διπλού Πελέκεως σε έναν μικρό χώρο του Ανακτόρου, προκειμένου να δώσει στους επισκέπτες αίσθηση της ατμόσφαιρας στο μικροσκοπικό μινωικό ιερό, σαν να κοίταζαν μέσα από μια τρύπα στην πόρτα. Ο Currelly αργότερα θυμόταν:

> Δυστυχώς, ένα από τα παιδιά της βρετανικής διλοχίας που είχε ως βάση την Κάντια ήταν αρκετά μικροκαμωμένο, ώστε χώθηκε μέσα από την τρύπα και έκλεψε κάποιες αρχαιότητες. Ο Έβανς τις πήρε πίσω, αλλά μερικοί από τους Κρήτες υπαινίχθηκαν ότι είχε γίνει απόπειρα από τη μεριά των Βρετανών να τις κλέψουν. Οι Κρήτες δεν θα άφηναν ούτε ένα αντικείμενο να βγει από τη χώρα και όταν κάποιος από μας έφευγε, οι τελωνειακοί, περικυκλωμένοι από χασομέρηδες που θαύμαζαν, χρειάζονταν περίπου μια ώρα για να ελέγξουν μια βαλίτσα. Άδειαζαν κουτιά με χάπια, έψαχναν στις βούρτσες των μαλλιών. Ήταν λίγο σαν κωμωδία, καθώς σίγουρα, αν θέλαμε να βγάλουμε λαθραία μικρά αντικείμενα, θα μπορούσαμε να τα έχουμε στις τσέπες μας. Όμως όλοι οι Κρήτες ήθελαν δημόσιες θέσεις κι έτσι οι τελωνειακοί έδειχναν την ικανότητά τους όσο πιο δραματικά μπορούσαν.[124]

Οι Κρήτες είχαν κάθε λόγο να αμφιβάλλουν για τον σεβασμό που έδειχνε ο Έβανς στους νόμους τους. Σε μια συνέντευξη του 1926, ο Έβανς διηγείτο:

> Μια μέρα πήγα να δω έναν Αμερικανό ο οποίος έσκαβε σε τοποθεσία στα ανατολικά της Κρήτης. Μου έδωσε ένα αρχαίο ελληνικό αγγείο. Όταν έφευγα, τύλιξα το πάνω μέρος του αγγείου σε μια εφημερίδα και το έβαλα στην τσέπη του γυλιού μου. Το κύριο μέρος του αγγείου

το έβαλα στη μεγάλη μου ταξιδιωτική βαλίτσα. Κατά κανόνα οι τελωνειακοί ήταν πολύ ευγενικοί και με καλούς τρόπους, όμως αυτήν τη φορά με υποδέχτηκε ένας άνδρας που μόλις είχε διοριστεί, ο οποίος, όταν βρήκε το κάτω μέρος του αγγείου στον γυλιό μου, διαμαρτυρήθηκε έντονα. Αποφάσισα ότι δεν ήθελα να μου το πάρει. Έτσι, το πέταξα στη θάλασσα. Δεν βρήκαν το κομμάτι του αγγείου στη βαλίτσα μου. Όταν έφτασα σπίτι, ανακάλυψα πως μόλις έφυγα δημιουργήθηκε αναστάτωση στην κυβέρνηση. Ο Έφορος Αρχαιοτήτων κατέβηκε στο λιμάνι και έδωσε εντολή σε δύτες να ψαρέψουν το αξιοθρήνητο κομμάτι του πηλού από τον πάτο της θάλασσας. Σε ολόκληρη την Κρήτη διαδόθηκε η είδηση ότι είχα πάρει τον μεγαλύτερο θησαυρό, ένα χρυσό αγόρι με διαμαντένια μάτια! Τέλος πάντων, όταν το κομμάτι του αγγείου σώθηκε από τα βάθη της θάλασσας, το πήγαν εν πομπή στο Μουσείο. Την επόμενη φορά που πήγα, επισκέφτηκα το Μουσείο και στη διάρκεια της συζήτησης ρώτησα πού ήταν το πήλινο κομμάτι μου. «Στη βιτρίνα», αποκρίθηκε ο Έφορος. Την ξεκλείδωσε, έβαλα το κομμάτι στην τσέπη μου και το πήρα στην πατρίδα. Τώρα βρίσκεται στο Μουσείο Ashmolean.

Παρ' όλα αυτά, δόθηκε άδεια για τα περισσότερα αντικείμενα για τα οποία έκανε αίτηση ο Έβανς, αλλά όχι για τις εγχάρακτες πινακίδες, όπως τον πληροφόρησε ο Χατζιδάκις με ευγενικό γράμμα στις 26 Ιουνίου. Ο Έβανς και ο Mackenzie συσκεύασαν μια μέτρια επιλογή από όστρακα κεραμικής, έκαναν γύψινα εκμαγεία των πιο εντυπωσιακών αντικειμένων και τα φόρτωσαν για το Λονδίνο, όπου αποτέλεσαν τον πυρήνα έκθεσης στο Burlington House, που περιλάμβανε φωτογραφίες και σχέδια ευρημάτων από βρετανικές ανασκαφές. Είχαν περάσει είκοσι έξι χρόνια από τότε που ο νιόπαντρος Έβανς με τη Margaret είχαν ταξιδέψει στο Λονδίνο να δουν τον τρωικό θησαυρό του Σλήμαν, κοροϊδεύοντας τότε τους ισχυρισμούς του ερασιτέχνη για την Τροία και τον βασιλιά Πρίαμο. Τώρα, και στην ίδια αίθουσα, παρουσίαζε τη δική του βιτρίνα «σε εκείνους που θέλουν να δουν με τα ίδια τους τα μάτια ότι ο "μύθος" του Μίνωα και του Δαίδαλου και ο Λαβύρινθος έχουν πολύ σταθερό θεμέλιο», όπως διάβασαν οι αναγνώστες της *Manchester Guardian.*[125]

Ο Έβανς γύρισε στην Οξφόρδη τον Ιούλιο για να συνθέσει άλλη μία διεξοδική προκαταρκτική αναφορά και να παγιώσει τις ιδέες του για τους Μινωίτες, την οποία παρουσίασε ως «Διαλέξεις Yates» στο University College, στο Λονδίνο, στις αρχές Νοεμβρίου. Ο Mackenzie έδωσε ένα χρονολογικό σχέδιο από «τρία ξεχωριστά στρώματα αποθέσεων» στο Ανάκτορο. Το πρώτο, που τώρα το ονόμαζε «προϊστορικό, νεολιθικό στρώμα», ήταν εκείνο που «βρισκόταν κάτω από τις νεότερες αποθέσεις του Ανακτόρου, στις φάσεις που μπορούν να ονομαστούν Πρώιμη Μινωική και Μέση Μινωική». Το τρίτο ήταν «ένα "ύστερο Μινωικό" στρώμα, που εμφανιζόταν σε όλη την περιοχή του Ανακτόρου ... και που η ύστερη φάση αυτής της κατηγορίας καλύπτει την κεραμική που αλλού περιγράφεται ως μυκηναϊκή».[126] Σε αυτό, ο Έβανς πρόσθεσε τις λεπτομέρειες ότι η εικονιστική γραφή ανήκε στη «Μέση Μινωική Περίοδο», στη διάρκεια της οποίας υπήρχε ένα «πρωιμότερο Ανάκτορο» (το «Καμαραϊκό» Ανάκτορο του Mackenzie, περίπου στο 1900 π.Χ.), το οποίο καταστράφηκε «σε μια, όπως φαινόταν, επανάσταση δυναστειών». Σημαντική νεότερη διευκρίνιση ήταν «ότι το ίδιο το μεταγενέστερο Ανάκτορο διαιρέθηκε σε δύο διακριτές περιόδους εξαιτίας κάποιας εσωτερικής αναταραχής, που πιθανόν αφορούσε κυβερνητική αλλαγή».[127]

Ο Έβανς επεξεργάστηκε τις ιδέες του για τα κρητικά συστήματα γραφής σε διάλεξη στη Βρετανική Ακαδημία στα τέλη Νοεμβρίου. Ισχυρίστηκε ότι υπήρχαν δύο κατηγορίες γραμμικής γραφής. Η πρώτη, που προερχόταν από πρώιμες αποθέσεις στο τελευταίο Ανάκτορο, όπως οι Θησαυροί του Ναού, είχε «αντικατασταθεί από την άλλη, που οφειλόταν στην αλλαγή της δυναστείας»· και η δεύτερη, που δείγματά της αριθμούσαν γύρω στις 1.600 πινακίδες, ανήκε στην τελευταία περίοδο του Ανακτόρου. Ονόμασε αυτές τις ύστερες γραφές του Ανακτόρου, Γραμμική Α και Β.

Ο Έβανς εργάστηκε σκληρά για να ερμηνεύσει τις πιο φημισμένες ανακαλύψεις του. Βρήκε προσωπικά ονόματα συνδεδεμένα με τα σύμβολα «άνδρας» και «γυναίκα», που του επέτρεψαν «να ανιχνεύσει την ύπαρξη αρσενικών και θηλυκών καταλήξεων και αλλαγών στην κατάληξη, καθώς και συνθέτων, παρόμοιου τύπου με την ινδογερμανική». Όμως δεν μπορούσε ακόμη να διαβάσει τις πινακίδες, εξαιτίας της εμμονής του στην «ενότητα της γλώσσας στη μινωική Κρήτη, που αναγόταν σε μια απώτατη εποχή και, πιθανόν, αντιστοιχούσε στη γλώσσα των Ετεοκρητών», κι έτσι ασφαλώς δεν ήταν ελληνική.[128]

Στα τέλη του 1903, σύγχρονες εθνικές διαμάχες υποκίνησαν την πρώτη σοβαρή επίθεση στο διογκούμενο σώμα των μινωικών αντικειμένων. Ο Currelly θυμόταν:

> Οι Κρήτες είχαν καταλάβει τον παλιό τουρκικό στρατώνα για να τον κάνουν μουσείο. Αν και οι τοίχοι ήταν πέτρινοι, τα ξύλινα δοκάρια και πατώματα τον έκαναν

> πραγματική παγίδα για πυρκαγιά. Επτά Κρήτες στρατιώτες τον φρουρούσαν κάθε βράδυ, αλλά είναι αμφίβολο αν αυτό αποτελούσε πλεονέκτημα ή όχι. Καθώς οι Κρήτες ήταν βέβαιοι ότι όποιος έβλεπε κάτι από αυτόν τον αρχαίο πολιτισμό θα ερχόταν στην Κρήτη, ήταν η περίπτωση όπου όλα τα αυγά έμπαιναν στο ίδιο καλάθι.[129]

Τον Δεκέμβριο, κάποιος επωφελήθηκε του ενδεχόμενου κινδύνου που υπήρχε και έβαλε φωτιά στον στρατώνα. Μολονότι ο ένοχος δεν δικάστηκε ποτέ, η κοινή γνώμη πίστευε ότι ήταν Τούρκος που φθονούσε την ιστορία των Κρητών και προσπάθησε να την καταστρέψει. Οι εφημερίδες της Κρήτης διαμαρτύρονταν γιατί δεν είχε κατασκευαστεί κατάλληλο μουσείο για να στεγάσει τους θησαυρούς του νησιού και υπαινίχθηκαν ότι η καθυστέρηση γι' αυτό, και ίσως η ίδια η φωτιά, οφείλονταν σε σύγκρουση ανάμεσα στους Μουσουλμάνους και τους Χριστιανούς. Και τα δύο στοιχεία του πληθυσμού ήταν Κρήτες, αλλά οι πεποιθήσεις και οι αξίες τους απείχαν τόσο πολύ, που η διαμάχη για το ποιων η ιστορία θα παρουσιαζόταν στο μουσείο είχε γίνει εκρηκτική. Τελικά, καθώς ο μουσουλμανικός πληθυσμός έφθινε, αναλόγως έχαναν το δικαίωμα να παρουσιάζονται στην ιστορία του νησιού και το νέο μουσείο αντικατόπτριζε τις επιθυμίες της χριστιανικής πλειονότητας.

❖

Ο Έβανς επέστρεψε στην Κρήτη τον Μάρτιο του 1904, για να βρει την πέμπτη ανασκαφική περίοδο σε πλήρη εξέλιξη, από τις 15 Φεβρουαρίου, υπό την επίβλεψη του

Mackenzie. Επιστρατεύτηκε ακόμη μια φορά το ταλέντο του Γρηγόρη να βρίσκει τάφους. Όμως αυτή τη φορά αντάμείφθηκαν, ίσως επειδή συμμετείχε ο εξίσου ευαίσθητος Ιωάννης Παπαδάκης, στον οποίο ο Έβανς απέδωσε τις πρώτες τους ανακαλύψεις. «Αποκαλύφτηκαν υπολείμματα μεγάλου λίθινου μαυσωλείου», τηλεγράφησε ο Έβανς στον Macmillan, ο οποίος παρέδωσε το βιαστικό τηλεγράφημα στους *Times* του Λονδίνου: «Μοναδικό μνημείο του είδους του», συνέχιζε το τηλεγράφημα. «Σχεδόν όλα τα μεταλλικά αντικείμενα είχαν ήδη αφαιρεθεί στους αρχαίους χρόνους, αλλά έμεναν πολλά σκόρπια υπολείμματα. Πήλινα σφραγίσματα βασιλικών σφραγιδόλιθων που επαναλαμβάνονταν ... αιγυπτιακό κύπελλο από βασάλτη, πολλά αλάβαστρα [αιγυπτιακά αγγεία από αλάβαστρο], αιγυπτιακό περιδέραιο από lapis lazuli με κρεμαστές μορφές». Ονομάστηκε Βασιλικός Τάφος, ένας μεγάλος ορθογώνιος χώρος, οκτώ μέτρα μήκος και έξι πλάτος, επενδεδυμένος εσωτερικά με τοιχοποιία από θαυμάσια κομμένους δόμους, ο οποίος βρισκόταν στην επίπεδη κορυφή ενός λόφου που λεγόταν Ισόπατα, με θέα προς τα ενετικά τείχη της Κάντια. Έμοιαζε, χάρις στο ορθογώνιο σχέδιό του, με τους τάφους των Αιγυπτίων αρχόντων στις Θήβες, και ο Έβανς, που περίμενε κυκλικό κυψελοειδή τάφο, σαν εκείνους που είχαν βρεθεί στις Μυκήνες, παρατήρησε σε γράμμα στον πατέρα του: «Είναι περίεργο το αιγυπτιακό στοιχείο που υπάρχει».[130] Αλλά για ανακοίνωση στον Τύπο αποτόλμησε να πει πως είναι «πιθανόν τάφος ενός από τους τελευταίους Μινωίτες βασιλιάδες. Μέρος που δεν κατέλαβαν ποτέ άλλοι. Αυτό το μεγάλο μνημείο πιθανόν δείχνει τον παραδοσιακό τάφο του Ιδομενέα».[131] Τα αιγυπτιακά παράλληλα ήταν άφθονα, αλλά όχι αρκετά για να ταρακουνήσουν τον Έβανς από τις προελληνικές, ινδοευρωπαϊκές ιδέες του.

Στο Ανάκτορο, «βρήκαμε συνέχεια του δρόμου δυτικά του "Θεάτρου", που υπόσχεται να οδηγήσει σε κάτι», έγραψε ο Έβανς στον πατέρα του. Διακόσιοι εργάτες προσελήφθησαν για να μετακινήσουν «πελώριο όγκο χώματος, συμπεριλαμβανομένων και των καταλοίπων της ελληνικής και ρωμαϊκής εγκατάστασης»,[132] τα οποία ο Έβανς αργότερα διαβεβαίωσε στη δημοσιευμένη έκθεσή του ότι «αποδείχτηκαν άνευ σημασίας καθ' εαυτά».[133] Η μέθοδος που χρησιμοποιήθηκε για να μετακινηθεί η «ασήμαντη» ιστορία ήταν γνωστή ως το «σύστημα του στοιχήματος». «Δουλεύουν σε ομάδες με ευφυές σύστημα που εφευρέθηκε από τον Mackenzie, εκείνο του *στοιχήματος** ή της αναμέτρησης», εξιστορούσε ο Bosanquet σε γράμμα στη γυναίκα του. «Σε κάθε μία από δύο ομάδες ανδρών μας δίνεται ίσος αριθμός κυβικών μέτρων και ανταμείβουμε την ομάδα που τελειώνει πρώτη με βραβείο, ένα φράγκο στον κάθε άνδρα την ημέρα. Δουλεύουν σαν ήρωες σε αυτές τις αναμετρήσεις και πληρώνονται περισσότερο από ό,τι συνήθως, εκτός από το ασήμαντο βραβείο. Φυσικά, το σύστημα χρησιμοποιείται μόνο όταν υπάρχουν όγκοι αντιπαραγωγικού χώματος για να μετακινηθούν». Οι ανώμαλες τρύπες που προέκυπταν ήταν γνωστές ως «οι λάκκοι των στοιχημάτων».

Η πίεση από την ευρείας κλίμακας ανασκαφή άρχισε να επηρεάζει τον Mackenzie. Αργότερα εκείνο τον χρόνο, όταν ο Mackenzie πήγε στη Σακάρα στην Αίγυπτο, ο οικοδεσπότης του, ο αιγυπτιολόγος Arthur Weigall, εξέ-

* Ελληνικά στο πρωτότυπο. (Σ.τ.Ε.)

φρασε την έκπληξή του με την ικανότητα του Mackenzie να πίνει ουίσκι με το δείπνο του σαν να ήταν κρασί και τον ρώτησε αν δεν φοβόταν μήπως μεθύσει. «Να μεθύσω!» ανταπέδωσε ο Mackenzie, σύμφωνα με τον Weigall. «Άνθρωπέ μου, ο φόβος είναι μήπως δεν καταφέρω να μεθύσω με ένα ουίσκι κατουρλιό σαν κι αυτό. Θα 'θελα να μεθύσω αν μπορούσα. Γιατί σε μια σκοτεινή νύχτα σαν και τούτη, όταν ο δρόμος κουνιέται μπροστά σου, όσο πιο τυφλός είμαι τόσο πιο γρήγορα θα τρέχω πάνω στ' άλογο». Είπε ακόμη ότι πάντα έπινε τέσσερα ποτήρια ουίσκι στην Κνωσό πριν ξεκινήσει με το άλογο για το σπίτι του στην Κάντια. «Έχω ένα μικρόσωμο άλογο εκεί, που το λένε "Κολασμένη Φωτιά"», εξήγησε ο Mackenzie, «και πηγαίνω σπίτι μ' αυτό. Σκέψου, φίλε, αν ήμουν νηφάλιος, θα μπορούσα να καλπάζω χωρίς να πάθω ζημιά μέσα στους δρόμους της πόλης, σ' έναν θεοσκότεινο δρόμο όλο στροφές;»[134]

Η ανάγκη του Mackenzie για ουίσκι ικανοποιείτο εξίσου και με ρακί, το κρητικό οινοπνευματώδες που αποστάζεται ιδιωτικά κάθε φθινόπωρο, στους μήνες που ακολουθούν τον τρύγο, από τον μούστο των σταφυλιών που πατιούνται για το κρασί, όμοιο με την ιταλική γκράπα και το γαλλικό μαρ, που το έβρισκε να διατίθεται ελεύθερα σε απεριόριστες ποσότητες σε κάθε κρητικό σπίτι. Η ανάγκη του για αλκοόλ μεγάλωνε με τα χρόνια, έγινε ένα από τα ανυπέρβλητα εμπόδια για να καταφέρει να βρει μια σταθερή θέση στην αρχαιολογία και, τελικά, τον οδήγησε στην πρώιμη αποχώρησή του από την Κνωσό.

Η επιτυχία της έκθεσης της Κνωσού στο Burlington House, που κράτησε μετά από αίτημα του κοινού μέχρι τον Μάρτιο του 1904, παρακίνησε τον Bosanquet να ζητήσει να μάθει από τον Έβανς αν «θα άξιζε να κανονίσουμε μια έκθεση των κρητικών αρχαιοτήτων στο Λονδίνο;»[135] Και οι δύο επιθυμούσαν διακαώς να συγκεντρώσουν τη δημόσια υποστήριξη προς το Ταμείο για την Εξερεύνηση της Κρήτης, που ήταν απαραίτητη, κι έτσι ο Έβανς παρέμεινε στην Κάντια μέχρι τον Ιούλιο, «κυρίως για να διαπραγματευτώ ποια "διπλά" μπορώ να βγάλω έξω», έγραψε στον πατέρα του. «Έχω κατάλογο αντικειμένων, ως επί το πλείστον σπασμένων, αλλά δεν ξέρω αν έχουν διάθεση να ερμηνεύσουν τον νέο νόμο πιο χαλαρά». Μολονότι η Κρητική Συνέλευση συμφωνούσε καταρχήν με τα αιτήματα, «πρέπει να συσταθεί επιτροπή και κάθε είδους τυπικές διαδικασίες πρέπει να περάσουν από αυτή». Η Κρητική Συνέλευση γνωστοποίησε την οφειλόμενη ευγνωμοσύνη της στον Έβανς και στη βρετανική κυβέρνηση και η επιτροπή ενέκρινε τελικά την εξαγωγή οστράκων κεραμικής στα βρετανικά μουσεία, με το Ashmolean να ωφελείται περισσότερο. Σήμερα, το Ashmolean στεγάζει συλλογή με τη μεγαλύτερη ποικιλία κρητικών αρχαιοτήτων εκτός Ελλάδας.

«Σε μια εποχή που η προσοχή του αγγλικού κοινού έχει μόλις στραφεί στις επιτυχημένες εξερευνήσεις της Κνωσού από τον κ. Άρθουρ Έβανς και τους συντρόφους του», άρχιζε μια ανώνυμη κριτική στο *Edinburg Review* για το πώς οι πρόσφατες αρχαιολογικές ανακαλύψεις επηρέασαν την αντίληψή μας για τον Όμηρο, «πρέπει να αναλογιστούμε τη γενική αξία και τον βαθμό της γνώσης μας για τη Μεσόγειο κατά τις προϊστορικές εποχές και για τα ομηρικά έπη, που είναι η κύρια λογοτεχνική μας πηγή».[136] Οι ανακαλύψεις του Σλήμαν ήταν σαν εκείνες του Cuvier, κατά τις οποίες «ξεθάβονταν απολιθώματα άγνωστων ζώων» που δεν σήμαιναν τίποτε χωρίς γνώση της ιστορίας της γης, όμως αυτό είχε υποκινήσει τη μελέτη της γεωλογίας. Επειδή ο Σλήμαν άρχισε στις Μυκήνες, «έχουμε αμέσως "μυκηναϊκή Εποχή"», παρατηρούσε ο κριτικός, αλλά «ο κ. Άρθουρ Έβανς επέφερε θανάσιμο πλήγμα σε αυτό το όνομα, υποκαθιστώντας το με το "μινωική"». Η ανακάλυψη από τον Έβανς αιγυπτιακών αντικειμένων και επιρροών στην Κνωσό μετέτρεψε «τους στόλους του Μίνωα», τη φημισμένη «θαλασσοκρατορία» του Θουκυδίδη, σε «ιστορικό γεγονός». Αυτούς τους στόλους της Εποχής του Χαλκού, συνέχιζε ο κριτικός, που ήταν «έτοιμοι να συνεχίσουν το εμπόριο και τον πόλεμο στο Αιγαίο πέλαγος», ακολούθησαν αργότερα οι Φοίνικες, που επέκτειναν την κυριαρχία τους έως τη Δυτική Μεσόγειο (και οι δύο ήσαν πρόδρομοι της «σημερινής Αγγλίας», η οποία «κατέχει από το Γιβραλτάρ έως το Σουέζ τα λιμάνια όπου φορτώνεται κάρβουνο και τα στρατηγικά σημεία, χωρίς να ενδιαφέρεται για την ενδοχώρα»). Το άρθρο ολοκληρωνόταν λέγοντας: «Αν ο κ. Έβανς ήταν απλώς σκαφτιάς, αυτό το άρθρο δεν θα γραφόταν ποτέ, γιατί θα ήταν εντελώς άχρηστο. Η βαθιά και πλατιά γνώση του της προϊστορικής αρχαιολογίας, των τοπικών αρχαιοτήτων, της τακτικής των μουσείων, όλων αυτών που μπορούν να συνοψισθούν ως "αρχαία ατμόσφαιρα", επιτρέπουν στο έργο του όπως και σ' εκείνο του κ. Hogarth να διεκδικούν επαξίως τη διανοητική συμμετοχή και τη γενναιόδωρη βοήθεια κάθε φωτισμένου μελετητή».

Το φθινόπωρο του 1904, η Κρητική Συνέλευση έδωσε εντολή στο Κρητικό Ταχυδρομείο να εκδώσει νέα σειρά γραμματοσήμων, που εμφανίστηκε τον επόμενο Φεβρουάριο. Ξανά το Ταχυδρομείο στράφηκε στον νομισματολόγο Ι. Σβορώνο για έμπνευση, δίνοντάς του οδηγίες να απεικονίσει σκηνές από την κρητική ιστορία, τη μυθολογία ή την παράδοση. Αυτή τη φορά είχε να εξετάσει νέες αναπαραστάσεις και αποφάσισε να αναμίξει εικόνες από αρχαία κρητικά νομίσματα με «αποτυπώσεις από σφραγίδες της πιο απομακρυσμένης εποχής της αρχαιότητας» του Έβανς, και κρητικές εικόνες «που ήταν διάσημες για ιστορικούς ή αρχαιολογικούς λόγους». Πολλά από τα αντικείμενα που ανακαλύπτουν οι αρχαιολόγοι γίνονται διαρκείς εικόνες ή οπτικές υπομνήσεις για μια περίοδο ή έναν τόπο, είδωλα που χρησιμοποιούμε στο παρόν για να συνδεθούμε με εκείνες τις εποχές του παρελθόντος με τις οποίες χρειάζεται να είμαστε σε επαφή. Η επιλογή αυτών των εικόνων είναι κρίσιμη για το πώς φανταζόμαστε το παρελθόν στο παρόν. Η ευρεία ποικιλία ειδώλων που μας πρόσφεραν ο Έβανς και οι συνάδελφοί του φαινόταν να αποτελεί, όσον αφορούσε τους σύγχρονους Κρήτες, μια εξαιρετικά περιορισμένη επιλογή. Ένα από τα πρώτα ευρήματα, η «Αφροδίτη της Κνωσού», για παράδειγμα, δεν θα μπορούσε ποτέ να ανακαλέσει την αρχαία Κρήτη. Ήταν πρωτόγονη, νεολιθική, φυλετική. Λίγα είχε να κάνει είτε με την αντίληψη του πολιτισμού στη στροφή του αιώνα είτε με το προ-ελληνικό πρόγραμμα της Κρητικής Συνέλευσης. Η «Παριζιάνα», ακόμη και ο «Πρίγκιπας των Κρίνων», είχαν αναμφισβήτητα αιγυπτιακή όψη. Αλλά η «Θεά που στέκεται στον ιερό της βράχο ή βουνοκορφή» του Έβανς, που οι Κρήτες τη μετέτρεψαν σε «Αρτέμιδα (μυκηναϊκή θεά) ανάμεσα σε δυο λιοντάρια να τεντώνει τόξο»,[137] ήταν το τέλειο σύμβολο για να μεταφέρει τον δεσμό τους με τους Μινωίτες. Επίσης, το ίδιο ήταν και ο τοξότης σε θραύσμα από λίθινο αγγείο, καθώς η Κρήτη στην ελληνική κλασική περίοδο ήταν φημισμένη για τους τοξότες της. Τοποθετήθηκε απέναντι από έναν από τους «Μινώταυρους» του Hogarth από τα σφραγίσματα της Ζάκρου, σε πλαίσιο με συνεχόμενες σπείρες μιας χαλκογραφίας της Κνωσού του τέλους της περιόδου του 1902.[138] Οι ίδιες αποτυπώσεις, που είχαν χρησιμοποιηθεί πιθανόν από τους Μινωίτες για να μεταδώσουν την εξουσία τους, χρησιμοποιήθηκαν λοιπόν από τη σύγχρονη Κρητική Πολιτεία για τον ίδιο εν πολλοίς σκοπό. Για μια ακόμα φορά, το παρόν στράφηκε στο παρελθόν για σύμβολα, προκειμένου να εγγυηθεί το μέλλον που είχε επιλέξει.

Ο Έβανς επέστρεψε στην Κρήτη στα μέσα Μαρτίου του 1905 και βρήκε το νησί εξεγερμένο. Ο πρίγκιπας Γεώργιος είχε σταθεί αμετακίνητος στις αρχές της αυτονομίας της Κρήτης, που υποστηριζόταν ακόμη από τα στρατεύματα των Μεγάλων Δυνάμεων, οι οποίες δρούσαν ως διεθνής χωροφυλακή στις μεγάλες πόλεις. Αλλά οι Χριστιανοί Έλληνες δεν ενδιαφέρονταν για την ανεξαρτησία της Κρήτης –ο διακαής πόθος τους παρέμενε η ένωσή τους με το Βασίλειο της Ελλάδος– και βρήκαν τον υπερασπιστή τους στο πρόσωπο του νεαρού δικηγόρου Βενιζέλου.

Ο Βενιζέλος αντιδρούσε σε αυτό που έβλεπε ως απολυταρχική εξουσία του πρίγκιπα Γεωργίου και διακήρυξε ανοιχτά πως οι Κρήτες έπρεπε να έχουν περισσότερο λόγο για το μέλλον τους. Αυτό οδήγησε στην αποπομπή του από την κυβέρνηση το 1901. Η εκστρατεία του Βενιζέλου εναντίον της εξουσίας του Πρίγκιπα έφτασε στο αποκορύφωμά της τον Φεβρουάριο του 1905, όταν μέλη της Κρητικής Συνέλευσης που ευνοούσαν την ένωση με την Ελλάδα συγκεντρώθηκαν στο Θέρισο, κοντά στα Χανιά, και διακήρυξαν τις προθέσεις τους να αλλάξουν το Κρητικό Σύνταγμα, απειλώντας με ένοπλη εξέγερση αν δεν γίνονταν αποδεκτά τα αιτήματά τους. Ο Βενιζέλος τέθηκε επικεφαλής υπηρεσιακής κυβέρνησης, ενώ ο πρίγκιπας Γεώργιος κήρυξε στρατιωτικό νόμο. Μέχρι τα μέσα Μαρτίου, η επανάσταση του Θέρισου, όπως ήταν γνωστή, είχε επεκταθεί σε ολόκληρο το νησί και η Κρήτη βρισκόταν ακόμη μια φορά σε κατάσταση εμφυλίου πολέμου. Η επανάσταση κράτησε μέχρι τον Νοέμβριο, όταν ο Βενιζέλος συναντήθηκε με τους πρόξενους των Μεγάλων Δυνάμεων, οι οποίοι συμφώνησαν να συσταθεί διεθνής επιτροπή για να επιλύσει τη διαφορά. Οι επίτροποι έφτασαν το 1906 και σύστησαν την αποχώρηση των ξένων στρατευμάτων και την ίδρυση κρητικής χωροφυλακής, με επικεφαλής Κρήτες αξιωματικούς από τον ελληνικό στρατό. Ήταν πλέον φανερό πως ο πρίγκιπας Γεώργιος είχε χάσει την εμπιστοσύνη που και οι Κρήτες και οι Μεγάλες Δυνάμεις είχαν εναποθέσει σε αυτόν πριν από οκτώ χρόνια, κι έτσι παραιτήθηκε τον Σεπτέμβριο του 1906. Τον αντικατέστησε ένας βετεράνος Έλληνας πολιτικός, ο Αλέξανδρος Ζαΐμης, ο οποίος ασχολήθηκε με τον σχηματισμό της Κρητικής Εθνοφρουράς και την αποκατάσταση της τάξης.

Η επανάσταση ανανέωσε την ένταση ανάμεσα στους Χριστιανούς και τους Μουσουλμάνους, αλλά και ανάμεσα στους Κρήτες και τους ξένους επιτηρητές τους. «Στο Παλαίκαστρο, που βρισκόταν μακριά από τις μεγάλες πόλεις όπου στάθμευαν ξένα στρατεύματα και οι κάτοικοι συμπαθούσαν την επαναστατική κίνηση, η Αστυνομία έπρεπε να αποσυρθεί», ανέφερε ο Bosanquet, ο οποίος έμεινε στην Αθήνα τοποθετώντας τον Dawkins επικεφαλής των ανασκαφών εκεί. «Μια φορά, ομάδα δυσαρεστημένων εργατών οπλισμένων με τουφέκια τρομοκρατούσε τους υπόλοιπους για να απεργήσουν, ζητώντας υψηλότερους μισθούς». Επίσης, έγιναν πολιορκίες και αντιπολιορκίες της τοπικής Μονής Τοπλού, αλλά «ο κ. Dawkins έμεινε σταθερός ... και κατάφερε να κρατήσει τους ανθρώπους του υπό έλεγχο».[139]

Δουλεύοντας υπό τη βρετανική σημαία στην ιδιωτική του έκταση, ο Έβανς ήταν ευχαριστημένος που η βρετανική διλοχία βρισκόταν κοντά, στην Κάντια, και δεν υπέφερε πολύ στη διάρκεια της εξέγερσης. Έχασε την πλήρη απασχόληση του Theodore Fyfe, ο οποίος επέστρεψε στη Σκοτία για να ασκήσει την αρχιτεκτονική, αντί να καταγράφει και να αναστυλώνει τα καταρρέοντα όνειρα του Έβανς, αλλά κέρδισε στη θέση του τον Christian Charles Tyler Doll. Γεννημένος το 1880, γιος γνωστού αρχιτέκτονα στη μοντέρνα περιοχή Bloomsbury του Λονδίνου, ο Doll είχε σπουδάσει αρχιτεκτονική στο Καίμπριτζ. Συνοδεύοντας τον πατέρα του, αρχιτέκτονα τότε της Βρετανικής Σχολής, πήγε στην Κρήτη το 1905 και βρέθηκε επικεφαλής του μεγαλύτερου προγράμματος του Έβανς μέχρι τότε.[140]

Οι βροχές του χειμώνα είχαν διαβρώσει το δεύτερο κεφαλόσκαλο του Μεγάλου Κλιμακοστασίου στο Διαμέρισμα Κατοικίας και τα ξύλινα υποστυλώματα, που είχε εισαγάγει ο Fyfe, είχαν σαπίσει. Μέρος του κεφαλόσκαλου είχε καταρρεύσει και το υπόλοιπο του συνόλου ήταν έτοιμο να υποχωρήσει. «Για να αποτρέψουμε την επαπειλούμενη ερείπωση, χρειάζονται μόνο ηρωικά μέτρα», έγραφε ο Έβανς με ευχαρίστηση στην αναφορά του. Ο Doll επέβλεψε τη μετακίνηση ολόκληρης της πάνω σειράς σκαλοπατιών, πέτρα πέτρα, καθάρισε την περιοχή από τα μπάζα και κατόπιν, «όσο το δυνατόν πιο ταιριαστά», αντικατέστησε τις ξύλινες κολόνες στο διάζωμα με λίθινες καλυμμένες με κόκκινο γύψο και τοποθέτησε σιδερένια δοκάρια εκεί που υπήρχαν ξύλινα αετώματα και σταυρωτά δοκάρια. Ο Έβανς το βρήκε αυτό ευχάριστο:

> Το αποτέλεσμα της κανονικής διαδικασίας της ανασύστασης είναι τέτοιο που πρέπει να ικανοποιεί την ιστορική αίσθηση ακόμη και σε όποιον στερείται κάθε φαντασία. Σε ύψος πάνω από είκοσι πόδια,* υψώνεται μπροστά μας το Μεγάλο Κλιμακοστάσιο και η υπόστυλη αίθουσα εισόδου, ουσιαστικά αμετάβλητα από τότε που τα διέσχιζαν, κάπου τρεισήμισι χιλιετίες πριν, βασιλιάδες και βασίλισσες της γενιάς του Μίνωα, επιστρέφοντας από τους χώρους των δημόσιων και ιερατικών τους λειτουργιών, στη Δυτική Πτέρυγα του Ανακτόρου, στα πιο ιδιαίτερά τους διαμερίσματα στον Βασιλικό Οίκο.[141]

Το αποτέλεσμα ήταν, και παραμένει, πραγματικά εντυπωσιακό. Ο Έβανς ομολογούσε αργότερα ένα όραμα, που του προκάλεσε η ελονοσία, ένα καλοκαιρινό βραδάκι στο Μεγάλο Κλιμακοστάσιο,

> όταν μπήκα στον πειρασμό να κοιτάξω κάτω στο Κλιμακοστάσιο στο ζεστό φως του φεγγαριού και όλος ο τόπος φάνηκε να αφυπνίζεται για μια στιγμή στη ζωή και την κίνηση. Τέτοια ήταν η δύναμη της παραίσθησης, που

---

* Περίπου 7 μ. (Σ.τ.Ε.)

> ήταν σαν ο Ιερέας-Βασιλιάς με το πλουμιστό στέμμα του, οι σπουδαίες κυρίες με τις σφιχτές ζώνες, τα βολάν και τους κορσέδες, οι ιερείς με τους μακρούς χιτώνες και πίσω τους η ακολουθία από τους κομψούς και ρωμαλέους νέους να περνούν και να ξαναπερνούν κάτω από τις σκάλες – σαν να είχαν κατεβεί από τους τοίχους ο Ρυτοφόρος και οι σύντροφοί του.

Η παραίσθηση μπορεί να είχε προκληθεί εν μέρει από την ενοχλημένη αναφορά του Mackenzie για την επίσκεψη της Ισιδώρας Ντάνκαν, της μεγάλης Αμερικανίδας χορεύτριας, διάσημης για την αναδημιουργία κινήσεων του κλασικού χορού που βασίζονταν στη μελέτη των ελληνικών γλυπτών, αλλά και εξίσου διάσημης για τους ξυπόλυτους χορούς της με διαφανή αέρινα ρούχα, σαν αρχαία Νύμφη των δασών. Ο Mackenzie σοκαρίστηκε από την αυτοσχέδια παράσταση που έδωσε, ανεβαίνοντας και κατεβαίνοντας το Μεγάλο Κλιμακοστάσιο.[142]

Οι εννιά περίοδοι του Μίνωα

Ο Έβανς με δυσκολία αποφάσισε να φύγει από την Κνωσό τον Απρίλιο, για όσο χρειαζόταν ώστε να ετοιμάσει την αγόρευσή του, για την αποδοχή του νέου κεφαλαίου της παγκόσμιας ιστορίας που έγραφε, στο διεθνές Αρχαιολογικό Συνέδριο της Αθήνας, όπου ήταν πρόεδρος του προϊστορικού τομέα. Απευθύνθηκε στους συναδέλφους του σαν δικηγόρος μπροστά στους ενόρκους: «Δεν έχουμε το δικαίωμα, βασιζόμενοι στην αρχαιολογική μαρτυρία, να υποκαταστήσουμε τις εννιά περιόδους του μινωικού πολιτισμού με τα εννιά "έτη"* της μυθικής παράδοσης του Μίνωα;» ρώτησε, παραθέτοντας τη φράση του Ομήρου «ο Μίνωας που βασίλεψε εννιά χρόνια», μολονότι η ελληνική λέξη που μεταφράζεται ως «χρόνια» αναφερόταν σε ακαθόριστη μονάδα χρόνου, που μπορούσε να αντιπροσωπεύει μήνες, εποχές ή ακόμη και περιόδους, όπως δηλαδή τις εννοούσε ο Έβανς για να δικαιολογήσει την ταξινόμησή του σε εννιά περιόδους.[143]

Ο Έβανς περιέγραψε τις τρεις κύριες περιόδους του μινωικού πολιτισμού, Πρώιμη, Μέση και Ύστερη, σαν τα βασίλεια της Αιγύπτου, υποδιαιρώντας την καθεμιά σε I, II και III, «ακολουθώντας τα ίχνη της γέννησης, της άνθισης και της παρακμής κάθε χαρακτηριστικής φάσης του μινωικού πολιτισμού». Πίστευε πως ακολουθούσαν συνεχή εξέλιξη, καθώς τα επιγραφικά τεκμήρια στις γραμμικές γραφές «δείχνουν γλωσσική ενότητα», διαβεβαίωσε, αν και δεν μπορούσε ακόμη να τα διαβάσει. Οι δύο λαμπρότερες περίοδοι στο Ανάκτορο, λοιπόν, ανήκαν στο πρώτο Ανάκτορο της Μέσης Μινωικής II περιόδου και συνέπιπταν με τις μακρές και σταθερές βασιλείες της αιγυπτιακής Δωδέκατης Δυναστείας κατά τον δέκατο όγδοο και δέκατο ένατο αιώνα π.Χ., και στο δεύτερο Ανάκτορο της Ύστερης Μινωικής II, περίπου ανάμεσα στο 1550 και 1400 π.Χ., όταν η «μετατροπή του Ανακτόρου είχε ολοκληρωθεί», παρήγοντο τα μεγάλα αγγεία «Ανακτορικού Ρυθμού», όπως τα αποκαλούσε, η Γραμμική Β βρισκόταν σε χρήση και οι τοιχογραφίες έμοιαζαν με εκείνες της σύγχρονής τους Δέκατης Όγδοης Δυναστείας της

---

* *Οδύσσεια*, τ 178, 179. (Σ.τ.Ε.)

Αιγύπτου. «Η μεγάλη καταστροφή του δεύτερου Ανακτόρου στην Κνωσό σημαδεύει το τέλος αυτής της περιόδου», κατέληξε. Ακολούθησε η περίοδος της παρακμής, στη διάρκεια της οποίας πίστευε πως το Ανάκτορο ξανακατοικήθηκε από καταπατητές. Ο Έβανς υπερασπίστηκε τη χρήση του όρου «μινωικός», επισημαίνοντας πως ήταν εθνογραφικά ουδέτερος κι έτσι δεν έπρεπε να συγχέεται με ιστορικούς πολιτισμούς όπως των Πελασγών ή των Καρίων. Το όνομα «Μίνωας», πρότεινε, «δηλώνει τον τίτλο δυνάστη, κάτι σαν "Καίσαρ" ή "Φαραώ"».

Οι συνάδελφοι του Έβανς στον προϊστορικό τομέα του Αρχαιολογικού Συνεδρίου της Αθήνας διαφώνησαν ωστόσο με τους προσδιορισμούς του και οι οργανωτές επέλεξαν να μη δημοσιεύσουν ολόκληρη την ανακοίνωσή του στα πρακτικά τους. Η περίληψη που επέτρεψαν να δημοσιευθεί ήταν γεμάτη με τόσα λάθη, που ο Έβανς παραπονέθηκε: «Με έκαναν να αποδώσω τα μεγαλύτερα αριστουργήματα της Μινωικής Τέχνης στην τελευταία περίοδο της παρακμής της!»[144]

Παρουσίασε τη δική του εκδοχή ιδιωτικά, στα γαλλικά, για να συνοδεύσει την ένταξή του στο Γαλλικό Ινστιτούτο, το γαλλικό ισοδύναμο της Εταιρείας των Αρχαιοφίλων. Άλλοι ανασκαφείς στην Κρήτη ήταν, κατά το μεγαλύτερο μέρος, αντίθετοι στη νέα ταξινόμηση. Σε μια επιστολή στον Halbherr, ο Gaetano de Sanctis δήλωνε ότι αυτός και ο Luigi Pernier, που ανήκαν και οι δύο στη νέα γενιά των Ιταλών εξερευνητών στην Κρήτη, «συμφωνούσαν σε δύο βασικά σημεία, τα οποία στηρίζονταν στην εξέταση των αγγείων και των οστράκων κεραμικής που βρέθηκαν στη Φαιστό: στην αναγνώριση της ακαταλληλότητας, της αβεβαιότητας και του τεχνητού της τριχοτόμησης κάθε μιας από τις μεγάλες εποχές της κρητικής προϊστορίας και στη διαπίστωση ότι ήταν αδύνατο η μυκηναϊκή κεραμική να αποτελεί προϊόν εσωτερικής, αυτόνομης ανάπτυξης της κρητικής κεραμικής που ακολούθησε την περίοδο των Καμαρών».[145] Αλλά ο Έβανς, ως πρύτανης των ανασκαφέων της Κρήτης, έμεινε σταθερός στις απόψεις του και το σύστημά του επικράτησε.

Ο Έβανς έσπευσε πίσω στην Κνωσό αμέσως μετά το συνέδριο, επιθυμώντας να δει τι βρισκόταν στην πλευρά του λόφου απέναντι από τον Θεατρικό Χώρο, στο άκρο ενός καλοφτιαγμένου, τέλεια ευθυγραμμισμένου υπερυψωμένου μονοπατιού, όπου διέβλεπε «κάποια μνημειακή κατασκευή». Μίσθωσε τον δικό του στρατό από εργάτες και ακολούθησε το μονοπάτι που οδηγούσε κάτω από την Κάντια, μέχρις εκεί που στρεφόταν βόρεια. Οι άνδρες έσκαψαν μακρύ όρυγμα στην πλαγιά, 24 επί 2,5 μέτρα (τεράστιο με τα σημερινά δεδομένα του 4 επί 4), που σύντομα τους αποζημίωσε. Μια οπτή πινακίδα γραμμένη με Γραμμική Β ήταν για τον Έβανς «το προμήνυμα για την ύπαρξη κάποιου σπουδαίου κτίσματος», το οποίο, υπέθετε, ήταν ο τελικός προορισμός της Βασιλικής Οδού, όπως ονόμαζε το υπερυψωμένο μονοπάτι. Εμφανίστηκε μεγάλο σύμπλεγμα από πλακόστρωτες αυλές με κιονοστοιχίες και συστήματα πολυθύρων, που θύμιζε την Αίθουσα των Διπλών Πελέκεων, και σταδιακά εμφανίστηκε στη λοφοπλαγιά μια πιο μικρή εκδοχή του κύριου Ανακτόρου. Αυτό το Μικρό Ανάκτορο, όπως το ονόμασε αργότερα ο Έβανς, είχε καεί όπως και το κύριο Ανάκτορο, αλλά τα αρχιτεκτονικά χαρακτηριστικά ήταν πιο καλά διατηρημένα και περιλάμβαναν μερικά που δεν είχαν βρεθεί αλλού, όπως κίονες με ανάγλυφες ραβδώσεις, «έναν τύπο που προφανώς πήραν από αιγυπτιακούς κίονες που μιμούνται δέσμες από βλαστούς παπύρου ή δεμάτια από καλάμια».[146]

Δυτικά της αίθουσας του Μικρού Ανακτόρου, όπου ο Έβανς ξαφνιάστηκε από τη «σχεδόν ανθρώπινη όψη» ενός φυσικού κομματιού από ασβεστόλιθο που βρέθηκε κοντά στην επιφάνεια, «ο οποίος πράγματι, από τη χαρακτηριστική του διαμόρφωση, θα μπορούσε άνετα να παριστάνει μια Μητέρα Θεά», η ανασκαφή αποκάλυψε ένα μικρό δωμάτιο, 2 επί 2,5 μέτρα περίπου, με τοιχάρια σε τρεις πλευρές, που πάνω του βρίσκονταν γύψινα Κέρατα Καθοσιώσεως, απέναντι από την είσοδο, «το αψευδές παρεπόμενο των Μινωικών Ιερών», δήλωσε ο Έβανς. Αντί για αναγνωρίσιμες εικόνες «χειροποίητες», σαν εκείνες στο ιερό των Διπλών Πελέκεων και στους Θησαυρούς του Ναού, εδώ υπήρχαν «τα φετιχιστικά είδωλα μιας πολύ πιο αρχαϊκής λατρείας», η οποία ενέπνευσε τον Έβανς να ονομάσει το κτίσμα Οικία των Φετίχ, προτού καταλήξει αργότερα στο Μικρό Ανάκτορο. Ενθαρρυμένος από τον Flinders Petrie, ο οποίος είχε δει πιθήκους στα «παράξενα σχήματα του πυριτόλιθου» στον Ναό της Αβύδου στην Αίγυπτο, ο Έβανς αναγνώρισε ότι «η μεγαλύτερη και κύρια μορφή είχε φανερά επιλεγεί από την ομοιότητά της με γυναίκα με ευμεγέθεις μητρικές καμπύλες», ενώ ένας «μικρότερος σχηματισμός υποδήλωνε, κατά περίεργο τρόπο, βρέφος», και μια τρίτη έμοιαζε με αιγυπτιακό πίθηκο. «Είναι δύσκολο να μη συμπεράνουμε», έγραψε στην αναφορά του, «ότι εδώ έχουμε να κάνουμε, στην πιο πρωτόγονή της εμφάνιση, με την παραδοσιακή κρητική λατρεία της μητέρας Ρέας και του παιδιού Δία, του θείου γόνου που στην πραγματικότητα εμφανίζεται με τη μορφή του ιερού του λίθου, ή *βαίτυλου*».* Αυτή ήταν η πέτρα που δόθηκε στον Κρόνο για να ικανοποιήσει τη βρεφοκτονική του τάση, ο βαίτυλος της «Δενδρο- και Πεσσο-Λατρείας» του Έβανς, για τον οποίο δεν πίστευε πια πως αντιπροσώπευε τον υπέρτατο άρρενα. Η νέα εικόνα μητέρας και παιδιού στοίχειωσε τον Έβανς και έκανε τη σχέση αυτή τον νέο κύριο στόχο της μινωικής του θρησκείας: «Στο μητρικό φετίχ της φυσικής πέτρας πρέπει ασφαλώς να αναγνωρίσουμε την ίδια Μητέρα Θεά που βρίσκουμε τόσο σταθερά να επανέρχεται στη μινωική θρησκευτική τέχνη με τον αρσενικό της ακόλουθο, τον ιερό της Διπλό Πέλεκυ και τους φρουρούς της και τα περιστέρια ή τα φίδια, που εναλλάξ την παρουσιάζουν με ουράνια ή χθόνια όψη».[147] Ήταν η ελληνική Ρέα, η Οπς για τους Ρωμαίους, η Αθώρ –αργότερα Ίσις– για τους Αιγυπτίους, η Κυβέλη στην Ανατολία και, σύμφωνα με τον Έβανς, η Αριάδνη, η Βριτόμαρτις ή η Δίκτυννα για τους Μινωίτες.[148] Ο άτυχος γιος της, που ο ρόλος του ήταν να πεθαίνει και να ξαναγεννιέται κάθε χρόνο, ήταν ο κλασικός Δίας Κρηταγενής (ο Δίας που γεννήθηκε στην Κρήτη), ισοδύναμο του Διόνυσου των Ελλήνων, καθώς ο ολύμπιος Δίας τους, ο ρωμαϊκός Jupiter, ήταν αθάνατος. Ο θυσιαζόμενος νέος ήταν ο Όσιρις για τους Αιγύπτιους και ο Άττις ή Άδωνις για τις λατρείες της Ανατολίας. Όλοι ήταν προφανείς πρόδρομοι της Παναγίας και του Βρέφους και, στο μυαλό του Έβανς, δεν υπήρχε αμφιβολία ότι τα ανθρώπινα πρότυπα είχαν κάποτε ζήσει, όπως και οι χριστιανικές μορφές.

Ο μεγάλος Γερμανός φιλόλογος August Fick είχε δια-

---

* Ελληνικά στο πρωτότυπο. (Σ.τ.Ε.)

φορετικές ιδέες. Στο βιβλίο του για τα προελληνικά τοπωνύμια, που κυκλοφόρησε εκείνον τον χρόνο, ο Fick υποστήριζε ότι ο Μινώταυρος ήταν ο ήλιος και η Πασιφάη, που σημαίνει «η ολόφωτη» ή «αυτή που φωτίζει τα πάντα», ήταν η σελήνη. Για τον Fick, ο Λαβύρινθος ήταν το μέρος όπου σοφοί άνθρωποι ερευνούσαν τις περιπλανήσεις των άστρων. Αλλά ο Έβανς δεν είχε υπομονή για αστρικές μεταφορές και «μύθους του ήλιου» στην έρευνά του για την κατά γράμμα αλήθεια πίσω από τους θρύλους.

Το Palazzo Έβανς

Η αποστολή του 1905 ήταν η τελευταία μεγάλη ανασκαφική περίοδος στο Ανάκτορο της Κνωσού. Το μεγαλύτερο μέρος του κτίσματος μεγέθους οκτώ περίπου στρεμμάτων είχε αποκαλυφτεί και ό,τι απέμενε φαινόταν στον Έβανς συγκριτικά μικρότερης σημασίας. Η προκαταρκτική αναφορά του ήταν συνοπτική, επειδή είχε το μυαλό του στη μεγαλύτερη, πολύ πιο διεξοδική τελική δημοσίευση, που θα ακολουθούσε όταν θα είχαν μελετηθεί όλα τα ευρήματα. Ο Έβανς είχε επιλέξει τα καλύτερα δείγματα της μινωικής τέχνης για να εικονογραφήσει τις αναφορές και τις διαλέξεις του, αλλά στις ανασκαφές του Αιγαίου αυτά αποτελούν μικρό μόνο ποσοστό του όγκου των καθημερινών αντικειμένων που βγαίνουν από τη γη με τον τόνο. Το άχαρο έργο της μελέτης εκατομμυρίων οστράκων κεραμικής, βασικό για την κατανόηση της σχετικής χρονολόγησης της Κνωσού, που βασιζόταν σε παρατηρήσεις των τεχνοτροπικών αλλαγών κατά στρωματογραφημένα επίπεδα, έλαχε στον Mackenzie, ο οποίος άρχισε να ταξινομεί την κεραμική σε κιβώτια που αποθηκεύονταν στα δωμάτια, πίσω από την Αίθουσα του Θρόνου με την καινούργια στέγαση.

Ο Έβανς είχε ανοίξει νέο κεφάλαιο στην παγκόσμια ιστορία, αλλά κατά τη διαδικασία αυτή είχε εξαντλήσει και τον εαυτό του και τους πόρους του. «Δεν νομίζω πως θα κάνω άλλες ανασκαφές στην Κνωσό», έγραψε στον Halbherr τον Ιούλιο. «Το έργο είναι πολύ καταστροφικό. Έχω έλλειμμα 700 με 800 λίρες για τη δουλειά αυτού του χρόνου και πρέπει να πουλήσω μέρος των συλλογών μου για να πληρώσω».[149] Καθώς δεν ήταν ποτέ οικονόμος ως προς τα έξοδά του, ο Έβανς είχε εξαντλήσει τους πόρους του, εκταμιεύοντας τα λίγα που μπορούσε από το αποτυχημένο Ταμείο για την Εξερεύνηση της Κρήτης, και αναγκάστηκε να ματαιώσει τις ανασκαφές του 1906. Αντίθετα, χρησιμοποίησε το επίδομά του για να πραγματοποιήσει ένα άλλο όνειρο. Έχοντας αποδεχτεί ότι πρέπει να ζήσει πιο κοντά στο Ανάκτορο, με την προοπτική πολλών χρόνων μελέτης και συναγωγής τελικών συμπερασμάτων μπροστά του, ο Έβανς επέστρεψε στη λοφοπλαγιά πάνω από την Κεφάλα, όπου αυτός και ο John Myres είχαν αναπαυτεί πριν από δέκα χρόνια. Μαζί με τον Doll έφτιαξαν σχέδια και παρήγγειλαν υλικά για να σταλούν με πλοίο στην Κάντια. Ο Doll πέρασε το μεγαλύτερο μέρος του 1906 επιβλέποντας την κατασκευή αυτού που οι επισκέπτες στην Κρήτη ονόμασαν στην αρχή Palazzo Έβανς, τώρα διάσημο ως Βίλα Αριάδνη. Ο Doll δούλεψε ακούραστα όλο τον χρόνο, κυνηγώντας τελωνειακούς για να επιτρέψουν την εισαγωγή βρετανικών δοκαριών από χάλυβα, ώστε το νέο κτήριο να επιζήσει με ό,τι κι αν του επιφύλασσε το κλίμα της Κρήτης, είτε πάνω είτε κάτω από το έδαφος. Στις αρχές του καλοκαιριού του 1907, ο Doll είχε κατασκευάσει ένα κτήριο που καυχιόταν πως θα έκανε το Youlbury υποδεέστερο σε σύγκριση, αν και ο καινούργιος νεαρός Αμερικανός φίλος και συνάδελφος του Έβανς, ο Richard Seager, το θεωρούσε «αποκρουστικό».

Ο Έβανς γοητεύτηκε αμέσως από τον Seager όταν ο όμορφος, πλούσιος, είκοσι ενός ετών Αμερικανός έφτασε στην Κρήτη το 1903, για να βοηθήσει τη Harriet Boyd στα Γουρνιά. Ο Seager ήταν μαζί του στην Αγγλία όταν, το φθινόπωρο του 1905, το αυτοκίνητο του Έβανς, μια μεγάλη μαύρη «Wolseley», τράκαρε. «Αν ο γερο-βασιλιάς Μίνωας ήξερε τι συνέβαινε, είμαι βέβαιος ότι θα έτρεμε για τη φήμη του, που βρίσκεται τόσο ολοκληρωτικά στα χέρια σας», έγραψε η Harriet Boyd, όταν έμαθε τα νέα, προσθέτοντας: «Είμαι πολύ χαρούμενη που ο νεαρός συμπατριώτης μου γλίτωσε».[150] Ανάμεσα στον Έβανς και τον Seager αναπτύχτηκε πολύ στενή προσωπική σχέση. Ο Έβανς έγινε από τους κύριους υποστηρικτές και μέντορες του Seager. Παρ' όλα αυτά, ο Seager απομακρύνθηκε το 1907 από το σπίτι του Έβανς στην Κρήτη και, σε προσωπική αλληλογραφία του, το παρομοίασε με φτηνή γαλλική βίλα.[151]

Ο Bosanquet το αγαπούσε. Γράφοντας στη γυναίκα του από τη Βίλα Αριάδνη, όπως «την αποκαλεί αστειευόμενος» ο Έβανς, ζωγράφισε έναν πίνακα του τόπου στην πρώτη του ενσάρκωση:

> Ήρθαμε εδώ, ανάμεσα από χωράφια που τα κοσμούσαν μεγάλες λευκές ανεμώνες και γαλάζιες ίριδες. Κοντά στην Κνωσό, ένας μικρός αμαξιτός δρόμος στρίβει προς

τα δεξιά, 50 γιάρδες* απότομου λόφου ανάμεσα σε νεαρά πεύκα, και φτάνουμε σε χαλικοστρωμένο πλάτωμα, με παρτέρια από λουλούδια να ξεχωρίζουν και θάμνους που έχουν πρόσφατα φυτευτεί, μπροστά σε μια επιβλητική βίλα με επίπεδη στέγη, με ακανόνιστο σχέδιο, με έναν όροφο κάτω από την επιφάνεια του εδάφους για δροσιά, με θέα, πάνω από λιόδεντρα, στο Ανάκτορο και στην πλατιά κοιλάδα. Από το δωμάτιό μου, η ματιά μου φτάνει ως τη θάλασσα. Φαρδείς διάδρομοι, τσιμεντένια πατώματα και απέριττοι τσιμεντένιοι τοίχοι, λαμπερά μπρούντζινα πόμολα στις πόρτες και στα παράθυρα και ένας αγγλικός αέρας στερεότητας σε ολόκληρη την ξύλινη επένδυση και την τοιχοποιία. Σε κάθε παράθυρο, ένα μεγάλο κάθισμα. Έπιπλα μόνο τα απαραίτητα, τα περισσότερα από το σπίτι της Κάντια, ένα πραγματικό λουτρό και εξαιρετικοί υπηρέτες.[152]

Ο Μανώλης, ή Μανωλάκης, Ακουμιανάκης –«ο βουνίσιος λύκος μου», όπως στοργικά τον αποκαλούσε ο Έβανς–[153] έγινε ο φύλακας του κτήματος, ενώ ο Κωστής Χρονάκης, ένας ευέξαπτος άνθρωπος, που η δυσθυμία του ενοχλούσε τον Mackenzie, ήταν ο μπάτλερ, ο τεχνίτης και ο μάγειρας και η γυναίκα του, η Μαρία, η οικονόμος.[154] Η ζωή στην Κνωσό άλλαξε από τη μια μέρα στην άλλη για τον Έβανς και τον Mackenzie, καθώς τώρα μπορούσαν να απολαύσουν τις ανέσεις ενός μεγάλου σπιτιού και ενός περιποιημένου κήπου, με πλήρες προσωπικό, στη μέση του κρητικού τοπίου. Η Βίλα Αριάδνη έγινε μέρος της Κνωσού όσο και οι αρχαιότητες, και στους ξένους ταξιδιώτες προσφέρονταν τσάι και σάντουιτς μετά τις επισκέψεις τους στο Ανάκτορο. Ο Έβανς συνέχισε να

* Περίπου 45 μ. (Σ.τ.Ε.)

παραγγέλνει εφόδια από την Αγγλία. Προτιμώντας να μην πίνει τα ντόπια οινοπνευματώδη, διατηρούσε απόθεμα από τζιν, ουίσκι, γαλλικό κρασί και, για ιδιαίτερες περιπτώσεις, σαμπάνια. Επέμενε πως το σπίτι έπρεπε να λειτουργεί με αυστηρούς βικτωριανούς κανόνες. Κάποτε, θυμόταν ο Κωστής, όταν ο Έβανς μπήκε στο λουτρό του και βρήκε ότι κάποιος είχε πιάσει το καινούργιο κομμάτι σαπούνι, έγινε έξαλλος και άρχισε να χτυπά τα πόδια, να κουνά τα χέρια του και να φωνάζει. «Συνήθιζε να με χτυπάει, συνήθιζε να με αρπάζει από το πουκάμισο και να με ταρακουνάει», εξομολογείτο ο Κρης, χρόνια αργότερα, στη Βρετανή κριτικό κινηματογράφου Dilys Powell, «πολύ παράξενος άνθρωπος, πολύ παράξενος άνθρωπος».[155]

❖

Η πενταετής περίοδος του Bosanquet ως διευθυντή της Βρετανικής Σχολής Αθηνών έληγε το 1906 και ο Έβανς, ως μέλος της υποεπιτροπής που είχε εκλεγεί για την εύρεση διαδόχου, ρώτησε τον Mackenzie αν τον ενδιέφερε η θέση. Ο Mackenzie δίσταζε να τη διεκδικήσει γιατί θεωρούσε ότι θα ήταν πιο κατάλληλος ως βοηθός διευθυντή. Παρ' όλα αυτά, ο Έβανς τον πίεσε να κάνει αίτηση και τον κρατούσε ενήμερο για τις εξελίξεις και τις ραδιουργίες: O John Myres, ο οποίος ήταν ο ευνοούμενος της Οξφόρδης, φοβόταν πως ένας «συνδυασμός των μικρών Καιμπριτζιανών» θα εξέλεγε τον Dawkins, που ήταν επιλογή του Bosanquet, καθώς είχαν δουλέψει μαζί στο Παλαίκαστρο. Αν και «ο κ. Duncan Mackenzie είχε μακρά επαφή με την πρακτική πλευρά της αρχαιολογίας της προελληνικής εποχής, είχε επίσης μελετήσει την τέχνη της "κλασικής" εποχής» και «είχε επίσης εξαιρετική εμπειρία της ζωής στις ελληνικές περιοχές», η επιτροπή παραδεχόταν πως «από την άλλη, είναι αμφίβολο κατά πόσο θα μπορούσε να συνεργαστεί είτε με το είδος των σπουδαστών που συνήθως του έστελναν, είτε με τη Διευθύνουσα Επιτροπή. Επίσης, εναντίον του ήταν και το λογοτεχνικό ύφος του». Διόρισαν τον Dawkins.[156] Ο Mackenzie, απογοητευμένος και με επιβεβαιωμένη τη δυσπιστία του στη Βρετανική Σχολή, έμεινε έτσι εξαρτώμενος από τον Έβανς για το ορατό μέλλον.

Ο Έβανς και ο Mackenzie επέστρεψαν στην Κρήτη τον Απρίλιο του 1907 για να κάνουν συγκρατημένες «συμπληρωματικές ανασκαφές στη δυτική πτέρυγα για την τελική δημοσίευση» του Ανακτόρου.[157] «Το μεγάλο προϊστορικό Ανάκτορο της Κνωσού είναι πραγματικά ανεξάντλητο», άρχιζε το τηλεγράφημα εκείνου του έτους στους *Times*, όπου ο Έβανς δημοσίευσε όλες τις επακόλουθες αναφορές, αποφεύγοντας τις λεπτομερείς επιστημονικές περιγραφές των πρώτων αποστολών, μολονότι το 1907 λίγα αξιόλογα πράγματα βγήκαν από τη θέση. Η μεγαλύτερη ανακάλυψη της χρονιάς έγινε στο μαγαζί ενός εμπόρου στην Αθήνα, τον οποίο επισκέφτηκε ο Έβανς επιστρέφοντας σπίτι του. Ήταν μια σφραγιστική ψήφος από αιματίτη, εγχάρακτη με λιοντάρι με το κεφάλι του στραμμένο, η οποία θύμισε στον Έβανς μερικά από τα σφραγίσματα που βρέθηκαν στον Βασιλικό Τάφο και στους αποθέτες των Δυτικών Αποθηκών της Κνωσού, όμως πάνω από το λιοντάρι της σφραγίδας στέκονταν «δύο γρύπες φύλακες εκατέρωθεν μιας μορφής», που ο Έβανς «αμέσως αναγνώρισε ως το ιδεόγραμμα κάποιου είδους δημητριακού, που μερικές φορές εμφανίζεται να σχετίζεται με είδος αποθήκης σε μια κατηγορία πήλινων καταλόγων απογραφής, οι οποίοι συνδέονται ειδικά με την Τρίτη Αποθήκη – όπου πράγματι βρέθηκαν υπολείμματα καμένου καλαμποκιού». Συμπέρανε πως, «πράγματι, εδώ έχουμε την αυθεντική σφραγίδα ενός αξιωματούχου του Ανακτόρου, ενός διαχειριστή των βασιλικών σιταποθηκών».[158]

Ο Έβανς ανέφερε ότι η σφραγίδα είχε ανακαλυφτεί στην Κνωσό από «έναν χωρικό εδώ κοντά, ενώ δούλευε πριν από λίγο καιρό στο χωράφι του», αλλά «φυσικά η σφραγίδα βγήκε από τη χώρα», εξαιτίας του «πολύ άκαμπτου και παιδαριώδους τοπικού νόμου με τον οποίο οι Αρχές έχουν την εξουσία να δημεύουν ακόμα και τόσο δευτερεύοντα υπολείμματα».[159] Είναι δύσκολο να ακολουθήσουμε τη λογική του Έβανς, εκτός αν υποθέσουμε ότι ήταν ενοχλημένος, επειδή, αφού προσπάθησε να αποκτήσει τη σφραγίδα στην Κρήτη, επέτρεψε στον έμπορό του στην Αθήνα να διακινδυνεύσει και να την εξαγάγει λαθραία στην Ελλάδα, όπου οι άδειες εξαγωγής ήταν δυνατές, αλλά ο Έβανς έπρεπε να δώσει κάποια αμοιβή γι' αυτό. Αυτή η δυσαρέσκεια, σε συνδυασμό με τη σταθερή αντίθεσή του στον κρητικό νόμο περί αρχαιοτήτων, πρέπει να είχε επιδεινωθεί πολύ περισσότερο από το ένταλμα εναντίον του, που εκδόθηκε από τον Μίνωα Καλοκαιρινό στις 30 Ιουνίου του 1907.

Ο Καλοκαιρινός είχε επιστρέψει στο Πανεπιστήμιο της Αθήνας για να τελειώσει τις σπουδές του στη Νομική και τώρα έκανε ο ίδιος αγωγή εναντίον του Έβανς, υποστηρίζοντας ότι είχε «αρπάξει αυθαιρέτως» το χωράφι του στην περιοχή Ελληνικά, στις πλαγιές δυτικά του Ανακτόρου, το 1904, και ότι εξήγαγε παράνομα τις αρχαιότητες που βρήκε εκεί, «χρησιμοποιώντας τες σαν να ήταν δικές του, ενώ, σύμφωνα με τον ισχύοντα νόμο, αυτά τα αρχαία κειμήλια, χωρίς καμιά εξαίρεση, ανήκουν στην Κρητική Πολιτεία». Αυτή η αγωγή αναφερόταν στην περίοδο κατά την οποία ο Γρηγόρης έψαχνε για τάφους αρκετά έξω από τα όρια της ιδιοκτησίας του Έβανς, και ιδιαίτερα σε έναν τάφο τον οποίο ο Έβανς βρήκε και δημοσίευσε γι' αυτόν μια αναφορά πολλά χρόνια αργότερα, σαν να είχε «έρθει στο φως στη διάρκεια του οργώματος στη ράχη δυτικά του Ανακτόρου», και που τα περιεχόμενά του (τώρα στο Μουσείο Ashmolean) «αποκτήθηκαν πριν από μερικά χρόνια από τον ιδιοκτήτη τους».[160] Ο Καλοκαιρινός τόνισε πως τα Ελληνικά ήταν ιδιοκτησία του, την οποία παραχώρησε στην Κρητική Πολιτεία, και αξίωνε τα ευρήματα να επανέλθουν στην Κρήτη και να εκδιωχτεί ο Έβανς από τη χώρα.

Ο Έβανς προσπάθησε βιαστικά να λύσει το πρόβλημα, προσφερόμενος να αγοράσει τη γη από τον Καλοκαιρινό, αλλά η ρίζα του προβλήματος ήταν βαθύτερη. Ο Καλοκαιρινός ήταν πικραμένος που είχε μείνει έξω από την κρητική αρχαιολογία, την οποία θεωρούσε πως είχε ιδρύσει ο ίδιος. Το 1905, είχε αρχίσει να εκδίδει την *Αρχαιολογική Εφημερίδα της Κρήτης*, στην οποία αναφέρθηκε σε σημαντικά αρχαιολογικά ευρήματα, αρχίζοντας με τα δικά του, αλλά σε όλα τα τεύχη δεν ανέφερε ούτε μία φορά τον Έβανς. Ο Κρης δικηγόρος του Έβανς τον διαβεβαίωσε πως ο Καλοκαιρινός ήταν γνωστός στην τοπική κοινωνία ως στριμμένος, αλλά ο Έβανς φοβόταν τις φασαρίες που η δικαστική διαμάχη, στην οποία πρόδηλα είχε άδικο, και η εχθρική δημοσιότητα που θα προκαλούσε θα μπορούσαν να του δημιουργήσουν στην Κρήτη και την

Ελλάδα. Όμως, πριν να συζητηθεί το ζήτημα, ο Καλοκαιρινός πέθανε και ξεχάστηκε. Χρόνια αργότερα, ο Έβανς έκανε σύντομη μνεία σε αυτόν αναφέροντας αόριστα «έναν ντόπιο εξερευνητή», που είχε διεξαγάγει «πρόχειρη ανασκαφή ψάχνοντας για αρχαία αντικείμενα» στην Κνωσό.[161]

Συνειδητοποιώντας πολύ καλά την πτώχευσή του, ο Έβανς πήρε ένα μικρό σπίτι κοντά στο Boars Hill, σχεδιάζοντας να αφήσει το Youlbury, που δεν είχε πια την οικονομική δυνατότητα να συντηρήσει.[162] Σε έξι μεγάλες ανασκαφικές αποστολές είχε βρει αυτό που έψαχνε και είχε γίνει διεθνώς γνωστός για τις αποκαλύψεις του για την πρώιμη Κρήτη, που τον ανήγαγαν σε κεντρική μορφή στον αρχαιολογικό κόσμο, αλλά στη διάρκειά τους είχε καταστραφεί οικονομικά. Το Ταμείο για την Εξερεύνηση της Κρήτης ήταν παταγώδης αποτυχία, καθώς το βρετανικό κοινό αρνήθηκε να υποστηρίξει «το πλουσιόπαιδο» που κυνηγούσε τα όνειρά του σε ένα απομακρυσμένο νησί της Μεσογείου, άσχετα με το πόσο εντυπωσιακές ήταν οι ανακαλύψεις.

Στενοί φίλοι και συνάδελφοι έδωσαν χρήματα για ένα πορτραίτο από τον Βρετανό ζωγράφο σερ William Richmond, που παρουσιάστηκε στο Μουσείο Ashmolean σε μια λαμπρή τελετή τον Δεκέμβριο του 1907. Η ζωγραφιά δείχνει τον Έβανς ως ωραίο νέο με κοντοκουρεμένα μαύρα μαλλιά και παχύ μουστάκι, ντυμένο με άνετο άσπρο λινό κοστούμι και ανοιχτό πουκάμισο, με κόκκινο υφασμάτινο ζωνάρι στη μέση του, να κάθεται μπροστά σε τοίχο από ισόδομη τοιχοποιία, σκιασμένο εν μέρει από την τοιχογραφία του Ρυτοφόρου στη μια μεριά και στην άλλη, πέρα στο βάθος, ένα αιγαιακό τοπίο από λιόδεντρα και απόμακρα θαμπά γαλάζια βουνά. Ένα αγγλικό τριαντάφυλλο στην μπουτονιέρα του δείχνει την εθνικότητά του. Στο πορτραίτο του Richmond, ο Έβανς περιβαλλόταν από γύψινα αντίγραφα των πιο φημισμένων ευρημάτων του, τα οποία είχε φέρει στο Λονδίνο στην έκθεση του 1903, και τον έβαζε να κρατάει και με τα δυο του χέρια μια εγχάρακτη πινακίδα, με τους αντίχειρες να ψηλαφούν ελαφρά τους χαρακτήρες στην επιφάνεια, σαν να προσπαθούσε να διαβάσει τη δυσανάγνωστη γραφή με την αφή, ενώ κοίταζε μακριά, με βαθιά αίσθηση επιτυχίας που ευγενικά ακτινοβολούσε από το ικανοποιημένο του χαμόγελο. Εδώ ήταν ο λαμπρός δημιουργός, τριγυρισμένος από τα αναπλασμένα αντικείμενα, που είχαν βγει από τον φανταστικό κόσμο που είχε αναβιώσει.

Στην τελετή της παρουσίασης, ο Έβανς ευχαρίστησε τους συναδέλφους τού Ashmolean που εκπλήρωναν τα καθήκοντά του ενώ βρισκόταν στην Κρήτη, αλλά τελείωσε τη χρονιά απασχολημένος με τους οικονομικούς μπελάδες του και διερωτώμενος πώς θα ολοκλήρωνε το ηράκλειο έργο που είχε ξεκινήσει στην Κνωσό.

ΚΕΦΑΛΑΙΟ ΠΕΜΠΤΟ

Η Παν-Μινωική Σχολή
1908-1941

Κάποια ελπίδα για τον Μίνωα

ΤΟ ΕΝΔΙΑΦΕΡΟΝ ΤΟΥ ΚΟΙΝΟΥ ΓΙΑ ΤΗΝ ΑΡΧΑΙΟΛΟΓΙΑ ΣΠΑνια διατηρείται μετά την αρχική, εντυπωσιακή ανακάλυψη ενός μοναδικού μνημείου ή λαμπρού τεχνουργήματος, που φαίνεται να εμφανίζεται ως διά μαγείας εκεί που τυχεροί εξερευνητές βυθίζουν τη σκαπάνη τους. Όμως «το πραγματικό έργο της έρευνας αρχίζει εκεί που τελειώνει η ανασκαφή», έγραφε ο Έβανς στους *Times* με τη λήξη της περιόδου του 1908.[1] Τα βασικά στοιχεία για την Κνωσό και τον Λαβύρινθο είχαν επαληθευτεί, κατά τον Έβανς τουλάχιστον, από το 1905. Μόνο τα λεπτά σημεία, εκείνες οι μικρές λεπτομέρειες που είναι απαραίτητες για να γραφεί η Ιστορία, απέμεναν να σταχυολογηθούν, μέσω εκείνου που ο Έβανς αποκαλούσε «ανάλυση των τοίχων του Ανακτόρου».

Ο Mackenzie έφτασε στην Κνωσό στα μέσα Μαρτίου του 1908, για να επιβλέψει την ανασκαφή μικρών δοκιμαστικών τομών κάτω από τα πιο χαμηλά επίπεδα και δίπλα σε τοίχους με αβέβαιη χρονολογία κατασκευής. Μάζεψε προσεκτικά όλα τα μικρά όστρακα κεραμικής για να χρονολογήσει τεχνοτροπικά μέχρι και το τελευταίο και να προσδιορίσει την πιο πιθανή χρονική περίοδο κατασκευής του τοίχου. Όμως, ένας από τους άγραφους νόμους της αρχαιολογίας λέει: τα καλύτερα πράγματα βρίσκονται πάντοτε στους «μάρτυρες», δηλαδή τα χωμάτινα διαχωριστικά ή άσκαφτα τμήματα που μένουν ανέπαφα από τους καθαρισμούς ευρείας κλίμακας. Έτσι, μετά την άφιξη του Έβανς βρήκαν στο *Petit Palais*, όπως αποκαλούσε ο Έβανς το Μικρό Ανάκτορο, «σε λάκκο, ίσως αποχετευτικό αγωγό», ένα εντυπωσιακό κεφάλι βοοειδούς από στεατίτη. Σήμερα αναγνωρίζουμε το έργο αυτό ως ένα από τα αριστουργήματα της μινωικής τέχνης.

«Η διάπλαση του κεφαλιού και το σγουρό τρίχωμα είναι έξοχα εκτελεσμένα και μερικές από τις τεχνικές λεπτομέρειες είναι μοναδικές», έλεγε με θαυμασμό ο Έβανς. Το εύρημα ήταν είκοσι εκατοστά από το ρύγχος ως την κορυφή της κεφαλής, περίπου στο μισό του φυσικού μεγέθους. «Τα ρουθούνια είναι ένθετα με είδος οστρέου», σημείωσε, και αργότερα ταύτισε το είδος με το *tridacna squamosa* από τον Περσικό κόλπο. Αλλά αυτό που τον κατέπληξε περισσότερο ήταν το τέλεια διατηρημένο δεξί μάτι από ορεία κρύσταλλο, λίγο βαθουλωμένο στο κάτω μέρος, όπου το άσπρο του ματιού ερχόταν σε αντίθεση με τη μαύρη ίριδα και τη λαμπερή άλικη κόρη. Ένας κύκλος από κόκκινο ίασπι «περιβάλλει το λευκό του ματιού σαν την άκρη από κοκκινισμένα βλέφαρα», σημείωσε ο Έβανς, προσθέτοντας ότι «η κρύσταλλος του ματιού φωτίζει και μεγεθύνει τη λαμπερή κόκκινη κόρη και δίνει στο σύνολο σχεδόν εκπληκτική εντύπωση άγριας ζωής». Ο Gilliéron αποκατέστησε το μάτι που έλειπε και, με βάση το σκαρίφημα του κεφαλιού ενός κερασφόρου βοοειδούς που ήταν χαραγμένο στο πίσω μέρος του ίδιου του σκεύους, αποκατέστησε δύο κέρατα από γυαλιστερό χρυσό. Τμήματα από φύλλο χρυσού, που βρέθηκαν κοντά στο κεφάλι, πιθανόν κάλυπταν ξύλινα κέρατα που ήταν στερεωμένα πάνω από τα αυτιά. Πρόκειται για ένα εντυπωσιακό έργο τέχνης που φαινόταν σαν αληθινό και θύμισε στον Έβανς πως ένας από τους τεχνίτες Κεφτιού, που εικονίζεται με Σύρο πρίγκιπα στην Αίγυπτο, χαρακτηριζόταν ως «εκείνος που κατασκευάζει ζωντανά».[2]

Ο Έβανς ταξινόμησε το κεφάλι ως «ρυτό», σκεύος που χρησιμοποιούσαν για να κατευθύνουν τη ροή των υγρών που μεταχειρίζονταν για τα τελετουργικά τυπικά (από το ρήμα της αρχαίας ελληνικής *ρέω*). Στη δημοσίευσή του έκανε νύξη σε αναπαραστάσεις της αιγυπτιακής θεάς Αθώρ με μορφή βοδιού, αλλά η μινωική λατρεία του Μινώταυρου είχε κυριαρχική θέση στην Κρήτη του Έβανς, κι έτσι το σκεύος έγινε διάσημο ως το ρυτό σε σχήμα κεφαλής ταύρου.

Ο Έβανς επίσης αναγνώρισε την ομοιότητα της κεφαλής του βοοειδούς με κάποιο από εκείνα που έφεραν οι απεσταλμένοι των Κεφτιού στην πομπή των ξένων οι οποίοι απέτιαν φόρο τιμής στον Αιγύπτιο Φαραώ σε τοιχογραφίες στους τύμβους των ευγενών στις Θήβες. Χρονολογικά το κατέταξε στη δεύτερη ανακτορική περίοδο της Υστερομινωικής ΙΙ, «την τελευταία λαμπρή φάση του Μικρού Ανακτόρου πριν από τη μερική καταστροφή και την επανακατοίκησή του», που ταίριαζε απόλυτα με τις αιγυπτιακές εικόνες, οι οποίες επίσης χαρακτηρίστηκαν ως ρυτά. Η αρχαία αξία και η υψηλή ποιότητα κατασκευής τους θα μπορούσε εύκολα να εκτιμηθεί από αυτή τη νέα ανακάλυψη.[3]

Οι ανασκαφείς στο Ανάκτορο αποκάλυψαν μια νότια είσοδο με μικρά προπύλαια, κάτω από τα οποία ο Έβανς παρατήρησε μια κυκλική κοιλότητα. Έβαλε μερικούς άνδρες να την καθαρίσουν, αλλά σύντομα ανακάλυψε ότι ήταν πολύ μεγαλύτερη και βαθύτερη από ό,τι περίμενε. Τα όστρακα κεραμικής που βρέθηκαν εκεί ήταν όλα πρώιμων τύπων και, καθώς συνέχιζαν να σκάβουν κάθε μέρα χωρίς να φτάνουν στον πάτο, στο μυαλό του Έβανς άρχισε να δημιουργείται η εικόνα ενός πολύ πρώιμου «πρωτόγονου κυψελοειδούς τάφου», που θα αποδείκνυε ότι η αρχιτεκτονική μορφή που ταυτίστηκε με τους Μυκηναίους του Σλήμαν στην Ελλάδα είχε μακρά προϊστορία στην Κρήτη. «Δεν υπάρχουν καινούργιες ειδήσεις για τον "τάφο"», έγραψε ο Bosanquet στη γυναίκα του στις αρχές Απριλίου. Ανάρρωνε από ασθένεια και απολάμβανε τις ανέσεις της Βίλας Αριάδνης. «Το φρεάτιο συνεχίζεται προς τα κάτω αργά και χωρίς να καταλήγει στον φυσικό βράχο, λόγω μεταγενέστερης απόθεσης. Είναι ασφαλώς ψηλότερος από τον Θησαυρό του Ατρέα στις Μυκήνες, αλλά δεν πρέπει να είμαστε απόλυτοι. Μπορεί να ήταν δεξαμενή και όχι τάφος». Όμως ο Bosanquet συμμεριζόταν τον ενθουσιασμό του Έβανς για το φαινομενικά άπατο φρεάτιο, προσθέτοντας: «Αν βρεις το *Heroes* του Kingsley, διάβασε στον Carol [τον γιο τους] για τον Θησέα και τον Μινώταυρο τόσα ώστε να μην τρομάξει και πες του πως τώρα βοηθώ στην ανασκαφή των ερειπίων του Λαβύρινθου».[4] Το μεγάλο «Υπόγειο», όπως αποκαλούσε ο Έβανς αυτόν τον υπόγειο θόλο, αποδείχτηκε πως ήταν μεγάλη δεξαμενή νερού, όπως είχε υποπτευθεί ο Bosanquet, με βάθος δεκαπέντε μέτρα και πλάτος οκτώ στη βάση της, λαξευμένη μέσα στον μαλακό βράχο, με εσωτερική σκάλα με πλαϊνά παράθυρα που ανέβαιναν από τα πλάγια: επρόκειτο για εκπληκτικό κατόρθωμα μηχανικής της αρχής της πρωτοανακτορικής περιόδου, γύρω στο 2000 π.Χ., όμως δεν ήταν ο τάφος που αναζητούσε ο Έβανς.

Ο Seager έσκαβε πρώιμους τάφους στον Μόχλο, ένα νησάκι στη βορειοανατολική ακτή της Κρήτης. Με μια ασυνήθιστη χειρονομία που πρόδιδε διάθεση συνεργασίας, ο Έβανς έφυγε για λίγο από την Κνωσό για να τον συναντήσει. Ανέφερε την επιτυχία τους στους *Times* και εκθείασε μια «εκπληκτική σειρά με μικρά χρυσά αντικείμενα ... τόσο όμορφα επεξεργασμένα, όσο τα καλύτερα αλεξανδρινά αντικείμενα στις αρχές της δικής μας εποχής – τεχνητά φύλλα και λουλούδια, και (σαν μακρινή αναφορά, ασφαλώς, με τις χρυσές προσωπίδες των μυκηναϊκών τάφων) χρυσές ταινίες με εγχάρακτους και έκκρουστους οφθαλμούς, ως προστατευτικό κάλυμμα των ματιών του νεκρού». Ο Έβανς ποτέ δεν απέκρυψε την επιθυμία του να βρει το προγενέστερο για κάθε τομέα των Μυκηναίων του Σλήμαν και κάθε στοιχείο στην Κρήτη το εκμεταλλευόταν πλήρως. Αυτό συνέφερε τον Seager, που είχε δυσκολίες να συγκεντρώσει χρήματα για τη δουλειά του, επειδή, όπως και ο Έβανς, θεωρείτο πλούσιος και όλοι περίμεναν να πληρώνει από τη δική του περιουσία. Επίσης, οι Αμερικανοί ανασκαφείς στην Κρήτη δεν αντιμετωπίζονταν σοβαρά από την ακαδημαϊκή κοινότητα, εκτός αν μπορούσαν να αποδείξουν ότι βοηθούσαν να εντοπιστούν οι απαρχές της κλασικής Ελλάδας, ένα βασικό στοιχείο για την ιδεολογική ταύτιση των Ηνωμένων Πολιτειών με την Αθήνα του Περικλή και την πρώτη παγκόσμια δημοκρατία. Οι ιδρυτές της Αμερικανικής Δημοκρατίας θεωρούσαν συνειδητά ως υπόδειγμα την Αθηναϊκή Δημοκρατία σε τέτοιο βαθμό, που η αττική διάλεκτος του πέμπτου αιώνα π.Χ. προτάθηκε να γίνει η επίσημη γλώσσα της νέας δημοκρατίας, όπως η αρχιτεκτονική των νέων δημόσιων κτηρίων της αντικατόπτριζε την οικειοποίηση των αττικών ιδεωδών. Οι αμερικανικοί θεσμοί ήθελαν να ταυτιστούν με την αναζήτηση των απαρχών της Ελλάδας, κάτι που θύμιζε στον Έβανς τα προβλήματα που είχε στη Βρετανία, προσπαθώντας να αναγνωριστεί η αρχαιολογία του Αιγαίου.

«Έχω δικαίωμα να μιλώ για τη δουλειά του κ. Seager», έγραψε ο Έβανς λίγους μήνες αργότερα σε ένα μνημόνιο προς την Αμερικανική Σχολή Κλασικών Σπουδών Αθηνών.

> Δεν έχει μόνο, όπως λένε οι Γάλλοι, *«le main heureux»** για να ανακαλύπτει, αλλά οι ανασκαφές του και οι αναζητήσεις του είναι άρτιες και επιστημονικά τεκμηριωμένες ... Ακολουθεί μεθόδους με τις οποίες ελπίζει να ανακαλύψει τις απαρχές ενός Ευρωπαϊκού Πολιτισμού στην Κρήτη και τα θεμέλια στα οποία στηρίζεται ο μεταγενέστερος Κλασικός Πολιτισμός. Αντίθετα με την τάση ορισμένων να ασχολούνται ακόμη και με αυτά τα πρώιμα μνημεία από την υποκειμενική τους άποψη.[5]

Ο Seager ήταν ευτυχής να έχει «τον πρύτανη των ανασκαφέων της Κρήτης», όπως αποκαλούσε τον Έβανς, να δημοσιεύει τις ανακαλύψεις του. Το ίδιο και η Harriet Boyd και ο άνδρας της, Charles Hawes, ανθρωπολόγος από το Καίμπριτζ,[6] που του ζήτησαν να γράψει τον πρόλογο στο βιβλίο τους με τίτλο *Crete*, και υπότιτλο, *The Forerunner of Greece*, που είχε σκοπό να προωθήσει τις πωλήσεις στην Αμερική.[7]

---

* Τυχερό χέρι. (Σ.τ.Ε.)

Στην Κνωσό, ο Doll συνέχιζε τις εργασίες της αποκατάστασης του Fyfe στο Διαμέρισμα Κατοικίας και ανακάλυψε πως τα ξύλινα δοκάρια που τοποθετήθηκαν στην Αίθουσα των Διπλών Πελέκεων το 1901 είχαν «αποδειχτεί ανεπαρκή για να αντέξουν τις ακραίες κλιματολογικές συνθήκες της Κρήτης» και πως μεγάλο μέρος του πάνω ορόφου έπρεπε να διαλυθεί και να ξανακτιστεί. Ο Doll ανακατασκεύασε το μεγαλύτερο μέρος του Μεγάρου της Βασίλισσας και βρήκε την ευκαιρία να ανοίξει κάποια από τα κλεισμένα παράθυρα στις χαμηλότερες αυλές, επιτρέποντας, όπως φανταζόταν ο Έβανς, «να χυθεί φως ανάμεσα στους πεσσούς και τους κίονες, ακριβώς όπως γινόταν και παλιά ... Ηπιότερο εισχωρεί κλεφτά στο μικρό λουτρό από πίσω». Μοιράστηκε αυτό το θέαμα με τους *Times*: «Φωτίζει αμυδρά την τοιχογραφία με τη σπειροειδή ζωφόρο πάνω από τη λευκή ορθομαρμάρωση του τοίχου, πέφτει πίσω στη μικρή πήλινη μπανιέρα, που βρίσκεται σχεδόν ανέπαφη για κάπου τρεισήμισι χιλιάδες χρόνια. Το μικρό λουτρό φέρει ζωγραφισμένο σχέδιο που σημαδεύει το τέλος του μεγάλου Ανακτορικού Ρυθμού. Ποιος ήταν άραγε ο τελευταίος που το χρησιμοποίησε;» Σε μια αποκαλυπτική απάντηση στο ίδιο του το ερώτημα, ο Έβανς τόλμησε να πει: «Μια Βασίλισσα, ίσως, και μητέρα κάποιας "Ελπίδας για τον Μίνωα", μιας ελπίδας που διαψεύστηκε»,[8] καθώς το Ανάκτορο καταστράφηκε στο τέλος της Υστερομινωικής ΙΙ περιόδου. Αυτός ο συναισθηματικός υπαινιγμός σε «κάποια ελπίδα για τον Μίνωα», που γράφηκε τον Αύγουστο του 1908, πιθανώς να ήρθε στο τέλος μιας περιόδου σκέψης, στη διάρκεια της οποίας αναθεώρησε τη σχέση του με τον «Μεγάλο» Τζων Έβανς, ο οποίος είχε πεθάνει, κατά την απουσία του, στα τέλη Μαΐου. Για τον πατέρα του ο Άρθουρ υπήρξε μια ελπίδα, αλλά μια ελπίδα που θριάμβευσε.

Ο Έβανς κληρονόμησε «σεβαστή περιουσία» από τον πατέρα του, όπως μας λέει η Τζόαν Έβανς, και τον Οκτώβριο κληρονόμησε ολόκληρη την περιουσία της οικογένειας Dickinson, όταν πέθανε ο τελευταίος απόγονος. Ο Έβανς τώρα ήταν πιο πλούσιος και πιο διάσημος από τον πατέρα του και είχε τη δική του ελπίδα, αλλά ήταν απίθανο να έχει την ίδια επιτυχία: ο Έβανς υιοθέτησε τον Lancelot Freeman, γιο του αδελφού τής Margaret, ο οποίος είχε μεταναστεύσει στην Αμερική, και σε αυτόν «παρέσχε αφειδώς όλες τις ευκαιρίες που μπορούσε να σκεφτεί», θυμόταν η ετεροθαλής αδελφή του. Όμως ο Lans ήταν «λεπτεπίλεπτο παιδί, χωρίς πνευματικά χαρίσματα» και χωρίς πιθανότητες να κάνει ακαδημαϊκή καριέρα.[9] Έτσι, εκπαιδεύθηκε για να ακολουθήσει στρατιωτική καριέρα στο Sandhurst.

Ο Έβανς σύντομα υιοθέτησε ένα άλλο εύθραυστο και απλό αγόρι, όμως αυτό το άτομο η Τζόαν Έβανς εσκεμμένα το απέκλεισε από τη βιογραφία του ετεροθαλούς αδελφού της, παρότι, ή μάλλον επειδή, σ' αυτό εστιάστηκε η πιο προσωπική αφοσίωση του Άρθουρ. Ο James Candy –ένα από τα έξι παιδιά φτωχών αγροτών, που ζούσαν στους πρόποδες του Boars Hill– είχε γεννηθεί το 1902. Όταν ο Έβανς τον είδε για πρώτη φορά στην ανθοκομική έκθεση που κάθε χρόνο φιλοξενούσε στο Youlbury, ήταν ένα αρρωστιάρικο παιδί και το δεξί του αυτί είχε μολυνθεί μετά από δύο ανεπιτυχείς εγχειρήσεις του μαστοειδούς* (όπως εκείνη που προκάλεσε τον πρόωρο θάνατο

* Προεξοχή οστών πίσω από το αυτί. (Σ.τ.Ε.)

του Σλήμαν). Ο Έβανς πρόσεξε το μικρό αγόρι που έκλαιγε, επειδή δεν μπορούσε να δει το παιχνίδι της διελκυστίνδας ανάμεσα σε δύο τοπικές ομάδες και, με την άδεια της μητέρας του, τον ανέβασε στην πλάτη του για να βλέπει καλύτερα. Αργότερα, όταν ο Candy και μερικοί φίλοι δημιούργησαν μια προσκοπική ομάδα στο Boars Hill, ο Έβανς πρόσεξε καλύτερα τον εύθραυστο νεαρό.

Ο James Candy και οι φίλοι του εξέλεξαν τον Arthur Shepherd, ένα μεγαλύτερο αγόρι από το Boars Hill, να είναι αρχηγός της προσκοπικής ομάδας τους και να τους οδηγήσει στη νέα μόδα που σάρωνε τη Βρετανία. Ο συνταγματάρχης Robert Baden-Powell, ο ήρωας του Mafeking, ίδρυσε τους Προσκόπους το 1908 για να αντιπαλέψει τον κοινωνικό εκφυλισμό που παρατηρούσε στη Μεγάλη Βρετανία μετά την πύρρειο νίκη της στον πόλεμο της Νότιας Αφρικής. Με το απλό σύνθημα «Be Prepared»* (παίζοντας με τα αρχικά του), ο Baden-Powell προώθησε έναν ηθικό κώδικα που ονόμασε «Προσκοπικό Νόμο», με μια μεγάλη εκστρατεία με δημοσιεύματα και ομιλίες που είχε απήχηση σε όλα τα κοινωνικά στρώματα. Προώθησε εννιά αρχές που βασίζονταν στην τιμιότητα, τη νομιμοφροσύνη προς την Αρχή (θεωρώντας ως ανώτερη τον Θεό), τη φιλανθρωπία, την αδελφοσύνη, τον ιπποτισμό, τον σεβασμό προς τα ζώα (αν και το να σκοτώσεις ένα ζώο για να φας επιτρεπόταν), την υπακοή, την καλή διάθεση και τη λιτότητα (ώστε τα επιπλέον χρήματα να μπορούν να δίνονται σε όσους τα είχαν ανάγκη).[10] Η θετικιστική γλώσσα του Προσκοπικού Κινήματος φάνηκε ελκυστική στον Έβανς, όπως και οι δραστηριότητες στο

* «Έσο έτοιμος». (Σ.τ.Ε.)

ύπαιθρο, που είχαν σκοπό να δημιουργήσουν υγιείς νέους που αγαπούσαν και σέβονταν τη φύση, κι αμέσως πήρε μέρος στο Κίνημα, προσφέροντας τα διακόσια ογδόντα στρέμματα δάσους του στο Boars Hill για κάθε χρήση και δωρίζοντας το ξύλινο σπίτι που είχε κτίσει για τη Margaret για να χρησιμοποιηθεί ως αρχηγείο.

Ο Έβανς έμεινε Πρόσκοπος για την υπόλοιπη ζωή του, κατορθώνοντας τελικά να πάρει τον υψηλότερο βαθμό, τον Ασημένιο Λύκο, το 1938, και πήρε στα σοβαρά τον Προσκοπικό Νόμο, όπως ανέφερε στα απομνημονεύματά του ο σερ Mortimer Wheeler, ένας από τους μεγάλους πρωτοπόρους της ινδικής αρχαιολογίας. Ο Wheeler ήταν απένταρος πτυχιούχος του πανεπιστημίου στην αρχή της καριέρας του, όταν συνάντησε για πρώτη φορά τον Έβανς σε μια επιτροπή που απένειμε στον νεαρό επιστήμονα τιμητική αλλά πενιχρή υποτροφία 50 λιρών τον χρόνο:

> Το μέλλον μου ήταν ήδη καθορισμένο, θα γινόμουν αρχαιολόγος. Όλα τα άλλα ήταν κινούμενη άμμος. Καθώς σκεφτικός περπατούσα αργά στον μακρύ διάδρομο, άκουσα ελαφρά βήματα πίσω μου. Γύρισα και αντίκρισα τη μικροκαμωμένη, λεπτή μορφή του Άρθουρ Έβανς, λίγο λαχανιασμένο από το τρέξιμο. «Αυτές οι 50 λίρες», είπε με την ήρεμη φωνή του, «δεν είναι πολλές. Θα ήθελα να τις διπλασιάσω για σας». Κι έφυγε ξανά, σχεδόν πριν προλάβω να τον ευχαριστήσω. Αυτή η χαρακτηριστικά γενναιόδωρη πράξη του Έβανς άλλαξε όλη την κατάσταση.[11]

Ο Wheeler ίσως να μην είχε καταλάβει ότι ο Έβανς απλώς τηρούσε τον τρίτο και τον ένατο από τους νόμους των Προσκόπων.

Ο δέκατος νόμος, «Ένας Πρόσκοπος είναι αγνός στη σκέψη, στον λόγο και στην πράξη», σύντομα προστέθηκε για να θεραπεύσει ένα ιδιαίτερο ηθικό δίλημμα που ο Baden-Powell, σύμφωνα με τον Tim Jeal, τον τελευταίο και αξιόπιστο βιογράφο του, αντιμετώπιζε σε όλη του τη ζωή. Ο όρος περί «αγνότητας» πιθανόν προήλθε από τη στάση του Baden-Powell σε κάθε είδους σεξουαλική πράξη, αλλά ιδιαίτερα στον αυνανισμό και στις «κτηνώδεις» ομοφυλοφιλικές πράξεις. Ο Jeal συμφωνεί με την άποψη ότι ο Baden-Powell είχε «συναισθηματικά έντονη» σχέση με κάποιον ταγματάρχη Kenneth MacLaren που υπηρετούσε μαζί του στο Mafeking, και τον οποίο περιέγραφε ως «τον καλύτερο φίλο μου στον κόσμο», αλλά υποστηρίζει πως ήταν «σωματικά αγνή». Η απέχθεια του Baden-Powell για τον αυνανισμό φαίνεται πολύ γραφική στο αρχικό κείμενο για τον προσκοπικό οδηγό, το οποίο λογοκρίθηκε από τον εκδότη γιατί ήταν πολύ κατηγορηματικό: «Το αποτέλεσμα της αυτο-προσβολής είναι ότι το αγόρι πάντοτε –να θυμάσαι, πάντοτε– γίνεται αδύναμο, νευρικό και ντροπαλό», άρχιζε προσπαθώντας να τρομοκρατήσει τους πιθανούς παραβάτες. «Αποκτά πονοκεφάλους και πιθανόν ταχυπαλμίες και, αν το συνεχίσει για πολύ, χάνει το μυαλό του και γίνεται ηλίθιος. Μεγάλος αριθμός τρελών στα άσυλά μας τρελαίνονται ικανοποιώντας αυτήν τη διαστροφή». Ο Jeal υποδηλώνει ότι «οι σεξουαλικές ανησυχίες του ίδιου του Baden-Powell ήταν υπεύθυνες για τη σφοδρότητα της επίθεσής του εναντίον του αυνανισμού, επειδή έβρισκε ωραίους τους νεαρούς και όχι τις γυναίκες … και επειδή το ενδιαφέρον για το σεξ φαινόταν να οδηγεί τα αγόρια σε "κτηνώδεις πράξεις" με γυναίκες ή σε μια ροπή για "τον έρωτα που δεν τολμούσε να πει το όνομά του". Επομένως, έπρεπε να χαλιναγωγηθεί και να συντριβεί με σιδερένια θέληση».[12]

Υπήρχε, επίσης, το ζήτημα της κοινής γνώμης και του νόμου. Είχαν περάσει μόλις είκοσι χρόνια από τότε που ο μαρκήσιος του Queensberry είχε κατηγορήσει τον Ιρλανδό ποιητή Όσκαρ Ουάιλντ για σοδομισμό, που τότε ήταν κακούργημα, και προκάλεσε ευρεία συζήτηση για τα κακά της ομοφυλοφιλίας, με αποτέλεσμα τη δημόσια διαπόμπευση του Ουάιλντ, τη φυλάκισή του και τον πρόωρο θάνατό του το 1900. Η περίφημη δίκη του Ουάιλντ ξεκαθάρισε πως η ομοφυλοφιλική συμπεριφορά θεωρείτο στοιχείο εκφυλισμού και δεν μπορούσε να γίνει ανεκτή από τη βρετανική κοινωνία. Πολλοί ομοφυλόφιλοι, συμπεριλαμβανομένου και του Ουάιλντ, παντρεύονταν κι έκαναν οικογένειες, αλλά καταπίεζαν την πραγματική έκφραση της καρδιάς τους. Ο Έβανς αντιμετώπισε ένα παρόμοιο προσωπικό θέμα: είχε παντρευτεί τη Margaret από φιλία και θαυμασμό και καταπίεζε την πραγματική του επιθυμία για ανδρική συντροφιά. Πιστεύω πως εξακολούθησε να ελέγχει τις ομοφυλοφιλικές του επιθυμίες, όπως έκανε και ο Baden-Powell, όμως, αντίθετα με τον «Πρώτο Πρόσκοπο», εκείνος υπέκυψε σε αυτές αργότερα, καθώς άρχισε να χάνει τον αυτοέλεγχό του.

Όταν ο Arthur Shepherd παρέταξε την προσκοπική του ομάδα στην εξώπορτα του Youlbury για επιθεώρηση, έφερε νέα χαρά στη ζωή του Έβανς. «Φαντάζεστε τα πρόσωπά μας όταν χτυπήσαμε το κουδούνι και εκεί μας υποδέχτηκε ο σερ Άρθουρ», έγραψε ο Candy στην αυτοβιογραφία του, «στην επιβλητική αίθουσα που ήταν διακοσμημένη με μαύρα και άσπρα μάρμαρα σε μορφή λαβύρινθου με τον Μινώταυρο στη μέση». Οι γλυκιές αναμνήσεις του

Candy για «τον πιο καλό άνθρωπο που γνώρισα ποτέ» δίνουν την πιο ειλικρινή εικόνα στην ανθρώπινη πλευρά του Έβανς μέσα στη «φωλιά» του.

«Αναπολώντας εκείνες τις μέρες», θυμόταν ο Candy, «σιγά σιγά κατάλαβα ότι του άρεσε να μιλάει μαζί μου και να συμμετέχει σε μερικά παιχνίδια, όπως η "Επίθεση για τη Σημαία", στο οποίο έπρεπε κανείς να σέρνεται με χέρια και πόδια μέσα στα φυτά για να κλέψει τη σημαία του αντιπάλου ... Φαίνεται πως ο σερ Άρθουρ είχε παρατηρήσει πως ήμουν πολύ χλομός και ρώτησε τον Arthur Shepherd αν ήξερε τον λόγο». Ο Έβανς επισκέφτηκε τους γονείς του Candy και προσφέρθηκε να γίνει ο κηδεμόνας του παιδιού, κάτι που εκείνοι δέχτηκαν, καθώς δεν είχαν τα μέσα να αντιμετωπίσουν τα προβλήματα της υγείας του και θεώρησαν αυτήν την πρόταση ως μεγάλη ευκαιρία για το οκτάχρονο αγόρι. «Πήγα από την αυλή του αγροκτήματος στην πολυτέλεια», θυμόταν ο Candy. «Όταν ο οδηγός χτύπησε το κουδούνι και η Emma, η τραπεζοκόμος, με πήγε στον σερ Άρθουρ λέγοντας: "Σερ Άρθουρ, ο κύριος Jimmie", ολόκληρη η ζωή μου άλλαξε. Η πρώτη έκπληξη ήταν ότι ο σερ Άρθουρ με φίλησε», κάτι που ο πατέρας τού Candy δεν είχε κάνει ποτέ. «Για μένα, το σπίτι του ήταν εξωπραγματικό. Η πολυτέλεια, η κομψότητα, τα πελώρια δωμάτια, οι πίνακες, οι ταπετσαρίες ... όμως εκείνο που με εντυπωσίασε περισσότερο ... ήταν ο αριθμός των υπνοδωματίων ... τα πέντε λουτρά και, πιο πολύ, ένα ρωμαϊκό λουτρό με τρία σκαλιά για να κατεβείς». Αφηγούμενος την πρώτη γοητευτική περιδιάβασή του στο Youlbury, πρόσθεσε και τη συγκινητική λεπτομέρεια ότι ο Βικτωριανός «σερ Άρθουρ, με όλα αυτά τα λουτρά, προτιμούσε σε ολόκληρη τη ζωή του να χρησιμοποιεί ένα μεγάλο τσίγκινο ουροδοχείο, που το είχε κάτω από το κρεβάτι του». Οδήγησαν τον Candy στο δωμάτιό του, που ήταν δίπλα στου Έβανς και είχε ένα κουδούνι με κορδόνι, «ώστε αν χρειαζόμουν οτιδήποτε το βράδυ, μπορούσε να έρχεται και να με καθησυχάζει», αναπολούσε με συγκίνηση ο Candy.[13]

Η καθημερινή ρουτίνα στο Youlbury άρχιζε στις οκτώ η ώρα, όταν η Ada Porter, η καμαριέρα, ερχόταν στα υπνοδωμάτια με ένα πιάτο φρούτα από τον κήπο. Τακτοποιούσε τα ρούχα του Έβανς που, όπως θυμόταν ο Candy, όλα

> ήταν φτιαγμένα γι' αυτόν και τα παντελόνια του, ανεξάρτητα από τη μόδα της εποχής, έπρεπε να είναι χωρίς «ρεβέρ». Οι μπότες του (δεν φορούσε παπούτσια) έπρεπε να είναι χωρίς κορδόνια, τα οποία θεωρούσε «χάσιμο χρόνου». Έτσι, είχε ένα λουράκι μπροστά και ένα πίσω από τη φτέρνα για να βάζει τις μπότες του γρήγορα. Δεν μπορούσε να χάνει χρόνο, έτσι τα πουκάμισά του ήταν φτιαγμένα με σκληρά αλύγιστα κολάρα [και] ποτέ δεν αποχωριζόταν το διάσημο μπαστούνι του, που το έλεγε Prodger.[14]

Το γκονγκ για το πρωινό χτυπούσε στις εννιά. «Τι αφθονία στο τραπέζι!» θαύμαζε ο Candy εκ των υστέρων. «Υπήρχε πόριτζ, κρύο χοιρομέρι ή καπνιστή ρέγκα, αυγά και μπέικον και νεφρά, όλα ζεστά, και παίρναμε μόνοι μας ό,τι θέλαμε». Μετά το πρωινό, ο Έβανς πήγαινε στη βιβλιοθήκη, όπου η κ. Judd, η μαγείρισσα, τον ακολουθούσε μαζί με τον κατάλογο με το μενού της ημέρας για να το εγκρίνει. Ήταν υπεύθυνη για την κουζίνα, με μια βοηθό μαγείρισσα, μια υπηρέτρια για το πλύσιμο κι ένα αγόρι που καθάριζε τα παπούτσια κι έφερνε ξύλα και κάρβουνα. Τέσσερις άλλες υπηρέτριες με τις πρωινές τους στολές ξεσκόνιζαν και καθάριζαν τα δωμάτια, ενώ ο Έβανς περνούσε τις ώρες του γράφοντας με πένα από άσπρο φτερό χήνας, που τη χρησιμοποιούσε σε όλη του τη ζωή, αν και η γραφομηχανή είχε εφευρεθεί από το 1873 κι εκείνη την εποχή τη χρησιμοποιούσαν πολύ.[15]

Στο γεύμα, που σερβίριζαν δύο υπηρέτριες, το μενού περιλάμβανε τρία πιάτα και καφέ. Μετά, ο Έβανς έπαιρνε τον μεσημεριανό ύπνο στη βιβλιοθήκη. Ξυπνούσε στις τρεις και συχνά έκανε έναν περίπατο στον κήπο, τον οποίο διατηρούσαν άψογο ο κ. Osbourne, ο επικεφαλής κηπουρός, και τέσσερις βοηθοί. «Μπορούσε να σου μιλήσει το ίδιο άνετα για τη ζωή στον βυθό της λίμνης, όπως και για την αρχαιολογία στην Κνωσό»,[16] ή για την επιστημονική ταξινόμηση των πεταλούδων ή για οτιδήποτε συναντούσαν. Ο Candy θυμόταν πως ο Έβανς «είχε μαζί του το προσωπικό του εργαλείο ανασκαφής: άφηνε το νύχι στο μικρό δάχτυλο του δεξιού του χεριού ένα τέταρτο της ίντσας μακρύ. Έτσι, μπορούσε να ξύνει το χώμα από τα ευρήματά του. Σαν να τον βλέπω σκυμμένο, τα μάτια του προσηλωμένα σε κάποιο μικρό αντικείμενο, να ξύνει με το νύχι του όλα τα ραγίσματα και τις σχισμές».[17] Όταν επέτρεπε ο καιρός, έπαιζαν κροκέ στη χλόη. Ήταν από τις σπάνιες περιπτώσεις που ο Έβανς φορούσε γυαλιά, για να βλέπει την μπάλα. Όταν ήθελε περιπέτειες, ο Έβανς έβαζε τον Jimmie και την γκουβερνάντα του στη μεγαλόπρεπη τριθέσια μαύρη λιμουζίνα «Wolseley», που τη συντηρούσε ο αρχιοδηγός του Jim Wiblin, αν και τις περισσότερες φορές την οδηγούσε ο βοηθός του, ο Charlie Mott, και εξερευνούσαν ερειπωμένα μοναστήρια ή εκκλησίες.

Επέστρεφαν την ώρα για το τσάι, που έπαιρναν στο υπέροχο σαλόνι, όπου ο Έβανς ήταν το επίκεντρο, περιτριγυρισμένος από τους αγαπημένους του πίνακες του Μπρονζίνο, του Καραβάτζιο και των ζωγράφων της Αναγέννησης από τις σχολές της Βενετίας και της Βερόνας, και από κεντήματα από τα ελληνικά νησιά και τα Βαλκάνια, ενώ αγόρευε καθισμένος στην αγαπημένη του πολυθρόνα.

Ακριβώς στις έξι, ο Έβανς επέστρεφε στη βιβλιοθήκη του για να γράψει γράμματα. Το δείπνο ήταν στις επτά «και αλίμονό σου αν αργούσες», διηγείτο ο Candy. Ο Candy φορούσε ένα σακάκι με τα χρώματα του Eton και ακολουθούσε τον Έβανς, που ήταν ντυμένος με σκούρο κοστούμι, στη μεγάλη τραπεζαρία με το στρογγυλό τραπέζι, στο κέντρο του οποίου υπήρχαν φρεσκοκομμένα λουλούδια. Δεν έπιναν ποτά πριν από το δείπνο, όμως υπήρχε πάντα κρασί στο τραπέζι και σαμπάνια όταν είχαν καλεσμένους. «Ένα τυπικό μενού», θυμόταν ο Candy, «ήταν στρείδια, φασιανός με όλες τις γαρνιτούρες, επιδόρπιο και τυρί. Ακολουθούσαν φρούτα εποχής από τα θερμοκήπια». Τον καφέ τον έπιναν στο σαλόνι, όπου η Emma έφερνε ουίσκι για τον κύριο και ένα ασημένιο κουτί με μπισκότα για τον κηδεμονευόμενό του. Αυτή ήταν η ώρα για επιτραπέζια παιχνίδια και, καθώς ο Έβανς δεν ήταν καλός παίκτης στο μπριτζ –δεν μπορούσε να παρακολουθήσει τη σειρά των αριθμών–, τα αγαπημένα παιχνίδια ήταν το ουίστ, η πασιέντσα ή οι γρίφοι. Καθώς ο Candy μεγάλωνε, ο Έβανς τον καλούσε για μπιλιάρδο, ένα παιχνίδι που του άρεσε να παίζει, αλλά πάντοτε έχανε «εξαιτίας της περιορισμένης του όρασης», εξηγούσε ο Candy. Μια όραση τόσο κακή, που το βράδυ «σκόνταφτε στα δέντρα και στους θάμνους αν δεν κρατούσε φανάρι ή δεν είχε κάποιον να τον οδηγεί». Τέλος, στις εννιά και μισή ακριβώς, με καλεσμένους ή χωρίς, ο Έβανς αποσυρόταν στην κρεβατοκάμαρά του.[18]

Το Youlbury ήταν ανοιχτό για τα παιδιά της κοινότητας τη δωδέκατη νύχτα μετά τα Χριστούγεννα, τα Επιφάνεια, τη γιορτή που γιόρταζαν τους τρεις σοφούς ή Μάγους οι οποίοι επισκέφτηκαν το βρέφος Ιησού για να τον τιμήσουν. Ο Έβανς γιόρταζε τα Επιφάνεια μεταμφιεσμένος σε Μινώταυρο που εμφανιζόταν για να καταβροχθίσει τα παιδιά, τα οποία κατέφευγαν στο κέντρο του λαβύρινθου που ήταν σχεδιασμένος στην αίθουσα της εισόδου. Γινόταν ένας χορός, τον οποίο ο Έβανς αποκαλούσε «cotillion», ένας χορός της γαλλικής βασιλικής Αυλής που τον χόρευαν τέσσερα ζευγάρια σχηματίζοντας ένα τετράγωνο (ίχνη του επιβιώνουν στον σύγχρονο χορό των καουμπόις). Η ορχήστρα έδινε τον ρυθμό και οι νεαροί χορευτές πρόσφεραν ο ένας στον άλλον «μικρά δωράκια» που τους είχε δώσει ο Έβανς. Η γιορτή τελείωνε με το σερβίρισμα κομματιών από δύο μεγάλα κέικ, ένα για τα αγόρια και ένα για τα κορίτσια, και κάθε κέικ περιείχε ένα φασόλι και οι τυχεροί που τα έβρισκαν στεφανώνονταν βασιλιάς Μίνωας ή βασίλισσα Πασιφάη, κάθονταν σε δύο αντίγραφα του θρόνου της Κνωσού από μαόνι και τους τιμούσαν με τον τελευταίο χορό. Θεωρείτο ως το κοινωνικό γεγονός για τα παιδιά του Boars Hill και της Οξφόρδης.[19]

«Η καλοσύνη του ήταν διάχυτη, αλλά βέβαια όταν σου έλεγε να κάνεις κάτι, μα τον Δία, έπρεπε να συμμορφωθείς». Ο Candy θυμόταν την «ηφαιστειώδη φύση» του Έβανς, που παρέμενε ίδια στα εξήντα του. «Θύμωνε εύκολα, όμως εύκολα συγχωρούσε, ήταν πεισματάρης και μερικοί από τους αρχαιολόγους συναδέλφους του τον θεωρούσαν λίγο τυραννικό», παραδεχόταν ο Candy. «Το πρώτο σημάδι του θυμού του ήταν όταν άρχιζε να ξύνει το πίσω μέρος του κεφαλιού του ... Πολλές φορές σε κάποιο ξενοδοχείο, ο σερ Άρθουρ, αφού έδινε εντολή για το γεύμα ή ζητούσε μαχαίρι ή πιρούνι και ο σερβιτόρος τον άφηνε να περιμένει, θα "άφηνε τον θυμό του να ξεσπάσει" και θα τον κατσάδιαζε εκείνη τη στιγμή, με όλους γύρω να κοιτάνε».

«Ξέρετε ότι έχω δώσει στον Jimmie ένα κομμάτι της καρδιάς μου», εξομολογήθηκε ο Έβανς στη μητέρα τού Candy και δεν υπήρχε αμφιβολία ότι το εννοούσε. Η Τζόαν Έβανς, γνωρίζοντας την κλίση του ετεροθαλούς αδελφού της προς τους νεαρούς, ποτέ δεν ανέφερε τον Candy στη βιογραφία της για τον Έβανς, επειδή υποψιαζόταν ότι εκείνος συμπεριφερόταν παράνομα στο αγόρι ή ότι οι άλλοι θα σκέφτονταν κάτι τέτοιο. Ωστόσο, δεν υπάρχει αμφιβολία, από τις τρυφερές αναμνήσεις του Candy, ότι η αγάπη του Έβανς γι' αυτόν ήταν πατρική.

Με μια πρωτοφανή κίνηση, στα τέλη του 1908, ο Έβανς ανήγγειλε την πρώιμη αποχώρησή του από το Ashmolean. Όμως κανείς δεν μπορούσε να κάνει κάτι τέτοιο στην Οξφόρδη και ο λόρδος Curzon, πρύτανης του Πανεπιστημίου, του έγραψε: «Το πραγματικό σας μνημείο είναι το ίδιο το Ashmolean ... που τα τελευταία είκοσι πέντε χρόνια έχει γίνει αγνώριστο», και πρότεινε: «Μολονότι μπορεί να παραιτείσθε από τη θέση σας, πιστεύω πως αυτό δεν θα σημαίνει χωρισμό ανάμεσα στο Πανεπιστήμιο και σε σας». Έτσι ο Έβανς δέχτηκε να γίνει επίτιμος επιμελητής του Μουσείου, που σήμαινε πως είχε μόνιμη θέση στο διοικητικό του συμβούλιο.[20] Το 1909, ο

Hogarth έγινε επιμελητής του Ashmolean, παίρνοντας ενεργό μέρος στην εκπαίδευση των φοιτητών. Τον Ιούνιο, ο Έβανς διορίστηκε έκτακτος καθηγητής της Προϊστορικής Αρχαιολογίας στο Πανεπιστήμιο, τιμητική θέση με συμβολικό μισθό και λίγα καθήκοντα, και όταν, τον επόμενο χρόνο, ο John Myres δέχτηκε την πρόσφατα δημιουργημένη έδρα Wykeham της Αρχαίας Ιστορίας, οι τρεις έμπειροι ανασκαφείς άρχισαν να παίζουν μείζονα ρόλο στον σχηματισμό του προγράμματος μαθημάτων για τη νέα γενιά των αρχαιολόγων της Οξφόρδης.

Ο Έβανς μπορούσε τώρα να αφοσιωθεί πλήρως στη δημοσίευση της εργασίας του για την Κνωσό και να βάλει τις τελευταίες πινελιές στον πρώτο τόμο του *Scripta Minoa*, ενός πλήρους corpus των ιερογλυφικών επιγραφών από την Κρήτη, όπου υποστήριζε τη μινωική καταγωγή του φοινικικού αλφαβήτου, το οποίο προσάρμοσαν οι μεταγενέστεροι Έλληνες άποικοι της Ανατολικής Μεσογείου για να γράψουν τη γλώσσα τους. Αυτό ήταν το επιχείρημα που είχε διατυπώσει πάνω από δέκα χρόνια νωρίτερα στο *Cretan Pictographs.*[21] Έχοντας πολύ περισσότερα στοιχεία, εξόρισε με επιτυχία την Αίγυπτο από το γενεαλογικό δέντρο του αλφαβήτου, που κατέληξε στα σημαντικά κείμενα της κλασικής Ελλάδας. Μέχρι τότε θεωρούσαν ότι η Αίγυπτος είχε εμπνεύσει τους Φοίνικες.

Ο Έβανς πέρασε την ανασκαφική περίοδο του 1909 στην Κνωσό, επιβλέποντας τις «αποκαταστάσεις» του Doll στο Διαμέρισμα Κατοικίας του Ανακτόρου και ψάχνοντας τις πλαγιές κοντά στα Ισόπατα, με τον Γρηγόρη και τον Mackenzie, για τους προγόνους του Βασιλικού Τάφου και το νεκροταφείο της δεύτερης περιόδου του μεγάλου Ανακτόρου. Ο Έβανς υπέθετε ότι νεκροταφείο αντίστοιχο με τα υπολείμματα εκείνων που είχαν κτίσει και είχαν κυβερνήσει το πρώτο Ανάκτορο έπρεπε να βρίσκεται εκεί κοντά. Αντίθετα, βρήκαν κι άλλους τάφους της ύστερης περιόδου οι οποίοι, μολονότι είχαν επίσης συληθεί στην αρχαιότητα, περιείχαν πολλούς μικρούς θησαυρούς που τους είχαν παραβλέψει οι αδέξιοι τυμβωρύχοι, και μάλιστα ένας από αυτούς υποκίνησε τον Έβανς να μελετήσει μια εντελώς νέα άποψη της μινωικής θρησκείας.

Το Δαχτυλίδι των Ισοπάτων, ένας μικρός χρυσός σφραγιδόλιθος τον οποίο ο Έβανς βρήκε σε μια γωνιά του πρώτου τάφου που άνοιξαν, έχει χαραγμένες στη σφενδόνη τέσσερις ώριμες γυναίκες με χαρακτηριστικές μινωικές φαρδιές φούστες με βολάν σε αγρό με κρίνα. Τρεις από τις γυναίκες είναι σε στάση λατρείας, ενώ η κεντρική φιγούρα έχει το κεφάλι της σκυμμένο με υψωμένο το δεξί χέρι και κατεβασμένο το αριστερό. Ο Έβανς ξαφνιάστηκε από την ομοιότητα της θέσης του χεριού της κεντρικής μορφής με μια συγκεκριμένη χειρονομία, την οποία γνώριζε καλά από τον σύγχρονο θρησκευτικό χορό που χόρευαν στον Τεκέ ένα χιλιόμετρο πιο μακριά από τον τάφο. Η Δερβίσικη Ακαδημία στον Τεκέ βρισκόταν στο μέσο του δρόμου ανάμεσα στην Κνωσό και στα Ισόπατα, που ήταν η καθημερινή διαδρομή του Έβανς στην Κνωσό. Ο σεΐχης* της, ο οποίος ήταν στενός φίλος εκείνου και του Mackenzie, του έδωσε σύγχρονες αναλογίες για την αρχαία παράσταση. Οι δερβίσηδες, ομάδα Μουσουλμάνων μοναχών, είναι περισσότερο γνωστοί για τον «περιστρεφόμενο χορό», κατά τον οποίο στριφογυρνούν

* Ο αντίστοιχος του ηγουμένου σε μουσουλμανικό μοναστήρι. (Σ.τ.Ε.)

πάνω στο ένα τους πόδι, έχουν υψωμένη την παλάμη του δεξιού χεριού τους και κρατούν το αριστερό τους χέρι κατεβασμένο –σύμβολο του δούναι και λαβείν– και, καθώς ο χορός επιταχύνεται, πέφτουν σε έκσταση, για να χάσουν την προσωπική τους ταυτότητα και να ενωθούν με τον Θεό τους. Η τοποθέτηση των χεριών της κεντρικής μορφής και η χειρονομία των δερβίσηδων χορευτών παρακίνησαν τον Έβανς να ερμηνεύσει τις γυναίκες ως λατρεύτριες. Είχαν παραδοθεί σε «κάποιο οργιαστικό χορό» για να επικαλεστούν τη θεά, που φαινόταν στο Δαχτυλίδι ως μια πέμπτη μικροσκοπική φιγούρα που κατέβαινε από τον ουρανό. Εξήγησε πώς γινόταν η τελετή, με το παράδειγμα αναφοράς από την Αίγυπτο στον Φιλισταίο πρίγκιπα Μπαντίρα του Ντορ (ο οποίος υπέθεσε πως «ανήκε, επομένως, σε γενιά αποίκων κρητικής κυρίως καταγωγής»), που κάνει προσφορά στον θεό του, «ο οποίος καταλαμβάνει τον κύριο ακόλουθό του και του προκαλεί εκστατική φρενίτιδα, που φαίνεται από τη διάθεση με την οποία χορεύει. Σε αυτή την κατάσταση εκφωνεί θείες εντολές».[22] Η αρχή της εκστατικής έκφρασης στη μινωική θρησκεία έγινε μέρος τής, κατά τα άλλα, τευτονικής δομής που ο Έβανς εφάρμοσε στην πρώιμη Κρήτη.[23]

Ίσως αυτός ο συσχετισμός με τη σύγχρονη ανδρική μουσουλμανική ιεροσύνη οδήγησε τον Έβανς να επινοήσει την ευφυή θεωρία ότι το Δαχτυλίδι των Ισοπάτων και τα όμοιά του είχαν γίνει ειδικά «in usum mortuorum,* και ότι τα δαχτυλίδια τα περνούσαν στα δάχτυλα όταν η σάρκα άρχιζε να αποσυντίθεται», επειδή η εσωτερική διάμετρος του Δαχτυλιδιού, 1,4 επί 1,2 εκατοστά, ήταν «πολύ

* Για νεκρική χρήση. (Σ.τ.Ε.)

μικρή για να χωράει σε οποιονδήποτε ενήλικα».[24] Αυτό που απέρριπτε με την υπόθεση αυτή ήταν ότι το Δαχτυλίδι ίσως να το φορούσε λεπτή ενήλικη γυναίκα με μικρά χέρια, ίσως γιατί του ήταν δύσκολο να δεχτεί ότι μια γυναίκα μπορούσε να έχει τόσο σπουδαίο αξίωμα που να δικαιολογεί και το Δαχτυλίδι και τον καλοκτισμένο τάφο. Αυτό θα σήμαινε ότι τα σφραγίσματα από χρυσά δαχτυλίδια που βρέθηκαν στο Ανάκτορο της Κνωσού ίσως να είχαν γίνει από γυναίκες κατόχους που είχαν εξουσία, αντίληψη που ήταν πέρα από τη φαντασία του Έβανς ή της κοινωνίας του, η οποία περιόριζε τα δικαιώματα των γυναικών, δεν τις άφηνε ούτε να ψηφίσουν, πόσω μάλλον να έχουν πολιτικά αξιώματα.

Αντίθετα, η γενιά του Έβανς και το διεθνές του κύρος τον καθιστούσαν πιθανό υποψήφιο για δημόσια αξιώματα. Το καλοκαίρι του 1909 έλαβε μια επιστολή στην Κνωσό που του ζητούσε να υποβάλει υποψηφιότητα ως εκπρόσωπος του Πανεπιστημίου της Οξφόρδης στο Κοινοβούλιο στις επόμενες βουλευτικές εκλογές το 1910. Έτσι, πέρασε τους επόμενους έξι μήνες κάνοντας πολιτική εκστρατεία για ένα αξίωμα στο οποίο δεν πίστευε και για μια θέση που δεν ήθελε. «Η κωμωδία τελείωσε», σημείωσε η Τζόαν Έβανς τον Δεκέμβριο, όταν φάνηκε καθαρά ότι δεν είχε επαρκή υποστήριξη και απέσυρε την υποψηφιότητά του. «Παρ' όλα αυτά», προσθέτει, «άφησε τον Έβανς με μια αίσθηση μόνιμης αηδίας για την αγγλική πολιτική».[25]

Το Βασιλικό Ινστιτούτο των Βρετανών Αρχιτεκτόνων τίμησε τον Έβανς με το Χρυσό Μετάλλιο για την Προαγωγή της Αρχιτεκτονικής, σε λαμπρή τελετή την 1η Νοεμβρίου του 1909. «Ενώ οι περισσότεροι ασχολούμαστε με τους προσωπικούς μας στόχους και ενδιαφέροντα», άρχισε ο πρόεδρος την παρουσίασή του, «επιδιώκοντας να ωφεληθούμε και να προοδεύσουμε, εκτιμώντας ως ένα βαθμό τη λαμπρότητα της Τέχνης μας, αλλά και τον επιούσιο, υπάρχει ανάμεσά μας μια μικρή ομάδα εργατών που κινείται σε υψηλότερο επίπεδο, έχοντας ως στόχο να αυξήσει την ανθρώπινη γνώση». Ανέφερε επιστήμονες που ψάχνουν θεραπείες για «την αρρώστια και τον πόνο» και εξερευνητές που διασχίζουν ερήμους και βουνά για να «αυξήσουν τους ανθρώπινους πόρους», όμως τόνισε πως η ανθρώπινη εγκατάσταση έχει πολύ μεγαλύτερο ενδιαφέρον για τους αρχιτέκτονες και πως «χρωστάμε πολλά στους ενθουσιώδεις και τολμηρούς αυτούς ανθρώπους που αφιερώνονται στην ανακάλυψη υπολειμμάτων από φυλές του παρελθόντος ... και μας δείχνουν πώς ζούσαν και πολεμούσαν και έκτιζαν οι άνθρωποι». Ο πρώτος «τολμηρός» αυτού του είδους που παρέλαβε το μετάλλιο ήταν ο σερ Henry Layard, διάσημος για την ανακάλυψη των σπουδαίων ταύρων της Νινευή, οι οποίοι στέκουν ακόμη φύλακες στην είσοδο της ασσυριακής συλλογής στο Βρετανικό Μουσείο. Στη συνέχεια βραβεύτηκε ο Σλήμαν, ο οποίος με την «ακούραστη εμμονή του» ανακάλυψε την Τροία και τις Μυκήνες. Τώρα, το μετάλλιο δινόταν στον Έβανς, ο οποίος «αφιέρωσε το μυαλό, τον χρόνο και τους πόρους του» για να ανακαλύψει το Ανάκτορο του Μίνωα, το οποίο «χωρίς υπερβολή, ανέτρεψε πλήρως τις παραδεδομένες ιδέες μας για τους πρώιμους πολιτισμούς που αναπτύχθηκαν στη λεκάνη της Μεσογείου. Μετέτρεψε τον μύθο σε Ιστορία και τη ρευστή προϊστορική παράδοση σε αποδεδειγμένο γεγονός. Θα μας πει ότι ο Όμηρος δεν ήταν Ρομαντικός, αλλά Ιστορικός».

Ο Έβανς δέχτηκε με ευχαρίστηση το μετάλλιο, σημειώνοντας ότι η τιμή «στην ουσία ανήκει και σε εκείνους που μοιράστηκαν μαζί μου το έργο στην Κρήτη», και ανέφερε τον Mackenzie, τον Fyfe και τον Doll. Στη συνέχεια παρουσίασε τα επιχειρήματά του για «Το Ανάκτορο της Κνωσού ως Ιερό» με πολλές προβολές διαφανειών, προτρέποντας τους συγκεντρωμένους αρχιτέκτονες να φανταστούν τη μινωική Κνωσό σαν το Βατικανό στη Ρώμη, «γιατί είναι γεμάτη ιερά και αίθουσες για τελετουργίες». Συγκεκριμένα, αναβίωσε τα επιχειρήματά του για την ταύτιση του χώρου των Θησαυρών του Ναού ως το Κεντρικό Ιερό, που εικονίζεται στις μικρογραφικές τοιχογραφίες. Αυτή ήταν η υπόθεση που είχε κάνει από την αρχή της πρώτης ανασκαφικής περιόδου. Ο Gilliéron είχε βρει και άλλα στοιχεία που ενίσχυαν αυτήν τη θέση σε τμήματα τοιχογραφιών που πρόσφατα είχαν καθαριστεί, τα οποία θεώρησε ότι ανήκουν στην τοιχογραφία που τώρα απεικόνιζε το ιερό στο κέντρο μιας μακρόστενης σύνθεσης με τις αρχοντικές κυρίες να το πλαισιώνουν και μπροστά πλήθος ανθρώπων σε τετράπλευρη αυλή (σήμερα ονομάζεται «Granstand fresco»). Από τον ίδιο «σωρό» από σπαράγματα τοιχογραφιών που βρέθηκαν το 1900 ο Gilliéron συνταίριαξε μια ομάδα, που ο Έβανς ερμήνευσε ως «πλήθος θεατών οι οποίοι κάθονται σε περιτοιχισμένο περίβολο με ελαιόδεντρα –προφανώς το *τέμενος** (περίβολος) ιερού άλσους– και παρακολουθούν οργιαστικό χορό, σαν αυτόν που χόρευαν προς τιμήν της μινωικής Μητέρας Θεάς».[26] Ως επιστέγασμα, έδειξε μια θαυμάσια διαφάνεια με το χρυσό Δαχτυλίδι από τα Ισό-

* Ελληνικά στο πρωτότυπο. (Σ.τ.Ε.)

πατα, την τελευταία του προσθήκη στη μινωική λατρεία. Καθώς ο Έβανς πίστευε πως η μινωική Μητέρα Θεά αργότερα έγινε Αφροδίτη-Αριάδνη, πρότεινε την υπόθεση: «Η Αυλή, με τους χορευτές-λατρευτές οι οποίοι απεικονίζονται στη νωπογραφία, που ήταν προφανώς τμήμα από το πραγματικό ανακτορικό σύμπλεγμα, θα μπορούσε να αντιπροσωπεύει το πραγματικό "Χοροστάσι της Αριάδνης", το οποίο σύμφωνα με την ομηρική παράδοση κατασκευάστηκε από τον Δαίδαλο "στην απλόχωρη Κνωσό"».*[27]

Για τον Έβανς, ο μυθικός χορός της Αριάδνης ήταν οργιαστικός και πιθανόν γινόταν στον Θεατρικό Χώρο δυτικά του Ανακτόρου.

Η εικονογραφημένη μινωική βιογραφία

Ο Έβανς είχε πράγματι «μετατρέψει την ακαθόριστη προϊστορική παράδοση σε αποδεδειγμένο γεγονός» στα μάτια εκείνων που διασφάλιζαν τη γνώση, κι έτσι του ζήτησαν να γράψει το νέο κεφάλαιο που εισήγαγε στην Ιστορία, για την ενδέκατη έκδοση της *Εγκυκλοπαίδειας Μπριτάνικα*, «ένα λεξικό τεχνών, επιστημών, λογοτεχνίας και γενικών πληροφοριών». Το Ανάκτορο της Κνωσού, «με τα θαυμάσια έργα τέχνης, που δημιούργησε για τον Μίνωα ο τεχνίτης Δαίδαλος, δεν ανήκει πλέον στην περιοχή της φαντασίας», βεβαίωνε εκεί. «Με τέτοια υπολείμματα μπροστά μας, δεν αρκεί πλέον να περιορίζουμε

* Ομήρου *Ιλιάδα*, Σ 590-592. (Σ.τ.Ε.)

τον Μίνωα στην περιοχή των μύθων του ήλιου. Η θρυλική αναπαράστασή του ως "Φίλου του Θεού", όπως ο Αβραάμ, στον οποίο αποκαλύφτηκε ο νόμος στο ιερό όρος, όπως στον Μωυσή, παραπέμπει ακριβώς σε έναν τέτοιο βασιλιά-ιερέα της αρχαιότητας, όπως το Ανάκτορο-Ιερό της Κνωσού προϋποθέτει». Μολονότι οι κρητικές γραφές δεν είχαν ακόμη αποκρυπτογραφηθεί, ο Έβανς θεώρησε πως οι τύποι που επαναλαμβάνονταν συχνά αποτύπωναν «τίτλους στη διαδοχή μινωιτών δυναστών». Έτσι, έκανε το επόμενο βήμα και υποστήριξε ότι δύο ανδρικές μορφές σε κατατομή σε πήλινα σφραγίσματα από τους Θησαυρούς του Ναού, μια από τις οποίες έφερε επιγραφή, ήταν «πορτραίτα ενός άνδρα και ενός αγοριού, που θυμίζουν τους συνδυασμούς στα νομίσματα της αυτοκρατορικής Ρώμης». Αναφερόταν στην περίπτωση του Σεβήρου, του Ρωμαίου αυτοκράτορα του δεύτερου αιώνα, και του γιου και διαδόχου του Καρακάλα, που συχνά απεικονίζονταν στο ίδιο νόμισμα.[28] Ο Myres, στο βιβλίο του, *Dawn of History* (το 1911), συνέβαλε σε αυτήν τη φανταστική προσωποποίηση του «Μίνωα της Κνωσού», περιγράφοντάς τον ως «μονάρχη που κυριαρχούσε στις θάλασσες και τρομοκρατούσε τη στεριά, απόλυτο και ανελέητο, αν μη τι άλλο, επειδή ήταν απόλυτα δίκαιος».[29]

Καθώς οι Μινωίτες έμπαιναν στην Ιστορία και ο Έβανς κατάρτιζε, μαζί με τον Myres, την εικονογραφημένη βιογραφία του πιο γνωστού ηγέτη των αρχαίων Κρητών, ένας ανώνυμος κριτικός, αποτιμώντας τα πρώτα δέκα χρόνια της «Μινωικής Κρήτης» στο *Edinburgh Review*, υποστήριξε τη φανταστική τους ανάπλαση, δηλώνοντας: «Ο Μίνωας κατέχει στις ελληνικές διηγήσεις θέση κατά κάποιο τρόπο ανάλογη με εκείνη του Καρλομάγνου στη λογοτεχνία του ύστερου Μεσαίωνα». Υπονοούσε, δηλαδή, ότι υπήρχε στην Κρήτη άρχοντας παρόμοιου αναστήματος με τον Κάρολο Α΄ των Φράγκων, ο οποίος στέφθηκε το 800 αυτοκράτορας της Αγίας Ρωμαϊκής Αυτοκρατορίας και ήταν το πρότυπο του Χριστιανού βασιλιά και αυτοκράτορα καθόλη τη διάρκεια του Μεσαίωνα στην Ευρώπη. Η άμεση διασύνδεση του μονάρχη της Κρήτης με τα δυτικά έθνη ακολουθούσε τα ίχνη «από την Κνωσό στις Μυκήνες, από τις Μυκήνες στην Αθήνα, από την Αθήνα στην Αλεξάνδρεια, στη Ρώμη, στο Βυζάντιο ... ανυψούμενη μέσα από τον Μεσαίωνα και την Αναγέννηση στις μέρες μας». Η ανάδειξη υλικών αποδείξεων αυτής της γραμμικής πολιτιστικής πορείας αποτελούσε «θρίαμβο της σκαπάνης επί της πένας».[30] Δεν υπήρχε θέση για τις αστρικές θεωρίες του Fick σε αυτήν την κατά γράμμα ανάγνωση των ελληνικών θρύλων και μύθων.

Ο Έβανς ξανάρχισε το σκάψιμο στις αρχές του 1910 και, κουρασμένος, ανέφερε στους *Times*: «Δεν τελειώνει ποτέ μια τοποθεσία σαν την Κνωσό», προσθέτοντας πως «οι ευθύνες που επωμίζεται ο ερευνητής πολύ λίγο ελαφρώνουν όσο περνούν τα χρόνια».[31] Επικεντρώθηκε σε «επείγουσες εργασίες συντήρησης και ανακατασκευής στο Διαμέρισμα Κατοικίας, αλλά το ερευνητικό του πνεύμα στράφηκε προς τις πλαγιές βόρεια του Βασιλικού Τάφου, όπου ο Γρηγόρης είχε βρει μερικά «άγρια μάραθα, που προτιμούν να φυτρώνουν πάνω από αρχαίες τομές [και που] τον βοήθησαν, όπως και παλαιότερα, ως οδηγοί», να ανακαλύψει έξι νέους τάφους. Ο Έβανς ήλπιζε ακόμη ότι θα έβρισκαν νεκροταφείο της πρωιμότατης ανακτορικής περιόδου, αλλά οι τάφοι στους οποίους μπήκαν ήταν συνέχεια του ίδιου μεταγενέστερου νεκροταφείου, μολονότι ο ένας είχε εντυπωσιακά νέα χαρακτηριστικά, που ο Έβανς πίστευε πως αποδείκνυαν τη βασιμότητα των απόψεών του στην παλιά διαφωνία του με τον Rouse. Στην υπόγεια αίθουσα υπήρχαν παραταγμένοι πάγκοι και όχι μόνο η τομή της ταφής ήταν σε σχήμα διπλού πελέκεως, αλλά δύο χάλκινοι αναθηματικοί διπλοί πελέκεις, με πλάτος γύρω στα είκοσι εκατοστά, βρίσκονταν στο έδαφος ανάμεσα σε σκόρπια όπλα και αγγεία μπροστά στον συλημένο τάφο. Ο Τάφος των Διπλών Πελέκεων, όπως τον ονόμασε ο Έβανς, πρόσφερε τμήματα από δεύτερο δείγμα ρυτού «κεφαλής ταύρου», όπως εκείνο από το Μικρό Ανάκτορο, αλλά με τετράφυλλες ένθετες διακοσμήσεις, που ο Έβανς και πάλι παρέβαλε με «την τυπική σταυροειδή διακόσμηση σε κάποιες από τις αγελάδες της αιγυπτιακής θεότητας Αθώρ».[32] Ο τάφος μπορεί να συγκριθεί με εκείνους των αιγυπτιακών Θηβών, όπου λάτρευαν την Αθώρ με τη μορφή βοδιού ως θεά των νεκρών που προφύλασσε τον ήλιο από τις δυνάμεις του σκότους – επειδή οι νεκροί επιθυμούσαν να είναι «στην ακολουθία της Αθώρ».[33] Μολαταύτα, ο Έβανς ικανοποιημένος επειδή η ιερότητα του διπλού πελέκεως αποδεικνυόταν για μια ακόμη φορά, συμπέρανε πως «ο τάφος, λοιπόν, ήταν ταυτόχρονα και ιερό, όπου αναζητούσαν στις σκιές την προστασία της Μεγάλης Μητέρας της προϊστορικής κρητικής λατρείας για τον πολεμιστή που έφυγε».[34]

Ο Gilliéron συνέχισε να εργάζεται στις τοιχογραφίες του Ανακτόρου, συμπληρώνοντας τα επάνω μέρη των σωμάτων στα πόδια που διατηρούνταν στην «Τοιχογραφία της Πομπής», η οποία βρισκόταν σε αυτό που ο Έβανς ονόμαζε Διάδρομο της Βασιλικής Εισόδου. Η κεντρική μορφή ήταν γυναίκα που φορούσε τη μινωική φούστα με βολάν, εκατέρωθεν της οποίας βρίσκονταν ζεύγη από νεαρούς λατρευτές, που συνοδεύονταν από «ιερείς οι οποίοι παίζουν τον αυλό και τη λύρα». Τη σκηνή εμπνεύστηκε από τους μουσικούς που απεικονίζονταν σε σαρκοφάγο η οποία είχε βρεθεί πρόσφατα στην Αγία Τριάδα, κοντά στη Φαιστό.

Οι ικανότητες του Gilliéron είχαν χρησιμοποιηθεί εκείνο τον χρόνο και στην Τίρυνθα, όπου ο Kurt Müller, του Γερμανικού Αρχαιολογικού Ινστιτούτου Αθηνών, βρήκε αυτό που ο Έβανς ανέφερε ως «σωρό από κομμάτια νωπογραφίας με τεχνοτροπία σχεδόν όμοια με αυτήν της ύστατης ανακτορικής περιόδου της Κνωσού», αλλά, όπως παρατήρησε, «[δείχνουν] ευδιάκριτη διαφορά από τα μινωικά ενδύματα». Αυτό τον οδήγησε στο συμπέρασμα ότι «οι "Μυκηναίοι" της ηπειρωτικής χώρας αντιπροσώπευαν συναφές αλλά ανεξάρτητο στοιχείο και διακρίνονταν λόγω ορισμένων εθνικών τους ιδιαιτεροτήτων από τον λαό της σύγχρονής τους Κρήτης». Οι πρώτες τοιχογραφίες της Τίρυνθας έδειχναν, σε φυσικό μέγεθος, πομπή πολεμιστών –κάτι αδιανόητο στην Κρήτη– και μικρογραφική παράσταση με σκύλους να κυνηγούν κάπρους, ενώ γυναίκες παρακολουθούν από τα άρματά τους, θυμίζοντας την Αταλάντη στο φημισμένο κυνήγι του Καλυδώνιου Κάπρου, που περιγράφεται στην *Ιλιάδα* (Ι 529-599).[35] Θα μπορούσαν να θεωρηθούν εικονογραφήσεις του Ομήρου που απεικόνιζαν τους Αχαιούς, κύριους των Μυκηνών. Ο Όμηρος δεν τους τοποθέτησε στην Κρήτη παρά μόνο στο τέλος της Εποχής του Χαλκού, πράγμα που αποδείκνυε στον Έβανς ότι «η θεωρία πως ο ύστερος μινωικός πολιτισμός στην Κρήτη εισήχθη από τους "Μυκηναίους", ή ακόμη από τους Αχαιούς κατακτητές [όπως υποστήριζε επίμονα ο Ridgeway], χάνει έτσι οποιαδήποτε βάση είχε ποτέ».[36]

Ο Έβανς είχε ακόμη μια ευκαιρία να υποστηρίξει τη θέση του για τη μινωική ηγεμονία και τη σπουδαιότητα της αιγαιακής αρχαιολογίας, όταν δέχτηκε την προεδρία της Ελληνικής Εταιρείας στο Λονδίνο, μετά την αποχώρηση του Percy Gardner τον Απρίλιο του 1911. Ο Έβανς δέχτηκε την τιμητική θέση «με πολλούς δισταγμούς», όπως ομολόγησε στην προεδρική προσφώνηση έναν χρόνο αργότερα: «Φαντάζομαι πως η παρουσία μου σε αυτόν τον Θώκο οφείλεται στην αίσθηση ότι αυτό που μπορεί να ονομαστεί εμβρυολογικό τμήμα έχει θέση στις σπουδές μας». Μπροστά στους σπουδαιότερους κλασικούς μελετητές της Βρετανίας, ο Έβανς μίλησε ενάντια στην κρατούσα άποψη της διανόησης, που συνοψιζόταν στο «καρποί πριν από τις ρίζες», επισημαίνοντας: «Η αλήθεια είναι ότι η παλιά άποψη πως ο ελληνικός πολιτισμός είχε γεννηθεί "ως εκ θαύματος"* δεν μπορεί πλέον να υποστηριχτεί». Παίζοντας με το θέμα της καταγωγής –στη μόδα τότε, χάρη στην πρόσφατη αναγγελία ότι το κρανίο και η σιαγόνα, που έμοιαζε με πιθήκου, του παλαιότερου Ευρωπαίου είχαν βρεθεί σε ένα χαντάκι στο Piltdown, κοντά στο Lewes στο Sussex, ένας βρετανικός θρίαμβος της παλαιοντολογίας που άντεξε για τα επόμενα εξήντα χρόνια μέχρι να αποδειχτεί πως ήταν απάτη–[37] ο Έβανς απαρίθμησε αυτά που πίστευε πως αποτελούσαν τη μινωική και μυκηναϊκή καταγωγή εννοιών που συνήθως συνδέονταν με την κλασική Ελλάδα. «Τους εί-

---

* Στο πρωτότυπο: «enfant de miracle». (Σ.τ.Ε.)

πα με ιερό ζήλο», έγραφε με εύθυμη διάθεση στον Charles Bell στο Ashmolean, «ότι ο Όμηρος ήταν κατ' ουσίαν διερμηνέας και ότι κομμάτι μιας εικονογραφημένης έκδοσης αυτού στο οποίο στηρίχτηκε ήρθε πρόσφατα στο φως στην Κρήτη και στις Μυκήνες. Εν ολίγοις, ανέπτυξε ένα παλαιότερο Μινωικό Έπος και ήταν κάτι σαν "φιλολογικός σκύλος"».[38] Ο Έβανς πρόβαλε πολεμικές και κυνηγητικές σκηνές μινωικής και μυκηναϊκής τέχνης, που ερμήνευε ως σκηνές από την *Ιλιάδα* και την *Οδύσσεια*, και υποστήριξε την ύπαρξη δίγλωσσου πληθυσμού στην Ελλάδα, που ήταν σε θέση να μεταφράσει το πρωτότυπο Μινωικό Έπος, όπως εικονογραφείτο στις κρητικές σφραγίδες, στην ελληνική γλώσσα των Αχαιών. Αυτό το επιχείρημα υπαγορευόταν από την πεποίθησή του ότι η γλώσσα των πινακίδων της Κνωσού δεν μπορούσε να είναι ελληνική: «Για μένα τουλάχιστον, η άποψη ότι οι Ετεόκρητες, που διέσωσαν τη γλώσσα τους μέχρι τον τρίτο π.Χ. αιώνα, μιλούσαν ελληνικά σε μια παλιότερη προϊστορική εποχή αντιφάσκει με τις πιο καταφανείς επιταγές της κοινής λογικής», δήλωσε. Ο Έβανς υπερασπίστηκε την άποψή του ότι «ο "μυκηναϊκός" είναι απλώς επαρχιακή εκδοχή του ίδιου "μινωικού" πολιτισμού». Απέδιδε τις διαφορές στην ενδυμασία και στην ανάγκη για σταθερή εστία σε «μια τάση των νεοφερμένων [Κρητών στην Ελλάδα] να προσαρμοστούν στις κάπως σκληρότερες κλιματολογικές συνθήκες ... αυτής της αποικίας στην ηπειρωτική χώρα» στην Πελοπόννησο.[39] Δεν καταγράφονται οι αντιδράσεις των συναδέλφων του σε αυτές τις απόψεις, αλλά το κοινό εξακολουθούσε να ανταποκρίνεται θετικά στη φανταστική ανακατασκευή του Έβανς και τον αντάμειψε με τον παραδοσιακό βρετανικό τρόπο, με τον τίτλο του Ιππότη, που του απονεμήθηκε στη διάρκεια των εορτασμών για τη στέψη του βασιλιά Γεωργίου Ε΄ το 1911.

Το 1912, ο σερ Άρθουρ Έβανς προσκλήθηκε να θέσει υποψηφιότητα για πρόεδρος της Εταιρείας των Αρχαιοφίλων, τίτλο που είχε ο πατέρας του, αλλά επικαλέστηκε φόρτο εργασίας. Εκτός από τα καθήκοντά του προς την αρχαιολογία και την Κνωσό, είχε αναβιώσει η παλιά του αφοσίωση για τους Σέρβους και τους βοηθούσε στον αγώνα για ανεξαρτησία από την Οθωμανική Αυτοκρατορία στη διάρκεια της τελευταίας και πιο αμφίρροπης φάσης της βαλκανικής σύγκρουσης.

Εξευρωπαϊσμένοι Τούρκοι διανοούμενοι, σε μια τελευταία προσπάθεια να σώσουν την Πύλη, ένωσαν τον Ιούλιο του 1908 τις δυνάμεις τους με δυσαρεστημένους αξιωματικούς του στρατού και έκαναν επανάσταση στη Θεσσαλονίκη εναντίον του σουλτάνου Αβδούλ Χαμίτ Β΄, που είχε αναστείλει την ισχύ του Συντάγματος. Ο Σουλτάνος σύντομα εκχώρησε την πολιτική εξουσία στους Νεότουρκους, όπως αποκαλούνταν οι επαναστάτες, περιορίζοντας την εξουσία του με Σύνταγμα. Η αστάθεια που προέκυψε όμως προκάλεσε αλυσιδωτές αντιδράσεις, που ξεκίνησαν όταν η Βουλγαρία ανακήρυξε την ανεξαρτησία της. Τότε η Αυστρία προσάρτησε τη Βοσνία και την Ερζεγοβίνη, μια παράνομη πράξη που αποσκοπούσε στο να εμποδίσει τη Βοσνία να συμμαχήσει με τη Σερβία, η οποία προωθούσε μια Γιούγκο (νότιο)-σλαβική ομοσπονδία. Στο μεταξύ, ο διάδοχος του θρόνου των Αψβούργων, αρχιδούκας Φραγκίσκος Φερδινάνδος, δημοσιοποίησε την προτίμησή του σε μια Αυστρο-Ουγγρική Αυτοκρατορία, αποτελούμενη από ομοσπονδία εθνικών κρατών, μερικά από τα οποία θα ήταν σλαβικά. Ο Αρχιδούκας προσπαθούσε με τον τρόπο αυτό να προσεταιριστεί τους οπαδούς του Πανσλαβισμού, ενός κινήματος που προωθούσε την ιδέα της κοινής πολιτιστικής κληρονομιάς των Σλάβων στην Ανατολική και την Κεντρική Ευρώπη και προσέβλεπε στους Ρώσους ομοφύλους τους για προστασία από την αυστρο-ουγγρική και την τουρκική εξουσία. Διαβάζοντας τον ημερήσιο Τύπο, ο Έβανς σίγουρα ανακαλούσε στη μνήμη του πολλά.

Τον Σεπτέμβριο του 1908, η Κρητική Συνέλευση διακήρυξε την επιθυμία της για ένωση του νησιού με την Ελλάδα και την υποταγή της στον βασιλιά Γεώργιο Α΄ των Ελλήνων. Φοβούμενο την οργή της Κωνσταντινούπολης και των Μεγάλων Δυνάμεων, το Ελληνικό Κοινοβούλιο απέρριψε το αίτημα των Κρητών και η υπηρεσιακή κυβέρνηση στην Κρήτη παραιτήθηκε το 1909. Μια ομάδα νεαρών αξιωματικών στην Ελλάδα, δυσαρεστημένοι που η κυβέρνησή τους απέρριψε το αίτημα των Κρητών, σχημάτισαν τον Στρατιωτικό Σύνδεσμο, ο οποίος περιέστειλε τη λειτουργία του Ελληνικού Κοινοβουλίου και κάλεσε στην Αθήνα τον Βενιζέλο για να σχηματίσει νέα κυβέρνηση, κάτι που έγινε τον Σεπτέμβριο του 1910. Ο Βενιζέλος αποδείχτηκε τόσο δημοφιλής ηγέτης, που στις εκλογές του Μαρτίου του 1912 επανεξελέγη με πλειονοψηφία πέντε έκτων. Αυτό του έδωσε τη δυνατότητα να αναδιοργανώσει τις ένοπλες δυνάμεις και να συνάψει θερμές διπλωματικές σχέσεις με τους Βαλκάνιους γείτονες της Ελλάδας, Σερβία και Βουλγαρία, οι οποίες είχαν σχηματίσει μυστικά Βαλκανική Συμμαχία εναντίον της Τουρκίας (που διέλαθε της προσοχής τότε λόγω της ιταλικής εισβολής στη Λιβύη το 1911). Κατόπιν, το καλοκαίρι του 1912, η Ιταλία κατέλαβε τα Δωδεκάνησα (τη Ρόδο, την Κω και άλλα δέκα νησιά του νοτιοανατολικού Αιγαίου).

Σίγουρος για τη δύναμη της νέας Ελλάδας και των συμμάχων της, καθώς και για την αδυναμία του Πασά, ο Βενιζέλος προσάρτησε την Κρήτη, τη Δευτέρα 14 Οκτωβρίου του 1912. Τρεις μέρες αργότερα, η Τουρκία κήρυξε τον πόλεμο στη Βαλκανική Συμμαχία και, προς τα τέλη της εβδομάδας, η Ελλάδα μπήκε στον Πρώτο Βαλκανικό Πόλεμο. Σε λιγότερο από μήνα, οι Έλληνες προέλασαν μέχρι τη Θεσσαλονίκη, την οποία κατέλαβαν λίγες ώρες προτού μια βουλγαρική μεραρχία εγείρει αξιώσεις στη μακεδονική πρωτεύουσα, που εποφθαλμιούσαν οι Βούλγαροι και που αποτελούσε μείζονα πηγή αντιπαράθεσης ανάμεσα στα δύο έθνη. Σε δημόσια διάλεξη στα τέλη Νοεμβρίου, ο Έβανς διατύπωσε την έκπληξή του «που ο Έλληνας και ο Βούλγαρος συνεργάζονταν τελικά, και ότι ανταγωνισμοί και έχθρα αιώνων παραμερίζονταν εν ονόματι της κοινής δράσης», και αυτό, σε λιγότερο από έναν μήνα, είχε «αλλάξει ολόκληρη την πολιτική σύνθεση της Βαλκανικής Χερσονήσου». Ο «Μαστιγωτής των Πασάδων» παρατηρούσε με χαιρεκακία: «Μια αυτοκρατορία της οποίας η ηλικία υπερβαίνει τους πέντε αιώνες απώλεσε τις ευρωπαϊκές της επαρχίες ... από τις μικρές δυνάμεις που είχαν συστήσει συμμαχία, την οποία λίγες εβδομάδες νωρίτερα ούτε που ονειρεύονταν εκείνοι που νόμιζαν ότι ήταν ειδικοί στην περιοχή των Βαλκανίων και στους βαλκανικούς λαούς».[40]

Όταν έγινε ανακωχή και ξεκίνησαν ειρηνευτικές συνομιλίες στο Λονδίνο τον Δεκέμβριο του 1912, ο Έβανς φιλοξένησε τον Βενιζέλο και τους άλλους αντιπροσώπους των βαλκανικών χωρών στο Youlbury, όπου συζήτησαν το κοινό όνειρο ανεξάρτητων βαλκανικών κρατών, ελεύθερων από την οθωμανική κυριαρχία. Ένα όνειρο έγινε πραγματικότητα, όταν ο Πασάς εκχώρησε στην Ελλάδα την Κρήτη, με την υπογραφή της Συνθήκης του Λονδίνου, για να σταματήσουν οι εχθροπραξίες στα τέλη Μαΐου του 1913. Αλλά η δυσπιστία του Έβανς για τη συνεργασία των Βουλγάρων δικαιώθηκε τον Ιούνιο, όταν η Βουλγαρία ανέπτυξε τα στρατεύματά της στα δυτικά και επιτέθηκε στην Ελλάδα και τη Σερβία, για να πάρει μεγαλύτερο μερίδιο από τα εδάφη που είχαν κερδίσει. Οι δύο μέχρι πρότινος σύμμαχοι διατήρησαν τα νέα σύνορά τους, αλλά η Τουρκία αντέδρασε γρήγορα και ανέκτησε πολλά από τα εδάφη που η Βουλγαρία είχε μόλις κερδίσει. Ο Δεύτερος Βαλκανικός Πόλεμος τελείωσε τον Ιούλιο, με την Ελλάδα και τη Σερβία μεγαλύτερες κατά πενήντα τοις εκατό, αφού είχαν μοιραστεί τα εδάφη της Μακεδονίας που κατείχαν οι Οθωμανοί. Οι Βόσνιοι Σλάβοι ήθελαν τώρα, ακόμη πιο πολύ, να συμμετάσχουν με τους νικητές Σέρβους στη δημιουργία της Γιουγκοσλαβίας και ο Αυστριακός κυβερνήτης κάλεσε τον Φραγκίσκο Φερδινάνδο στο Σαράγιεβο, για να περιοδεύσει στην επαρχία και να εξηγήσει τις εθνικιστικές του προθέσεις. Εκεί ήταν που η Μαύρη Χειρ, μια μυστική σερβική τρομοκρατική οργάνωση που είχε σχηματιστεί το 1911 από αξιωματικούς του στρατού για να απελευθερώσει τους Σέρβους από την οθωμανική ή αυστρο-ουγγρική κυριαρχία, έβαλε γρήγορο τέλος στις φιλοδοξίες του Αρχιδούκα, με τη δολοφονία του στις 28 Ιουνίου του 1914. Έναν μήνα αργότερα η Αυστρία κήρυξε τον πόλεμο στη Σερβία, προκαλώντας την αντίδραση της Ρωσίας και του Ευρωπαίου της συμμάχου, της Γαλλίας. Η Γερμανία ενώθηκε με την Αυστρία και άρχισε να ετοιμάζεται για να εισβάλει στη Γαλλία, η οποία είχε σχηματίσει την τριπλή Συνεννόηση

[Entente] με τη Μεγάλη Βρετανία και τη Ρωσία το 1907. Όταν η Γερμανία γνωστοποίησε την πρόθεσή της να εισβάλει στη Γαλλία, προελαύνοντας στις 4 Αυγούστου μέσα από τη βελγική Φλάνδρα, η Βρετανία μπήκε στον πόλεμο, που επεκτάθηκε στην Ασία και την Αφρική και έγινε ο μεγαλύτερος πόλεμος στην Ιστορία.

Η αρχαιολογία εν μέσω Αρμαγεδδώνα

Ο Έβανς –ο οποίος ποτέ δεν είχε πάει στρατό, είχε μεγάλη μυωπία και ήταν, στην ηλικία των εξήντα τριών, πολύ μεγάλος για στρατιωτική υπηρεσία– μπήκε στη σύγκρουση με τους δικούς του όρους και έδωσε τις δικές του μάχες με τον τρόπο που ήξερε καλύτερα. Δέχτηκε να αναλάβει την προεδρία της Εταιρείας των Αρχαιοφίλων το 1914 και το πρώτο του καθήκον ήταν να στείλει ένα οργισμένο τηλεγράφημα στους *Times*, που δημοσιεύθηκε την 1η Σεπτεμβρίου. Εκ μέρους των Αρχαιοφίλων, της Βασιλικής Ακαδημίας, της Βρετανικής Ακαδημίας, του Βασιλικού Ινστιτούτου των Βρετανών Αρχιτεκτόνων, της Εταιρείας για την Προστασία των Αρχαίων Κτηρίων, του Εθνικού Ταμείου και της Συντεχνίας των Καλλιτεχνών, ο Έβανς διαμαρτυρόταν ενάντια στη «γενική καταστροφή που απεργάζονταν τα γερμανικά στρατεύματα, μεθοδικά και με διαταγές ανωτέρων, παλαιών, πανέμορφων κτηρίων, βιβλιοθηκών, εκπαιδευτικών ιδρυμάτων και έργων τέχνης στη Louvain, τη Malines και άλλες βελγικές πόλεις», με τους υπερβολικούς βομβαρδισμούς, οι οποίοι, διαπίστωνε ο Έβανς, ξεπερνούσαν «τα συνηθισμένα όρια των πολεμικών επιχειρήσεων». Με ιδιαίτερη λύπη του, παρατηρούσε ότι «χάρη στην τελειότητα των νέων μηχανών καταστροφής ... ο Καθεδρικός ναός της Rheims, "ο Παρθενώνας της Γαλλίας"», χάθηκε «στην καταστροφή ... χωρίς προηγούμενο στην παγκόσμια ιστορία». Ο Έβανς, ωστόσο, περιόρισε το δηλητήριό του για τις γερμανικές ένοπλες δυνάμεις. Εναντιώθηκε στην αυξανόμενη τάση αποπομπής των Γερμανών και Αυστριακών συναδέλφων από την επετηρίδα των βρετανικών ακαδημαϊκών ιδρυμάτων. Με την ιδιότητα του προέδρου των Αρχαιοφίλων, ο Έβανς θύμιζε στα μέλη του, «οι οποίοι στέκονται στο ουδέτερο έδαφος της επιστήμης», ότι «δεν έχουν σταματήσει να μοιράζονται ένα κοινό έργο με εκείνους που σήμερα είναι οι εχθροί μας» και με τους οποίους αύριο «θα δουλέψουμε ακόμη μια φορά μαζί στο ίδιο ιστορικό πεδίο».[41] Ακόμη και στις πιο σκοτεινές στιγμές του πολέμου, ο Έβανς αρνήθηκε να συμμετάσχει στην υστερία εναντίον των μελετητών γερμανικής εθνικότητας.

Ο Έβανς ανήγειρε στο Youlbury ένα ξύλινο παρατηρητήριο με ύψος 30 μέτρα, με τέσσερις ιστούς στις γωνιές για καθέναν από τους Συμμάχους και, όταν κάποιος σημείωνε νίκη, ύψωνε σε ένδειξη τιμής τη σημαία του. Ο Candy θυμόταν ότι κάθε πρωί, στις έντεκα η ώρα, ο Έβανς κατέβαινε στην κουζίνα, όπου βρισκόταν το μοναδικό τηλέφωνο του σπιτιού (ο Έβανς σπάνια χρησιμοποιούσε το τηλέφωνο, προτιμώντας τη βικτωριανή τέχνη της αλληλογραφίας) και ανέβαινε σε ένα καφάσι για να μιλήσει με τον εκδότη της *Manchester Guardian* για τα νέα του πολέμου. Καθώς δεν υπήρχε ραδιόφωνο, εκείνοι που είχαν θέα στο Youlbury μπορούσαν, διαβάζοντας τα σήματα από το Boars Hill, να παρακολουθούν την πρόοδο των

Συμμάχων μια μέρα νωρίτερα από εκείνους που περίμεναν τις εφημερίδες.[42]

Ο Έβανς επικέντρωσε την πολεμική του προσπάθεια σε δύο μέτωπα: στην προσπάθεια των Σλάβων για δημιουργία ανεξάρτητων κρατών και σε αυτό που πίστευε πως ήταν η προστασία του ίδιου του πολιτισμού απέναντι στη βαρβαρότητα. Σε ό,τι αφορά το πρώτο, ο Έβανς παρέσχε στέγη στον Thomas Masaryk, που αργότερα έγινε ο πρώτος πρόεδρος της Τσεχοσλοβακίας, στη διάρκεια της εξορίας του από τη Μοραβία, το 1915. Ο Masaryk, ένας από τους μεγαλύτερους ηγέτες του Πανσλαβισμού, συνδεόταν με το αντιστασιακό κίνημα για την απελευθέρωση των Τσέχων και προσέβλεπε σε γαλλική και βρετανική υποστήριξη για την ανάκτηση της ανεξαρτησίας της Βοημίας, την ίδρυση κράτους της Τσεχοσλοβακίας, τον διαμελισμό της Αυστρο-Ουγγρικής Αυτοκρατορίας με βάση εθνικά κριτήρια και την ίδρυση νέων εθνικών κρατών ανάμεσα στη Γερμανία και τη Ρωσία, σαν υγειονομική ζώνη γύρω από τη μόλυνση του γερμανικού ιμπεριαλισμού. Ο Masaryk βρήκε θερμή υποδοχή στο Youlbury και ένα ευήκοον ους στο πρόσωπο του Έβανς, ο οποίος υπερασπίστηκε τους στόχους του στο Whitehall* και φιλοξένησε μυστικές συναντήσεις ανάμεσα στους Σλάβους και σε μέλη του βρετανικού υπουργείου Εξωτερικών με επιρροή. Ο Candy θυμόταν πως ομάδες ανθρώπων, ντυμένων με σκούρα κοστούμια και παλτά, έφταναν στο Youlbury γύρω στα μεσάνυχτα και χώνονταν στη βιβλιοθήκη, όπου μιλούσαν στα «ξένα» και στα αγγλικά μέχρι τα ξημερώ-

---

* Δρόμος στο Λονδίνο όπου στεγάζονται κυβερνητικά γραφεία. Κατ' επέκταση εννοείται η αγγλική κυβέρνηση. (Σ.τ.Ε.)

ματα, «σαν να έβγαιναν από πολύ μυστηριώδες μυθιστόρημα».[43] Οι συναντήσεις αποτελούσαν μέρος των διαπραγματεύσεων για τη «Μυστική» Συνθήκη του Λονδίνου, του Απριλίου του 1915, η οποία έβαλε την Ιταλία στον πόλεμο στο πλευρό των Συμμάχων, με αντάλλαγμα τη Βόρεια Δαλματία, όχι όμως τις υπόλοιπες σλαβικές περιοχές που ήθελαν οι Ιταλοί, αλλά που ο Έβανς αγωνίστηκε σκληρά για να παραμείνουν ανεξάρτητες.

Σε μια ακραία επίδειξη συμπαράστασης στους Βαλκάνιους, ο Έβανς διέσχισε τη Γαλλία τον Ιούλιο του 1917 και σάλπαρε από τη Μασσαλία για την Κέρκυρα, όπου είχε εγκατασταθεί η εξόριστη σερβική κυβέρνηση. Ο Έβανς ταξίδευε με τη Γιουγκοσλαβική Επιτροπή, μια ομάδα από το Λονδίνο αποτελούμενη από Σέρβους, Κροάτες και Σλοβένους, οι οποίοι, μαζί με τους εξόριστους Σέρβους, διακήρυξαν τα σχέδιά τους για εθνική ενότητα και ανεξαρτησία από την Αυστρία. Και καθώς ο πόλεμος τραβούσε σε μάκρος και οι Αυστριακοί άρχισαν να έχουν απελπιστικές ανάγκες σε ανθρώπινο δυναμικό, ο Έβανς προσέφερε το δάσος και τις προσκοπικές εγκαταστάσεις του Youlbury για να φιλοξενηθούν εκατοντάδες νέοι που το έσκαγαν από τη στρατολογία στη Σερβία και στο Μαυροβούνιο.

Το δεύτερο μέτωπο στο οποίο πολεμούσε ο Έβανς ήταν το Βρετανικό Μουσείο, όπου ήταν ex officio μέλος του διοικητικού συμβουλίου ως πρόεδρος των Αρχαιοφίλων. Καθώς ο πόλεμος απαιτούσε περιστολή δημόσιων δαπανών, ο Έβανς άφησε την οργή του να ξεσπάσει εναντίον αυτών που εκλάμβανε ως τεχνάσματα των παλικαράδων του υπουργείου Πολέμου. «Η παλιά ιδέα που τα πολιτισμένα κράτη θεωρούσαν ως δεδομένη μέχρι σήμερα, ότι οι συνέπειες του ηρωισμού των μαχόμενων δυνάμεων δεν πρέπει να εμποδίζουν τη συνέχιση της έρευνας, φαίνεται πως παραμερίστηκε από αυτούς που μας κυβερνούν», ανέφερε προς τους Αρχαιοφίλους τον Απρίλιο του 1918, καθώς έκλεισαν οι αίθουσες στο Βρετανικό Μουσείο για να εξοικονομηθούν χρήματα, όπως υπολόγισε ο Έβανς, για «τρία λεπτά του Πολέμου». Η Διοίκηση Αεροπορίας προσπάθησε να επιτάξει το κτήριο για να στεγάσει το αρχηγείο της, αλλά ο Έβανς, όπως ανέφερε, «ξεσήκωσε θύελλα αγανάκτησης σε ολόκληρο τον Τύπο και την κοινή γνώμη ενάντια σε αυτήν την πρόταση, να γίνει το Μουσείο η έδρα μιας πολεμικής υπηρεσίας και, συνεπώς, νόμιμος στόχος για τις γερμανικές βόμβες», όπως μόνο αυτός μπορούσε, σε αυτό που ονομάστηκε «το θαύμα των εννέα ημερών». Αντί για το Μουσείο, η Διοίκηση Αεροπορίας εγκαταστάθηκε στο ξενοδοχείο «Savoy».[44]

Παρ' όλα αυτά, πολιτικές υπηρεσίες της κυβέρνησης μεταφέρθηκαν σε αίθουσες του Μουσείου, που έπρεπε να αδειάσουν βιαστικά, «[φέρνοντας] στον τελικό αφανισμό ενός έργου ενάμιση αιώνα». Ο Έβανς προειδοποιούσε: «Η γραφειοκρατία, που τώρα ξεπετάγεται σαν μανιτάρι προς κάθε κατεύθυνση, θα παγιωθεί αν μπορεί και ο πολλαπλασιασμός των υπηρεσιών και των "Διοικήσεων Ελέγχου" δεν φαίνεται να έχει τέλος». Αυτό όμως που τον εξόργιζε περισσότερο ήταν ο τρόπος που αντιμετώπιζαν τα πανεπιστήμια

> εκείνοι που ελέγχουν τη Διοίκησή μας ... [οι οποίοι] διέπονται από τέτοιο φιλισταϊκό πνεύμα, που όμοιό του δεν υπάρχει στις πολιτισμένες κυβερνήσεις. Ανελέητες προγραφές, αποτέλεσμα πανικού, απειλούν κάθε στιγμή τα

ίδια τα ιερά της γνώσης. Εκείνοι που την εκπροσωπούν είναι αναμφίβολα πολύ κατώτερη ράτσα στα μάτια των πολιτικών. Δεν μας ενδιαφέρει να αμφισβητήσουμε την ετυμηγορία τους, αλλά είναι καλό να τους θυμίζουμε ότι ακόμη και στις πιο πρωτόγονες φυλές αγρίων επιτρέπεται να διατηρήσουν τους καταυλισμούς τους.[45]

Όταν η Βρετανική Εταιρεία συναντήθηκε στο Newcastle το 1916, ο Έβανς, ως πρόεδρος, κοινοποίησε τις αγωνίες και τις ανησυχίες του για το μέλλον της επιστήμης του.

> Η Αρχαιολογία –η έρευνα των αρχαίων πολιτισμών– όταν τα ίδια τα θεμέλια του δικού μας απειλούνται από τη Νέα Βαρβαρότητα! Η έρευνα των ερειπίων του παρελθόντος, σε μια στιγμή που η Κόλαση φαίνεται να έχει ξεχυθεί για να σκορπίσει στην Ήπειρό μας καταστροφή που ούτε την είχε ονειρευτεί ο Αττίλας! Η «Επιστήμη της Σκαπάνης», σε μια στιγμή που η Επιστήμη μάς φέρνει αντιμέτωπους κάθε ώρα με διαφορετικό και πιο αμείλικτο νόημα! Η ίδια η πρόταση για ένα τέτοιο θέμα ομιλίας μοιάζει έμπλεη ειρωνείας.

Παρ' όλα αυτά, υπερασπίστηκε την αρχαιολογία «εν μέσω Αρμαγεδδώνα», επειδή, όπως έλεγε, «αποσπά το μυαλό μας από τις αγωνίες του παρόντος σε εκείνο το ακίνητο, απαθές βασίλειο του Παρελθόντος, που βρίσκεται πέρα κι από τα όρια ακόμη των ιστορικών αντιθέσεων». Η προϊστορία εκπροσωπούσε για τον Έβανς αδιαμφισβήτητη συνέχεια, επειδή ήταν δομημένη στρωματογραφικά, σαν τα γεωλογικά στρώματα που μπορούσαν να εξεταστούν και να επανεξεταστούν με την ανασκαφή. «Επιπλέον, έτσι ζωντανεμένο το Παρελθόν φαίνεται συχνά να κρατά έναν καθρέφτη μπροστά στο Μέλλον, διορθώνοντας τις λανθασμένες εντυπώσεις που προκαλεί κάποια τυχαία στροφή στο στροβίλισμα του Χρόνου, με το μονιμότερο κριτήριο της διάρκειας, εμποτίζοντας τις υλικές μαρτυρίες της περασμένης ευημερίας με την "ουσία των προσδοκιών"». Ανέφερε την περίπτωση της μεγάλης ιστορίας της Σερβίας, όπως την αποκάλυψε η αρχαιολογική έρευνα, που δημιούργησε τη βάση του σύγχρονου σερβικού εθνικισμού.

Όμως η μεγαλύτερη έγνοια του Έβανς ήταν η διάδοση της επιστήμης μέσω της εκπαίδευσης, για να εξασφαλίσει ότι «ο αναμμένος δαυλός που μας παραδόθηκε διαμέσου των Αιώνων θα περάσει στους επόμενους με ακόμη λαμπρότερη φλόγα». Γι' αυτό καλούσε: «Ας προωθήσουμε τα δικά μας έργα, ψάχνοντας ακλόνητα για την Αλήθεια, βέβαιοι ότι κάθε διαδοχική γενιά ερευνητών μπορεί να πλησιάσει πιο κοντά στον στόχο, τον αιώνιο θείο νόμο».[46] Ο Έβανς ποτέ δεν αμφέβαλε για την ύπαρξη της απόλυτης αλήθειας και για τον ρόλο του στην αποκάλυψή της. Πίστευε πως η αποκάλυψη της γνώσης ακολουθούσε γραμμική πορεία και πως ό,τι αυτός αποδείκνυε, γινόταν το επόμενο βήμα σε μια ανοδική πορεία προς τη σοφία, καθιστώντας τις απόψεις των άλλων άχρηστες και κατά βάση λανθασμένες.

Στη Μεσόγειο, οι συνάδελφοι του Έβανς συνέχιζαν να κάνουν με εξίσου μεγάλο ταλέντο το καθήκον τους. Υποτίθεται ότι η Ελλάδα ήταν ουδέτερη για μεγάλο διάστημα του πολέμου, στην πράξη όμως ο βασιλιάς Κωνσταντίνος Α' υποστήριζε τις Κεντρικές Δυνάμεις και έκανε τη ζωή δύσκολη για τους αξιωματούχους των Συμμάχων, που ασχολούνταν είτε με την κατασκοπία, όπως ο Dawkins, ο οποίος επέστρεψε στην ανατολική Κρήτη ως ανθυποπλοίαρχος του Βασιλικού Ναυτικού για να συλλέξει πληροφορίες για το τελευταίο όπλο της Γερμανίας –το υποβρύχιο–, είτε υπηρετούσαν σε συμμαχικά πλοία, όπως ο Myres, ο οποίος αντιμετώπιζε τον πόλεμο περισσότερο σαν ήρωας της *Ιλιάδας* του Ομήρου παρά ως κυβερνήτης του Βασιλικού Ναυτικού. Ο Βρετανός μυθιστοριογράφος Compton Mackenzie, που υπηρέτησε με τον Myres στο πλοίο «Aulis», που κάποτε ήταν η προσωπική θαλαμηγός του πρίγκιπα Γεωργίου και τώρα χρησιμοποιείτο από το Βασιλικό Ναυτικό για να συλλέγει πληροφορίες για τους Τούρκους, γκρίνιαζε στα απομνημονεύματά του ότι «η ασσυριακή» γενειάδα του Myres και η καθηγεσία του στην Οξφόρδη του επέτρεπαν «μεγαλύτερα περιθώρια δράσης από οποιονδήποτε σύγχρονό του αξιωματικό στην Ανατολική Μεσόγειο», γεγονός που, συνδυαζόμενο με τις επιδρομές του για γελάδια στην τουρκική ακτή, η οποία του ήταν γνωστή από τις έρευνές του το 1893, του χάρισε το παρατσούκλι «ο Μαυρογένης του Αιγαίου».[47] Η τάση του Myres να «μεταβάλλεται από πειρατή σε καθηγητή», παραπονιόταν ο Mackenzie, ήταν η δυστυχία πολλών επαγγελματιών ναυτικών. Ο Hogarth, που το 1911 ξεκίνησε ανασκαφές στην Κάρχεμις, το μεγάλο χεττιτικό εμπορικό κέντρο στον Ευφράτη στη Βόρεια Συρία, μπήκε στη βρετανική Υπηρεσία Πληροφοριών με την έναρξη του πολέμου και κατηύθυνε ομάδα από νεαρούς που εμπλέκονταν στην αραβική εξέγερση εναντίον της οθωμανικής κυριαρχίας, ο πιο διάσημος των οποίων ήταν ο προστατευόμενος και βοηθός του T. E. Lawrence, του οποίου υπήρξε μέντορας στην Οξφόρδη. Ο Lawrence (ευρύτερα γνωστός ως Λόρενς της Αραβίας) έπαιξε σημαντικό ρόλο στην υλοποίηση του οράματος του Hogarth για ανεξαρτησία και ενότητα των Αράβων. Άλλος προστατευόμενός του ήταν ο Leonard Woolley, απόφοιτος του New College της Οξφόρδης, που είχε εκπαιδευτεί με τον Έβανς στο Ashmolean, δούλεψε υπό τον Hogarth στην Κάρχεμις, όπου αργότερα ανέλαβε τη διεύθυνση, και μετά υπηρέτησε μαζί του στο Κάιρο. Τα απομνημονεύματα του Woolley δείχνουν πώς η υπηρεσία του στον πόλεμο ανέδειξε εκ νέου τον αρχαιολόγο, τον οποίο ένιωθε πως το κοινό γενικώς αντιμετώπιζε ως «γελοίο σχολαστικό» τόσο «παλιό όσο και τα σκεύη που ξεθάβει», γνώμη που ασφαλώς συμμερίζονταν οι αξιωματικοί του βρετανικού στρατού, που περιέγραφαν τον Woolley και τον Lawrence ως «ψοφοδεείς γκριζογένηδες από το Βρετανικό Μουσείο».[48]

Ο φιλόλογος J.C. Lawson, καθηγητής στο Pembroke College του Καίμπριτζ, επόπτευε τους πράκτορες των Συμμάχων στην Κρήτη και βρέθηκε στο επίκεντρο μιας από τις πιο εκρηκτικές εξελίξεις στην Ελλάδα, της επανάστασης που εκθρόνισε τον βασιλιά Κωνσταντίνο Α΄ κι έβαλε την Ελλάδα στον πόλεμο.[49] Ο Βενιζέλος, ένθερμος συνήγορος της ελληνικής υποστήριξης προς τους Συμμάχους, ήρθε σε σύγκρουση με τον βασιλιά Κωνσταντίνο για τα αισθήματά του και τη νόθα στάση του περί ουδετερότητας. Ο δημοφιλής Πρωθυπουργός παραιτήθηκε δύο φορές το 1915. Κατόπιν, το 1916, με καλυμμένη συμμαχική βοήθεια, που εκτίθεται λεπτομερώς στα απομνημονεύματα του Lawson, εγκαθίδρυσε επαναστατική κυβέρνηση στη Θεσσαλονίκη, ώσπου οι Σύμμαχοι εκδίωξαν τον Βασιλιά τον Ιούνιο του 1917 και εγκατέστησαν τον Βενιζέλο επικεφαλής ενός πέρα για πέρα διχασμένου έθνους. Με την υπόσχεση από τους Συμμάχους εδαφών στην τουρκική ακτή του Αιγαίου, όταν θα νικούσαν τις Κεντρικές Δυνάμεις, ο Βενιζέλος έβαλε το 1917 την Ελλάδα στον πόλεμο στο πλευρό της Αντάντ (Entente).

Στην Αθήνα, ο Alan Wace, ένας ακόμη καθηγητής του Pembroke, διαδέχτηκε το 1914 τον Dawkins ως διευθυντής της Βρετανικής Αρχαιολογικής Σχολής. Ο Compton Mackenzie τον περιγράφει ως «ψηλόλιγνο άνδρα γεμάτο ενέργεια, με καθαρό πρόσωπο και ιδιαίτερα χαρούμενα ανοιχτογάλανα μάτια».[50] Ο Wace είχε στέρεες βάσεις στους κλασικούς όταν διάλεξε να σπουδάσει αρχαιολογία το 1901, τη χρονιά που εκδόθηκε το βιβλίο του William Ridgeway, *Early Age of Greece*, με τις θέσεις που τόσο εξόργισαν τον Έβανς. «Κανείς δεν μπορεί να αρνηθεί την τρομακτική επιρροή που άσκησαν η προσωπικότητα και οι μέθοδοι του Ridgeway στους μαθητές του», παραδέχτηκε ο Wace χρόνια αργότερα. Ο Ridgeway τους δίδαξε «να μην ικανοποιούνται με επιπόλαια συμπεράσματα ... να ανατρέχουν όσο μπορούν συχνότερα στην απαρχή», που για τον αρχαιολόγο ήταν το ίδιο το αντικείμενο. Έμαθαν «τη χρήση ανθρωπολογικών παραλλήλων, την αξία της αυτοκριτικής, την απέχθεια προς την απάτη, την επιφυλακτικότητα απέναντι σε αληθοφανείς θεωρίες και την ανάγκη να συλλέγουν πρώτα τα στοιχεία και μετά να αποφασίζουν ποια συμπεράσματα μπορούν να εξαχθούν λογικά από αυτά. Αν τελικά ανέκυπταν αμφισβητήσεις, τους συμβούλευε να φυλάνε μερικά επιχειρήματα σε εφεδρεία, ώστε να ολοκληρώνουν την αμηχανία του βιαστικού στις απαντήσεις αντιπάλου».[51] Ο Wace αποστήθισε τα μαθήματα του καθηγητή και εφάρμοζε με ενθουσιασμό τις μεθόδους του Ridgeway. Εξελίχτηκε, επίσης, σε πιστό υποστηρικτή του ριτζγουαιισμού, αντικρούοντας τους οπαδούς αυτού που έγινε γνωστό ως «Παν-Μινωική Σχολή» του Έβανς. Όμως ο Έβανς σεβόταν αρχικά την κατάρτιση του Wace και αυτός, ως διευθυντής της Βρετανικής Αρχαιολογικής Σχολής, πληροφορούσε με συχνή αλληλογραφία τον Έβανς για πρόσωπα και γεγονότα στην Ελλάδα.

«Δεν είναι καθόλου πρακτικός, είναι πεισματάρης και ευαίσθητος», έγραφε ο Wace στον Έβανς τον Μάρτιο του 1915 για τον Duncan Mackenzie, που ζούσε ενδεής στην Αθήνα.[52] Ο Mackenzie είχε προσληφθεί από το Ταμείο για την Εξερεύνηση της Παλαιστίνης, που έδρευε στο Λονδίνο, για να διεξάγει ανασκαφές σε μια τούμπα κοντά στην Ιερουσαλήμ το 1910, αλλά μέχρι το 1912 είχε τόσο δυσαρεστήσει τους εργοδότες του με την αποστροφή του να κρατάει λογαριασμούς και να γράφει αναφορές, που τον απέλυσαν. Κατόπιν, δούλεψε για έναν χρόνο στο Σουδάν και με το ξέσπασμα του πολέμου κατέληξε άνεργος στην Αθήνα. Ο Έβανς προσπάθησε να τον προσελκύσει στο Youlbury, όχι μόνο επειδή λυπόταν για την κατάσταση του παλιού του φίλου, αλλά και επειδή χρειαζόταν τη βοήθειά του στην προετοιμασία της δημοσίευσης για την Κνωσό. Ο Mackenzie ήλπιζε ακόμη να βρει μόνιμη δουλειά μακριά από τον Έβανς, όμως η φήμη του ως «ανθρώπου με κατάθλιψη και φαντασιώσεις», όπως έλεγε ο Wace, καθιστούσε αδύνατη την πρόσληψή του, κι έτσι τελικά υποχώρησε και επέστρεψε να δουλέψει για τον Έβανς.

Στην ίδια επιστολή του Μαρτίου του 1915, ο Wace μίλησε στον Έβανς για «κάποιον Gordon Childe, Αυστραλό από το Queen's College και μαθητή του Myres», που ήρθε στην Ελλάδα για πρώτη φορά στη διάρκεια των διακοπών του Πάσχα. Προορισμένος να γίνει ένας από τους σημαντικότερους εκπροσώπους της αρχαιολογίας στον εικοστό αιώνα, ο Childe, ως φοιτητής, «έκανε Προϊστορική Αρχαιολογία για εθνολογικά ζητήματα», όπως ανέφερε ο Wace. «Τον έστειλα στην Κρήτη, όπου πέρασε πέντε μέρες στην Κάντια και την Κνωσό, και σήμερα είδα πως πήγε στο Ναύπλιο, στην Τίρυνθα, στο Άργος και στις Μυκήνες. Μετά το Πάσχα, θα τον στείλω για δυο μέρες στη Χαιρώνεια και τη Θήβα και μετά θα πρέπει να σπεύσει πίσω στην Οξφόρδη. Φαίνεται πρόθυμος και οξύνους, και ελπίζω να μπορέσει να έρθει εδώ αργότερα, ιδιαίτερα αν μπορέσουμε να κάνουμε προϊστορική ανασκαφή στη Μακεδονία». Γεννημένος το 1892, ο Childe μελέτησε τους κλασικούς στο Πανεπιστήμιο του Σίντνεϊ μεταξύ 1911 και 1914, όπου επηρεάστηκε από έναν καθηγητή που τον έφερε σε επαφή με τα έργα του Χέγκελ, του Μαρξ και του Ένγκελς και τον παρακίνησε να αναμιχθεί με το εργατικό κίνημα. Ο Childe ήταν συνειδητοποιημένος σοσιαλιστής όταν μπήκε στο Queen's College της Οξφόρδης το 1914, για να πάρει το δίπλωμα κλασικής αρχαιολογίας υπό την εποπτεία του John Myres. Ενώθηκε με τους Fabians της Οξφόρδης (που έγιναν η Σοσιαλιστική Εταιρεία το 1915) και διακήρυσσε τις αριστερές απόψεις του μέχρι την αποφοίτησή του το 1917, οπότε αρνήθηκε να στρατολογηθεί και επέστρεψε στην Αυστραλία. Το παρατσούκλι «Ο Ωραίος Childe», που απέκτησε στην Οξφόρδη, αποτελούσε χωρίς αμφιβολία ειρωνεία για «τη μαβιά, σαν του Σιρανό ντε Μπερζεράκ, μύτη του» που, σύμφωνα με τον Max Mallowan, τον έκανε «τον πιο άσχημο άνθρωπο που γνώρισα ποτέ, ήταν πραγματικά οδυνηρό να τον κοιτάζεις».[53]

Ο Childe ήταν αναφανδόν αντίθετος στον Μεγάλο Πόλεμο και αντιστάθηκε στην αναγκαστική στρατολόγηση στην Αυστραλία, γεγονός που έκανε αδύνατη γι' αυτόν τη διδασκαλία εκεί. Έγινε μέλος των Βιομηχανικών Εργατών του Κόσμου και έγινε το μυαλό που κινούσε τη δράση τους στη Νέα Νότια Ουαλία (οι «Wobblies»* ιδρύθηκαν στις Ηνωμένες Πολιτείες το 1907 για να προωθήσουν τη μαρξιστική φιλοσοφία στους εργάτες και να πολεμήσουν τον καπιταλισμό). Η μετάβαση από τη φιλοσοφική θεωρία στην πολιτική δράση για τους σοσιαλιστές έκανε γιγαντιαίο βήμα τον Οκτώβριο του 1917, όταν οι Μπολσεβίκοι, η σκληρή πτέρυγα του Ρωσικού Σοσιαλιστικού Δημοκρατικού Εργατικού Κόμματος, υπό την καθοδήγηση του Λένιν, ξεκίνησαν τη βίαιη επανάσταση στην Πετρούπολη, η οποία επέβαλε την πρώτη κυβέρνηση των συμβουλίων των εργατών, των «σοβιέτ», στη Ρωσία. «Η εκπυρσοκρότηση που ακούστηκε σε ολόκληρο τον κόσμο», όπως έγινε γνωστός ο πρώτος πυροβολισμός, δεν θα μπορούσε να μην επηρεάσει και τη νέα γενιά των αρχαιολόγων, και όταν οι αρχαιολογικές ανασκαφές ξανάρχισαν μετά τον πόλεμο, ο Gordon Childe και πολλοί της γενιάς του βάλθηκαν να αποκαλύψουν ένα πολύ διαφορετικό είδος ιστορικών στοιχείων προκειμένου να εξηγήσουν τη δική τους αντίληψη για τον κόσμο, που ήταν πολύ διαφοροποιημένη από εκείνη των δασκάλων τους.

Οι Μπολσεβίκοι έβγαλαν τη Ρωσία από τον πόλεμο υπογράφοντας ανακωχή με τη Γερμανία τον Νοέμβριο του 1917.** Αυτό επέτρεψε στους Γερμανούς να εξαπο-

---

* «Ασταθείς», αυτοί που τρεκλίζουν. (Σ.τ.Ε.)

** Συνθήκη του Brest-Litovsk. (Σ.τ.Ε.)

λύσουν σοβαρή επίθεση εναντίον του Παρισιού στις αρχές του 1918. Όμως η άφιξη των ενισχύσεων από τις Ηνωμένες Πολιτείες, που κήρυξαν τον πόλεμο στη Γερμανία το 1917, αφού η απεριόριστη χρήση των υποβρυχίων από την τελευταία οδήγησε στην καταβύθιση πολλών ουδέτερων πλοίων, πρόσφερε στους Συμμάχους επιπλέον δύναμη περισσότερων από ένα εκατομμύριο ξεκούραστων στρατιωτών για να αντισταθούν στην τελική γερμανική επίθεση. Παρ' όλα αυτά, οι εισβολείς έφτασαν σε απόσταση πενήντα χιλιομέτρων από το Παρίσι – μια κρίσιμη στιγμή για όσους παρακολουθούσαν τις σημαίες πάνω από το Youlbury. Εθνικιστικές εξεγέρσεις, εμπνευσμένες από την επιτυχία των Μπολσεβίκων στη Ρωσία, εξαπλώθηκαν σε ολόκληρη την Αυστρο-Ουγγρική Αυτοκρατορία και εξασθένισαν τις ένοπλες δυνάμεις της, που περιλάμβαναν σημαντικό αριθμό Σέρβων. Ο πόλεμος τερματίστηκε ξαφνικά, λίγο μετά την κατάρρευση του αυστριακού στρατού στο λιμάνι Fiume της Αδριατικής στα τέλη Οκτωβρίου του 1918 και την ταχεία ανακατάληψη από τους Συμμάχους του μεγαλύτερου μέρους των κατεχόμενων από τους Γερμανούς γαλλικών και βελγικών εδαφών. Η λαϊκή κατακραυγή εξανάγκασε τον κάιζερ Γουλιέλμο Β' σε παραίτηση και οι στρατηγοί της Γερμανίας υπέγραψαν ανακωχή με τους Συμμάχους στις 11 Νοεμβρίου, δίνοντας και επίσημα τέλος στον πρώτο μεγάλο πόλεμο του εικοστού αιώνα.

Η ανακωχή σημάδεψε την απαρχή πολλών εδαφικών διαφορών, καθώς η Αυστρο-Ουγγρική Αυτοκρατορία αποσυντέθηκε και τα ανατολικά ευρωπαϊκά κράτη αγωνίζονταν να καθορίσουν τα σύνορά τους. Ο Έβανς είδε την άμεση απειλή του ιταλικού ιμπεριαλισμού στο Fiume της

Αδριατικής, όπου τον Δεκέμβριο του 1918 κατέφθασαν νέα ιταλικά στρατεύματα για να καταλάβουν αυτό που Βρετανία και Γαλλία είχαν συμφωνήσει στη Μυστική Συνθήκη του Λονδίνου να αποτελέσει τμήμα του νέου κράτους της Γιουγκοσλαβίας. «Μία και μόνη σπίθα μπορεί τώρα να πυροδοτήσει σύγκρουση που θα απλωθεί από τις Καρινθιακές Άλπεις μέχρι τα σύνορα της Αλβανίας και της Ελλάδας», απειλούσε ο Έβανς σε μακροσκελή επιστολή στη *Manchester Guardian*, στις 26 Δεκεμβρίου. Σε δεύτερη επιστολή, δυο μέρες αργότερα, επισήμανε ότι οι κυβερνήσεις της Βρετανίας και της Γαλλίας, σε μια προσπάθεια να εξευμενίσουν την Ιταλία, λογόκριναν τον Τύπο τους, μην επιτρέποντας να δημοσιευθεί στις μεγαλύτερες εφημερίδες η πραγματική κατάσταση. Και οι δύο επικριτικές επιστολές μεταφράστηκαν στα γαλλικά και διανεμήθηκαν στους αντιπροσώπους στη Συνδιάσκεψη της Ειρήνης στο Παρίσι, όπου έσπευσαν ο Έβανς και ο Hogarth για να πάρουν μέρος στη βουλιμική φρενίτιδα των νικητών, καθώς μοιράζονταν τη λεία και προσπαθούσαν να σχηματίσουν τον νέο χάρτη της Ευρώπης και της Μέσης Ανατολής.[54]

Ο Hogarth ήταν ο Βρετανός επίτροπος επί των αραβικών αξιώσεων, ενώ ο Έβανς δρούσε στο παρασκήνιο ως ανεπίσημος αντιπρόσωπος των Σλάβων. Ήταν η δυναμική του πίεση στον Arthur Balfour, πρωθυπουργό της Βρετανίας από το 1902 έως το 1905 και τώρα υπουργό Εξωτερικών, που τελικά επηρέασε τη συντηρητική κυβέρνηση του Lloyd George να αλλάξει γνώμη και, αντί να υποστηρίξει την αξίωση των συμμάχων της Ιταλών για τη νότια Δαλματική Ακτή, να στηρίξει τους Σλάβους, υποχρεώνοντας έτσι την Ιταλία να αποσύρει τα στρατεύματά της.

Οι αντιπρόσωποι στο Παρίσι υπέγραψαν τη Συνθήκη των Βερσαλιών πέντε ακριβώς χρόνια μετά τη δολοφονία στο Σαράγιεβο. Υποτίθεται ότι ήταν συνθήκη ειρήνης, αλλά στην πραγματικότητα ήταν ένα σκληρό και εκδικητικό έγγραφο που σχεδιάστηκε για να τιμωρήσει τη Γερμανία και την Αυστρία, καθορίζοντας όρους αποζημίωσης για τις συμμαχικές απώλειες στον πόλεμο που ήταν αδύνατο να τηρηθούν. Έτσι, αντί να ξεκινήσει μια περίοδος συμφιλίωσης, η εχθρότητα ανάμεσα στα αντιμαχόμενα έθνη διατηρήθηκε, όπως ανακάλυψε ο Έβανς, όταν ταξίδεψε διά ξηράς στη Στοκχόλμη το 1920 για να παραλάβει το Μεγάλο Χρυσό Μετάλλιο της Σουηδικής Εταιρείας Ανθρωπολογίας και Γεωγραφίας. Αισθανόταν πως παλιοί φίλοι στη Γερμανία ήθελαν ακόμη, ως μελετητές, να συνεργαστούν στην έρευνα, αλλά η φιλία δεν ήταν πλέον δυνατή.[55]

Οι διαπραγματεύσεις για την πατρίδα των Σλάβων τράβηξαν σε μάκρος, μέχρι τα τέλη του 1920, οπότε με τη Συνθήκη του Rapallo ιδρύθηκε τελικά η νέα Γιουγκοσλαβία. Ήταν η ανταμοιβή, αν και εξουθενωτική έτσι όπως εξελίχτηκε, του Έβανς, ο οποίος είχε αποφασίσει ότι έπρεπε να θριαμβεύσουν οι Σλάβοι, παρότι οι ηγέτες τους συχνά διαφωνούσαν μεταξύ τους. «Η ατμόσφαιρα της αίθουσας της Επιτροπής και της αίθουσας του Συμβουλίου ήταν πάντοτε απεχθής για τον Έβανς», ανέφερε η Τζόαν Έβανς, «και η απληστία των εθνοτήτων τρομοκρατούσε τόσο την ηθική του, όσο σόκαρε τη νοημοσύνη του η άγνοια των πολιτικών για τη γεωγραφία».[56]

Στο Youlbury, τον Έβανς τον «κατέτρυχαν οι αναμνήσεις των παιδιών που κάποτε γιόρταζαν εκεί και δεν θα έρχονταν πια», θυμόταν η Τζόαν Έβανς. Για τους άνδρες που σκοτώθηκαν στη Γαλλία, όπως ο Arthur Shepherd, ο πρώτος αρχηγός των προσκόπων στο Youlbury, ο Έβανς έφτιαξε έναν ημικυκλικό πάγκο με ηλιακό ρολόι στη μέση ρυθμισμένο στη Θερινή Ώρα, όπου χάραξε τις λέξεις: *Horas non numero nisi serenas* (μετρώ μόνον τις ηλιόλουστες ώρες) και την αφιέρωση:

Στην αγαπημένη μνήμη μιας συντροφιάς νέων
Που έπαιζαν σαν παιδιά
Ανάμεσα σ' αυτά τα δέντρα και τους θάμνους,
Και τα μοιράστηκαν, στο Youlbury, σε χαρούμενες ώρες:
Στον Μεγάλο Πόλεμο
Στο όνομα της πατρίδας τους και για την ανθρωπότητα,
Έπεσαν πρόωρα:
Όμως, όπου κι αν τώρα κείτονται,
Δεν θα είναι ποτέ μακριά από δω.

Στους στύλους στις πλευρές του πάγκου ο Έβανς έγραψε:

Όχι για την πατρίδα τους μονάχα
Τη νιότη, την αγάπη, τη ζωή τους ξόδεψαν,
Το δοξασμένο φωτοστέφανο στο μέτωπό τους
Λάμπει σε πλατύτερο σύμπαν:
Αυτών η θυσία ήταν πιο ευγενική,
Γιατί μετά από χρόνια όλη την ανθρωπότητα,
Τα Έθνη, αλλά και τους Ανθρώπους,
Η Πίστη και η Ανθρωπιά έπρεπε να τους σμίξουν:

Πολέμησαν για να σταματήσουν οι πόλεμοι,
Κι αυτοί αναπαύονται εν Ειρήνη.[57]

Ένα από τα τελευταία καθήκοντα του Έβανς ως προέδρου των Αρχαιοφίλων ήταν να παρευρεθεί στην τελετή απόδοσης του Stonehenge, όταν ο ιδιοκτήτης αυτής της μυθικής ιδιοκτησίας, κ. C. H. E. Chubb, τη δώρισε στο βρετανικό έθνος το 1919. Ο Έβανς εκμεταλλεύτηκε την ευκαιρία για να δώσει την τελευταία του ερμηνεία για τον περίφημο κύκλο των λίθων, ως ταφικό σημάδι της Εποχής του Χαλκού στη Βρετανία, προσθέτοντας: «Σε μια στιγμή που τόσο πολλοί από μας ασχολούμαστε με τα μνημεία των δικών μας νεκρών σε τόσο πολλά ξένα πεδία μαχών, αισθάνεται κανείς πως αυτή η όψη του Stonehenge έχει ιερό νόημα και η ανάθεση, μια τέτοια στιγμή, στην κηδεμονία του έθνους αυτού του μεγάλου μνημείου των μακρινών προγόνων πρέπει να αναγνωριστεί ως μοναδικά επίκαιρη».[58] Ο Έβανς επαίνεσε «τη φιλελεύθερη και πατριωτική πράξη του δωρητή» και άρχισε να ασχολείται πάλι με το δικό του αρχαίο μνημείο, τώρα που τα πολεμικά του καθήκοντα είχαν τελειώσει. Αναθεώρησε τις σημειώσεις του για την ετήσια συνάντηση της Βρετανικής Εταιρείας στο Bournemouth, τον Σεπτέμβριο του 1919, και παρουσίασε εκεί ανακοίνωση για το «Ανάκτορο του Μίνωα και τον Προϊστορικό Πολιτισμό της Κρήτης».[59]

Ο Έβανς σκόπευε αρχικά να δημοσιεύσει τα αποτελέσματα των ανασκαφών στην Κνωσό με τον τίτλο «The Nine Minoan Periods». Καθώς, όμως, η πένα από το φτερό της χήνας περιέγραφε τις αναλογίες μεταξύ αυτών που είχε ανακαλύψει σε ολόκληρη την Κρήτη και το Αιγαίο και αντλούσε στοιχεία από τα αποτελέσματα της εργασίας άλλων για να καλύψει τα ιστορικά κενά στην Κνωσό, το κείμενο έχανε τον χαρακτήρα αναφοράς ανασκαφής και γινόταν σύνθεση του μινωικού πολιτισμού, όπως ο ίδιος τον κατανοούσε. Αυτός περιστρεφόταν γύρω από το «The Palace of Minos», τίτλο στον οποίο κατέληξαν με τον George Macmillan, ο οποίος συμφώνησε να εκδώσει το βιβλίο με δικά του έξοδα και να μοιραστούν τα κέρδη (κάτι που δεν είχε ξανασυμβεί στον Έβανς, που είχε πληρώσει την εκτύπωση όλων των προηγούμενων έργων του). Ο Έβανς επέμεινε το βιβλίο να στοιχειοθετηθεί στο Oxford University Press, ώστε να έχει στενή επαφή με τους τυπογράφους, παραχώρηση για την οποία ο Macmillan τελικά μετάνιωσε όταν, εξαιτίας της «απόλυτης αδιαφορίας του Έβανς για το κόστος των διορθώσεων», όπως αφηγείται η Τζόαν Έβανς, «όχι μόνο διόρθωνε, αλλά ξαναέγραφε» τα δοκίμια, ανεβάζοντας το κόστος μόνο των αλλαγών στις 2.300 λίρες, πολύ ψηλότερα από το αρχικό κόστος της στοιχειοθεσίας.[60]

Όταν το 1921 εκδόθηκε το *The Palace of Minos: A Comparative Account of the Successive Stages of the Early Cretan Civilization as Illustrated by the Discoveries at Knossos*, προκάλεσε ανάμικτη ανταπόκριση. Ο Bosanquet έγραψε έναν λυρικό διθύραμβο «της συγκριτικής καταγραφής» του Έβανς, «... ο οποίος προσφέρει στον σύγχρονο ευρωπαϊκό πολιτισμό τίτλους κυριότητας που ανατρέχουν στην τέταρτη χιλιετία π.Χ.», εγκωμιάζοντας τον χειρισμό ενός «τεράστιου θέματος γεμάτου δυσκολίες, αλλά ο συγγραφέας έχει χαρίσματα που τον καθιστούν ικανό να κινείται ως οδηγός μέσα σε αυτό τον λαβύρινθο». Κατέληγε παραστατικά: «Τα νήματα που έβαλε η αρχαιολογία στα χέρια του σερ Άρθουρ Έβανς ήταν κατ' ανάγκη μπερδεμένα, φθαρμένα και σπασμένα. Ωστόσο, οι γνώσεις και η διαίσθησή του του έδωσαν τη δυνατότητα να τα υφάνει σε ένα συνεκτικό σύνολο, που αποτελεί σχεδόν Ιστορία».[61] Ο Hogarth από την άλλη, στο *Times Literary Supplement*, επέκρινε τον Έβανς για «τον συνδυασμό αφηγήσεων και περιγραφών με υποθέσεις», λέγοντας ότι θα έπρεπε να υπάρχουν δύο βιβλία· ένα με πραγματικά και ένα με φανταστικά στοιχεία. Ολοκλήρωνε με τη διεισδυτική παρατήρηση: «Τα όρια της αρχαιολογίας είναι ταπεινωτικά. Συλλέγει φαινόμενα, όμως δύσκολα μπορεί ποτέ να τα απομονώσει, ώστε να τα ερμηνεύσει επιστημονικά. Μπορεί να συμπεριλάβει ένα πλήθος από υποθέσεις, όμως σπάνια, αν ποτέ, μπορεί να τις αποδείξει επιστημονικά». Αλλά, όπως παραδεχόταν ο Hogarth, «αν κάποιος αρχαιολόγος πρέπει να ξεπεράσει τα δεσμά της επιστήμης του και να εισέλθει στην περιοχή των υποθέσεων, είναι προτιμότερο αυτός να είναι ο σερ Άρθουρ Έβανς, παρά κάποιος άλλος. Το κάνει με μεταδοτικό ενθουσιασμό και οι γνώσεις του σε πλήθος τομείς μάς λένε τόσο πολλά πράγματα στην πορεία».[62]

Ο Έβανς ποτέ δεν αισθάνθηκε πως έκανε οτιδήποτε άλλο από το να γράφει Ιστορία εκεί που δεν είχε γραφεί, και στο *The Palace of Minos* ξεκίνησε τη διήγηση για τον Μίνωα από τη λεηλασία του πρώτου Ανακτόρου στην Κνωσό μέχρι το τέλος της περιόδου που ονόμασε Μέση Μινωική ΙΙΙ, οπότε, ισχυριζόταν, ο πλούτος της Κνωσού μεταφέρθηκε για να γεμίσει τους τάφους των ηγετών της ηπειρωτικής χώρας, στον Ταφικό Κύκλο των Μυκηνών. Έτσι εξηγούσε τη μινωική κατασκευή των καλύτερων έργων φορητής τέχνης που βρέθηκαν στις Μυκήνες και τα οποία σχεδόν απουσίαζαν από την Κρήτη. Το μεγάλο Ανάκτορο των Ύστερων Μινωικών Ι και ΙΙ περιόδων το υποσχέθηκε για τον επόμενο τόμο.

Η ελλαδική αίρεση

Τον ίδιο χρόνο που το *The Palace of Minos* θέσπισε την «ορθόδοξη άποψη» του Έβανς για το πρώτο μισό της Εποχής του Χαλκού στην Ελλάδα, το σεμνό σύγγραμμα του Karl Blegen με τον τίτλο *Korakou*, όπου δημοσιεύονταν τα αποτελέσματα των αμερικανικών ανασκαφών σε μικρή τούμπα κοντά στη σύγχρονη Κόρινθο, έδειξε πόσο είχε προοδεύσει το «κίνημα της μυκηναϊκής ανεξαρτησίας» του Ridgeway στη διάρκεια του πολέμου, υπό την ηγεσία ενός από τους λαμπρότερους μαθητές του. Ο Wace, ως διευθυντής της Βρετανικής Αρχαιολογικής Σχολής Αθηνών, θα ξεκινούσε εκτεταμένες ανασκαφές, όμως ο πόλεμος ματαίωσε τα σχέδιά του. Αντί γι' αυτό, βοήθησε τον Karl Blegen, γραμματέα της Αμερικανικής Σχολής Κλασικών Σπουδών Αθηνών, στις ανασκαφές του στον μικρό λοφίσκο Κοράκου, το 1915 και 1916.

Ο Blegen, γεννημένος στη Minnesota το 1887, μελέτησε τους κλασικούς και τελείωσε το διδακτορικό του στο Yale το 1910. Πίστευε ότι η μυκηναϊκή τοποθεσία που είχαν ανακαλύψει στο Κοράκου ήταν η ομηρική «πλούσια Εφύρα». Η περίοδος κατά την οποία είχε κτιστεί (η «αργυρή εποχή», όπως την αποκαλούσαν) ήρθε πριν από τις μεγάλες ημέρες των Μυκηνών και της Τίρυνθας και χαρακτηριζόταν από έναν διακοσμητικό ρυθμό κεραμικής, τον οποίο ονόμασαν «Εφυραϊκό» και τον οποίο προσπάθησαν να αποδώσουν σε καινοτομία των ντόπιων τεχνιτών, κάτω από την ελαφρά επίδραση των κρητικών διακοσμητικών τεχνοτροπιών. Ο Blegen και ο Wace βρήκαν στοιχεία από περιόδους που διαχωρίζονταν, σαφώς, στρωματογραφικά και αυτό τους έδωσε βάσιμους λόγους να τις παραβάλουν με τις περιόδους του Σλήμαν στις Μυκήνες. Ο Wace ανυπομονούσε να δοκιμάσει τις νέες τους θεωρίες με νέα ανασκαφή στις Μυκήνες, όμως, καθώς ο πόλεμος εντεινόταν, αποσπάστηκε στη βρετανική διπλωματική αποστολή στην Αθήνα ως διευθυντής για την περίθαλψη των Βρετανών φυγάδων από την Τουρκία, και δεν μπορούσε να πάρει άδεια ώστε να πραγματοποιήσει ανασκαφή. Αντ' αυτού, εξέτασε και πάλι τα ευρήματα του Σλήμαν από τις Μυκήνες που φυλάσσονταν στο Εθνικό Αρχαιολογικό Μουσείο της Αθήνας και μαζί με τον Blegen δημοσίευσαν μια επαναστατική ανακοίνωση το 1918 με τίτλο «The Pre-Mycenaean Pottery of Mainland», εργασία πρωταρχικός στόχος της οποίας ήταν να δώσει στην Ελλάδα μια σχετική χρονολόγηση, βασισμένη στην κεραμική, συγκρίσιμη με τις μινωικές περιόδους του Έβανς και του Mackenzie.

Ο Blegen και ο Wace πρότειναν τον όρο «Ελλαδική» για την ηπειρωτική Ελλάδα, ως ισοδύναμο με τον όρο «Μινωική» και «Κυκλαδική» για τα νησιά. Ο Έβανς ενοχλήθηκε με την άποψη ότι η «Μινωική» του ορολογία έπρεπε να περιοριστεί στην Κρήτη και αντέδρασε με θυμό στον ισχυρισμό τους ότι «η δόξα της Τίρυνθας και των Μυκηνών ήταν το αποκορύφωμα της προϊστορικής τέχνης στην ηπειρωτική Ελλάδα», την οποία ονόμασαν μυκηναϊκή. Παραδέχονταν ότι αυτό ήταν «καρπός της καλλιεργημένης κρητικής δεξιοτεχνίας πάνω στην ατίθαση πρώτη ύλη της ηπειρωτικής χώρας», πρόσθεταν όμως πως «το ηπειρωτικό υπόβαθρο επηρέασε την κυρίαρχη μινωική τέχνη και την έκανε μυκηναϊκή, κάτι διαφορετικό της κρητικής».[63] Επρόκειτο για καθαρό ριτζγουαιισμό, αλλά υποστηριζόταν από βάσιμα αρχαιολογικά στοιχεία με τη μορφή σαφώς διαχωρισμένης στρωματογραφικά κεραμικής, που ο Έβανς δεν μπορούσε να αγνοήσει. Έτσι, όταν ο Wace απαλλάχτηκε από τα καθήκοντα στην Πρεσβεία, τον Νοέμβριο του 1919, ο Έβανς παρενέβη για χάρη του στη Βρετανική Αρχαιολογική Σχολή, η επιτροπή της οποίας ήθελε να διαθέσει τους πόρους της σε κλασική ανασκαφή, και χρησιμοποίησε το κύρος του για να τους πείσει για τον επείγοντα χαρακτήρα και τη σημασία να ξαναρχίσει ο Wace ανασκαφές στις Μυκήνες, «έχοντας υπόψη τις μεγάλες ανακαλύψεις στην Κρήτη, που έριξαν εντελώς καινούργιο φως στην καταγωγή και την ανάπτυξη του μυκηναϊκού πολιτισμού».[64] Νομίζω πως αυτό δεν οφείλεται τόσο στο ανοιχτό μυαλό του Έβανς, όσο στη βεβαιότητά του ότι ο Wace θα επιβεβαίωνε τη στρωματογραφία της Κνωσού στις Μυκήνες.

Το *Korakou* του Blegen φανέρωσε, επίσης, το νέο πνεύμα με το οποίο οι νεαροί αρχαιολόγοι έψαχναν το παρελθόν:

> Ο Αγαμέμνων και οι ευγενείς ισότιμοί του έχουν για πολύ καιρό απολαύσει την υψηλή θέση που τους έπρεπε. Τώρα, ρίχνεται φως στις συνθήκες της ζωής του ταπεινού κοινού ανθρώπου –ο ανώνυμος *τίς** των ομηρικών επών– που με τους συντρόφους του αποτελούσε τη μάζα του πληθυσμού και καθιστούσε δυνατή τη δόξα του Αγαμέμνονα. Έχουμε ξαναβρεί το σεμνό σπίτι του, αν και οι από λάσπη τοίχοι του έχουν από καιρό καταρρεύσει. Μπορούμε να τον φανταστούμε να προσφέρει την οικια-

* Ελληνικά στο πρωτότυπο. (Σ.τ.Ε.)

> κή λατρεία του γύρω από τον πεσσό στο μέγαρό του. Είδαμε το απλό κρεβάτι του, λίγο μόλις ανασηκωμένο από το χωμάτινο δάπεδο. Βρήκαμε τα αποθηκευτικά αγγεία όπου φύλαγε το λάδι και τα δημητριακά του, τον πέτρινο χειρόμυλο με τον οποίο άλεθε το αλεύρι του, την εστία όπου ετοίμαζε το φαγητό του, τα δοχεία στα οποία μαγείρευε, τα πιάτα με τα οποία έτρωγε τα γεύματά του και το κύπελλο από το οποίο έπινε το κρασί του. Και στην αταξία του εγκαταλειμμένου του σπιτιού μπορούμε να αναγνωρίσουμε τη βιασύνη με την οποία έφυγε μπροστά στον μυστηριώδη κίνδυνο που, κάτω από το όνομα της Δωρικής Εισβολής, πιστεύουμε πως κατάπιε τον φθίνοντα πολιτισμό του.[65]

Ένας νέος μύθος αναδυόταν στην αρχαιολογία, η εξύμνηση του κοινού εργάτη, σαν ένα είδος προϊστορικού ευγενούς αγρίου. Η αρχαιολογία του κοινού ανθρώπου ήταν μέρος της εξύψωσης του κοινού εργάτη σε ραχοκοκαλιά της κοινωνίας, που αντανακλούσε την επιτυχία της επανάστασης των Μπολσεβίκων στη Ρωσία και την αυξανόμενη έλξη που ασκούσε ο σοσιαλισμός στην Ευρώπη και τη Βόρεια Αμερική.

Ο Wace πήγε στις Μυκήνες την άνοιξη του 1920, για να ξεκινήσει ένα πρόγραμμα «ανάλυσης των τοίχων» σε ολόκληρη την τοποθεσία, ανάλογη με αυτήν που είχε κάνει ο Έβανς στην Κνωσό. Τον Ιούνιο ήταν σε θέση να αναφέρει συμπερασματικά στο *Times Literary Supplement* ότι οι βυθισμένοι στη γη κιβωτιόσχημοι τάφοι κάτω από τον Βασιλικό Ταφικό Κύκλο, όπου ο Σλήμαν νόμισε πως αντίκρισε τη χρυσή προσωπίδα του Αγαμέμνονα, ήταν προγενέστεροι των θολωτών κυκλικών τάφων με τους πέτρινους θόλους, του Θησαυρού του Ατρέα για παράδειγμα.

Πίστευε ότι οι προγενέστερες ταφές στους κιβωτιόσχημους τάφους ανήκαν σε γηγενή ελλαδική δυναστεία, που την τοποθετούσε χρονικά πολύ νωρίτερα από το μεγάλο ομηρικό Ανάκτορο που βρισκόταν στην πλαγιά από πάνω τους. Το Ανάκτορο, ισχυριζόταν, και τα «πιο γνωστά μνημεία των Μυκηνών, η Πύλη των Λεόντων, το ογκώδες κυκλώπειο τείχος της ακρόπολης και ο Βασιλικός Ταφικός Κύκλος, που ορίζει τους προγενέστερους κιβωτιόσχημους τάφους, είναι πολύ πιθανό να κτίστηκαν, αν υποθέσουμε ότι οι αρχαίοι ελληνικοί μύθοι περιέχουν έναν πυρήνα ιστορικής αλήθειας, από τους άρχοντες της δυναστείας που μεσουράνησε με τον Αγαμέμνονα».[66]

Ο Έβανς απάντησε τρεις εβδομάδες αργότερα στην ίδια εφημερίδα: «Με την εξαίρεση κάποιας ασήμαντης γηγενούς κεραμικής, σχεδόν κάθε αντικείμενο που βρέθηκε στους τάφους μπορεί τώρα να αναχθεί σε μινωικές πηγές του τέλους της Μέσης Μινωικής Εποχής». Υπέθετε, λοιπόν, ότι οι κιβωτιόσχημοι τάφοι ανήκαν σε Μινωίτες δυνάστες, που κατοικούσαν στο μεγάλο Ανάκτορο κατά την Ύστερη Μινωική Ι περίοδο. Όμως ο Wace είχε δείξει ότι το Ανάκτορο και ο μεγάλος Θησαυρός του Ατρέα, καθώς και οι άλλοι μυκηναϊκοί θολωτοί τάφοι ήταν σχεδόν τρεις αιώνες μεταγενέστεροι των κιβωτιόσχημων τάφων, βρίσκοντας όστρακα με τεχνοτροπία της Ύστερης Ελλαδικής ΙΙΙ περιόδου κάτω από πέτρινα κατώφλια και στους τοίχους. Ο Έβανς του επέστησε την προσοχή στο γεγονός «ότι τα όστρακα κεραμικής έχουν έναν περίεργο τρόπο να εισχωρούν ανάμεσα σε ογκόλιθους» και ότι έπρεπε να ληφθεί υπόψη η «αταξία που οφείλεται σε μεταγενέστερους αναζητητές θησαυρών», μια αναφορά στις ανασκαφικές τεχνικές του Σλήμαν.[67]

Ο Έβανς είχε πράγματι εξοργιστεί με τις αναφορές του Wace και έστειλε αντίγραφά τους καθώς και την απάντησή του, για να κερδίσει την υποστήριξή του, στον George Karo, τον Γερμανό μελετητή που είχε ερευνήσει εκ νέου τους κιβωτιόσχημους τάφους του Σλήμαν στις Μυκήνες και είχε δημοσιεύσει μελέτη γι' αυτούς με εξαιρετικές λεπτομέρειες. Αλλά ο Karo απάντησε:

> Δεν μπορώ να συμφωνήσω με «τους Μινωίτες δυνάστες στις Μυκήνες» ή οπουδήποτε αλλού στην ηπειρωτική χώρα. Η θεωρία μου είναι: α. γηγενής φυλή, Πρώιμη και Μέση Ελλαδική, β. προς το τέλος της Μ Μ ΙΙΙ (χρονολογικά) μετανάστευση δυνατής, πολεμοχαρούς, χαρισματικής, αλλά πρωτόγονης φυλής, «των Αχαιών», ή όπως προτιμάτε να τους ονομάζετε. Κατάληψη της Πελοποννήσου, κατασκευή του μυκηναϊκού Ανακτόρου, αφού επιτυχείς επιδρομές είχαν προμηθεύσει στους αρχηγούς λάφυρα και σκλάβους (περιλαμβανομένων των καλλιτεχνών) από την Κρήτη. Αυτές οι επιδρομές ... μπορεί να έχουν σχέση με την πυρπόληση των Ανακτόρων της Κνωσού και της Φαιστού. Αλλά η μινωική ισχύς κάθε άλλο παρά κατέρρευσε, οι εισβολείς γρήγορα εκδιώχτηκαν, μια αναγέννηση ακολουθεί αυτές τις επιδρομές, ο μινωικός πολιτισμός κυριαρχεί σε αυτούς, όπως γίνεται συνήθως σε ανάλογες περιπτώσεις, όμως όχι η μινωική στρατιωτική ή πολιτική δύναμη. Η θεωρία αυτή εξηγεί την ποικιλία των ευρημάτων από τους Κιβωτιόσχημους Τάφους, τις διαφορές στην αρχιτεκτονική, την ένδυση, τη λατρεία (όχι ιερά ή ιερά σπήλαια!), την απουσία γραπτών μαρτυριών ή σφραγιδόλιθων, πράγματα που θα ήταν ακατανόητα αν οι δυναστείες ήταν μινωικές.[68]

Η άποψη του Karo απηχούσε εκείνη των αρχαιολόγων

που έκαναν ανασκαφές στην ηπειρωτική Ελλάδα και έδειχνε πόσο είχε διευρυνθεί το χάσμα ανάμεσα σε εκείνους που προσυπέγραφαν το μοντέλο του Έβανς περί μινωικής ηγεμονίας στο Αιγαίο και σε εκείνους που ευνοούσαν την ιδέα της ανεξάρτητης τοπικής ανάπτυξης.

Έχοντας μόλις γευθεί την εμπειρία των διαβουλεύσεων στο Παρίσι και την επιτυχία του Πανσλαβισμού, ο Έβανς ακολουθούσε το ιδανικό μιας μινωικής πολιτικής ενότητας, βασισμένης σε κοινά αποδεκτές αρχές μιας κοινής πολιτιστικής κληρονομιάς, και το έκανε αυτό με τέτοια πείσμονα αποφασιστικότητα, που όσοι διαφωνούσαν αποκάλεσαν το όραμά του «Παν-Μινωική Σχολή». Καθώς ο Έβανς άρχισε να προσπαθεί να επηρεάσει τους μελετητές με τον ίδιο τρόπο που είχε επηρεάσει τους πολιτικούς, η διαμάχη για τα εθνικά ή τα πολιτιστικά όρια έγινε το κύριο θέμα της έρευνας στο Αιγαίο την περίοδο που ακολούθησε τον πόλεμο, και συνεχίζει να διχάζει τους αρχαιολόγους τόσο όσο και τα σύγχρονα έθνη.

Η Φωλιά του Μινώταυρου

Ο Mackenzie επέστρεψε στην Κρήτη τον Σεπτέμβριο του 1920 και βρήκε το Ανάκτορο της Κνωσού «απόλυτα έρημο, γεμάτο αγριόχορτα ένα μέτρο ψηλά. Αυτό ίσχυε για ολόκληρο το Ανάκτορο, με εξαίρεση το καλυμμένο τμήμα του Διαμερίσματος Κατοικίας και το Μέγαρο της Βασίλισσας, χάρη στην πλακοστρωμένη οροφή του από μαλτεζόπλακες, που ήταν εντελώς απείραχτη», ανέφερε στον Έβανς. Ο Mackenzie κατηγορούσε τον Χατζιδάκι, που ήταν υπεύθυνος για την Κνωσό, ενώ οι αρχαιολογικοί χώροι αλλού «βρίσκονται σε αρκετά καλή κατάσταση». Η ένωση με την Ελλάδα το 1913 είχε υπαγάγει τις αρχαιότητες της Κρήτης στον ελληνικό αρχαιολογικό νόμο και η ελληνική κυβέρνηση ανέλαβε την ευθύνη για την προστασία σημαντικών αρχαίων τοποθεσιών. Ιδρύθηκαν δύο εφορείες: η μία κάλυπτε το Μουσείο της Κάντια (το σημερινό Ηράκλειο) και την Κνωσό, με επικεφαλής τον Χατζιδάκι, και η άλλη περιλάμβανε τις μικρότερες συλλογές που είχαν δημιουργηθεί στα Χανιά και στο Ρέθυμνο και όλους τους άλλους αρχαιολογικούς χώρους του νησιού, και ανατέθηκε στον Ξανθουδίδη, ο οποίος είχε διατελέσει γραμματέας του Συλλόγου.

«Σας ικετεύω να αποφύγετε να γράψετε γι' αυτό προς το παρόν», προειδοποίησε ο Mackenzie τον Έβανς. «Ο Wace μου είπε ότι ως ιδιοκτήτης της Κνωσού, σύμφωνα με το ελληνικό δίκαιο, δικαιούσθε τα μισά ευρήματα. Επομένως, για να εξασφαλίσετε, μελλοντικά τουλάχιστον, μέρος από αυτά, δεν πρέπει να κάνετε τίποτε στο μεταξύ που θα προκαλούσε την αντίδρασή τους».[69] Όμως ο Χατζιδάκις είχε άλλα σχέδια, όπως ανέφερε ο Mackenzie στην επόμενη επιστολή του:

> Η επίσκεψη του Χατζιδάκι στο Ανάκτορο ήταν κάπως απογοητευτική. Ξεκίνησε προσπαθώντας να με εξαπατήσει, όμως όταν ρώτησε αν ο Wace είχε πει τίποτε στην Αθήνα για την κατάσταση του Ανακτόρου, του είπα ευθέως ότι ανέφεραν πως βρίσκεται σε οικτρή κατάσταση. Ωστόσο, έχει κολλήσει στην παλιά ιδέα ότι το Ανάκτορο δεν αποτελεί πια ιδιοκτησία σας και ότι μεταβιβάστηκε αυτομάτως στην Κρητική Κυβέρνηση πριν από λίγα χρόνια. Του είπα πως η άποψή σας είναι εντελώς

διαφορετική και ότι όσο καιρό έχετε τα δικαιώματα της ιδιοκτησίας, είναι φυσικό να ενδιαφέρεστε για την κατάσταση των υπολειμμάτων, χώρια από τα αρχαιολογικά σας δικαιώματα.[70]

Η ένωση με την Ελλάδα είχε φέρει στην Κρήτη αυτό που η Τζόαν Έβανς αποκαλούσε «υπερβολικό ελληνικό πατριωτισμό».[71] Τα εθνικά μνημεία που είχαν άμεση σχέση με την ελληνική ιστορία βρίσκονταν σε πρώτη προτεραιότητα, αποκλείοντας όλα τα άλλα, γεγονός που θύμιζε στον Έβανς τις ακρότητες των «κλασικών» συναδέλφων του στη Βρετανία. Μαζί με τον Dawkins, αγωνίστηκαν να εμποδίσουν τους εθνικιστές Κρήτες να γκρεμίσουν τα ενετικά τείχη στο Ηράκλειο το καλοκαίρι του 1918. Τα έβλεπαν ως απομεινάρια μιας δύναμης κατοχής και ως εμπόδια στην οικονομική τους ανάπτυξη. Και τώρα, ο Έβανς αντιστεκόταν στην προσπάθεια της νέας ελληνικής διοίκησης να του πάρει την Κνωσό· είχε αγωνιστεί σκληρά γι' αυτήν και δεν είχε σκοπό να την παραδώσει εύκολα.

Οι προετοιμασίες για τον δεύτερο τόμο του βιβλίου *The Palace of Minos* και τα αντικρουόμενα αποτελέσματα της έρευνας του Wace στις Μυκήνες έπεισαν τον Έβανς πως υπήρχαν ακόμη αναπάντητα ερωτήματα στην Κνωσό. Ξεκίνησε για την Ελλάδα στις αρχές Φεβρουαρίου του 1922, και επισκέφτηκε τις Μυκήνες, την Τίρυνθα και τη Θήβα, για να εξετάσει από κοντά τα δείγματα της «μυκηναϊκής» γραφής, όπως αποκαλούσε ο Wace τα ζωγραφισμένα γκράφιτι που βρήκε σε χοντροφτιαγμένους ψευδόστομους αμφορείς. Κατέληξε πως μπορεί να υπήρχε «διαφορά διαλέκτου στη γλώσσα», αλλά «οι γλωσσικοί τύποι πρέπει να έμοιαζαν πολύ με εκείνους της μινωικής Κρήτης»,[72] περίεργο συμπέρασμα το οποίο, δεδομένου ότι η ίδια η γλώσσα εξακολουθούσε να του διαφεύγει, δεν μπορούσε ούτε να αποδειχτεί ούτε να απορριφθεί.

Στην Κνωσό, ο Έβανς και ο Mackenzie υποδέχτηκαν τον αρχιτέκτονα Francis G. Newton, που είχε δουλέψει με τον Mackenzie στην Παλαιστίνη και μετά πήγε στην Αίγυπτο, και τον Piet de Jong, έναν καλλιτέχνη που είχε γεννηθεί στο Yorkshire από Ολλανδούς μετανάστες, είχε σπουδάσει στη Σχολή Τέχνης του Leeds και ήταν αυθεντία στη ζωγραφική αναπαράσταση αντικειμένων και κτισμάτων. Ο de Jong ήταν επίσης οξυδερκής παρατηρητής της ανθρώπινης φύσης και δεν έκρυβε τα αισθήματά του, μερικές φορές εκκεντρικά, άλλες φορές καυστικά, για τους συναδέλφους του, που περιλάμβαναν τους πιο επιφανείς Βρετανούς και Αμερικανούς ανασκαφείς στην Ελλάδα.[73]

Ο Γρηγόρης Αντωνίου επέστρεψε στη Μέση Ανατολή για να σκάψει με τον Hogarth και μετά με τον Woolley στην Κάρχεμις, κι έτσι τα καθήκοντα του αρχιεργάτη ανέλαβε ο Αλή Μπαριτάκης, ένας Μουσουλμάνος Μπεκτασής που είχε γίνει το δεξί χέρι του Γρηγόρη από τότε που είχαν αρχίσει οι ανασκαφές στην Κνωσό και που πάντοτε του ζητούσαν να ανασκάψει τα εξαιρετικά δύσκολα ή ευαίσθητα σημεία, εξαιτίας της επιδεξιότητας και της ευαισθησίας του.[74] Γνωστός ως Αλή Αγάς, φορούσε πάντοτε τα οθωμανικά κρητικά ρούχα, σκούρα βράκα με ασορτί γιλέκο, κατάλευκο πουκάμισο και φαρδιά κόκκινη υφασμάτινη ζώνη στη μέση. Ο Piet de Jong τον ανακαλούσε στη μνήμη του στοργικά ως «φιλόσοφο, τυπικό Τούρκο, που αγαπούσε την ύπαιθρο, τα δέντρα, τα λουλούδια, το τρεχούμενο νερό. Θαύμαζε απεριόριστα τα σχήματα που έπαιρναν τα σύννεφα. Έκανε προγνώσεις για τον καιρό από τον τρόπο που τα σύννεφα ανακατεύονταν από τους ανέμους».[75]

Η πρώτη μεγάλη ανασκαφική αποστολή που εγκαινίασε τη «Νέα Εποχή» των ανασκαφών στην Κνωσό ήταν μια παρατεταμένη περίοδος που άρχισε στα μέσα Φεβρουαρίου και έφτασε μέχρι τις αρχές Ιουλίου. «Μέσω ενδείξεων που ακολούθησε με μοναδικό *ταλέντο* ο αρχιεργάτης μου, Αλή Μπαριτάκης», ανέφερε ευτυχής ο Έβανς στους *Times*, η περίοδος άρχισε με την ανακάλυψη μεγάλου εξωτερικού προμαχώνα στη Βόρεια Είσοδο και στη συνέχεια άλλων κατασκευών που περιέβαλλαν το κυρίως κτίσμα. Στη νοτιοανατολική γωνία του Ανακτόρου έφτασαν σκάβοντας σε μια κατολίσθηση από τεράστιους ογκόλιθους που μερικοί ζύγιζαν περισσότερο από έναν τόνο, οι οποίοι είχαν εκσφενδονιστεί από την πρόσοψη του Ανακτόρου στα ιδιωτικά σπίτια στα τέλη της πρώτης ανακτορικής περιόδου, γύρω στο 1750 π.Χ. Μέσα στα συντρίμμια, ο Έβανς βρήκε δύο μεγάλα κρανία βοδιών και άρχισε να διαμορφώνει τη θεωρία για την καταστροφή από τον σεισμό, συνδέοντας τα κρανία με τον χαρακτηρισμό του Ομήρου για τον Ποσειδώνα, «στους ταύρους ευφραίνεται ο κοσμοσείστης», όταν, σαν να είχε εντολή, ο σεισμός χτύπησε στις 20 Απριλίου, με επίκεντρο ανάμεσα στην Κρήτη και τη Σαντορίνη. «Ο Κοσμοσείστης δεν φαίνεται να ευχαριστήθηκε με τους καθαρισμούς μας», έγραφε ο Έβανς, «γιατί μόλις τα στοιχεία της προηγούμενης καταστροφής του άρχισαν να βγαίνουν στην επιφάνεια, ένα δυνατό ταρακούνημα που συνοδευόταν από βαθύ υποχθόνιο ήχο έγινε αισθητό στον χώρο».[76]

Η δόνηση έκανε τον Έβανς να επανεκτιμήσει την καταστροφική δύναμη της φύσης και του προσέφερε καινούργια θεωρία για το τέλος της πρώτης ανακτορικής περιόδου, στρεφόμενος από «μια επανάσταση για την εξουσία» στον «μεγάλο σεισμό στην Κνωσό». Επικοινώνησε με το Εθνικό Αστεροσκοπείο στην Αθήνα για να επιβεβαιώσει το επίκεντρο και να μάθει αν μια ηφαιστειακή έκρηξη μπορούσε να έχει ανάλογες συνέπειες. Η απάντηση επιβεβαίωσε τον σεισμό, αλλά αρνήθηκε τη διασύνδεση με ηφαιστειακές εκρήξεις.[77] Το τελευταίο είχε θεωρηθεί πιθανό μετά το 1909, όταν ο K. T. Frost, ένας ευφάνταστος νεαρός φιλόλογος στο Queen's College, στο Belfast, εισήγαγε τη θεωρία ότι η προϊστορική έκρηξη στη Σαντορίνη προκάλεσε το τέλος των κρητικών ανακτόρων και τον επακόλουθο «καταποντισμό» του μινωικού πολιτισμού, και βρισκόταν στη ρίζα των αρχαίων ελληνικών και αιγυπτιακών διηγήσεων για τη χαμένη ήπειρο της Ατλαντίδας.[78] Το άρθρο του Frost στους *Times* πέρασε απαρατήρητο και, μολονότι δημοσίευσε μια πιο διεξοδική εκδοχή για τους μελετητές, χάθηκε στον Μεγάλο Πόλεμο και κανείς δεν έμεινε να υπερασπιστεί τη θεωρία του. Ο Έβανς, εξετάζοντας την κεραμική που βρέθηκε από προηγούμενους ερευνητές στη Σαντορίνη, επεσήμανε ότι, αν και είχε κατασκευαστεί κάτω από ισχυρή κρητική επίδραση και περιλάμβανε ακόμη και κομμάτια κρητικής κατασκευής, ήταν μεταγενέστερης τεχνοτροπίας από εκείνη που υπήρχε στις «αποθέσεις από τον σεισμό» που είχε βρει στην Κνωσό. Ανήκαν, συνεπώς, σε «μεταγενέστερη κεραμική φάση από εκείνη που αντιπροσώπευαν οι επιχώσεις στα σπίτια της Κνωσού».[79] Έτσι, ο Έβανς απέρριψε τη διασύνδεση της Κρήτης με την Ατλαντίδα.

Κοντά στην Οικία των Θυσιασμένων Βοδιών, όπως έγινε γνωστό το κατεστραμμένο κτίσμα, οι εργάτες κατέβηκαν σκάβοντας σε μεγάλη νεκρική κρύπτη, σε βάθος περίπου δέκα μέτρων κάτω από τη γωνία του Ανακτόρου. «Εδώ, δεν υπήρχαν ίχνη ανθρώπινης παρουσίας», ανέφερε ο Έβανς στους *Times*, «αλλά στη νότια πλευρά εμφανίστηκε το άνοιγμα τεχνητού σπηλαίου, με τρία ακανόνιστα σκαλοπάτια που οδηγούσαν σε κάτι που μόνο σαν φωλιά κατάλληλη για κάποιο μεγάλο θηρίο μπορεί να περιγραφεί», αστειεύτηκε, προσθέτοντας πως «εδώ, όμως, είναι καλύτερα η φαντασία να χαλιναγωγηθεί». Ωστόσο, ο Έβανς άφησε τη φαντασία του να περιπλανηθεί μακρύτερα, όταν απευθύνθηκε στους Αρχαιοφίλους στο Λονδίνο, όπου επέστρεψε τον Ιούλιο: «Είναι πιθανό να φυλάγονταν λιοντάρια ... για επίδειξη [στην Κνωσό];» ρώτησε τους πολυμαθείς συναδέλφους του. Ο Έβανς ήταν βέβαιος ότι είχε βρει τη φωλιά ενός τέρατος και μόνο ένα τέρας συνδεόταν με τον Λαβύρινθο της Κνωσού: «Οι παραδόσεις για τέτοια χρήση, χωρίς αμφιβολία και με άλλες ακόμη προσθήκες», δήλωσε, «συνέβαλαν πιθανότατα στη γέννηση μεταγενέστερων διηγήσεων για τον Μινώταυρο, που στοίχειωσαν την τοποθεσία κατά τους ιστορικούς χρόνους».[80]

❖

Ένα διαφορετικό τέρας σήκωσε σύντομα το αποκρουστικό του κεφάλι στο Αιγαίο. Ελληνικά στρατεύματα αποβιβάστηκαν στο Ιζμίρ, την αρχαία Σμύρνη, στην τουρκική ακτή του Αιγαίου τον Μάιο του 1919 και αξίωσαν τα εδάφη που είχαν υποσχεθεί οι Σύμμαχοι, οι οποίοι είχαν καταλάβει την Κωνσταντινούπολη. Την ίδια στιγμή, ο Τούρκος ήρωας του πολέμου στρατηγός Μουσταφά Κεμάλ (Ατατούρκ)* αποβιβάστηκε στη Σαμψούντα, στη Μαύρη Θάλασσα, και ξεκίνησε την επανάσταση εναντίον του Σουλτάνου, που οδήγησε στη δημιουργία της σύγχρονης Τουρκικής Δημοκρατίας. Οι εθνικιστές του Ατατούρκ επιτέθηκαν στη Σμύρνη τον Αύγουστο του 1922 και πυρπόλησαν την πόλη, με αποτέλεσμα την εσπευσμένη εκκένωσή της από τις ελληνικές δυνάμεις, τις οποίες σύντομα ακολούθησαν ενάμισι εκατομμύριο πρόσφυγες: αυτό άλλαξε εντελώς την πολιτιστική σύνθεση της σύγχρονης Ελλάδας. Η Μικρασιατική Καταστροφή του 1922, όπως ονομάστηκε η ήττα στην Ελλάδα, ολοκληρώθηκε τον Ιανουάριο του 1923, με την υπογραφή της Συνθήκης της Λωζάνης, με την οποία επιβλήθηκε η ανταλλαγή των πληθυσμών. Στην Κρήτη κατέφθασαν περίπου τριάντα χιλιάδες Χριστιανοί από την Τουρκία για να πάρουν τη θέση και την περιουσία τριάντα χιλιάδων Μουσουλμάνων, που αναγκάστηκαν να εγκαταλείψουν τα σπίτια τους. Ένας από αυτούς που ενέπιπταν στη ρύθμιση ήταν κι ο Αλή Αγάς. Ο Έβανς και ο Mackenzie αγωνίστηκαν να τον κρατήσουν χωρίς να θιγεί η περιουσία του, αλλά οι διαμαρτυρίες τους στη Βρετανική Πρεσβεία έφεραν μόνο μερική νίκη: του επετράπη να μείνει στην Κρήτη, αλλά έχασε όλη τη γη του και λίγα χρόνια αργότερα πέθανε.

Ο Έβανς και ο Mackenzie επέστρεψαν στην Κρήτη για τέσσερις μήνες ανασκαφής και εξερεύνησης την άνοιξη και το καλοκαίρι του 1923. Ο Αλή Αγάς είχε αντικατα-

* Πατέρας των Τούρκων. (Σ.τ.Ε.)

σταθεί στον χώρο της ανασκαφής από τον Μανώλη, τον «Γερόλυκο» του Έβανς, ο οποίος, όπως αναφέρουν οι μεταγενέστεροι, ήξερε «τόσο πολλά για την αρχαιολογία όσα και ο ίδιος ο Έβανς», χάρη στη στενή επαφή του με την Κνωσό από τις πρώτες πρώτες ανασκαφές.[81]

Ξεκίνησαν την περίοδο με τη συνέχιση της εξερεύνησης της «Φωλιάς του Μινώταυρου», που τώρα ταύτιζαν με υπόγειο λατομείο, και των γειτονικών πλαγιών στη νότια πλευρά του Ανακτόρου, που έδωσαν στοιχεία αρχαίου δρόμου ο οποίος έφτανε κοντά στη Νότια Πρόπυλο. Αλλά η περαιτέρω έρευνα εκεί σταμάτησε σύντομα και όλη η επακόλουθη εργασία στο πεδίο αναδρομολογήθηκε προς νέα περιοχή, εξαιτίας της απροσδόκητης ανακάλυψης μεγάλου «σωρού» από κομμάτια νωπογραφίας, αρκετών για να γεμίσουν περισσότερους από ογδόντα ξύλινους δίσκους μήκους ενός μέτρου, που βρέθηκαν με ασυνήθιστο τρόπο. Ο Piet de Jong θυμόταν:

> Ο σερ Άρθουρ έγινε έξω φρενών όταν έμαθε ότι κάποιος είχε αποφασίσει να κτίσει ταβέρνα κοντά στην είσοδο της ανασκαφής, κοντά στο σπίτι του Δαβίδ. Είχε, δυστυχώς γι' αυτόν, τοποθετήσει αρκετούς τόνους κεραμίδια και τούβλα στη νότια πλευρά του μικρού μονοπατιού, ενώ η δική του περιοχή ήταν βόρεια, σε γη που ο σερ Άρθουρ δεν είχε καταφέρει να αγοράσει. Αυτός αμέσως είπε σε όλους τους εργάτες να σταματήσουν την ανασκαφή και τους έβαλε να μεταφέρουν τα υλικά στην ταβέρνα για «ασφάλεια», όπως είπε. Κατόπιν την κλείδωσε και ύψωσε τη βρετανική σημαία. Ταυτόχρονα, ξεκίνησε ανασκαφές στη γη του ανθρώπου με το σύστημα του στοιχήματος. Βρήκε τις τοιχογραφίες και την τοποθεσία που τώρα είναι γνωστή ως Οικία των Τοιχογραφιών. Έτσι

μπορούσε βέβαια να δημεύσει τη γη ή να την αγοράσει σε πολύ χαμηλή τιμή.

Η Οικία των Τοιχογραφιών έδωσε υπέροχες τοιχογραφίες «άγριας φύσης», ανέφερε ο Έβανς, «όπου εδώ κι εκεί εμφανίζονται γαλάζια πουλιά, μέσα σε μια ερημιά από αλλόκοτους βράχους, σκεπασμένους με λουλούδια και αναρριχητικά φυτά». Ειδικά ένα είδος τον εξέπληξε, και ενθουσιασμένος ανέφερε ότι αναγνώρισε «πιθήκους του γένους *cercopithicus*, που δεν απαντούν βορειότερα του Σουδάν», να απεικονίζονται τόσο ζωντανά, που είχε την αίσθηση πως ο καλλιτέχνης πρέπει να τους είχε μελετήσει από πρώτο χέρι. Εξίσου εντυπωσιασμένος ήταν και ο de Jong, ο οποίος χρησιμοποίησε τον μικρό γαλάζιο πίθηκο των μινωικών τοιχογραφιών ως θέμα για να φτιάξει την περιπαικτική καρικατούρα του Έβανς, ανακαλώντας στη μνήμη του τις γεμάτες προφύλαξη αναφορές του Mackenzie για τον εργοδότη του ως «εκείνη η μαϊμού».[82]

Ο Έβανς επιδαψίλευσε την ετήσια συνάντηση της Βρετανικής Εταιρείας το φθινόπωρο με τα νέα του δείγματα μινωικής τέχνης και σκιαγράφησε τις ιδέες του για την Κρήτη ως ακρογωνιαίο λίθο του πρώιμου πολιτισμού. Ισχυρίστηκε, επίσης, ότι εμπορικές διασυνδέσεις με την Αφρική θα μπορούσαν να βρεθούν στο σημείο όπου ο δρόμος τον οποίο είχε ανακαλύψει, οδηγώντας νότια του Ανακτόρου, κατέληγε στη Μεσαρά και υποσχέθηκε να ερευνήσει περισσότερο.

Ο Έβανς ήταν συνεπαρμένος με το έργο του και δεν έδειχνε να επιβραδύνει τους ρυθμούς ανασκαφής και εξερεύνησης της Κρήτης, έτσι οι συνάδελφοί του πρέπει να εξεπλάγησαν όταν οι *Times* της 5ης Φεβρουαρίου του

1924 ανακοίνωσαν την απίστευτη είδηση ότι παρέδιδε το κτήμα του στην Κνωσό, που περιλάμβανε το Ανάκτορο, τη Βίλα Αριάδνη και αμπέλια, στη Βρετανική Αρχαιολογική Σχολή Αθηνών. «Η ιδέα μου είναι το κτήμα να στεγάσει τη Βρετανική Αρχαιολογική Σχολή στην Ελλάδα και η Βίλα να γίνει τόπος μελέτης για τους σπουδαστές της Σχολής», είπε ο Έβανς στους δημοσιογράφους. «Έχουν ανακαλυφτεί τόσο πολλά τον τελευταίο καιρό, που είναι βασικό για τους σπουδαστές να περνούν πότε πότε λίγες εβδομάδες στο νησί. Πιστεύω πως υπάρχει τεράστιο πεδίο έρευνας για τα επόμενα 100 χρόνια στην Κρήτη και ότι βρισκόμαστε στην αρχή μιας νέας εποχής ανακαλύψεων εκεί».[83] Η ίδια εφημερίδα περιλάμβανε επιστολή του Macmillan που αναφερόταν στο «Μεγαλείο του Έβανς»: «Το όνομα του Άρθουρ Έβανς θα στέκεται για πάντα ψηλά στον κατάλογο των ευεργετών της Σχολής, καθώς και σε εκείνον των μεγαλύτερων Βρετανών μελετητών και εξερευνητών».[84] Όπως είδαμε, ένας από τους σημαντικότερους παράγοντες που συνέβαλε ώστε ο Έβανς να αποκτήσει περισσότερα δικαιώματα στους Μινωίτες από αυτά που όλοι οι αρχαιολόγοι αισθάνονται για εκείνες τις όψεις του παρελθόντος στις οποίες αφιερώνουν τη ζωή τους, ήταν η πρόσθετη διάσταση της ιδιοκτησίας. Και τώρα, ξαφνικά, την παραχωρούσε.

Ο πραγματικός ίσως λόγος της γενναιοδωρίας του διαφάνηκε στους τρίτους την επόμενη μέρα. Οι ανακοινώσεις Τύπου της 5ης Φεβρουαρίου σκόπευαν να κυκλοφορήσουν την ίδια μέρα που ο Έβανς εμφανίστηκε στο Αυτόφωρο της οδού Marlborough μαζί με τον George Cook, έναν δεκαεπτάχρονο «γυρολόγο» (κάποιον που πουλά οτιδήποτε για να βγάλει κάποια χρήματα), όπως αναφέρθηκε σε μικρή ανακοίνωση στους *Times* της 6ης Φεβρουαρίου, ο οποίος έδωσε ως διεύθυνσή του τη Χ.Α.Ν. στο Waterloo. Το ζευγάρι «είχε παραπεμφθεί σε νέα δίκη με την κατηγορία τής από κοινού προσβολής της δημοσίας αιδούς στο Hyde Park, το βράδυ της 29ης Ιανουαρίου». Ο δικηγόρος του Έβανς δήλωσε πως και οι δύο κατηγορούμενοι «αρνούνταν κάποια από τα περιστατικά που κατέθεσε η Αστυνομία, η οποία πιθανόν δεν γνώριζε το αδιαφιλονίκητο γεγονός ότι ο μεγαλύτερος από τους κατηγορουμένους έπασχε από "νυχτερινή τύφλωση" και έπρεπε να τον καθοδηγούν». Ωστόσο, παραδεχόταν ότι μπορεί να είχε διαπραχθεί κάποια προσβολή, πρότεινε η υπόθεση να μη διερευνηθεί περαιτέρω και δεν κάλεσε μάρτυρες. Ο δικαστής αισθανόταν πως «όσο λιγότερα έλεγε γι' αυτήν την υπόθεση, τόσο καλύτερα» και «τα στοιχεία τον έπειθαν, πέρα από κάθε αμφιβολία, ότι υπήρχε παράβαση». Στον Έβανς επιβλήθηκε πρόστιμο 5 λιρών και τα δικαστικά έξοδα. Το αγόρι το διέταξαν να μείνει έξω από την περιοχή του Λονδίνου για δώδεκα μήνες, πιθανώς για να μην μπορέσει να μιλήσει στον Τύπο. Η ευεργεσία του Έβανς προς την πολιτεία ήταν, πιστεύω, δημόσια πράξη μετάνοιας και ίσως να έγινε μετά από σύσταση του νομικού του συμβούλου.

Αυτή είναι η πρώτη συγκεκριμένη ένδειξη που περιέχει η βιογραφία του, ότι ο Έβανς είχε σωματική σχέση με νεαρό άνδρα. Ίσως να ήταν η πρώτη φορά και το έκανε αδέξια, ή ίσως ήταν κάτι που έκανε συχνά όταν βρισκόταν στο Λονδίνο κι εκείνη να ήταν η πρώτη φορά που τον έπιασαν. Ούτως ή άλλως έδειχνε πως ο Έβανς, εβδομήντα τριών ετών πια, έχανε τον έλεγχο της ιδιωτικής του ζωής. Μπορεί να ήταν και θέμα της γενικότερης συμπεριφοράς του: είτε είχε χαλαρώσει τις προφυλάξεις του, είτε είχε χάσει τον έλεγχό τους.

Τον Ιανουάριο, οι εφημερίδες ήταν γεμάτες με φωτογραφίες των θαυμαστών ευρημάτων του Howard Carter από τον τάφο του Τουταγχαμών, στην Κοιλάδα των Βασιλέων στην Αίγυπτο. Δεν περνούσε μέρα χωρίς καινούργια ανακάλυψη, ενώ ο Carter κρατούσε με θεατρικό τρόπο το ξετύλιγμα της μούμιας του νεαρού Φαραώ για το μεγάλο φινάλε της λαμπρής ανακάλυψης που είχε κάνει τον προηγούμενο χρόνο. Κατόπιν, στις 19 Ιανουαρίου, ο Leonard Woolley ανακοίνωσε την ανακάλυψη της Ουρ των Χαλδαίων, της μεγάλης σουμεριακής πόλης της Βίβλου, με φωτογραφίες εξαιρετικών κοσμημάτων και χρυσών αγαλμάτων με ένθετους ημιπολύτιμους λίθους.[85] Ο Έβανς ένιωθε πως τον είχαν αφήσει πολύ πίσω και οπωσδήποτε ζήλευε, όπως έδειξε η ανακοίνωσή του στο Βασιλικό Ίδρυμα στις 8 Φεβρουαρίου, με τίτλο «Πρόσφατο φως πάνω στη Μινωική Τέχνη της Κρήτης». Ξεκίνησε δίνοντας έμφαση στην κοινή λιβυκή καταγωγή Αιγυπτίων και Κρητών, που συνδέονταν στενά καθόλη τη διάρκεια της ιστορίας τους. Στη συνέχεια, όμως, έκανε κριτική στην προβλεψιμότητα της αιγυπτιακής τέχνης, σε μια προσπάθεια να μειώσει την επιτυχία του Carter, θέτοντας το ερώτημα: «Πόσους από τους ανεξάντλητους θησαυρούς του Τάφου του Τουταγχαμών δεν θα μπορούσε να απεικονίσει εκ των προτέρων ένας ικανός αιγυπτιολόγος;» Κι αυτό το αντιπαρέβαλε με την ενθουσιώδη πρόβλεψη ότι «αν ήταν να ανακαλυφτεί ανέπαφος Βασιλικός Τάφος των μεγάλων ημερών της Κνωσού, ποιος θα τολμούσε να προβλέψει τις καλλιτεχνικές αποκαλύψεις που μπορούσαν να έρθουν στο φως!» Κατόπιν, ως πρόγευση, ο Έβανς πρόβαλε διαφάνειες του «φημισμένου ελεφαντοστέινου αγαλματιδίου της Θεάς, που τώρα βρίσκεται στη Βοστόνη, τόσο μοντέρνου στην έκφρασή του που πολλοί», παραδέχτηκε, «αμφέβαλλαν για τη γνησιότητά του», όμως μετά έδειξε διαφάνειες «μορφής παιδικής θεότητας, προφανώς από το ίδιο χέρι και αναμφισβήτητα γνήσιου, που φαίνεται να λατρεύει τη Θεά Μητέρα του». Αυτή ήταν η πρώτη δημόσια αποκάλυψη του πιο πρόσφατου αποκτήματός του, ενός αγαλματιδίου από ελεφαντοστό το οποίο, όπως υποστήριξε, «έδειχνε ευαίσθητη και αισθαντική εκτέλεση, που θα ταίριαζε πιο πολύ στον Λεονάρντο παρά σε οποιοδήποτε αρχαίο πρότυπο».[86]

Η «Θεά της Βοστόνης» ήταν το πρώτο δείγμα από μια δωδεκάδα μινωικών μορφών από ελεφαντοστό, που εμφανίστηκαν στη διάρκεια του πολέμου και ύστερα. Πρόσφατες έρευνες αμφισβήτησαν σοβαρά τη γνησιότητα των περισσοτέρων, αν όχι όλων, αγαλματιδίων από ελεφαντοστό που εμφανίστηκαν στην αγορά των έργων τέχνης, καθώς οι ένοχοι ήταν γνωστοί σε πολλούς αρχαιολόγους, συμπεριλαμβανομένου του Έβανς.[87] Ο Woolley διηγείται πως όταν έμενε στη Βίλα Αριάδνη, τους κάλεσε η Αστυνομία: «Ο Έβανς είχε προσλάβει εδώ και χρόνια δυο Έλληνες για να αποκαταστήσουν τις αρχαιότητες που είχε βρει. Ήταν εξαιρετικά έξυπνοι άνθρωποι, ένας ηλικιωμένος και ένας νεαρός, τους είχε εκπαιδεύσει, δούλευαν υπό την επίβλεψη του καλλιτέχνη που είχε προσλάβει εκεί* και είχαν κάνει θαυμάσιες αποκαταστάσεις για λογαριασμό του. Μετά, ο ηλικιωμένος αρρώστησε και ο γιατρός τού είπε πως επρόκειτο να πεθάνει». Ο άνθρωπος

* Εννοεί τον Gilliéron. (Σ.τ.Ε.)

ζήτησε έναν αστυνομικό, και όχι γιατρό, επειδή ήθελε να ομολογήσει ότι επί χρόνια, μαζί με τον νεαρό συνάδελφό του, τον Γιώργο Αντωνίου, έφτιαχναν πλαστές αρχαιότητες. Η Αστυνομία κάλεσε τον Έβανς και τον Mackenzie, οι οποίοι προσκάλεσαν τον Woolley να πάει μαζί τους για να επιθεωρήσουν το μέρος:

> Ποτέ δεν είδα τόσο υπέροχη συλλογή πλαστών αντικειμένων, όπως αυτή που είχαν δημιουργήσει εκείνοι οι άνθρωποι. Υπήρχαν πράγματα σε κάθε στάδιο κατασκευής. Για παράδειγμα, ο κόσμος είχε πρόσφατα μείνει ενεός με τα αποκαλούμενα χρυσελεφάντινα αγαλματίδια από την Κρήτη, αγαλματίδια δηλαδή από ελεφαντόδοντο, ποικιλμένα με χρυσό – υπάρχει ένα στο Μουσείο της Βοστόνης, ένα στο Καίμπριτζ και ένα στο Κρητικό Μουσείο της Κάντια. Οι άνθρωποι αυτοί ήταν αποφασισμένοι να φτιάξουν κάτι τέτοιο και είχαν μαζέψει εκεί ό,τι χρειαζόταν, ξεκινώντας από τον ακατέργαστο χαυλιόδοντα, σμίλευαν στη συνέχεια χοντροκομμένα τη μορφή, έκαναν όμορφα το φινίρισμα και τη δούλευαν με τον χρυσό. Κατόπιν, την έβαζαν σε οξύ, που έτρωγε τα μαλακά μέρη του ελεφαντόδοντου, σαν να ήταν θαμμένη για αιώνες.* Και κανείς δεν μπορούσε να διακρίνει τη διαφορά! «Δεν θα αγοράσω ποτέ αρχαίο ελληνικό αντικείμενο», είπα στον Έβανς. «Λοιπόν, ακόμη κι εγώ έχω αρχίσει τώρα να αμφιβάλλω», μου απάντησε, και ήταν θαυμάσιος κριτής.[88]

---

* Παραλλαγή της τεχνικής του οξέως ήταν η ταφή των «αρχαιοτήτων» που είχαν μόλις κατασκευαστεί σε τμήμα του κήπου, όπου στη συνέχεια όλα τα μέλη του νοικοκυριού έπρεπε να ουρούν, «συμβάλλοντας με τον τρόπο αυτόν στην οικογενειακή επιχείρηση». Μου το διηγήθηκε ο Βαγγέλης Κυριακίδης στο Ηράκλειο, που το άκουσε από τον παππού του. (Σ.τ.Σ.)

Οι άνθρωποι είχαν δουλέψει για τον Gilliéron, κι έτσι ήταν πολύ καλά εξοικειωμένοι με την πολυπλοκότητα της μινωικής τέχνης και με την αναπαραγωγή της. Πράγματι, ο Gilliéron, που τώρα συνεργαζόταν με τον γιο του (ο οποίος επίσης ονομαζόταν Emile), κέρδιζε πολλά χρήματα πουλώντας «αντίγραφα μουσείου» από μινωικά και μυκηναϊκά μεταλλικά και ελεφαντοστέινα αντικείμενα, με ειδικότητα στα χρυσά κοσμήματα. Το περίεργο είναι ότι ενώ ο Έβανς ήταν πράγματι ο θαυμάσιος κριτής που έλεγε ο Woolley, επέμενε έκτοτε να περιλαμβάνει πολλά, προφανώς σύγχρονα κομμάτια, στην ανάπλαση του παρελθόντος και τα χρησιμοποιούσε για να υποστηρίξει τα επιχειρήματά του για τη μινωική θρησκεία.

Ο Karo στα απομνημονεύματά του, που εκδόθηκαν μετά τον θάνατο του Έβανς, θυμόταν ότι ο Gilliéron του είχε προσφέρει τη «Θεά της Βοστόνης» το 1914, αλλά εκείνος είχε αρνηθεί. Ο Karo προσέθετε:

> Τα χρυσά και τα πλούσια στολισμένα με χρυσό ελεφαντοστέινα αγαλματίδια «από την Κρήτη» ήρθαν για πρώτη φορά στο φως μόλις στα 1915-1918, που ήταν χρόνια πολέμου. Αυτά τα δεξιοτεχνικά καμωμένα έργα έπρεπε πάντοτε να ταιριάζουν απόλυτα με τα αποτελέσματα της έρευνας του Έβανς σε σχέση με τη μινωική θρησκεία. Κι εκείνος δεν είχε καμιά αμφιβολία για τη γνησιότητά τους επειδή, όπως μου έγραψε κάποτε, κανείς ακόμη δεν γνώριζε τα αδημοσίευτα αποτελέσματα. Το γεγονός ότι εκείνοι στους οποίους πρέπει να είχε παρουσιάσει κάποια από τα αποτελέσματα θα ξεπλήρωναν την εύνοιά του για πολλά χρόνια με τέτοιο τρόπο, ήταν για έναν άνθρωπο του χαρακτήρα του εντελώς ακατανόητο. Και οι επιτυχείς προσπάθειες του Σπυρίδωνα Μαρινάτου, όταν ήταν

Έφορος Κρήτης, να ξεσκεπάσει τα μικρά ψάρια, τους χρυσοχόους, δηλαδή, που έφτιαχναν πλαστές αρχαιότητες επί παραγγελία, δεν έφτασαν στους ανθρώπους που δούλευαν στο παρασκήνιο.[89]

Όλες οι υποψίες έπεσαν στον Gilliéron και στους βοηθούς του, όμως λίγοι ύψωσαν τη φωνή τους, από σεβασμό προς τον διαπρεπή εργοδότη τους. Για μια ακόμη φορά αναρωτιέται κανείς αν όλα αυτά ήταν μέρος της ευρύτερης εικόνας ενός Έβανς ο οποίος σιγά σιγά έχανε την επαφή με την κριτική του ικανότητα και δεν ήταν σε θέση να ξεχωρίσει το γεγονός από τον μύθο ή τη ζωή από τη φαντασία.

Φθίνουσα πορεία ακολουθούσε, πιστεύω, και η προθυμία του Έβανς να υποστηρίξει νέους μελετητές, εκτός βέβαια αν προσυπέγραφαν τις απόψεις του. «Το σκάψιμο τελείωσε για μένα», έγραφε απελπισμένος ο Wace στον Blegen τον Απρίλιο του 1924. «Ούτε οι Macmillan και Σία (ούτε, φοβάμαι, ο Α. Τ. Ε.*) θα μου επιτρέψουν να σκάψω ξανά!» Η άρνηση του Wace να υποχωρήσει στην επιχειρηματολογία του Έβανς για τη χρονολόγηση των κυριότερων αρχιτεκτονικών μνημείων στις Μυκήνες, έστρεψε τελικά τον Έβανς εναντίον του. Αυτό που είχε αρχίσει ως ακαδημαϊκή διαφωνία πήρε πολύ χειρότερη μορφή όταν ο Έβανς και ο Mackenzie συνειδητοποίησαν ότι δεν μπορούσαν με το «έτσι θέλω» να κάνουν τους «ελλαδικούς αιρετικούς» να αλλάξουν γνώμη. Το καλοκαίρι του 1923, ο Mackenzie και ο Έβανς δεν είχαν κόψει την καλημέρα με τον Wace, όπως ανέφερε ο Blegen, με πιο ανά-

* Ενν. Άρθουρ Τζων Έβανς. (Σ.τ.Ε.)

λαφρη διάθεση, σε επιστολές προς την αρραβωνιαστικιά του. Ο Mackenzie είχε φτάσει στην Αθήνα στα τέλη Μαρτίου πριν από τον Έβανς και ο Wace με τον Blegen τον πήγαν να δει τα σχέδια των Μυκηνών στην Αμερικανική Σχολή, απέναντι από τη Βρετανική Αρχαιολογική Σχολή. «Ο γερο-Duncan φαινόταν να νομίζει πως βρισκόταν σε επικίνδυνο μέρος, στη μέση του εχθρικού στρατοπέδου. Ήταν πιο ντροπαλός και φοβισμένος από συνήθως, και αντιδρούσε με τη χαρακτηριστική επιφυλακτικότητα και καχυποψία του πανούργου ορεσίβιου», ανέφερε εύθυμα ο Blegen, προσθέτοντας: «Ξέρεις, (σύμφωνα με τον Seager) ο Duncan νομίζει (ή νόμιζε) πως είμαι ο διεφθαρμένος παλιάνθρωπος του παρασκηνίου, που ξεσηκώνει και ενθαρρύνει τον Wace να διατυπώνει όλες αυτές τις αιρετικές απόψεις για τη μυκηναϊκή χρονολόγηση!» Όμως η ειλικρινής αυστηρή προσήλωση του Mackenzie στην κατά το αφεντικό του ανάπλαση της Ιστορίας δεν άφηνε κανένα περιθώριο για διάλογο. «Περιττό να πω πως η συζήτηση δεν κατέληξε σε συμπέρασμα», έλεγε στενοχωρημένος ο Blegen.

> Ο Mackenzie ταράχτηκε απερίγραπτα με τη μεταγενέστερη περίοδο (Ύστερη Ελλαδική ΙΙΙ) στην οποία τοποθετεί ο Wace την εστία του Μεγάρου στις Μυκήνες και η παρατήρησή του γι' αυτό ήταν μάλλον καλή. «Αν είναι δυνατόν», είπε. «Εμείς δεν μπορούμε ποτέ να το δεχτούμε αυτό. Είμαστε εντελώς πεπεισμένοι πως χρονολογείται στην ΥΜ Ι. Είναι ολοκάθαρο. Το λέει στο βιβλίο». (Με το «εμείς» εννοεί τον Mackenzie και τον σερ Άρθουρ Έβανς και το βιβλίο είναι το *Palace of Minos*). Αυτό είναι χαρακτηριστικό και για τη στάση του σε πολλά σημεία.

Ο Έβανς εμφανίστηκε μια εβδομάδα αργότερα και ο Blegen παρατήρησε τη φθίνουσα ανοχή του όταν ήρθε η ώρα να συζητήσει τις νέες ιδέες τους. «Φαίνεται πως ο Έβανς, με την ενθάρρυνση του Mackenzie, διαφωνεί ριζικά με πολλές από τις βασικές θεωρίες μας για τη χρονολόγηση των πραγμάτων στις Μυκήνες, αν και πέρυσι φαινόταν πολύ λογικός και νομίσαμε πως είχε δεχτεί τις περισσότερες από αυτές». Παρ' όλα αυτά ο Blegen ένιωθε πως «είναι ένα γοητευτικό γέρικο παιδί και τον συμπαθώ πάρα πολύ. Νομίζω πως θα χαιρόταν ιδιαίτερα αν ο Wace κι εγώ εγκαταλείπαμε το μυκηναϊκό πεδίο με τις δυσκολίες και τους κινδύνους του, και αντί γι' αυτό αναλαμβάναμε τη Νεολιθική, ή τουλάχιστον τις Πρώιμες Ελλαδικές περιόδους, που είναι βέβαιο πως δεν έχουν σχέση με την Κρήτη και στις οποίες οι αιρετικές απόψεις είναι συγκριτικά ακίνδυνες!»

Ωστόσο, έναν χρόνο αργότερα, η διαφωνία είχε εξελιχτεί σε οργισμένη βεντέτα, στο πλαίσιο της οποίας ο Έβανς επιτέθηκε δημόσια, μέσω των *Times*, στις ανασκαφικές μεθόδους του Wace και αναφέρθηκε ιδιωτικά σε αυτόν ότι έγραφε «μάλλον σαν στρεψόδικος δικηγορίσκος παρά σαν κριτικός ερευνητής», κάνοντας «τα πάντα να ταιριάζουν σε προκατασκευασμένη και απίθανη θεωρία».[90] «Ξέρεις ότι ο γερο-Foxy είχε δηλώσει, πριν από πολλά χρόνια, ότι ο Α.Τ.Ε. [Άρθουρ Τζων Έβανς] ζηλεύει τις Μυκήνες», εκμυστηρεύθηκε ο Wace στον Blegen. «Χωρίς να το θέλω, αρχίζω να το πιστεύω». Foxy ήταν το δημοφιλές παρατσούκλι του Edgar John Forsdyke, επιμελητή των Ελληνικών και Ρωμαϊκών Αρχαιοτήτων στο Βρετανικό Μουσείο που, ως απόφοιτος του Keble College της Οξφόρδης, ήταν αφοσιωμένος στην «Παν-Μινωική Σχολή» του Έβανς.[91] Ίσως η ζήλια και η οργή του Έβανς κορυφώθηκαν πάλι επειδή ζητήθηκε από τον Wace να γράψει το λήμμα για τους πολιτισμούς του Αιγαίου στο *Cambridge Ancient History*, όπου με τόλμη δήλωσε: «Το σίγουρο είναι πως η Κρήτη, στην αρχή της δεύτερης κορύφωσης του πολιτισμού της, την Εποχή του Χαλκού, ήταν τόσο ανώτερη σε όλες τις τέχνες και τις τεχνικές, που αναπόφευκτο αποτέλεσμα ήταν να κυριαρχεί σε όλους τους γείτονές της. Θα ήταν πολύ τολμηρός εκείνος που θα προφήτευε ότι, πριν από το τέλος της Εποχής του Χαλκού, το νεότευκτο οχυρό των Μυκηνών θα επισκίαζε τη δύναμη και τα πλούτη της Κνωσού».[92]

Σε πολλούς κλάδους είναι δύσκολο για φτασμένους επιστήμονες με ισχυρό χαρακτήρα να ανεχτούν νεότερους μελετητές που απειλούν να ανατρέψουν τις ιδέες τους, ξεχνώντας ότι κάποτε ήταν και οι ίδιοι νέοι και επαναστάτες. Ο Έβανς υποστήριζε τη διάδοχη γενιά μόνο εφόσον βάδιζε στη γραμμή του. Όταν ο Wace αρνήθηκε να προσυπογράψει την ιστορία που επιθυμούσε ο Έβανς, εκείνος έκανε ό,τι περνούσε από το χέρι του για να τον παραμερίσει, και η δύναμή του ήταν μεγάλη. Η διευθύνουσα επιτροπή της Βρετανικής Αρχαιολογικής Σχολής αποφάσισε, το 1923, να μην ανανεώσει τη διευθυντική θέση του Wace κι εκείνος έφυγε από την Ελλάδα ψάχνοντας για δουλειά. Το 1924 έγινε βοηθός επιμελητή, αρμόδιος για τα υφάσματα, στο Μουσείο Victoria and Albert του Λονδίνου. Συνέχισε να εκθέτει τις απόψεις του για την προελληνική ελληνική αρχαιολογία και ο Έβανς συνέχισε να τις πολεμά. Όμως ο Wace δεν επέστρεψε για ανασκαφές στην Ελλάδα, παρά μόνο μετά τον θάνατο του Έβανς.

Ένας Ιούλιος Βερν της αρχαιολογίας

Ο Έβανς και ο Mackenzie γύρισαν τον Μάιο του 1924 επικεφαλής πλήθους εργατών, γυρεύοντας τις πρώτες ενδείξεις ενός πλακοστρωμένου δρόμου που οδηγούσε από την Κνωσό προς τον νότο. Στις αρχές Ιουνίου, ο Έβανς έστειλε τηλεγράφημα στους *Times* για να αναφέρει ότι είχε βρει «την πιο εντυπωσιακή κατασκευή που είχε έρθει στο φως μέχρι τότε στην Κρήτη».[93] Κάτω από πυκνή πρόσχωση του ποταμού Βλυχάδες, που περιζώνει τη νότια πλευρά του λόφου του Ανακτόρου, ο Έβανς βρήκε τις πελώριες, χοντροπελεκημένες βάσεις μιας γέφυρας και ενός προγεφυρώματος από γαλάζιο ασβεστόλιθο. Σε μια ευφάνταστη καλλιτεχνική αναπαράσταση, τις ανέπλασε ως μεγάλη γέφυρα πάνω από το ποτάμι. Αυτό τον έπεισε ότι η κύρια είσοδος προς το Ανάκτορο, που δεν είχε βρει προς βορρά ή προς δυσμάς, πρέπει να ήταν στη νότια πλευρά, όπου η διάβρωση είχε παρασύρει κάθε ίχνος της στο ποτάμι. Υποκινημένος από αυτήν τη μεγάλη ιδέα, ο Έβανς οργάνωσε σειρά από μεγάλες αποστολές στα ενδεχόμενα λιμάνια, στα νότια του νησιού. Ο Piet de Jong θυμόταν:

> Εκείνες τις μέρες οι εκδρομές μας γίνονταν πάνω σε άλογα και μουλάρια και πάντοτε με κάθε ευκολία. Ο σερ Άρθουρ πάντοτε επικεφαλής, ακολουθούμενος από μένα, επειδή ο Mackenzie δεν ήθελε να είναι πολύ κοντά στον τόσο οξύθυμο και απρόβλεπτο σερ Άρθουρ και να είναι αναγκασμένος να του μιλά. Έτσι, ακολουθούσε πάντοτε εμένα. Εγώ ήμουν η ουδέτερη ζώνη. Τον Mackenzie

> ακολουθούσε πιο ευχάριστη συντροφιά, όμως πάντοτε με την ίδια διάταξη. Ο Μανωλάκης, μετά ο Χρόνης που φρόντιζε τα ζώα, ο οικονόμος ο Κωστής, ο Χασάν ο βοηθός του και τελευταίος ένας γάιδαρος που κουβαλούσε δείγματα κρασιών καθώς προχωρούσαμε.[94]

Ο Έβανς κατέγραψε τις διαδρομές για τους *Times* και τα τηλεγραφήματά του έμοιαζαν με εκείνα που περιέγραφαν τα ταξίδια που είχε κάνει με τον Myres πριν από τριάντα χρόνια, αλλά με διαφορετική συγκίνηση. Το δέος και οι υποθέσεις των παλαιών αναφορών είχαν αντικατασταθεί με την αυτοπεποίθηση που του έδινε η τεράστια εμπειρία του στις κρητικές αρχαιότητες όλων των περιόδων, σε συνδυασμό με τα «γατίσια μάτια του αρχιεργάτη μου Μανωλάκη, που δεν του ξεφεύγει τίποτε το μινωικό». Υπήρχε όμως ακόμη περιθώριο για περιπέτειες. Στους Καλούς Λιμένες, όπου κατά την Καινή Διαθήκη ο Απόστολος Παύλος καθυστέρησε από την κακοκαιρία, ο Έβανς παρατήρησε πως «η ακτή ήταν διάσπαρτη με θραύσματα ρωμαϊκών αγγείων κρασιού, που ίσως να είχε προκαλέσει μεγάλο κέφι στο πλήρωμα του πλοίου του Αποστόλου». Ο Έβανς έστησε τη σκηνή του στην παραλία:

> Ξαφνικά, κατά τη δύση του ήλιου, σηκώθηκε νοτιάς πραγματικά «σαν τυφώνας», που ερχόταν κάπως κι από την ανατολή και ανατάραξε τη θάλασσα ενώ, στις μικρές ώρες του πρωινού, όταν κάποια στιγμή ξύπνησα από τους γδούπους και τη μανία του αέρα και έλυσα την πόρτα της σκηνής μου, ένα μεγάλο κύμα όρμησε μέσα, γεμίζοντας με νερά τα πάντα. Για κάποιον που υποφέρει από πλήρη τύφλωση τη νύχτα, η αμηχανία ήταν φοβερή,

όμως, ευτυχώς, μερικοί ναύτες που προσπαθούσαν να σώσουν το μισοβουλιαγμένο καΐκι τους με βοήθησαν να βγω έξω. Το πρωί τα κύματα σάρωσαν το σημείο όπου βρισκόταν η σκηνή μου.

Ο Έβανς βρήκε πολλές σημαντικές τοποθεσίες σε αυτά τα ταξίδια, περιλαμβανομένου και του μινωικού οικισμού στην Τρυπητή, που πρόσφατα ανασκάφηκε από την Ελληνική Αρχαιολογική Υπηρεσία,[95] αλλά η σημαντικότερη όλων ήταν ο πρωταρχικός σκοπός της έρευνάς του, το κύριο νότιο λιμάνι της Κνωσού, που βρήκε καλυμμένο από αμμόλοφους στον Κομμό, στις ακτές της Μεσαράς. Πρόσφατες αμερικανικές ανασκαφές επιβεβαίωσαν την υπόθεση του Έβανς ότι στον Κομμό υπήρχε κρητικό τελωνείο όπου «οι αξιωματούχοι των Μινωιτών Ιερέων-Βασιλέων εισέπρατταν τους δασμούς από τις εξαγωγές».[96] Αργότερα εκείνο τον χρόνο, ο Έβανς έδειξε στην Εταιρεία για την Εξερεύνηση της Αιγύπτου τα στοιχεία του γι' αυτό που τώρα ονόμαζε «Το Μεγάλο Πέρασμα», το οποίο συνέδεε το Λιβυκό με το Αιγαίο πέλαγος μέσω Κνωσού. Εδώ, το αντίστοιχο της «πομπής των Μινωιτών πρέσβεων», των Κεφτιού, που έφεραν τα χαρακτηριστικά υφάσματά τους ως προσφορές, ήταν η τοιχογραφία της Πομπής στην Κνωσό και, σε αυτή την περίπτωση, τα δώρα προσφέρονταν στη μινωική Θεά. Τόνισε ακόμη περισσότερο την επαφή αυτή με παραδείγματα από «τοιχογραφίες με πιθήκους του Σουδάν ανάμεσα σε συστάδες παπύρων και την αξιοπρόσεκτη παράσταση στην οποία Μινωίτης αξιωματικός απεικονιζόταν να ηγείται μαύρων στρατιωτών: πρακτική δανεισμένη ξεκάθαρα από την Αίγυπτο της εποχής».[97] Ωστόσο, εξακολουθούσε να επιμένει ότι ο μινωικός πολιτισμός ήταν ανεξάρτητος από την Αίγυπτο, παρότι ο ίδιος εξακολουθούσε να συλλέγει στοιχεία που υποδήλωναν το αντίθετο.

Ταυτόχρονα με τις πραγματικές επιτόπου ανακαλύψεις του Έβανς, αύξανε και ο αριθμός των εντυπωσιακών «αποκαλύψεων» από αντικείμενα που αναδύονταν μακριά από το άγρυπνο βλέμμα του. «Συνήθιζα να ονειρεύομαι έναν Ιούλιο Βερν της αρχαιολογίας», έγραφε ο Salomon Reinach στην κριτική του της δημοσίευσης του Έβανς για την πρώτη ομάδα κοσμημάτων από κρυφές πηγές, «μια ιστορία για παιδιά οκτώ έως δώδεκα χρόνων, όπου ο αρχαιολόγος έκανε τις πιο θαυμαστές ανακαλύψεις κάτω από το έδαφος. Θα μπορούσα άραγε να φανταστώ κάτι πιο θαυμαστό από ό,τι έχει να δείξει ο σερ Άρθουρ Έβανς;»[98] Πλήθος εγχάρακτων πολύτιμων λίθων και χρυσών δαχτυλιδιών, οι μικροσκοπικές παραστάσεις των οποίων ταιριάζουν απόλυτα με τις θεωρίες του Έβανς για τον μινωικό μύθο και τη μινωική θρησκεία, αρχίζοντας με μια ομάδα που λεγόταν πως προερχόταν από τη Θίσβη, κοντά στη Θήβα, ενώθηκε με τα συρρέοντα αγαλματίδια αμφίβολης αρχαιότητας. Αφού ο Έβανς είχε προβλέψει ότι ο Όμηρος και οι μεταγενέστεροι Έλληνες είχαν βασίσει τις ηρωικές διηγήσεις τους πάνω σε ένα Μινωικό Έπος, παρέβλεψε πρόθυμα την αμφισβητούμενη αυθεντικότητά τους και τα δημοσίευσε με πλήρη σχόλια. Ο «Θησαυρός της Θίσβης» περιλάμβανε εγχάρακτες παραστάσεις θυσίας ταύρου και τη μινωική Θεά σε διάφορες προβλέψιμες στάσεις, όμως υπήρχαν επίσης εικόνες που θύμιζαν επεισόδια από τη θηβαϊκή ιστορία του Οιδίποδα Τύραννου, του νεαρού ήρωα που άθελά του σκότωσε τον πατέρα του και παντρεύτηκε τη μητέρα του.

Μαζί με τα κοσμήματα της Θίσβης, ο Έβανς δημοσίευσε δύο χρυσά δαχτυλίδια που είχε ανακαλύψει πρόσφατα, εκ των οποίων το ένα λεγόταν πως βρέθηκε σε σπηλαιώδη τάφο κοντά στις Αρχάνες, νότια της Κνωσού. Το Δαχτυλίδι των Αρχανών έδειχνε έναν ταυροκαθάπτη να πηδά πάνω από την πλάτη ενός καλπάζοντος ταύρου, σκηνή σχεδόν ταυτόσημη με εκείνη που είχε αποκατασταθεί από ζωγραφισμένα θραύσματα κονιάματος στο Ανάκτορο. Στο δεύτερο χρυσό δαχτυλίδι, που ο Έβανς ονόμαζε «Δαχτυλίδι του Νέστορα», επειδή του είχαν πει ότι προερχόταν από το μυκηναϊκό νεκροταφείο του Κακόβατου, κοντά στην «αμμουδερή» Πύλο του Νέστορα, στη δυτική ακτή της Πελοποννήσου, απεικονίζονταν μέρη άλλου μύθου, αγαπητού στον Έβανς από τότε που για πρώτη φορά είχε μιλήσει για την αιγαιακή Δενδρο- και Πεσσο-Λατρεία: στο κέντρο της εγχάρακτης παράστασης, στη σφενδόνη του Δαχτυλιδιού, δέσποζε δέντρο με κλαδιά που ξέφευγαν από τον κορμό ακανόνιστα, το οποίο ο Έβανς συνέδεσε με «το παλιό σκανδιναβικό "Δέντρο του Κόσμου", τη Φλαμουριά του αλόγου του Odin, το Yggdrasil».* [99] Πολλοί κριτικοί ήταν επιφυλακτικοί για την αυθεντικότητα των κομματιών, αλλά ο Gordon Childe έγραψε με ενθουσιασμό μακροσκελή διθύραμβο στο *Nature*, εξαίροντας τη σημασία των στοιχείων του Έβανς για το Μινωικό Έπος, πιθανόν γιατί ήταν και ο ίδιος μυθοποιός.

Ο Childe είχε επιστρέψει στην Αγγλία μετά τον πόλεμο και, εντυπωσιασμένος από τα έργα του σοβιετικού

* Σύμφωνα με τον μύθο το δέντρο του κόσμου εκτείνεται προς τρεις κατευθύνσεις: τις περιοχές των ανθρώπων, των γιγάντων και του Κάτω Κόσμου. (Σ.τ.Ε.)

κράτους στην ΕΣΣΔ, άρχισε να δοξάζει αυτό που σήμερα θεωρούμε ως μαζική καταστροφή της φύσης με σκοπό το κέρδος και τη δημιουργία πλεονασμάτων. Ο Childe ενσωμάτωσε τις αρχές του Καρλ Μαρξ για την πράξη –δηλαδή ότι η αλλαγή έρχεται μέσα από δράσεις και όχι από σκέψεις ή λόγια και ότι οι δυνάμεις παραγωγής είναι βασικές για την οικονομική δομή στην οποία στηρίζεται όλη η κοινωνία– σε έναν υλιστικό φονταμενταλισμό, η ζωντανή ενσάρκωση του οποίου ήταν για τον Childe η Σοβιετική Ρωσία.

Ο Childe περιέγραψε τις ιδέες του για την καταγωγή των ινδο-ευρωπαϊκών γλωσσών το 1926 στο βιβλίο του *The Aryans: A Study of Indo-European Origins.* Απέρριψε απερίφραστα τις ιδέες του Gobineau, όμως μετά προχώρησε περιγράφοντας την άφιξη ομάδας σκληροτράχηλων και ευκίνητων αγρίων, με μοναδικό θετικό στοιχείο τη γλώσσα τους, οι οποίοι σάρωσαν την Ευρώπη με κύμα καταστροφής, όμως «από τα πεδία που είχαν ερημώσει, βγήκαν εκλεκτά άνθη». Η ανάμιξη των Αρίων με τους «Βόρειους» τους έδωσε τα φυσικά χαρίσματα «να κατακτήσουν ακόμα πιο προηγμένους λαούς, και έτσι να επιβάλουν τη γλώσσα τους σε περιοχές από τις οποίες ο σωματικός τους τύπος έχει σχεδόν εκλείψει. Αυτή είναι η αλήθεια», κατέληγε ο Childe, «που βρίσκεται πίσω από τους πανηγυρικούς των Γερμανιστών: η ανωτερότητα των Βορείων στη σωματική διάπλαση τους κατέστησε το κατάλληλο όχημα μιας ανώτερης γλώσσας».[100] Άθελά του το έργο του Childe παρείχε το ιστορικό προηγούμενο και τις συγκεκριμένες αποδείξεις για τον οξύ αντισημιτισμό των αποστερημένων Γερμανών βετεράνων του πολέμου που συναντούνταν στις μπιραρίες του Μονάχου, και γρήγορα χρησιμοποιήθηκε ως όπλο στις προσπάθειες του πρόσφατα ιδρυμένου Εθνικοσοσιαλιστικού Κόμματος των Γερμανών Εργατών.

Ήταν περίοδος μυθοπλασίας, και τα χρυσά δαχτυλίδια, όπως και τα αντικείμενα από ελεφαντόδοντο, ανακαλύπτονταν με μεγάλη ευκολία. Αν και υπάρχει ακόμη ομάδα μελετητών που είναι πεισματικά προσκολλημένοι στην αυθεντικότητά τους,[101] το γεγονός ότι ένα δεύτερο απαράλλαχτο αντίγραφο του Δαχτυλιδιού των Αρχανών εμφανίστηκε στη συλλογή του Έβανς στο τέλος της ζωής του επιβεβαιώνει τις υποψίες ότι ήταν προϊόν κάποιου σύγχρονου εργαστηρίου που μπορούσε να παράγει πολλά τέτοια αντικείμενα επί παραγγελία. Υπήρχε τέτοιο εργαστήρι στην Αθήνα, που ήταν φημισμένο σε όλο τον κόσμο για τα χρυσά αντίγραφα μινωικών και μυκηναϊκών κοσμημάτων που κατασκεύαζε και το διηύθυναν οι δύο άνθρωποι που βρίσκονταν πλησιέστερα όλων στα πρωτότυπα που είχαν ανακαλυφτεί: οι Gilliéron *père et fils*.* Αν και μπορεί να μην αποδειχτεί ποτέ ξεκάθαρα, η σκιά της υποψίας πέφτει σταθερά στον πατέρα και τον γιο, στη διάρκεια αυτού που θα μπορούσε να ονομαστεί «Νεο-Δαιδαλική περίοδος» στη μινωική τέχνη.

«Η άφιξή μου εδώ ήταν πολύ θλιβερή», έγραφε ο Έβανς από την Κνωσό, τον Ιούνιο του 1925, στην εξαδέλφη του Josephine Phelps. Ενώ βρισκόταν στην Αθήνα, έμαθε, μέσω του Blegen, ότι ο Richard Seager είχε αρρωστήσει στο πλοίο από την Αίγυπτο στην Κρήτη. Ο Έβανς φρόντισε να σπεύσει στην Κρήτη ένα πλοίο του Ελληνικού Πολεμικού Ναυτικού και να φέρει τον Seager στην

* Πατέρας και υιός. (Σ.τ.Ε.)

Αθήνα, αλλά έφτασαν πολύ αργά. Ο Έβανς έφτασε εγκαίρως για την κηδεία, όπου κατέβηκε από την άμαξα και περπάτησε ασκεπής πίσω από το φέρετρο. «Αισθανόταν τον θάνατο», είπαν κάποιοι μάρτυρες.[102] Ο Έβανς ήταν στενά συνδεδεμένος με τον Seager, τον οποίο χαρακτήρισε στην εξαδέλφη του ως «τον πιο *Άγγλο* Αμερικανό που έχω ποτέ γνωρίσει».[103]

Ο πρόωρος θάνατος του Seager δυνάμωσε περισσότερο τις λαϊκές διαδόσεις ότι όσοι επισκέφτηκαν τον τάφο του Τουταγχαμών, κάτι που ο Seager είχε κάνει λίγο μετά την ανακάλυψή του, «τους είχε καταραστεί η μούμια». Λιγότερο από πέντε μήνες νωρίτερα, ο Francis Newton, που είχε πρόσφατα διοριστεί στο Ταμείο για την Εξερεύνηση της Αιγύπτου, είχε πεθάνει στο Ασιούτ στην Αίγυπτο, σε ηλικία σαράντα έξι χρόνων. Ο Newton ήταν κι αυτός ένας από τους πρώτους επισκέπτες των ανασκαφών του Howard Carter στην Κοιλάδα των Βασιλέων και ο μυστηριώδης θάνατός του, που αποδόθηκε στην ασθένεια του ύπνου (*ληθαργική εγκεφαλίτιδα*), έθρεψε τον λαϊκό φόβο της αιγυπτιακής κατάρας.

Ο Έβανς έσκαψε λίγο το 1925 και αντ' αυτού, έβαλε ομάδα εργατών να ξανακτίσουν τη δυτική πτέρυγα του Ανακτόρου και επέβλεψε τον Gilliéron υιό στην αποκατάσταση των χιλιάδων γύψινων θραυσμάτων από την Οικία των Τοιχογραφιών. Ο Έβανς συνέχισε να εξερευνά την Κρήτη και επισκέφτηκε τα Μάλλια, όπου ο Χατζιδάκις είχε ανακαλύψει το 1913 νέο ανάκτορο, περίπου είκοσι μίλια ανατολικά της Κνωσού, στη βόρεια ακτή. Ο Χατζιδάκις εγκατέλειψε την αρχαιολογία και κάλεσε τη Γαλλική Αρχαιολογική Σχολή να έρθει και να κάνει ανασκαφές στην τοποθεσία, που πράγματι άρχισαν το 1919. Ο

Έβανς εντυπωσιάστηκε πολύ από τα ευρήματα, τα οποία χρησιμοποίησε για να κάνει πιο ενδιαφέρουσα τη διάλεξή του στην Ελληνική Εταιρεία στο Λονδίνο εκείνο τον Νοέμβριο, αλλά επέκρινε τις γαλλικές μεθόδους: «Αφήνουν την ανασκαφή να σέρνεται και να σέρνεται, με μόλις λίγους άνδρες και παιδιά να δουλεύουν, αλλάζοντας συνεχώς κατεύθυνση».[104]

Το Βασιλικό Ανθρωπολογικό Ινστιτούτο τίμησε το φθινόπωρο τον Έβανς με το περιβόητο Μετάλλιο Huxley για διακεκριμένες υπηρεσίες στην αρχαιολογία, κι εκείνος ανταπέδωσε με ανακοίνωση για τη φυλετική καταγωγή των Μινωιτών του. Ο Έβανς υποστήριζε ότι οι πρώτοι κάτοικοι είχαν έρθει από την Ανατολία και την Ανατολή, όπως υποδήλωναν οι ομοιότητες στα στεατοπυγικά (από το ελληνικό *στεατοπυγία*, που σημαίνει παχείς γλουτοί) νεολιθικά ειδώλια. Συνεχίζοντας, ανέφερε ότι τα λιβυκά έθιμα «απέκτησαν ρίζες» στην Κνωσό κατά την ύστερη Νεολιθική Περίοδο, γύρω στο 3000 π.Χ., την ίδια εποχή που επηρέαζαν την Προ-Δυναστική Αίγυπτο. «Η Λίβυα Θεά του Δέλτα εμφανιζόταν, τουλάχιστον εν μέρει, ενσωματωμένη στην Κρητική Μητέρα Θεά», ισχυριζόταν ο Έβανς, καθώς συνέχιζε να ερευνά την καταγωγή της δικής του Θεάς της Φύσης.[105]

Η δαιδαλική Deco

Ο Έβανς επέστρεψε στην Κνωσό στα μέσα Μαρτίου του 1926 με τον Theodore Fyfe, ο οποίος πήρε τη θέση του Newton και εργάστηκε επί έναν μήνα για να ολοκληρώσει την ανακατασκευή του Νότιου Πρόπυλου. Τα πλήρη αντίγραφα του Gilliéron των τοιχογραφιών του Ιερέα-Βασιλιά και του Ρυτοφόρου μπήκαν στη θέση τους λίγο πριν ο «Κοσμοσείστης» βρυχηθεί ξανά. «Το μυαλό μου ήταν γεμάτο από προηγούμενους σεισμούς», έγραφε ο Έβανς στην εξαδέλφη του, «όταν στις 26 Ιουνίου, στις εννέα και σαράντα πέντε το βράδυ μιας ήρεμης, ζεστής μέρας, άρχισαν οι δονήσεις». Διάβαζε στο κρεβάτι του δωματίου του στο υπόγειο της Βίλας Αριάδνης και παρακολουθούσε «μικρά αντικείμενα να πετάγονται εδώ κι εκεί, ενώ ένας κουβάς γεμάτος νερό σχεδόν άδειασε. Το ταρακούνημα, που θύμιζε πλοίο σε καταιγίδα, παρότι κράτησε μόλις ένα λεπτό και δεκαπέντε δευτερόλεπτα, άρχισε να έχει τα ίδια φυσικά αποτελέσματα επάνω μου, όπως μια φουρτουνιασμένη θάλασσα. Μια υπόκωφη βουή σηκώθηκε από το έδαφος σαν πνιγμένο μουγκρητό αγριεμένου ταύρου».

Ενθουσιασμένος από αυτήν τη συνάντηση, ο Έβανς ανέμιξε την εμπειρία με τη φαντασία: «Είναι σημαντικό να έχει ακούσει κανείς με τα ίδια του τα αυτιά το μουγκρητό του ταύρου κάτω από τη γη που, κατά μία πρωτόγονη δοξασία, την κουνά με τα κέρατά του. Αναμφίβολα, η τάση των Μινωιτών να επικεντρώνουν τη λατρεία τους στη χθόνια όψη της μεγάλης θεάς τους, της τυλιγμένης με φίδια Κυράς του Κάτω Κόσμου, εξηγείται από τη διαρκή ανάγκη προστασίας τους από αυτά τα οργισμένα ξεσπάσματα των δαιμονικών δυνάμεων». Αναμιγνύοντας πάλι την πραγματικότητα με τη φαντασία, ο Έβανς ανέφερε: «Είναι παρηγοριά που το Ανάκτορο, με τα ανακατασκευασμένα πάνω πατώματα, αντιστάθηκε καλά. Το αντίγραφο του Ρυτοφόρου, με τις άλλες μορφές της πομπής, εμφανίζονται τώρα στις αρχικές τους θέσεις στους τοίχους και ο Ιερέας-Βασιλιάς ατενίζει πάλι τον Διάδρομο καθώς πλησιάζει στην Κεντρική Αυλή. Είναι αποτέλεσμα θαυμάσιο».[106] Είχε ξεπεράσει τον Δαίδαλο: είχε κατασκευάσει έναν λαβύρινθο που άντεξε στην οργή του «Κοσμοσείστη».

Το Ανάκτορο της Κνωσού και η Βίλα Αριάδνη παραδόθηκαν και επίσημα στη Βρετανική Αρχαιολογική Σχολή το 1926, μετά από μακρά καθυστέρηση, στη διάρκεια της οποίας οι κυβερνήσεις Βρετανίας και Ελλάδας διαφωνούσαν για το ζήτημα των φόρων, συμφωνώντας τελικά να παραγραφούν. Ο Έβανς, ο οποίος συνήθως θύμωνε όταν τα πράγματα προχωρούσαν αργά, ήταν ευχαριστημένος που η διαδικασία καθυστερούσε. Είχε ξαφνιαστεί και απογοητευτεί που οι σπουδαστές της Βρετανικής Αρχαιολογικής Σχολής δεν είχαν έρθει να χρησιμοποιήσουν τις εγκαταστάσεις, όμως, όπως θυμόταν ο Piet de Jong, «ο δισταγμός τους να έρθουν οφειλόταν στο γεγονός ότι οι σπουδαστές δεν ήθελαν να αισθανθεί ο σερ Άρθουρ ότι δεν ήταν πια ο ιδιοκτήτης της Κνωσού, κι αυτό ο Έβανς δεν το είχε κατανοήσει». Ο Mackenzie τοποθετήθηκε ως ο πρώτος επιμελητής της Βρετανικής Αρχαιολογικής Σχολής στην Κνωσό, θέση που χρηματοδοτήθηκε πλουσιοπάροχα με τη δωρεά του Έβανς. Όμως, η υγεία του Mackenzie επιδεινωνόταν γοργά, μετά από χρόνια δυστυχίας και υπερβολικής κατανάλωσης οινοπνεύματος, και τον πρώτο χρόνο του διορισμού του τον πέρασε στις Ελβετικές Άλπεις αναρρώνοντας από γρίπη. Για να συντηρήσει την Κνωσό, ο Έβανς έπρεπε να εγκαταλείψει άλλα κομμάτια του παρελθόντος και τον Σεπτέμβριο του 1926 πούλησε μεγάλο τμήμα της συλλογής νομισμάτων του σε «κάποιον από το Καίμπριτζ» για 18.000 λίρες, και μετά έβγαλε την εξαιρετική συλλογή κρητικών νομισμάτων του σε δημοπρασία στη Γενεύη τον Οκτώβριο. Είχε αποκτήσει πολλά νομίσματα από τα πρώτα του ταξίδια στην Κρήτη, και πολλά από αυτά βρίσκονται τώρα στο Μουσείο Ashmolean. Τα νομίσματα που πουλήθηκαν στη Γενεύη ήταν πιθανόν εκείνα που βρέθηκαν στα ελληνικά και ρωμαϊκά στρώματα των ανασκαφών του στην Κνωσό, ιδιαίτερα εκεί που είχε χρησιμοποιηθεί το σύστημα του στοιχήματος του Mackenzie.

Η εργασία στην Κνωσό, στα τέλη της δεκαετίας του 1920, επικεντρώθηκε σε αυτό που ο Έβανς αποκαλούσε «ανασυνθέσεις» του Ανακτόρου και των γύρω κτισμάτων. «Δεν είναι υπερβολή να πω ότι τα τελευταία λίγα χρόνια η τοποθεσία της Κνωσού αναγεννήθηκε», είπε ο Έβανς ξεκινώντας την εισήγησή του στο Βασιλικό Ινστιτούτο των Βρετανών Αρχιτεκτόνων τον Νοέμβριο του 1928, κατά την οποία παρουσίασε τις τελευταίες κατασκευές στο Διαμέρισμα Κατοικίας, που είχε ολοκληρώσει εκείνο το έτος. Ο Christian Doll απάντησε: «Πέρασε πολύς καιρός από τότε που ήμουν στην Κνωσό και αυτό που είδα απόψε στην οθόνη, κατά μία έννοια, μου έκοψε την ανάσα. Κι όμως, κατά μία άλλη έννοια, μπορώ να πω με πίστη ότι τίποτε στην Κνωσό δεν θα με εξέπληττε, ούτε και στη δουλειά του σερ Άρθουρ Έβανς». Κατόπιν, ο Doll παρασύρθηκε σε τρυφερές, ωστόσο ενδεικτικές, αναμνήσεις από τη δουλειά του με τον Έβανς: «Πριν καλά καλά ανακαλύψεις ένα αντικείμενο, ερχόταν και σου έλεγε: "Θα βρεις αυτό κι αυτό εκεί", και κάθε φορά αποδεικνυόταν ότι έτσι ήταν. Δεν έκανε ποτέ λάθος». Ο Doll εγκωμίασε με έμφαση τη δουλειά του Έβανς, μολονότι παραδέχτηκε ότι «δεν υπάρχει αμφιβολία πως πολλοί από σας διαφωνούν έντονα με την αποκατάσταση και γνωρίζω ότι οι περισσότεροι αρχαιόφιλοι αντιδρούν σε αυτή. Αλλά είναι αδύνατο να την αποφύγει κανείς στην Κνωσό», και επεσήμανε ότι πολύ λίγα πράγματα θα είχε να δει κανείς εκεί, αν ο Έβανς δεν την είχε ανακατασκευάσει.

Ωστόσο, το γεγονός ήταν ότι η έκταση των «ανακατασκευών» ξένιζε ακόμη και τους πιο στενούς φίλους και συναδέλφους του Έβανς, μολονότι λίγοι θα τολμούσαν να εκφράσουν την αποδοκιμασία τους δημόσια. Ο Halbherr, σε προσωπική επιστολή του σε κάποιον συνάδελφο, εξέφρασε τη διάθεση των πιο στενών υποστηρικτών του Έβανς: «L'Evans continua le sue ricostruzioni a Cnosso, molto istruttive per i profani, ma molto ardite». (Ο Έβανς συνεχίζει την ανακατασκευή του στην Κνωσό, που είναι πολύ διδακτική για τον μη ειδικό, αλλά πολύ παράτολμη [*ardito* μπορεί επίσης να σημαίνει αλαζόνας].)[107]

Ο Evelyn Waugh, σε περιοδεία με φίλους τον Φεβρουάριο του 1929, έδωσε μιαν από τις πιο οξυδερκείς περιγραφές της Κνωσού στη διάρκεια της αποκατάστασης. Ο Waugh και μερικοί φίλοι

> νοικιάσαμε ένα αμάξι «Ford» με οδηγό για την Κνωσό, όπου ο σερ Άρθουρ Έβανς (ο οδηγός μας αναφερόταν σε αυτόν πάντοτε ως «Ο Άγγλος Λόρδος σας Έβανς») ξανακτίζει το Ανάκτορο. Προς το παρόν, έχουν ολοκληρωθεί μόνο μερικά δωμάτια και διάδρομοι, ενώ τα υπόλοιπα είναι μια ανοιχτή λοφοπλαγιά σημαδεμένη από τις ανασκαφές, αλλά μπορέσαμε να σχηματίσουμε μια ιδέα για το μέγεθος και την πολυπλοκότητα της επιχείρησης, από τα σχέδια που αναρτήθηκαν για χάρη μας στην κύρια εξέδρα. Νομίζω πως αν ο Άγγλος Λόρδος μας Έβανς

ολοκληρώσει κάποτε έστω και τμήμα αυτής της τεράστιας επιχείρησης, θα είναι ένας τόπος καταπιεστικής ασχήμιας. Δεν πιστεύω ότι είναι μόνο η φαντασία και η ανάμνηση μιας αιμοδιψούς μυθολογίας που κάνει φοβερούς και κακόβουλους αυτούς τους στενόχωρους διαδρόμους και τα μικροσκοπικά περάσματα, αυτές τις κιονοστοιχίες με τις ανεστραμμένες κωνικές κολόνες, αυτά τα δωμάτια που είναι απλώς τυφλά περάσματα στο τέλος ανήλιαγων κλιμακοστασίων. Αυτός ο κοντός, μικρός θρόνος, που είναι τοποθετημένος σε ένα κεφαλόσκαλο όπου διασταυρώνονται τα μονοπάτια του Ανακτόρου, δεν είναι η έδρα ενός νομοθέτη μήτε το ανάκλιντρο για την ανάπαυση ενός στρατιώτη. Εδώ, ένας γερασμένος τύραννος θα μπορούσε να λουφάζει και να ακούει μέσα από τους τοίχους των διαδρόμων τους ψιθυριστούς υπαινιγμούς του επερχόμενου φόνου του.[108]

Ο Βρετανός ιστορικός και φιλόσοφος R. G. Collingwood ήταν εξίσου ενοχλημένος με αυτά που είδε. «Η πρώτη εντύπωση στο μυαλό του επισκέπτη είναι ότι η αρχιτεκτονική της Κνωσού συνίσταται σε χώρους στάθμευσης και δημόσιες τουαλέτες», έγραφε, μολονότι παραδεχόταν πως αυτό μπορούσε να οφείλεται στις αποκαταστάσεις που είχαν γίνει από τσιμέντο, «που μπορεί έτσι να δίνουν λανθασμένη ιδέα για το πρωτότυπο». Όμως ο Collingwood βρήκε πως η χρηστική άποψη των κτισμάτων τον άφησε αδιάφορο, όπως και το γεγονός ότι δεν υπήρχε «κανένα γούστο, καμιά κομψότητα, καμιά αίσθηση αναλογίας», σε σύγκριση με τη μαθηματική τελειότητα της αρχαίας ελληνικής και ρωμαϊκής αρχιτεκτονικής.[109] Πλησίασε περισσότερο στην ουσία όταν παρατήρησε πως η μινωική αρχιτεκτονική, όπως εκείνη της εποχής του, ήταν αρχιτεκτονική «ανέσεων και ευκολιών, επάγγελμα και όχι εκλεπτυσμένη τέχνη». Εντούτοις, δεν συνειδητοποίησε πως η κριτική του δεν ήταν για το μινωικό έργο, αλλά για το όραμα του Έβανς και την ανα-κατασκευή της Κνωσού και, ως τέτοια, ήταν απόλυτα ακριβής.

Ο πιο οξυδερκής παρατηρητής της Κνωσού που γνώρισα προσωπικά ήταν ο Pierre Elliott Trudeau, πρωθυπουργός τότε του Καναδά, τον οποίο είχα τη χαρά να συνοδεύσω στους χώρους του Ανακτόρου το 1983. Ο Trudeau απόρησε με θαυμασμό για το πώς ο Μινωίτης αρχιτέκτονας είχε δημιουργήσει από τότε τα σχήματα και τα χρώματα της Art Deco, μετά σταμάτησε, με κοίταξε και ρώτησε: «*Πότε* είπατε ότι αποκαταστάθηκε αυτό το μέρος;» Ένα ειρωνικό χαμόγελο διαγράφηκε στο πρόσωπό του, το οποίο και κράτησε καθόλη την υπόλοιπη επίσκεψη. Ίσως η στάση του Trudeau είναι η πιο υγιής αντιμετώπιση στη θέα της Κνωσού.

Από όλους τους συναδέλφους του Έβανς, ο Bosanquet ήταν αυτός που κατανόησε περισσότερο τη μελλοντική αξία του τεράστιου, τριακονταετούς εγχειρήματος, όταν επεσήμανε ότι ο Έβανς δημιούργησε ένα προηγούμενο το οποίο «έχει υψώσει πάρα πολύ τη στάθμη του καθήκοντος ενός ανασκαφέα». Πράγματι, οι αποκαταστάσεις του Έβανς αποτελούν τα πρώτα βήματα προς αυτό που σήμερα ονομάζουμε «αρχαιολογικά πάρκα». Οι «ανα-κατασκευές» έχουν φτάσει να συμβολίζουν την Κνωσό περισσότερο από ό,τι οι αρχικοί τοίχοι και σε αυτές έχει επικεντρωθεί σήμερα ένα τεράστιο πρόγραμμα συντήρησης.[110]

Ο πρωταθλητής του Καίμπριτζ

Η πνευματική υγεία του Mackenzie επιδεινωνόταν ραγδαία, μετά το πρώτο ξέσπασμα της αρρώστιας το 1926. Κάποτε ο Mackenzie είχε γοητεύσει τον νεαρό James Candy με διηγήσεις για τις νεράιδες του δάσους, αλλά καθώς έπεφτε σε βαθύτερη κατάθλιψη και έπινε περισσότερο, πήγαινε στον κήπο και πετούσε πέτρες στα αηδόνια, παραπονούμενος ότι το κελάηδισμά τους τον κρατούσε άγρυπνο. Ο Έβανς σχεδίαζε την αποχώρηση του υπαρχηγού του στη Σκοτία για τα τέλη του 1929, αλλά ο Mackenzie επιτάχυνε τα γεγονότα, συνεχίζοντας να μεθοκοπά και προσποιούμενος ότι ήταν άρρωστος. Νωρίς ένα πρωί του Ιουνίου του 1929 στην Κνωσό, ο Έβανς, «βλέποντας πως έκαιγε ακόμη ένα φως», ειδοποίησε τον διευθυντή της Βρετανικής Αρχαιολογικής Σχολής, «ξύπνησα τον de Jong και οι δυο μας ανεβήκαμε επάνω για να δούμε τι συμβαίνει. Ανακαλύψαμε ότι εκτός από τη λάμπα έκαιγε ένα κερί στην τραπεζαρία και, προχωρώντας εκεί, ταραχτήκαμε πάρα πολύ. Στην αρχή είδα, εκτός από τρία μπουκάλια, κάτι που έμοιαζε με μεγάλη κολοκύθα μέσα σε ένα πιάτο. Πλησιάζοντας διαπίστωσα ότι ήταν το κεφάλι του Mackenzie, με τη μύτη του μέσα στο πιάτο και στην αρχή νομίσαμε και οι δύο ότι είχε πεθάνει από καρδιακή προσβολή». Αλλά ο Mackenzie ήταν απλώς πολύ πιωμένος. Ήταν εξήντα οκτώ χρονών και είχε αφιερώσει σχεδόν τα μισά από αυτά τα χρόνια στον Έβανς και στην Κνωσό. Πολλές πρόσφατες εργασίες μάς επισημαίνουν τι οφείλουμε στις καταγραφές και στην κρίση του Mackenzie, χρέος που ποτέ δεν αναγνωρίστηκε όσο ζούσε. Στεκόταν παράμερα, καθώς ο Έβανς έπαιρνε αμέτρητα βραβεία. Η ζωή του Mackenzie ήταν ζωή υπηρεσίας, που στο τέλος δεν μπορούσε πλέον να αντέξει. Ο Έβανς τον απάλλαξε από τα καθήκοντά του και τον έστειλε στην Αθήνα, με την ελπίδα ότι θα πήγαινε στην Ιταλία να μείνει με την αδελφή του, κάτι που τελικά έκανε, και πέθανε το 1934 σε σανατόριο.

❖

Η αναχώρηση του Mackenzie από την Κρήτη άφησε κενό που δύσκολα θα μπορούσε να καλυφτεί από έναν άνθρωπο. Την αφοσίωσή του στην Κνωσό και στον Έβανς δεν θα τη συναντούσαν ποτέ πια. Όμως ένα νέο είδος αφοσίωσης στην Κνωσό και την Κρήτη, τόσο την αρχαία όσο και τη σύγχρονη, εμφανίστηκε στο πρόσωπο του John Pendlebury. Γεννημένος στο Λονδίνο στις 12 Οκτωβρίου του 1904, ο Pendlebury ήταν έντιμος άνθρωπος της δράσης και της σκέψης, απόφοιτος του Pembroke College του Καίμπριτζ. (Είχε εκπροσωπήσει το Πανεπιστήμιο εναντίον της Οξφόρδης στον αγώνα δρόμου μετ' εμποδίων και πήρε διάκριση στο άλμα εις ύψος το 1926 και το 1927. Ήταν ο πρώτος αθλητής του Καίμπριτζ που ξεπέρασε τα δύο μέτρα στους πανεπιστημιακούς αγώνες.) Ο Pendlebury είχε έρθει στη Βρετανική Αρχαιολογική Σχολή Αθηνών το 1927, όπου άρχισε να μελετά τα αιγυπτιακά αντικείμενα στο Αιγαίο, όμως αμέσως αισθάνθηκε άβολα με τους συμπατριώτες του. «Πόσο θα 'θελα να μην είναι όλοι εδώ τόσο επηρμένοι με τις γνώσεις τους», έγραφε στον πατέρα του στο πλαίσιο της τακτικής αλληλογραφίας που διατήρησε σε όλη του τη ζωή.[111] «Και μόνο η παρουσία μου εδώ με κάνει να αισθάνομαι απατεώνας. Νομίζω πως οι περισσότεροι από αυτούς αισθάνονται πως μια διάκριση με έβαλε στο περιθώριο!» Η περιγραφή των συμφοιτητών του ήταν εξαιρετικά αποκαλυπτική: «Η παρέα αποτελείται από έναν τύπο που λέγεται Davies, έναν φοβερό Οξφορδιανό με τεράστιο σαγόνι, ο λόγος ύπαρξης του οποίου υποθέτω πως είναι ένα από τα μυστικά του σύμπαντος». Άλλους τους αντιμετωπίζει λίγο καλύτερα. Η Sylvia Benton, που ανέσκαψε την Ιθάκη, στα μάτια του νεαρού άνδρα ήταν «γριά δασκάλα, άκαμπτη και σκληρή σαν βράχος». Οι άλλοι ήταν «η δις Whitfield, ένα ακόμη πολύτιμο πετράδι της Οξφόρδης, τόσο επηρμένη που δεν ξέρει τι να κάνει. Η δις Roger, μια ανίκανη Νοτιοαφρικανή που μόλις κατέβηκε από την Οξφόρδη, και η δις Turnbull, μια σχεδόν ανύπαρκτη Νεοζηλανδή». Μόνο μία από τις ομότιμούς του φαίνεται πως του είχε κάνει καλή εντύπωση: «Μόνο η δις White απ' όλους ... φαίνεται κάπως ανθρώπινη ... οι υπόλοιποι είναι σίγουρα υπάνθρωποι».[112]

Ο Pendlebury ταξίδεψε στην Κρήτη στις αρχές του 1928 μαζί με τη Hilda White και είδε την Κνωσό για πρώτη φορά. «Πολύ μπερδεμένη», ανέφερε στον πατέρα του, και «κατεστραμμένη σε διάφορα σημεία από τις αποκαταστάσεις του Έβανς».[113] Τον προσκάλεσαν να μείνει στη Βίλα Αριάδνη, αλλά όχι τη Hilda, η οποία δυσανασχέτησε λέγοντας: «Δεν καλούν γυναίκες να μείνουν σε εκείνο το άντρο εργένηδων».[114] Φαίνεται πως η πρώτη επαφή του Pendlebury με τον Έβανς πήγε πολύ καλά κι έγραψε στο σπίτι του: «Το ταξίδι στην Κρήτη ήταν τεράστια επιτυχία. Υπάρχουν σίγουρα ευκαιρίες εκεί! Ο Έβανς πρότεινε –κρυφά φυσικά– είτε να σκάψουμε για Νεολιθικά κάτω από την Κεντρική Αυλή στην Κνωσό είτε να πάμε κάτω στον Κομμό, στη νότια ακτή, που ήταν το λιμάνι στο Λιβυκό πέλαγος». Γρήγορα, επίσης, άλλαξε άποψη για τα έργα αποκατάστασης: «Ο Έβανς φαίνεται να ξανακτίζει πλήρως το Ανάκτορο με το πιο θαυμάσιο στιλ!»[115]

Ο John και η Hilda παντρεύτηκαν τον Σεπτέμβριο του 1928 και πέρασαν τον χειμώνα κάνοντας ανασκαφές στο Λούξορ στην Αίγυπτο. Μετά, στις αρχές Μαΐου του 1929, ο Pendlebury έλαβε τηλεγράφημα από τη Βίλα Αριάδνη που τον ρωτούσε αν επιθυμούσε να συνεχίσει το έργο του επιμελητή στην Κνωσό σε περίπτωση που ο Mackenzie αποχωρούσε το φθινόπωρο.[116] Δέχτηκε, και το ζεύγος Pendlebury έφτασε στην Κνωσό στα μέσα Μαρτίου του 1930. Εν αναμονή και σπουδαστριών στην Κνωσό, ο Έβανς είχε ζητήσει από τον Piet de Jong να σχεδιάσει την προσθήκη δευτέρου ορόφου στην ταβέρνα, η οποία βρισκόταν στην αρχή του δρόμου που ανέβαιναν τα αυτοκίνητα. Όμως, όπως θυμόταν ο de Jong, ο Έβανς

> πάντοτε ήθελε τα πράγματα να προχωρούν γρήγορα και να γίνονται αμέσως. Δεν μπορούσε να περιμένει για προκαταρκτικά. Η αποκατάσταση της ταβέρνας ήταν ένα παράδειγμα. Με κάλεσε ένα απόγευμα για να συζητήσουμε πώς θα μπορούσαμε να την κάνουμε κατοικήσιμη, χρήσιμο υποστατικό της Βίλας. Εξετάσαμε τους τοίχους, τη στέγη κλπ. και την επόμενη μέρα ξεκίνησα με ένα δύο σκίτσα για να δείξω τι μπορούσε να γίνει για να έχουμε ένα ωραίο σχέδιο και, γενικώς, να κάνουμε ένα ευχάριστο σπίτι. Στη διάρκεια της μελέτης μου, πήγα κάτω για να δω κάτι και τους βρήκα να έχουν ήδη ξεκινήσει τις μετατροπές. Όταν είπα στον σερ Άρθουρ πως έβγαζα σχέδιο για την όλη κατασκευή, μου είπε ότι δεν χρεια-

ζόταν. Τους είχε πει τι να κάνουν, δείχνοντάς τους τις αλλαγές που επιθυμούσε, με τη βοήθεια του μπαστουνιού του. Το αποτέλεσμα ήταν πραγματικά απαίσιο. Όταν ήρθε ο Pendlebury και πήγε να μείνει εκεί, πήρε κάποιον για να κάνει κάποιες αλλαγές, αλλά η ευκαιρία να γίνει κάτι με δαύτο είχε χαθεί.[117]

Η πρώτη δουλειά του Pendlebury ήταν να καθαρίσει το κτήμα και στη συνέχεια να καταχωρίσει σε καταλόγους τα βουνά κεραμικής από τριάντα χρόνια ανασκαφής. «Πολύ χρονοβόρα και δύσκολη δουλειά», εξηγούσε στον πατέρα του, «δεδομένου ότι τα μόνα στοιχεία στα οποία μπορώ να στηριχτώ είναι οι ετικέτες (γραμμένες το 1901 με μολύβι πάνω σε σκουληκοφαγωμένα ξύλα από έναν ανορθόγραφο Έλληνα αρχιεργάτη, που δίνει στις τοποθεσίες εντελώς διαφορετικές ονομασίες)![118] Ο Pendlebury δεν ήταν ολιγόλογος όπως ο Mackenzie, κι έτσι οι σχέσεις του με τον Έβανς αποδείχτηκαν δύσκολες, έφερε όμως καινούργιο αέρα ζωντάνιας στη δουλειά και ποτέ δεν έχασε την αίσθηση του χιούμορ, όπως εκφράστηκε με ένα «τραγουδάκι» που έστειλε στον πατέρα του:

Ο Έβανς είχε ένα γιο
Που παντρεύτηκε του Wace τη θυγατέρα
Και κόντεψε να χάσει το φέουδο
Ανακατεύοντας τα στρώματα.

(στον σκοπό του *Phairson's Feud*)[119]

Ο Έβανς ποτέ δεν έχασε την ελπίδα να βρει τον Βασιλικό Τάφο στην Κνωσό και η καλύτερη ευκαιρία παρουσιάστηκε το 1931 όταν, όπως ανέφερε, ένας παπάς από τη Φορτέτσα προσπάθησε να του πουλήσει ένα τεράστιο χρυσό δαχτυλίδι, σαν εκείνα από τις Αρχάνες και την Πύλο, με εγχάρακτη θρησκευτική παράσταση. Ο Έβανς δεν το αγόρασε επειδή ήταν ακριβό, αλλά έμαθε ότι το είχε βρει ένα αγόρι σε κάποιο αμπέλι νότια του Ανακτόρου. Ο Έβανς και ο Pendlebury πήγαν επιτόπου και βρήκαν ένα μικρό πρώιμο ελληνικό νεκροταφείο σε απότομη λοφοπλαγιά, πάνω από ίχνη μεγάλης μινωικής κατασκευής, την οποία άρχισαν να καθαρίζουν τον Απρίλιο.

«Το σκάψιμο αποδεικνύεται τρομερά σημαντικό», πληροφορούσε με έξαψη ο Pendlebury τον πατέρα του στην αρχή της συνεργασίας του με τον Έβανς. «Βρήκαμε κάτι που μοιάζει πολύ με βασιλικό τάφο με παράπλευρα ιερά και υπόστυλες αίθουσες». Μετά, μια έρευνα με σκαντάγιο εκεί κοντά αποκάλυψε «κάτι σαν καθεδρικό ναό, σε κάθε περίπτωση έναν εξαιρετικά σημαντικό ναό ή ιερό. Δυστυχώς, εκτείνεται κάτω από τον σύγχρονο δρόμο. Ελπίζω μόνο να μην κάνει ο Έβανς πολλές σήραγγες και μετά να την κοπανήσει, αφήνοντας κάποιον να τα βγάλει πέρα με τους εξαγριωμένους επιθεωρητές του οδικού δικτύου».[120]

Καθώς ο Pendlebury αρνιόταν να υποκύψει στις ιδιοτροπίες του Έβανς, σιγά σιγά γινόταν όλο και πιο δύσκολο να δουλέψει μαζί του. Στα τέλη Μαΐου του 1931 έγραφε: «Το σκάψιμο επιτέλους τελείωσε και έχουμε συγκεντρώσει κάποια κεραμική. Ο Έβανς είναι χειρότερος από ποτέ και πραγματικά δεν βλέπω πώς θα μπορέσουμε να τον αντέξουμε, έστω και έναν ακόμη χρόνο».[121] Ο Έβανς ήταν πεπεισμένος ότι η κατασκευή, που περιλάμβανε υπόστυλη κρύπτη και πλακόστρωτη αυλή, ήταν το κενοτάφιο του βασιλιά Μίνωα. Ο ελληνικός μύθος λέει ότι ο Μίνωας πέθανε στη Σικελία κυνηγώντας τον Δαίδαλο, κι έτσι ο Έβανς έβγαλε το συμπέρασμα ότι έκτισαν ναό προς τιμήν του στην Κνωσό. Ονόμασε το κτίσμα Ο Τάφος-Ιερό και το αποκατέστησε, πλήρες με τα ιερά κέρατα, στη διάρκεια της ανασκαφής. Την πράξη αυτή ο Pendlebury τη χαρακτήρισε «παιχνίδι με τον τάφο κατά έναν αηδιαστικό τρόπο».[122]

Τελικά, ο Έβανς είχε τον Βασιλικό Τάφο του, μολονότι η εσωτερική «ταφική κρύπτη» περιείχε υλικά της μυκηναϊκής και όχι της μινωικής περιόδου, και ο Pendlebury είχε μάθει πλέον τι σήμαινε να δουλεύεις με τον «Μικρό Άρθουρ», όπως άρχισε να τον αποκαλεί. Η τελευταία προσβολή ήρθε όταν ο Έβανς τιμήθηκε με το Μετάλλιο Flinders Petrie για την ανακάλυψη και ανασκαφή αυτού του τάφου, που ο Pendlebury προτιμούσε να ονομάζει «ο τάφος μας».[123]

Ήταν φανερό πως ο Pendlebury δεν ήταν διατεθειμένος να μείνει άπραγος, όπως είχε κάνει ο Mackenzie, και να βλέπει τον Έβανς να πιστώνεται τη δική του δουλειά. Ο Έβανς δεν πήγε στην Κρήτη τα αμέσως επόμενα χρόνια κι έτσι η αναπόφευκτη ρήξη αναβλήθηκε μέχρι το 1934, όταν η επιτροπή της Βρετανικής Αρχαιολογικής Σχολής είπε στον Pendlebury ότι έπρεπε να δουλεύει αποκλειστικά στην Κνωσό και να σταματήσει να ταξιδεύει στην Κρήτη. Ο Pendlebury συνέτασσε λεξικό αρχαιολογικών τοποθεσιών, που θα συνόδευε ένα γενικό βιβλίο για την αρχαιολογία της Κρήτης. Έτσι, τα ταξίδια του ήταν συνδυασμός περιπέτειας και ανακάλυψης και τον έκαναν να αγαπήσει την Κρήτη και τους Κρήτες όπως ποτέ δεν τους αγάπησε ο Έβανς. Όμως ο Έβανς δυσανασχετούσε που αυτός τον οποίο θεωρούσε πληρωμένο υπηρέτη του έλειπε από την Κνωσό για τόσο μακρά διαστήματα, για να μην αναφέρουμε και τις ανασκαφές του στην Αίγυπτο. Ο Pendlebury εγκατέλειψε τη θέση του επιμελητή της Κνωσού, όμως γυρνούσε στην Κρήτη κάθε χρόνο για να διεξάγει τις δικές του ανασκαφές στο Λασίθι.

Το Δαχτυλίδι του Μίνωα,* που είχε οδηγήσει τον Έβανς στον Τάφο-Ιερό, αγοράστηκε από το Μουσείο του Ηρακλείου, όμως αργότερα κρίθηκε πως ήταν πλαστό και επιστράφηκε στον ιδιοκτήτη του, του οποίου η γυναίκα υποτίθεται ότι το έχασε, όχι όμως πριν αυτό σχεδιαστεί, φωτογραφηθεί και φτιάξουν το εκμαγείο του, έτσι ώστε ο Gilliéron υιός να μπορέσει να κατασκευάσει ένα αντίγραφο. Η εγχάρακτη παράσταση, για μια ακόμη φορά, έδειχνε σκηνές από το «χαμένο Μινωικό Έπος» του Έβανς, που αυτή τη φορά περιλάμβανε πλοίο με το σχήμα *ιππόκαμπου*, με ιερά κέρατα τοποθετημένα στην καμπίνα του σκάφους που το κυβερνούσε η μινωική Θεά. Όπως και με το Δαχτυλίδι των Αρχανών, υπάρχουν δύο σύγχρονα αντίγραφα και κανένα δεν είναι πειστικό, αν και πάντοτε θα έχουν τους υποστηρικτές τους.

Η πένα από φτερό χήνας του Έβανς σταμάτησε να καταγράφει το επίσημο όραμά του για τους Μινωίτες με την ολοκλήρωση του τέταρτου και τελευταίου τόμου του έργου, *The Palace of Minos*, στις 4 Σεπτεμβρίου του 1934. Όπως με τον δεύτερο και τρίτο τόμο, το ελεύθερο ανακάτεμα στο τελευταίο βιβλίο μοντέρνων και αρχαίων τεχνουργημάτων καθιστά σχεδόν αδύνατο να πάρουμε την

---

* Το δαχτυλίδι αυτό επανήλθε στην επικαιρότητα, όταν παραδόθηκε τον Μάιο του 2001 στο Εθνικό Αρχαιολογικό Μουσείο από κάποιον απόγονο του παπά και από τις 23 Ιουλίου του 2002 εκτίθεται στο Αρχαιολογικό Μουσείο Ηρακλείου. (Σ.τ.Ε.)

ανάλυση στα σοβαρά. Τα ειδώλια από ελεφαντόδοντο και τα χρυσά δαχτυλίδια καταλάμβαναν περίοπτη θέση, μαζί με εκτενείς αναφορές για τις αρχιτεκτονικές αποκαταστάσεις. Όμως ο Έβανς είχε ολοκληρώσει αυτό που είχε αποφασίσει να κάνει όταν πήγε για πρώτη φορά στην Κρήτη, πριν από σαράντα χρόνια, και οι Κρήτες τού ήταν ευγνώμονες. Επέστρεψε στην Κνωσό για τελευταία φορά τον Απρίλιο του 1935 για να γίνει επίτιμος δημότης Ηρακλείου. Δέκα χιλιάδες άνθρωποι μαζεύτηκαν για να δουν τον άνθρωπο ο οποίος τους είχε δώσει το μνημείο που βρισκόταν στην καρδιά της σύγχρονης Κρήτης και, σε αντάλλαγμα, του πρόσφεραν τη χάλκινη προτομή που στέκεται σαν φρουρός στην υπαίθρια αυλή κοντά στην είσοδο της Κνωσού. Πανηγυρικοί, οι οποίοι φαίνονταν δίχως τέλος και αναφέρονταν στο έργο που είχε επιτελέσει και στην ευγνωμοσύνη των Κρητών για το δώρο του, αναγνώστηκαν κάτω από τον καυτό ήλιο για να τον τιμήσουν. Ο Έβανς με τη σειρά του, με μίγμα αρχαίων και νέων ελληνικών, απηύθυνε χαιρετισμό σε εκείνους που ευεργετήθηκαν περισσότερο από τις ανακαλύψεις του. Ο συγκινητικός αποχαιρετισμός του στον τόπο όπου πραγματοποίησε το μεγαλύτερό του επίτευγμα έκλεισε με καθαρή δήλωση των πρωταρχικών αξιών της ζωής του. Θύμισε στο ακροατήριό του την αξία της ανθρώπινης επιτυχίας, ως επιβράβευσης για τη σκληρή εργασία και επιμονή, όμως επίσης, όπως είπε, και της ταπεινοφροσύνης μπροστά σε μια δύναμη μεγαλύτερη από τον άνθρωπο:

> Γνωρίζουμε τώρα ότι οι παλιές παραδόσεις ήταν αληθινές. Έχουμε μπροστά στα μάτια μας ένα θαυμαστό θέαμα, την ανάσταση ενός πολιτισμού δυο φορές παλαιότε-

ρου από εκείνον της Ελλάδας. Είναι αλήθεια πως αυτά που βλέπουμε στην τοποθεσία του παλαιού Ανακτόρου είναι μόνο τα ερείπια των ερειπίων, όμως το σύνολο διαπνέεται ακόμη από το πνεύμα της τάξης και της οργάνωσης του Μίνωα και της ελεύθερης και φυσικής τέχνης του μεγάλου αρχιτέκτονα Δαίδαλου. Το θέαμα, πράγματι, που έχουμε μπροστά μας είναι ασφαλώς παγκόσμιας σημασίας. Συγκρινόμενη με αυτό, πόσο μικρή είναι οποιαδήποτε ατομική συνεισφορά! Όσα κι αν έχει επιτύχει ένας ερευνητής, δεν είναι παρά το ταπεινό εργαλείο που εμπνέεται και καθοδηγείται από μια μεγάλη Δύναμη.

Όταν όλες οι εορταστικές εκδηλώσεις τελείωσαν, ο Έβανς απέτισε τον ύστατο αποχαιρετισμό του στην Κνωσό.

Ο Pendlebury συγκινήθηκε από το πέρασμα των γενεών. «Ο Έβανς έφυγε χτες», έγραψε στον πατέρα του. «Κι έτσι διακόπηκε η συνέχεια των λαμπρών ημερών μας. Ήταν πολύ θλιβερό».[124]

Ο Έβανς είχε απόλυτη συνείδηση των αποτυχιών του, ιδιαίτερα της ανικανότητάς του να αποκρυπτογραφήσει τις εγχάρακτες πινακίδες, όπως παραδέχτηκε το 1935:

> Η ανακάλυψη αυτών των μαρτυριών, που επιβεβαιώνουν την ύπαρξη εξελιγμένου συστήματος γραφής στη μινωική Κρήτη –το οποίο στην πιο πρώιμη φάση του προϋπήρχε των ελληνικών περίπου επτά αιώνες– προκάλεσε τότε μεγαλύτερο ενδιαφέρον από οτιδήποτε άλλο βρέθηκε μέσα στους τοίχους του Ανακτόρου της Κνωσού. Όμως, οι μεγάλες ελπίδες για την ταχεία ερμηνεία του δεν επαληθεύτηκαν. Πράγματι, κανένας που καταλάβαινε τις πραγματικές συνθήκες δεν μπορούσε να περιμένει μια τόσο γρήγορη λύση του προβλήματος ... Όχι μόνο η

> γλώσσα, αλλά και το μεγαλύτερο μέρος των φωνητικών αξιών των χαρακτήρων της μινωικής γραφής έχουν χαθεί.[125]

Τώρα ξέρουμε πως ήταν χαμένα εξαιτίας των περιορισμών που τους είχε επιβάλει ο Έβανς. Το κύριο εμπόδιο για την αποκρυπτογράφηση ήταν ότι ο Έβανς δεν τα δημοσίευσε ποτέ πλήρως. Μερικά σχέδια εμφανίστηκαν στον τέταρτο τόμο, όμως οι σημειώσεις, τα σχέδια και οι φωτογραφίες των περίπου 1.800 πινακίδων της Γραμμικής Β, αποτέλεσμα πολυετούς εργασίας, παρέμειναν κλειδωμένα στο γραφείο του στο Youlbury. Οι πινακίδες ήταν, με διαφορά, το σημαντικότερο εύρημα της καριέρας του και, ακόμη και στα τελευταία χρόνια της ζωής του, δεν άντεχε να τα παραδώσει. Συνέχισε μάλλον να ελπίζει ότι θα σκόνταφτε πάνω στη λύση ως προς το νόημά τους και θα κατέπλησσε τον κόσμο με μια τελική αποκάλυψη, αλλά όσο καιρό κι αν τις κράτησε, δεν μπόρεσε ποτέ να τις διαβάσει. Εκείνο που δεν μπορούσε να καταλάβει ήταν ότι οι διά βίου αντικλασικές του προκαταλήψεις και η σταθερή πεποίθηση για τις προελληνικές και ετεοκρητικές καταβολές των Μινωιτών του, όπως καθιερώθηκαν από τον Όμηρο, εγγυούνταν ότι δεν θα μπορούσε ποτέ να μάθει τι λαχταρούσαν να του πουν εκείνοι οι μικροί χαρακτήρες, που ήταν πια τόσο στέρεα χαραγμένοι στο μυαλό του όσο και στον μαλακό πηλό.

Ο Έβανς επανέλαβε το παράπονό του σε δημόσιο ακροατήριο στο Λονδίνο το 1936, κι εκεί μια νέα γενιά, ανεπηρέαστη από τις παρωπίδες που ο ίδιος είχε επιβάλει, ανέλαβε την έρευνα και πέτυχε εκεί που αυτός που τις ανακάλυψε είχε αποτύχει. Ο δεκατετράχρονος Michael

Ventris είχε πάει εκείνο τον χρόνο με τη μητέρα του στον εορτασμό του Ιωβηλαίου της Βρετανικής Αρχαιολογικής Σχολής Αθηνών και άκουσαν τον Έβανς να μιλά για την ανακάλυψη που ήταν μαζί η δόξα και η κατάρα της ζωής του. Μετά τη διάλεξη, σύστησαν στον σπουδαίο κύριο το αγόρι, που πήρε στα σοβαρά την προτροπή του Έβανς. Ο Ventris ήταν αποφασισμένος να διαβάσει τα κείμενα, κι έτσι έκανε, όμως όχι όσο ζούσε ο Έβανς.

Μια μινωική Μαντόνα

Η πεντηκοστή επέτειος της Βρετανικής Αρχαιολογικής Σχολής Αθηνών γιορτάστηκε μεγαλοπρεπώς με δημόσια έκθεση και σειρά διαλέξεων στη Βασιλική Ακαδημία των Τεχνών τον Οκτώβριο και τον Νοέμβριο του 1936. Παρά τα πολυάριθμα σημαντικά και διαπρεπή έργα και τις προσωπικότητες της Σχολής που είχαν συμβάλει στην αποκάλυψη «όλων των περιόδων της Ιστορίας των ελληνικών χωρών και του ελληνικού λαού» και μολονότι το έργο του δεν συνδεόταν άμεσα με τη Σχολή, η πρωτοκαθεδρία δόθηκε στον ογδονταπεντάχρονο Έβανς, ο οποίος κάθισε στο κέντρο της Υψηλής Τράπεζας του Δείπνου του Ιωβηλαίου στις 13 Οκτωβρίου, με τον Alan Wace στην άκρη του τραπεζιού δεξιά του και τον Bernard Ashmole, αυθεντία στην κλασική ελληνική γλυπτική και απόγονο του Elias Ashmole, στο αριστερό άκρο. Ο John Myres, στην εναρκτήρια ομιλία του ως προέδρου της Σχολής, τοποθέτησε «από τη μια πλευρά των κλασικών σπουδών, που βρίσκονταν στο κέντρο», το έργο του Έβανς, με την ανακάλυψή του του «Προελληνικού Μινωικού Πολιτισμού», και τον Βυζαντινό Πολιτισμό από την άλλη.[126] Η κοινή αντίληψη της εποχής δεν διατυπώθηκε πουθενά πιο καθαρά και συνοπτικά από ό,τι στην απόκριση του Έλληνα υπουργού Σιμόπουλου: «Οι ανασκαφές στην Κνωσό έκαναν ξακουστό το όνομα του σερ Άρθουρ Έβανς, τον οποίο διέκρινε το μοναδικό χάρισμα να μεταβάλλει σε αυθεντική ιστορία αυτό που προηγουμένως θεωρείτο μυθολογία».[127] Μη θέλοντας να απογοητεύσει, ο Έβανς χρησιμοποίησε την πρώτη δημόσια διάλεξη με τίτλο «Ο Μινωικός Κόσμος», που ήταν σχεδιασμένη για να μυήσει τον αδαή σε κάποιες όψεις της ελληνικής τέχνης και αρχαιολογίας, όπως είχαν αναδειχτεί από τις δραστηριότητες της Σχολής, για να επαναβεβαιώσει τη θέση του σε σχέση με αυτή του Σλήμαν, να καταδείξει τη σημασία της ανακάλυψής του, σχετίζοντάς τη στενά με την Αίγυπτο, και, το κυριότερο, να επικυρώσει τον σύνδεσμο ανάμεσα σε παραστάσεις της μινωικής τέχνης και σε σκηνές από τους ελληνικούς μύθους (και, κατ' επέκταση, την αυθεντικότητα των αμφίβολων ελεφαντοστέινων ειδωλίων και χρυσών κοσμημάτων, όλα κομμάτια της μεγάλης έκθεσης που έδειχνε σε όσους ενδιαφέρονταν στο τέλος της διάλεξης).

Η καταγραμμένη διάλεξη είναι η τελευταία δημοσίευση του Έβανς για τους Μινωίτες. Ήταν ασφαλώς γραμμένη από τον ίδιο, μολονότι οι αναφορές στις πράξεις του γίνονται στο τρίτο ενικό πρόσωπο. Όπως ο Ιούλιος Καίσαρ, όταν έγραφε την ιστορία για τα έργα του, θυμάται πώς ο Έβανς «σκόνταψε» για πρώτη φορά πάνω στους Μινωίτες: «Είχε προσέξει στο Μουσείο της Αθήνας και σε ιδιωτική συλλογή ορισμένες σφραγίδες που βρέθηκαν στην Κρήτη». Αν και αυτό μπορεί να συγχωρηθεί ως η δουλειά ενός φιλόπονου συγγραφέα της Βασιλικής Ακαδημίας που ξεχνά να προσωποποιήσει την ομιλία πριν να τη στείλει στους τυπογράφους, λιγότερο συγχωρητέα είναι η χρήση του κεφαλαίου Α, όταν περιγράφει τον εαυτό του ως ο «Ανασκαφέας» (μήπως θα πρέπει να το θεωρήσουμε ως εναλλακτικό του «Δημιουργός»;) ο οποίος πρότεινε την υποδιαίρεση των μινωικών περιόδων κάπου τριάντα πέντε χρόνια νωρίτερα.

Οι τελικές σκέψεις του Έβανς για τον Κάτω Κόσμο και τη μινωική θρησκεία, θέματα που ξεκάθαρα τον απασχολούσαν πολύ τα τελευταία χρόνια, αποκάλυπταν ένα από τα κύρια θέματα της ζωής του: «Ως σύνολο, οι μινωικοί σφραγιστικοί δακτύλιοι αποτελούν βασική πηγή της γνώσης μας για τη μινωική θρησκεία. Κρίνοντάς την από χριστιανική άποψη, βρισκόταν σε σαφώς υψηλότερο επίπεδο από την κλασική μορφή που τη διαδέχτηκε. Περιλάμβανε ... ένα πρωτόγονο στοιχείο στο οποίο τα "Μπεθέλ", με τη μορφή ιερών με πεσσούς, εμποτίζονται τελετουργικά με το θείο πνεύμα, που συχνά κατεβαίνει με μορφή περιστεριού». Δεν υπάρχει αμφιβολία ότι έκανε παραλληλισμό ανάμεσα στο μινωικό περιστέρι και το Άγιο Πνεύμα των Χριστιανών, που συχνά απεικονίζεται ως περιστέρι. Η επιτυχής ολοκλήρωση της έρευνάς του για τις χριστιανικές ρίζες στην προϊστορία της Κρήτης διευκρινιζόταν περαιτέρω:

> Οι ίδιοι οι παλαιοί Κρήτες ανήκαν σε φυλή ... που μπορεί να ανιχνευτεί ανατολικά μέσα σε ένα μεγάλο τμήμα της Ανατολίας και της Βόρειας Συρίας, και η ίδια η θρησκεία ανήκε βασικά στη Δυτική Ασία. Δεν είναι παρά-

ξενο λοιπόν που η χριστιανική πίστη, όπως τη βλέπουμε ακόμη και σήμερα σε ολόκληρη την περιοχή της Μεσογείου, βρήκε κάποιες ενδιαφέρουσες προτυπώσεις σε αυτήν της μινωικής Κρήτης. Η ρίζα ήταν μητριαρχική και η Μητέρα Θεά προΐσταται. Η λατρεία της Μητέρας και του Παιδιού σε έναν σφραγιστικό δακτύλιο, με τους Μάγους με τη μορφή πολεμιστών να φέρνουν τα δώρα τους, είναι σχεδόν πανομοιότυπη με εκείνη σε ένα χριστιανικό πέτρινο δαχτυλίδι του έκτου αιώνα της εποχής μας. Εδώ, η Μητέρα με το Παιδί στα γόνατά της είναι μια πραγματική Μαντόνα. Σε άλλη ενδιαφέρουσα παράσταση γίνεται σαφής αναγωγή στον θάνατο του νεαρού Θεού ... η ιδέα της αναγέννησης μετά τον θάνατο επίσης επαναλαμβάνεται σε αυτές τις παραστάσεις και συμβολίζεται με τη χρυσαλλίδα όπως και με την πεταλούδα ... Όμως αν και σε αυτές τις παραστάσεις ο παραλληλισμός με τον Ταμμούζ* και τη Μεγάλη Μητέρα από τη συριακή πλευρά είναι αδιαμφισβήτητη, η άποψη στον Μινωικό Κόσμο ήταν αγνότερη, και σε όλους τους κλάδους της τέχνης του –που εκτείνονται σε τόσους πολλούς αιώνες– ούτε μία απεικόνιση απρεπούς φύσεως δεν ήρθε στο φως.

Έτσι, δεν ήταν μόνο τα μοτίβα της χριστιανικής λατρείας που απαντούν στη μινωική τέχνη, αλλά και το πνεύμα της «ευπρέπειας» μπορούσε επίσης να αποδοθεί στους Κρήτες που είχε στο μυαλό του. Ήταν, πάντως, κυρίως το μοτίβο της Μαντόνας και του Παιδιού, της μη-

---

* Ταμμούζ ή Ντουμουζί (ελλ. απόδοση Δαώς, Δαώζος ή Δάωνος): σουμερικός και βαβυλωνιακός θεός, μυθολογικός γιος του Μαρδούκ και σύζυγος της Ιστάρ. Χαρακτηριστικό στοιχείο της λατρείας του ήταν ο περιοδικός θάνατος και αναγέννησή του. (Σ.τ.Ε.)

τέρας και του γιου, με θεϊκή υπόσταση και οι δύο, που τον απορρόφησε στα τελευταία του χρόνια.

❖

Ιστορικές επιταγές που βασίζονταν αφενός στον μύθο των Αρίων στη Γερμανία και αφετέρου στη νοσταλγία για τη Ρωμαϊκή Αυτοκρατορία στην Ιταλία, που και τα δύο ενθάρρυνε η αδιαλλαξία των σύγχρονων πολιτικών, έφεραν πάλι την Ευρώπη στον πόλεμο, όταν η Γερμανία, υπό την ηγεσία του Χίτλερ, εισέβαλε στην Πολωνία το 1939, ως πρώτο βήμα δημιουργίας μιας νέας, τρίτης εκδοχής του Γερμανικού Βασιλείου. Οι Σύμμαχοι ενώθηκαν πάλι, αυτή τη φορά χωρίς την Ιταλία, η οποία, υπό τη φασιστική κυβέρνηση του Μουσολίνι, συμπαρατάχτηκε με τον Χίτλερ. Οι αρχαιολόγοι, για μία ακόμη φορά, έδρασαν ως στρατιωτικοί σύνδεσμοι στο πεδίο των επιχειρήσεων. Ο λοχαγός John Pendlebury επέστρεψε στην Κρήτη ως Βρετανός υποπρόξενος, όμως η πραγματική του αποστολή ήταν να εκπαιδεύσει και να κατευθύνει ομάδα Κρητών ανταρτών σε επιδρομές εναντίον των ιταλικών θέσεων στα Δωδεκάνησα.

Ο Pendlebury ανέλαβε την αποστολή με το αδάμαστο πνεύμα της περιπέτειας που τον χαρακτήριζε, και περιφερόταν στο Ηράκλειο με τον ανέμελο τρόπο του και ένα μπαστούνι-σπαθί κάτω από τη μασχάλη του, ένα μικρό μπαστούνι περιπάτου ή μαστίγιο που έκρυβε ατσάλινη λεπίδα. Ήταν ευτυχής με την εμπειρία να εκπαιδεύει τους παλιούς φίλους του στα αγαπημένα του βουνά, μα τελικά ο πόλεμος έφτασε και σε αυτόν. Έγραψε στη Hilda στις 7 Μαρτίου του 1941, ρωτώντας για «τον Μικρό

Άρθουρ, τον Myres ... όλους τους κατεργάρηδες από τα παλιά». Όμως το γράμμα τελειώνει ως εξής: «Προς το παρόν, φαίνεται να είμαστε ασφαλείς όσο κι εσείς, αν και μέχρι να λάβεις αυτό το γράμμα ίσως να μην είμαστε έτσι!» Ήταν η τελευταία φορά που είχε νέα του. Στις 21 Μαΐου, ο Χίτλερ έστειλε το νέο μυστικό όπλο του εναντίον της Κρήτης, ελαφρά σώματα αλεξιπτωτιστών, και ο Pendlebury χάθηκε μέσα στα μαύρα σύννεφα της μάχης και των διαδόσεων.

Ο Pendlebury είχε αγαπήσει την Κρήτη και τους Κρήτες πάρα πολύ. Ήταν προφανές ότι είχε δώσει την καρδιά και την ψυχή του στους νησιώτες και στον φυσικό τους παράδεισο. Η εισαγωγή στο τελευταίο του κείμενο για τους αρχαίους Κρήτες, το βιβλίο του *The Archaeology of Crete*, το 1939, τελειώνει με μια συγκινητική αναγνώριση για τους ζωντανούς:

> Τελευταίοι, αλλά όχι λιγότερο σπουδαίοι, έρχονται όλοι εκείνοι οι σύντροφοι στα ταξίδια μας και η φιλοξενία των ίδιων των Κρητών. Το ταξίδι είναι καθαρή απόλαυση, είτε συνοδεύεσαι από έναν ρωμαλέο νεαρό Κουρίτη της Δίκτης, είτε από έναν εξίσου ρωμαλέο αλλά πιο στοχαστικό γέρο της Ίδης, είτε μένει κανείς με τον δάσκαλο του χωριού σε μοναστήρι, είτε σε γυμνή λοφοπλαγιά με τους παρδαλούς Τσιγγάνους. Το να έχεις σταθεί στην Ίδη, στη Δίκτη και στον Αφέντη-Καβούσι στον καθαρό τσουχτερό αέρα και να έχεις μοχθήσει μέσα στις μικρές ζεστές κοιλάδες μέσα στην αξέχαστη μυρωδιά των βοτάνων, είναι εμπειρία την ανάμνηση της οποίας τίποτε δεν θα μπορέσει να σου την πάρει ποτέ.[128]

Όμως τώρα, εκείνος και οι αναμνήσεις του είχαν χαθεί. Αργότερα, ο κόσμος έμαθε πως ο Pendlebury τραυματίστηκε στη διάρκεια της μάχης που ακολούθησε το πρώτο κύμα των Γερμανών αλεξιπτωτιστών, με το οποίο ξεκίνησε η Μάχη της Κρήτης, και εκτελέστηκε την επόμενη μέρα. Μέσα σε λίγες μέρες, τα κυριότερα κέντρα της Κρήτης είχαν καταληφθεί και ο κατακτητής στρατηγός των κατοχικών δυνάμεων εγκαταστάθηκε στο μοναδικό κατάλληλο κατάλυμα: τη Βίλα Αριάδνη.

Ο Έβανς πήρε πολύ βαριά τα νέα για τη Μάχη της Κρήτης και τον θάνατο του Pendlebury. Ήταν σαν όλα όσα είχε κάνει στην Κνωσό να είχαν περάσει στους νέους βαρβάρους, και ο θάνατος του Pendlebury, σε ηλικία τριάντα πέντε ετών, φάνηκε να επισκιάζει το λαμπρό μέλλον της κρητικής αρχαιολογίας. Ο Έβανς δεν θα είχε ποτέ θυσιαστεί με τον τρόπο που θυσιάστηκε ο Pendlebury. Έβλεπε τον εαυτό του ως σωτήρα, που μπορούσε να κάνει το καλό απλώς με την ύπαρξή του, παρά με το να ενταχτεί σε ένα κίνημα σε προσωπικό επίπεδο, όπως ο Pendlebury. Ακόμη και στα Βαλκάνια, ο Έβανς θεωρούσε τον εαυτό του διερμηνέα, μέσω του οποίου οι καταπιεσμένοι λαοί μπορούσαν να εκφράσουν τις πιο βαθιές αγωνίες τους, αλλά όχι κάποιον που θα ενδιαφερόταν γι' αυτούς προσωπικά. Ο Pendlebury ήταν άνθρωπος της εποχής του, κάποιος που έβαζε τις πράξεις πάνω από τα λόγια, και ταυτίστηκε τόσο πολύ με τους φλογερούς Κρήτες και στην ευφορία και στον πόνο τους, που στο τέλος έγινε ένας από αυτούς και πλήρωσε το τίμημα με τη ζωή του.

Το πρωί της 8ης Ιουλίου του 1941, ο Myres, ο Dawkins (τώρα ομότιμος καθηγητής των Βυζαντινών και Νέων Ελληνικών στην έδρα Bywater και Sotheby στην Οξφόρδη) και ο Edward Thurlow Leeds, επιμελητής του Ashmolean, πήγαν με αυτοκίνητο στο Youlbury να ευχηθούν στον Έβανς για τα ενενηκοστά του γενέθλια. Τον βρήκαν σε μια περίεργη κατάσταση, να γκρινιάζει ότι έπρεπε να μετακομίσει στο σπιτάκι του φύλακα στην είσοδο του Youlbury, επειδή «είχε ξοδέψει όλα τα χρήματά του στην Κνωσό και δεν είχε μείνει τίποτε».[129] Όμως ζωήρεψε όταν του πρόσφεραν, εκ μέρους της Ελληνικής Εταιρείας, έναν περίτεχνο πάπυρο «προς τιμήν της συνεισφοράς του στη γνώση» και «υπεράνω όλων» εις μνήμην της «ακάματης έμπνευσης και ενθάρρυνσής του προς όλους όσοι εργάζονται στα ευρεία αυτά πεδία, των πρωτοβουλιών και των σοφών του συμβουλών στην προώθηση της γνώσης και της έρευνας σε πολλές περιπτώσεις, και της διά βίου ένθερμης αφοσίωσής του στην ελευθερία της σκέψης και της δράσης».[130] Αν είχαν παραδώσει έναν τέτοιο πάπυρο στα εβδομηκοστά του γενέθλια, οι κομιστές μπορεί να αισθάνονταν λιγότερες ενοχές, εκπροσωπώντας την υποκρισία με την οποία το ακαδημαϊκό κατεστημένο συμπεριφέρεται στους γηραιούς μελετητές. Όπως τα περισσότερα περίβλεπτα βραβεία, ήρθε με είκοσι χρόνια καθυστέρηση. Ο Έβανς είχε γίνει μπελάς για τους νέους μελετητές που είχε ορκιστεί να βοηθά. Πολλοί ένιωθαν πως με ενέργειές του είχε καταστρέψει την καριέρα του Wace. Όμως δεν ήταν ώρα για ειλικρίνεια. Έπρεπε να δείξουν σεβασμό σε έναν από τους πιο διαπρεπείς αρχαιολόγους του εικοστού αιώνα.

Τρεις μέρες μετά την επίσκεψη, ο Άρθουρ Τζων Έβανς

έφυγε στον ύπνο του. Αποτεφρώθηκε στην εξαγνιστική φωτιά των Ελλήνων και η τέφρα του μεταφέρθηκε στο νεκροταφείο του Abbot's Langley, όπου βρίσκεται μαζί με τον πατέρα και τη μητέρα του, μακριά από τις εξέδρες του Youlbury που ατενίζουν κατά μήκος της κοιλάδας του White Horse, όπου ξεκίνησε αυτή η ιστορία με τη γέννηση του Άρθουρ Μπενόνι Έβανς το 1781. Τρεις πλήρεις γενιές των Έβανς, σε περίοδο ενός και μισού αιώνα, βοήθησαν να ξαναγραφεί η παγκόσμια ιστορία, όμως η πιο ουσιαστική συνεισφορά ήρθε από τον τρίτο και τελευταίο της σειράς.

ΚΕΦΑΛΑΙΟ ΕΚΤΟ

Ο μινωικός Λαβύρινθος

Επιτάφιος

Ο ΘΑΝΑΤΟΣ ΤΟΥ ΣΕΡ ΑΡΘΟΥΡ ΕΒΑΝΣ ΛΥΠΗΣΕ ΚΑΙ ΤΑΥΤΟχρονα ανακούφισε τους φίλους και συναδέλφους του. Ο Myres έγραψε τις νεκρολογίες για τη Βρετανική Ακαδημία και τη Βασιλική Εταιρεία, με βάση τις εμπειρίες και την προσωπική του γνώση, αλλά και επιστολές που ζήτησε από συνεργάτες, όπου αποτύπωναν τις δικές τους εντυπώσεις. Ο Bell, από το Μουσείο Ashmolean, επισήμανε στον Myres ότι είχε την ευκαιρία να βάλει τα πράγματα στη θέση τους: «Εσύ, ειδικά, μπορείς να επιμερίσεις πιο δίκαια από οποιονδήποτε τη συνεισφορά του καθενός από όσους συνέβαλαν στην ανακάλυψη του Μινωικού Πολιτισμού (κάτι που υπάρχει μεγάλη ανάγκη να γίνει), με την προϋπόθεση να φροντίσεις να μη μειώσεις το δικό σου μερίδιο, που όλοι οι εμπλεκόμενοι ξέρουν ότι είναι πολύ μεγάλο».[1] Αντίθετα, ο Myres έγραψε ηρωικό επιτάφιο για τον δάσκαλο, μέντορα και συνάδελφό του, και έδωσε διάλεξη στο ίδιο ύφος για τη ζωή και το έργο του Έβανς στην Ελληνική Εταιρεία το φθινόπωρο του 1941. Αρνήθηκε όμως να κάνει τις σημειώσεις του βιβλίου, όταν του το ζήτησαν οι εκδότες του Λονδίνου Chatto και Windus. Για όποιους λόγους και αν το έκανε αυτό –ίσως επειδή ήξερε ότι δεν θα μπορούσε να διατηρήσει πλέον τη μάσκα του άκριτου εγκωμίου, με τα λόγια του Bell και τις δικές του αναμνήσεις να βασανίζουν το υποσυνείδητό του– ο Myres μεταβίβασε την προσφορά στην ετεροθαλή αδελφή του Έβανς, την Τζόαν. Κανείς βαθύς γνώστης της αρχαιολογίας δεν θα μπορούσε να γράψει βιογραφία, χωρίς να αναφερθεί σε πράξεις που ήταν σχεδόν βέβαιο πως θα θεωρούνταν ότι σπίλωναν τη μνήμη του προσφάτως εκλιπόντος.

Καθώς ο πόλεμος φούντωνε στην Ευρώπη, το υπουργείο Πολέμου επίταξε το Youlbury το φθινόπωρο του 1941, για να στρατωνίσει μια σμηναρχία της Βασιλικής Αεροπορίας, και κατέστρεψε το σπίτι. Ήταν σαν να εκδικούνταν τον Έβανς για την εκστρατεία εναντίον τους, το 1917. Η Τζόαν Έβανς ανέλαβε να κανονίσει τα του κτήματος και να βάλει τάξη στο τεράστιο αρχείο μιας μακράς, δραστήριας και περίπλοκης ζωής. Στην αλληλογραφία της με τον Myres φαίνεται καθαρά ότι ο όγκος της δουλειάς την αποθάρρυνε. Ήταν η ιδανική επιλογή για πολλούς λόγους, αν και μπορεί να μην το πίστευε τότε. Είχε γνωρίσει το ακαδημαϊκό έργο του Έβανς μέσω του ευρετηρίου που συνέταξε για το *The Palace of Minos* το 1936, αλλά, όπως και με το ευρετήριο, ήταν πολύ αυστηρή στην επιλογή των κομματιών της πνευματικής ιστορίας του ετεροθαλούς αδελφού της στα οποία επικεντρώθηκε. Η βιογραφία που συνέγραψε έβαλε σε τάξη τη ζωή και την καριέρα ενός ανθρώπου, η ζωή του οποίου ήταν μια σειρά από δυνατά επεισόδια. Δεν άγγιξε ορισμένα θέματα και πρόσωπα, όχι επειδή ήταν ασήμαντα. Η υιοθεσία του συνομηλίκου της James Candy δεν αναφέρεται καθόλου, μολονότι κατείχε ιδιαίτερη θέση στην καρδιά του Έβανς και είχε παίξει ρόλο στο Προσκοπικό Κίνημα, μια σημαντική όψη της τελευταίας περιόδου της ζωής του. Απέφυγε τη θυελλώδη πλευρά του χαρακτήρα του Έβανς και θεώρησε τη δημόσια διαμάχη του με τον Wace ανάξια του μεταθανάτιου πορτραίτου της. Αντίθετα, ζωγράφισε τον ετεροθαλή αδελφό της περίπου όπως και τα επί παραγγελία πορτραίτα του: ως εντυπωσιακή μορφή περιτριγυρισμένη από τα σημαντικότερα ευρήματά του. Αποστείρωσε την ιστορία της, όπως η μητέρα στο *Πήτερ Παν* του J. M. Barrie, η οποία μπαίνει στο μυαλό των παιδιών την ώρα που κοιμούνται και τακτοποιεί τις σκέψεις τους όπως εκείνη εγκρίνει, αποβάλλοντας οτιδήποτε πιστεύει πως δεν είναι ταιριαστό.

Πάντως, αυτό που κατά την Τζόαν δεν ταίριαζε στην ανάπλαση που έκανε ήταν, κατά πολλούς τρόπους, πιο ενδιαφέρον από ό,τι νόμιζε πως ταίριαζε. Ο ρόλος της ως βιογράφου μπορεί να συγκριθεί με αυτόν που θα μπορούσε να έχει μια αυστηρή σύζυγος όσο ζούσε ο Έβανς: κάποια που να αντισταθμίζει με τη λογική της τον παιδικό του ενθουσιασμό και τις δημιουργικές του ανακατασκευές. Όμως, η επιτυχία του Έβανς με το κοινό οφείλεται κατά πολύ στο γεγονός ότι δεν επέτρεψε σε κανέναν να ελέγξει τις θεωρίες του, κι έτσι μπορούσε να επιβεβαιώνει την «ορθότητά» τους χωρίς πολλές αντιδράσεις. Η Τζόαν μπορεί να αισθανόταν πως ήταν καθήκον της να κάνει μεταθανάτιες διορθώσεις στη ζωή αυτού που θαύμαζε. Δυστυχώς, η απεικόνισή της στερείται βάθους και είναι τόσο επίπεδη όσο και το πορτραίτο του σερ William Richmond. Υποβιβάζοντας τις επιτυχείς ανακαλύψεις του Έβανς ως το αποτέλεσμα της παρουσίας του στο σωστό μέρος τον σωστό χρόνο, ή «στον Χρόνο και στη Συγκυρία», και αποδίδοντας την οξυδέρκειά του σε απλή διαίσθηση αρνήθηκε αυτό που στο κάτω κάτω έκανε τον Έβανς να αξίζει τη βιογραφία της: τη δύναμη του χαρακτήρα του, την αντοχή του μπροστά σε αντίξοες περιστάσεις και αντίθετες γνώμες και, πάνω από όλα, την τεράστια δημιουργική του ικανότητα.

Ο Άρθουρ Έβανς δεν σκόνταψε πάνω στην Κνωσό χάρη σε κάποια ευτυχή συγκυρία. Έβαλε σκοπό να αποκτήσει την κυριότητα μιας τοποθεσίας για την οποία υπήρχαν πολλές μαρτυρίες και διέθεσε επτά ολόκληρα χρόνια για να προετοιμαστεί, επισκεπτόμενος παρόμοιες τοποθεσίες, κρατώντας λεπτομερείς σημειώσεις για τα ευρήματα και τα συμπεράσματα των προγενεστέρων του και παίρνοντας ενεργό μέρος στις σύγχρονες πολιτικές εξελίξεις στην Κρήτη. Ως αρχιτέκτονας του παρελθόντος που ήταν, ήξερε πως έπρεπε επίσης να γίνει αρχιτέκτονας του παρόντος και του μέλλοντος, εξασφάλισε την εξειδίκευση που του έλειπε στα πρόσωπα του επιστάτη της ανασκαφής, αρχιτεκτόνων και συντηρητών και αναζήτησε τα αναγκαία κεφάλαια που του έδωσαν την ελευθερία να αποκαλύψει την Κνωσό, όπως υπαγόρευε το προσωπικό του όραμα.

❖

Ο Michael Ventris, ο νεαρός που είχε ακούσει τον Έβανς να πενθεί για τη σιωπή των πινακίδων της Κνωσού το 1936, ανήγγειλε στον κατάπληκτο κόσμο το 1952 ότι είχε αποκρυπτογραφήσει τη Γραμμική Β: οι πινακίδες ήταν γραμμένες σε πρώιμη μορφή αρχαίων ελληνικών. Ο Ventris απέδωσε την επιτυχία του στην άμεση πρόσβαση που είχε σε μεταγραφές πινακίδων από νέες ανασκαφές που ο Karl Blegen είχε αναλάβει στην Πύλο και στην απόφαση του Myres να επιτρέψει επιτέλους την πρόσβαση στις πινακίδες της Κνωσού, πενήντα ολόκληρα χρόνια από τότε που ο Έβανς θα έπρεπε να έχει διανείμει τις σημειώσεις του. Περισσότερες πινακίδες έγιναν διαθέσιμες από τις ίδιες τις Μυκήνες, όταν ο Wace επέστρεψε εκεί, μετά τριάντα χρόνια εξορίας, δικαιωμένος από την επιβεβαίωση ότι οι Μυκηναίοι Έλληνες ήταν κύριοι της Κνωσού όταν η μεγάλη φωτιά που έψησε τις πινακίδες σάρωσε το Ανάκτορο, στα τέλη της δεύτερης ανακτορικής περιόδου του Έβανς.

Οι μελετητές γρήγορα αποδέχτηκαν τη θεωρία του Wace για τη μυκηναϊκή κυριαρχία στην Κρήτη, όμως σύντομα ο Blegen επεσήμανε ότι η χρονολόγηση του Έβανς, περί το 1400 π.Χ., ήταν κατά δύο αιώνες προγενέστερη από τις παρόμοιες πινακίδες στην Πύλο και στις Μυκήνες.[2] Ο Leonard Palmer, καθηγητής Συγκριτικής Φιλολογίας στην Οξφόρδη, ο οποίος έγραψε συνθετική μελέτη για τις πινακίδες και το περιεχόμενό τους για τον μέσο αναγνώστη το 1960, έδειξε πως η γλώσσα των πινακίδων από τις τρεις τοποθεσίες ήταν ομοιόμορφη και πρέπει να είχε γραφεί την ίδια περίπου εποχή. Άρχισε σχολαστική επανεξέταση των πινακίδων της Κνωσού για να επαληθεύσει τη χρονολόγησή τους και βρήκε πειστικά στοιχεία που δείχνουν όχι μόνο ότι η χρονολόγηση του Έβανς ήταν λανθασμένη, αλλά και ότι ο Έβανς είχε εσκεμμένα νοθεύσει τα αρχεία ώστε να ταιριάζουν με την επιθυμία του, που τοποθετούσε τις πινακίδες στην ακμή του μινωικού πολιτισμού, πριν από την επανοίκηση από εποίκους, χρονική περίοδο στην οποία ο Palmer τοποθετούσε τώρα τα αρχεία. Το 1961 ο Palmer ξεκίνησε άγρια εκστρατεία κατά του Έβανς από ραδιόφωνα και εφημερίδες, τονίζοντας ανακολουθίες και αντιπαραβάλλοντας τις σημειώσεις του με αυτές του Mackenzie.[3] Ο σερ John Boardman, λέκτορας τότε στο Πανεπιστήμιο της Οξφόρδης στην Κλασική Αρχαιολογία, παρενέβη για να υπερασπιστεί τον Έβανς. Έκτοτε, πολλοί ακόμη ενεπλάκησαν σε αυτό που εξελίχτηκε σε ένα φαινομενικά αξεδιάλυτο θέμα, σημαντικό επειδή απεικονίζει γλαφυρά το βασικό ερώτημα στην καρδιά της ελληνικής αρχαιολογίας και ιστορίας: Ποιοι ήταν οι Έλληνες και από πού ήρθαν;[4]

Δύο στρατόπεδα συνεχίζουν να υποστηρίζουν είτε την προγενέστερη είτε τη μεταγενέστερη χρονολόγηση[5] και μια τρίτη εκδοχή –ότι οι πινακίδες ανήκουν σε περισσότερες από μία περιόδους– ρίχτηκε πρόσφατα στην αρένα.[6]

Εποικοδομητικό αποτέλεσμα της επίμονης έρευνας του Palmer είναι ο διαχωρισμός, από τους υποστηρικτές του, της ΥΜ ΙΙΙ Α περιόδου –γύρω στο 1350 π.Χ.– από την ΥΜ ΙΙ του Έβανς. Ένα άλλο είναι η αναγνώριση της μεγάλης συμβολής του Mackenzie στην ανασκαφή και δημοσίευση της Κνωσού. Ο ίδιος ο Mackenzie αποτελεί το θέμα πρόσφατης βιογραφίας.[7] Ίσως τώρα η ψυχή του, που λένε πως περιπλανιέται στους διαδρόμους της Βίλας Αριάδνης, να ξεφύγει για πάντα από τη σκιά του Έβανς.

Ο Gordon Childe απελπίστηκε βλέποντας πόσο γρήγορα και εύκολα ανατράπηκε η «Παν-Μινωική Σχολή» του Έβανς. Απογοητεύτηκε, επίσης, όταν είδε την αποτυχία του «μεγάλου και ελπιδοφόρου εγχειρήματος»,[8] όπως αποκαλούσε τη σοβιετική εξουσία, όταν οι φρικαλέες λεπτομέρειες της δεσποτικής διακυβέρνησης του Ιωσήφ Στάλιν βγήκαν στο φως μετά τον θάνατό του, το 1953, και ακολούθησε, το 1956, η δημόσια αποκήρυξή του. Με την αποσταλινοποίηση σε πλήρη εξέλιξη, ο Childe αποσύρθηκε από την αρχαιολογία και από τη ζωή, πηδώντας σε έναν γκρεμό τον Οκτώβριο του 1957. Αιτιολόγησε την αυτοκτονία του με σημείωμα όπου παραπονιόταν για «ανεπαρκείς δασκάλους» και «διακεκριμένους καθηγητές που μουρμουρίζουν παρωχημένες από δεκαετίας διαλέξεις» στα βρετανικά πανεπιστήμια. «Όμως, ακόμη κι όταν αποσύρονται, το γόητρό τους είναι τέτοιο, που μπορούν να εμποδίσουν την εξάπλωση προοδευτικών ιδεών και να γκρεμίσουν την καριέρα των καινοτόμων, όσων χωρίς λεπτότητες αψηφούν θεωρίες και διαδικασίες που πριν από δέκα ή δεκαπέντε χρόνια ήταν πρωτότυπες και καρποφόρες (σκέφτομαι για παράδειγμα τον Άρθουρ Έβανς)».[9] Ο Childe ζήτησε από τον διάδοχό του να μην ανοίξει το σημείωμα για δέκα χρόνια, «γιατί μπορεί να προξενήσει πόνο κι ακόμη να προκαλέσει αγωγές για δυσφήμηση»,[10] αλλά ήθελε να μαθευτεί τελικά ότι επέλεξε, ενώ είχε ακόμη σώας τας φρένας, να μην μπει στις τάξεις των διακεκριμένων ομότιμων καθηγητών που τα έχουν χαμένα. Ωστόσο κάποιος δεν μπορεί παρά να παρατηρήσει πως ο Childe μια ζωή υποστήριζε λάθος άτομα και ίσως έκρινε πως έπρεπε να της βάλει τέλος προτού κάνει και άλλες γκάφες.

Η Μαύρη Αριάδνη

Η κατάληψη της Κνωσού από τους Μυκηναίους Έλληνες έγινε αποδεκτό ιστορικό γεγονός, κυρίως χάρη στη γλώσσα των κειμένων της Γραμμικής Β. Η ύπαρξη όμως εκεί ισχυρού αιγυπτιακού στοιχείου, όπως ο Έβανς σταθερά τόνιζε, μόλις πολύ πρόσφατα επανεξετάζεται. Ένας Γερμανός γεωλόγος, ο Hans Georg Wunderlich, στο βιβλίο του *Wohin der Stier Europa trug*, το 1972 (εκδόθηκε στα αγγλικά το 1974 με τον τίτλο *The Secret of Crete*), διατύπωσε την άποψη ότι η Κνωσός ήταν νεκρικός ναός αιγυπτιακού τύπου. Ο επιστήμονας αυτός, με τον πραγματισμό που τον διέκρινε, δεν μπορούσε να φανταστεί πως κάποιος θα χρησιμοποιούσε κρητικό γύψο, που αποσυντίθεται γρήγορα όταν εκτίθεται στα στοιχεία της φύσης, για να κτίσει λειτουργική κατασκευή. Την Κνωσό, σύμφωνα με τον Wunderlich, την κατοικούσαν νεκροί, όχι ζωντανοί. Η θεωρία του απορρίφτηκε χωρίς θόρυβο και συζήτηση και ο ίδιος πέθανε σύντομα μετά τη δημοσίευσή της. Ο Wunderlich δεν ήταν αρχαιολόγος και η θεωρία απείχε πολύ από την προσέγγιση του Έβανς για το κτίσμα. Ακόμη και ο Αμερικανός φιλόλογος Martin Bernal, ο οποίος επεσήμανε στο βιβλίο του *Black Athena*, το 1987 (ουσιαστικά μια ιστορική αναδρομή στις αρχαίες και σύγχρονες θεωρίες για την καταγωγή των Ελλήνων), ότι πολλά στοιχεία μαρτυρούσαν αιγυπτιακή κυριαρχία στην Κρήτη και σε τμήματα της Ελλάδας, απέφυγε να αναφέρει τη θεωρία του Wunderlich, μολονότι ταίριαζε με τη δική του.

Η άποψη του Bernal, ότι οι αρχαίοι Έλληνες ποτέ δεν έκρυψαν την οφειλή τους προς τη φαραωνική Αίγυπτο, αλλά ότι οι σύγχρονοι μελετητές την αρνήθηκαν για χάρη της αρίας καταγωγής της ελληνικής κοινωνίας και γλώσσας, απασχόλησε πολύ τους ακαδημαϊκούς κύκλους και το κοινό, επειδή εξιστορούσε τις φυλετικές και εθνικές προκαταλήψεις που ενυπήρχαν στη συγγραφή της αρχαίας ιστορίας και προϊστορίας. Ο υπότιτλος του βιβλίου, *The Afroasiatic Roots of Classical Civilization*, ήταν εγγύηση για την άμεση και κατά βάση αρνητική αντιμετώπισή του από ακαδημαϊκούς κύκλους στην Ευρώπη και τη Βόρεια Αμερική. Όμως το ερώτημα παραμένει για το τι όφειλαν οι αρχαίοι Έλληνες στους Αιγύπτιους, οι οποίοι πολλοί μαύροι μελετητές πιστεύουν ότι ήταν μαύροι Αφρικανοί και επομένως πηγή προγονικής περηφάνιας για όλους τους μαύρους.

Ο ισχυρισμός του Bernal ότι «τεράστιος αριθμός αιγυπτιακών αντικειμένων βρέθηκε σε κάθε επίπεδο στην Κρήτη»[11] είναι υπερβολικός. Επίσης, η θέση του ότι η ύπαρξη του ισχυρού αιγυπτιακού στοιχείου στο πρώιμο Αιγαίο, το οποίο ο Έβανς χαρακτήρισε ως «πραγματικό θρησκευτικό συγκρητισμό», κράμα πίστεων, οφειλόταν σε αιγυπτο-φοινικική εισβολή γύρω στο 1550 π.Χ. είναι προβληματική. Οι Ύξώς, σημιτικός λαός που ίδρυσε τη Δέκατη Πέμπτη Αιγυπτιακή Δυναστεία όταν κατέλαβε διά της βίας την ανατολική πλευρά του Δέλτα του Νείλου, γύρω στο 1650-1550 π.Χ., εμπόδισαν την τακτική επικοινωνία ανάμεσα στους Φαραώ των Θηβών και στην Κρήτη. Στην πραγματικότητα, η μεγάλη πλειονότητα των αιγυπτιακών τεχνουργημάτων στην Κρήτη ανήκουν στο τέλος της δεύτερης ανακτορικής περιόδου, όπου ο Έβανς αναγνώρισε την εμφανή αιγυπτιακή επιρροή στη μινωική τέχνη.

Ο Έβανς είχε δηλώσει: «Σε σχέση με την Αίγυπτο, η μινωική Κρήτη δεν βρέθηκε στην ίδια θέση απέναντι στις Δυνάμεις του Νείλου και του Ευφράτη με την Παλαιστίνη και τη Φοινίκη, οι οποίες είχαν μόνο χερσαία σύνορα».

Υποστήριζε ότι «με τη θάλασσα να τους χωρίζει, μπορούσε να κρατά πάντοτε τον ξένο πολιτισμό σε απόσταση. Οι δραστήριοι κάτοικοί της συνεχώς απορροφούσαν και αφομοίωναν αιγυπτιακές φόρμες και ιδέες, αναπτύσσοντάς τες σε ανεξάρτητες γραμμές. Έπαιρναν αυτό που ήθελαν», φανταζόταν, «τίποτε περισσότερο, και δεν υποδουλώθηκαν ούτε καλλιτεχνικά ούτε πολιτικά».[12] Όμως τώρα βλέπουμε ότι αυτό ήταν απλώς κομμάτι του οράματος του Έβανς για «το ελεύθερο και ανεξάρτητο πνεύμα» των Μινωιτών, μια ιδέα που επλήγη ιδιαίτερα από την απόδειξη της κατάκτησης της Κρήτης από τους Μυκηναίους. Μπορεί πράγματι να υπήρξε αιγυπτιακή κυριαρχία στην Κρήτη, οικονομική, πολιτική ή και τα δύο, όμως όχι μέχρι τους δυναμικούς Φαραώ της Δέκατης Όγδοης Δυναστείας, που ανακατέλαβαν το Δέλτα του Νείλου, γύρω στο 1550 π.Χ., και επέκτειναν την κυριαρχία τους στους γείτονές τους, δημιουργώντας την πιο ισχυρή αυτοκρατορία της εποχής.[13]

Αν υποθέσουμε ότι η Αίγυπτος έθεσε την Κνωσό υπό την κυριαρχία της κάποια στιγμή στη δεύτερη ανακτορική περίοδο, όταν την έλεγχαν οι Μυκηναίοι Έλληνες μισθοφόροι, θα μπορούσαμε να δεχτούμε τη συχνή ταύτιση από τον Έβανς της Αφροδίτης-Αριάδνης με την Αιγύπτια Αθώρ-Ίσιδα, καθώς και την αρχική του εντύπωση ότι μια γυναίκα καθόταν στον θρόνο της Κνωσού. Πράγματι, το 1989 ο Βρετανός μελετητής Rodney Castleden, στο βιβλίο του *The Knossos Labyrinth*, υποστήριξε ότι μια γυναίκα εκπρόσωπος της μινωικής θεάς της φύσης κατείχε τον θρόνο σε αυτό που αποκαλούσε ναό-συγκρότημα.[14] Η θεωρία του Castleden μπορεί να συνδεθεί με το κίνημα για ενδυνάμωση του ρόλου των γυναικών στην προϊστορία, με κύρια εκπρόσωπο, από τις αρχές της δεκαετίας του 1970, την αείμνηστη Λιθουανή αρχαιολόγο και φιλόλογο Marija Gimbutas.

Η Gimbutas υποστήριζε πως στη διάρκεια της ευρωπαϊκής Νεολιθικής Εποχής οι άνδρες και οι γυναίκες ζούσαν ειρηνικά και αρμονικά, λατρεύοντας θεές της φύσης, μέχρι περίπου το 4000 π.Χ., όταν Ινδοευρωπαίοι εισβολείς, ίσως οι Άριοι, επέβαλαν την πατριαρχική εξουσία και τους πολεμοχαρείς θεούς τους.[15] Πίστευε ότι η μινωική Κρήτη ήταν απομεινάρι αυτού που αποκαλούσε «Παλαιά Ευρωπαϊκή Μητριαρχία» στην Εποχή του Χαλκού, κάτι που τελείωσε με τη μυκηναϊκή κατάκτηση της Κνωσού. Η μετάβαση από μια θεά της φύσης στην αιγυπτιακή θεά του Κάτω Κόσμου θα μπορούσε να γίνει δεκτή από τον Έβανς, αν δεν είχε προτιμήσει πεισματικά τον Μίνωα.

Η ίδια η κυριαρχία του Μίνωα στη θάλασσα, την οποία ο Έβανς και η γενιά του ποτέ δεν σκέφτηκαν να αμφισβητήσουν, δέχτηκε επίθεση από τον Αμερικανό ιστορικό Chester Starr. Αυτός υποστήριξε, το 1955, ότι ο Αθηναίος Θουκυδίδης χρησιμοποίησε τον μύθο ως ιστορική αναγκαιότητα για να νομιμοποιήσει τη ναυτική κυριαρχία της πατρίδας του, της Αθήνας, στα νησιά του Αιγαίου.[16] Κατόπιν, το 1979, τα «ξύλινα τείχη» της μινωικής θαλασσοκρατίας του Έβανς δέχτηκαν επίθεση από τον Έλληνα αρχαιολόγο Στυλιανό Αλεξίου, ο οποίος επεσήμανε ότι υπήρχε μεγάλος αριθμός λίθινων στρατιωτικών κτισμάτων στη μινωική Κρήτη, πολλά από τα οποία είχε παρατηρήσει ο ίδιος ο Έβανς στη διάρκεια των πρώτων ταξιδιών του με τον Myres.[17] Στις παρατηρήσεις του Αλεξίου προστέθηκαν εκείνες μιας άλλης Ελληνίδας αρχαιολόγου, της Στέλλας Χρυσουλάκη, η οποία θυμόταν πως είχε δει πολλά ισχυρά τείχη όταν ήταν κοριτσάκι και περιδιάβαινε τους λόφους της Κρήτης με τον πατέρα της, ο οποίος κατασκεύαζε το καινούργιο οδικό δίκτυο, μετά τον Δεύτερο Παγκόσμιο Πόλεμο. Η Χρυσουλάκη συνέλεξε πειστικά στοιχεία ότι τα μικρά οχυρά που ο Έβανς επέλεξε να λησμονήσει από τη στιγμή που βρήκε την Κνωσό χρησίμευαν για τον έλεγχο της κρητικής υπαίθρου, τουλάχιστον κατά την πρώιμη ανακτορική περίοδο.[18]

Όμως η Κρήτη είναι αξεδιάλυτα συνδεδεμένη με τον μύθο. Το καλοκαίρι του 1979, ο Βρετανός αρχαιολόγος Peter Warren και οι Έλληνες συνάδελφοί του Έφη και Γιάννης Σακελλαράκης αντίκρισαν μακάβριες σκηνές στις ανασκαφές τους, ο πρώτος στην πόλη της Κνωσού και οι δεύτεροι σε ένα ανεμοδαρμένο βόρειο παρακλάδι του όρους Γιούχτα, τα Ανεμόσπηλια.

Η ομάδα της Κνωσού βρήκε κατακρεουργημένα ανθρώπινα οστά, κάποια από αυτά εξαρθρωμένα, σκορπισμένα σε μικρό σπίτι που είχε καεί κατά τη δεύτερη ανακτορική περίοδο. Οι οστεολόγοι αναγνώρισαν τα υπολείμματα τεσσάρων τουλάχιστον παιδιών που ήταν υγιή όταν σφαγιάσθηκαν με τον ίδιο περίπου τρόπο που οι Μινωίτες έσφαζαν τα πρόβατα και τις κατσίκες τους, υπονοώντας ότι είχαν θυσιαστεί και φαγωθεί.[19] Ο Warren χρησιμοποίησε αυτό το αποκρουστικό για τις σύγχρονες αντιλήψεις συμπέρασμα* για να υποστηρίξει ότι οι Μι-

---

* Ο παλαιός Κρης αρχαιολόγος Νικόλαος Πλάτων είχε τόσο τρομάξει από αυτόν τον ισχυρισμό, που επέμενε πως τα κόκαλα πρέπει να ανήκαν σε πιθήκους και όχι σε ανθρώπους. (Σ.τ.Σ.)

νωίτες ασκούσαν τελετουργικές ανθρωποθυσίες και κανιβαλισμό, που οι Έλληνες αναπαρήγαγαν στον μύθο τους για τον Κρόνο που καταβρόχθιζε τα παιδιά του.[20] Σε άλλο σημείο της ίδιας τοποθεσίας ο Warren ταύτισε τρεις κυκλικές κατασκευές με το «Χοροστάσι της Αριάδνης», βασιζόμενος στην περιγραφή του Ομήρου για εκείνο που είχε κατασκευάσει ο Δαίδαλος.[21]

Στα Ανεμόσπηλια, η ομάδα του Σακελλαράκη βρήκε τέσσερις σκελετούς καταπλακωμένους από μικρό κτήριο, θεωρούμενο ως ιερό, που είχε καταρρεύσει. Τους ταύτισαν με ιερέα, ιέρεια, λειτουργό και παιδί. Το παιδί ήταν ξαπλωμένο πάνω σε λίθινο τραπέζι, που υπέθεσαν πως ήταν θυσιαστικός βωμός. Αυτή η εντυπωσιακή ανακάλυψη θεωρήθηκε ως η ισχυρότερη απόδειξη ανθρωποθυσιών στη μινωική Κρήτη, όπου τα αγωνίσματα με τους ταύρους μπορεί να μην ήταν αρκετά για να σβήσουν τη δίψα των Μινωιτών για αίμα. Ο μύθος του Κρόνου και του Δία επανήλθε στην κατά τα άλλα επιστημονική συζήτηση.[22]

Ήταν κακή χρονιά για τους καλαίσθητους Μινωίτες του Έβανς, που κάποτε είχαν περιγραφεί από τον Leonard Woolley ως «η μαγεία ενός παραμυθένιου κόσμου» και «η πιο πλήρης αποδοχή της ευλογίας της ζωής που γνώρισε ποτέ ο κόσμος»,[23] αλλά τώρα κατηγορούνταν για φόνο και κανιβαλισμό. Ίσως όμως οι ανακαλύψεις του 1979 θα μπορούσαν να ερμηνευτούν διαφορετικά: ως προετοιμασία της ανθρώπινης σορού για την αποσάρκωση, την έκθεση, δηλαδή, του νεκρού στη βορά των πουλιών και των ζώων, ώστε η σάρκα να ανακυκλωθεί με καθαρό και φυσικό τρόπο. Όμως ακόμη κι αυτή η πρόταση έρχεται σε μια εποχή που οι αρχαιολόγοι κατατρύχονται με περιβαλλοντικά θέματα και πασχίζουν να πείσουν τις δύσπιστες κυβερνήσεις για την ανάγκη να ασχοληθούν σε μακροπρόθεσμο ορίζοντα με τις οικολογικές μεταβολές.

❖

Τελικά, μόνο η ίδια η Κνωσός και τα αντικείμενα που ήρθαν εκεί στο φως από τις οργανωμένες ανασκαφές παραμένουν ως σταθερή απόδειξη των Μινωιτών του Έβανς, όμως κι αυτές έχουν γίνει προβληματικές. Το Ανάκτορο και τα κτίσματα που το περιβάλλουν καταρρέουν τόσο γρήγορα, όσο και η διανοητική ανακατασκευή της αρχαίας μινωικής κοινωνίας από τον Έβανς. Οι οικοδομικές τεχνικές αυτού του αιώνα δεν άντεξαν την τραχύτητα του κλίματος της Κρήτης ή το αδυσώπητο πέρασμα περισσότερων από ένα εκατομμύριο επισκεπτών που συνωστίζονται στην Κνωσό κάθε χρόνο, αναζητώντας ένα κομμάτι της ιστορίας τους. Αυτή η συρροή έχει κάνει αναγκαία μια νέα μεγάλη εκστρατεία αποκατάστασης, με σεβασμό τόσο στη σύγχρονη αρχιτεκτονική όσο και στα αρχαία μνημεία. Ίσως ήρθε η ώρα να δεχτούμε ότι η Κνωσός δεν είναι πια αρχαία, δεν είναι πια ούτε μινωική ούτε μυκηναϊκή, αλλά άχρονη, τόσο σημαντική για μας σήμερα όσο ήταν και για εκείνους που την έκτισαν τέσσερις χιλιάδες χρόνια πριν.

Αποκαθιστώντας το Ανάκτορο της Κνωσού, δεν προσπαθούμε τώρα να επαναφέρουμε κάποια περασμένη χρυσή εποχή, αλλά να διατηρήσουμε ένα κτίσμα το οποίο έχει αποκτήσει σειρά από νέα νοήματα σε αυτόν τον αιώνα. Ο Λαβύρινθος-Ανάκτορο-Ιερό στην Κνωσό έχει γίνει το σύμβολο των μεγαλύτερων προσδοκιών μας, μια τοποθεσία όπου καταλαβαίνουμε τον μετασχηματισμό των ιδεών και τη σχετικότητα της Ιστορίας και της Αρχαιολογίας. Και ποιος τόπος θα ήταν πιο κατάλληλος για να καταλάβουμε τον ρόλο μας σε αυτό το ρευστό παιχνίδισμα του παρελθόντος με το μέλλον από τον μινωικό Λαβύρινθο στην Κνωσό, που ανακαλύφτηκε και επινοήθηκε από τον Έβανς;

ΕΥΧΑΡΙΣΤΙΕΣ

Η ΕΜΠΝΕΥΣΗ ΓΙΑ ΤΗ ΣΥΓΓΡΑΦΗ ΤΟΥ ΒΙΒΛΙΟΥ ΜΟΥ ΗΡΘΕ το 1992, όταν ο Bob Cornfield κι εγώ περιμέναμε να παίξουμε στο γήπεδο τένις στο Central Park της Νέας Υόρκης. Προσπαθούσα να τον πείσω πως ο Άρθουρ Έβανς είχε δημιουργήσει, δεν είχε ανακαλύψει, τους Μινωίτες και αυτός με παρότρυνε να εκθέσω την άποψή μου σε ευρύτερο ακροατήριο από αυτό που παρακολουθούσε τα μαθήματά μου στο Πανεπιστήμιο Columbia, όπου έκανα λεπτομερή κριτική του Έβανς με αναγνώσεις επιλεγμένων αποσπασμάτων. Κατά την εαρινή περίοδο του 1993, συναντιόμουν κάθε Δευτέρα βράδυ στο διαμέρισμά μου, στο Riverside Drive, με δύο μεταπτυχιακούς φοιτητές, τη Senta German και τον Paul Christensen. Εγώ μαγείρευα κι εκείνοι παρουσίαζαν τις εκθέσεις τους της προηγούμενης εβδομάδας σχετικά με την ανάγνωση των πρώτων γραπτών του Έβανς. Αλλά δεν πείστηκα να πάρω την πρόταση του Bob στα σοβαρά παρά το φθινόπωρο του 1994. Έναν χρόνο αργότερα, ενώ βρισκόμουν στην Οξφόρδη ως υπότροφος ερευνητής στο All Souls College, ξεκίνησα να γράφω αυτό το βιβλίο. Ακολούθως φιλοξενήθηκα στα σπίτια του Steve MacGillivray και της Hannah McCouch, της Judith Weingarten, του Bob Cornfield και της Ann και του Gordon Getty, και απόλαυσα μακρά διαστήματα απομόνωσης για να επεξεργαστώ τις περίπλοκες λεπτομέρειες της ζωής του Έβανς και της δικής μου.

Σε αυτό το έργο βοήθησαν πολλοί φίλοι και συνάδελφοι. Στο Μουσείο Ashmolean, ο Michael Vickers επέστησε την προσοχή μου στο *Heroes* του Charles Kingsley, η Sue Sherratt μου παρέσχε πρόσβαση και με κατηύθυνε στα Αρχεία του Έβανς και η Julie Clements μου χορήγησε αντίγραφα των φωτογραφιών του Έβανς από την ανασκαφή – που εδώ τις αναπαραγάγαμε με την ευγενική άδεια των Επισκεπτών του Μουσείου Ashmolean. Η Βρετανική Αρχαιολογική Σχολή Αθηνών είχε την καλοσύνη να μου παράσχει πρόσβαση στα εκεί Αρχεία Pendlebury. Η Cindy Ciparelli διέθεσε τον χρόνο να αντιγράψει τις εκθέσεις του Έβανς στους *Times*, που βρίσκονται στη Δημόσια Βιβλιοθήκη της Νέας Υόρκης. Ο Jan Driessen βοήθησε με έγγραφα για τις ανασκαφές του Καλοκαιρινού στην Κνωσό. Ο Γιάννης Καφεσάκης και ο Νίκος Παπαδάκης, στη Σητεία, με έφεραν σε επαφή με τα γραμματόσημα της Κρητικής Πολιτείας. Η Ariane Marcar μου εξέθεσε τις νέες της θεωρίες για το αιγυπτιακό υπόβαθρο μεγάλου μέρους της μινωικής θρησκείας. Η Nico Momigliano παρέσχε πολλές άγνωστες πτυχές της περίπλοκης σχέσης ανάμεσα στον Έβανς και τον «υπαρχηγό του», τον Duncan Mackenzie, και ήταν τόσο καλή που μου έστειλε, πριν ακόμη κυκλοφορήσει, αντίγραφο του βιβλίου της για τον «καχύποπτο και πανούργο ορεσίβιο». Η Ναταλία Βογέικοφ, αρχειοφύλακας της Αμερικανικής Σχολής Κλασικών Σπουδών Αθηνών, είχε την ευγενή καλοσύνη να μου στείλει την αλληλογραφία από και σχετικά με τον Έβανς στο Αρχείο Blegen. Η εταιρεία «S. J. Berwin & Co.» του Λονδίνου ερεύνησε με απόλυτη αποτελεσματικότητα τα νομικά ζητήματα που αναφέρονταν στη σύλληψη και τη δίκη του Έβανς στο Λονδίνο. Η Juanita Wichienkuer σχεδίασε τους χάρτες και το Ανάκτορο. Η Alisa Margolis, η Delia Riccardi-Percy και η Μαρία Ξανθοπούλου μελάνωσαν τα σχέδια. Σε όλους αυτούς είμαι πολύ ευγνώμων.

Τα πρώτα σχέδια τμημάτων του βιβλίου διάβασαν η Ann Brown, ο Bob Cornfield, η Ruth Davis, η Trinity Jackman, ο Steve MacGillivray, η Hannah McCouch και ο Spencer Harrington, αλλά ο μεγαλύτερος εκδοτικός έπαινος ανήκει στην Elisabeth Sifton, η οποία έσκισε και έκαψε τα πρωτόλεια και βοήθησε να τα μετατρέψω, ώστε το βιβλίο να πάρει την τωρινή μορφή του. Τι προνόμιο είναι να δουλεύει κανείς μαζί της!

Τρεις κολεγιακές παρουσιάσεις με κάποιες από τις ιδέες που εκφράζονται εδώ δόθηκαν τον Ιανουάριο και τον Μάιο του 1996. Η πρώτη οργανώθηκε από τον Cyprian Broodbank στο Λονδίνο, η δεύτερη από τη Σοφία Βουτσάκη και τον Tod Whitelaw στο Καίμπριτζ και η τρίτη από τη Nico Momigliano στο Balliol College της Οξφόρδης. Τη θετική ανταπόκριση στις δύο πρώτες ακολούθησε εντελώς αρνητική αντίδραση στην τρίτη, που έδειχνε πως προχωρούσα μπροστά, ανοίγοντας νέες προοπτικές.

Τη διαρκή ανεξαρτησία που απαιτούσε η έρευνα και η συγγραφή του βιβλίου, καθώς και την εμμονή στο θέμα, τις χρωστώ στην πειθώ του Bob Cornfield τα τελευταία επτά χρόνια. Αυτό το βιβλίο δεν θα υπήρχε χωρίς αυτόν.

ΣΗΜΕΙΩΣΕΙΣ

ΚΕΦΑΛΑΙΟ ΠΡΩΤΟ

Μαθητευόμενος αρχαιολόγος (1851-1883)

1. Joan Evans 1943, σελ. 13.

2. Η Τζόαν Έβανς ανέφερε τις πράξεις της γιαγιάς της με επιδοκιμασία, καθώς έκανε παρόμοια, αν και λιγότερο δραστική, εκκαθάριση για τον ετεροθαλή αδελφό της περισσότερο από έναν αιώνα αργότερα· 1943, σελ. 24.

3. Daniel 1981a, σελ. 34.

4. Joan Evans 1943, σελ. 50.

5. Joan Evans 1943, σελ. 67.

6. Thomson 1950, σελ. 102-103.

7. Joan Evans 1943, σελ. 83.

8. Joan Evans 1943, σελ. 83.

9. Joan Evans 1943, σελ. 65-66.

10. Joan Evans 1943, σελ. 93.

11. Joan Evans 1943, σελ. 93-94.

12. Joan Evans 1943, σελ. 99.

13. Joan Evans 1943, σελ. 83.

14. Joan Evans 1943, σελ. 55.

15. Joan Evans 1943, σελ. 64.

16. Newton 1850, σελ. 1.

17. Frere 1800, σελ. 204. Για επισκόπηση και αποτελέσματα πρόσφατων εργασιών, βλέπε R. Singer κ.ά. 1993.

18. Daniel 1981a, σελ. 49.

19. Joan Evans 1943, σελ. 100.

20. Joan Evans 1943, σελ. 101.

21. Joan Evans 1943, σελ. 103.
22. Prestwich 1860.
23. Daniel 1967, σελ. 13-14.
24. Joan Evans 1943, σελ. 104.
25. Joan Evans 1943, σελ. 144.
26. Joan Evans 1943, σελ. 130.
27. J. L. Myres 1942, σελ. 324.
28. Turner 1981.
29. Brown 1993, σελ. 13.
30. Grimm, *Geschishte der deutsche Sprache*, 1848, σελ. 6, 162.
31. Joan Evans 1943, σελ. 165.
32. Brown 1993, σελ. 13.
33. Myres 1942, σελ. 325.
34. Joan Evans 1943, σελ. 163.
35. Joan Evans 1943, σελ. 163.
36. Joan Evans 1943, σελ. 176.
37. Joan Evans 1943, σελ. 176-177.
38. Brown 1993, σελ. 17, εικ. 12.
39. Joan Evans 1943, σελ. 177.
40. Joan Evans 1943, σελ. 178.
41. Evans 1876.
42. Evans 1876, σελ. 308.
43. Τα τηλεγραφήματα του Stillman εμφανίστηκαν στο *The Nation* 3 (1866), σελ. 275-277· 4 (1867), σελ. 54-55, 76, 318-319, 459· 5 (1867), σελ. 337-338· 7 (1868), σελ. 10-11, 290-291, 366-367· 8 (1869), σελ. 48-49. Οι μεταγενέστερες αναμνήσεις του είναι στο Stillman 1901, τόμ. ii, σελ. 21-45.
44. A. D. Momigliano 1994.
45. Stephens 1895, τόμ. ii, σελ. 152.
46. Poliakov 1974, σελ. 299.
47. Gossel 1965, σελ. 109-110.
48. Joan Evans 1943, σελ. 190.
49. Stephens 1895, τόμ. ii, σελ. 163.
50. Macmillan 1929.
51. Joan Evans 1943, σελ. 221-222.
52. Joan Evans 1943, σελ. 227.
53. Joan Evans 1943, σελ. 252.

54. A. D. Momigliano 1994, σελ. 203.
55. Stephens 1895, τόμ. ii, σελ. 223.
56. Stephens 1895, τόμ. ii, σελ. 259.
57. Joan Evans 1943, σελ. 267.
58. Traill 1995, σελ. 229.
59. Finley 1974, σελ. 6-7.
60. Grote 1846-1856, τόμ. I, σελ. 434-435.
61. Traill 1995, σελ. 112-121.
62. Greifenhagen 1965, σελ. 77· Duchene 1996.
63. Newton 1878.
64. Traill 1995, σελ. 207.
65. Joan Evans 1943, σελ. 261-262.
66. Mallowan 1977, σελ. 26.
67. Joan Evans 1943, σελ. 262-263.
68. Evans 1931b, σελ. 21.
69. Evans 1901a.
70. Traill 1995, σελ. 231-233.
71. Evans 1883c, σελ. 438.
72. Evans 1883c, σελ. 439.

ΚΕΦΑΛΑΙΟ ΔΕΥΤΕΡΟ

Οι αρχαίοι λαβύρινθοι (1883-1893)

1. Joan Evans 1943, σελ. 269.
2. Joan Evans 1943, σελ. 271.
3. Bowden 1991, σελ. 163, εικ. 59-60.
4. Allen 1883, σελ. 236-237.
5. Joan Evans 1943, σελ. 156.
6. Pitt-Rivers 1906.
7. Schliemann 1875, σελ. 363.
8. Myres 1942, σελ. 354 σημ. 1.
9. Macmillan 1929, σελ. xvii.
10. *Times* (24 και 29 Απριλ. 1886)· Traill 1995, σελ. 254.
11. *Academy* (10 Ιουλ. 1886), σελ. 31· *JHS* VII (1887).

12. Joan Evans 1943, σελ. 276.
13. Evans 1888b.
14. Evans 1891b.
15. Evans 1889a.
16. Flinders Petrie 1931.
17. Flinders Petrie 1901.
18. N. Momigliano 1999, σελ. 5· Lock 1990, σελ. 117.
19. Hogarth 1910, σελ. 19.
20. Flinders Petrie 1888, σελ. 402.
21. *Hist. Nat.* xxxvi, 13, 19, 85.
22. Flinders Petrie 1890, σελ. 271.
23. Flinders Petrie 1890, σελ. 275.
24. Fitton 1995a, σελ. 114.
25. Flinders Petrie 1890, σελ. 276.
26. Flinders Petrie 1890, σελ. 275-277.
27. Flinders Petrie 1892b, σελ. 152.
28. Dunbabin 1956, σελ. 351.
29. Brown 1986, σελ. 41.
30. Joan Evans 1943, σελ. 291-292.
31. Traill 1995, σελ. 293-297.
32. Lambros 1891, σελ. 95.
33. Joan Evans 1943, σελ. 309.
34. Hoeck 1823-1829.
35. Grote 1846-1856, τόμ. I, σελ. 311.
36. Hirst 1887a, σελ. 230-231· Χατζιδάκις 1931.
37. Χατζιδάκις 1881.
38. Di Vita 1985, σελ. 17.
39. Hirst 1885, σελ. 128.
40. Thénon 1866-1868.
41. Hirst 1887b, σελ. 157.
42. Halbherr & Fabricius 1885.
43. Willetts 1955, κεφ. IX.
44. Detorakis 1994, σελ. 265.
45. Warren 1972.
46. Fowler 1984, σελ. 66.
47. Falkener 1854, σελ. 24.
48. Warren 1972, σελ. 80.

49. Υπάρχει κάποια σύγχυση για τις ακριβείς ημερομηνίες. Βλέπε Hood 1987, σελ. 86· Κόπακα 1990, σελ. 19.
50. Κόπακα 1990· Κόπακα 1995.
51. Αποσκήτου 1979, σελ. 83· Hood 1987, σελ. 88-89.
52. M. S. F. Hood 1987, σελ. 87-88.
53. P. Gardner 1894, σελ. 476.
54. Macmillan 1929, σελ. iii.
55. Haussoullier 1880.
56. M. S. F. Hood 1987, σελ. 90.
57. Stillman 1881. Επαναλαμβάνεται στο Driessen 1990, σελ. 17-18.
58. Stillman 1901, τόμ. ii, σελ. 220.
59. Brown 1986, σελ. 37.
60. Stoll 1961, σελ. 53· Hood 1992, σελ. 224-225.
61. Traill 1995, σελ. 226.
62. Halbherr 1893, σελ. 110-112· Di Vita 1984, σελ. 33 με σχέδιο.
63. Wroth 1886.
64. *Athenaeum* 3.077 (16 Οκτ. 1886), σελ. 507.
65. Driessen 1990, σελ. 24-25· Hood 1992, σελ. 226-227.
66. Fabricius 1886.
67. M. S. F. Hood 1992, σελ. 226.
68. *Athenaeum* 3.077 (16 Οκτ. 1886), σελ. 508.
69. *Athenaeum* 3.080 (6 Νοε. 1886), σελ. 607.
70. Stoll 1961, σελ. 66· Hood 1992, σελ. 226.
71. Driessen 1990, σελ. 26-27.
72. *Antiquary* (Σεπτ. 1891), σελ. 95.
73. Homolle 1891, σελ. 452.
74. Millington-Evans 1894.
75. Horwitz 1981, σελ. 76.
76. Stephens 1895, τόμ. ii, σελ. 420.
77. Joan Evans 1943, σελ. 306.
78. A. Brown 1986, σελ. 39.
79. Joan Evans 1943, σελ. 304.
80. Αρχείο Evans, Μουσείο Ashmolean.
81. Traill 1995, σελ. 228-229.
82. Perrot 1891.

83. *Ιλιάδα* Ν 570· Υ 403.
84. Αρχείο Evans, Μουσείο Ashmolean.
85. Αρχείο Evans, Μουσείο Ashmolean.
86. Joan Evans 1943, σελ. 304.
87. Stephens 1895, τόμ. i, σελ. vi.
88. Joan Evans 1943, σελ. 305.
89. A. Brown 1993, σελ. 34, εικ. 30.
90. Joan Evans 1943, σελ. 304.
91. Evans 1893b.

ΚΕΦΑΛΑΙΟ ΤΡΙΤΟ

Κάντια (1893-1900)

1. Brown 1986, σελ. 39.
2. J. L. Myres 1950.
3. J. N. L. Myres 1980, σελ. 10.
4. Brown 1986, σελ. 39.
5. S. Reinach στο *Revue Archéologique* I (1884), σελ. 336-343· *AJA* 1 (1885), σελ. 225.
6. Brown 1986, σελ. 41.
7. J. L. Myres 1895.
8. Brown 1986, σελ. 42.
9. Brown 1986, σελ. 42-43.
10. Brown 1986, σελ. 43.
11. *Times* (Σάβ. 23 Σεπτ. 1893).
12. Higgins 1979.
13. Joan Evans 1943, σελ. 316 σημ. 1.
14. Evans 1893a, σελ. 195.
15. Fitton 1995, σελ. 141-143.
16. *Academy* 1.156 (30 Ιουν. 1894), σελ. 540.
17. *JHS* 14 (1893), xi, σελ. 266· Macmillan 1929, σελ. xix· Pope 1975, σελ. 146 σημ. 1.
18. Brown 1993, σελ. 37.
19. Evans 1935b, σελ. ix.

20. *Πράξεις* 27: 8.
21. *Athenaeum* (21 Νοε. 1885), σελ. 675· Hirst 1887, σελ. 231.
22. *Times* (29 Αυγ. 1894).
23. Φουντουλάκη 1996, σελ. 177-178.
24. Joan Evans 1943, σελ. 311.
25. Randolph 1687· Warren 1972, σελ. 77.
26. Joan Evans 1943, σελ. 311.
27. Joan Evans 1943, σελ. 312.
28. Joan Evans 1943.
29. Joan Evans 1943.
30. Joan Evans 1943.
31. Joan Evans 1943, σελ. 314.
32. Joan Evans 1943, σελ. 313-314.
33. *Times* (29 Αυγ. 1894).
34. *Times* (29 Αυγ. 1894).
35. Joan Evans 1943, σελ. 314.
36. *Οδύσσεια* τ 172-179.
37. *Ιλιάδα* Β 645-652.
38. Joan Evans 1943, σελ. 315.
39. Joan Evans 1943.
40. *Ιλιάδα* Ε 43.
41. Hirst 1887c.
42. Brown 1993, σελ. 47.
43. Halbherr 1892, σελ. 215.
44. Brown 1993, σελ. 48.
45. Halbherr 1892, σελ. 115.
46. Joan Evans 1943, σελ. 316.
47. Joan Evans 1943.
48. *Times* (29 Αυγ. 1894).
49. E. S. Bosanquet 1938, σελ. 147.
50. Brown 1993, σελ. 50.
51. Halbherr 1893, σελ. 198· Brown 1993, σελ. 51-52.
52. *Times* (29 Αυγ. 1894).
53. Evans 1894c.
54. *Times* (29 Αυγ. 1894).
55. Evans 1894e, σελ. 270-274.
56. Evans 1883c, σελ. 438.

57. Evans 1894e, σελ. 357.
58. Evans 1894e, σελ. 367-368.
59. Ηροδότου *Ιστορίαι* I, 173.
60. Evans 1894e, σελ. 358, 362.
61. Flinders Petrie 1892b, σελ. 356-357· Flinders Petrie 1894.
62. Evans 1894e, σελ. 370.
63. Evans 1894e, σελ. 369-371.
64. Evans 1894e, σελ. 372.
65. Evans 1894e, σελ. 358.
66. *Oxford Magazine*, παρατίθεται στο *Academy* 1.175 (10 Νοε.), σελ. 382.
67. Joan Evans 1943, σελ. 307.
68. Evans 1889a.
69. Joan Evans 1943, σελ. 318.
70. Joan Evans 1943, σελ. 318.
71. Brown 1993, σελ. 54.
72. Halbherr 1893, σελ. 13-14.
73. Brown 1993, σελ. 55.
74. Evans 1896a.
75. Evans 1888b.
76. Schliemann 1878, σελ. 252-254.
77. Evans & Myres 1895, σελ. 469.
78. Evans 1896h, σελ. 173, εικ. 1.
79. Evans & Myres 1895.
80. Evans & Myres 1895.
81. *Academy* 1.210 (13 Ιουλ. 1895).
82. Helbig 1896. Βλέπε επίσης κριτική του Myres στο *Classical Review* 10 (1896), σελ. 350-357.
83. Evans 1895d.
84. Reinach 1895.
85. Reinach 1892, σελ. 90.
86. Renfrew 1987, σελ. 14.
87. Reinach, «Chronique d' Orient», *Revue Archéologique* 27 (1895), σελ. 357 σημ. 2, σελ. 384.
88. J. L. Myres 1942, σελ. 335.
89. J. L. Myres 1942, σελ. 332.
90. Joan Evans 1943, σελ. 307.

91. Evans 1897a, σελ. 351.
92. Evans 1896a.
93. Evans 1896a· Evans 1897a, σελ. 351.
94. Evans 1897a, σελ. 354-355.
95. Evans 1896a.
96. *Οδύσσεια* κ 519-520.
97. Evans 1897a, σελ. 358.
98. Evans 1897a, σελ. 335, εικ. 26.
99. Pendlebury & Money-Coutts 1938, σελ. 57, 101.
100. Evans 1896b, σελ. 513.
101. Evans 1896b.
102. Evans 1921a, σελ. 632-633, εικ. 470.
103. *Διόδωρος* V. c. 70, 6.
104. Halbherr 1893, σελ. 198.
105. Evans 1896h, σελ. 170-171.
106. Evans 1896h, σελ. 170.
107. Evans 1896c, σελ. 18.
108. Brown 1993, σελ. 74, εικ. 63.
109. Evans 1896d, σελ. 54.
110. Evans 1896d.
111. Evans 1896d.
112. E. L. Godkin, «Crete in England», *The Nation* (25 Μαρ. 1897), σελ. 217-218.
113. Evans 1896b, σελ. 512.
114. Evans 1896b.
115. Evans 1896g.
116. Taylor 1890, σελ. 310.
117. Evans 1901c, σελ. 112.
118. Schliemann 1878, σελ. 252-254.
119. Evans 1901c, σελ. 100.
120. Evans 1901c, σελ. 105.
121. Evans 1896b, σελ. 513.
122. Evans 1896f, σελ. 919.
123. Evans 1896f.
124. Evans 1897a, σελ. 389-390.
125. Evans 1897a, σελ. 361.
126. Evans 1898a, σελ. 14-15.

127. *Illustrated London News* (20 Ιουν. 1896), σελ. 776.
128. Hogarth 1910, σελ. 21.
129. Hogarth 1910, σελ. 21-22.
130. Hogarth 1910, σελ. 25.
131. Hogarth 1910, σελ. 23.
132. Hogarth 1910, σελ. 41.
133. «The restless isle», *Dundee Advertiser* (21 Φεβ. 1913).
134. J. L. Myres 1942, σελ. 335 σημ. 7.
135. Evans 1897a, σελ. 367.
136. Evans 1897a, σελ. 379. Ο McIver και ο Wilkin ταξίδεψαν στην Αλγερία το 1900 «με κύριο σκοπό να εξετάσουν τα στοιχεία για τη λιβυκή καταγωγή της "Νέας Φυλής" του καθ. F. Petrie». Το συμπέρασμά τους ήταν ότι «οι Βερβερίνοι είναι ουσιαστικά λευκή φυλή, με καστανόμαυρα μαλλιά, ανοιχτά καστανά μάτια και ασπροκόκκινο δέρμα. Αποτελούν, συνεπώς, τους πραγματικούς εκπροσώπους των λευκών Λίβυων των αιγυπτιακών τοιχογραφιών». *Athenaeum* (1 Δεκ. 1900), σελ. 728-729.
137. Poliakov 1974, σελ. 68.
138. Brown, 1993, σελ. 75.
139. Hogarth 1910, σελ. 66.
140. Evans 1898a, σελ. 29.
141. Evans 1898a, σελ. 30-32.
142. Evans 1898a, σελ. 37-38.
143. Evans 1898a, σελ. 18.
144. Currelly 1956, σελ. 60-61.
145. Evans 1898a, σελ. 12-13.
146. Evans 1898a, 46 κ.ε.
147. Kalopothakes, «Crete under Prince George», *The Nation* (13 Νοε. 1899), σελ. 386.
148. Επιστολή της 3/15ης Ιανουαρίου 1899, Αρχείο Evans, Μουσείο Ashmolean.
149. Demargne 1902· Boardman 1961, σελ. 63-64, αριθ. 270.
150. Brown 1983b, σελ. 14.
151. Hogarth 1910, σελ. 66-67.
152. Hogarth 1910.
153. E. Capps, «A New Archaeological Law for Greece, *The Nation* (3 Αυγ. 1899), σελ. 88-90.

154. Joan Evans 1943, σελ. 327.
155. Brown 1983b, σελ. 15.

ΚΕΦΑΛΑΙΟ ΤΕΤΑΡΤΟ

Κνωσός (1900-1907)

1. Poole 1922.
2. Απολλώνιος Ρόδιος, *Αργοναυτικά* iv, 1.639-1.650.
3. Joan Evans 1943, σελ. 329.
4. Επιστολή του Hogarth στον Έβανς, 6 Απριλίου 1899, Αρχείο Evans, Μουσείο Ashmolean.
5. N. Momigliano 1999, σελ. 39.
6. Joan Evans 1943, σελ. 330.
7. N. Momigliano 1999, σελ. 28-32. Συστατική επιστολή του Hogarth για τον Mackenzie: Wellcome Papers W/24 (Οκτώβριος 1912).
8. N. Momigliano 1995, σελ. 165.
9. *Builder* 168 (19 Ιαν. 1945), σελ. 59.
10. Hogarth 1910, σελ. 20.
11. J.L. Myres 1942, σελ. 337.
12. Hogarth 1910, σελ. 68.
13. Candy 1984, σελ. 21. Ίσως το ίδιο περιστατικό με εκείνο που αναφέρεται στον Evans 1928b, σελ. 546-547, οπότε αναφέρεται στο 1906 ή αργότερα.
14. J.L. Myres, *Oxford Magazine* (9 Μαΐου 1900).
15. N. Momigliano 1999, σελ. 67.
16. Allsebrook 1992, σελ. 88.
17. Hawes, 1965, σελ. 97.
18. Evans 1921a, σελ. 688, εικ. 507.
19. Evans 1901a.
20. Evans 1900f, σελ. 56.
21. Joan Evans 1943, σελ. 333.
22. J.L. Myres 1900.

23. Ήταν στη συλλογή του Αντώνιου Ζαχαράκη, Evans 1900f, σελ. 18 σημ. 1.

24. Δημοσιεύθηκε από τον Reinach στο *Le Petit Temps* (6 Μαΐου 1900).

25. Κόπακα 1990· Κόπακα 1995.

26. Lapatin υπό έκδοση.

27. Ο Rizzo 1985, σελ. 29, παραθέτει μια επιστολή του Halbherr στον Comparetti το 1886, όπου αναφέρει τις ανησυχίες του για την αμοιβή του Gilliéron.

28. Traill 1995, σελ. 238.

29. Σημειωματάριο του Έβανς του 1900, σελ. 40, Αρχείο Evans, Μουσείο Ashmolean.

30. Hogarth 1900a, σελ. 85.

31. Joan Evans 1943, σελ. 334.

32. Hogarth 1910, σελ. 69.

33. Hogarth 1900b, σελ. 100-101.

34. Αναφέρεται απλά σε *μαντινάδα* του Σπύρου Βοσκάκη από την Επάνω Ζάκρο:

> *Ο κερατάς ο Κόγκαρυς* [Hogarth]
> *που ήρθ' απ' την Αγγλία*
> *μας έκανε ερείπια*
> *τα εθνικά μνημεία.*

35. Hogarth 1926.

36. Επιστολή της 26ης Μαΐου του C. F. Bell από τη Βουδαπέστη, όπου αφού ρωτά για την υγεία του γράφει: «Ελπίζω να αισθάνεσαι κάπως καλύτερα και να έχεις ξεπεράσει την ελονοσία προς το παρόν». Αρχείο Evans, Μουσείο Ashmolean.

37. Palmer 1961, σελ. 357.

38. Evans 1900f, σελ. 10.

39. Evans 1900f, σελ. 11. Βλέπε B. B. Powell 1977 για πρόσφατη επανεκτίμηση.

40. Evans 1900f, σελ. 42.

41. Evans 1900f, σελ. 42 σημ. 1.

42. Joan Evans 1943, σελ. 389.

43. Evans 1900f, σελ. 47.

44. *Man* I (1901), σελ. 5.

45. Waugh 1946, σελ. 51-52.
46. Evans 1901a, σελ. 132.
47. Tzedhakis κ.ά. 1989.
48. *Times* (15 Σεπτ. 1900).
49. Evans 1900c.
50. Evans 1900d. Επιστολή στους *Times* (15 Σεπτ. 1900).
51. Reinach 1902, σελ. 8.
52. Ταμείο για την Εξερεύνηση της Κρήτης, 1900. Πρώτη αναφορά στους συνδρομητές, κυκλοφόρησε ιδιωτικά.
53. Δημοσιεύθηκε σε επιστολή προς τον εκδότη των *Times*, στις 2 Απριλίου 1901, την οποία ακολούθησε δεύτερη επιστολή στις 12 Απριλίου, που δημοσιεύθηκε στις 16 Απριλίου.
54. *Annual of the British School at Athens* 6 (1900), σελ. 135-137.
55. *Athenaeum* (10 Νοε. 1900), σελ. 621.
56. Evans 1901c, σελ. 100, 106· *Athenaeum* (10 Νοε. 1900), σελ. 620.
57. Joan Evans 1943, σελ. 335.
58. MacEnroe, 1995, σελ. 11.
59. N. Momigliano 1999, σελ. 154-155· Αρχείο Evans, Μουσείο Ashmolean.
60. Evans 1901d, σελ. 6.
61. Evans 1901d, σελ. 15.
62. Horwitz 1981, σελ. 138.
63. Neimeier 1988.
64. Evans 1901d, σελ. 15.
65. Evans 1901d, εικ. 8.
66. Farnoux 1993, σελ. 105.
67. E. S. Bosanquet 1938, σελ. 106.
68. Evans σημειωματάριο του 1901.
69. *Times* (14 Ιουν. 1901), σελ. 8.
70. Evans 1901d, σελ. 94-95.
71. Joan Evans 1943, σελ. 337.
72. Evans 1901d, σελ. 30.
73. B. T. K. Smith, *Philatelic Record* (Μάρ. 1905).
74. Evans 1901d, σελ. 30.
75. *Times* (15 Ιουλ. 1907), σελ. 8.

76. Evans 1901d, σελ. 30.
77. Evans 1921a, σελ. 344.
78. Evans 1901d, σελ. 18, εικ. 7α.
79. Hogarth 1901, σελ. 123.
80. Παπαδάκης 1992, σελ. 55-56.
81. Evans 1921a, σελ. 707-708. Για μια περιεκτική μελέτη για τα σφραγίσματα της Ζάκρου με βιβλιογραφία, βλέπε Weingarten 1983.
82. Poole 1922, σελ. 14.
83. Evans 1901d, σελ. 102.
84. Joan Evans 1943, σελ. 338.
85. Gardner 1892.
86. Ridgeway 1901, σελ. 202.
87. Κριτική του Myres για τον Ridgeway του 1901 στο *Classical Review* 16 (1902), σελ. 70.
88. Rouse 1901, σελ. 272.
89. Burrows 1907, σελ. 117.
90. «The Double Axe and the Labyrinth», *Saturday Review* (26 Ιουλ. 1902), σελ. 105-106.
91. Evans 1901b.
92. N. Momigliano 1999, σελ. 162.
93. Lock 1990, σελ. 177.
94. Joan Evans 1943, σελ. 340.
95. Joan Evans 1943, σελ. 341.
96. Evans 1902b, σελ. 58.
97. Evans 1902b, σελ. 54.
98. Evans 1902b, σελ. 45.
99. Evans 1902b, σελ. 59.
100. Joan Evans 1943, σελ. 344-345.
101. Evans 1902b, σελ. 89.
102. Evans 1902b, σελ. 86.
103. Clarke 1903, σελ. 598.
104. Evans 1902b, σελ. 100.
105. Evans σημειωματάριο του 1902, σελ. 31.
106. Evans 1901c, σελ. 168.
107. *Διόδωρος* V. c. lxv. I.
108. Evans 1904c, σελ. 51.

109. Joan Evans 1943, σελ. 345.
110. Evans 1902b, σελ. 73-74.
111. Hall 1902b, σελ. 57.
112. Hall 1902a, σελ. 393.
113. Evans 1903d.
114. Evans 1903b, σελ. 1.
115. N. Momigliano 1999, σελ. 42.
116. Evans 1903b, σελ. 111.
117. Evans 1903b, σελ. 67.
118. Panagiotaki 1993, σελ. 54.
119. Evans 1903b, σελ. 71.
120. Evans 1903b, σελ. 89.
121. Evans 1903b, σελ. 111.
122. Evans 1903b, σελ. 38.
123. Επιστολή του R. W. Graves στον Έβανς από 6 Ιουνίου 1903, Αρχείο Evans, Μουσείο Ashmolean.
124. Currelly 1956, σελ. 63-64.
125. Brown 1983a, σελ. 11.
126. Duncan Mackenzie 1903, σελ. 157-158.
127. Evans 1904b, σελ. 137.
128. Evans 1904b, σελ. 138-139.
129. Currelly 1956, σελ. 65.
130. Joan Evans 1943, σελ. 347.
131. *Times* (25 Απρ. 1904).
132. Joan Evans 1943, σελ. 348.
133. Evans 1904c, σελ. 51.
134. N. Momigliano 1999, σελ. 71.
135. Επιστολή του R. C. Bosanquet στον Έβανς, 18 Νοεμβρίου 1903, Αρχείο Evans, Μουσείο Ashmolean.
136. «Homer and his commentators», *Edinburgh Review* (Ιαν. 1905), σελ. 189-215.
137. B.T. K. Smith, *Philatelic Record* (Μάρ. 1905).
138. Poole 1922, σελ. 16.
139. «Recent work in Crete and elsewhere», *Times* (7 Αυγ. 1905).
140. *Builder* (6 Μαΐου 1955), σελ. 761.
141. Evans 1905a, σελ. 26.
142. Candy 1984, σελ. 26.

143. *Οδύσσεια* τ 178, 179.
144. Evans 1921a, σελ. vi.
145. Di Vita 1985, σελ. 33-34.
146. Evans 1905a, σελ. 7.
147. Evans 1905a, σελ. 9-11.
148. Βλ. Warren 1990 για πρόσφατη επαναβεβαίωση του Βαίτυλου = τύπος της Ρέας.
149. N. Momigliano 1999, σελ. 75.
150. Επιστολή της Harriet Boyd στον Έβανς, 7 Οκτωβρίου 1905, Αρχείο Evans, Μουσείο Ashmolean.
151. Becker & Betancourt 1997, σελ. 74.
152. E. S. Bosanquet 1938, σελ. 169.
153. J. L. Myres, *Times* (14 Ιουλ. 1951).
154. N. Momigliano 1999, σελ. 68.
155. D. Powell 1973, σελ. 42-43.
156. N. Momigliano 1999, σελ. 78-79.
157. *Times* (15 Ιουλ. 1907), σελ. 8.
158. *Times* (15 Ιουλ. 1907).
159. *Times* (15 Ιουλ. 1907).
160. Evans 1935b, σελ. 849, εικ. 832· Hood & Smyth 1981, αρ. 149.
161. Evans 1935b, σελ. 621.
162. Joan Evans 1943, σελ. 354-355.

ΚΕΦΑΛΑΙΟ ΠΕΜΠΤΟ

Η Παν-Μινωική Σχολή (1908-1941)

1. *Times* (27 Αυγ. 1908), σελ. 6.
2. Evans 1914, σελ. 93 σημ. 6.
3. Evans 1914, σελ. 89.
4. E. S. Bosanquet 1938, σελ. 170-171.
5. 20 Σεπτεμβρίου 1908. AJE/Youlbury - J. R. Wheeler, Αρχεία της Αμερικανικής Σχολής Κλασικών Σπουδών Αθηνών, Αθήνα.
6. Allsebrook 1992, σελ. 126.
7. Evans 1909b.

8. *Times* (27 Αυγ. 1908), σελ. 6.
9. Joan Evans 1943, σελ. 349.
10. Jeal 1989, σελ. 393-394.
11. Wheeler 1956, σελ. 34.
12. Jeal 1989, σελ. 107-108.
13. Candy 1984, σελ. 15-16.
14. Candy 1984, σελ. 27.
15. Beeching 1990.
16. Candy 1984, σελ. iii.
17. Candy 1984, σελ. 27.
18. Candy 1984, σελ. 17, 25, 27.
19. R. Hood 1998, σελ. 6-7.
20. Joan Evans 1943, σελ. 356.
21. Evans 1909a.
22. Evans 1914, σελ. 12.
23. Βλ. Warren 1988 για μια πρόσφατη επαναξιολόγηση.
24. Evans 1914, σελ. 13.
25. Joan Evans 1943, σελ. 357-362.
26. Evans 1911a, σελ. 289.
27. Evans 1909c, σελ. 7.
28. Evans 1909a, σελ. viii· Evans 1910b, σελ. 422.
29. J. L. Myres 1911, σελ. 184.
30. «Minoan Crete», *Edinburgh Review* (Απρ. 1910), σελ. 459-460.
31. *Times* (16 Σεπτ. 1910).
32. Evans 1914, σελ. 83.
33. Lurker 1980, σελ. 58-59.
34. *Times* (16 Σεπτ. 1910).
35. Rodenwaldt 1912, σελ. 121, πίν. 14,1.
36. *Times* (16 Σεπτ. 1910).
37. Spencer 1990.
38. Joan Evans 1943, σελ. 365.
39. Evans 1912b, σελ. 281-282.
40. Joan Evans 1943, σελ. 366-367.
41. *Times Literary Supplement* (18 Μαΐου 1916), σελ. 237.
42. Candy 1984, σελ. 22-23.
43. Candy 1984, σελ. 36.

44. Joan Evans 1943, σελ. 369.
45. Evans 1918a, σελ. 205-207.
46. Evans 1916b, σελ. 23.
47. C. Mackenzie 1940· J. N. L. Myres 1980.
48. Woolley 1920.
49. Lawson 1920.
50. C. Mackenzie 1931, σελ. 194· R. Hood 1998, σελ. 45.
51. Wace 1931, σελ. xxiii.
52. A. J. B. Wace στον Έβανς, 3 Μαρτίου 1915, Αρχείο Evans, Μουσείο Ashmolean.
53. Mallowan 1977, σελ. 235.
54. Evans 1919a.
55. Joan Evans 1943, σελ. 373.
56. Joan Evans 1943, σελ. 372.
57. Joan Evans 1943, σελ. 374.
58. Evans 1919b, σελ. 192-193.
59. Evans 1919c.
60. Joan Evans 1943, σελ. 363-364.
61. R. C. Bosanquet 1922, σελ. 51, 70.
62. *Times Literary Supplement* (29 Δεκεμβρίου 1921), σελ. 869.
63. Blegen & Wace 1918, σελ. 188.
64. Waterhouse 1986, σελ. 26, 108.
65. Blegen 1921, σελ. 125-126.
66. Wace 1920a.
67. *Times Literary Supplement* (15 Ιουλίου 1920), σελ. 454.
68. Karo στον Έβανς, 27 Αυγούστου 1920, Αρχείο Evans, Μουσείο Ashmolean.
69. Επιστολή στον Έβανς, 14 Σεπτεμβρίου 1920, Αρχείο Evans, Μουσείο Ashmolean.
70. Mackenzie στον Έβανς, 2 Οκτωβρίου 1920, Αρχείο Evans, Μουσείο Ashmolean.
71. Joan Evans 1943, σελ. 372.
72. *Times Literary Supplement* (16 Νοεμβρίου 1922), σελ. 747.
73. R. Hood 1998, μια συλλογή από τις γελοιογραφίες του de Jong παρουσιάζεται με ειλικρινή σχόλια.
74. Βλ. συστατική επιστολή του Mackenzie για τον Αλή στο Αρχείο Evans, Μουσείο Ashmolean.

75. Piet de Jong στον Myres, Αρχείο Evans, Μουσείο Ashmolean.
76. Evans 1922, σελ. 326.
77. Δ. Αιγινίτης στον Έβανς, 14 Ιουνίου 1922, Αρχείο Evans, Μουσείο Ashmolean.
78. Frost 1909· Frost 1913.
79. Evans 1922, σελ. 328.
80. Evans 1922, σελ. 329.
81. Waterhouse 1986, σελ. 95.
82. R. Hood 1998, σελ. 11.
83. *Times* (5 Φεβ. 1924).
84. *Times* (5 Φεβ. 1924).
85. *Times* (19 Ιαν. 1924).
86. Δακτυλογραφημένο κείμενο στο Αρχείο του Evans, Μουσείο Ashmolean.
87. Lapatin 1997, σελ. 663-682, ιδιαίτ. 664, σημ. 7· Hemingway 2000.
88. Woolley 1962, σελ. 21-23.
89. Karo 1959, σελ. 41-42.
90. *Times* (8 Απρ. 1924), σελ. 10· Koehl 1990, σελ. 48.
91. R. Hood 1998, σελ. 28-32.
92. Wace 1923, σελ. 615.
93. *Times* (11 Ιουν. 1924).
94. Επιστολή στον Myres, Αρχείο Evans, Μουσείο Ashmolean.
95. Vasilaki 1989.
96. Shaw 1995.
97. *Times* (19 Δεκ. 1924).
98. Hughes-Brock 1994, σελ. 7.
99. Evans 1925b, σελ. 51.
100. Childe 1926a, σελ. 212.
101. Σημειώνεται στο Hughes-Brock 1994.
102. D. Powell 1973, σελ. 41.
103. Joan Evans 1943, σελ. 379.
104. Joan Evans 1943, σελ. 380.
105. Evans 1925a.
106. Joan Evans 1943, σελ. 382-383.
107. Accame 1984, σελ. 209-210.
108. Waugh 1946, σελ. 52.

109. M. S. F. Hood 1995.
110. Harrington 1999.
111. Αρχείο Pendlebury, Βρετανική Αρχαιολογική Σχολή Αθηνών.
112. Επιστολή στις 20 Νοεμβρίου 1927, Αρχείο Pendlebury, JP/L/268.
113. Επιστολή στις 12 Φεβρουαρίου 1928, στον πατέρα, Αρχείο Pendlebury, JP/L/292.
114. Επιστολή στις 10 Μαΐου 1928, Αρχείο Pendlebury, JP/L/313.
115. Επιστολή στις 10 Μαΐου 1928, Αρχείο Pendlebury, JP/L/314.
116. Επιστολή στις 10 Μαΐου 1928, Αρχείο Pendlebury, JP/L/405.
117. Επιστολή στον Myres, Αρχείο Evans, Μουσείο Ashmolean.
118. Αρχείο Pendlebury, JP/L/425.
119. Επιστολή στον πατέρα, Αρχείο Pendlebury, JP/L/451.
120. 19 Μαΐου 1931, Αρχείο Pendlebury, JP/L/458.
121. 31 Μαΐου 1931, Αρχείο Pendlebury, JP/L/464.
122. 9 Ιουνίου 1931, Αρχείο Pendlebury, JP/L/465.
123. 10 Δεκεμβρίου 1931, Αρχείο Pendlebury, JP/L/477.
124. 23 Απριλίου 1935, Αρχείο Pendlebury, JP/L/646.
125. Evans 1935, σελ. xix.
126. Βρετανική Αρχαιολογική Σχολή Αθηνών, *Ετήσιος απολογισμός για την περίοδο 1936-1937*, σελ. 14.
127. Βρετανική Αρχαιολογική Σχολή Αθηνών, *Ετήσιος απολογισμός για την περίοδο 1936-1937*, σελ. 15.
128. Pendlebury 1939, σελ. xxix.
129. Candy 1984, σελ. 82.
130. Joan Evans 1943, σελ. 395-396.

ΚΕΦΑΛΑΙΟ ΕΚΤΟ

Ο μινωικός Λαβύρινθος

1. E. Bell στον Myres, 5 Σεπτεμβρίου 1941, Αρχείο Evans, Μουσείο Ashmolean.
2. Blegen 1958.

3. Palmer 1961.
4. Palmer & Boardman 1963.
5. Η πιο περιεκτική εξέταση του προβλήματος είναι του Niemeier 1982.
6. J.M. Driessen 1990.
7. N. Momigliano 1999.
8. Green 1981, σελ. 103.
9. Daniel 1980.
10. Green 1981, σελ. 152.
11. Bernal 1987, σελ. 385.
12. Evans 1921a, σελ. 19.
13. MacGillivray κ.ά. 2000.
14. Castelden 1989· Castelden 1990.
15. Gimboutas 1974· Gimboutas 1989· Gimboutas 1991.
16. Starr 1955.
17. Alexiou 1979.
18. Tzedhakis κ.ά. 1989· MacGillivray 1997.
19. Wall κ.ά. 1986.
20. Warren 1981.
21. Warren 1984.
22. Sakellarakis 1981.
23. Παρατίθεται στο Gimboutas 1991, σελ. 344.

ΒΙΒΛΙΟΓΡΑΦΙΑ

ΕΠΙΣΤΗΜΟΝΙΚΑ ΣΥΓΓΡΑΜΜΑΤΑ ΤΟΥ ΣΕΡ ΑΡΘΟΥΡ ΕΒΑΝΣ

1870a. «Greek Epigrams» (βραβείο Oxenham), *Prolusiones Harrovianae*, Harrow, 1869-1870.

1870b. «The Life and Character of John Howard» (βραβείο δοκιμίου), *Prolusiones Harrovianae*, Harrow.

1871. «On a Hoard of Coins Found at Oxford, with Some Remarks on the Coinage of the First Three Edwards», *Numismatic Chronicle*, 2η σειρά, XI, σελ. 264-282.

1873. «Over the Marches of Civilised Europe», *Fraser's Magazine*, τεύχ. 7 (Μάιος), αρ. XLI, σελ. 578-596.

1876. *Through Bosnia and the Herzegovina on foot, during the Insurrection, August and September 1875, with an historical review of Bosnia* (ανατύπωση επιστολών προς τη *Manchester Guardian*), London (2η έκδοση αναθεωρημένη και επαυξημένη, 1877).

1878a. *Illyrian Letters: a revised selection of correspondence from the Illyrian provinces of Bosnia, Herzegovina, Montenegro, Albania, Dalmatia, Croatia and Slavonia, addressed to the* Manchester Guardian *during the year 1877*, London, Longmans, Green.

1878b. «The Slavs and European Civilization» (διάλεξη που δόθηκε στο Sion College στις 23 Φεβρουαρίου), London, Longmans.

1880a. «On Some Recent Discoveries of Illyrian Coins», *Numismatic Chronicle*, 2η σειρά, XX, σελ. 269-302.

1880b. «The Austrian Counter-Revolution in the Balkans», *Fortnightly Review*.

1880c. «Herzegovina», *Encyclopaedia Britannica*, 9η έκδ.

1881. «Christmas and Ancestor-Worship in the Black Mountains» [ανάτυπο].

1882a. «The Austrian War against Publicity», *Fortnightly Review.*

1882b. «A Series of Ancient Gems from Dalmatia», *Proceedings of the Society of Antiquaries*, 1η σειρά, X, σελ. 175-178.

1883a. «Roumania», *Encyclopaedia Britannica*, 9η έκδ.

1883b. «Bronze Weapons Found near Oxford and from the Wrekin», *Proceedings of the Society of Antiquaries*, 1η σειρά, IX, σελ. 8.

1883c. Κριτική στο έργο του Σλήμαν, *Troja*, στο *Academy* 24 (29 Δεκ.), σελ. 437-439.

1884a. *The Ashmolean Museum as a Home of Archaeology in Oxford*, Oxford, Parker.

1885a. «Antiquarian Researches in Illyricum, I-II», *Archaeologia* 48, σελ. 1-105.

1885b. «Megalithic Monuments in Their Sepulchral Relations», *Lancashire and Chestershire Antiquarian Society* (Manchester) 3, σελ. 1-31.

1886a. «Antiquarian Researches in Illyricum, III-IV», *Archaeologia* 49, σελ. 1-167.

1886b. «Recent Discoveries of Tarentine Terracottas», *Journal of Hellenic Studies* 7, σελ. 1-50.

1887a. «On the Flint-Knappers' Art in Albania», *Journal of the Anthropological Institute* 16, σελ. 65-67.

1887b. «On a Coin of the Second Carausius, Caesar in Britain in the Fifth Century», *Numismatic Chronicle*, 3η σειρά, VII, σελ. 191-219.

1888a. «The Vlachs», *Encyclopaedia Britannica*, 9η έκδ.

1888b. «The Hallstatt Period in Upper Bavaria», κριτική του J. Nane, *Die Hügelgräber zwischen Ammer- und Staffelsee*, Stuttgart 1887, *Archaeological Review* 1, σελ. 119-123.

1889a. «Stonehenge», *Archaeological Review* 2, σελ. 312-330.

1889b. *The «Horsemen» of Tarentum*, London, Quatrich (ανατύπωση από το *Numismatic Chronicle*, 3η σειρά, IX, σελ. 1-228).

1890a. «Some New Artists' Signatures on Sicilian Coins», *Numismatic Chronicle*, 3η σειρά, X, σελ. 285-310.

1890b. «Ancient British Antiquities» (σύνοψη τριών διαλέξεων), Oxford University Extension, καλοκαιρινή συνάντηση.

1891a. *Syracusan «Medallions» and Their Engravers*, London, Quatrich (ανατύπωση από το *Numismatic Chronicle*, 3η σειρά, XI, σελ. 205-376).

1891b. «On a Late-Celtic Urn-Field at Aylesford, Kent, and on the Gaulish, Illyro-Italic, and Classical Connexions of the Forms of Pottery and Bronze-Work There Discovered», *Archaeologia* 52, σελ. 315-388.

1892a. «A Roman Bronze Lamp from South Italy», *Proceedings of the Society of Antiquaries*, 2η σειρά, XIV, σελ. 155.

1892b. «Entdeckung von drei menschlichen Skeleten in der Höhle Barma Grande zwischen Mentone und Ventimiglie», Munich.

1893a. «A Mykênæan Treasure from Ægina», *Journal of Hellenic Studies* 13, σελ. 195-226.

1893b. «On the Prehistoric Interments of the Balzi Rossi Caves near Mentone and Their Relation to the Neolithic Cave-Burials of the Finalese», *Journal of the Anthropological Institute* 22, σελ. 287-307.

1893c. «Introductory Note on the Vases from Gela», στο P. Gardner, *Catalogue of Greek Vases in the Ashmolean Museum*, Oxford.

1893? «Notes on the Origins & Affinities of Mycenaean Culture», αδημοσίευτο χειρόγραφο στο Αρχείο Evans 0009.

1894a. «Contributions to Sicilian Numismatics I», *Numismatic Chronicle*, 3η σειρά, XIV, σελ. 189-242.

1894b. *History of Sicily*, E. A. Freeman (επιμ.), Oxford.

1894c. «A Mycenaean System of Writing in Crete and the Peloponnese», *Athenaeum* (23 Ιουν.)· βλ. επίσης *Times* (29 Αυγ.).

1894d. «On a New System of Hieroglyphics and a Præ-Phoenician Script from Crete and the Peloponnese», *Proceedings of the British Association* (Oxford), σελ. 776-777.

1894e. «Primitive Pictographs and a Præ-Phoenician Script from Crete and the Peloponnese», *Journal of Hellenic Studies* 14, σελ. 270-372. Επανεκδόθηκε ως *Cretan Pictographic and Præ-Phoenician Script*, London, 1895.

1895a. «A Mycenaean Military Road in Crete» (με τον J. L. Myres), *Academy* 1.204 (1 Ιουν.), σελ. 469.

1895b. «Greek and Italian Influences in Præ-Roman Britain», *Arch. Oxon.*, London, σελ. 159-164· αναδημοσίευση επιστολής στους *Times* (23 Σεπτ. 1893).

1895c. «The Rollright Stones and Their Folklore», *Folklore* 6, σελ. 6-51.

1895d. «On Primitive European "Idols" in the Light of New Discoveries», *Proceedings of the British Association* (London), σελ. 834-835.

1896a. «Explorations in Eastern Crete. I. A Mycenaean Dedication», *Academy* 1.258 (13 Ιουν.).

1896b. «Explorations in Eastern Crete. II. A "Town of Castles"», *Academy* 1.259 (20 Ιουν.), σελ. 512-513.

1896c. «Explorations in Eastern Crete. III. Mycenaean Dikta», *Academy* 1.261 (4 Ιουλ.), σελ. 17-18.

1896d. «Explorations in Eastern Crete. IV. Above the Libyan Sea», *Academy* 1.263 (18 Ιουλ.), σελ. 53-54.

1896e. «Mycenaean Fluted Columns», *Academy* 1.264 (25 Ιουλ.), σελ. 70.

1896f. «"The Eastern Question" in Anthropology», *Proceedings of the British Association* (Liverpool), σελ. 934.

1896h. «Goulàs, the City of Zeus», *Annual of the British School at Athens* 2, σελ. 169-194.

1896i. «Contributions to Sicilian Numismatics 2», *Numismatic Chronicle*, 3η σειρά, XVI, σελ. 101-143.

1897a. «Further Discoveries of Cretan and Aegean Script, with Libyan and Proto-Egyptian Comparisons», *Journal of Hellenic Studies* 17, σελ. 327-395.

1897b. «A Roman Villa at Frilford», *Archaeological Journal* 45, σελ. 340-354.

1897c. «A Votive Deposit of Gold Objects Found on the North-West Coast of Ireland», *Archaeologia* 55, σελ. 391-408.

1897d. «Two Fibulae of "Celtic" Type from Aesica», *Archaeologia* 55, σελ. 179-194.

1898a. Επιστολές από την Κρήτη, ιδιωτική έκδοση, Οξφόρδη 1898· ανατυπώθηκαν από τη *Manchester Guardian*, 24 και 25 Μαΐου, 13 Ιουνίου.

1898b. «The Athenian Portrait-Head by Dexamenus of Chios», *Revue Archéologique* 32, σελ. 337-355.

1899. «On the Occurrence of "Celtic" Types of Fibula of the Hallstatt and La Téne Periods in Tunisia and Eastern Algeria», *Proceedings of the British Association* (Dover), σελ. 872.

1900a. «Mycenaean Cyprus as Illustrated in the British Museum Excavations», *Journal of the Anthropological Institute* 30, σελ. 199-221.

1900b. «The Palace Archives of Mycenæan Cnossus», *Athenaeum* (19 Μαΐου).

1900c. «The Palace Archives of Cnossus: A New Series in Hieroglyphic Characters», *Athenaeum* (23 Ιουν.).

1900d. «Writing in Prehistoric Greece», *Proceedings of the British Association* (Bradford), σελ. 897-899.

1900c. «The Palace of Knossos in Its Egyptian Relations», *Archaeological Report of the Egyptian Exploratin Fund*, σελ. 1-7.

1900f. «Knossos, I. The Palace», *Annual of the British School at Athens* 6, σελ. 3-70.

1901a. «The Palace of Minos», *Monthly Review*, αρ. 6. II. (3 Μαρτ.), σελ. 115-132· ανατυπώθηκε στο Deuel 1961, σελ. 284-300, και στο Damel 1967, σελ. 150-165.

1901b. «The Neolithic Settlement at Knossos and Its Place in the History of Early Aegean Culture», *Proceedings of the British Association* (Glasgow), σελ. 99-204.

1901c. «Mycenaean Tree and Pillar Cult and Its Mediterranean Relations», *Journal of Hellenic Studies* 21, σελ. 99-204· έχει εκδοθεί και χωριστά, London, Quatrich.

1901d. «The Palace of Knossos», *Annual of the British School at Athens* 7, σελ. 1-120.

1902a. «The Labyrinth and the Palace of Knossos», *The Speaker* (19 Ιουλ.).

1902b. «The Palace of Knossos», *Annual of the British School at Athens* 8, σελ. 1-124.

1903c. «The Minoan Civilization of Crete, and Its Place in the Ancient World» (σύνοψη των «Διαλέξεων Yates», 3-18 Νοεμβρίου), University College, London.

1903d. «A Bird's-Eye View of the Minoan Palace of Knossos, Crete»,

Royal Institute of British Architects, 3η σειρά, X, σελ. 97-106.

1904a. «The Significance of the Pottery Marks», σε Atkinson κ.ά., *Excavations at Phylakopi in Melos* (*Journal of Hellenic Studies*, Suppl. 4), London, σελ. 181-185.

1904b. «The Pictographic and Linear Scripts of Minoan Crete and Their Relations», *Proceedings of the British Academy*, 1903-1904, σελ. 137-139.

1904c. «The Palace of Cnossos», *Annual of the British School at Athens* 10, σελ. 1-62.

1905a. «The Palace of Knossos and Its Dependencies», *Annual of the British School at Athens* 11, σελ. 1-26.

1905b. «The Prehistoric Tombs of Knossos», *Archaeologia* 59, σελ. 391-562.

1905c. «Excavations at Knossos in Crete», *Proceedings of the British Association* (S. Africa).

1905d. *Preliminary scheme for the classification and approximate chronology from the close of the Neolithic to the Early Iron Age*, ιδιωτική έκδοση, Oxford.

1906a. *Essai de classification des époques de la civilization Minoenne*, London.

1906b. «Minoan Weights and Mediums of Currency, from Crete, Mycenae and Cyprus», *Corolla Numismatica in Honour of Barclay V. Head*, Oxford, σελ. 336-367.

1908. «The European Diffusion of Pictography and Its Bearings on the Origin of Script», σε R. R. Maret (επιμ.), *Anthropology and the Classics*, Oxford, Clarendon, σελ. 9-43.

1909a. *Scripta Minoa* I, Oxford.

1909b. Πρόλογος στο C. H. Hawes and H. B. Hawes, *Crete the Forerunner of Greece*, London, 1909-1911.

1909c. «The Palace of Knossos as a Sanctuary», *Royal Institute of British Architects*, 3η σειρά, XVII, σελ. 6-7.

1910a. «Notes on Some Roman Imperial "Medallions" and Coins», *Numismatic Chronicle*, 4η σειρά, X, σελ. 1-13.

1910b. «Crete-Archaeology», *Encyclopaedia Britannica*, 11η έκδ., σελ. 421-426.

1911a. «Restored Shrine on Central Court of the Palace of Knossos», *Royal Institute of British Architects*, 3η σειρά, XVIII, σελ. 288-310.

1911b. «On the Ancient Engravers of Terina, and the Signatures of Evaenetus on Late Tetradrachm Dies», *Numismatic Chronicle*, 4η σειρά, XII, σελ. 21-62.

1912a. *The Nine Minoan Periods, a summary sketch* (ιδιωτική έκδοση για το Διεθνές Συνέδριο Αρχαιολογίας), Rome.

1912b. «The Minoan and Mycenaean Element in Hellenic Life», *Journal of Hellenic Studies* 32, σελ. 277-297.

1913. «The Ages of Minos», διάλεξη Huxley στο Πανεπιστήμιο του Birmingham, ιδιωτική έκδοση.

1914. «The "Tomb of the Double Axes" and Associated Group and Pillar Rooms with Ritual Vessels of the "Little Palace" at Knossos», *Archaeologia* 65, σελ. 1-94.

1915a. Προεδρική εισήγηση στην Εταιρεία Αρχαιοφίλων (για την καταστροφή των αρχαίων μνημείων από τους Γερμανούς), *Proceedings of the Society of Antiquaries*, 2η σειρά, XXVII, σελ. 227-229.

1915b. Προεδρική εισήγηση στη Νομισματική Εταιρεία, *Numismatic Chronicle*, 4η σειρά, XV, σελ. 27-41.

1915c. «Cretan Analogies for the Origin of the Alphabet», *Proceedings of the British Association* (Manchester), σελ. 667.

1915d. «Diagramatic Map Illustrating the Ethnic Relations between the Adriatic, Drave, and Danube», *Proceedings of the British Association* (Manchester), σελ. 673-674.

1916a. «The Adriatic Slavs and the Overland Route to Constantinople», *Geographical Journal*, σελ. 241 κ.ε.

1916b. «New Archaeological Lights on the Origins of Civillization in Europe: Its Magdalenian Forerunners in the South-West and Aegean Cradle», *Proceedings of the British Association* (Newcastle), σελ. 3-25.

1916c. Προεδρική εισήγηση στην Εταιρεία Αρχαιοφίλων (διαμαρτυρία για τη «μετακίνηση» επίτιμων μελών εχθρικής εθνικότητας), *Proceedings of the Society of Antiquaries*, 2η σειρά, XXVIII, σελ. 205-287.

1916d. «Commemorative War Medals», *Morning Post* (21 Ιουν.).

1916e. Προεδρική εισήγηση στη Νομισματική Εταιρεία, *Numismatic Chronicle*, 4η σειρά, XVI, σελ. 22-36.

1916f. «Notes on the Coinage and Silver Currency in Roman Britain from Valentinian I to Constantine III», *Numismatic Chronicle*, 4η σειρά, XV, σελ. 433-519.

1917a. Προεδρική εισήγηση στην Εταιρεία Αρχαιοφίλων (για την ιστορία της Εταιρείας), *Proceedings of the Society of Antiquaries*, 2η σειρά, XXIX, σελ. 155-182.

1917b. Προεδρική εισήγηση στη Νομισματική Εταιρεία, *Numismatic Chronicle*, 4η σειρά, XVII, σελ. 20-41.

1917c. «Greece», *New Europe* (Μάιος-Ιούνιος).

1918a. Προεδρική εισήγηση στην Εταιρεία Αρχαιοφίλων (για την επίταξη του Βρετανικού Μουσείου από το Επιτελείο της Αεροπορίας), *Proceedings of the Society of Antiquaries*, 2η σειρά, XXX, σελ. 189-207.

1918b. Προεδρική εισήγηση στη Νομισματική Εταιρεία, *Numismatic Chronicle*, 4η σειρά, XVII, σελ. 14-22.

1919a. *L'Italie et les Yougoslaves, Une Situation Dangereuse*, Paris, Lang, Blanchong (μετάφραση επιστολών προς τη *Manchester Guardian*, 26 και 28 Δεκεμβρίου 1918).

1919b. Προεδρική εισήγηση στην Εταιρεία Αρχαιοφίλων (Νέα πεδία έρευνας, προστασία αρχαιοτήτων, αναδιοργάνωση, Stonehenge), *Proceedings of the Society of Antiquaries*, 2η σειρά, XXXI, σελ. 188-195.

1919c. «The Palace of Minos and the Prehistoric Civilization of Crete», *Proceedings of the British Association* (Bournemouth), σελ. 416-417.

1919d. «A Recent Find of Magna-Graecian Coins of Metapontum, Tarentum, and Heraclea», *Numismatic Chronicle*, 4η σειρά, XVIII, σελ. 122-154.

1921a. *The Palace of Minos at Knossos* I, London, Macmillan.

1921b. «On a Minoan Bronze Group of a Galloping Bull and Acrobatic Figure from Crete», *Journal of Hellenic Studies* 41, σελ. 247-259.

1922. «New Discoveries at Knossos», *Antiquaries Journal* II, σελ. 319-329.

1924. Πρόλογος στο S. Xanthoudides, *The Vaulted Tombs of the Mesara*, Liverpool.

1925a. «The Early Nilotic, Libyan, and Egyptian Relations with Minoan Crete» (διάλεξη Huxley στο Βασιλικό Ινστιτούτο Ανθρωπολογίας), *Journal of the Royal Anthropological Institute* 55, σελ. 199.

1925b. «The "Ring of Nestor": A Glimpse into the Minoan After-World, and a Sepulchral Treasure of Gold Signet-Rings and Bead Seals from Thisbê, Boiotia», *Journal of Hellenic Studies* 45, σελ. 1-75.

1926. «The Shaft Graves of Mycenae and Their Contents in Relation to the Beehive Tombs» (εργασία που ανακοινώθηκε στη Βρετανική Εταιρεία στην Οξφόρδη, στις 6 Αυγούστου), ιδιωτική έκδοση.

1927a. «A Coin of the Second Carausius», *Numismatic Chronicle*, 5η σειρά, V, σελ. 138-163.

1927b. *Catalogue of savage implements and antiquities comprising the collection of savage implements formed by Sir John Evans, the property of Sir Arthur Evans* (πουλήθηκε σε πλειστηριασμό στις 12 Ιουλίου), London.

1927c. «Work of Reconstruction in the Palace of Knossos», *Antiquaries Journal* VII, σελ. 258-266.

1928a. «The Glozel Forgeries», *Manchester Guardian* (7 Ιαν.).

1928b. *The Palace of Minos at Knossos* II, London, Macmillan.

1928c. «A Forged Treasure in Serbia», *Edinburgh Review* 247, σελ. 287-300.

1928d. «Select Sicilian and Magna-Graecian Coins», *Numismatic Chronicle*, 5η σειρά, VI, σελ. 1-19.

1928e. «The Palace of Knossos and Its Dependencies in the Light of Recent Discoveries and Reconstitutions», *Royal Institute of British Architects* 36, σελ. 91-102.

1929. *The Shaft Graves and Bee-hive Tombs of Mycenae and Their Inter-relations*, London, Macmillan.

1930a. *The Palace of Minos at Knossos* III, London, Macmillan.

1930b. «Some Notes on the Arras Hoard: Inception of *Solidus* Standard on British Model in Medallions of Constantius Chlorus», *Numismatic Chronicle*, 5η σειρά, X, σελ. 221-274.

1931a. *The Earlier Religion of Greece in the Light of Cretan Discoveries* (διάλεξη Fraser στο Καίμπριτζ), London, Macmillan.

1931b. Εισαγωγή στο Emil Ludwig, *Schliemann of Troy: The Story of a Gold-Seeker*, London and New Υork.
1931c. «Discovery of the Temple-Tomb of the House of Minos», *Proceedings of the British Association* (London), σελ. 447.
1933a. Πρόλογος στο J.D.S. Pendlebury, *A Handbook to the Palace of Minos Knossos*, London, Macmillan.
1933b. *Jarn Mound, with Its Panorama and Wild Garden of British Plants*, Oxford, Vincent.
1934. «Knossos and Mycenae: The Great Cleavage of L.M. II and Evidences of the Continued Reaction of Minoan Crete on the "Mycenaean" World after the Fall of the Palace», *Proceedings of the First International Congress of Prehistoric and Protohistoric Sciences* (London), Αύγουστος 1932, σελ. 192-194.
1935a. «The Historic Beacon», *Scouter* 39, σελ. 72-73.
1935b. *The Palace of Minos at Knossos* IV, London.
1936a. *Index to the Palace of Minos* (ειδικά τμήματα ταξινομημένα λεπτομερώς για την Τζόαν Έβανς το 1936), London, Macmillan.
1936b. «The Minoan World» (διάλεξη στη Βασιλική Ακαδημία Τεχνών), 16 Οκτωβρίου, ιδιωτική έκδοση.
1936c. «Minoan Culture on Display at the Royal Academy», *Illustrated London News* (7 Νοε.), σελ. 808-809, 842.
1937. *Holland and the Dutch for the British Contingent, Boy Scouts*, London.
1938. *An Illustrative Selection of Greek and Graeco-Roman Gems, to Which is Added a Minoan and Proto-Hellenic Series*, Oxford University Press.

❖

ΒΙΟΓΡΑΦΙΕΣ, ΝΕΚΡΟΛΟΓΙΕΣ ΚΑΙ ΕΝΘΥΜΗΜΑΤΑ ΓΙΑ ΤΟΝ ΕΒΑΝΣ ΚΑΙ ΤΗΝ ΚΝΩΣΟ

Brown, A. 1983a. *Arthur Evans and the Palace of Minos*, Ashmolean Museum, Oxford.
——, 1983b. «Arthur Evans at Knossos», *Ashmolean*, Καλοκαίρι, σελ. 14-17.

Brown, A. 1993. *Before Knossos... Arthur Evans's Travels in the Balkans and Crete*, Ashmolean Museum, Oxford.

——, 1994. «Arthur Evans», *Ashmolean*, σελ. 2-4.

Brown, A. C. 2002. *Sir Arthur Evans's Travels in Crete 1894-1899*, Oxford, BAR.

Candy, J. S. 1984. *A Tapestry of Life*, Braunton, Devon.

——, 1989. *Silver Threads*, Abingdon, Fine Print.

Casson, S. (επιμ.) 1927. *Essays in Aegean Archaeology Presented to Sir Arthur Evans in Honour of His 75th Birthday*, Oxford, Clarendon.

Evans, Joan 1943. *Time and Chance: The Story of Arthur Evans and His Forebears*, London.

Harden, D.B. 1951. *Sir Arthur Evans Centenary Exhibition*, Ashmolean Museum, Oxford.

——, 1983. *Sir Arthur Evans 1851-1941, «A Memoir»*, Ashmolean Museum, Oxford.

Honour, A. 1961. *Secrets of Minos: Sir Arthur Evans' Discoveries at Crete*, New York, Whittlesey House.

Horwitz, Sylvia L. 1981. *The Find of a Lifetime: Sir Arthur Evans and the Discovery of Knossos*, New York, The Viking Press, και London, Weidenfeld and Nicolson.

Hutchinson, R. W. 1947. «Sir Arthur Evans», *Κρητικά Χρονικά* Α, σελ. 453-457.

MacEnroe, J. 1995. «Sir Arthur Evans and Edwardian Archaeology», *Classical Bulletin* 71, σελ. 3-18.

Myres, J. L. 1941. «Sir Arthur Evans», στο *Obituary Notices of Fellows of the Royal Society* III, αρ. 10 (Δεκ.), σελ. 941-968.

——, 1942. «Sir Arthur Evans», στο *Proceedings of the British Academy* XXVII, σελ. 323-357.

Powell, Dilys. 1973. *The Villa Ariadne*, London, Hodder and Stoughton.

Sherratt, S. 2000. *Arthur Evans, Knossos and the Priest King*, Oxford, Ashmolean.

Wilkes, J. J. 1976. «Arthur Evans in the Balkans 1875-1881», *Bulletin of the Institute of Archaeology* 13, σελ. 25-56, University of London.

❖

ΓΕΝΙΚΑ

Accame, S. 1984. *F. Halbherr e G. DeSanctis. Pionieri delle Missioni Archeologische Italiane a Creta in Cirenaica*, Rome, La Roccia.

Alexiou, S. 1979. «Fortifications and Acropolises in Minoan Crete», *Κρητολογία* 8, σελ. 41-56.

Allen, J. Romilly 1883. «The Past, Present and Future of Archaeology», *Archaeologia Cambrensis* 1, σελ. 231-243.

—, 1889. «On the Organisation of Archaeological Research», *Archaeologia Cambrensis* 7, σελ. 274-282.

Allsebrook, M. 1992. *Born to Rebel: The Life of Harriet Boyd Hawes*, Oxford, Oxbow.

Alsop, J. 1964. *From the Silent Earth*, New York.

Αποσκήτου, Μ. 1979. «Μίνως Καλοκαιρινός. Εκατό χρόνια από την πρώτη ανασκαφή της Κνωσού», *Κρητολογία* 8, σελ. 81-94.

Αυγουλή, Μ. 1994. «The First Greek Museums and National Identity», σε F.E.S. Kaplan (επιμ.), *Museums and the Making of «Ourselves»*, Leicester University Press, σελ. 246-265.

Becker, M. J., and P. P. Betancourt 1997. *Richard Berry Seager: Pioneer Archaeologist and Proper Gentleman*, University of Pennsylvania Museum of Archaeology and Anthropology, Philadelphia.

Beeching, Wilfred A. 1990. *Century of the Typewriter*, Bournemouth, British Typewriter Museum.

Bender, H.H. 1922. *The Home of the Indo-Europeans*, Princeton University Press.

Berard, V. 1898. *Les Affaires de Crète*, Paris.

Bernal, M. 1987. *Black Athena: The Afroasiatic Roots of Classical Civilization:* I, *The Fabrication of Ancient Greece, 1785-1985*, New Brunswick, Rutgers University Press.

Bickford-Smith 1897. *Cretan Sketches*, London.

Bintliff, J. L. 1983. «Structuralism and Myth in Minoan Studies», *Antiquity* 58, σελ. 33-38.

Blegen, C. W. 1921. *Korakou: A Prehistoric Settlement near Corinth*, New York, American School of Classical Studies at Athens.

—, 1923. «Corinth in Prehistoric Times», *American Journal of Archaeology* 27, σελ. 151-163.

Blegen, C. W. 1958. «A Chronological Problem», *Minoica: Festschrift zum 80. Geburstag von J. Sundwall*, Berlin, σελ. 61-66.

Blegen, C. W., and J. Haley 1928. «The Coming of the Greeks», *American Journal of Archaeology* 32, σελ. 141-154.

Blegen, C. W., and A. J. Wace 1918. «The Pre-Mycenaean Pottery of the Mainland», *Annual of the British School at Athens* 22, σελ. 175-189.

—, 1939. «Pottery as Evidence for Trade and Colonisation in the Aegean Bronze Age», *Klio* 32, σελ. 131-147.

Boardman, J. 1961. *The Cretan Collection in Oxford*, Oxford, Oxford University Press.

Bosanquet, E. S. 1938. *Robert Carr Bosanquet: Letters and Light Verse*, Gloucester, John Bellows.

Bosanquet, R. C. 1900. «Archaeology in Greece 1899-1900», *Journal of Hellenic Studies* 20, σελ. 167-181.

—, 1901. «Archaeology in Greece 1900-1901», *Journal of Hellenic Studies* 21, σελ. 334-352.

—, 1922. «Realm of Minos», *Edinburgh Review* 236 (Ιούλ.), σελ. 49-70.

Bowden, M. 1991. *Pitt-Rivers: The Life and Archaeological Work of Lieutenant-General Augustus Henry Lane-Fox Pitt-Rivers, DCL, FRS, FSA*, Cambridge, Cambridge University Press.

Bradley, R. 1983. «Archaeology, Evolution and the Public Good: The Intellectual Development of General Pitt-Rivers», *Archaeological Journal* 140, σελ. 1-9.

Brown, Ann 1986. «"I Propose to Begin at Gnossos". John Myres's Visit to Crete in 1893», *Annual of the British School at Athens* 81, σελ. 37-44.

Burrows, R. M. 1907. *The Discoveries in Crete and Their Bearing on the History of Ancient Civilization*, London, John Murray.

Bury, J. B. 1920. *The Idea of Progress*, London.

Butcher, K., and D. W. J. Gill 1993. «The Director, the Dealer, the Goddess and Her Champions», *American Journal of Archaeology* 97, σελ. 383-401.

Cain, C. D. 2001. «Dancing in the dark: deconstructing a narrative of epiphany on the Isopata ring», *American Journal of Archaeology* 105, σελ. 27-49.

Caskey, L. D. 1914. «A Statuette of the Minoan Snake Goddess», *Museum of Fine Arts Bulletin* (Boston) XII, αρ. 73 (Δεκ.), σελ. 51-55.

—, 1915. «A Chryselephantine Statuette of the Cretan Snake Goddess», *American Journal of Archaeology* 19, σελ. 237-249.

Castleden, R. 1989. *The Knossos Labyrinth*, London, Routledge.

—, 1990. *Minoans*, London, Routledge.

Childe, V. G. 1925a. *The Dawn of European Civilization*, London.

—, 1925b. «Greek Myths and Mycenaean Realities» (κριτική στο Evans, *Ring of Nestor*), *Nature* 116, σελ. 635-636.

—, 1926a. *The Aryans: A Study of Indo-European Origins*, London.

—, 1926b. «The Origin of European Civilization» (κριτική στο Glotz, *Aegean Civilization*), *Nature* 117, σελ. 716.

—, 1927. «The Minoan influence on the Danubian Bronze Age», σε S. Casson (επιμ.), *Essays in Aegean Archaeology*, Oxford, Clarendon, σελ. 1-4.

—, 1928. *The Most Ancient East: The Oriental Prelude to European History*, London, Kegan Paul.

—, 1936. *Man Makes Himself*, London, Watts.

—, 1942. *What Happened in History*, Harmondsworth, Penguin.

—, 1951. *Social Evolution*, New York, Schuman.

—, 1956. *Piecing Together the Past: The Interpretation of Archaeological Data*, New York, Frederick A. Praeger.

—, 1958a. «Retrospect», *Antiquity* 32, σελ. 69-74.

—, 1958b. «Valediction», *Bulletin of the London Institute of Archaeology* 1, σελ. 1-8.

Clarke, M. L. 1954. *Classical Education in Britain, 1500-1900*, Cambridge, Cambridge University Press.

Clarke, T. H. M. 1903. «Prehistoric Sanitation in Crete», *The British Medical Journal* (12 Σεπτ.), σελ. 597-598.

Collingwood, R. G. 1946. *The Idea of History*, Oxford, Oxford University Press.

Cook, R. M. 1955. «Thucydides as Archaeologist», *Annual of the British School at Athens* 50, σελ. 266-270.

Cottrell, L. 1953. *The Bull of Minos*, London.

Currelly, C. T. 1956. *I Brought the Ages Home*, Toronto, Ryerson Press.

Daniel, G. E. 1950. *A Hundred Years of Archaeology*, London, Thames and Hudson.
—–, 1962. *The Idea of Prehistory*, London, C. A. Watts.
—–, 1967. *The Origins and Growth of Archaeology*, Harmondsworth, Penguin.
—–, 1975. *150 Years of Archaeology*, 2η έκδ., London, Thames and Hudson.
—–, 1980. Σημείωμα εκδότη, *Antiquity* 50, σελ. 1-3.
—–, 1981a. *A Short History of Archaeology*, London, Thames and Hudson.
—–, 1981b. *Towards a History of Archaeology* (επιμ.), London.
Daressy, G. 1895. «Une flottille phénicienne», *Revue Archaéologique*, 3η σειρά, 27, σελ. 286-292.
Darwin, C. 1859. *On the Origin of Species by Means of Natural Selection, or, the Preservation of Favoured Races in the Struggle for Life*, London.
—–, 1871. *The Descent of Man, and Selection in Relation to Sex*, London.
Dawes, M. C. 1888. «Excavations at Mycenae», *Athenaeum* 3.179, σελ. 423-424.
Demargne, J. 1902. «Psychro», *Bulletin de Correspondance Hellénique* 26, σελ. 580-583.
Detorakis, T. 1994. *History of Crete*, Herakleion, Geronymaki.
Deuel, L. 1961. *The Treasures of Time*, New York, World.
Dillon, E. J. 1897. «Crete and the Cretans», *Fortnightly Review* (Μάιος).
Di Vita, A. 1985. «1884-1984: A Hundred Years of Italian Archaeology in Crete», στο *Ancient Crete: A Hundred Years of Italian Archaeology*, Rome, de Luca, σελ. 17-25.
Dörpfeld, W. 1942. «Uber die Kunst der "ältesten Indogermanischen Hellenen"», στο *Επιτύμβιον Χρήστου Τσούντα*.
Driessen, J. M. 1990. *An Early Destruction in the Mycenaean Palace at Knossos (Acta Archaeologica Lovaniens Monographica)*, Louvain.
Driessen, J. M., and C. F. Macdonald 1997. «The Troubled Island», *Aegaeum* 17, Liège.
Drower, M. S. 1985. *Flinders Petrie: A Life in Archaeology*, London, Gollancz.

Duchene, H. 1994. *Notre Ecole Normale*, Paris, Belles-Lettres.
—, 1996. *Golden Treasures of Troy*, New York, Abrams.
Dunbabin, T. J. 1956. «Sir John Myres» (επικήδειος), *Proceedings of the British Academy* 41, σελ. 349-365.
Dussaud, R. 1905. «Questions mycéniennes», *RHR* 51, σελ. 32-43.
—, 1914. *Les civilisations préhelleniques*, 2η έκδ., Paris.
Edwardes, C. 1887. *Letters from Crete*, London, Richard Bentley.
Evans, J. 1936. *Index to the Palace of Minos*, London, Macmillan.
—, 1956. *A History of the Society of Antiquaries*, London, Society of Antiquaries.
—, 1964. *Prelude and Fugue: An Autobiography*, London.
Fabricius, E. 1886. «Alterthümer auf Kreta, IV: Funde der mykenäischen Epoche in Knossos», στο *Mitteilungen des Deutschen Archäologischen Instituts* 11, σελ. 135-149.
Falkener, E. 1854. *A Description of Some Important Theaters and Other Remains in Crete, from a MS. History of Candia by Onorio Belli in 1586*, London.
Farnoux, A. 1993. *Cnossos. L'archéologie d'un rêve*, Paris, Gallimard.
—, 1996. *Knossos: Searching for the Legendary Palace of King Minos*, New York, Harry Abrams.
Fick, A. 1905. *Vorgriechische Ortsnamen*, Göttingen.
Finley, M. I. 1974. *Schliemann's Troy – One Hundred Years After*, London, British Academy.
Fitton, J. L. 1991. *Heinrich Schliemann and the British Museum*, London, British Museum.
—, 1995a. *The Discovery of the Greek Bronze Age*, London, British Museum.
—, 1995b. «Charles Newton and the Discovery of the Greek Bronze Age», *Klados: Essays in Honour of J. N. Coldstream, BICS* Suppl. 63, London, σελ. 73-78.
Flinders Petrie, W. M. 1888. «Excavations in the Fayum», *Academy* 33 (9 Ιουν.), αρ. 840, σελ. 402.
—, 1890. «The Egyptian Bases of Greek History», *Journal of Hellenic Studies* XI, σελ. 271-277.
—, 1892a. *Ten Years Digging in Egypt 1881-1891*, London.
—, 1892b. «Excavations at Tel El-Amarna», *Academy* (9 Απρ.), αρ. 1.040, σελ. 356-357.

Flinders Petrie, W. M. 1894. *Tell el Amarna*, London, Methuen.

—, 1901. *Methods and Aims in Archaeology*, London, Macmillan.

—, 1931. *Seventy Years in Archaeology*, London, Sampson Low, Marston.

Forsdyke, E. J. 1911. «Minoan Pottery from Cyprus, and the Origin of the Mycenaean Style», *Journal of Hellenic Studies* 31, σελ. 110-118.

—, 1925. *Catalogue of the Greek and Etruscan Vases in the British Museum*, τόμ. 1, μέρος 1: *Prehistoric Aegean Pottery*, London.

—, 1929. *Minoan Art* (ετήσια διάλεξη για τις όψεις της τέχνης που δόθηκε στη Βρετανική Ακαδημία), London.

Φουντουλάκη, Ι. 1996. *Κρήτη 1893*, Ρέθυμνο.

Fowler, R. 1984. *The Cretan Journal by Edward Lear*, Athens, Denise Harvey.

Freeman, E. A. 1877. *The Ottoman Power in Europe.*

Frere, J. 1800. «Account of Flint Weapons Discovered at Hoxne in Suffolk», *Archaeologia* XIII, σελ. 204-205.

Frost, K. T. 1909. «The Lost Continent», *Times* (19 Ιαν.).

—, 1913. «The *Critias* and Minoan Crete», *Journal of Hellenic Studies* 33, σελ. 189-206.

Fyfe, T. 1903. «Painted Plaster Decoration at Knossos», *Royal Institute of British Architects*, 3η σειρά, X, σελ. 107-131.

Gardner, P. 1892. *New Chapters in Greek History*, London, John Murray.

—, 1894. «Sir C. T. Newton», *Academy* (8 Δεκ.), αρ. 1.179, σελ. 476.

—, 1911. «Presidential Address», *Journal of Hellenic Studies* 31, σελ. lii-lxi.

Gimbutas, M. 1974. *Goddesses and Gods of Old Europe*, Berkeley, University of California Press.

—, 1989. *The Language of the Goddess*, San Francisco, Harper-Collins.

—, 1991. *The Civilization of the Goddess*, San Francisco, Harper-Collins.

Glotz, G. 1925. *The Aegean Civilization*, London, Kegan Paul, Trench, Trubner.

Gosset, T. F. 1965. *Race: The History of an Idea in America*, New York.

Grant, M. 1916. *The Passing of the Great Race; or the Racial Basis of European History*, New York, Scribner.

Green, S. 1981. *Prehistorian: A Biography of V. Gordon Childe*, Bradford-upon-Avon, Moonraker Press.

Greifenhagen, A. 1965. *Adolf Furtwängler: Briefe aus dem Bonner Privatdozentenjahr 1879/80 und der Zeit seiner Tätigkeit an den Berliner Museen 1880-1889*, Stuttgart.

Grimm, J. 1882-1888. *Teutonic Mythology*, μτφ. J. S. Stallybrass, London.

Grote, G. 1846-1856. *History of Greece*, 12 τόμοι, London.

Halbherr, F., and E. Fabricius 1885. *Le leggi antiche della città di Gortina*, Florence.

—, 1888. «Scavi e trovamenti nell'antro di Zeus sui monte Ida in Creta», και «Scoperte nel santuario di Hermes Craneo», *Museo Italiano di Antichità Classica* II, σελ. 689-768, 913-916.

—, 1890. «Iscrizioni cretesi», *Museo Italiano di Antichità Classica* III, σελ. 559-750.

—, 1891. «Researches in Crete. I. Itanos», *Antiquary* 24 (Noέ.), σελ. 201-203· (Δεκ.), σελ. 241-245.

—, 1892. «Researches in Crete. II. Palaekastron of Sitia», *Antiquary* 25 (Μάρτ.), σελ. 115-118· «III-IV. The Praesian Peninsula», *Antiquary* (Απρ.), σελ. 152-155· (Μάιος), σελ. 214-217.

—, 1893. «Researches in Crete. V. The Isthmus of Hierapytna», *Antiquary* 27 (Ιαν.), σελ. 10-14· «VI. From Hierapytna to Lyttos», *Antiquary* (Μάιος), σελ. 195-199· «VII. Lyttos», *Antiquary* 28 (Ιούλ.), σελ. 12-15· «VIII. Cnossos», *Antiquary* (Σεπτ.), σελ. 110-112.

Halbherr, F. and P. Orsi 1888. «Scoperti nell'antro di Psychrò», *Museo Italiano di Antichità Classica* II, σελ. 905-912.

Hall, H. R. 1901a. *The Oldest Civilization of Greece*, London, David Nutt.

—, 1901b. «The Older Civilization of Greece», *Nature* 64 (2 Μαΐου), σελ. 11-15.

—, 1902a. «The Older Civilization of Greece: Further Discoveries in Crete», *Nature* 66 (21 Αυγ.), σελ. 390-394.

—, 1902b. «The Mycenaean Discoveries in Crete», *Nature* 67 (20 Νοε.), σελ. 57-61.

Hall, H. R. 1913. *The Ancient History of the Near East*, London, Methuen.

—, 1915. *Aegean Archaeology*, London, Philip Lee Warner.

Hamilakis, Y. (επιμ.) 2002. *Labyrinth Revisited. Rethinking «Minoan» Archaeology*, Oxford, Oxbow.

Hampson, N. 1982. *The Enlightenment*, Harmondsworth, Penguin.

Harrington, S. P. M. 1999. «Saving Knossos», *Archaeology* 52, τόμ. 1, σελ. 30-40.

Harrison, J. E. 1909. «The Influence of Darwin on the Study of Religions», σε Seward 1909.

Haussoullier, B. 1880. «Vases peintes archaïques découvertes à Knossos», στο *Revue Archéologique* 40, σελ. 359-361 [επανέκδοση από το *Bulletin de Correspondance Hellénique* 4 (1880), σελ. 124-127].

Hawes, C. H., and H. B. Hawes 1909. *Crete: The Forerunner of Greece*, London and New York, Harper.

Hawes, H. B. 1965. «Memoirs of a Pioneer Excavator in Crete», *Archaeology* 18, σελ. 94-101.

Χατζιδάκις, Ι. 1881. *Περιήγησις εις την Κρήτην*, Ερμούπολη.

—, 1931. *Ιστορία του Κρητικού Μουσείου και των αρχαιολογικών ερευνών εν Κρήτη*, Αρχαιολογική Εταιρεία.

Heaton-Comyn, N. 1911. «Minoan Lime Plaster», *Royal Institute of British Architects*, 3η σειρά, XVIII, σελ. 697-710.

Helbig, W. 1896. «Ein ägyptisches Grabgemälde und die mykenische Frage», *Sitzungsber d. Mön. Akad. Heft* III, σελ. 539-582.

Hemingway, S. A. 2000. «Minoan Bone and Ivory Scupture», σε MacGillivray, Driessen, and Sackett 2000.

Hermann, J. and E. Maas (επιμ.) 1990. *Die Korrespondenz zwischen Heinrich Schliemann und Rudolf Virchow 1876-1890*, Berlin.

Higgins, R. 1979. *The Aigina Treasure: An Archaeological Mystery*, London, British Museum.

Hirst, J. 1885. «Notes from Athens», *Athenaeum* 2.987, σελ. 128.

—, 1887a. «Notes from Crete», *Athenaeum* 3.094, σελ. 230-231.

—, 1887b. «Notes from Crete», *Athenaeum* 3.118, σελ. 157-158.

—, 1887c. «Notes from Crete», *Athenaeum* 3.135, σελ. 718-719.

—, 1888. «Notes from Crete», *Athenaeum* 3.152, σελ. 378-379.

Hoeck, K. 1823-1829. *Kreta. Ein Versuch zur Aufhellung der Mythologie und Geschichte, der Religion und Verfassung dieser Insel, von den Ältesten Zeiten bis auf die Römer-Herrshaft*, I-III, Göttingen.

Hogarth, D. G. 1896. *A Wandering Scholar in the Levant*, London, John Murray.

—, 1900a. «Knossos II: Early Town and Cemeteries», *Annual of the British School at Athens* 6, σελ. 70-85.

—, 1900b. «The Diktaian Cave», *Annual of the British School at Athens* 6, σελ. 94-116.

—, 1901. «Excavations at Zakro, Crete», *Annual of the British School at Athens* 7, σελ. 121-149.

—, 1902. «The Zakro Sealings», *Journal of Hellenic Studies* 22, σελ. 76-93.

—, 1910. *Accidents of an Antiquary's Life*, London, Macmillan.

—, 1926. *Twilight of History*, London.

Homolle, T. 1891. «Nouvelles et correspondance», *Bulletin de Correspondance Hellénique* 15, σελ. 441-458.

Hood, M. S. F. 1987. «An Early British Interest in Knossos», *Annual of the British School at Athens* 82, σελ. 85-93.

—, 1992. «Schliemann and Crete», σε J. Herrmann (επιμ.), *Heinrich Schliemann: Grundlage und Erlebnisse moderner Archäologie 100 Jahre nach Schliemanns Tod*, Berlin, σελ. 223-229.

—, 1995. «Collingwood on the Minoan Civilisation of Crete», σε D. Boucher and B. Haddock (επιμ.), *Collingwood Studies*, τόμ. 2, σελ. 175-179.

Hood, M. S. F., and D. Smyth 1981. *Archaeological Survey of the Knossos Area*, British School at Athens Suppl., τόμ. 14, Oxford.

Hood, M. S. F., and M. Cameron 1967. *Catalogue of Plates in Sir Arthur Evans' Knossos Fresco Atlas*, Farnborough, Gregg Press.

Hood, R. 1998. *Faces of Archaeology in Greece*, Oxford, Leopard's Head.

Hudson, K. 1981. *A Social History of Archaeology*, London.

Hughes-Brock, H. 1994. «Les révélations de Sir Arthur Evans», *Ashmolean* 27, σελ. 7-9.

Huxley, T. H. 1909. *Evolution and Ethics: Collected Essays*, London.

Jeal, T. 1989. *Baden-Powell*, London, Hutchinson.

Kabbani, R. 1986. *Europe's Myths of Orient: Divide and Rule*, London, Macmillan.

Καλοκαιρινός, M. 1901. *Νομοθεσία του βασιλέως της Κρήτης Μίνωος*, Αθήναι.

Karo, G. 1959. *Greifen am Thron*, Baden-Baden.

Klynne, A. 1998. «Reconstunction of Knossos: artists' impressions, archaeological evidence and wishful thinking», *Journal of Mediterranean Archaeology* 11, σελ. 206-229.

Koehl, R. 1990. «A Letter from Evans to Droop on the "Problem" of Wace», *Classical Journal* 86, σελ. 45-52.

Κόπακα, Κ. 1990. «Μίνωος Καλοκαιρινού, Ανασκαφές στην Κνωσό», *Παλίμψηστον* 9-10 (Ηράκλειο), σελ. 5-69.

—, 1995. «Ο Μίνως Καλοκαιρινός και οι πρώτες ανασκαφές στην Κνωσό», *Πρακτικά του Ζ' Κρητολογικού Συνεδρίου* (Ρέθυμνο), σελ. 501-511.

Lambros, S. 1887. «Notes from Athens», *Athenaeum* 3.099, σελ. 390-391.

—, 1891. «Heinrich Schliemann», *Athenaeum* 3.299, σελ. 94-95.

Lapatin, K. 1997. «Pheidias ελεφαντουργός», *American Journal of Archaeology* 101, σελ. 663-682.

—, 2002. *Mysteries of the Minoan Snake Goddess: Art, Desire, and the Forging of History*, New York, Houghton Mifflin.

Laroche. 1898. *La Crète ancienne et moderne*, Paris.

Lawson, J. C. 1920. *Tales of Aegean Intrigue*, London, Chatto & Windus.

Levi, D. 1960. «Per una nuova classificazione della civiltà minoica», *Parola del passato* 15 (71), σελ. 81-121.

Levine, P. 1986. *The Amateur and the Professional: Antiquarians, Historians and Archaeologists in Victorian England 1838-1886*, Cambridge, Cambridge University Press.

Lock, P. 1990. «D. G. Hogarth (1862-1927): "...A Specialist in the Science of Archaeology"» , *Annual of the British School at Athens* 85, σελ. 175-200.

Lorimer, D. 1988. «Theoretical Racism in Late Victorian Anthropology, 1870-1900», *Victorian Studies* 31, σελ. 405-430.

Lubbock, Sir J. 1865. *Pre-historic Times, as illustrated by ancient remains and the manners and customs of modern savages*, London, William and Norgate.

Luce, J. V. 1969. *Lost Atlantis: New Light on an Old Legend*, London, Thames and Hudson.

Ludwig, E. 1931. *Schliemann: The Story of a Gold-Seeker*, London and Boston.

Lurker, M. 1980. *The Gods and Symbols of Ancient Egypt*, New York, Thames and Hudson.

Macalister, R. A. S. 1923. «Exploration and Excavation», *Cambridge Ancient History* I, Κεφάλαιο III, σελ. 112-144.

MacGillivray, J. A. 1997. «The Cretan Countryside in the Old Palace Period», σε R. Hägg (επιμ.), *The Function of the Minoan «Villa»*, Stockholm, σελ. 21-25.

—, 1998. *Knossos: Pottery Groups of the Old Palace Period* (*British School at Athens Studies* 5), London.

—, 2000a. «Labyrinths and Bull-Leapers», *Archaeology* (Νοέ.-Δεκ.), σελ. 53-55.

—, 2000b. «Sir Arthur Evans's Minoans and the Egyptian Renaissance of the New Kingdom», σε A. Karetsou (επιμ.), *Crete-Egypt: Three Millennia of Cultural Connections*, Greek Ministry of Culture, Athens 2000, σελ. 150-153.

MacGillivray, J. A., J. M. Driessen, and L. H. Sackett (επιμ.) 2000. *The Palaikastro Kouros* (*British School at Athens Studies* 6), London.

Mackenzie, C. 1931. *First Athenian Memories*, London, Cassel.

—, 1940. *Aegean Memories*, London, Chatto & Windus.

Mackenzie, Donald A. 1919. *Myths of Crete & Pre-Hellenic Europe*, London.

Mackenzie, Duncan 1903. «The Pottery of Knossos», *Journal of Hellenic Studies* 23, σελ. 157-203.

—, 1905. «Cretan Palaces and the Aegean Civilizations», *Annual of the British School at Athens* 11, σελ. 181-223.

—, 1906a. «Cretan Palaces and the Aegean Civilizations II», *Annual of the British School at Athens* 12, σελ. 216-248.

—, 1906b. «The Middle Minoan Pottery of Knossos», *Journal of Hellenic Studies* 26, σελ. 243-267.

—, 1907. «Cretan Palaces and the Aegean Civilizations III», *Annual of the British School at Athens* 13, σελ. 423-445.

Mackenzie, Duncan 1908. «Cretan Palaces and the Aegean Civilizations IV», *Annual of the British School at Athens* 14, σελ. 343-422.

Macmillan, G. A. 1911. *A Short History of the British School at Athens*, London.

—, 1929. *A History of the Hellenic Society*, London.

Mallowan, M. 1977. *Mallowan's Memoirs*, London, Collins.

Mariani, L. 1895. «Antichità cretesi», *Monumenti Antichi* 6, σελ. 156-347.

McDonald, W. A., and C. G. Thomas 1990. *Progress into the Past* (2η έκδ.), Bloomington and Indianapolis, Indiana University Press.

McNeal, R. A. 1972. «The Greeks in History and Prehistory», *Antiquity* 46, σελ. 19-28.

—, 1974. «The Legacy of Arthur Evans», *California Studies in Classical Antiquity* 6, σελ. 205-220.

Meyer, E. 1962. «Schliemann's Letters to Max Müller in Oxford», *Journal of Hellenic Studies* 82, σελ. 75-105.

Michaelis, A. 1908. *A Century of Archaeological Discoveries*, London, John Murray.

Milchhöfer, A. 1883. *Die Anfänge der Kunst in Griechenland*, Leipzig, F. A. Brockhaus.

Millington-Evans, M. 1894. *Chapters on Greek Dress*, London, Macmillan.

Momigliano, A. D. 1994. «Liberal Historian and Supporter of the Holy Roman Empire: E.A. Freeman», σε G. W. Bowersock and T.J. Cornell (επιμ.), *A. D. Momigliano: Studies on Modern Scholarship*, Berkeley, University of California Press, σελ. 197-208.

Momigliano, N. 1995. «Duncan Mackenzie: A Cautious Canny Highlander», *Klados: Essays in Honour of J. N. Coldstream, BICS* Suppl. 63, London, σελ. 163-170.

—, 1996a. «Evans, Mackenzie, and the History of the Palace at Knossos», *Journal of Hellenic Studies* 116, σελ. 166-169.

—, 1996b. «Duncan Mackenzie and the Palestine Exploration Fund», *Palestine Exploration Quarterly* 128, σελ. 139-170.

—, 1999. *Duncan Mackenzie: A Cautious Canny Highlander and the Palace of Minos at Knossos*, London, Institute of Classical Studies.

Montelius, O. 1899. *Der Orient und Europa*, Stockholm, Königl. Akademie der schönen Wissenschaften, Geschichte und Altertumskunde.

—, 1903. *Die typologische Methode: Die älteren Kulturperioden im Orient und in Europa*, I, Stockholm, Selbstverlag.

Morley, J. 1903. *The Life of William Ewart Gladstone*, I, London.

Mosso, A. 1907. *The Palaces of Crete and Their Builders*, London, Fisher Unwin.

Myres, J. L. 1895. «On Some Polychrome Pottery from Kamarais in Crete», *Proceedings of the Society of Antiquaries* 15, σελ. 351-356.

—, 1896. «Mykenaean Civilization: Helbig's "La Question Mycénienne"», *Classical Review* 10, σελ. 350-357.

—, 1900a. Notice in *Oxford Magazine* (9 Μαΐου).

—, 1900b. «On the Plan of the Homeric House, with Special Reference to Mykenaian analogies», *Journal of Hellenic Studies* 20, σελ. 128-150.

—, 1902. «Ridgeway's *Early Age of Greece*», *Classical Review* 16, σελ. 68-77, 91-94.

—, 1911. *The Dawn of History*, Oxford, Oxford University Press.

—, 1933. «The Cretan Labyrinth: A Retrospective of Aegean Research» (αναμνηστική διάλεξη Huxley για το 1933), *Journal of the Royal Anthropological Institute* 63, σελ. 269-312.

—, 1950. «Easter in a Greek Village», *Folklore* 61, σελ. 203-208.

Myres, J. N. L. 1980. *Commander J. L. Myres, R. N. V. R. The Blackbeard of the Aegean* (δέκατη αναμνηστική διάλεξη J. L. Myres, Λονδίνο).

Newberry, P. E. 1908. «Two Cults of the Old Kingdom», *Liverpool Annals of Archaeology*, σελ. 24-29.

Newton, C. T. 1850. «On the Study of Archaeology», *Archaeological Journal* 8· επανέκδοση σε Newton, 1880, σελ. 1-38.

—, 1878. «Dr. Schliemann's discoveries at Mycenae», *Edinburgh Review*· επανέκδοση σε Newton, 1880, σελ. 246-302.

—, 1880. *Essays on Art and Archaeology*, London, Macmillan.

Niemeier, W.-D. 1982. «Mycenaean Knossos and the Age of Linear B», *Studi Micenei ed Egeo-Anatolici* 23, σελ. 219-287.

—, 1988. «The Priest-King Fresco from Knossos», σε E. B. French and K. A. Wardle (επιμ.), *Problems in Greek Prehistory*, Bristol.

Niemeier, W.-D. 1995. «Die Utopie eines verlorenen Paradieses: Die Minoische Kultur Kretas als neuzeitliche Mythenschöpfung», σε R. Stupperich (επιμ.), *Lebendige Antike*, Mannheim, Palatium.

Nixon, L. 1983. «Changing Views of Minoan Society», σε O. Krzyszkowska and L. Nixon (επιμ.), *Minoan Society* (Bristol), σελ. 237-243.

—, 1994. «Gender Bias in Archaeology», σε L. J. Archer, S. Fischler, and M. Wyke (επιμ.), *Women in Ancient Societies*, London, σελ. 1-23.

Orsi, P. 1888. «Studi illustrativi su i bronzi arcaici trovati nell'antro di Zeus Ideo», *Museo Italiano di Antichità Classica* II, σελ. 769-904.

Palmer, L. R. 1961. *Mycenaeans and Minoans*, London, Faber.

—, 1980. «The First Fortnight at Knossos», *Studi Micenei ed Egeo-Anatolici* 21, σελ. 273-293.

Palmer, L. R., and J. Boardman 1963. *On the Knossos Tablets*, Oxford.

Panagiotaki, M. 1993. «The Temple Repositories of Knossos: New Information from the Unpublished Notes of Sir Arthur Evans», *Annual of the British School at Athens* 88, σελ. 49-91.

Παπαδάκης, N. 1992. *Οι Κρήνες της Σητείας*, Σητεία.

Papadopoulos, J. 1997. «Knossos», σε M. de la Torre (επιμ.), *The Conservation of Archaeological Sites in the Mediterranean Region*, Los Angeles, Getty Conservation Institute, σελ. 93-125.

Parabeni, R. 1904. «Ricerche nel sepolcreto da Haghia Triada presso Phestos», *Monumenti Antichi* 14, σελ. 677-756.

Pashley, R. 1837. *Travels in Crete*, Cambridge and London, John Murray.

Peet, T. E., A. J. B. Wace, and M. S. Thompson 1908. «The Connection of the Aegean Civilization with Central Europe», *Classical Review* XXII, σελ. 233-238.

Pendlebury, H. W., J. D. S. Pendlebury, and M. B. Money-Coutts 1938. «Excavations in the Plain of Lasithi. III. Karphi: A City of Refuge of the Early Iron Age in Crete», *Annual of the British School at Athens* 38, σελ. 57-145.

Pendlebury, J. D. S. 1930. *Aegyptiaca*, Cambridge, Cambridge University Press.

Pendlebury, J. D. S. 1933. *A Handbook to the Palace of Minos at Knossos*, London, Macmillan.

—, 1939. *The Archaeology of Crete*, London, Methuen.

—, 1948. *John Pendlebury in Crete, Comprising his Traveling Hints and His First Trip to Eastern Crete (1928) together with appreciations by N. Hammond and T. J. Dunbabin* (ιδιωτική έκδοση, University Press, Cambridge).

Perrot, G. 1891. «Les vases d'or de Vafio», *Bulletin de Correspondance Hellénique* 15, σελ. 493-537.

Perrot, G., and C. Chipiez 1894. *Histoire de l'art dans l'antiquité*, τόμ. vi: *La Grèce primitive, l'art mycénien*, Paris.

Philips, E. D. 1964. «The Greek Vision of Prehistory», *Antiquity* 38, σελ. 171-178.

Picard, C. 1932. «Au pays du griffon: Cnossos ressuscitée», *La Revue de L'Art* LXI, σελ. 3-18, 49-60, 105-116.

Pitt-Rivers, A. H. L.-F. 1906. *The Evolution of Culture and Other Essays*, Oxford, Oxford University Press.

Poliakov, L. 1974. *The Aryan Myth: A History of Racist and Nationalist Ideas in Europe*, New York, Basic Books.

Poole, B. W. H. 1922. *The Postage Stamps of Crete*, Beverly, Mass., Severn-Wylie-Jewett.

Pope, M. 1975. *The Story of Decipherment*, London, Thames and Hudson.

Pottier, E. 1897. *Vases antiques du Louvre: Salles A-E*, Paris.

Powell, B. B. 1977. «The Significance of the So-called "Horns of Consecration"», *Kadmos* 16, σελ. 70-82.

Prestwich, J. 1860. «On the occurrence of flint implements associated with the remains of animals of extinct species in beds of a late geological period at Amiens and Abbeville and in England at Hoxne», *Proceedings of the Royal Society* (London) X, σελ. 50.

Radet, G. 1981. *L'Histoire et l'oeuvre de l'Ecole française d'Athènes*, Paris, Albert Fontemoig.

Randolph, B. 1687. *The Present State of the Islands of the Archipelago*, Oxford.

Raulin, C. 1869. *Description physique de l'Ile de Crète*, 3 τόμοι και άτλας, Paris.

Rehak, P. 1995. «The Use and Destruction of the Minoan Stone Bull's Head Rhyta», *Aegaeum* 12, σελ. 435-460.

Reinach, S. 1892. *L'Origine des Aryens: Histoire d'une Controverse*, Paris.

——, 1893. *Le Mirage oriental*, Paris, G. Masson.

——, 1895. *La sculpture en Europe avant les influences Gréco-romaines*, Angers, Burdin.

——, 1896. *Chronique d'Orient: Documents sur les fouilles et découvertes dans l'orient hellénique*, τόμ. II, Paris.

——, 1901. «La découvere de la Crète préhellénique. La Crète avant l'histoire», *Chronique des Arts*, σελ. 181-256.

——, 1902. «La Crète avant l'histoire», *L'Anthropologie* 13, σελ. 1-8.

——, 1909. *Orpheus: A General History of Religions*, London.

Renfrew, C. 1987. *Archaeology and Language*, London, Jonathan Cape· επανέκδοση Penguin, 1989.

Ridgeway, W. 1896. «What People Made the Objects Called Mycenaean?», *Journal of Hellenic Studies* 16, σελ. 80.

——, 1901. *The Early Age of Greece*, τόμ. I, Cambridge.

——, 1909. «Minos: The Destroyer Rather Than the Creator of the So-called "Minoan" Culture of Cnossus», *Proceedings of the British Academy*, σελ. 97-129.

——, 1931. *The Early Age of Greece*, τόμ. II, Cambridge.

Rizzo, M. A. 1985. «The First Explorations», σε *Ancient Crete: A Hundred Years of Italian Archaeology*, Rome, de Luca, σελ. 27-38.

Robinson, A. 2002. *The Man who Deciphered Linear B: the Story of Michael Ventris*, New York, Thames and Hudson.

Rodden, J. 1981. «The Development of the Three Age System: Archaeology's First Paradigm», σε Daniel 1981b, σελ. 51-68.

Rodenwaldt, G. 1912. *Tiryns II. Die Fresken des Palastes*, Athens.

Rouse, W. H. D. 1901. «The Double Axe and the Labyrinth», *Journal of Hellenic Studies* 21, σελ. 268-274.

Sakellarakis, J. and E. 1981. «Drama of Death in a Minoan Temple», *National Geographic* 159, σελ. 2, 205-222.

Sayce, A. H. 1923. *Reminiscences*, London.

——, 1927. «David George Hogarth», *Proceedings of the British Academy*, σελ. 381-383.

Schliemann, H. 1875. *Troy and Its Remains*, London.

Schliemann, H. 1878. *Mycenae*, London.

Schrader, O. 1890. *Prehistoric Antiquities of the Aryan People.*

Seaman, L. C. B. 1973. *Victorian England*, London, Methuen.

Settegast, M. 1990. *Plato Prehistorian*, Hudson, N.Y., Lindisfarne.

Seward, A. C. (επιμ.) 1909. *Darwin and Modern Science*, Cambridge.

Shaw, J. W., and M. C. Shaw (επιμ.) 1995. *The Kommos Region and the Houses of the Minoan Town*, Princeton, Princeton University Press.

Simonelli, V. 1897. *Candia Ricordi di Escursione*, Parma.

Singer, R., B. G. Gladfelter, and J. J. Wymer 1993. *The Lower Paleolithic Site at Hoxne, England*, Chicago, University of Chicago Press.

Smith, G. E. 1923. *The Ancient Egyptians and the Origins of Civilization*, London, Harper.

Σπανάκη, Σ. Γ. 1960. «Η οικογένεια των Καλοκαιρινών της Κρήτης», *Κρητικά Χρονικά* ΙΔ, σελ. 271-307.

Spencer, F. 1990. *Piltdown: A Scientific Forgery*, London, Natural History Museum.

Spratt, T. A. B. 1865. *Travels and Researches in Crete*, London.

Starr, C. G. 1955. «The Myth of the Minoan Thalassocracy», *Historia* 3, σελ. 282-291.

—, 1984. «Minoan Flower Lovers», σε R. Hägg and N. Marinatos (επιμ.), *Minoan Thalassocracy: Myth or Reality?*, Stockholm, σελ. 9-12.

Stephens, W. R. W. 1895. *The Life and Letters of Edward A. Freeman* (σε 2 τόμους), London, Macmillan.

Stewart, J. G. 1959. *Jane Ellen Harrison: A Portrait from Letters*, London.

Stillman, W. J. 1874. *The Cretan Insurrection of 1866-1867-1868*, New York.

—, 1881. «Extracts of letters from W. J. Stillman, respecting ancient sites in Crete», *Archaeological Institute of America: Appendix to the Second Annual Report of the Executive Committee*, Cambridge, Mass., σελ. 41-49.

—, 1901. *The Autobiography of a Journalist* (σε 2 τόμους), London, Grant Richards.

Stocking, G. W. 1987. *Victorian Anthropology*, New York, Free Press.

Stoll, H. A. 1961. «Schliemann und die Ausgrabungen von Knossos», σε V. Georgiev and J. Irmschen (επιμ.), *Minoica und Homer*, Berlin, σελ. 51-70.

Stubbings, F. H. 1958. «Alan John Bayard Wace» (επικήδειος), *Proceedings of the British Academy*, σελ. 263-280.

Svoronos, J. N. 1890. *Numismatique de la Crète ancienne*, Maçon.

Taylor, I. 1890. *The Origin of the Aryans*, London, Walter Scott.

Thénon, L. 1866-1868. «Fragments d'une description de l'île de Crète», [σειρά σύντομων αναφορών] *Revue archéologique*, Paris.

Thompson, M. W. 1977. *General Pitt-Rivers: Evolution and Archaeology in the Nineteenth Century*, Bradford-upon-Avon, Moonraker Press.

Thomson, D. 1950. *England in the Nineteenth Century (1815-1914)*, Harmondsworth, Penguin.

Traill, D. 1985. «Schliemann's "Dream of Troy" - The Making of a Legend», *Classical Journal* 81, σελ. 13-24.

—–, 1995. *Schliemann of Troy: Treasure and Deceit*, New York, St. Martin's.

Trigger, Bruce G. 1980. *Gordon Childe: Revolutions in Archaeology*, London, Thames and Hudson.

—–, 1989. *A History of Archaeological Thought*, Cambridge, Cambridge University Press.

Tsountas, C., and J. I. Manatt 1897. *The Mycenaean Age: A Study of the Monuments and Culture of Pre-Homeric Greece*, London.

Turner, V. 1981. *The Greek Heritage in Victorian Britain*, New Haven and London, Yale University Press.

Tyler, E. B. 1865. *Researches into the Early History of Mankind and the Development of Civilization*, London, John Murray.

—–, 1871. *Primitive Culture*, London, John Murray.

—–, 1881. *Anthropology: An Introduction to the Study of Man and Civilization*, London.

Tzedhakis, I., S. Chryssoulaki, S. Voutsaki, and Y. Venieri 1989. «Les routes minoennes: un rapport preliminaire. Défense de la circulation ou circulation de la défense?», *Bulletin de Correspondance Hellénique* 113, σελ. 43-75.

Vasilaki, A. 1989. «The Early Minoan Settlement at Trypeti, South Crete», *Αρχαιολογία* 30, Αθήνα, σελ. 52-56.

Ventris, M. 1952. «Deciphering Europe's Oldest Script», *Listener* (10 Ιουλ.), σελ. 57-58· επανέκδοση σε Deuel, 1961, σελ. 305-312.

Wace, Alan J. B. 1920a. «Excavations at Mycenae», *Times Literary Supplement* (24 Ιουν.), σελ. 398.

—, 1920b. «Excavations at Mycenae. II», *Times Literary Supplement* (19 Αυγ.), σελ. 530.

—, 1923. «Early Aegean Civilization», κεφάλαιο xvii στο *Cambridge Ancient History*, 1η έκδ., τόμ. I, σελ. 589-615.

—, 1927. *A Cretan Statuette in the Fitzwilliam Museum*, Cambridge.

—, 1931. Εισαγωγή στο Ridgeway 1931.

—, 1932. «Chamber Tombs at Mycenae», *Archaeologia* 82, Oxford, Society of Antiquaries.

—, 1940. «The Date of the Treasury of Atreus», *Antiquity*, σελ. 233.

—, 1949. «The Greeks and Romans as Archaeologists», *Société royale d'archéologie d'Alexandrie* 38, σελ. 21-35.

Wall, S. M., J. H. Musgrave, and P. M. Warren 1986. «Human Bones from a Late Minoan IB House at Knossos», *Annual of the British School at Athens* 81, σελ. 333-388.

Walters, H. B. 1934. *The English Antiquaries of the Sixteenth, Seventeenth and Eighteenth Centuries*, London, Walters.

Warren, Peter M. 1972. «16th, 17th and 18th Century British Travelers in Crete», *Κρητικά Χρονικά* 24, σελ. 65-92.

—, 1981. «Minoan Crete and Ecstatic Religion», σε Hägg and Marinatos (επιμ.), *Sanctuaries and Cults of the Aegean Bronze Age*, Stockholm, σελ. 155-166.

—, 1984. «Circular Platforms at Minoan Knossos», *Annual of the British School at Athens* 79, σελ. 307-323.

—, 1988. *Minoan Religion as Ritual Action*, Gothenburg, University of Gothenburg.

—, 1990. «Of Baetyls», *Opuscula Atheniensa* 18, αρ. 14, σελ. 193-206.

Waterhouse, H. 1974. «Priest-Kings?», *Bulletin of the Institute of Classical Studies* 21, σελ. 153-155.

—, 1986. *History of the British School at Athens*, London.

Waugh, E. 1946. *When the Going Was Good*, London, Duckworth.

Weingarten, J. 1983. *The Zakro Master and His Place in Prehistory*, Göteborg, Paul Aström.

—, 1991. *The Transformation of Egyptian Taweret into the Minoan Genius, Studies in Mediterranean Archaeology* 88, Partille, Paul Aström.

Weiss, R. 1969. *The Renaissance Discovery of Classical Antiquity*, Oxford, Basil Blackwell.

Wheeler, E. R. M. 1956. *Still Digging*, New York, Dutton.

Willetts, R. F. 1955. *Aristocratic Society in Ancient Crete*, London, Routledge and Kegan Paul.

Wilson, D. 1851. *The Archaeology and Prehistoric Annals of Scotland*, London and Cambridge, Macmillan.

Winckelmann, J. J. 1764. *Geschichte der Kunst des Altertums*, Deutschland· εκδόθηκε στα αγγλικά το 1850 ως *History of Ancient Art*.

Wood, M. 1985. *In Search of the Trojan War*, London, BBC Publications.

Woolley, C. L. 1920. *Dead Towns and Living Men*, Oxford, Oxford University Press· ανατύπωση London, Jonathan Cape, 1932.

—, 1953. *Spadework*, Lutterworth Press, London.

—, 1958. *History Unearthed*, London, Benn, ανατύπωση New York, Frederick A. Praeger, 1962.

—, 1962. *As I Seem to Remember*, London, George Allen and Unwin.

Wroth, W. 1886. *Catalogue of the Greek Coins of Crete and the Aegean Islands*, London, British Museum.

Wunderlich, H.-G. 1974. *The Secret of Crete*, New York, Macmillan.

Ξανθουδίδης, Σ. 1904. *Ο κρητικός πολιτισμός*, Αθήναι.

Xanthoudides, S. 1924. *The Vaulted Tombs of the Mesara*, London, University Press of Liverpool.

Ζώης, Α. 1996. *Κνωσός το εκστατικό όραμα*, Ηράκλειο, Πανεπιστημιακές Εκδόσεις Κρήτης.

ΕΥΡΕΤΗΡΙΟ

Ευρετήριο κυρίων ονομάτων

* Στο ευρετήριο κυρίων ονομάτων δεν έχει ευρετηριαστεί ο Άρθουρ Τζων Έβανς.

Ευρετήριο τόπων

ΕΙΚΟΝΕΣ

Η Harriet Anne Έβανς (το γένος Dickinson) το 1857 περ., τη χρονιά που πέθανε και άφησε τον Άρθουρ Έβανς, έξι χρονών, χωρίς το «ενεργό κέντρο του κόσμου του» (JOAN EVANS 1943)

Ο Τζων Έβανς το 1855 περ. Η προσγειωμένη μητέρα του τον θεωρούσε «υπερβολικά ευαίσθητο και εργατικό για να γίνει δάσκαλος ή ιερέας». Ο Τζων Έβανς «ο Πυριτόλιθος», πατέρας του Άρθουρ, πλούτισε στη χαρτοβιομηχανία της οικογένειας Dickinson και μπήκε στους ακαδημαϊκούς κύκλους ως ερασιτέχνης αρχαιόφιλος (JOAN EVANS 1943)

Η Margaret Freeman το 1877.
Παντρεύτηκε τον Έβανς το 1878 και,
όπως τρυφερά θυμόταν εκείνος μετά
τον πρόωρο θάνατό της, το 1893,
«ήταν η βοηθός που λίγοι έχουν συναντήσει»
(JOAN EVANS 1943)

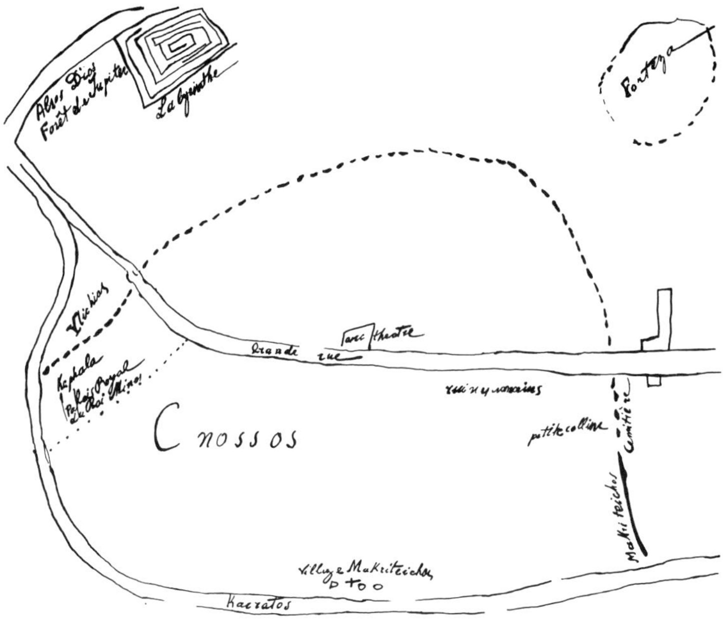

Σκαρίφημα χάρτη της «Κνωσού» από τον Μίνωα Καλοκαιρινό, τον πρώτο σύγχρονο εξερευνητή της τοποθεσίας το 1878-1879, το οποίο δείχνει τον «Μεγάλο Δρόμο» από την Κάντια που περνά από την «Κεφάλα», με το «βασιλικό Ανάκτορο του βασιλιά Μίνωα» και το «Δάσος του Δία» στην είσοδο του «Λαβύρινθου» (κατά Κόπακα 1995, εικ. 5)

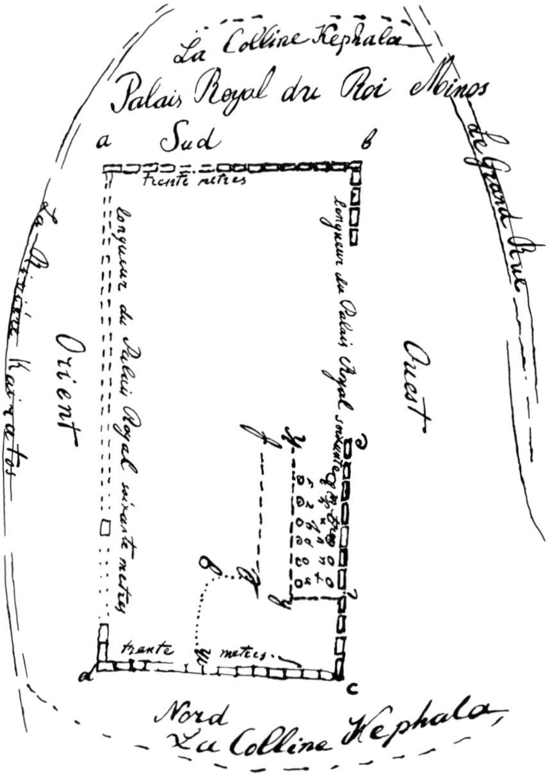

Σκαρίφημα του Καλοκαιρινού
του «βασιλικού Ανακτόρου του βασιλιά Μίνωα»,
που δείχνει τη θέση των μεγάλων πιθαριών
(κατά Κόπακα 1995, εικ. 7)

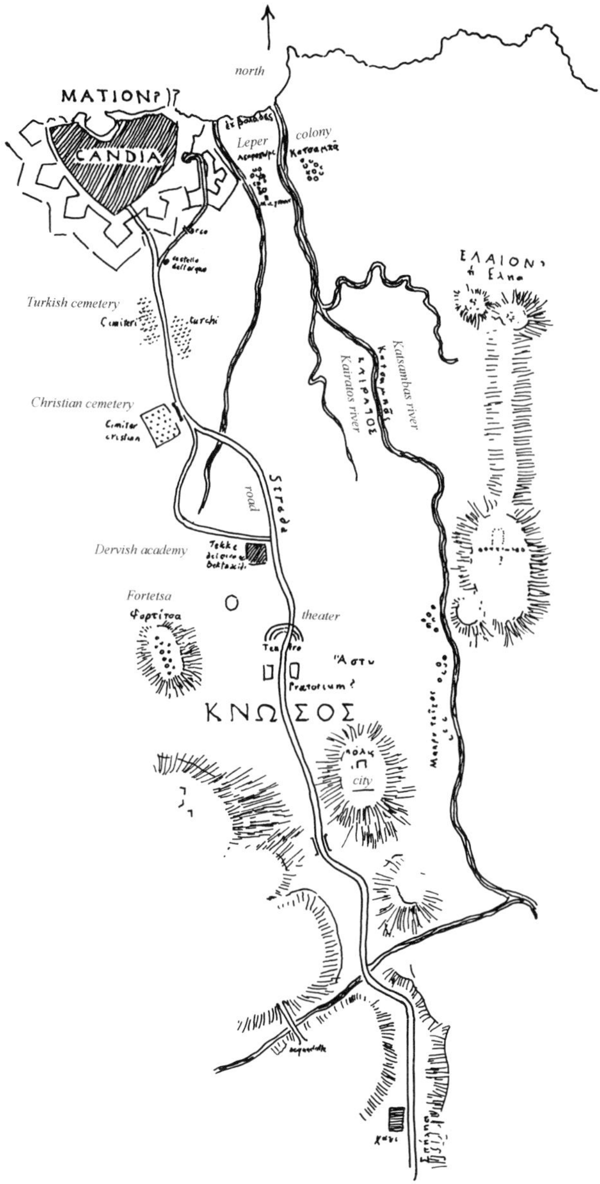

Σκαρίφημα χάρτη της Κάντια και της κοιλάδας της Κνωσού
τον καιρό της πρώτης επίσκεψης του Έβανς το 1894
(κατά Mariani 1895, με αγγλικές προσθήκες)

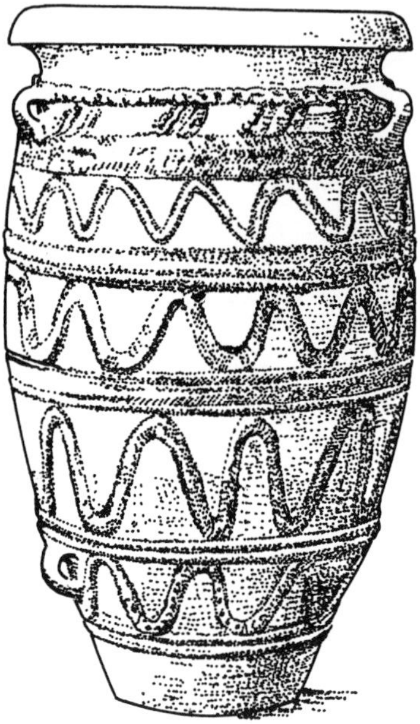

*Σκαρίφημα κρητικού πίθου,
μεγάλου πήλινου αποθηκευτικού αγγείου,
από τις ανασκαφές του Καλοκαιρινού
(κατά Fabricius 1886)*

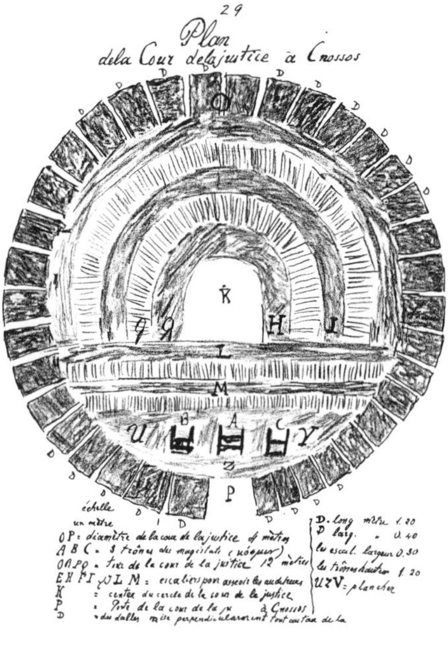

*Φανταστική αναπαράσταση
από τον Καλοκαιρινό
του «Δικαστηρίου της Κνωσού»,
στον χώρο που αργότερα
ταυτίστηκε από τον Έβανς
ως Αίθουσα του Θρόνου
(κατά Κόπακα 1995, εικ. 8)*

Λεπτομέρεια από το σχέδιο με νιέλο πάνω στο «εγχειρίδιο με το κυνήγι του λιονταριού», από τις ανασκαφές του Σλήμαν στις Μυκήνες, που αποκαλύφτηκε κατά τη συντήρηση για να δείξει την υψηλή ποιότητα της μεταλλουργίας των Μυκηναίων και τη ζωντάνια της τέχνης τους (κατά Evans 1930α, εικ. 71)

Λεπτομέρεια από το «ασημένιο ρυτό της πολιορκίας» από τις Μυκήνες. Ο Έβανς σημείωσε ότι το «γνωστό στην ανατολική τέχνη θέμα απαντά εδώ για πρώτη φορά στις Μυκήνες», όπου φανταζόταν πως «ένα πιο ελεύθερο, πιο δημοκρατικό πνεύμα πνέει εδώ», επειδή η έκβαση της μάχης ήταν άγνωστη (κατά Evans 1930α, εικ. 52)

Παραστάσεις πάνω στο ζεύγος των χρυσών κυπέλλων που βρέθηκαν από τον Τσούντα στο Βαφειό. Η μία παράσταση θύμισε στον Έβανς τη φράση του Ομήρου «εσπαρταρούσε ως σπαρταρά το βόδι οπού στα όρη αφού το δέσαν στανικώς τραβούν βουκόλοι», και την εγκωμίασε ως εξής: «Η ποιότητα της δουλειάς είναι εκπληκτική και φαίνεται να ανήκει σε μια πολύ μεταγενέστερη περίοδο. Καμιά σχηματοποιημένη ή δουλική προσκόλληση στις παραδοσιακές αρχαίες μορφές της (Σύγκρινε την αρχαϊκή ελληνική τέχνη!!!)»
(κατά Evans 1930α, εικ. 123)

Οι Κεφτιού, με μακρούς κυματιστούς βόστρυχους και κόκκινο δέρμα, απεικονίζονται να αποτίουν φόρο τιμής με αιγαιακά αντικείμενα στον Αιγύπτιο βασιλιά στον τάφο ενός από τους ευγενείς του, του Μενκεπέρ ρα-σένμπ, στις Θήβες. Ο Έβανς νόμιζε πως το κόκκινο χρώμα του δέρματός τους ήταν «ο αιγυπτιακός τρόπος να αποδίδουν τα ροδαλά ευρωπαϊκά μάγουλα», και συμπέρανε πως ήταν Κρήτες
(κατά Evans 1928b, σελ. 746, εικ. 482)

Το Youlbury, το σπίτι που έκτισε ο Έβανς το 1894 στο Boars Hill, κοντά στην Οξφόρδη, το οποίο όταν ολοκληρώθηκε είχε είκοσι δύο υπνοδωμάτια, πέντε λουτρά (το ένα με χαμηλή μαρμάρινη ρωμαϊκή μπανιέρα), βιβλιοθήκη, γραφείο, σαλόνια και τραπεζαρίες, όλα μεγάλων διαστάσεων
(PAUL HASKINS)

Η είσοδος στο Youlbury και το θολωτό ταβάνι με φατνώματα σε αναγεννησιακό στιλ και δάπεδο επενδεδυμένο με πλάκες, το οποίο είχε ορθογώνιο σχέδιο λαβυρίνθου με έναν κλασικό ελληνικό μινώταυρο στο κέντρο

Ο Έβανς καθιστός (αριστερά) με τον Χατζιδάκι (κέντρο) και τον Halbherr.
Όρθιοι οι Savignoni και Mariani.
Έμαθε πολλά από τους πρωτοπόρους της κρητικής αρχαιολογίας
(ΜΟΥΣΕΙΟ ASHMOLEAN)

Εγχάρακτη παράσταση στο Δαχτυλίδι της Κνωσού, που αγοράστηκε το 1894. Ο Έβανς είδε «μια λατρεία του λίθου που ακόμη επιβιώνει στην Ινδία και αλλού μέχρι σήμερα. Ο θεός, με τελετουργίες και ύμνους, φαίνεται να κατεβαίνει στον ιερό οβελίσκο, που γίνεται η προσωρινή κατοικία του ή, στη βιβλική γλώσσα, ένα "Μπεθέλ"» (κατά Evans 1901c, εικ. 48)

Τμήμα λίθινου αγγείου από την Κνωσό. «Στην αρχή», σημείωσε ο Έβανς το 1894, «νόμισα πως ήταν κομμάτι από κάποιο ρωμαϊκό ανάγλυφο, αλλά έκπληκτος ανακάλυψα πως ήταν μυκεεναιικό, με τμήμα από ανάγλυφο που απεικόνιζε ανθρώπους που ίσως όργωναν ή έσπερναν –έναν βωμό;– και έναν τοιχισμένο περίβολο με μια συκιά: ένα συμπλήρωμα στα αγγεία του Βαφειού και σε σύγχρονή τους τεχνοτροπία!» Ο Έβανς απέδωσε στο λατρευτικό κερασφόρο αντικείμενο, που βρισκόταν πάνω στην κτισμένη εξέδρα –γνωστό στους αιγυπτιολόγους ως το ιερογλυφικό σημάδι του ορίζοντα–, νέα σημασία και το αποκάλεσε Κέρατα Καθοσιώσεως (κατά Evans 1901c, εικ. 2)

Ο τετράπλευρος σφραγιδόλιθος που ο Έβανς αγόρασε στο Παλαίκαστρο το 1894. Ήταν ο πρώτος που αναγνώρισε τη σπουδαιότητα των εγχάρακτων συμβόλων (κατά Evans 1894e, εικ. 35)

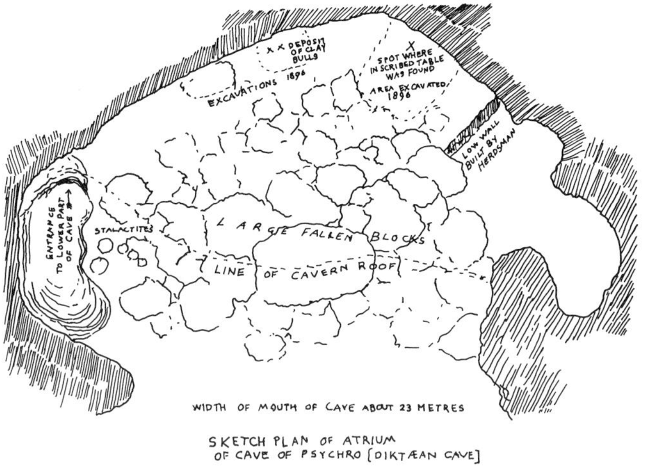

Σκαρίφημα της σπηλιάς του Ψυχρού στο Λασίθι που σχεδίασε ο Έβανς, όπου διεξήγαγε παράνομες ανασκαφές το 1895 και το 1896 και βρήκε μικρούς χάλκινους διπλούς πελέκεις, όμοιους με εκείνους που ο Σλήμαν είχε υποθέσει ότι συμβολίζουν τον Δία Λαβρανδέα, οι οποίοι αποδείκνυαν, κατ' αυτόν, ότι ήταν το Δικταίο Άντρο όπου είχε ανατραφεί ο Δίας (κατά Evans 1897, εικ. 26)

Η εγχάρακτη επιγραφή στην άκρη της λίθινης τράπεζας του Ψυχρού έδωσε στον Έβανς την πρώτη απτή απόδειξη της θεωρίας του για τις γραμμικές γραφές στην πρώιμη Ελλάδα. Αποκατέστησε την τράπεζα ως τριμερή Τράπεζα προσφορών που χρησιμοποιείτο σε τελετουργικό προς τιμή του Κρηταγενούς Δία. Οι τρεις κοιλότητες ήταν για γάλα και μέλι, γλυκό κρασί και νερό ανακατεμένα, για να θυμίζουν την τροφή που έδιναν στον Δία ως παιδί η μυθική Αμάλθεια (η κατσίκα) και η Μέλισσα (Evans 1897α)

Άποψη των σκαμμάτων του Καλοκαιρινού στην Κεφάλα της Κνωσού κατά την έναρξη των ανασκαφών του Έβανς το 1900. «Εδώ σε ένα μέρος που λέγεται "τα Πιθάρια" βρίσκονται τα υπολείμματα των μυκεεναιικών τειχών και περασμάτων», σημείωσε ο Έβανς για τις προηγούμενες δοκιμαστικές τομές, όταν είδε για πρώτη φορά την τοποθεσία το 1894
(ΜΟΥΣΕΙΟ ASHMOLEAN)

Ο Έβανς και ο Duncan Mackenzie, ο επιβλέπων του στην Κνωσό, παρακολουθούν τον Κύπριο Γρηγόρη Αντωνίου και έναν εργάτη κατά την ανασκαφή
(ΜΟΥΣΕΙΟ ASHMOLEAN)

Ο Γρηγόρης Αντωνίου, «ο πιο έμπειρος κυνηγός τάφων της Ανατολικής Μεσογείου», περιστοιχισμένος από ειδικευμένους Κρήτες εργάτες ανασκαφής
(ΜΟΥΣΕΙΟ ASHMOLEAN)

Το χώμα που για αιώνες είχε σωρευτεί πάνω από το Ανάκτορο μεταφέρθηκε με πλεχτά καλάθια και πετάχτηκε στα μπάζα με χειράμαξες
(ΜΟΥΣΕΙΟ ASHMOLEAN)

Γυναίκες πλένουν τα θραύσματα κεραμικής στην Κεντρική Αυλή της Κνωσού,
ενώ οι άνδρες εργάτες κάνουν διάλειμμα για νερό
(ΜΟΥΣΕΙΟ ASHMOLEAN)

Μετά από ένα γρήγορο πλύσιμο, τόνοι σπασμένης κεραμικής στοιβάχτηκαν σε σωρούς
για να στεγνώσουν κοντά στον χώρο με τα «μπάζα» · εδώ υπό βρετανική στρατιωτική προστασία
(ΜΟΥΣΕΙΟ ASHMOLEAN)

Ο Ιωάννης Παπαδάκης, ειδικευμένος συντηρητής κρητικών βυζαντινών τοιχογραφιών· τον προσέλαβε από την αρχή ο Έβανς για να ανασκάψει και να φροντίσει τις μινωικές νωπογραφίες, καθώς και για να ανασυνθέσει τη σπασμένη κεραμική, περιλαμβανομένων και των πελώριων αποθηκευτικών πιθαριών (ΜΟΥΣΕΙΟ ASHMOLEAN)

Οι Κρήτες ήταν συνηθισμένοι να βλέπουν αγγεία στο ύψος του ανθρώπου. Έτσι αυτά τα μινωικά δείγματα στις αποθήκες του Ανακτόρου, με τα οποία φωτογραφίζονται εδώ ντόπιες γυναίκες, τους ήταν οικεία (ΜΟΥΣΕΙΟ ASHMOLEAN)

Ο Έβανς παρακολουθεί, καθώς ο Mackenzie μελετά κεραμική επιλεγμένη από τις στοίβες που στέγνωναν στην αυλή του μικρού εργαστηρίου, νότια του Ανακτόρου
(ΜΟΥΣΕΙΟ ASHMOLEAN)

Ο Έβανς, ο Fyfe και ο Mackenzie φωτογραφίζονται με κάποια από τα αποκατεστημένα αντικείμενα στην αυλή του εργαστηρίου
(ΜΟΥΣΕΙΟ ASHMOLEAN)

Ο Hogarth και ο Έβανς στο σπίτι τους στην Κάντια (Ηράκλειο).
Ο Hogarth επέκρινε τον Έβανς πως ζούσε με μεγάλη πολυτέλεια και απωθούσε όσους ήθελαν να προσφέρουν χρήματα στο αποτυχημένο Ταμείο για την Εξερεύνηση της Κρήτης
(ΜΟΥΣΕΙΟ ASHMOLEAN)

Ο Έβανς κρατά ένα λίθινο ρυτό σαν ένας Κεφτιού.
Το μακρύ νύχι στο μικρό δάχτυλο του δεξιού χεριού ήταν «το προσωπικό του εργαλείο ανασκαφής»
(ΜΟΥΣΕΙΟ ASHMOLEAN)

Ο Mackenzie πάνω στο «μικρόσωμο άλογό του που αποκαλούσε "Κολασμένη Φωτιά"» πηγαίνει στην Κνωσό, πίσω από τον Γρηγόρη Αντωνίου που είναι καβάλα στο μουλάρι του (ΜΟΥΣΕΙΟ ASHMOLEAN)

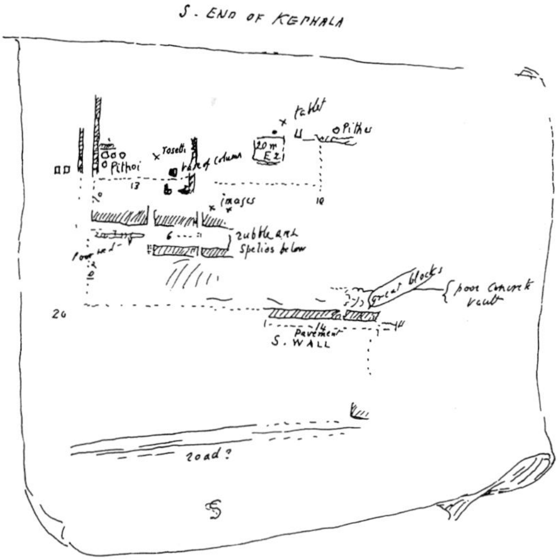

Το πρώτο σκαρίφημα χάρτη της Κνωσού, που έκανε ο Έβανς την 1η Απριλίου του 1900, μοιάζει με πειρατικό χάρτη όπου σημείωνε με Χ τους θησαυρούς (κατά το σημειωματάριο του 1900 του Evans, σελ. 13)

Η τοιχογραφία του Ρυτοφόρου, όπως παρατηρήθηκε πρώτη φορά επιτόπου, στις 5 Απριλίου του 1900. «Μια μεγάλη μέρα!» έγραψε ο Έβανς στο ημερολόγιό του. «Νωρίς το πρωί, η βαθμιαία αποκάλυψη της επιφάνειας ... αποκάλυψε δύο μεγάλα κομμάτια Νωπογραφιών ... Το ένα αναπαριστούσε το κεφάλι και το μέτωπο, το άλλο τη μέση και τμήμα της φούστας γυναικείας μορφής που κρατούσε στο χέρι της μακρύ μυκηναϊκό "ρυτό" ή ψηλό κύπελλο σε σχήμα χωνιού». Την ονόμασε «Νωπογραφία της Αριάδνης», σημειώνοντας ότι «η μορφή ήταν σε φυσικό μέγεθος με βαθιά κοκκινωπή απόχρωση, για το χρώμα της επιδερμίδας, όπως στις μορφές ετρουσκικών τάφων και σ' αυτές των Κεφτιού των αιγυπτιακών τοιχογραφιών» (ΜΟΥΣΕΙΟ ASHMOLEAN)

Ο Έβανς σχεδίασε την «Αριάδνη», σημειώνοντας: «Το μάτι ήταν σκούρο και κάπως αμυγδαλωτό, προφανώς εν μέρει κατά τομή και εν μέρει κατ' ενώπιον, όπως τα αιγυπτιακά» (κατά το σημειωματάριο του 1900 του Έβανς, σελ. 19)

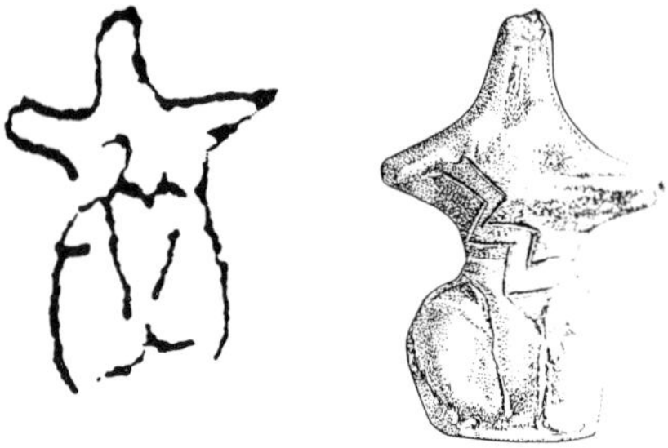

*Η «Αφροδίτη της Κνωσού»,
σχεδιασμένη από τον Έβανς
στις 26 Μαρτίου του 1900,
με ένα μεταγενέστερο σχέδιο
του νεολιθικού πήλινου ειδωλίου
(κατά το σημειωματάριο του 1900
του Έβανς, σελ. 3)*

*Ο «ξαπλωμένος ταύρος του Έβανς; ...»
σχεδιασμένος από τον ίδιο. Ο «Μινώταυρος
πάνω από την πύλη του Λαβύρινθου!!»
και το μεταγενέστερο αποκατεστημένο σχέδιο
του θραύσματος ενός λίθινου ρυτού
(κατά το σημειωματάριο του 1900 του Έβανς,
σελ. 34, και Evans 1921a, σελ. 688, εικ. 507)*

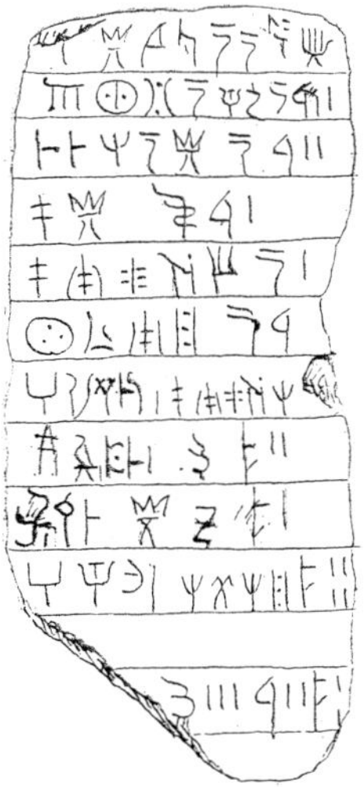

*Σχέδιο του Έβανς
για την πρώτη εγχάρακτη πινακίδα
που δημοσιεύθηκε από την Κνωσό
(κατά Evans 1900b)*

Στις 10 Απριλίου του 1900 οι εργάτες αποκάλυψαν ένα «τιμητικό κάθισμα ή θρόνο», σημείωσε ο Έβανς στο ημερολόγιό του. Αμέσως τον αποκάλεσε «Θρόνο της Αριάδνης»
(ΜΟΥΣΕΙΟ ASHMOLEAN)

Το βυθισμένο δωμάτιο απέναντι από τον θρόνο, που ο Έβανς πίστευε πως «είναι το λουτρό των γυναικών και ο μοναχικός θρόνος δείχνει να είναι της Βασίλισσας – το λουτρό της Αριάδνης», μέχρι που έβαλε στη θέση της τον Μίνωα, και το ονόμασε «δεξαμενή καθαρμού»
(ΜΟΥΣΕΙΟ ASHMOLEAN)

Ο Έβανς ατενίζει το σύμπλεγμα της Αίθουσας του Θρόνου, για την οποία εξ αρχής ανέφερε ότι «πράγματι ήταν η αίθουσα συμβουλίου ενός Μυκηναίου Βασιλιά ή μιας Βασίλισσας», παραχωρώντας τελικά την εξουσία στον μυθικό βασιλιά Μίνωα (ΜΟΥΣΕΙΟ ASHMOLEAN)

Μια φανταστική αναπαράσταση της Αίθουσας του Θρόνου κατά τον E. J. Lambert
(ΜΟΥΣΕΙΟ ASHMOLEAN)

Η Δυτική Πρόσοψη του Ανακτόρου από γυψόλιθο,
όπως την αποκάλυψε αρχικά ο Έβανς το 1900
(ΜΟΥΣΕΙΟ ASHMOLEAN)

Η Δυτική Πρόσοψη όπως την ανακατασκεύασαν ο Έβανς και ο Doll
(ΜΟΥΣΕΙΟ ASHMOLEAN)

Ο Μανώλης Ακουμιανάκης, που ο Έβανς φιλόστοργα τον αποκαλούσε «ο βουνίσιος λύκος μου», στέκεται μπροστά στον πρώτο πεσσό που βρέθηκε στην Κνωσό το 1900, στον οποίο δόθηκε πολύ μεγάλη δημοσιότητα για να αποδειχτεί η ιερότητα όχι μόνο του ίδιου του πεσσού αλλά και των εγχάρακτων συμβόλων του διπλού πελέκεως, που, όπως πρότεινε ο Έβανς, «στέκονταν ως η ορατή προσωποποίηση της θεότητας ... Ανθρωπομορφικές απεικονίσεις σε ιερά ήταν άγνωστες»

(ΜΟΥΣΕΙΟ ASHMOLEAN)

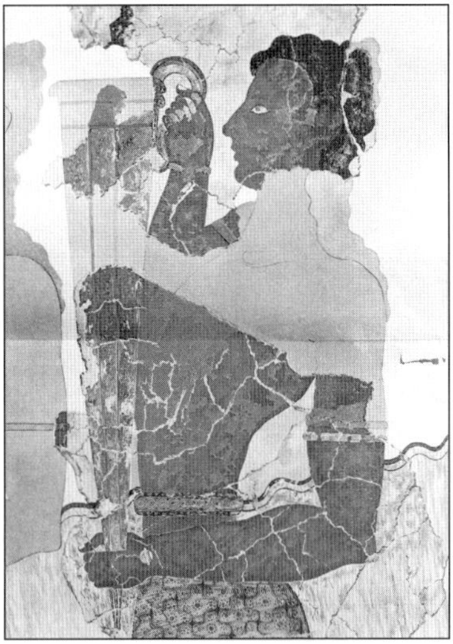

Αποκατεστημένη ζωγραφιά της τοιχογραφίας του Ρυτοφόρου (Evans 1928b, πίν. XII)

Ο «Πρίγκιπας των Κρίνων» γεννήθηκε από σκόρπια θραύσματα νωπογραφιών, που ενώθηκαν για να ικανοποιήσουν την ανάγκη του Έβανς για μια επίγεια εξουσία στην Κνωσό: Ο δικός του «Ιερέας-Βασιλιάς» (Evans 1928, πίν. XIV)

«Mais ce sont des parisiennes!» αναφώνησε ένας Γάλλος μελετητής το 1901, και η ονομασία παρέμεινε σε μια μορφή αυτού που είναι πια γνωστό ως Τοιχογραφία των Πτυσσόμενων Καθισμάτων. Ένιωσε coup de foudre (κεραυνοβόλο έρωτα) για την Παριζιάνα με την πρώτη κιόλας ματιά, με «εκείνα τα ανακατωμένα μαλλιά, τον προκλητικό βόστρυχο στο μέτωπο που "αγκιστρώνει την καρδιά σου", το τεράστιο μάτι και το αισθησιακό στόμα ... βαμμένο με φλογερό κόκκινο, εκείνο τον χιτώνα με κόκκινες, γαλάζιες και μαύρες γραμμές, την πλημμύρα από κορδέλες ριγμένες πίσω σαν να λένε: "Ακολούθησέ με, νεαρέ"» (Hood & Cameron 1967, πίν. F1)

Αποκατεστημένο σχέδιο της μικρογραφικής τοιχογραφίας, για την οποία ο Έβανς επέμενε πως «παρέχει πράγματι μια ζωντανή αναπαράσταση του είδους της ανωδομής που εδώ θα έβλεπε ο θεατής», με «τις κυρίες αυτές με τα ντεκολτέ», οι οποίες στον Έβανς φαίνονταν να «έχουν μόλις βγει από τα χέρια του κομμωτή, με τα μαλλιά τους σγουρά γύρω από το κεφάλι και τους ώμους» (Evans 1930, πίν. XVI)

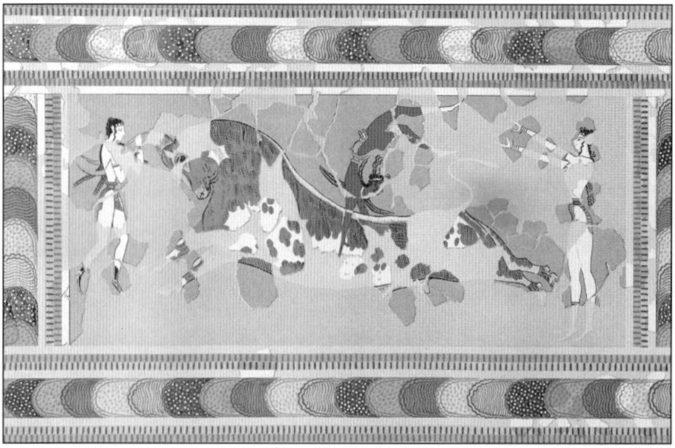

Όταν εμφανίστηκε το 1901 αυτό που σήμερα ονομάζεται η «Τοιχογραφία του Ταυρομάχου», ο Έβανς ονόμασε αυτές τις μορφές «κορίτσια ντυμένα Μυκηναίοι καουμπόις». Γρήγορα τις ζήλεψε το αναπτυσσόμενο κίνημα των σουφραζετών στη Βρετανία και την Αμερική (Hood & Cameron 1967, πίν. IX)

Το Κρητικό Ταχυδρομείο, το 1905, κόσμησε το γραμματόσημο των τριών δραχμών με μια άποψη των ανασκαφών που έκανε ο Έβανς στον «Λαβύρινθο», με το μινωικό σπειροειδές μοτίβο και με έναν Κρήτα τοξότη στα δεξιά να σημαδεύει τον «Μινώταυρο» από την Κάτω Ζάκρο στα αριστερά

Η «Θεά πάνω σε κορυφή» του Έβανς, πήλινο αποτύπωμα σφραγίδας που βρέθηκε το 1901, έγινε η Άρτεμις με το τόξο της για τους Έλληνες Κρήτες, οι οποίοι την έβαλαν σε ένα από τα γραμματόσημά τους

Η Κρητική Κυβέρνηση έδωσε στον Σύλλογο της Κάντια νέο μουσείο στον παλιό τουρκικό στρατώνα για να επιδείξει την υπεράφθονη πρώτη συγκομιδή από τους ξένους ανασκαφείς, οι οποίοι με πάθος πήραν μέρος στην αναζήτηση των ιστορικών θησαυρών της Κρήτης. Τα ευρήματα από την Κνωσό, σε πρώτο πλάνο, κατείχαν εξέχουσα θέση

Άποψη των ανασκαφών της Κνωσού από τα ανατολικά,
στο τέλος της ανασκαφικής περιόδου του 1901 (ΜΟΥΣΕΙΟ ASHMOLEAN)

Γενική άποψη των ανασκαφών της Κνωσού από τα βόρεια,
όπου φαίνεται το παρατηρητήριο στη Δυτική Αυλή και η προσωρινή στέγη
πάνω από την Αίθουσα του Θρόνου
(ΜΟΥΣΕΙΟ ASHMOLEAN)

Το μικροσκοπικό Ιερό των Διπλών Πελέκεων, καθαρισμένο και συντηρημένο το 1902, εικονίζεται με τα ευρήματά του αποκατεστημένα και τοποθετημένα στον αναπλασμένο πάγκο, απέναντι από την είσοδο. Ο Έβανς πίστευε πως οι μεταλλικοί «διπλοί πελέκεις» προσαρμόζονταν σε τρύπες ανοιγμένες στο κέντρο των δύο γύψινων Κεράτων Καθοσιώσεως (ΜΟΥΣΕΙΟ ASHMOLEAN)

Τα περιεχόμενα των Θησαυρών του Ναού, που καθαρίστηκαν το 1903, επιδιορθώθηκαν και τοποθετήθηκαν όπως ο Έβανς φανταζόταν πως θα βρίσκονταν σε ένα ιερό με τη «Θεά των Όφεων» και την ακέφαλη λατρεύτριά της πλάι στον «απλό "ελληνικό" σταυρό», ο οποίος, όπως δήλωσε, ήταν «αστρικό σύμβολο με θρησκευτική σημασία ... απαντά στην Αίγυπτο ως διακριτικό της Αθώρ» (ΜΟΥΣΕΙΟ ASHMOLEAN)

Ο Fyfe στέκεται σε έναν φωταγωγό στο Διαμέρισμα Κατοικίας, παρατηρώντας την επικείμενη κατάρρευση των λίθινων τοίχων, καθώς η ξύλινη υποδομή που κάποτε τους στήριζε είχε σαπίσει (ΜΟΥΣΕΙΟ ASHMOLEAN)

«Τις προάλλες, τα κατάφερα με ένα μάλλον παράτολμο πείραμα», υπερηφανευόταν ο Έβανς σε ένα γράμμα στον πατέρα του. «Υπήρχε τοίχος από ακατέργαστους λίθους, με μεγάλη κλίση, και απειλούσε να καταστρέψει τα πάντα από κάτω του, καθώς είχε κλίση περίπου 75° ... Άνοιξα σχισμές κατά μήκος της βάσης και στις δύο πλευρές του, βάλαμε κατόπιν σανίδες στις εξωτερικές επιφάνειές του, τις δέσαμε και πενήντα άνδρες άρχισαν να τραβούν» (ΜΟΥΣΕΙΟ ASHMOLEAN)

Όπου είχε υπάρξει ξύλινος σκελετός, ο Fyfe καθάρισε τα κενά και τα γέμισε με νέα δοκάρια που είχαν κοπεί προσεκτικά, ώστε να αντιγράφουν τα αρχαία. Η διαδικασία ήταν ουσιαστική για την επιβίωση του κτίσματος, σαν ένα είδος αρχιτεκτονικών πρώτων βοηθειών. Φαίνεται εδώ στην περιοχή του Μεγάρου της Βασίλισσας στο Διαμέρισμα Κατοικίας (ΜΟΥΣΕΙΟ ASHMOLEAN)

Τα ξύλινα υποστυλώματα σάπισαν, κι έτσι ο Doll (με το ψάθινο καπέλο και το γιλέκο, αριστερά από τον Mackenzie και τον Έβανς) χρησιμοποίησε ενισχυμένο σκυρόδεμα και τσιμέντο για να κτίσει ξανά το Μεγάλο Κλιμακοστάσιο, που εικονίζεται εδώ το 1905 (ΜΟΥΣΕΙΟ ASHMOLEAN)

Ρομαντικό πορτραίτο του Έβανς από τον σερ W. B. Richmond.
Εδώ ήταν ο λαμπρός δημιουργός, τριγυρισμένος από τα αναπλασμένα αντικείμενα,
τα οποία είχαν βγει από τον φανταστικό κόσμο που είχε αναβιώσει (ΜΟΥΣΕΙΟ ASHMOLEAN)

O Doll σχεδίασε και ολοκλήρωσε τη Βίλα Αριάδνη το 1906
(ΜΟΥΣΕΙΟ ASHMOLEAN)

Το Palazzo Έβανς, όπως μερικοί προτιμούσαν να αποκαλούν τη Βίλα Αριάδνη, είχε για καμάρι του τον εδουαρδιανό κήπο του, μοναδικό στα Βαλκάνια
(ΜΟΥΣΕΙΟ ASHMOLEAN)

Ο Έβανς και ο Mackenzie, χαμηλότερα δεξιά, πλήρωναν τους εργάτες με ένα τελετουργικό, που πραγματοποιείτο κάθε εβδομάδα στον κήπο της Βίλας
(ΜΟΥΣΕΙΟ ASHMOLEAN)

«Είναι δύσκολο να απορρίψουμε το συμπέρασμα ότι αυτό το πρώτο από τα θέατρα, ο Βαθμιδωτός Χώρος, με το χορευτικό του δάπεδο, παρέχει υλική βάση για την ομηρική παράδοση του περίφημου "χορού"» – το δάπεδο χορού που ο Δαίδαλος έφτιαξε για την Αριάδνη στην Κνωσό, ονειροπολούσε ο Έβανς. Αποκάλεσε τον βαθμιδωτό χώρο, βόρεια του Ανακτόρου, Θεατρικό Χώρο (ΜΟΥΣΕΙΟ ASHMOLEAN)

Ο δρόμος από τον Θεατρικό Χώρο οδήγησε τον Έβανς στο Μικρό Ανάκτορο, που ήταν θαμμένο κάτω από τις πλαγιές, βορειοδυτικά του κυρίως Ανακτόρου (ΜΟΥΣΕΙΟ ASHMOLEAN)

Ο Mackenzie παρακολουθεί τους εργάτες να σκάβουν με τη «μέθοδο του στοιχήματος» στο Μικρό Ανάκτορο. «Σε κάθε μία από δύο ομάδες ανδρών μας δίνεται ίσος αριθμός κυβικών μέτρων», εξηγούσε ο Bosanquet, «και ανταμείβουμε την ομάδα που τελειώνει πρώτη με βραβείο, ένα φράγκο στον κάθε άνδρα την ημέρα. Δουλεύουν σαν ήρωες σε αυτές τις αναμετρήσεις και πληρώνονται περισσότερο από ό,τι συνήθως, εκτός από το ασήμαντο βραβείο» (ΜΟΥΣΕΙΟ ASHMOLEAN)

Οι λίθοι φετίχ που βρέθηκαν στο Μικρό Ανάκτορο ξάφνιασαν τον Έβανς με τη «σχεδόν ανθρώπινη όψη τους ... οι οποίοι πράγματι, από τη χαρακτηριστική τους διαμόρφωση, θα μπορούσαν», κατά τη θεωρία του, «άνετα να παριστάνουν μια Μητέρα Θεά», στο κέντρο, με βρέφος (αριστερά) και έναν αιγυπτιακό πίθηκο (δεξιά) (ΜΟΥΣΕΙΟ ASHMOLEAN)

Το κεφάλι βοοειδούς που βρέθηκε το 1908 στο Μικρό Ανάκτορο, όπως το αποκατέστησε ο Gilliéron. Ο Έβανς θαύμασε πώς «η κρύσταλλος του ματιού φωτίζει και μεγεθύνει τη λαμπερή κόκκινη κόρη και δίνει στο σύνολο σχεδόν εκπληκτική εντύπωση άγριας ζωής» (Evans 1914, εικ. 87α)

Ο Doll ανακατασκεύασε το μεγαλύτερο μέρος του Μεγάρου της Βασίλισσας το 1908 και βρήκε την ευκαιρία να ανοίξει κάποια από τα κλεισμένα παράθυρα στις χαμηλότερες αυλές, επιτρέποντας, όπως φανταζόταν ο Έβανς, «να χυθεί φως μέσα ανάμεσα στους πεσσούς και τους κίονες, ακριβώς όπως γινόταν και παλιά ... Φωτίζει αμυδρά την τοιχογραφία με τη σπειροειδή ζωφόρο πάνω από τη λευκή ορθομαρμάρωση του τοίχου, πέφτει πίσω στη μικρή πήλινη μπανιέρα, που βρίσκεται σχεδόν ανέπαφη για κάπου τρεισήμισι χιλιάδες χρόνια. Το μικρό λουτρό φέρει το ζωγραφισμένο σχέδιο που σημαδεύει το τέλος του μεγάλου Ανακτορικού Ρυθμού. Ποιος ήταν άραγε ο τελευταίος που το χρησιμοποίησε; ... Μια Βασίλισσα, ίσως, και μητέρα κάποιας "Ελπίδας για τον Μίνωα", μιας ελπίδας που διαψεύστηκε» (ΜΟΥΣΕΙΟ ASHMOLEAN)

Σχέδιο της παράστασης στη σφενδόνη του χρυσού δαχτυλιδιού από τα Ισόπατα που βρέθηκε το 1909. Ο Έβανς ξαφνιάστηκε από την ομοιότητα της θέσης του χεριού της κεντρικής μορφής με μια συγκεκριμένη χειρονομία, την οποία γνώριζε καλά από τον σύγχρονο θρησκευτικό χορό που χόρευαν στη Δερβίσικη Ακαδημία εκεί κοντά (κατά Evans 1914, εικ. 16)

Οι νέες ανασκαφές στη νότια πλευρά του Ανακτόρου το 1922 αποκάλυψαν «το άνοιγμα τεχνητού σπηλαίου, με τρία ακανόνιστα σκαλοπάτια που οδηγούσαν σε κάτι που μόνο σαν φωλιά κατάλληλη για κάποιο μεγάλο θηρίο θα μπορούσε να περιγραφεί», ανέφερε αρχικά ο Έβανς. Αργότερα δήλωσε ότι «συνέβαλε πιθανότατα στη γέννηση μεταγενέστερων διηγήσεων για τον Μινώταυρο, που στοίχειωσαν την τοποθεσία κατά τους ιστορικούς χρόνους» (ΜΟΥΣΕΙΟ ASHMOLEAN)

Η υγεία του Mackenzie επιδεινωνόταν όσο περισσότερο έπινε, και ο Έβανς τον υποχρέωσε να αποσυρθεί σε ηλικία εξήντα οκτώ ετών. Πέθανε το 1934 σε άσυλο (ΜΟΥΣΕΙΟ ASHMOLEAN)

Ο John Pendlebury (δεύτερος από αριστερά πάνω στον τοίχο) έφτασε στην Κνωσό το 1930 και διηύθυνε τις ανασκαφές το 1931 στον αποκαλούμενο Τάφο-Ιερό, που φαίνεται εδώ (ΜΟΥΣΕΙΟ ASHMOLEAN)

Ο Έβανς ήταν τόσο πεπεισμένος ότι η κατασκευή, που περιλάμβανε υπόστυλη κρύπτη και πλακόστρωτη αυλή, ήταν το κενοτάφιο του βασιλιά Μίνωα, ώστε την ονόμασε Τάφο-Ιερό και την αποκατέστησε, πλήρη με τα ιερά κέρατα, στη διάρκεια της ανασκαφής. Η πράξη αυτή έκανε τον Pendlebury να νιώσει πως «έπαιζε με τον τάφο κατά έναν αηδιαστικό τρόπο»
(ΜΟΥΣΕΙΟ ASHMOLEAN)

Ο Έβανς στη βιβλιοθήκη του στο Youlbury, το 1935,
περιστοιχισμένος από βιβλία και χαρτιά, κρατώντας
στο δεξί του χέρι το ελεφαντοστέινο αγαλματίδιο του Άδωνι,
η πλαστότητα του οποίου είναι βέβαιη
(σχέδιο με μολύβι του Francis Dodd)

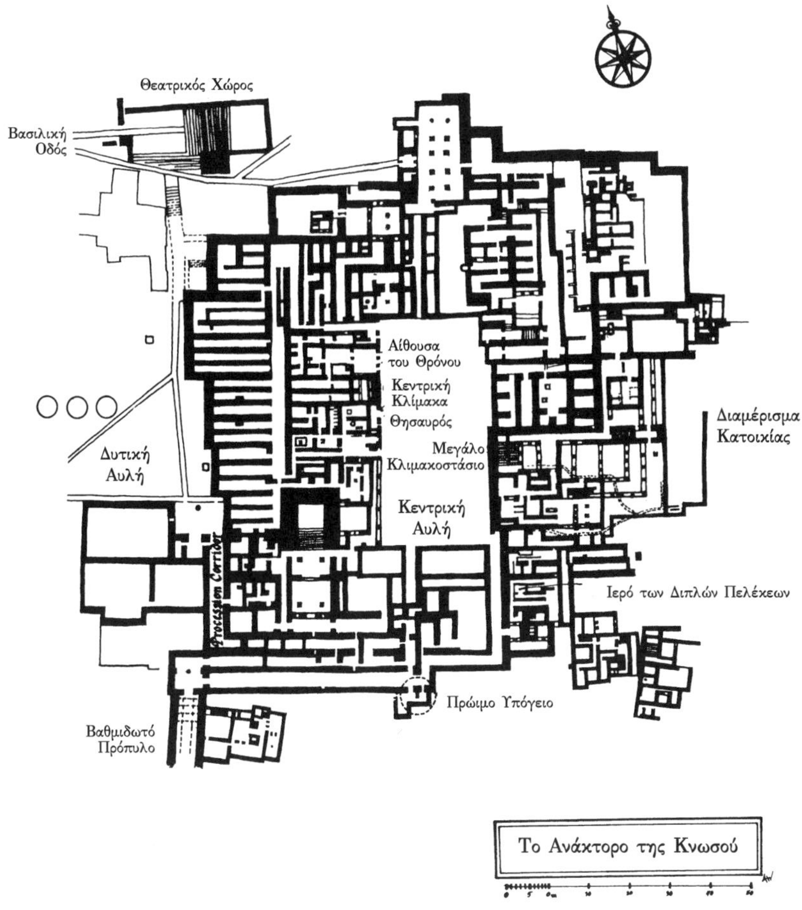
Θεατρικός Χώρος
Βασιλική Οδός
Αίθουσα του Θρόνου
Κεντρική Κλίμακα
Θησαυρός
Μεγάλο Κλιμακοστάσιο
Κεντρική Αυλή
Δυτική Αυλή
Procession Corridor
Διαμέρισμα Κατοικίας
Ιερό των Διπλών Πελέκεων
Πρώιμο Υπόγειο
Βαθμιδωτό Πρόπυλο
Το Ανάκτορο της Κνωσού

ΤΟ ΒΙΒΛΙΟ ΤΟΥ ΤΖΟΖΕΦ ΑΛΕΞΑΝΤΕΡ ΜΑΚΓΚΙΛΙΒΡΑΙΗ
ΜΙΝΩΤΑΥΡΟΣ
ΣΤΟΙΧΕΙΟΘΕΤΗΘΗΚΕ ΜΕ CF-ΑΠΛΑ, BASKERVILLE, DIDOT, ARTEMISIA & PORSON ΚΑΙ ΣΕΛΙΔΟΠΟΙΗΘΗ ΚΕ ΣΤΙΣ ΕΚΔΟΣΕΙΣ «ΩΚΕΑΝΙΔΑ». ΤΑ ΦΙΛΜ ΚΑΙ ΤΟ ΜΟΝΤΑΖ ΤΩΝ ΚΕΙΜΕΝΩΝ ΕΓΙΝΑΝ ΑΠΟ ΤΟ «ΔΙΑΓΡΑΜ ΜΑ». ΤΥΠΩΘΗΚΕ ΤΟΝ ΝΟΕΜΒΡΙΟ ΤΟΥ 2002 ΣΕ 2.000 ΑΝΤΙΤΥΠΑ ΣΕ ΧΑΡΤΙ ΣΑΜΟΥΑ ΣΑΤΙΝΕ AVORIO 100 ΓΡ. ΑΠΟ ΤΗΝ «Κ. ΠΛΕΤΣΑΣ - Ζ. ΚΑΡΔΑΡΗ Ο.Ε.» ΚΑΙ Η ΒΙΒΛΙΟΔΕΣΙΑ ΕΓΙΝΕ ΑΠΟ ΤΟΝ ΧΑΡΗ ΠΑΤΟΥΝΑ. ΤΟ ΕΞΩΦΥΛΛΟ ΣΧΕΔΙΑΣΕ Η ΘΕΑΝΩ ΠΕΤΡΙΔΟΥ ΚΑΙ ΤΗΝ ΤΥΠΟΓΡΑΦΙΚΗ ΕΠΙΜΕΛΕΙΑ ΕΙΧΕ Ο ΔΗΜΗΤΡΗΣ ΘΑΝΑΣ